爱因斯坦论和平

[美] O. 内森 H. 诺登 编

李醒民 译

2017年·北京

Otto Nathan and Heinz Norden
EINSTEIN ON PEACE

© **The Hebrew University of Jerusalem**
AVENEL 1981 EDITION
Reprint. Originally published:
New York: Schocken Books, 1968, c1960.
本书根据 Avenel 出版公司 1981 年版译出

编者按语

在编辑爱因斯坦为消除战争而写的文章的过程中，我们遇到了许多困难问题。当这项工作在他去世后不久就着手进行时，我们曾希望大部分有关材料已保存在他的档案里。但是我们不久就发现，情况并非如此。爱因斯坦本人不太关心系统地收集他的文章和书信；只是在生命的最后几十年中，他才对保存阅读过的许多重要文献和书信予以充分的注意。此外，爱因斯坦许多手写信件并没有留下副本用来归档；并且，他移居美国前几年中积累起来的一些材料，在1933年纳粹洗劫他家时或是丢失，或是被偷走了。

为了记载爱因斯坦在和平事业上所做出的毕生努力，尽管我们竭尽全力从世界各地收集所需要的材料，但无法断定某些重要文献是否有所遗漏；有些材料，特别是爱因斯坦早期岁月中的手写信件，可能要花很长时期才会重见天日。同样，尽管我们能在许多美国和外国报纸杂志上找到并使用爱因斯坦写的（或有关爱因斯坦的）文章和声明，但也可能有我们未注意到的已发表材料。爱因斯坦不但为著名杂志，而且也为不起眼的小书刊写东西，其中有些早已停刊；因此，寻找材料的工作常常是非常困难的。不过，尽管有可能遗漏，但是我们确信，爱因斯坦在他一生的不同时期在战争与和平问题上的基本观点和思想，在本书已有充分的记载，今后若发现什么材料,根据本书收集到的材料对爱因斯坦观点所做出的解释不会有加以改变的必要。

  本书中的许多文献以前已经公开发表,但是刊登这些文献的出版物却非常零散,实际上常常难以找到。不过,本书中的爱因斯坦的大多数信件尚属首次公开。没有注明出处的材料,都可在"阿尔伯特·爱因斯坦遗产"中找到,该机构是爱因斯坦的文献材料的保管者。除了极少数例外,爱因斯坦总是以他感到亲切而又运用自如的德语起草科学著作、书信和公开声明。他的文风,并不总是平铺直叙,却常常给人以简洁的,有时是雄辩的印象。由于必须把这些材料译成英文,这样就不仅产生了翻译本身所固有的问题,而且我们还遇到这样的困难:许多材料先前以英文译文发表,但在我们看来,它们并不忠实于爱因斯坦的德文原文。这样又产生了下面这个问题:在这种情况下是否应当予以重译。由于某些译文已一再重印,而且由于同一份材料存在不同译文会带来混乱,因此我们在这个问题上也颇费踌躇。

  我们对采用新译法并用来对付人们可能提出的异议的理由,做了仔细权衡;我们认识到,应该在本书的前面部分和后几章之间做出区分。由于爱因斯坦在欧洲时期的材料的翻译一般是在他不知晓或他没表示认可的情况下做出的,因此我们感到有理由对我们看来没有准确表达原文的那些材料重新翻译。关于爱因斯坦在美国期间所积累起来的许多文献,情况就完全不同了。由于他现在生活在说英语的国度里,爱因斯坦对他的文字的英译就更为关注了,因为他的声明和文字通常是用英文提供给公众或他的通信者的,而德文原文却是不为人所知的。

即使是在爱因斯坦的美国岁月里,也有一些他的讲话是以未经他审阅的英译印出或提供给读者的。但是,在涉及他认为特别重要或会影响舆论的材料时,他是非常谨慎的。在这种情况下,他会对他所写的每个句子的英译都煞费苦心,就个别段落甚至某个字眼与译者费心斟酌。要不是他的文稿数量太大,他本会对他所有文稿的译文都一一给予同样细心的关注。爱因斯坦对于如何才能确切表达他的种种思想和信念是颇费心思的。除了日常通信外,他仔细起草每一封信、每一份手稿,并常常谈到写作的艰辛。对他来说,写作也并非总是很容易的。

爱因斯坦在美国时期的文稿,出自不同朋友之手的译文,其价值是不同的。他们的翻译常常显得笨拙,或不能准确地表达爱因斯坦的原意。因此,我们面临这样一个问题:甚至经爱因斯坦本人表示默许或允许发表的英译,是否也应进行修订。在这种情况下,特别难于做出决定,因为我们意识到,人们会怀疑我们是否有资格对爱因斯坦本人事实上已经许可的任何英译做哪怕是最小的改动。但经过仔细考虑,为了使英译更忠实于原文,我们决定在我们认为必要的地方修订这些译文。与爱因斯坦亲密的个人交往使我们有理由相信,倘若爱因斯坦在世,他会希望我们正确表达他在战争与和平方面的见解和所从事的活动的。

除了极少数无法获得原文的情况,我们在对爱因斯坦手稿的现有译文做修订时,所依据的都是他的手稿。我们始终以使爱因斯坦材料的英译成为最终定稿为目标,使得它们不仅能准确地表达他的思想的意义和精神,而且还能达到语言上的某种统一,以使英语世界的人们与爱因斯坦之间能够进行交流。遗憾的是,在许多情况下，对于以前已经发表的一种或几种英译，仍有必要予以重译。每当译文有所修订时，均在各章"注释"中予以注明；但是，若要指出哪些地方做了修订，则是不可能的。我们希望，本书收集并经精心修订的英译到时会被看作是关于爱因斯坦文字的最可靠的英译。

应当提一下编者遇到的第三个问题。尽管本书的意图是让爱因斯坦自己陈述自己的见解，但是要编者不加任何评论则是不可能的。必须有文字把各篇文章或书上下衔接起来，说明它们的背景以及它们写作时的前因后果，并勾勒特定历史时期总的轮廓。我们尽力把编者的评论限制在对材料的理解看来是必不可少的范围内。一些与和平问题没有直接关系的资料和材料，仅当它们对于更充分了解爱因斯坦在世界和平问题上的活动和见解是不可或缺的情况下，才予以收入；但是，我们抵挡住了复制许多重要材料的诱惑，这些文献尽管与爱因斯坦的总的政治和社会观点有关，但与本书的宗旨似乎并无多大关系。我们也没有收进爱因斯坦多年来收到的许多有趣信件。为了使读者看懂爱因斯坦对这些来信的复信，我们概述了这些信的内容，只在极少数特殊场合才予以重印。

我们有幸得到各方面的有益帮助。我们对国内外的许多个人、组织、报刊为我们提供材料和重要信息表示感谢。夏洛特·波梅兰茨（Charlotte Pomerantz）小姐做大量工作，在手稿最后修订的过程中，她对材料做出了很有见地的分析，发挥了十分高超的编辑技巧。海伦妮·杜卡斯（Helene Dukas）小姐是爱因斯坦近三十年的秘书，自爱因斯坦逝世以来，她一直是他的遗稿的受托管理人和档案保管人之一。她从他的档案中为我们收集了所有与本书有关的材料；她的丰富经验以及长期、忠心的服务给予我们很大帮助。她的合作对于我们完成本书来说是必不可少的。

奥托·内森(Otto Nathan)

海因茨·诺登(Heinz Norden)

1960年8月于纽约

注释说明[①]

爱因斯坦的私人档案是通过"阿尔伯特·爱因斯坦遗产"得到的,它们是在本书中重新发表的文献的主要来源。另外的材料来自发表的和未发表的原始资料,这些我们在注释中都做了说明。下面的缩写式涉及某些比较重要的原始材料书籍。

MW *Mein Weltbid*(《我的世界观》), AlbertEinstein 著, Carl Seelig 编,苏黎世 Europeterag 出版社 1953 年版。这是爱因斯坦短文的主要德语选集。它是用同一标题在荷兰阿姆斯特丹(Amsterdam)由 Querido-Verlag 出版社 1934 年出版的书的扩充版。(1934 年的版本被称之为 MWI)。

TWAISI *The World As I See It*(《我所看到的世界》), Albert Einstein 著, Alan Harris 译,新节略版,纽约哲学文库 1949 年出版。以 MW 为基础。

IAO *Ideas and Opinions*(《思想和见解》), Albert Einstein 著, Sonja Bargmann 修订,纽约 Crown Publishers, Inc. 1954 年版。主要以 MW 为基础。

---

① 此处的"注释说明"以及前面的"编者按语"本来排印在英文原版书的正文之后,现移译于此。为了便于读者翻检,我们将各章原来在书后集中排印的注释作为脚注排出,原"注释"之前的说明在此译出。——译者

注释说明

OOMLY *Out of My Later Years*(《晚年集》),Albert Einstein 著,纽约哲学文库 1950 年版。

TFAW *The Fight Against War*(《反战斗争》),Albert Einstein 著,Alfred Lief 编,John Day 小册子丛刊第 20 号,纽约 The Johe Day Co. 1933 年版。

SCHILPP *Albert Einstein：Philosopher-Scientist*(《阿尔伯特·爱因斯坦:哲学家-科学家》),Paul Arthur Schilpp 编,《在世的哲学家文库》,纽约 Tudor Publishing Co. 1951 年第 2 版。

FRANK *Einstein—Sein Leben und Seinz Zeit*(《爱因斯坦——他的生平和所处的时代》),Philipp Frank 著,慕尼黑 Paul List Verlag 1949 版。

SEELIG *Albert Einstein：Eine dokumentarische Biographie*(《阿尔伯特·爱因斯坦有文献根据的传记》),Carl Seelig 著,苏黎世 Europa Verlag 1954 年版。

目　　录

引言 ……………………………………… 奥托·内森 1
序言 ……………………………………… 伯特兰·罗素 11
第 1 章　战争的现实(1914～1918) ……………………… 14
第 2 章　德国革命：希望和幻灭(1919～1923)…………… 53
第 3 章　国际合作和国际联盟(1922～1927) …………… 98
第 4 章　反对战争(Ⅰ)(1928～1931)…………………… 141
第 5 章　反对战争(Ⅱ)(1931～1932)…………………… 196
第 6 章　法西斯主义在德国的前夜(1932～1933)……… 251
第 7 章　纳粹主义的出现和倡导备战——离开
　　　　欧洲(1933)……………………………………… 318
第 8 章　到达美国重新武装和集体安全(1933～1939)……… 360
第 9 章　原子时代的开始(1939～1940)………………… 418
第 10 章　第二次世界大战(1939～1945) ……………… 451
第 11 章　原子武器的威胁(1945) ……………………… 487
第 12 章　战斗精神(1946) ……………………………… 532
第 13 章　对超国家组织的需要(1947) ………………… 574
第 14 章　为人类继续生存而斗争(1948) ……………… 649

第 15 章　全面裁军抑或一无所有(1949～1950) ………… 718
第 16 章　为思想自由而战(1951～1952) …………………… 762
第 17 章　生命的黄昏(1953～1954) ………………………… 809
第 18 章　全球毁灭的威胁(1955) …………………………… 863

索引……………………………………………………………… 902

附录　简论爱因斯坦的社会哲学…………………………… 939
译者后记………………………………………………………… 955

引　　言

　　我最后一次与爱因斯坦谈话，仅在他逝世之前几小时。他谈到自战争结束和德国重新武装以来，在美国对公民自由层层设防，他认为这是最不明智的，是为世界确立真正的和平秩序设置了严重的障碍。几天前，他一生最后一次在九位科学家的声明上签了名，这篇声明告诫世人，除非在不远的将来取消战争体制，否则就要冒毁灭世界的危险。

　　这篇声明发布到全世界几个月之后，我来到伦敦。我与伯特兰·罗素讨论了爱因斯坦在反对战争的斗争中所起的独特作用，这一斗争现在比以往任何时候都更为关键、更为紧迫。正是在那时，我构想出一个计划，它在本书中实现了。由于爱因斯坦再也不能够向世人讲话了，再也不能够亲自为全球和平奋斗了，我觉得把他反对军国主义和战争所做的永不休止的努力的记载加以出版，也许有助于为争取一个较健全的世界的斗争。

　　在爱因斯坦逝世后出版爱因斯坦著作的第一部选集，应该是专门记录他在和平事业中活动的集子，这样做也许是适当的。爱因斯坦对宇宙知识的渴求，使得他一生中的其他一切事情都黯然失色。当他还是一个孩子的时候，指南针使他心荡神驰，这首次激起他对自然规律的好奇心。他的思想盛满了对科学的兴趣，直至他逝世，其他一切东西都没有他的科学工作那么重要。但是，我从多年享有他的友谊和信任所获得的经验知道．除了献身科学之外，就其内心而言，再也没有什么事业比他决心永远消除战争体制更重要、更关切了。这种决心的根源何在？激励他的力量又是什么？

爱因斯坦为消除战争而斗争，不仅仅因为他憎恨暴行，而且因为他认为企图通过人类屠杀解决国际争端是骇人听闻的。他深信，只要战争作为一种被接受的惯例而存在，那么个人的思想自由——他把这种自由视为人类社会的基本原则——就不会实现。军事机构的存在，把年青人训练成为最臭名昭著的自私目的服务的不思考的工具，战争将在平民生活中引起道德沦丧——爱因斯坦认为这一切都是与自由人的尊严水火不容的。

爱因斯坦是一位社会主义者。他之所以相信社会主义，是因为他作为一位令人信服的平等主义者，反对资本主义的阶级分化和人对人的剥削，他觉得资本主义制度比先前的任何经济组织更能巧妙地为这一切大开方便之门。他之所以是一位社会主义者，是因为他确信，资本主义经济不能充分地改善**全体**人民的福利，资本主义经济的无政府状态是当代社会许多罪恶的渊薮。最后，他之所以是一位社会主义者，是因为他深信不疑：在社会主义制度下，比在人们已知的任何其他制度下，更有可能达到与公共福利相一致的、最大程度的个人自由。

爱因斯坦的社会主义，乃是他深深地感受到对他所生活的世界的不公正所做出的反应，它既不是有条理研究的结果，也不是局限在意识形态信条的范围内。他的自由的、无拘无束的心智以及对管制的厌恶，不会容忍对他的思想、行为或表达方式施加任何强制。由于他的心智在系统的推理中受到训练,他相信中央计划经济的必然性,中央计划经济能使生产和分配井井有条,能够为作为一个整体社会利益使用人的劳动能力。但是,他也清醒地认识到彻底的计划经济可能引起的问题,这些问题实际上也许是"伴随着个人的完全奴役"。爱因斯坦总是对权力集中忧心忡忡,不管产生权力集中的经济体制是什么。他坚持发展真正的政治民主,这不仅仅反映了他内心深处对他的同胞怀有平等和兄弟般的情感;他认为真正的民主对于滥用经济力量来说是必不可少的解毒剂,在他看来这种滥用对社会福利构成持续不断的威胁。正是对被集中起来的权力的担心,以及对权力集中可能导致的野心和强制的忧虑,使得爱因斯坦不可能期望社会主义会成为反对战争的保证。他不具有其他社会主义者的信念:社会主义国家相互之间不会进行战争;他担心在它们之间驱使的力量,也许会变得像在资本主义国家之间驱使的力量那么强大有力,那么富有灾难性。因此,对爱因斯坦来说,即使在社会主义国家范围内,销毁武器和废除战争体制也是和平的须臾不可或缺的先决条件。

我常常感到,这种理性的分析并没有充分地说明爱因斯坦对于人们生活在太平世界的焦虑。要揭示一个人促使他像他期望的那样去做或不去做的行为的内在动机,即使并非不可能,也是相当困难的,个人的内在动机对他本人来说往往也是未知的。尽管意识到这些困难,我应该仍然乐于记下在我试图理解爱因斯坦这位非凡的人才时所产生的某些看法。他自己曾经说过,他的和平主义并不是受到任何理智的理论的促动,而是建立在对种种残忍和敌意深恶痛绝的基础上。这种深恶痛绝使他在四十多年间成为一位反对战争的斗士,他把许多时间和精力投身于斗争,另外又谨慎地照管他的科学工作,然而这种深恶痛绝是如何萌生的呢?这种深恶痛绝之所以存在或愈演愈烈,是由于他作为一位社会主义者的努力,这种说法可以成立吗?就能够成立而论,他在1914年战争爆发后首次公开表达了和平主义的信念。当时,爱因斯坦已在全世界科学家中获得了显赫的声望;他在科学史中的地位已确立起来。他是一个深沉的宗教徒——正如他曾经自称的那样是一位异教徒。他以深深的谦卑之情敬畏大自然,他一再面对他的研究之树①肃然起敬,沉思它们枝叶的繁茂和美丽,沉思人们在数千年探究和观察中获得自然规律的细微的理解力。1914年夏天,当他把战争厌恶地视为"某种难以置信的东西"时,当他为自己属于"堕落的"人种而痛心疾首时,我相信他必定感到,人们在战争中的行为亵渎了庄严的宇宙规律,千百万人的任性屠杀与自然进程格格不入,而他作为科学家却对宇宙规律和自然进程怀有最深厚的敬畏之情。这恐怕是他对残暴行为深恶痛绝的真正根源,也是他热情而虔诚地努力促进消除每一个战争体制的动力的真正根源。也许正因为作为一位科学家,他从事的是试图增加人对自然理解的最抽象的工作,所以他才觉得迫切需要使人深信不可藐视大自然的意志,并决定献身于为人类的幸存而斗争的最具体的、即使有时是不切实际的目标,以及创造性地实现这一目标。

一些人非难爱因斯坦在政治事务中是幼稚的,指责他把自己的名声给予非正统的事业是过于慷慨了,这些人大概没有认识到,

---

① the tree,似为双关语。其本意为"树",隐喻"(钉死耶稣的)十字架"。——译者

爱因斯坦从来也没有支持过那些有可能违背指导他的原则的事业。尽管他的基本的政治原则在他的一生中没有改变，但是在他的信念方面或者在这些信念应用于他所处时代出现的实际问题方面，他远不是固执己见的或教条主义的。在德国纳粹主义的早期，他宣告他再也不能够倡导反战政策了，而在此前一些岁月里，他曾如此热情地宣传过这一政策。当时他处在和平主义运动的极其猛烈的攻击之下；可是，他本人从未感到他抛弃了和平主义事业，他继续把自己看作是一位令人信服的、一心一意的和平主义者，和平主义者不能在面临变化着的环境时固守僵硬的政策。在爱因斯坦看来，和平主义意味着建立世界机构，这些机构在不诉诸强权和暴力的情况下就能够消除战争，维护国际和平。但是，和平主义并不意味着在纳粹德国这样的国家面前，其他国家应该依然不设防，当时纳粹德国正在公开地为战争和侵略做准备。事实上，当爱因斯坦要求西方国家重新武装起来以反抗纳粹主义的威胁时，他认为他正在服务于他所理解的和平主义事业；他觉得，如果德国知道西方国家在冲突事件中做了军事上的准备，那么就存在避免战争的较好机会。

在1939年夏所谓的那封预言性的信函中，当爱因斯坦劝告罗斯福总统，原子弹的生产已变得明显可能时，当他建议美国政府关注支持和加速当时正在进行中的、与产生原子能有关的实验工作时，他就是按照类似的前提行动的。爱因斯坦之所以向罗斯福总统提出这一建议，并不是因为他想要美国利用这种可怕的武器扩大死亡；相反地，他希望美国拥有原子弹可以使德国人更不情愿爆炸原子弹，爱因斯坦担心德国人很快就会成功地生产原子弹。在

1933年和1939年，在反战和原子能事件中，爱因斯坦对积蓄起来用于罪恶和破坏的力量做了现实主义的估价，他正是从他所相信的估价出发而行动的。他并不认为手无寸铁的国家不防备和爱好和平就能阻止法西斯的侵略，而且他知道法西斯国家从来也不会加入或遵守国际保护和平协议的。

爱因斯坦就其本性而言是一位国际主义者；他极其厌恶国家主义和沙文主义，他认为无节制的国家主义和沙文主义对世界上的许多罪恶负有责任。他痛惜政治国界的存在以及它们给人类造成的危害和分裂。作为科学家，爱因斯坦从事的最多的工作必然是国际性的，尽管最后二十年的许多努力与科学秘密有关，但爱因斯坦曾尖锐地批评了这些努力。当爱因斯坦在1914年倡导联合欧洲时，当他欢迎1919年国际联盟(League of Nations)建立和1945年联合国建立时，他都希望增强世界各国之间的文化和科学联系。但是，他向往世界组织的信念甚至更多地是由另外的考虑激起的：爱因斯坦早就认识到，维护国际和平需要部分放弃国家主权，以便支持可以拥有为和平调解国际争端所必需的行政和司法机构的国际组织，该组织唯一地被授权保持一支军事力量；他希望，国际联盟盟约和后来的联合国宪章能够及时加以修正，为的是出现一个有能力维护世界和平的组织。爱因斯坦坚持认为需要一个合适的世界组织，这随着现代武器惊人威力的增加而获得契机。原子弹的生产和1945年在日本城市的投掷，使爱因斯坦比以往任何时候都更不能容忍对和平所做的象征性的姿态。他从来也不相信，小规模的裁军是反对战争的切实可行的政策，以及这项政策永远能导致全面裁军与和平；他深信，一个国家不会同时既武装又裁军。在1945年后,当核战争的可能性构成对人种灭绝的威胁时,他更为强烈地感受到这一点。正是在战后的那些年间,他开始积极地投身于世界政府运动之中。他没有把世界政府想象为一种取代现存国家政府的基本功能的机构;相反地,他设想的组织是一种把权力仅仅约束在直接与维护和平有关的事务中的组织:在国际安全事务中,任何对于成员国最高权力的侵犯都受到世界组织契约的限制。爱因斯坦也许是最后一个倡导建立其复杂程度超过特殊的、直接需要的庞大强权的人。他支持建立一个集中的、超国家的实体,该实体的唯一目的是保证国际安全;另外,他也是分散化的坚定的倡导者。

本书收集的许多文献将揭示出,为了有助于他本人曾说过的"所有事业中最伟大的事业——人与人之间的善良意愿和地球上的和平",爱因斯坦是一个具有几乎入迷着魔的劲头的人。本书有意识地只涉及爱因斯坦异常丰富和有创造性的生活的一个方面,但是不管描述他科学兴趣或非科学兴趣的哪一个片断,他的个性都会栩栩如生地显露出来。与他同代人中的其他人也许不一样,爱因斯坦享有非凡的世界声望,他受到尊崇、赞美、敬重和爱戴。就伟大和谦卑而言,爱因斯坦的名字具有不可界定的意义,这部分是因为它成为其有重大意义的科学发现的象征,也许更多的是因为爱因斯坦天生的、以奇妙的方式使之与世人沟通的品格。世人必定会觉察到只有与他进行个人接触才能充分显露出的东西:生性热情,具有魅力,随和而不拘礼节,对朋友和陌生人一视同仁,丝毫没有优越感,常常表现出坚强有力和令人满意的秉性,从不多愁善感,言谈爽直坦率。他的谈吐、衣着、饮食以及他书房的家具——这一切都显得十分简朴，表现出他的个性，实在叫人难以充分描绘。他从不使用那些对人的生存不是必需的或非基本的东西；他在物质和时间方面极其节俭地安排自己的生活，尽量避免一切多余的东西，全神贯注地从事看来是重要的、充实的或有趣的事情。就人们所知而言，简朴甚至是他的感情生活的特征。尽管他很热情，但是除了稀有的场合以外，他与外界有着几乎无法逾越的鸿沟。虽然爱因斯坦和几个朋友交情甚笃，但他却是一个孤独的人，他因这种孤独感而痛苦，他的悲痛的眼睛常常流露出凄凉的、恍惚的神色，仿佛想要看穿宇宙的奥秘。他以挖苦的方式充分意识到这样一个事实：世人也在物理意义上使他的生活变得孤独了。他的罕有的声望和人所共知的容貌，使他成为他自己的房子和房子周围环境的事实上的囚犯；他处处受到人们注意，这给他带来不便，他不能像千百万人那样过日常生活，他不能到他乐于去的地方，他不能做使他高兴的事情，他不能与看起来情投意合或志趣相投的人打成一片。在例外的情况下，他会坐在杂货铺的柜台旁，或沉迷于某种类似的"活动"——这种活动无论在哪里都是人们经常的、平淡的习惯，此时人们才能得以体验他的迷惑和乐趣。

爱因斯坦了解人们对他的崇敬，他在这种尊敬中被束缚住了。他无法向自己解释这种崇敬，他认为这是不应该得到的。不管他为此感到多么窘迫，但是他仍然承认，他在共同体和世界中的独有地位，给他为个人和整个社会的利益而行动提供了特殊的机会。他深感有责任付出他的努力和影响，他无论何时都希望它们是富有成效的。他时刻准备中断他的科学工作——甚至当他忙于其他事情时，他也全神贯注于科学工作——以便把时间和精力奉献给个人的或公共的事业。他接待来访者，研究文件，准备公开声明或提供所需要的任何服务。无论他接触大学者还是公众的喝彩，或者是接触某个对他和世界一无所知的人，这都无关紧要。他毫不迟疑地去行动，他对与他交往的任何个人的情感总是十分敏感，而不管这个人在世间的地位多么低微。

他给予支持的事业不会遭到任何拖延；这些事业都是紧迫的：公民自由、民主、社会主义、犹太人问题、社会正义和经济公平，以及为使生活更为丰富和有益的普通教育。但是，随着岁月的推移，没有什么事情比为废除战争而斗争更令爱因斯坦觉得迫不及待了。伟大的科学发现——他在其中扮演了如此突出的角色——在他的时代没有首先用来改善人们的工作和生活条件，而被用来作为扩大恐怖和破坏的手段，这的确是悲剧性的。在爱因斯坦生涯的最后几年，扩军备战日益加剧，世界和平的维护危若累卵。在美国，由于和平的拥护者变成了不爱国活动的嫌疑分子，并且横遭政治迫害，反对战争的斗争也越来越变得寸步难行了。随着和平拥护者人数的减少，爱因斯坦也深深地感到日渐孤立。他哀叹学术共同体的迟钝，也哀叹许多沦为国家主义宣传牺牲品的人的无知。反对战争准备软弱无力，与原子武器有关的十足的蠢行触目皆是，爱因斯坦越发为此而心急如焚；但是，他实际上从未感到绝望。我认为，他之所以没有绝望，是因为他从未对理性的威力丧失信心。他常常建议，具有无可置疑的成就和个性的一批人，都要呼吁世人的良心；他觉得，被认为是通情达理的人的声音是不会永远充耳不闻的。这就是他为什么毫不犹豫地加入伯特兰·罗素和一小群科学家之中，以唤醒人类认清和估计威胁他们的巨大灾难。这件事发生在 1955 年 4 月。正如已经提到的，它是爱因斯坦的最后一次行动。

当我决定筹备本书时，我希望爱因斯坦论和平的著述日益增大影响，依然能够构成又一次对理性的呼吁。这就是我在 1955 年秋描绘该目标时曾经说过的话："世界现在已经进入了这样一个时期：人们愈加清楚地认识到，为和平而斗争必须全力以赴地废除国家武装和战争本身；在刚刚过去的几年中的发展，不仅在国际安全问题上引起了量的变化，而且也产了质的变革。如果我们不得不妥善处理人类面临的重大问题的话，那么传统类型的裁军谈判就远远不够了。爱因斯坦四十多年间在他的著作中明显体现出来的远见卓识和坚定不移，可以用来激励人们从事一种现在已经迫在眉睫的、必不可少的谈判——废除战争的谈判。"

这一切现在对我来说就好像我在将近五年前写它时那样真实。为无战争世界而进行的真正谈判实际上还没有开始。但是，对于这样的谈判，人类在精神上比爱因斯坦逝世时有了更充分的准备，时机也更成熟了。历史的力量以微妙的方式对人的理性施加了影响；历史的力量正在爱因斯坦预见的方向上运动：一个没有战争的世界。

奥托·内森

纽约，1960 年 8 月

序　　言

爱因斯坦的科学问题以外的信件和论著正在被收集和出版，这是一件大好事。爱因斯坦不仅是他那代人中最有才干的科学家，而且也是一位有见识的人，这一点是非同寻常的。假如政治家倾听他的话，那么人类事件的进程就会比它发生的那样少些灾难。谴责任何有能力高瞻远瞩的人是空想家，这正是被称之为"事务主义者"的人的习惯，他们认为人不值得公开表达政治上的意见，除非他对有关的最重要的事实特别关心或知之甚多。在这个领域，没有人听信爱因斯坦。在德国，在希特勒统治期间，相对论被谴责为犹太人的骗局，相对论的唯一目的是迷惑亚利安人。希特勒和希姆莱（Himmler）[①]不能理解它，就轻率地推断没有一个亚利安人能理解它。在德国排斥他之后，他生活在美国，作为一个科学家，他在美国获得了他应该得到的所有崇高荣誉；但是，当他容许自己谈到政治事件时，大多数人则认为他所说的话很不受欢迎。

我是那些几乎总是与他保持一致的人中的一员。我和他都反对第一次世界大战，但认为第二次世界大战是不可避免的。我和

---

① 海因里希·希姆莱（Heinrich Himmler，1909～1945），德国纳粹党人，秘密警察头子。——译者

他都同样为氢弹竞争的可怕前景焦虑不安。我们与许多愿意合作的著名科学家同心协力,就这个问题发表了一个联合声明。我草拟了一个声明,把它寄给爱因斯坦。在得到他回答之前,当我乘飞机从罗马到巴黎时,我获悉他去世了。一到达巴黎,我就看到他同意签名的信。这必定是他一生中最后的行动之一。

我们不时地相遇,但是除了1943年我住在普林斯顿外,我不常去拜访他。在普林斯顿时期,我通常每周去一次他的住处,与他和泡利(Pauli)、哥德尔(Gödel)一起讨论科学哲学中的各种问题。泡利和哥德尔两人在他们各自的领域是十分著名的,但是不用说,爱因斯坦甚至在最著名的人中也是杰出的。我发现,这些非正式的讨论是很有启发性的、极其宝贵的。

爱因斯坦关于接受或拒斥科学理论的态度,与弗兰西斯·培根提出的态度大相径庭。当然,人们必定知道这些事实。但是,一种理论如果有任何价值的话,它必定不是在仔细地选择和整理个人观察资料中产生的。相反地,就像诗人和作曲家那样,它必定是作为突如其来的、富于想象的洞察力而出现的。当爱丁顿(Eddington)利用1919年的日食观测着手验证爱因斯坦的预言时,爱因斯坦并不像爱丁顿那样对结果甚感必趣。我想起一位女性赞美惠斯勒(Whistler)[①]的故事,这位女性告诉他,她看到巴特西[②]桥与在他的绘画中所看到的巴特西桥一模一样时,惠斯勒对

[①] 詹姆斯·尼尔·惠斯勒(James Neill Whistler,1834~1903),美国油画家、铜版画家和石板画家,长斯侨居英国。作品风格独特,线条与色调和谐,富于装饰性与东方趣味。——译者

[②] 巴特西(Battersea)是伦敦泰晤士河南岸一市区。——译者

此回答道:"啊,大自然出台了!"人们觉得,当太阳系决定证实爱因斯坦的预言时,爱因斯坦也认为太阳系"出台了"。要把爱因斯坦的方法转化为教导学生的教科书准则,是很困难的。处方也许可以开列如下:"首先获得超常的天才和包罗万象的想象力,其次学习你的科目,然后等待启示。"正是这个处方的第一部分带来了困难。

爱因斯坦是一位异乎寻常地令人满意的人。他不管他的天才和名望,行为举止总是十分简朴,也从不要求任何特权。我相信,他的工作和小提琴给他带来了莫大的幸福,但是他的广泛的同情心和对人类命运的关切却妨碍他获得更多的宁静。在他身上,我从未发现一星半点的虚荣或嫉妒,即使像牛顿和莱布尼兹这样伟大的人物也沾染了这些毛病。

爱因斯坦毕生都关怀个人和个人自由。他本人表现出他的环境所需要的全部勇气,他也号召其他人拿出同样的勇气,但往往并不成功。他看到个人自由在纳粹党徒滋生的德国已经丧失殆尽,他立刻感到同样的灾难有在其他国家降临的危险。他对大队列的士兵不怎么看得起,他对政府的态度酷似希伯来预言家的态度。他不仅是一位伟大的科学家,而且也是一个伟大的人——有自知之明的和问心无愧的人。

伯特兰·罗素

第1章 战争的现实
（1914～1918）

1914年春,阿尔伯特·爱因斯坦离开瑞士,心怀疑虑在德国首都柏林定居。他当时三十五岁,作为一位数学物理学家已经名扬整个科学界。他的柏林任职本身是一个非凡的荣誉。著名的学者来到苏黎世,劝说他离开理工学院（the Institute of Technology）,他当时正在那里教书。在新职位上,他担任恺撒-威廉科学促进学会（Kaiser-Wilhelm-Gesellschaftzur Förderung der Wissenschaften）物理研究所的所长,该所是欧洲高级研究机构之一。他也被选为普鲁士皇家科学院的院士,这是许多比他年长两倍的学者渴求得到而没有赢得的荣誉。他还被任命为柏林大学教授,享有教授的一切特权,但却不承担任何教学或行政义务。加上他能赚得丰厚的薪水,甚至在那时,这对于完全合乎超凡脱俗的科学家的流行概念的人来说,实际上是一个罕有的机会。

就他的气质和他的科学想象之大胆而言,爱因斯坦是一个出类拔萃的人。他习惯于自然地发出笑声,没有虚荣心或虚伪,彬彬有礼而慈祥。不过,用他本人的话来说,他是一个单驾马车（Einspänner）①,一个按自己的判断行动,从孤独汲取力量的人。

---

① Einspänner原意指"单驾马车",转意指"喜欢独居者"。——译者。

第1章 战争的现实(1914~1918)

甚至当他还是一个孩子的时候,他就对独裁主义、军国主义、国家主义和偏执行为的所有迹象深恶痛绝。爱因斯坦毕生的朋友莫里斯·索洛文(Maurice Solovine)这位同学和科学家,曾就爱因斯坦早年的情况写过东西,他说:"最强烈地震撼爱因斯坦并激起他深刻谴责的是偏见、不公正和那些岁月的反动思想"。[①] 虽然他在到达柏林之前是一位和平主义者,可是就人们所知而言,他从来也没有把这些思想情感转化为任何形式的有条理的主张。他在社会争端上没有采取什么立场,他也没有参与公民事务或政治行动。

第一次世界大战在1914年8月爆发,这不仅给交战国、交战国的人民以及人民的生活带来巨大的影响,而且远远超越了冲突本身的范围。战争不仅给处于战争之中的国家造成了大规模的死亡和破坏、苦难和悲痛、饥饿和贫穷,而且也引起全世界人际的、政治的、文化的和科学的关系的极度混乱。爱因斯坦和其他一些人同样体会到,战争实际上是什么样子,这样的战争,不仅仍然有可能发生,而且事实上会在很大的规模上进行,仅此体会已使他们深感震惊。战争的经历改变了他的生活;这不是说他的工作已不处于他的生活的真正中心,而是在战争经历促使他变成一位自觉的世界公民的意义上而言的,他从此必须考虑为反对战争而斗争,战争的恐怖每日都使他清楚地认识到他直至去世时最为深感关切的事情。有两封信表明爱因斯坦在那些日子的思想和情感,一封正好是在战争的头几周写的,另一封是在几个月之后写的。这两封信都是写给保罗·埃伦菲斯特(Paul Ehrenfest)的。保罗·埃伦

---

① Maurice Solovine 的叙述出自写给 Otto Nathan 的私人通信。

菲斯特是在荷兰莱顿大学任教的物理学家,是爱因斯坦最密切、最亲爱的朋友之一。① 在 1914 年 8 月 19 日的信中,爱因斯坦说:

> 欧洲在她发疯时干了一些使人难以置信的蠢事。在这样的时候,人们认清了一个坏透了的动物物种属于什么类别。我单调地从事我的平静的研究和沉思,只是感到怜悯和作呕。我的亲爱的天文学家弗罗因德利希[德国波茨坦皇家天文台埃尔温·F. 弗罗因德利希(Ervin F. Freundlich)教授]将在俄国成为战争囚犯,而不能在那里观察日食了。我为他感到担忧。

爱因斯坦给埃伦菲斯特的第二封信是在 1914 年 12 月初写的,它包括这些评论:

> 国际大灾难把沉重的担子强压在我这个国际主义者身上。在经历这一"伟大时代"时,很难把自己与下述事实调和起来:人属于那种自恃有它的意志自由的、愚蠢而堕落的物种。我多么希望,在某处有一个专供聪明的和有善良意志的人居住的小岛!在这样一个地方,甚至我也会是一位热情的爱国者。

---

① 爱因斯坦给 Paul Ehrenfest 的信是通过他的分居的妻子 Tatjana Ehrenfest 收到的。

第1章　战争的现实(1914～1918)

德国由于侵犯比利时的中立而促进了她最初的军事成功,这种侵犯如此尖锐地与德国的文化主张发生冲突,以致在全世界范围引起了冲击和骚动。甚至德意志帝国政府也觉得有必要做出某种姿态。其结果就是知识分子在"告文明世界宣言"中的公开表态。该宣言是在1914年10月初发布的。其实它早就声名狼藉了。[①] 宣言题目中所使用的德语词是Kulturwelt(文化界),这个文件当时在处于反对同盟国战争中的国家广为宣传,它大大有助于赋予Kultutr(文化)一词以贬损含义,这种贬损含义多年间一直黏附在该词上。

宣言写下了六个否定之点,它们都是以"It is not true that…(不是真实的)"开头。它不承认德国的战争有罪。它拒绝为野蛮地侵犯比利时的中立承担责任,并且宣称德国只不过抢先行动在协约国战争计划之前,要不然德国就会被屠杀。它矢口否认德国在比利时犯下的暴行,尤其否认被指控在比利时卢万(Louvain)城的劫掠。它不承认德国的战争方法公然蔑视国际法条款,而反过

---

① 《告文明世界宣言》是由Hermann Sudermann起草的(参见p.33),Matthias Erzberger发起的,后者是天主教温和派的领导人之一、帝国战时宣传机构主任(战后被暗杀)。引自宣言的段落以及告欧洲人书的全文在这里直接译自Georg Friedrich Nicolai的 *Die Biologie des Krieges*(《战争的生物学》),该书由Orell Füssli出版社在苏黎世于1916年出版,有Romain Rolland写的前言。由A. Costance和Julian Grande合译的英国版本由Century Co.于1918年在纽约出版,书名为 *The Biology of War*(《战争的生物学》)。按照Nicolai的看法,它与伦敦Dent and Co.出版的英文版是等价的;Nicolai也提到了其他一些外文版本:瑞典文本,Tidens Förlag,斯德哥尔摩;丹麦文本,Steen Hasselbalch,哥本哈根;法文本,Säubertlin and Pfeiffer,沃韦(瑞士);芬兰文本,Werner Sröderstöm,Porvoo。告欧洲人书以漂亮的译文重印在TFAW中的第5页。它的大部分也以相同的译文出现在Ilse Bry和Janet Doe的文章"战争和科学家"中,载《科学》(*Science*),1955年11月11日。

来列举协约国使用达姆(软鼻子的)弹的传闻,以及"与蒙古人和黑人结盟的……俄国人的……可耻表演……肆无忌惮地反对白种人"。

显然是为了保持宣言的匀称,最后一点是用否定的阐述表示的,但是它实质上是对世界的挑战性宣言:"尽管我们的敌人做了伪善的辩解,说什么反对我们的所谓的军国主义并不就是反对我们的 Kultur(文化),但这不是真实的。"如果说这意味着什么的话,那么就意味着,任何反对德国军国主义的人同样也必然反对德国"文化"。在最后几段表达了这一思想:

> 要不是由于德国的军国主义,德国文化便会从地球表面被抹掉。自从德国——与其他国家不同——数世纪遭受入侵的蹂躏以来,德国文化为了自我保护便导致了军国主义。德国军队和德国人民不管教育程度、社会地位或党派归顺,今天都肩并肩地站在一起。
>
> 我们无法从我们敌人的手中夺取恶毒的说谎武器。我们只能向全世界呐喊:他们炮制了反对我们的虚假证据。你们是了解我们的,你们迄今在保护人类最珍贵的遗产中与我们站在一条线上。……我们向你们大声疾呼:请相信我们吧!作为一个文明民族,一个拥有歌德、贝多芬和康德的传统——这比家庭和故土还要神圣不可侵犯——的民族,当我们说我们将把这一斗争进行到底时,请相信我们!
>
> 在列举这些事情时,我们以我们的名声和荣誉担保!

第1章 战争的现实(1914～1918)

有93个人在宣言上签名:艺术家、科学家、牧师、诗人、律师、医生、历史学家、哲学家和音乐家,他们中的大多数各自都很有名,并且享有某种国际性的声誉。许多人与德国军国主义同流合污,但是另外一些人一般不能认为是这样——像著名的进化论者恩斯特·海克尔(Ernst Häckel)、X射线的发现者威廉·伦琴(Wilhelm Röntgen)、伟大的生物化学家保罗·埃尔利希(Paul Ehrlich)、歌剧《亨泽尔与格蕾特尔》(*Hänsel und Gretel*)的作曲者恩格尔贝特·洪佩尔丁克(Engelbert Humperdinck),乃至现代戏剧的先驱马克斯·赖因哈特(Max Reinhardt)。尽管后来签名人半心半意地推卸责任,但是该宣言无疑表达了处于支配地位的情绪,这种情绪不仅存在于知识分子之中,而且也存在于普通的德国人民之中。

可是,在宣言发表之后的日子内,知名的德国和平主义者格奥尔格·弗里德里希·尼古拉(Georg Friedrich Nicolai)起草了"告欧洲人书",向宣言发起斩钉截铁的挑战。他在柏林大学全体职员中传播它,他当时在大学任生理学教授。尼古拉是一位高超的医生、心脏病学家,他在非正统人士中享有盛誉。在当时弥漫德国的充满强烈感情的气氛(93人的宣言如此充分地表明了这一气氛)中,尼古拉的计划的确是冒险的。只有三人做他的成员。其中之一是爱因斯坦。可以设想它是爱因斯坦签名的第一个文献,这里是它的正文。

以前从未有过任何战争如此彻底地破坏文化合作。这次战争正好是在这样一个时候如此破坏了:技术和通信的进步明确地使我们认识到需要国际交往,而国际交往必将走向普遍的、世界范围的文明。也许我们之所以更加敏锐、更加痛苦地意识到这种中断,恰恰是因为先前存在着这么多的国际纽带。

我们一点也不会感到意外。凡是对共同的世界文化稍微关心的人,都在要为坚持它必须依据的那些原则而斗争时承担双倍的义务。可是,那些本来可以指望有这种思想感情的人——主要是科学家和艺术家——迄今为止做出的反应,几乎在人们看来,仿佛他们已经放弃了继续国际交往的任何进一步的要求。他们以敌对的精神讲话,而没有大胆地为和平发言。

国家主义的激情不能成为这种态度的理由,这种态度与世界迄今为止称之为文化的东西是不相称的。如果这种精神在知识分子中间得以普遍流行,那将是严重的不幸。我们深信,它不仅会威胁到文化本身,而且还会危及民族的真正生存,这次野蛮的战争也正是以保护民族生存为借口而发动起来的。

技术已经使世界缩小了。的确,今天大欧罗巴半岛相互贴近的程度,几乎像曾经挤满伸向地中海的那些较小半岛上的城邦那样。旅行是这么普遍,国际供求关系是这么密切地交织在一起,致使欧洲——人们几乎可以说整个世界——现在甚至是一个整体了。

毫无疑问,力图防止欧洲由于缺乏国际性组织而屈服于曾经吞没了古希腊的那种命运,至少是有教养的、有善良意愿的欧洲人的责任。要不然，难道让欧洲因自相残杀的战争而逐渐衰竭乃至同归于尽吗？

目前正在猖獗的争斗几乎无法产生"胜利者"；所有参与其中的国家很可能都要付出极高的代价。因此，一切国家有教养的人都要为争取这样一种和平协议而尽心竭力，这种协议将不会播下未来战争的种子，而不管当前冲突的结局如何；这样做似乎不仅是明智的，而且也迫在眉睫。有必要利用战争造成的欧洲不稳定的和动荡的局势，把欧洲大陆联结为一个有机的整体。对于这样的发展而言，技术上和理智上的条件业已成熟。

这里不是讨论如何有可能导致这种欧洲新秩序的地方。我们的唯一的目的是申明我们的深切信念：欧洲必须联合起来保卫它的土地、它的人民和它的文化，这一时刻已经到来。我们公开陈述了我们的欧洲统一信念，我们相信它是许多人共有的。我们希望，这样公开申明我们的信念，会有助于声势浩大的欧洲统一运动的发展。

对于一切真正爱护欧洲文化的人——歌德曾经预言性地称之为"善良的欧洲人"的一切人——来说，在这个方向迈出的第一步应该是通力合作。我们不应当放弃这样的希望：即使在今天，他们的齐声呼吁也盖过了武器的撞击声，尤其是那些已经享有名望和权威的人与他们同心协力的话。

我们再重复一下，第一步是欧洲人通力合作。正如我们热忱希望的，在欧洲能够找到足够的**欧洲人**——对这些人来说，欧洲是一项生机勃勃的事业，而不仅仅是一个地理名词，我们将致力于组织欧洲人联盟。这个联盟届时会发出号召，并采取行动。

我们自己的探索只不过是迈出第一步，无非是发出了挑战书。如果你①与我们心心相印，如果你也决心为欧洲统一开创一个广泛的运动，那么我们邀请你签名发誓。

这份声明本来就是精心遣词用语的，假如它受到广泛的、有代表性的支持的话，肯定会影响事件的进程。除了尼古拉和爱因斯坦之外，愿意签名的两人之一是威廉·弗尔斯特(Wilhelm Förster)，其时已年过八旬，弗尔斯特长期任柏林天文台台长，他悔恨自己也在93位知识分子的宣言上签了名。② 另一位是奥托·比克(Otto Buek)，他从海德堡去完成他在柏林的研究。这一小群持不同政见者未能成功地向所谓的德国 Kultur(文化)的精英发起挑战；告欧洲人书没有吸引使之有效所必需的签名，直到几年后它才得以公开发表。尼古拉是这样描述该宣言的经历的：

在私下起草宣言时，我遇到了许多友好的赞许；但是，即使那些同意的人也不愿签名。一个人提出意见说，有关希腊

---

① 在中译本中，由于译者在翻译的过程中有时难以揣测 you 的语气，所以统统将其译为"你"，而不使用"你"的敬语词"您"。请读者留意。——译者

② Wilhelm Förster 在两个宣言上签名的事实，与 Förster 的儿子的私人通信一致；Förster 的儿子 Friedrich Wilhelm Förster 是一位教育学教授、和平主义者，他现在住在纽约；他补充了一个细节：法国朋友在战后拒绝和他老父亲握手，以促使他父亲早点合眼逝去。Nicolai 关于他的宣言失败的评论是译自他的著作，Buek 的评论译自他 1955 年写的未发表的文章，承蒙《民族》(*The Nation*)慨允引用，它是为此而准备的。

的一段话从历史上看不精确;另一个人说整个宣言太迟了;还有一个人说它来得过早了。一种批评是反对科学家干预世界事务。当然,在看到文件的人中,大多数胆小如鼠,或者他们从根本上不赞同它的观点。在那些日子,甚至最好的德国人也不愿当善良的欧洲人,或者不敢表露他们的真情实感。由于只有当宣言受到深孚众望的名家的权威支持时它才会有价值,于是我们放弃了这一计划。

大约四十年后,比克回忆起:

> 草稿讨论过,并在一个大学讲演厅通过了,副本在许多教授中传阅。哎,我们过高地估计了德国教授的勇气和正直。我们努力的结果是可怜的。准备签名的超不过三四个人。……

在后来的岁月,事实上直到他逝世那周,爱因斯坦在他本人和其他人草拟的大量公开声明上签了名。由于告欧洲人书预示了爱因斯坦毕生为之献身的许多思想,因此了解他参与它的撰写是重要的,尼古拉在战争结束前从东普鲁士寄给爱因斯坦的信中证实了这一点。这封信写于 1918 年 5 月 18 日,仅仅在尼古拉筹划乘飞机从德国戏剧性地逃到丹麦的前五周:

> 当你说你"在这方面不值一提"时,你是小看了你自己;因为你大胆地讲话了,你是合写者的告欧洲人书在任何地方也

未被遗忘。的确,要是没有你的参与,它永远也不会问世。尽管要确定这样的偶然事件相当困难,但是至少我倾向于相信,我从来没有独自做过任何事情。

还有另外一件事情,我认为你在此事上使你自己受委屈了。因为你在柏林任职和工作,你无论如何不应"受到斥责"。假若任何人有权像现代的阿基米德(Archimedes)对打仗的雇佣军大声呼喊"不要打扰我的工作"的话,那无疑就是你!

最后,你在第三点上也是十分正确的,至少在我看来是这样。那就是当你举出你的瑞士国籍时。国籍在这里是其次的考虑。你是德国人;事实上,你独自象征着德国文化的一份遗产;而且,你也是欧洲人,这是今天特别值得强调的事实。与我们撰写告欧洲人书时相比,我至少现在更加坚定地确信,只有当纯洁而简朴的欧洲观念盛行之时,即将到来的文化崩溃才是能够加以避免的,……

只是因为几个理论家站出来拥护这样的观念,这个世界还不会清醒。群众的支持是必不可少的。正因为危险此刻是如此严重,我相信人们的健全的常识将本能地控制它,而且不会容忍我们美丽的地球受到如此可耻的亵渎。我相信,我们几个孤立的个人今天站出来支持的东西,明天将会变成大家的共同财富。

我们应该做一些事情,这正是为了未来,为了未来的欧洲。在努力恢复和获得所有现在离群索居的人的发言机会时,也许你将考虑,你是否有一天不会作为一个欧洲人向欧洲人讲话。

第1章 战争的现实(1914～1918)

甚至在今天,我们也会比四年前获得更大的成功——即使在德国!

对爱因斯坦来说,战争年代处在他一生最富有创造力的时期。[①] 在1915年,他能够宣布他的广义相对论,从1915年到1918年,他总共发表了大约三十篇科学论文。与尼古拉一样,他对战争的反对并未因宣言的失败而削弱。尼古拉本人原是有军衔的自愿陆军军医,后被降为列兵,做医院的护理员。[②] 在完成分配给他仆人一类的任务时,他抽出空闲时间撰写著名的书《战争的生物学》(Die Biologie des Krieges),该书以进化论为根据分析了战争现象。告欧洲人书包含在该书的引言中,引言充分称赞了爱因斯坦,通过这本书,告欧洲人书达到有限的影响。该书由德国一家著名的出版社印刷,但是印刷的书在出版前被扣压,在德国出书的计划遂告破灭。不管怎样,较早的版本被偷偷带到瑞士,在瑞士早在1916年就已经出版。有大约一百本书偷运回德国,秘密地流传开来。在战争结束前,用法文、瑞典文、丹麦文、芬兰文和英文(在英

[①] 爱因斯坦科学著作的文献目录在《阿尔伯特·爱因斯坦著作的文献目录和索引》(*Bibliographical Checklist and Index of the Wrtings of Albert Einstein*)中给出,该书由Boni、Russ和Laurence编,纽约Pageant Books 1960年出版。

[②] Nicolai战时苦难经历的叙述源于他1918年8月后不久出版的一本小册子 *Warum Ich aus Deutschland ging—Offener Brief an denjenigen Unbekannten, der die Macht hat Deutschland*, Benteli A G, Bümplitz-Bcrne。Nicolai在格劳德茨(Graudetz)的德国军营里服务了一段时间,这一事实显然成为下述捕风捉影的叙述的基础;他在该城镇的军事要塞中被监禁。这一叙述出现在美国版《战争的生物学》的序言中,也出现在Maurice Lecat著的 *Contre la guerre avec Einstein*(《反战与爱因斯坦》)中,比利时卢万市F. Ceuterick 1931年版。

国和美国这两个国家)出版了译本。按照胡利奥·阿尔瓦雷斯·德尔·瓦约(JulioĀlvarez del Vayo)——他后来在内战期间任西班牙共和国外交部部长,是第一次世界大战在德国爆发的目击者——的观点,该书成为"这个时期秘密文献中的基本著作"。[①]

由于德国和平主义组织和社会民主党——在战前的德国是最大的党,而且是具有毫无保留的反战立场的唯一政党——因战争爆发几乎瘫痪,因此在战争行动开始蔓延之后仅几周,就使它们感到需要新的、积极的和平运动。几位富有想象力的人物多年从事反对战争的斗争和欧洲合作的运动,他们经过讨论,于1914年11月16日成立了一个新的小组——新祖国同盟(Bund Neues Vaterland)。[②] 该同盟的目的不仅是为促进达到没有附加条件的、公正的和平——这在战争开初几个月德国沙文主义的气氛中是一个勇敢的主张——而斗争,而且也是为争取在战后建立一个超国

[①] 引文出自 del Vayo, *the Last Optimist*(《过去的乐观主义者》), Viking Press, New York, 1950, p. 88.

[②] 新祖国同盟的活动和爱因斯坦与它的联系的主要资料来源是 Otto Lehmann-Russbüldt(他当该小组总书记直到1927年)写的小册子 *Der Kampf der Deutschen Liga für Menschenrechte, vormals Bund Neues Voterland, für den Weltfrieden*, 1914~1927, Hensel & Co. Verlag, Berlin, 1927. 该书是通过 Alfred Lief 搞到的。Schüring 的观察(p. 9)以及爱因斯坦与海牙和平运动的联系(p. 11)源于 Ernst Reuter-Archiv, Berlin-Zehlendorf 的文献抄本,该档案馆为这卷材料引导我们专门查找了它的卷宗。其他资料来源是 Richard Barkeley, *Die Deutsche Friedensbewegung*, 1870~1933, Hammerich & Lesser, Hamburg, 1948, 该书的副本是通过 Kurt R. Grossmann 得到的,他是 Lehmann-Russbüldt 的继任人,从1927年至纳粹在1933年查禁德国人权同盟,他一直担任该同盟的总书记,Grossmanrt 的文章"德国的和平运动"在 *South Atlantic Quarterly*, July 1950, p. 292. Lehmann-Russbüld 和 Grossmann 二位先生受约请撰写了他们这个时期的个人回忆。

第1章 战争的现实(1914～1918)

家的组织,希望未来不可能再发生战争。在1914年10月,甚至在小组实际形成之前出版的头一本小册子,其标题就是《创建欧洲合众国》(The Creation of the United States of Europe)。

同盟包括贵族成员、退休外交官和银行家,以及新闻工作者、开业律师和自由主义者。它的早期成员之一是恩斯特·罗伊特(Ernst Reuter),他在第二次世界大战后当上西柏林市长。爱因斯坦从一开始就被列为该运动的奠基者和积极支持者。同盟立即决定出版系列通俗小册子,以讨论它的纲领和与战争有关的问题。德意志帝国国会议员出席它的频繁的会议,在有关这些会议之一(1915年3月21日举行)的报告中,国际法教授瓦尔特·许金(Walther Schücking)观察到:

> 爱因斯坦教授也在那些出席者中间,我头一次听到提及他的名字。他发现的时间统一定律据说是第一流的科学成就,这就是教育大臣签名同意他到柏林任职的原因,他在柏林能够专心致志地从事研究,而没有任何教学责任。

爱因斯坦在这些会议上偶尔发言的证据也出现在一位瑞士女学生的叙述中,她曾出席过爱因斯坦在苏黎世理工学院的第一次讲演:[①]

[①] 爱因斯坦战争初期活动的叙述是由瑞士伯尔尼的Franziska Baumgartner-Tramer博士提供的。该叙述的一部分由她发表在1955年7月的伯尔尼报纸《同盟》(Der Band)上。

第一次世界大战爆发时,我碰巧在柏林,那里组织了一个委员会,以便在紧急时帮助外国人。当时有大量的工作要做,我不久就变成"什么活都干的女仆"。爱因斯坦的名字是十分熟悉的名字,由于他与前妻所生的长女常常到办公室向他要东西。他在力所能及的范围内帮助了他所能帮助的人。他提出的一些要求给我带来了许多麻烦,并且需要足智多谋才行,例如设法得到他志趣相投的朋友、生物学家尼古拉教授的被查禁的和平主义文献。……爱因斯坦似乎在做一种用智谋战胜权力的几乎令人兴奋的游戏。每当他得知我们成功地把信件或书籍偷偷带进监狱,他就放声大笑。但是,他的有些要求只有高度戒备和极力伪装的情况下才能完成,我对这些要求并非总是乐于接受的。他不顾这些困难。他似乎感到,如果帮助的意愿足够强烈的话,就不会有不可逾越的障碍。当时,我直率地认为,这太不替别人着想了,因为风险是相当大的,我本人不得不屡次到军事法庭作答,处在被关押的危险之中。只是在很久以后,我才能够接受爱因斯坦的观点:牺牲并不是大得不合乎那些事情的需要。

这个时期,我在一家民间的社会政治俱乐部(也许是新祖国同盟)与他进行了个人交谈,许多和平主义作家、学者和政治家每星期一晚上在这里聚会。……我被允许坐在一个角落听讲。爱因斯坦也偶尔参加。当他讲话时,总是很悲观地谈到人与人之间关系的未来。看到知名人士如何把他团团围住,而他总是注视着普通人,确实是十分有趣的。一个偶然的机会我设法会见了他,当时德国接二连三地取得了胜利,柏林人为这些胜利表现出不可容忍的傲慢骄横和洋洋自得,我正因为这些消息而感到沮丧。我忧虑地问:"教授先生,会发生什么情况呢?"爱因斯坦看着我,举起他的右拳回答道:"**这将起决定作用!**"

同盟在早期采取的最重要的行动是参加1915年4月在海牙召开的国际会议,这次会议是由荷兰反战委员会为努力组织一个促进持久和平的国际协会而筹备的。四个德国人(其中三人是新祖国同盟的成员)和一个奥地利人由于德国外交部的非正式同意前往荷兰,探讨有利于亚利安人的调解的可能性。该联盟的英国对应机构民主管理联合会的三个成员也参加了会议。它计划,荷兰政府的高级官员应该去柏林进行初步的官方讨论。当会议的消息泄露到德国新闻界时,这在德国国家主义者的圈子内受到斥责,德国外交部拒绝了这项计划。

关于1915年海牙会议的时间,爱因斯坦显然向他的良师益友、著名的荷兰物理学家和诺贝尔奖获得者H. A. 洛伦兹(H. A. Lorentz)提出了一项有利于国际行动的建议。这项建议的确切意义是未知的,不过它的目标也许是动员来自中立国的科学家参与和平事业,可能与海牙的努力有联系,洛伦兹无疑了解这一切。在1915年8月2日,爱因斯坦写信给洛伦兹:[①]

[①] 爱因斯坦给Lorentz的信是从保存荷兰海牙国际档案馆(Algemeen Rijkarhief)中的手写原件翻译的。

你拒绝我的建议并非出乎意外,因为我已经有了国外同行的意见的暗示。柏林的状况是不可思议的。从职业上讲,科学家和数学家长远看来都严格地是国际主义者,他们竭尽全力防止采取反对敌对国同行的任何不友好的步骤。然而,历史学家和语言学家大部分却是沙文主义的狂热分子。所有有判断力的人在这里都哀叹臭名昭著的"告文明世界宣言"。签名并不是很认真的,有时是在没有阅读原文的情况下进行的。例如,(物理学家马克斯·)普朗克(Max Planck)和(化学家埃米尔·)菲舍尔(Emil Fischer)就是这样的情况,他们都站出来直截了当地维护国际联系的纽带。我想提到你向普朗克的建议,但是我不认为能够劝服这些人撤回他们的签名。

我必须承认,我对于甚至在伟大人物身上发现的狭隘的国家主义偏见极为失望。我也必须说,我曾经对政治上走在前面的国家所表示的极大尊敬已大大下降;我认识到,它们都处在寡头政治的控制之下,这种寡头政治拥有宣传机器,行使着权力,能够做它们高兴做的事情。一些恶毒的才智把一句美好的古语篡改如下:人民的呼声即白痴的呼声。此外,如果人们清楚地辨认出,那些消息灵通而又拥有行动权力的人缺乏人的同情心,那么显而易见,被作为"祖国"而受到敬仰的东西是多么令人悲哀。国境没有造成差异;差异大都处处相同。在通过个人接触和专业交往达到相互尊重的人们之间,难道应该因为国家这样的假概念而真正割断联系吗?我恐怕无法接受这一点;为人们能够相互憎恨的缘故,他们也许始终需要某种愚蠢的虚构。这种虚构曾经是宗教。现在它是国家。

第1章 战争的现实(1914～1918)

1915年8月23日,爱因斯坦写信给他的在莱顿(Leiden)的朋友保罗·埃伦菲斯特:

> 我向洛伦兹提出的建议是天真幼稚的。那是冲动胜过判断。我多么想做一些事情把我们的在各个"祖国"的同行团结在一起。这个学者和知识分子的小群体难道不正是值得像我们自己这样的人认真关怀的唯一"祖国"吗?难道他们的信念仅仅取决于国境这一偶然条件吗?

在1915年3月,又一次在5月,六个势力强大的德国农场、工业和中产阶级团体向德国首相冯·贝特曼-霍尔韦格(von Bethmann-Hollweg)请愿,反对建立在与协约国和解基础上的不成熟的和平条约,代之以鼓吹广泛的领土吞并。新祖国同盟在1915年5月提交了一份详尽的备忘录,与这种请愿针锋相对;它向提交给首相的吞并政策发起了挑战。1915年7月的简短声明具有类似的内容,它激起德国最高统帅部的狂怒,因为它捅到全世界的新闻界。该声明有91名杰出的德国人签字,包括12位新祖国同盟的成员,其中之一是爱因斯坦。在1915年9月23日致洛伦兹的信中,爱因斯坦对"许多卓越学者签名反对吞并的义正词严的声明"表示"极其满意"。可是,至于他是否继续相信任何一个在声名狼藉的告文明世界宣言上签名、又正式谴责该宣言的人,他依然是疑虑重重的,尽管人们愈益认清,该宣言的发表是多么愚蠢。同盟自身加强了它的和平努力。1915年夏,它向德意志帝国国会寄交了请愿书,它在请愿书中要求德国政府公开其战争目的,并准许进行公开讨论。它通过英国的和平主义者,比如伯特兰·罗素、阿瑟·庞森比(Arthur Ponsonby)、乔治·萧伯纳(George Bernard Shaw)和芬纳·布罗克韦(Fenner Brockway),寄出声明集,爱因斯坦在后来的岁月里也熟悉了他们。但是,同盟面临着日益增多的困难,尽管它与身处高位的人有着广泛的联系,但从刚一开始就遭到官方的骚扰。它的总部被突然搜查,它的工作人员被当局严加盘问;禁止它出版东西,不许它的成员相互通信;两个女秘书也被监禁。最后,在1916年2月,新祖国同盟被禁止任何进一步的活动。

13 为了在结束战争的艰难尝试中寻求支持,爱因斯坦是多么忧心忡忡,早在一年前的1915年3月22日,他在寄给伟大的法国作家与和平主义者罗曼·罗兰(Romain Rolland)[①]——罗兰住在中立国瑞士,爱因斯坦以前不认识罗兰——的信中就透露出这一焦虑之情:

> 通过报刊,通过我与坚定不移的新祖国同盟的联系,我了解到你是多么勇敢地、全心全意地为消除法德两国人民之间的致命误解而献身。我热忱地向你表达我的深切的钦佩和敬意。但愿你的光辉范例能激励其他品格高尚的人抛弃难以理解的妄想,这种妄想像恶性瘟疫一样,使那些在别的方面是理智、能干和聪明的人也受到了传染。

---

① 爱因斯坦寄给 Rolland 的信是从 Alfred 得到的德文复制件翻译的,Lief 是直接从 Rolland 那儿获取它的。(不同的译文发表在 TFAW 第 8 页)在这篇抄件的底部,Rolland 加上了爱因斯坦访问瑞士沃韦(Vevey)的手写注释,这在 pp.14~18 有所描述。

第1章 战争的现实(1914～1918)

当后世子孙列举欧洲的成就时,难道我们要让他们说,三个世纪艰辛的文化努力,除了使我们从宗教的狂热堕入国家主义的疯狂,而没有再前进一步吗？今天在两个阵营里,甚至学者们的所作所为也仿佛他们在八个月前突然丧失了自己的头脑一样。

由于我目前的住处,或者鉴于我与德国和国外科学家的联系,如果你认为我能为你效劳的话,那么我将竭尽全力按你的吩咐去办。

在信末的附言中,爱因斯坦介绍了他的朋友苏黎世法医教授海因里希·灿格(Heinrich Zangger)博士,倘若罗兰需要某个熟悉瑞士环境的人,或者只是想和"一个让人喜欢的、真诚的人"交谈的话。罗兰立即在1915年3月28日回了信,[①]信笺上端印有日内瓦国际红十字会战俘代理处的字样：

你的宽宏大量的来信深深地打动了我！这一骇人听闻的危机对我们欧洲所有作家、思想家和科学家来说都是一个深刻的教训。我们永远也不应该容许我们自己如此闭目塞听。在将来,我们必须更充分地武装起来,以避免重复这样的灾

---

① Rolland的信以及接着的几页上的材料是从原件翻译的,承蒙Marie Romain Rolland女士的慨允复制。在信末的附言中,Rolland提到了瑞士陆军中校、国际红十字会的代表De Marval关于法国营地中德国战俘情况的报告。很明显,该报告十分有利于法国营地,因为Rolland附带说,他希望瑞士军官能在德国做讲演。由于他有一个兄弟在德国军队,他的证据不会是可疑的。Rolland显然意识到当时在德国流传的暴行的叙述。

难。我们不能自以为这将是人类最后一次干这样的蠢事；我们至少必须看到，知识精英将永远不再参与。

从这次剧变一开始，委派我们的若干成员做代表在中立地区聚集，并在那里展开与我们的观点一致的启蒙活动，以便在两个阵营遏制激情的迸发，用理性的声音反对它们，换句话说，作为我们国家的健全的、清醒的良心起作用，这也许是我们这些因年龄而免除服兵役的人能够胜任的。

是的，我们犯了罪！我们在相当大的程度上生活在无忧无虑的、骄傲自大的幻觉之中，我们总以为我们自己是坚强有力的，足以抵制集团的暴行。最近几个月的事件向我们指明了错误，布置了任务。必不可少的任务将是稍后把我们自己按照欧洲人的特征组织起来，或者更好一些，按照一个真正普遍的水准组织起来。毋庸置疑，这在战后将会更为困难。误解、积怨和仇恨将长期持续下去。不管怎样，作为一个开端，即使一小群人表明他们愿意达到这样的统一，也就足够了。其他人将一点一滴地仿效。至于其余的，我始终满怀希望，深重的苦难和这几个月的疯狂将被一种反应代替，人们在这种反应中会重新觉醒，感到羞耻、压抑和后悔。

在此期间，我们只能在大动荡中力求维持我们的信念和宁静。我们的精神将逐渐地传播开来。……

在那一年晚些时候，即 1915 年 9 月 16 日，爱因斯坦能够在瑞士沃韦(Vevey)访问罗兰，两人奠定了持久友谊的基础。罗兰在

第1章 战争的现实(1914~1918)

他的日记里记载了这次访问:[1]

> 阿尔伯特·爱因斯坦从苏黎世(在瑞士短暂逗留期间)来沃韦看望我,一同前来的有他的朋友灿格博士。我们在一起消磨了整整一个下午,在莫塞旅馆的阳台上喝茶,在庭院的角落处,一大群蜜蜂正在劫掠式地采花酿蜜。
>
> 爱因斯坦还是一个年轻人,不很高,宽阔的面庞显得有点闷闷不乐,卷曲而油黑的头发又浓又密,其中夹杂着灰发,神气的额头向上高高隆起。他的鼻子硕大而突出,嘴有点小,嘴唇厚而圆,面颊丰满,下巴匀称。他留着剪短的小胡子。他讲法语相当吃力,其中不时夹带着德语。他充满活力,喜欢发出笑声。他情不自禁地对最严肃的思想给以逗人发笑的解释。
>
> 爱因斯坦难以置信地和盘托出他对德国的看法,他住在德国,德国是他的第二祖国(或第一祖国)。其他德国人是没有以类似的自由程度行动和讲话的。另一个人大概在可怖的去年受到孤独感的痛苦,而他却不是这样。他大笑着。他发现在战争期间有可能写他的最重要的科学著作。我问他,他是否向他的德国朋友透露了他的想法,他是否与他们讨论了这些想法。他说没有。他只是以苏格拉底的方式向他们提出疑问,为的是非难他们的自满情绪。他补充说,人们不喜欢他过多地那样做。

---

[1] Rolland 的日记记载是从 Romain Rolland 的 Journal des ann'ees de guerre 1914~1919 (Paris, 1952), p.510 翻译的,承蒙 Albin Michel 出版社和 Marie Romain Rolland 女士的慨允。

他说,与几个月前相比,情况对他来说似乎更加不利。对俄国的胜利复活了德国人的骄狂和贪欲。在爱因斯坦看来,"贪婪的"似乎是最能刻画德国人特性的词汇。他们的霸权竞赛,他们对武功的赞颂和崇信,他们蛮横地决定征服和兼并领土,这一切都是随处可见的。政府比人民要有节制一些。它想要撤出比利时,可是无法这样做,军官们以造反相威胁。大银行、大工业和大公司是无所不能的;他们期待着偿还他们已经做出的牺牲。恺撒(Kaiser)只不过是他们的工具,是军官们的工具。他是正派的、软弱的,对战争已经绝望;他从未想要战争,他之所以面对战争,是因为他太容易被操纵了。他过去几年所有难以预料的行为,他仓皇失措的鲁莽,都是由泛德国派系周密策划的,这些派系甚至在他怀疑的情况下也能摆布他。

[德国海军总司令][阿尔弗雷德·冯·]蒂尔皮茨(Alfred von Tirpitz)海军上将和[德国总参谋长][埃里希·冯·]法尔肯海因(Erich von Falkenhayn)陆军上将是这个致命的密谋的元凶。法尔肯海因好像是两人中更为危险的人物。蒂尔皮茨是比其他任何东西都更强大有力的、非人格的机器。按照爱因斯坦的看法,处于学术生涯的知识分子泾渭分明地分为两个群体:数学家、物理学家和纯粹科学家是宽容的;而历史学家和文学家则是具有爱国热情的狂人。至于人民大众,他们完全是俯首听命的,本来就只对他们自己的事情津津乐道,爱因斯坦喜欢[瑞士诗人卡尔·]斯皮特勒(Karl Spitteler)的这一表达——domestiqué(仆人)。爱因斯坦因这

一普遍的奴性尤其责怪学校。教育的目标完全是培养民族主义的骄狂和对国家的盲目顺从。他不相信这是一个种族问题,因为避难长达两个世纪的法国的胡格诺派①也获得了相同的特性。社会主义者是一种相对独立的成分;但是,即使在社会主义者中间,只有聚集在[爱德华·]伯恩斯坦(Eduard Bernstein)周围的少数派保持着一些真正的独立性。新祖国同盟进展得相当缓慢,没有赢得广泛的支持。

爱因斯坦并不指望德国将在它自己的力量引导下改过自新。它缺乏活力,缺乏果敢的首创精神。他希望协约国胜利,这样就可以摧毁普鲁士的强权和它的王朝。当我问他,这样的折磨是否将使人民更加紧密地团结在他们注定要倒霉的君主周围时,爱因斯坦对此表示怀疑,他说那不是他们忠诚的标记。他们害怕他们的主子,敬畏强权,但并未感受到慈爱。一旦那种强权被打垮,德国人就会像原始部族那样去行动:当他们认识到偶像被击败,他们在奴颜婢膝之后会当着被他们崇拜的人的面,把偶像扔进大火之中。

爱因斯坦和灿格梦想分割德国:一方是南德意志和奥地利;另一方是普鲁士。不管怎样;德意志帝国这样的失败是令人可疑的。在德国,每一个人都对胜利确信不疑。官方的看法是,战争至少将再持续六个月。可是,爱因斯坦说,消息灵通人士深知,局势是十分严峻的,如果战争继续较长一些时

---

① 胡格诺派(Huguenots)是 16 世纪欧洲宗教改革运动中兴起于法国而长期惨遭迫害的新教教派。——译者

间,情况将会更加恶化。最大的短缺不是食物,而是供战争目的所需的某些化工产品。确实,足智多谋的德国科学家令人叹服,他们正在借助新的化学合成全面地弥补这样的不足。爱因斯坦说,不可能设想,他们显示出的有条理的技能包括每一个可能的领域。所有在大学教书的科学家都要交付服兵役的费用或佣金。唯有爱因斯坦拒绝这样做。

不管战争的结局如何,法国将是最大的受害者。由于所有德国人都知道这是十分可能的,因此对法国存在着深切的、普遍的同情。(当我说德国人的这种同情在某种程度上总是轻蔑的时候,爱因斯坦和灿格坚决反对,他们认为这种印象是由于德国人缺乏敏感性而造成的。)英国的政治影响变得越来越明显。灿格像所有的瑞士德国人一样,不满地谈到这一点。他似乎消息灵通,提供了一些鲜为人知的英国投机的证据。英国诱使法国扣押到达马赛港而准备驶往瑞士的货船(在意大利热那亚港也发生了同样的事件)。在安排好拥有交给它自己的这批货物后,英国接着以原价的两三倍把它转卖给瑞士。战争实际上是两头巨兽之间的搏斗;法国和欧洲在它们之间被踩碎了。尽管爱因斯坦不同情英国,但他还是宁愿英国取胜,而不愿德国打赢;英国也许更充分地了解,如何让世界的其他国家也活着。

我们讨论了德国人身上表现出来的温顺的盲目和心理上缺少的东西。爱因斯坦突然发出笑声,他告诉我,在柏林大学理事会每一次会后,教授们在啤酒间聚会,每次他们之间的谈话都以相同的疑问开始:"我们在世界上为什么受到

第1章 战争的现实(1914～1918)

如此憎恨?"然后每一个人给出他的回答,总是谨小慎微地不脱口说出真相。爱因斯坦也提到在不久前的7月秘密举行的大学全体会议。会议所考虑的问题是:德国大学是否要切断与世界其他大学和研究院的联系。这项动议被能够控制多数票的南德意志大学挫败。然而,柏林大学支持该动议。这所大学是它们中间最有代表性的和最赞成帝国主义的——它的所有教授都是特别挑选出来的,在思想上都赞同那种意图。……

9月17日早晨8点钟,在沃韦火车站的月台上,我又一次见到爱因斯坦,他手提行包,准备坐车去伯尔尼。我们再次交谈了一会儿。他说,自从法国和英国开始更加接近以来,在过去的十五年间,在德国公众的情绪已经有所变化。直到那时,军方就没有占上风。

在观察爱因斯坦时,我注意到,他像其他在知识分子的普遍奴性中依然保持自由的少数人物一样,以这样的方式做出反应,为的是看到他自己的人民的最坏的方面,并以对他们的敌人那样的严厉来评判这些方面。我在法国阵营认识不止一个人,他们都能够像他一样偏袒另一方。(值得注意的是,爱因斯坦是犹太人,这可以解释他的国际主义立场和他的批判主义的讽刺特点。)

瑞士并不是爱因斯坦在战争期间能够访问的唯一中立国。在1916年底,他享受了非同寻常的优惠待遇,到荷兰去旅行。1916

年11月13日,他写信给洛伦兹:①

> 我依然沉浸在对荷兰进行使人欢欣鼓舞的访问的魅力之中。使这次访问变得身心爽快的不仅仅是会见我如此高度评价、同时分享我的理智兴趣的人,而且也是在科学王国之外的问题上寻找如此之多的一致。……

洛伦兹显然还在关心告文明世界宣言。或者也许还在关心摆在德国人面前的某些未答复的质问——这些质问来自中立消息源,要求德国人接受被指控的战争暴行的公正调查,这一点很可能从下一章所出示的各种信件中看得到。爱因斯坦报告了他正在与几个同行就成功的各种程度问题进行讨论。他的看法是,这个事情也许不得不暂时搁置一下。1917年初,爱因斯坦重病在身。到1917年4月3日,他能够向洛伦兹报告,他的病情已经好转,并正在期待另一次访问②。他高兴地获悉,普朗克与洛伦兹已通过信:

> ……年轻人差得远。我深信,我们正在应付一种精神时疫。否则,我就无法理解,那些在个人品行上是完全正派的人,为何能够在一般事务上采取这样背道而驰的观点。这能

---

① 爱因斯坦1916年11月13日和1917年4月3日给Lorentz的信,是从保存在荷兰海牙国家档案馆的原件翻译的。
② 爱因斯坦1916年11月13日和1917年4月3日给Lorentz的信译自荷兰海牙国家档案馆的原件。

第1章 战争的现实(1914～1918)

够与殉教者、十字军①和烧死女巫的时代发生的情况相提并论。只有具有非同寻常的独立品格的人,好像才能够抵御占优势的主张的压力。在科学院,似乎没有一个人具有这种品格。

在1917年6月3日,他写信给他在莱顿的朋友埃伦菲斯特:

……古代的耶和华②还在国外。哎,他除了杀死罪犯以外,也杀死了清白无辜的人,甚至在他们根本无法感到自己犯了罪的情况下,他就不分青红皂白地加害于他们。他从何处得到惩罚和镇压的权利呢?难道这一权利是由于拥有权力吗?

虽然我的基本观点没有丝毫变化,但是我却渐渐变得更为宽容了。在政治方面,我发觉那些具有最小的约束而又具有最大权力欲的人,常常正是在个人生活上不想伤害一只苍蝇的人。我们正在对付流行性的欺骗,这种欺骗已经造成了无穷无尽的苦难,不过它将在某一天消失得无影无踪,变成下一代人感到极其荒谬的和不可理解的惊讶的源泉。

因为刚刚恢复健康,爱因斯坦懊悔他即将到瑞士的旅行不能拜访罗兰,灿格把爱因斯坦的遗憾转告给罗兰。罗兰在一封致爱

---

① 十字军(Crusade)是在1096～1272年间欧洲耶稣教各国和回教争夺圣地的远征军。——译者

② 耶和华(Jehovah)是《圣经》中对上帝的称呼。——译者

因斯坦1917年8月21日来信①的复信中讲述了他自己的遗憾,并表示希望在瑞士的逗留会有助于经受住战时柏林的另一个冬天的严酷气候:

>……我发现几乎难以相信,你会失去乐观的心绪,而两年前你在沃韦对我友好的访问期间,你的乐观主义却是如此强有力地打动了我,我把那次访问作为欢快的、动人的记忆珍藏在心里。
>
>至于我,当我注视着西方,尤其是我自己的法国流尽鲜血时,我的心情是沉重的。可是,对于作为一个整体的局势,对于人类的未来进步,我依然是乐观的。国家可能会变得萎靡不振和筋疲力尽,正如在西班牙曾经发生的那样。但是,人类将利用新鲜血液继续向前迈进。我相信,未来将带来比我们今天所知的还要伟大、还要丰富的文明,在这种文明中,亚洲的智力因素将把新发展的可能性提供给力量枯竭的欧洲。……
>
>我兴味盎然地谈了尼古拉教授的著名著作[《战争的生物学》]。我相信他是你的朋友。请让他了解,我是多么喜欢他的书。前几个月,我实际上与这本书生活在一起。在这些令人烦恼的时候,走近这样一个伟大的、自由的、宁静的心灵,这是多么美妙的事情,这种体验是对大蠢行的足够奖赏,而正是

---

① 爱因斯坦的信是由 Marie Romain Rolland 女士提供的副本翻译的。

第 1 章 战争的现实(1914~1918)

大蠢行构成了眼下的第二次全世界大洪水①。但是,方舟在水上,它将安全地驶向彼岸。……

在他的信中,罗兰没有提及他自己为尼古拉的书写了前言。[20]在次日,即 1917 年 8 月 22 日,爱因斯坦从瑞士复信说:

你在你仅仅会见过一次的人身上表现出了无微不至的关心,这使我深受感动。但是,尽管我的健康状况反复无常,我也不会放弃拜访你的殊荣,你可以确信这一点。不幸的是,最轻微的紧张往往也需要付出它的代价。人类忧伤的记录并未使我比两年前我实际的心情**更加**悲观;我确实发现,席卷德国领导圈子的帝国主义情绪的波涛在某种程度上已经平息下来。可是,我认为,要与今日的德国达成协议,也许还是极其危险的。

在德国,1870 年的胜利和继之而来的工商业的成功建立起有权势的宗教,这在[德国历史学家海因里希·冯·]特赖奇克(Heinrich von Treitschke)一点也没有夸张的描述中可以找到。实际上,所有有教养的人都被这一强有力的信条迷住了,它事实上取代了歌德和席勒(Schiller)时代的理想。我了解德国的人民,他们的个人生活受到彻底的利他主义指导,可是他们却以热切的渴望等待不受约束的海底交战的通告。

---

① 大洪水(Deluge)是圣经创世说中记载的挪亚(Noah)时代的大洪水,挪亚为避洪水而造了一只方形大船,即挪亚方舟(Noah's Ark)。——译者

我坚信，唯有严酷的现实才能够止住这种精神混乱状态。这些人民有必要表明，他们必定同样地尊重非德国人，而且如果他们可以幸存下来的话，他们必须赢得其他国家的信任。他们将既不是通过武力，也不是借助失信而达到他们为自己设定的目标。

我以为，用思想武器为反对这些目标而挣扎是毫无希望的。那些认为像尼古拉一类人是幻想家的人，的确是以善良的确信这样做的。只有事实才能够救治受谎言蒙骗的误入歧途的群众，这些谎言说，我们是为国家而活着，国家无论如何也要把一切权力集中在它自己手中。

按照我的思维方式，解决这一死气沉沉的困境的最好方法，是在美国、英国、法国和俄国之间，通过在相互帮助和最小与最大军备限制方面达成一致，形成一个持久的军事仲裁条约。这样一个条约应该包括与关税有关的最惠国待遇的条款。应该容许任何国家加入该条约，倘若它有一个总统在其中必须控制多数的民主选举的议会的话。我不想超过这一简明的概括。

德国为出售工业品而依赖国外市场，如果德国面临这样的稳定局势，那么必须抛弃它所遵循的路线的观点就会立即取胜。不管怎样，只要德国政治家能够希望在权力平衡中或迟或早地改弦更张，那么就不会存在他们的政策将发生变化的令人担心的前景。作为一切事情都一如既往的证据，我可以引证最近上演的德国大臣易人的方式。

在这些阴郁的时刻，你也许可以在你的富有灵感的创造性工作中得到安慰。

在第二天,即1917年8月23日,罗兰再次写道:

> ……我完全乐于相信,你就德国所说的话都是真实的;但是很不幸,你并不了解"另一方"所遭受的苦难。罪恶正在传染。即使当各国相互争斗时,它们也在追逐同样的利益,还没有一个国家找到停战的道路,因为它总会在前线染上流行的、心理的瘟疫。在我看来,战争似乎和九头怪蛇①搏斗一样。因为砍掉每一个头,都会另外长出两个来。这就是我为什么不相信那一切精锐军队的功效的原因。我期望来自另外的力量即社会力量的拯救。如果不会发生这种情况,那么好了,上帝了解强大文明的崩溃已不是头一次了。生命甚至有从废墟中繁荣兴旺的途径。

爱因斯坦显然并非总是摆脱了他的致罗兰的信中提及的悲观主义。仅仅在几个月后,即1917年12月18日,他在给他的朋友H. A. 洛伦兹的信中说:

> ……对于使我们生活压抑的悲痛欲绝的事情,我总是忍不住地十分沮丧。像通常那样隐遁于本人的物理学工作,甚

---

① 许德拉(Hydra)是希腊神话中的九头怪蛇,斩去一头会立即生出二头,后为主神宙斯之子大力神海格立斯(Hercules)所杀。——译者

至不再有用了。

不管表面的统一和对异端的镇压，对战争的不满在整个1916年和1917年间郁积在德国人民的心中，虽然他们未能找到有效的政治表达。到1917年底，俄国的投降并没有带来宽慰。事实上，在1918年局势不断恶化，因为德国的资源减少了，而武装起来的美国又可能发挥作用。直到这一年，才再次有可能在德国公开谈论和平。在1918年2月24日致一位学术通信者的复信中，爱因斯坦写道：

> 我极为钦佩你的多才多艺和引人入胜的风格，尽管你的条顿人的炫耀武力与我的感情格格不入。我宁可追随我的同胞耶稣基督，而你和你的同伙则认为他的教义是陈腐的。对我来说，我宁愿蒙受苦难，也不接受诉诸暴力。唯有历史将教导我们，我们是否会受你和你的如此之多的同代人所自鸣得意的态度的诱使。离开了最终目标，在兴趣问题上不会有什么争论。这就是我与你的真正分歧。

1918年9月初，离停战还有两个月，爱因斯坦收到一件标有"绝密"字样的有名的油印文件，邀请他参加一个秘密的知识分子会议，商讨组织一个团体，以便在时候一到，能够代替丧失信用的德国政府议和。该文件是由激进的和平主义者库尔特·希勒(Kurt Hiller)签署的，他指出和平宣传已秘密地进行一些时候了。他附寄了一封德国前线少校的来信，这位少校直截了当地说，战争

第1章 战争的现实(1914~1918)

打输了。爱因斯坦在1918年9月9日回信说:

> ……虽然我应该为参加你的会议感到荣幸,但是对于我这个瑞士公民来说,参与德国的政治事务似乎是不恰当的。
>
> 你的小册子写得很出色,但是在我看来,你的建议就其实现而言却太含糊了。如果你要把这个国家中的因在各个领域有着重要智力成就的一群人物集合起来的话,那么你只会聚集起一帮对权力政治感兴趣的人。假定他们在表达个人感情时是诚实的,那么他们便会在下述原则上联合行动:个人道德不能适用于国际关系,强权就是公理,人没有战争就无法生存。这些人对和平主义可能做出的任何让步,都只不过是诱骗天真的、轻信的人。……
>
> 这些人只是他们时代的产儿。他们的观点受他们的野心的支配;他们的野心反过来又起源于带有俾斯麦(Bismarck)[①]标记的大众心态。
>
> 当把刚刚描述的政治原则向一位来自中立国的伟大科学家[②]雄辩地解释时,他的评论是:"的确,世界可能是像你所描绘的那样,但是我却不愿意生话在这样的世界中。"我坚信,"世界一致竭力反对我们"[在那个时期广泛流传的德国人的强迫观念]的概念就是根据这一反动的观点伪造的。

---

① 奥托·冯·俾斯麦(Otto von Bismarck,1815~1898)是德国政治家,德意志帝国第一任首相。——译者

② 在致希勒的信中提到的来自中立国的科学家是 Lorentz。爱因斯坦在若干其他场合也讲过这一事件。

按照我的看法，德国的拯救唯一地在于迅速而彻底的民主化进程，它类似于西方大国的民主制度。只有通过创造一部民主的宪法——不管它可能有什么缺点，人们才能够达到充分程度的权力分散，从而防止1914年事件的重演。现存的政体在国外处处不再受到信任。

总而言之，这代表了我的信念。作为一个甚至在战前就是和平主义者的人，我感到我现在有权利讲出我的信念。

尽管受到官方的镇压，新祖国阵线还是秘密地继续存在着；它在1918年10月好像再度公开化了。就在这个月，在柏林举行了两次公开的会议。在第二次会议上，正式通过了一个措辞强硬的声明，它受到新闻界的报道。同盟回顾了它先前的活动，并且决定：

> 现在，强权政治的后果对大家来说已经变得显而易见了，政府自身已经采纳了我们需要国际联盟的纲领，我们立刻要求：取消戒严状态，废除检查制度和保护性拘留；大赦一切政治犯；调查战争罪行问题；出版、言论和集会完全自由；为反对军国主义——尤其是在教育中的军国主义——而斗争。同盟进而要求沿着民主路线彻底变革德国的宪法和政府。为此目的，国民立宪会议应该通过秘密的、平等的和直接的投票来选举，妇女和士兵都有投票权。这些要求的立即实施，将使世界免除无意义的、最后的冲突。

爱因斯坦很可能参加了这次会议，尽管还不能肯定。无论如

第1章 战争的现实(1914～1918)

何,在1918年10月26日,爱因斯坦的同事马克斯·普朗克给爱因斯坦写了一封信,仔细地说明,虽然他充分赞同内容,但是他为什么不能在爱因斯坦寄给他的声明上签名的理由;这个声明可能就是刚才引用的声明。普朗克附带说,他向恺撒的效忠宣誓使他不可能要求恺撒退位,但是他表示希望:恺撒应该自愿地采取这一步骤。

1918年11月9日,恺撒·威廉二世(Kaiser William Ⅱ)在革命的压力下退位,德意志共和国宣告成立。两天后,即停战之日,爱因斯坦向他的在瑞士的母亲邮寄了两张报平安的明信片:

> 伟大的事变发生了!我曾经害怕法律和秩序完全崩溃。可是到目前为止,运动已以真正宏伟的形式终结了,这是可以想象的最为惊心动魄的经历。最难以理解的是,人民竟欣然地接受了它。能亲身经受这样一种经历,是何等的荣幸!尽管破坏可能达到这样严重的程度,但是人们为报答如此荣耀的奖赏也会心甘情愿地忍受它。军国主义和官僚政治在这里被铲除得一干二净。

> 请不要担心,迄今为止,一切都进行得十分顺利——的确给人留下了不可磨灭的印象。现在的领导似乎完全胜任他的任务。我为事态正在发展的方式感到十分愉悦。只有现在,我在这里才确实开始感到自由自在。战败创造了奇迹。学术共同体把我看做是一种类型的首要的社会主义者。

在爱因斯坦的一生中,他的基本政治原则并没有经受任何重大的变化。他欢迎1918年德国的革命发展,这是因为他关心社会主义,尤其是因为他深深地、无条件地献身于民主。重视个人尊严和保护政治自由与思想自由,对他的政治思维来说是根本的。多年来,他在大量的言论中表达了他对民主的社会组织的关注,他觉得唯此才能够保证基本的个人自由。

这就是他以极大的热情赞同德意志帝国倒台和民主共和国建立的缘由。他无处不表示他对民主理想的诚挚信念,尤以1918年底的一篇简要的评论更为简明。当激进的学生"罢免了"柏林大学的校长,并坚持其他改革时,爱因斯坦因其热情与和蔼的奇妙结合而受到学生的欢迎,被请去进行调解。他和两个同事去德国国会大厦,革命委员会在那里举行激烈的会议。在等待了一会儿后,他被容许入场,并发表了如下评论:①

同志们!

作为一位老资格的民主信奉者而不是最近的民主皈依者,请允许我讲几句话。

我们的共同目标是民主,是人民的统治。只有当我们认为下述两件事是神圣不可侵犯的,这个目标才能够达到:

首先,要心甘情愿地服从人民的意志,就像在投票选举中所表现的那样,即使当得票多的党处在与他们自己的愿望和判断不一致的情况下,也应如此。

---

① 在所翻译的爱因斯坦向学生领袖做的讲演中,最后两段话轻轻地打上了×号,这暗示爱因斯坦可能未讲它们。这件小事的详情和给 Max Born 的信是从 SEELIG 第212页得到的。爱因斯坦关于这件小事发生的叙述"稍稍不到二十五年之前",恐怕把它放到了1919年底,但这似乎不大可能,因为立宪会议是1919年初在魏玛(Weimar)召开的。

第1章 战争的现实(1914～1918)

怎样才能达到这个目标呢？迄今为止取得了什么结果呢？还必须做些什么呢？

旧的阶级统治的社会已被推翻。它是由于它自己的罪恶,是通过士兵的解放行动而倒台的。士兵迅速选举出来的委员会与工人委员会一致行动,目前必须公认它们是公众意志的代表机构。在这个紧要关头,我们要无条件地服从它们,并且必须竭尽全力地支持它们。

其次,所有真正的民主主义者都必须保持警惕,以免左派的新阶级专制代替右派的旧阶级专制。不要让复仇的情绪把我们引诱到这样一种致命的观点:以为暴力必须用暴力来对付,以为要把自由的概念灌输到我们同胞的头脑中去,就必须暂时需要无产阶级专政。武力只能产生苦难、憎恨和反作用。

因此,我们必须无条件地要求目前专政的政府——我们必须自觉地遵守它的命令——不考虑党派的利益,立即筹备立宪会议的选举,从而尽可能消除对新暴力的一切恐惧。只有在立宪会议召开了并且圆满地完成了它的任务之后——只有在那个时候,德国人民才能为他们给自己赢得自由而自豪。

我们现在的社会民主主义的领导人应该受到我们全心全意的支持。他们确信他们的理想的威力,已经公开表示赞成立宪会议。这样,他们就表明他们是尊重民主理想的。愿他们成功地领导我们摆脱严重的困难,这些困难都是他们前任的罪恶和无能而丢给我们的。

在那些岁月,尽管爱因斯坦感到与社会民主党关系密切,他偶尔也可能参加该党的一些会议,但是他可能从未加入社会民主党。[1] 他不是党派政治分支机构的成员。当他觉察到魏玛共和国没有履行他曾经从中看到的伟大诺言时,爱因斯坦的幻想立即破灭了,他的失望也随着时间的推移而增长。但是,正如他的许多文字多年证明的,他对民主和社会主义的基本信念从未改变。[2] 1944年,在致他的朋友和同事马克斯·玻恩(Max Born)的信中,他做了一些中肯的评论,这些评论很可能与1918年至1919年冬天的学生事件有关:

> 请你回忆一下稍稍不到二十五年之前的时候,当时我们乘有轨电车去国会大厦,我们确信,我们真的有助于把这些同学转变为正直的民主主义者吗?即使像我们这样的四十岁的人,也是多么幼稚。当我想到此事时,我只能感到好笑。我们之中谁也没有认识到,与理智相比,本能是何等地强有力。在思想上承认这一点,我们就会把事情办好,否则那些岁月的悲剧性错误还可能重演。

---

[1] 爱因斯坦在1920年代初的邻居Martha Eva Parker-Prochownik在给Otto Nathan的私人通信中断言,爱因斯坦加入了德国社会民主党,出席过会议,并且参加了讨论。她说,爱因斯坦的态度表明,他认为花尽可能多的时间和精力来"帮助在脑力劳动者和体力劳动者之间的鸿沟上架起桥梁"是他的个人义务,他断然地表达了这一点。但是,爱因斯坦的家庭成员觉得可以肯定,他从未加入社会民主党或任何其他政党。

[2] 他的社会主义观点特别清楚地在他的文章"为什么要社会主义?"中表达出来,该文发表在《每月评论》(*Monthly Review*),1949年5月。

第2章 德国革命：希望和幻灭
(1919～1923)

1919年9月27日，爱因斯坦寄了一张明信片给他在瑞士的母亲：

> 今天有好消息！H. A.洛伦兹打电报给我，说英国考察队事实上已证明光在太阳附近弯曲。

爱因斯坦敬爱的朋友洛伦兹的电报标志着他一生新时期的开始。他一夜间从纯粹科学的名人一跃而名扬全世界。在停战的数周内，英国科学家派遣考察队到遥远的地方观测1919年3月29日的日食。爱因斯坦理论所预言的几个可观察现象之一是星光通过太阳引力场时发生弯曲，这个现象被光辉地证实了。[①]

[①] 在下面引用的爱因斯坦致 Ehrenfest 的信中，爱因斯坦询问道："你或许已经听到有关英国日食考察队的事情？"Lorentz 在 1919 年 9 月 22 日打电报告诉他："Eddington 发现恒星在太阳边缘的位移，初步测量在 9/10 秒和该值的两倍之间，谨致问候。"在他随后于 1919 年 10 月访问荷兰期间，爱因斯坦获悉了进一步的细节。在一封从莱顿寄给他母亲的信中，爱因斯坦写道："昨天我和 Ehrenfest 及 Lorentz 一起参加了科学院的会议。Lorentz 就广义相对论和英国考察队的发现讲了话——这当然使我高兴。现在已有了最后的结果，表明恰好确证了我的理论。"

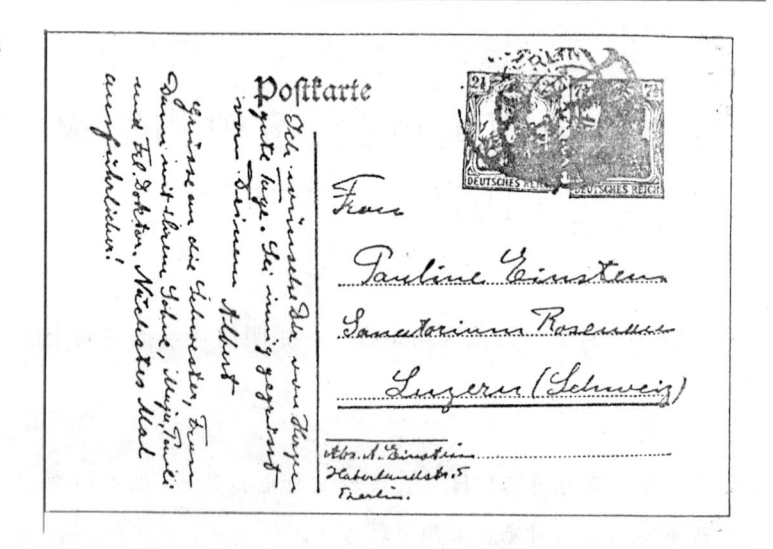

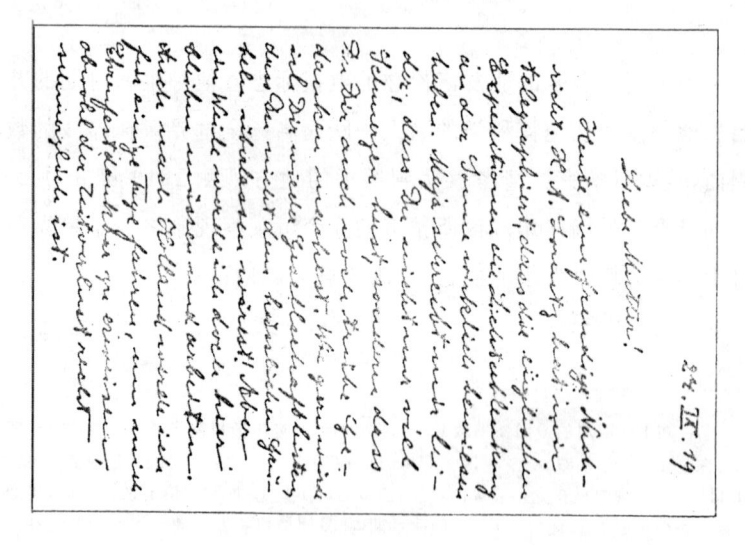

爱因斯坦 1919 年 9 月 27 日寄给他的母亲的明信片，谈到他的相对论首次得以确认。（参见第 27 页）

第2章 德国革命:希望和幻灭(1919～1923)

1919年11月6日在伦敦皇家学会和皇家天文学学会联席会议上,正式向全世界发布了消息,而真正的和平还未回到这个世界上。除了科学家之外,虽然没有几个人理解这项科学发现的充分意义,但是在战争造成的苦难之后如此之快来到的这一国际和睦的行动,却引起了世界各地人们的想象力,正如爱因斯坦引人入胜和不落俗套的个性引起人们的想象力那样,这一切在全世界的报纸中有详尽的描述。

在这个月结束之前,一位朋友转送给爱因斯坦一封英国科学家写给他的信:①

> 这里的谈论几乎只有爱因斯坦,如果他现在来到这儿,我想他会像一个胜利的将军受到欢迎。德国人系统阐述的理论被英国人的观察证实,这个事实促使这两个有科学思想的国家之间的可能合作更加密切。完全撇开他的杰出理论的巨大科学价值不谈,爱因斯坦也为人类做出了无法估量的贡献。

爱因斯坦的名字开始在报纸的头版频频出现,他的长满长而密的头发的头像也印在杂志的封面上。他的每句话和每个行动都是新闻。可是,名声对爱因斯坦来说是一种负担,只是在有机会使

---

① 英国科学家是Robert W. Lawson博士,他在奥地利维也纳镭研究所度过了战争年代,1919年在设菲尔德(Sheffield)大学物理实验室工作。承蒙Lawson博士慨允复制的信件是通过Arnold Berliner转交给爱因斯坦的,Berliner是《自然科学》(*Die Naturwissenschaften*)的老编辑和爱因斯坦的朋友。

他把这一有效的表达借用给他认为是可贵的事业时,他才感到宽慰。即使在他获得社会名望之前,他就卷入了国际和解的事业,这在后来的岁月越来越占据了他。早在1918年12月6日,在停战协定签订后的数周之内,他从柏林写信给他的在莱顿的朋友埃伦菲斯特:

……在紧接着来到的几天内,我期待着取道瑞士到巴黎旅行,以恳请协约国把挨饿的德国居民从饥饿中拯救出来。在遭受如此之多的蒙骗之后,已经很难使人相信这里状况的悲惨真相。但是我想,当我发誓我讲的都是真话时,他们是会相信我的。我必须顺便说一下,这里的人民曾对战争的起因稍微有所了解,他们已经沉静而庄严地承担起失败的责任。

实际上,几乎直到三年半之后,爱因斯坦才在战后首次访问法国。在1919年3月22日,他再次写信给埃伦菲斯特:

我终于再次全神贯注于广义相对论问题,这使我日夜不得安静。至于政治,我已变得大失所望。我曾认为在战争期间其胜利是用少得多的罪恶获得的那些国家,现在我认为它们只不过稍微少一点罪恶。这里的国内政治是彻头彻尾的不诚实。对此的反应是充满了各种暴行,而且用令人厌恶的革命伪装打扮起来。为了在个人身上或他的追求中发现任何一点乐趣,人们几乎不知道该注意何处。

第 2 章　德国革命:希望和幻灭(1919～1923)

1919年6月,即在他的名字变成一种象征之前几个月,爱因斯坦在罗曼·罗兰起草的国际呼吁书上签了名,最后有一百多位知识分子在呼吁书上签名:[①]

> 散布在世界各地的脑力劳动者同志们,五年来你们被交战国家的军队、检查制度和相互敌意隔绝开来,现在障碍正在崩坍,边界正在重新开放,我们向你们发出重新组成我们兄弟般的联合的号召;但是,要做到这一点,就要缔造和建立一个新的联合,它比以往存在的联合要更牢固、更坚强有力。
>
> 战争扰乱了我们的队伍。大部分知识分子以他们的科学、他们的艺术、他们的头脑服务于政府。我们不希望系统表达任何责备,也不希望发起任何非难。我们深知个体精神的微弱和巨大的集团潮流的基本威力。后者刹那间就把前者一扫而光,因为没有多少人准备助反抗活动一臂之力。让这个经历至少成为我们在未来的教训吧!
>
> 首先,让我们指出这些灾难,它们源于理智在全世界几乎完全丧失,源于理智甘愿做释放出来的武力的奴隶。思想家和艺术家把不可胜数的狠毒添加在瘟疫之上,它吞没了欧洲的肉体和灵魂。在他们的知识、他们的记忆和他们的想象的武库中,他们寻求憎恨的理由,旧理由和新理由,历史的、科学的、逻辑的和富有诗意的理由。他们极力消灭人与人之间的

---

① Rolland 宣言发表在他的著作《先驱者》(*The Forerunners*),Eden 和 Cedar Paul 译,伦敦 Allen and Unwin 1920 年出版。按照 Lief 的说法,到 1919 年底,有各国的 138 位脑力劳动者在它上面签了名。

相互理解和相互热爱。在这样做时,他们玷污、亵渎、贬损、堕落了思想,而他们本来却是思想的代表者。他们使思想成为感情的工具,他们(无意地、偶然地)把思想变成为民族、国家或阶级的政治派系或社会集团谋私利的工具。现在,当胜利者和被征服者由于国家搏斗的凶残冲突同样显得千疮百孔和衰竭不堪时,他们在他们的内心深处(虽然他们将不会承认这一点)彻底地为他们狂热的极端行为而感到羞耻——现在,在他们的争斗中被搅乱了的思想也像他们一样,从她的崇高的地位跌落下来。

起来!让我们使心智摆脱这些牵累,摆脱这些可悲的联盟,摆脱隐蔽的奴隶身份!心智不是人的奴仆。正是我们,才是心智的仆人。我们没有其他主人。我们为拥有它的灵光,为捍卫它的灵光,为把人类的迷途羔羊集合在它的周围而生存。我们的角色,我们的责任,是成为在黑夜的感情旋风中稳定的中心,是指出北极星。在这些傲慢和相互破坏的激情中,我们没有做出选择的机会;我们完全拒绝它们。我们只尊重真理;真理是自由的、无边的、无限的;真理不理会种族偏见或社会等级偏见。并非我们对人类缺乏兴趣。我们为人类而工作,但却是为作为一个整体的人类而工作。我们不知道种族的目标。我们知道大写的人,唯一的、全称的人;受难的人,斗争的人,倒下去的人和重新站起来的人,沿着浸满汗水和鲜血的崎岖道路继续跋涉的人;大写的人即全体人,即像我们兄弟一样的所有人。为了使他们像我们自己一样认识到这种兄弟关系,我们就要把他们盲目的斗争提升到契约的方舟(the

第2章 德国革命:希望和幻灭(1919~1923)

Ark of the Covenant)之上,该方舟即是自由的、一种或多样的、永恒的心智。

爱因斯坦1919年夏天的大部分时间是在瑞士度过的。在他返回德国时,他发现两封敦促他把罗兰的呼吁化为行动的信。1919年8月17日,他写信给在德国波茨坦的一位自由主义教授:

> ……我不在起草呼吁的作者之列。尽管我非常充分地意识到在各国蔓延的苦难,但我还是不相信,这样的朝着国际和解的努力在目前大有成功的指望。我之所以签了名,是因为拒绝它会更糟;但是我深信,该呼吁不会产生很大的反响。
>
> 我必须坦白地告诉你,我不相信在这里集中起来的人——像你建议的那样——将是十分有用的,部分原因在于苦于缺少应该期待去签名的人,部分原因在于很可能遇到反对意见。目前,培育我们在国外的个人接触,这样平静地铺设通向更密切交往的道路,也许更为可取。我也感到,如果我们传播最高统帅部在比利时和法国所犯罪行的资料,那也许是有益的。这可能有助于在我们自己人民中造成一种对其他人如何感觉的更充分的理解。我属于一个民间小组,该小组现在正准备出版这方面的材料。在我看来,防止复仇情绪的萌生似乎是最为重要的,否则当前的悲惨状况只会变得更糟。

同一天，爱因斯坦写信给德国布雷斯劳（Breslau）的另一个同行：

>……我担心，来自大量与我们一样感觉的人的任何声明，都很可能激起对立的声明，而对立的声明也许会在一般公众中具有十分有害的影响。这会把我们的事业弄得更坏而不是更好。

这一年早些时候，即1919年4月26日，爱因斯坦致信洛伦兹，谈到他所参加的调查战争罪行委员会的情况：[①]

>你肯定将回忆起我们三年前在荷兰所进行的关于战争暴行的不愉快的讨论。我回想起你十分真实地关心这些可怕的事件，这激励我向你提出下述事情。
>
>这里的几个平民形成了一个委员会，其目的在于彻底审查那些在国外已变得众所周知的、被视为已经证明了的有关德国战时行为的指控。这必然与来自这里的，如可能的话也与来自国外的官方文件的帮助有关系；调查研究的结果必须在这个国家出版。除我本人之外，委员会由五人组成，我能够担保他们是诚实而公正的。

[①] 爱因斯坦和Lorentz之间关于研究小组的完整通信译自荷兰海牙国家档案馆的手写原件。

作为一个起点,为了得以接近涉及这样的指控的材料,如果可能的话,为了获得文献的证据,我们必须扩大我们的委员会,把居住在中立国的成员包括进来。亲爱的同事,如果你想加入我们的委员会的话,我们将不胜荣幸;你在人类事务中的伟大经历和你的声望会大大有助于这一事业。如果你由于某种理由不希望这样做,那么我乐于请求你列出在荷兰的某个人,你认为他愿意和能够沿着已经指出的路线分担我们的工作。

我认为,只有真相被充分揭示出来,国家之间的强烈敌意才能最后平息。在这里,在其他许多方面是绝对高尚的人却把这些严肃的指控——他们迄今为止对这些指控仅仅略知一二——看作是带有偏见的谎言。我们的目的正是开导这样的人。

洛伦兹几乎立刻(1919年5月4日)做了相当长的答复。虽然他无意服务于该委员会,但是他保证给予最充分的合作。他允诺讲出了若干他的同胞,也讲出了他在即将来到的旅行中要想会见的法国人和比利时人。在比利时人中,他

特别想到马萨尔(Massart)教授,这位教授几年前请求93个学者和艺术家发起一项类似于你正在计划的努力。不幸的是,他的请求实际上没有引起反应。……依情况而定,我可以力图与牧师和共济会成员的代表接触。你也许知道,为

了采取类似于 M. 马萨尔所采取的行动,这些方面也需要德国人。

洛伦兹也极力建议,爱因斯坦要有把握使德国政府不仅要清除扔在他的道路上的障碍物,而且要向他保证给予积极支持。因为他了解,如果非德国人不得不怀疑任何官方的对抗,那么他们未必可能合作。洛伦兹必须使他的允诺实现,因为爱因斯坦在1919年8月1日从瑞士给他写来如下的信件:

你的慷慨帮助对我来说是非常宝贵的。我们也感谢所列举的法国和比利时学者准备援助我们。在我于6月28日启程时,我还没有能够接近在德国收集起来的文件。有公开的阻力,特别是有暗中的阻力。

我理解对著名的九十三人宣言的不满,顺便说说,该宣言是赫尔曼·祖德曼(Hermann Sudermann)起草的,他是小说家和剧作家。一天,我坐在他身旁,表达了我对宣言的看法,说宣言的措辞根本不礼貌。他坦白地、毫不窘迫地承认他是宣言的原作者。他是一个正派的、本意非常良好的人,只要"政治"的红色旗子不在他面前飘动。

正如我所说的,我完全理解这种不满。在我看来,这有点喜剧成分,尽管喜剧成分不像宣言本身和它的勇猛的保护人那么多。当一群人受到共同欺骗时,我们应该力图使这些人丧失任何影响。但是,具有高度思想境界和富有远见的人不能长期受憎恨和激情的支配,除非他们本身在精神上是病态的。我们必须牢记,平均说来,人的道德品质并不是因国家不同而大相径庭的。而且,他们的行动也受到他们发觉自己所处的时代和历史环境的制约,从而在人的行为中表面上有广泛的变异。在数年期间把德国学者从科学共同体内的国际社会交流中排除出去,这也许能在谦逊方面给他们以有益的教训。这样做没有什么害处,也许甚至还有某种好处,但是意义大概不会很大。

似乎重要的是,德国人开始理解"敌人"的态度,以免能够滋生出唯一新灾祸的可怕复仇情绪的恶性蔓延。我们的意图是朝着这个切实可行的目标而工作。

在爱因斯坦于1919年9月21日从瑞士返回时,他向洛伦兹报告说,委员会的第一份出版物在他不在时已经付印,它涉及战争期间在法国里尔(Lille)所传言的暴行:

……当我几天前收到印刷品时,我简直大吃一惊。序言很不得体。所使用的文献与所调查的问题毫不相干,以致与其说小册子可能有益,还不如说它可能有害。除了收回全部版本(幸运的是数量不多),有目的地加以增补和修改以便下回重印外,没有什么可供选择的办法。因为这么多的材料在这里还是可以得到的,而且迄今依然未曾加以审查,因此要考察荷兰的文件——它们如此友好地被我们享用——似乎为时尚早。……

至于国外同行通过的对这里的学者的评判,尽管发生了令人惊骇的事情,在我看来这一评判似乎还是过分严厉了。我们应该牢记这一点,因为舆论的表达几年来受到强力的控制,他们的大多数对所发生的事情缺乏清晰的描绘。对局外人来说,很难想象要抵制群众意见的力量是多么困难。甚至赤裸裸的事实在这里或者根本没有介绍,或者描述得不正确。这就是如此非常需要资料和解释的原因。

整整一个伟大国家的居民都应该被打上道德低劣的印记,这是先验的、不可思议的!九十三人声明本来就是愚蠢的,由于一点也没有意识到错误,它被构想出来,也签上了尊姓大名。人们的激情被狠毒地利用一切可以达到的手段煽动到仇恨的顶点,这些人是不可能客观地审查事实的。现在,跟在事实之后,我们设法使他们意识到所犯下的深刻错误——但是,为了净化他们自己,这些人应该做些什么呢?现在,他们已使自己陷入十足的软弱无力的境地,因此他们可能发布的任何声明都会被怀疑是由肆无忌惮的机会主义口授的。这恰恰是害怕他们中的正直分子,直到现在他们还以为正义在他们一边。(在德国以外,至少那些清醒的、沉着的人应该力求理解这些状况。)顺便说一下,作为在国外联合抵制的结果,即使这里的这些人清楚地认识到他们现在发觉自己所处的真实处境,也是不会有什么害处的。这也许有助于消除德国经济繁荣给他们造成的明显错觉和对权力的渴望依然可能遗留的一切。

我确信,正是历史条件,促进了"普鲁士人"的成长。而且我担心,在发生巨大变化的局势中,他们现在可能在其他某个

第2章 德国革命:希望和幻灭(1919～1923)

地方成长起来。我希望这种担心将证明是没有事实根据的。

在1920年1月12日,爱因斯坦能够告诉洛伦兹:

……关于里尔的新出版物印刷出来了,并且已经受到尖锐的抨击。你不久将收到一本。即使文化程度高的人也无法使他们自己摆脱狭隘的国家主义,甚至在是非问题上也分辨不清,这的确是令人痛心的。来自过去的罪恶继续发作,并且看不到它的终点。……

在1920年3月18日,他再次写道:

……我为你赞许关于里尔的小册子而感到高兴。只有实际上审查了文件的人在上面签了名。深刻的错误是由德国军队犯下的,对德国的刻骨仇恨证明是有道理的,这样的定罪在这里慢慢普及开来。遗憾的是,惩处战争罪犯的努力现在并没有按照国际基准追捕。对所达到的公正行为的满意程度减小了,因为只有德国战犯将受到审判,即使法国人也在德国俘虏身上干了许多坏事。据说英国人的行为是十分正确的。

战后头一年,德国局势远不是那么平静。政治激情不断高涨。经济形势十分严峻。主要由于胜利的协约国的持续封锁,食物短缺也很严重。爱因斯坦由于能比较自由地活动,比当时大多数德国人的日子要过得好一些。但是,正如他自己向洛伦兹谈到的,他没有遭受真正的财政拮据,不过沉重的家庭责任也使他面临某些困难。此外,他日益受到政治仇恨和政治狂热的冲击。在这样的环境下,他的荷兰朋友渴望他离开德国。在1919年年底,他们曾商讨在莱顿大学学院为他提供一个临时职位的可能性。另外,他的德国同事,尤其是马克斯·普朗克却力劝他留在柏林。1919年9月,爱因斯坦写信给埃伦菲斯特:①

> ……我已允诺他[普朗克]不离开柏林,直至条件恶化到他认为这样一个步骤是自然的和恰当的时候为止。……恰恰在我的政治希望正在实现的时候,如果我不得不出走,而又没有强使那些人——他们对我充满了热爱和友谊,我在这个被说成是情绪低落的时刻离开,对他们来说也许会是双倍的痛苦——信服这是必要的,并且部分地又是对物质利益的追求,如此做恐怕也不会得到我的赦免。你想象不到我在这里被什么样的热情包围着,而且不仅仅是那些对我的脑力劳动的成果如饥似渴地吮吸的人。
>
> 你看,当时情况多么深得我的好感。只有未来的进展使我不可能留下时,我才能离开这儿。如果这样的进展没有出现,我的离开就等于粗暴地违背了我对普朗克所做的承诺。

---

① 爱因斯坦有关居留德国的陈述译自他致 Ehrenfest 的一封信,Ehrenfest 把它的一个抄件寄给 Lorentz。抄件签署的日期是1919年9月21日,它保存在荷兰海牙国家档案馆。在他的抄件的末尾,Ehrenfest 附加了这一说明:"当我收到这封信后,我深感羞愧。但是,我当时也为这个奇妙的人充满温馨、高兴和自豪!要是有人能够仅仅使他减轻财政困扰就好了!诺贝尔奖金?"

第2章 德国革命:希望和幻灭(1919~1923)

我也许正在打破我的诺言,我也许尔后肯定会责备我自己。(我看来好像是古老大教堂中的某种圣骨——人们不完全知道怎样处理这样古老的遗骸。……)

在前面的爱因斯坦给洛伦兹的信中,埃伦菲斯特谈到,诺贝尔奖奖金的获得可能是减轻爱因斯坦困难的一个办法。其间,多亏他的朋友为他的利益做出相当大的努力,[①]他才能在1919年10月付清他战后首次访问荷兰的费用。随着这次访问而来的,给他提供了莱顿大学访问教授的职务,他接受了这一职务。这使他既能保持他在柏林的职位,又能从1920年年底起非经常地到荷兰做短暂访问。

在1919年年底,爱因斯坦也在说服新祖国同盟(正如前面指出的,该同盟在战争结束前不久恢复了它的富有战斗性的活动)抗议所谓的协约国的"饥饿封锁"中发挥了作用。在1919年12月4日,他向埃伦菲斯特诉苦:

……反对犹太人主义在这里[柏林]是强大的,政治上的反动是凶暴的,至少在"知识分子"中如此。我尤其在罗斯托克(Rostock)注意到这种情况。这将把一切引向何处呢?他

[①] 爱因斯坦在1919年10月5日写信(在荷兰海牙国家档案馆)给Ehrenfest说,他在那天去了柏林的荷兰大使馆。他请求他的朋友在海牙加速办理他的旅行许可证。显然,荷兰的另一位物理学教授和诺贝尔奖获得者Heike Kamerlingh Onnes以及Lorentz和Ehrenfest在这些努力的成功中都起了作用。在接着的信件中,爱因斯坦反复为他造成的麻烦道歉。爱因斯坦在他1920年1月12日给Lorentz的信中接受做莱顿大学学院成员的提议,该提议显然是在1919年12月21日做出的。

们还没有控制局势——也就是说某事必定产生这一局势,他们在未来好像也不可能把握局势。……

1919年12月,爱因斯坦在致他的朋友马克斯·玻恩的信中,①描绘了他在德国罗斯托克大学参加周年纪念庆祝会的印象:

> ……我听到一些狡猾的、可怕的政治煽动,对小城的政治获得了某些启发性的模糊感受。它的滑稽可笑的作用在于,每一个人都如此充分地了解其他每一个人,以致对于所有的夸张言辞总是有微妙的联想。唯一合适的会议地点是剧场,这为庆祝会提供进一步的喜剧气氛。旧政府和新政府的人分开坐在舞台前部的两个包厢。新人受到学术名人每一种可能的方式的戏弄,而前大公则受到几乎没完没了的热烈欢迎。革命未能战胜这一天生的农奴心态!

尽管爱因斯坦在致埃伦菲斯特的信中反映出幻想破灭了,但是他在新祖国同盟的保护下,还是在1919年12月16日举行的大会上发表了演说。会议安排为保罗·科兰(Paul Colin)致意,他是《自由艺术》的编辑,是战后在柏林公开发表演说的第一个法国人。爱因斯坦说:

> 我代表集合在这里的男人和女人——这些男人和女人即

---

① 摘录译自原手写信件的副本,它是 Max Born 教授提供的。

第2章 德国革命:希望和幻灭(1919~1923)

使在战争的恐怖之中也怀有四海之内皆兄弟的崇高理想——全心全意地欢迎你这位自战争以来在国际和解的神圣事业中第一个访问我们的法国人。

时间是严肃的,摆在我们面前的任务是严峻的。国家主义的激情处处煽起了烈焰,很难判断哪一个更加是不祥之兆——是你的人民的胜利还是我们的失败。两种威胁都使邻国之间的深仇大恨永久存在。可是,罪恶的根源在目前的历史前后关联中是找不到的,相反地却能在欧洲有教养的阶级一代一代传下来的传统之中发现,这些传统的基督教道德满嘴的好话,实际上则公然蔑视它们——干坏事和压迫人的人将享受荣誉和荣耀,遭到不公正对待的人要忍受耻辱和污辱。这些古老的、邪恶的传统预示了我们大陆必定毁灭的危险。我们将以四海之内皆兄弟的热情信念反对这些传统,不这样做,无论人还是国家,都不能相互和谐地生存。

当有人向我的伟大的荷兰同事[洛伦兹]仔细地阐述德国历史学家[海因里希·冯·]特赖奇克的政治学说时,洛伦兹表示:"的确,世界可能是像称所描绘的样子,但是我却不愿意生活在这样一个世界里。"

但愿我们客人的勇敢的、忘我的努力有助于这种精神在莱茵河两岸生根!

在不到一个月之后,即 1920 年 1 月 6 日,爱因斯坦呼吁自由新闻工作者赫尔穆特·冯·格拉赫(Hellmuth von Gerlach)向德国政府发起释放一切政治犯的请愿。他争辩说,德国食物匮乏的状况使得监禁变得尤为严酷。

1920年3月,在德国发生了卡普政变(the Kapp Putsch),这是由右翼分子和反动分子发动的反革命叛乱。它被军队和总罢工挫败了。在致洛伦兹1920年3月18日的信的复信中,爱因斯坦评论道:

> ……我感到十分幸运,最近的反革命政变如此可耻地失败了。在这样的人的统治之下,生活是无法忍受的。在这里灾难是深重的。许多人都因营养不良而丧命。……

1920年4月7日,爱因斯坦写信给埃伦菲斯特:

> ……外观平静地在这里恢复了,但是还存在着对抗和敌意。武力的鲁莽使用只是在平民中引起苦难。饥饿和贫困蹂躏着城市[柏林]。婴儿的大量死亡非常可怕。似乎没有一个人知道我们驶向什么政治方向。政府陷入十足的软弱无能。……

1920年4月19日,爱因斯坦写信给一位著名的德国古典语文学家:[①]

> 我理解你不愿成为英美文人援助中欧运动的发起人之

---

① 德国古典语文学家是 Ulrich von Wilamowitz-Möllendorff.

第2章 德国革命:希望和幻灭(1919～1923)

一,因为你不希望和我一起出现在同一名单上,而你把我描述成一个独立派的社会主义者[左翼社会主义者小组]。尤其是,由于对我这个瑞士公民是否适合参加它还有某种疑问。因此,如果我的撤回能够成就任何事情的话,那么我应该为把我自己从这一努力中除去而感到高兴。

如果我迄今没有这样做,那是由于想到,我在中立国和以前的敌对国内的密切交往可能证明对于学者之间的国际合作事业是有用的。鉴于这些情况,我建议我们在今后几天内平静地面谈一下。

到1920年中期,美国公谊会教徒正在为五十多万德国儿童提供食物。有人请求爱因斯坦就这个计划加以评论,他在1920年7月11日写道:

在整个这些令人扫兴的黑暗年代,没有什么事情比美国和英国公谊会教徒高尚的福利救济工作能给我更大的安慰了。用我自己的眼光来看,我看到他们援救处于急迫需要的值得援救的人。不管我们已经遭受和可能还不得不遭受的政治失望多么大,我们务必不要抛弃实现公正的和理性的世界秩序的希望,尤其是当我们了解到,为了作为一个整体的人类——人类的命运已经唤起了最大的强国——而在这两个国家[英国和美国]正在做出巨大的努力之时。

更应该做的是,要使德国人民充分地意识到公谊会教徒忘我的帮助;为了恢复国家之间的相互信任,在公众生活中没有其他因素比这更合适的了。

在1920年夏天,爱因斯坦访问了斯堪的纳维亚。此后不久,他想到给挪威学生联合会发电报的诺言。他在1920年9月9日写道:

> 在愉快地回忆起美好的夏日时,我曾荣幸地作为挪威学生的客人在克里斯蒂安尼亚(Chritiania)[现称奥斯陆(Oslo)]度过,我现在从柏林的书房向你们发出热情的问候。通过你们,我最终了解了一个学生团体,它坚持我们共同的文化理想,并且摆脱了狭隘的国家主义。自从我是一个学生以来已经过去好多年了,因此你们欢迎我到你们的朝气蓬勃的群体中真是令人万分高兴,我在那里简直跟在家里一样。除了把来自所有国家的具有善良意愿的人结合在一起的那些客观的、非个人的因素以外,健康的国际关系事业需要富于同情心和热爱自由的人。因为你们具有这些品质,而且是中立国的学生,所以人们必然希望你们将对欧洲的恢复做出有意义的贡献。

直至翌年,爱因斯坦才访问美国。不过,他的名望早就在他到来之前不胫而走。1920年5月,哥伦比亚大学把它的五年一次对科学有突出贡献的巴纳德奖章(Barnard Medal)授予爱因斯坦。在他的接受信中,他表达了这样的希望:这一行动是"更为美好时期的先兆,在这个时期,国际团结的意识将有助于把各国的学者联合起来"。1920年9月,设在纽约的德国培育社会交往和科学交流俱乐部,请他在它的重要的周年纪念时刻为纪念文集撰写文章。

第2章 德国革命:希望和幻灭(1919～1923)

该俱乐部向爱因斯坦提出了下面的问题:

> 遍及世界的知识分子在他们日常生活的过程中,怎样能够有助于在新近刚刚全力以赴交战的国家之间带来真正的友谊?他们如何帮助创建一种人人皆兄弟的精神?

爱因斯坦回答说:

> 依我之见,知识分子只有通过他们的科学贡献和艺术成就,才能充分地促进国际和解和人与人的兄弟关系。创造性的工作使人超出个人的和利己的国家目标。要全神贯注地致力于下述问题和抱负:所有深思熟虑的人都具有创造同志关系的意识,这种意识最终必然会把所有国家的学者和艺术家重新联合起来。不可避免的是,政治激情时常会把那些心胸狭隘和缺乏独立思考能力的人分裂开来。知识分子任何时候也不应该极力强调人类怀有激情遗产的世界特征。在他们的公开宣言或任何其他的公众活动中,他们必须永远不容许他们自己被利用来为政治激情服务。
>
> 我愿意再说几句,如果有更多的青年学生和艺术家能到在最近过去的战争中相互斗争的国家去学习,那会有益于国际和解的事业。这类切身体会为世界大战所造成的灾难性的意识形态提供了有效的解毒剂。

距离接受诺贝尔奖几乎还有两年时间,爱因斯坦在1921年1

月 19 日给诺贝尔委员会写信时，赞同捷克议会建议把和平奖授予托姆斯·加里古埃·马萨尔伊克(Thomas Garrigue Masaryk)：

> ……马萨尔伊克作为被压迫的少数民族，尤其是捷克人和犹太人的保护人而赢得了广泛的声誉。他从未为政治上的权宜之计牺牲崇高的原则，即使当他追求的路线在他看来几乎毫无希望时也是如此。我确信，把诺贝尔奖授予他显示出国际和解的胜利，是符合和平奖捐赠人的真正精神的。

在 1921 年 1 月 31 日，爱因斯坦在回答伦敦《观察家》(*Observer*)驻柏林记者请求会见时写道：

> 我不能使我自己接受你的善意的提议，这不是因为缺少时间，而是因为其他理由。我的观点和意见目前非常过分地被人看重，因此我逐渐变得不愿意公开谈论我不具有专门能力的问题了。而且，毋庸置疑，德国对我的和平主义的和一般政治的倾向怒气十足，这种恼怒由于它不安的政治局势而得以增强。在这种情况下，我要做的评论几乎肯定受到误解，可能还会引起弊大于利的后果。

1921 年 3 月 21 日，爱因斯坦写信[①]给巴黎综合工科学校的数学家和物理学家埃马钮埃尔·卡尔瓦洛(Emmanuel Carvallo)，感

---

① 这封信是通过 Carvallo 在纽约的女婿 Julius W. Schulein 得到的。

第2章 德国革命:希望和幻灭(1919~1923)

谢他的来信:

> 我的确认为,为增进学者之间的关系而做我能够做的一切事情,是我的最神圣的责任之一。对于生活在被击败的国家的土地上的人来说,这是不容易的。如果有人表现出某种保留,那么他就被国外的人看作是不友好的。如果有人是合作的,那么国内的人就认为他不忠诚。局势看来比任何时候都要糟糕。在双方,每一个事件都以这样的方式加以解释,以便证明帝国主义和暴行是必要的和不可或缺的。什么时候欧洲才能认识到,它的政治制度赶不上技术发展原本是命中注定的?尤其不幸的是,在最近战争中那些人之间相互的个人接触实际上已经中断了,从而让偏见的气氛得以达到令人难以置信的程度。甚至连个性不受国境影响这一老生常谈的真话也被忘记了。

到此时,爱因斯坦在德国已成为重要争论的焦点。[1] 科学家积极参与公共事务的情况在旧的学术传统中是没有的。而且,和平主义、自由主义和国际主义对许多德国人来说是不可接受的。像爱因斯坦这样公开承认这些信念,并按这些信念行动的

---

[1] 关于对爱因斯坦攻击的细节,可在 FRANK 和 SEELIG 以及 Lehmann-Russbüldt 的小册子(已引用的作品第100页)中找到,他报道了正文中引用的陈述,这是一个学生在公开会议上所做的陈述,学会是德国自然科学家协会(Arbeitsgemeinschft deutscher Naturforscher),Lorentz 的信签署的日期是1920年9月3日。

人,正在冒着敲诈、迫害乃至生命受到攻击的危险,这已被那些年间的许多政治暗杀所证明。爱因斯坦是犹太人以及他的工作对几乎每个人来说是扑朔迷离的和不可理解的事实,使他在国家主义和蒙昧主义的圈子内成为一个暴露无遗的靶子。但是,爱因斯坦招来的磨难并非统统来自无知和敌意;若干有身份的科学家和时事评论员也加入对他的普遍攻击,攻击时常采取有组织的甚至粗暴的形式。

国家主义的学生公开地、毫无顾忌地恐吓说,要"割断那个犹太人的喉咙"。在1919年12月写给他的朋友马克斯·玻恩的信中,爱因斯坦吐露了他罕有的私人抱怨。他写道:"黄色报刊和笨蛋们对我穷追不舍,使我几乎喘不过气来,就更不用说做任何像样的工作了。"他在1920年夏写信给洛伦兹:

……我最近遭受到形形色色的攻击,主要是来自报纸。这并非统统都是讨厌的,因为它提供了从其余的人中辨认自己真正的朋友的机会。在这些时候,每一个判断都多么奇怪地建立在政治标准的基础上!

到秋季,局势已经变得相当险恶,以至于埃伦菲斯特再次考虑使爱因斯坦永久离开德国的途径和方法;当一个重要的学会攻击爱因斯坦时,洛伦兹也感到不得不正式地重申他对爱因斯坦的信任。爱因斯坦对于对准他的卑鄙攻击感觉如何,这在他1921年3

月 18 日写给一位老朋友的信中吐露出来。① 这位老朋友当时在中国教书：

> ……当我一想到自我们最近一次相会以来在世界所发生的一切，以及还有什么事情可能等待我们时，我就不寒而栗。想到有一天这些东西以及人本身的生命同样也将全部结束，却几乎是令人振奋的。
>
> 我的烦恼被大大夸张了。我对人的看法太客观了，我的经济状况太无忧无虑了，因而这样的事情没有骚扰我。由于我对外界的批评漠不关心，因而我向来我行我素，我继续做我的工作，以至于突如其来的事件也听任我安排自己的工作时间。总之，在年青人看来是重大方式的发现，因而对我来说却是往事烟云。我将要动身去美国访问两个月。

大约在那个时候，爱因斯坦接受了《纽约晚邮报》(New York Evening Post)记者伊莱亚斯·托宾金(Elias Tobenkin)的采访。访问记在他动身赴美之前两天即 1921 年 3 月 26 日发表。② 托宾金开始追问爱因斯坦对德国科学困境的看法，但是爱因斯坦的谈论遍及广泛得多的领域：

---

① 在中国(天津)的朋友是巴伐利亚州艾希斯泰特(Eichstätt)的 Frang Rusch 博士。爱因斯坦的信译自 Rusch 博士 1955 年 9 月 17 日和 19 日在 *Abensberger Tagblatt / Neustätter Zeitung* 发表的一篇分两次连载的回忆录。

② Tobenkin 的访问记包括爱因斯坦家庭生活的有趣报道，承蒙《纽约邮报》(*New York Post*)慨允重印。稍为不同的版本发表在 TFAW 的第 9 页。

......当然......科学遭受战争可怕的影响,但是正是人道,应该得到首要的考虑。人道在德国,在西欧各地正在蒙受损失,它在数世纪内并未受到这样的妨碍。

人类......受到太强烈、太狭隘的国家主义概念的折磨。目前的国家主义的浪潮是一种严重的疾病。它只要得到最轻微的诱发,或者有时不需要诱发就完全转化为沙文主义。

战前在文化、贸易和工业以及在广阔的思想范围内存在的国际主义,基本上是健康的。在这种国际主义恢复之前,就不会有和平,战争的创伤也不会痊愈。

[这暗示他反对小国的形成吗?]

一点也不是。......国际主义意味着国家之间的合理性的关系、民族之间的健全联合和理解、在不干涉任何民族特殊习俗的情况下为相互推进而彼此合作,我想象该词的意思是这样。

[他想怎样恢复这种1914年之前存在的国际主义呢?]

在这里,在有科学、科学家,尤其是有美国科学家的地方,能够对人道做出巨大的贡献。科学家,尤其是美国科学家必须成为这一工作的先锋。

在国际主义这个问题上,美国在各国中走在最前面。它具有可以称之为国际"普赛克"①的形象。这种国际主义的广度,已经通过威尔逊(Wilson)关于世界组织思想的初步成功

---

① 在希腊神话中,普赛克(psyche)是以少女形象出现的人类灵魂的化身,与爱神厄洛斯(Eros)相恋。——译者

以及大众的欢呼显示出来,美国人民兴高采烈地赞同威尔逊的思想。

说威尔逊没有实行他的思想是不中肯的。重要的而且象征美国精神状态的是,美国人民对那些思想做出了热烈的反响。为了试图拓宽和推进国际主义的思想,美国科学家应该站在最前列。包括美国在内的世界必须大力恢复国家之间的友谊。只要任何政府对它的国际联系感到不安,和平工作就无从向前进展。猜疑和怀恨并未给进步提供地盘,它们应该逐渐消失。知识分子应该站在前头抵制猜疑和怀恨。

托宾金对爱因斯坦书房的简朴印象颇深,他还注意到大量的英文书。墙上唯一的图画是有关牛顿的两幅版画。爱因斯坦"穿着破旧的裤子和毛线衫"接待了托宾金,"即便他有衣领,衣领也很不引人注目,因为我无法回忆起看到过他的衣领"。当爱因斯坦获悉,访问记将在托宾金返回美国后才发表时,他说:

在那件事情上,可以肯定,你不会忘记说明,我是一个令人信服的和平主义者,我认为世界已经招致了足够多的战争。为了防止另一次战争,在各国之间必须达成某种国标协议,因为另一次战争将意味着我们文明的完全毁灭。正是欧洲真正的文明被战争严重地破坏了,弄倒退了。但是,损失并不是不可弥补的,而另一次战争的后果则是毁灭性的。

在战后频繁的欧洲旅行期间,爱因斯坦在他所到之处都受到令人满意的接待。1921年1月,他访问了奥地利和捷克斯洛伐克。[1] 在2月,他和其他德国领导人赴阿姆斯特丹(为的是"堂吉诃德式的政治方案",他向埃伦菲斯特是这样描述的)参加国际贸易联合会会议,在会议上讨论的主题是工人运动和和平主义运动之间有组织的合作。

1921年,爱因斯坦到美国做首次旅行。他在犹太复国主义运动的领袖夏伊姆·魏茨曼(Chaim Weizmann)博士的陪同下,于1921年4月2日到达纽约。他的和平主义活动在美国并非广为人知,这次旅行没有什么政治意义。它的唯一目的是为已经规划的耶路撒冷(Jerusalem)的希伯来大学筹集资金。部分地由于美国医学同行的慷慨解囊,这次努力证明是成功的。

在美国,爱因斯坦无论走到哪里,都受到热情洋溢的欢迎,唯一的例外是纽约一位市参议员,他从未听说过爱因斯坦,在决定授予爱因斯坦传统的"荣誉市民"时回避了。[2] 至于美国报刊,则对相对论充满了神秘气氛。爱因斯坦访问了美国的学术机构,在普林斯顿发表了科学讲演,于1921年5月9日在此接受了荣誉学位。5月底在纽约的告别演说中,[3]爱因斯坦对美国科学的国际主

---

[1] 爱因斯坦对奥地利和捷克斯洛伐克的访问在 FRANK 中有详细的描述。对阿姆斯特丹的访问在 Lehmann-Russbüldt 的小册子中详述过。给 Ehrenfest 的信是1921年2月12日在莱顿收到的。

[2] 这位市参议员是 Bruce Falconer,他的某些同事使他充满了反亲犹太人主义。后来成为纽约市市长的参议院议长 Fiorello H. La Guardia 力图使事情顺利通过,但是显然没有成功。这桩逸事是在1921年4月6日《纽约时报》(The New York Times)中发现的。

[3] 爱因斯坦告别美国的演说译自 MWI 第50页。

第 2 章 德国革命:希望和幻灭(1919~1923)

义大加称赞:

> ……如果世界是向着更加光明、更加壮丽的未来进步的话,那么它就需要——以前从未这样做过——那些伟大的国家和在国际上有思想的人的帮助。请允许我表示一下这样的希望:美国以这么大的责任心信奉的国际主义精神可以立即扩展到政治领域。没有最伟大的国家美国的积极合作,为健全的国际关系组织所做的一切努力必定依然是徒劳的。

到爱因斯坦在 1921 年中期返回柏林时,为法德和解做准备的各种努力已经进行了一段时间;新祖国同盟继续起着领导作用。[①] 1921 年年末和 1922 年年初,若干杰出的德国和平主义者为进行预备性讨论访问了法国。爱因斯坦支持这些努力,密切地注视着他们。不过,当罗曼·罗兰的姊妹马德莱娜(Madelaine)以国际妇女争取和平与自由同盟的名义,请他发起在意大利召开一个青年人的国际夏季研讨会时,他在 1922 年 2 月 15 日答复说:

> 我简直不需要告诉你,我对于你献身的运动给予多么高的评价,并为收到参加你的意大利会议的邀请而感到多么高兴。假如我觉得我自己不能接受邀请,那么这既不是由于缺

[①] 关于建立法德友好关系的努力的细节是从已经引用的小册子中得到的,还来自德国人权同盟的另一本小册子《深渊上的桥梁》(*Die Brücke überden Abgrund*),它也是 Lehmann-Russbüldt 撰写的(大概在 1922 年),由柏林的新祖国同盟 E. Berger u. Co. 出版。

乏兴趣,也不是由于缺乏公开陈述我的信念的勇气。

需要说明的是下述事实:自从我的理论最终享有这样令人惊讶的盛名以来,我收到许许多多多的邀请,强烈要求我个人支持一切值得奉献的事业。但是,如果我屈从于这些压力,那么在我有生之年,我就不能致力于我的平静的科学追求了。因此,我觉得有必要从大规模的社会参与中解脱出来。……

1922年3月,新祖国同盟和它的对应组织法国人权同盟(德国小组不久以后把它的名称改为德国人权同盟)向法国和德国的民主团体发出"和平、安全与和解"的呼吁。爱因斯坦的名字出现在呼吁书的几百个签名者之中。另一个签名者是格奥尔格·弗里德里希·尼古拉,他就这样和爱因斯坦一起第二次参与敦促和平和建立国际上的兄弟关系的宣言。

1922年3月,爱因斯坦冒险去了巴黎,关于这次旅行是否值得向往并非没有某些疑问。德国给法国造成的苦难还是如此强烈,以致爱因斯坦认为有必要向普鲁士科学院正式报告他打算去巴黎。他告知他们,他自年初以来已经收到三个互不相关的邀请,最近一个邀请包括在法兰西学院做系列讲演。虽然最近的这个邀请扩展到试图为恢复德法两国学者之间的关系铺平道路。但是他最初还是有礼貌地谢绝了,他说他这样做是出于与他的德国同行协调一致:

……不管怎样,我无法抑制我的感情,[他在1922年3月13日致科学院的信中写道]我在谢绝时与其说是遵循由我的

第 2 章　德国革命:希望和幻灭(1919～1923)

良心支配的路线,毋宁说是遵循最小阻力的路线。在与[外交]部长[瓦尔特·]拉特瑙(Walther Rathenau)的讨论过程中,这种感情成熟到深信不疑的地步。因此,我收回我的谢绝并接受邀请。

作为在知识分子范围内恢复法德友好关系的一种手段,爱因斯坦的访问和他 1922 年 3 月 31 日在法兰西学院的讲演是成功的。虽然他从巴黎火车站到秘密的住所——为了避免威胁性的示威,不过示威从未成为事实——是精神振作的,虽然法国一些学术团体冷淡他,但是从整体上讲,爱因斯坦是受到热情接待的。一位热心的年青法国律师事后这样描写他:[①]

……你像一个和平使者一样地出现了,许多人,甚至政治家都以那样的眼光看着你。一位老下院议员在报纸上是这样友好地措辞的:

"爱因斯坦在巴黎?它标志着从国际疯狂中复原过来的开端。这是大天使制服地狱的妖魔的胜利。我正要说什么呢?我要说的是,正是一个德国人被召唤、被倾听、被尊敬。……啊,爱因斯坦的德国!歌德和席勒的德国,贝多芬和瓦格纳(Wagner)的德国!来到我们跟前的难道不正是你吗?……"

---

① 这位年青律师是巴黎的 Raymond de Rienzi,他是由 Langevin 教授介绍给爱因斯坦的。

爱因斯坦的朋友奠里斯·索洛文多年后回忆起这次访问时写道：[1]

……他和政治人物开了几次会，他与他们讨论了防止未来战争的方法问题。……每一个人都同意，必须做出巨大的努力，以便缓解在德国和法国之间现存的紧张状态和野蛮的敌对行为。……爱因斯坦与之交谈的政治家都没有占据正式的政府职位；那些处于有影响地位的政治家的态度是一点也不和解的。法国痛苦地尝试过，从心理上讲，它很难劝使它的人民忘记他们的牺牲和折磨。……爱因斯坦认为，一切国家的知识分子所能采取的建设性步骤是，应该使热衷于战争的政治家以及其他人物的阴谋不能得逞。

在1922年4月9日给他的妻子的信中，爱因斯坦写道：

……你简直不能想象，法国人民以怎样的同情心迎接我。甚至在他们对于政治意识的态度方面，我发现沉静的考虑与对和解的真诚需要珠联璧合——比我曾经预料的更有指望得多。明天，我将乘车参观几处战争废墟。

关于爱因斯坦返回德国的旅行，索洛文和另外两个朋友陪同他直到圣康坦（Saint-Quentin）。他是头一次来到这里，面对战争

---

[1] Solovine 的追忆出自第1章第15页注2中所引用的那封信。

第2章 德国革命:希望和幻灭(1919~1923)

的可怕蹂躏。满目疮痍的情景给他留下了不可磨灭的印象,索洛文描述了这一切:

> ……他对我讲了许多,并告诉我他是多么吃惊。……他反复说,战争是可怖的,必须不惜一切代价废除战争。我说,我不认为这能够通过宣传,或借助几个人在政治生活中的意图来实现。我说,无知的人和具有邪恶目的的人还是太多了;他们的说教比有知识的、本意良好的人的团体提出的观念更容易被接受。他说,哎呀,你说得十分正确、十分怕人。……在这时,爱因斯坦还没有构想出政治组织的任何计划,以便用来结束战争的灾难的根源。他是从纯粹的人道主义的观点谈论战争的。

在他返回后不久,即1922年4月19日,爱因斯坦写信给罗兰,[①]向他道歉说,事情忙得不可开交,没有留下时间去拜访他:

> 我感到很幸福,我对巴黎的访问这么融洽地度过了。我可能有助于两国之间知识分子的进一步合作,想到这一点我就十分高兴。我尤其感到愉悦的是,我遇到的人显示出责任感,没有因胜利而表现出傲慢无礼或盛气凌人。正如我所看到的,我们的主要困难是我们两国对战争罪行问题所持的僵硬态度。这样一种态度是很难克服的,它使两国人民建立个

---

① 爱因斯坦的信译自 Rolland 夫人提供的复制件。

人接触变得相当困难。可是,为了恢复两国之间的健全的关系,为了消除现存的互不信任,这样的接触是必不可少的。

罗兰立刻回了信,谈到新的自由的法国杂志《光明》(Clarté)的一些详情,他和一些第一流的法国作家合作,不久就要创办它。爱因斯坦在巴黎就已经得知这项计划。几周之后,亨利·巴比斯(Henri Barbusse)——他的战争小说《炮火》使他赢得了世界性的声誉——给爱因斯坦寄送了该杂志更进一步的细节,并请爱因斯坦就他访问巴黎写篇短文。爱因斯坦在 1922 年 7 月 11 日答应了巴比斯的请求:

> 我在巴黎度过的日子将计入我最美好的经历之中。我将以高兴而感激的心情永远铭记它们。尽管国家主义情绪目前处于支配地位,但是我的巴黎同行还是毫无保留地接待我,就像他们接待一个老朋友一样,这正是我乐于预期的。共同的工作和共同的利益迅速驱散了过去的阴影。在我们的比较密切的会议上,我们偶尔也忙于政治讨论。给我印象最深的是,我无论在什么地方也没有注意到任何的敌意和胜利的陶醉,而只是注意到他们对已经发生的事情感到关心和悲痛。
>
> 关于世界大战的起因和目前的政治形势,在法国存在着相当一致的态度(顺便提一句,在德国情况也是这样),这被可靠地看作是唯一正确的态度。在两国现存的观点差异,更多的是与对它们的评价有关,而不是与事实本身有关。我没有预期,对过去悲剧性事件的专注和讨论能够大大有助于两个

第2章 德国革命:希望和幻灭(1919~1923)

民族的道德的恢复。在我看来,他们之间在重建被破坏的地区时的合作似乎要重要得多。

富有成效的合作必须以相互信任为基础,而信任只能通过培育个人联系来创造。法兰西学院全体人员给予我的邀请是在这个方向上迈出勇敢的第一步。我希望,在两国将做出类似的表示。

早在一个月前,法国在那个方向上采取了一个重要的步骤。一个法国名人代表团前往柏林,参加由德国和平会议(德国和平联盟)组织的宏大的法德友好示威,这是德国人权同盟把力量与其他十四个德国和平团体联合起来形成的组织。这次事件的要旨是巴黎大学(Sorbonne)的维克托·巴施(VictorBasch)教授提出的,他说要建设"横跨深渊的桥梁"。主要的群众集会在德国国会大厦的会场举行,会议主持者在大会上发表演讲。当巴施指出坐在听众席上的爱因斯坦作为一个活生生的证明,说即使在如此可怕的战争之后,伟大的法国人民和德国人民能够在一起共事时,会场响起了雷鸣般的掌声。爱因斯坦向大会发表了如下演说:

> 今天在这里听到激动人心的话语,我乐于用最清醒的言辞描绘我目前的心境,仿佛我们有幸从月球的优越的地点,充分目睹在这个悲惨的行星上偶然发生的事件一样。
>
> 首先,我想问我们自己,在什么意义上国际事务问题今天需要与过去截然不同的处理方法——不仅仅是最近的过去,而是过去的半个世纪。在我看来,答案十分简单:由于技术的

发展,世界各地的距离缩小为它们原先大小的十分之一。世界的商品生产已经变成由来自全球各地的部件所组成的镶嵌图。世界各个地区已经增长的经济上的相互依赖参与到人类的生产之中,它要用合乎时宜的政治组织来补充,这是必不可少的、十分自然的。

月球上的名人也许无法理解,为什么人类甚至在可怕的战争经历之后还要如此勉强地创建这样一个新的政治组织。人们为什么如此勉强?我认为其理由在于,在涉及历史的地方,人们总是受到健忘的折磨。

这是一种奇怪的状况。普通人面临碰巧发生的事件,相对说来他们几乎没有多少烦恼就使自己适应于巨大的变化,而汲取了许多知识并以知识服务于他人的有学识的人,则面对着一个相当困难的问题。在这方面,语言起着特别不幸的作用。因为所谓国家,无非是由通过写话和讲话永远相互影响的个人组成的群体。当语言共同体的成员本身特有的对世界的看法变得有偏见和顽固不化时,他们大概没有注意到这一点。

在我穿越荷兰、法国和美国的旅行中,我惊奇地目睹了这样的语言集团的僵化性。特殊的共同体的这些差异是通过共同的语言和作为国家的地位养成的,它们是极其难以沟通的。它们代表了许多世纪历史进化的结果。我们不会欺骗自己去相信,超越这些根深蒂固的思想障碍将是容易的。可是,除非我们成功,否则我们就不能希望在欧洲各国之间达到真正的政治团结和合作。

第2章 德国革命:希望和幻灭(1919~1923)

我相信,世人今天发现他们自己所处的条件,使得创造各国之间的联合和知识分子的合作不仅仅是一个理想主义的问题,而是一个急迫的必然的问题。我们中间注意到这些需要的人,必须停止借助于"应该为我们国家做什么?"来思考问题。相反地,我们应当问自己:"为了给更大的世界共同体打好基础,我们的共同体必须做些什么?"因为没有这个更大的共同体,单个的国家也不会持久。

我相信,只有他不断地意识到这个事实,并力图用这个标准估价生活中的每一种情况,他最终才能够突破把文化分开的冻结的障碍。我认为十分重要的是,无论何时有机会,讲不同语言和有不同政治观点与文化观点的人应跨越国界相互交流,这样做并不是期望个人的或国家的利益,而在于试图在不同的、相对独立的知识分子群体之间的鸿沟上架起桥梁。

只有如此,我们才能够希望达到——至少在欧洲——政治上的统一,唯有政治上的统一,才会使我们幸存下去,并维护我们的智力遗产。只有那时,生命才值得活着。

在德国其他地区,也对法国代表团给予热情的接待。但是,仅仅在两周后的1922年6月24日,当德国外交部部长、国际合作政策的倡导者瓦尔特·拉特瑙被反动的对手暗杀时,充满希望的气氛于是为之一变。爱因斯坦熟知拉特瑙。在1918年10月15日写给母亲的信中,爱因斯坦把拉特瑙描绘成一个"雄辩的、才华横溢的、斗志昂扬的"人。数年后,他用较大的篇幅描述

了他与拉特瑙的相识：[①]

> 我有几次在拉特瑙陪伴下花费数小时讨论各种各样的问题。这些谈话的倾向是相当单方面的：从整体上讲，他说而我听。一则是不容易获得发言权；二则是听他讲话令人愉快，人们不觉得那是难以忍受的。

> 拉特瑙的真正兴趣不在理论科学思想的领域。他主要关心社会问题和各类艺术。他公开声明的忠诚是自相矛盾的。他感受到他自己是一个犹太人，并按照国际路线思考问题，但是与此同时，他像许多同一代有才干的犹太人知识分子一样，热恋大普鲁士主义、它的容克(Junker)阶级和它的军国主义。……战后，正是拉特瑙极力劝说我接受去巴黎的邀请，这在当时还被看作是十分冒险的举动。我在那时清楚地认识到，他距眼光短浅的国家主义是何等遥远，而国家主义实际上激发我最终认清所有的德国知识分子。可是，十分奇怪的是，他固有地依赖在人品方面比他差得多的人的赏识。另一方面，尽管对他人难以理解的依赖，他却乐于撰文讥讽地抨击事件和人物。这些即兴之作按它们的滑稽可笑的直率，往往是真正的艺术品。

爱因斯坦的档案也包含着给一位身份未查清楚的同行的信的

[①] 爱因斯坦对 Rathenau 的追忆源于 1943 年 2 月 2 日写给马萨诸塞州罗克斯伯里(Roxbury)希伯来教师学院的 Johonon Twersky 的一封信。

第 2 章 德国革命:希望和幻灭(1919～1923)

草稿,所署的日期是 1922 年 7 月 1 日,[①]他在信中再次谈起拉特瑙:

> 在瓦尔特·拉特瑙因暴力而死的时候,你问我对[柏林]大学追思礼拜的看法。这就是我的观点:通常,在内阁阁员逝世的情况下,这样的追思礼拜也许是不恰当的。在这个例子中,可以想象它只是作为大学反对政治谋杀的一种抗议示威。一般而言,文化机构对于政治事务的干预是要受到谴责的。但是,在这里,它是一个**断定广泛的道义立场**的问题,是一个维护那些高于党派冲突的价值的问题。依我之见,大学应该无条件地抗议政治谋杀。(学生和教员都应该讲话。)大学应该直截了当地痛斥预先策划的政治谋杀的卑鄙罪行,它同样必须确认,任何不坚持尊重大家生命的社会必然要衰亡。我深信,异口同声、毫无保留地表达这种情绪的公众集会,能够对形成比较健全的舆论产生相当大的影响。相反地,在目前的气候中,对大学作用的沉默会被看作是同情拉特瑙政治上的敌人的一种表示。

爱因斯坦 7 月 16 日写信给索洛文:[②]

[①] 关于 Rathenau 追思礼拜的信与爱因斯坦的手迹符合,并由他签了名。信中若干改正之处暗示,它可能是一份草稿。另外,它可能从来也没有寄出去。

[②] 给 Solovine 的信经慨允译自《阿尔伯特·爱因斯坦——给莫里斯·索洛文的信》(*Albert Einstein—Letters à Marrice Solovin*)原版的摹真本,巴黎 Gauthier-Villars 1956 年版。

> ……自拉特瑙被可恶地谋杀以来,这里已经出现了多次骚动。我本人总是受到告诫,要小心,要取消我的讲演,不要去上班,虽然我实际上并没有这样做。反亲犹太人主义十分广泛地传播着。

54 大约在十天前,即 1922 年 7 月 6 日,爱因斯坦写信给马克斯·普朗克,[①]取消了他曾经同意发表的科学演说:

> ……许多值得认真对待的人各自告诫我,暂时不要在柏林停留,尤其是要避免在德国公开露面。我被说成是在国家主义者指名要暗杀的那些人中间。不用说,我没有证据;但是在国家主义盛行的局势下,这似乎是十分可能的。……使人烦恼的是,报纸屡屡提到我的名字,如此煽动暴民反对我。我除了忍耐和离开这个城市,别无其他选择。我劝你对政治事件丝毫也不要像我一样心烦意乱。

不过,在数周内,爱因斯坦就已经放弃了人们可能说服他采取的任何预防措施。他首次公开露面的场合是在德国首都一个公园举行的"不再要战争"的群众集会。[②] 自战争结束以来,8 月 1 日这一天都是通过示威来表示对战争爆发周年的纪念的,示威时常有多达二十万人参加。这时,爱因斯坦虽然没有在集会时公开讲话,

---

① 给普朗克的信译自 SEELIG,第 213 页。
② 爱因斯坦在 1922 年的不再要战争示威大会上露面,在 Kurt Grossmann 的文章"德国的和平运动"中做了描述。

第2章 德国革命：希望和幻灭(1919～1923)

但他容许自己站在车上游行。

1922年8月30日，爱因斯坦写信给英国(哲学家和政治家)霍尔丹勋爵(Lord Haldane)和法国(数学家和政治家)保罗·潘勒韦(Paul Painlevé)，他个人与他们二人都相识。他力劝他们考虑一个计划，按照这个计划部分通过在国外拍卖德国工业股份来筹集德国的赔款。① 他尽力详细说明，他的名字在这一联系中未被公开提及。爱因斯坦的档案表明，只有霍尔丹复信了。霍尔丹用不明朗的、虽则是有礼貌的语言暗示，他正在注意到他与之协商的那些英国财政部官员方面缺乏热情。

在这一时期，爱因斯坦的和平主义立场在他为《争取和平的运动》(*Die Friedensbewegung*)撰写的文章中做了最好的概述，《争取和平的运动》是在1922年出版的和平主义运动的德语手册：②

> 战争对国际合作的发展构成最可怕的障碍，尤其是在它对文化的影响方面。战争完全破坏了知识分子从事创造性工作的必不可少的那些条件。如果它碰巧是年轻力壮的，那么他的活力将被拴在起破坏作用的发动机上，而年长的人将陷入仇恨和灰心丧气的气氛之中。而且，战争导致国家枯竭，导致长期的经济萧条。因此，凡是珍爱文化价值的人，都不能不

---

① 赔款计划的撰稿人是 Arnold Rechberg。在 Haldane 勋爵给爱因斯坦的复信中，Haldane 封入他从 Basil Blackett 爵士那里收到的不怎么热情的反应的副本，Blackett 爵士是英国财政部关于赔款问题的常设顾问。

② 《和平运动》由 Kurt Lenz 和 Walter Fabian 编辑，柏林 C. A. Schwetschke u. Sohn 于1922年出版。眼下的译文是根据 TFAW 第17页校正的。

是和平主义者。

在科学与和平主义的发展之间存在着什么关系呢？很清楚，纯粹科学对和平主义思想的影响只不过是微乎其微的。在那些代表着首先应该被考虑的科学即历史科学的努力的领域的人中，其大多数肯定没有为促进和平主义事业做过什么工作。事实上，许多历史学家——显然不是他们中的优秀分子——尤其是在大战期间，却特意无耻地发表军国主义和极端爱国主义的声明。

另一方面，自然科学却是截然不同的情况。自然科学家之所以接受和平主义的目标，是因为他所处理的论题具有普遍的特征，从而他必然要依赖国际合作。这对经济学家来说也是正确的。他们必定倾向于认为，战争对经济会产生破坏和瓦解作用。

不管怎样，就科学对历史进程的影响而言，最使我们感兴趣的，与其说是科学对人的精神的影响，还不如说是科学的物质影响。科学家的工作所导致的技术发展已使世界经济相互依赖：这就是每一次战争为什么必然呈现出世界范围的重要性的缘由。只有当我们逐渐意识到这一发展的意义，我们才能把活力和需要创建一个组织的善良意愿集中起来，从而使战争不可能发生。

1922年10月初，爱因斯坦从马赛启程到亚洲做六个月的旅行，后取道巴勒斯坦和西班牙返回。途中，在国外的日本轮船上，他受到消化道疼痛的折磨，一位旅伴帮助他解除了病痛。二

第2章 德国革命:希望和幻灭(1919~1923)

十五年后,爱因斯坦主动为这位日本医生和他的妻子创作了动人的墓志铭。

爱因斯坦在旅行期间写了日记,但是日记里几乎没有包含有关他对战争、和平或政治事务的观点的内容。1922年10月28日,在锡兰①的科伦坡,他注意到:

>……我们坐在只能乘一人的小车上,由力气很大可是体格显得脆弱的人拉着小跑。我为分担给予人的这么糟的待遇的责任而感到痛苦和羞愧,但是我对比却无能为力。那些具有堂皇身材的乞丐蜂拥而来,淋漓尽致地暴露在每一个观光者的眼前,直至使观光者蒙生恻隐之心才肯罢休。他们知道如何用撕裂你的心的方式乞讨和哀求。沿着本地人居住区的街道,人们看到这些引人注目的人怎样过着他们的原始生活。就他们的整体而言,他们给人的印象是,社会风气妨碍他们思考四分之一小时之后或之前的问题。他们住在低矮的陋室,四周污物堆积,臭气熏天,他们无所事事,无欲无求。他们的居住区拥挤不堪,容不得个人的任何隐私。他们半裸着,显露出美丽的、强健的躯体,带有优秀的、坚韧的特征。这里像在埃及塞得港的人中间一样没有喧闹,没有暴行,没有骚乱——只有单调的、顺从的生活,在某种宁静之外再也没有什么了。密切地注视着这些人,人们便丧失了欧洲人的欲望,欧洲人是多么堕落颓废,多么冷酷无情,看来又是多么粗暴和贪婪——

---
① 锡兰(Ceylon)现称斯里兰卡(Sri Lanka),1972年以前称锡兰。——译者

不幸的是,这一切倒被解释成他们在实际事务中的优越地位,他们处理和完成大事情的能力。我想知道,假如我们生活在这一风气中,我们是否会喜欢这些印度教教徒。

在港口有许多要做的事。力大无比的工人装卸货物,他们的躯体又黑又亮。潜水员从事他们大胆的作业。当他们为金钱和饱食终日的人贱卖他们自己时,他们的脸上总是带着微笑,那些饱食终日的人是享尽荣华富贵的卑鄙家伙。

这次旅行的高峰是访问日本,爱因斯坦增进了对这个国家深厚的、持久的情感。正如他在此后不久(1923年的降灵节①)写给索洛文的信中所说的:②

> 日本人是了不起的——彬彬有礼,对一切都兴味盎然,有艺术感,机智伴随着理智的天真——风景如画的土地上的奇妙的人民。

正是在这次远东旅行的过程中,爱因斯坦获悉他被授予1921年度诺贝尔物理学奖。在他于1923年春(经由巴勒斯坦和西班牙)返回之前,对他自己和世界来说都具有重大意义的两个事件在欧洲发生了。1922年10月末,墨索里尼(Mussolini)在意大利攫

---

① 降灵节(Whitsunday)是复活节(Faster)后第七个星期日。——译者
② 给 Solovine 的信的摘录译自 Solovine 编辑的选集。

取了权力;1923年1月初,法国为坚持要求德国赔偿而进军到德国的鲁尔(Ruhr)地区。爱因斯坦1923年10月12日写给某人的一个亲笔短笺中是这样表白的:①

> 幼稚的人不利用他们祖先的智慧;国家不听信历史。必须不断地重新记住过去的惨痛教训。

---

① 亲笔短笺译自康涅狄格州诺沃克(Norwalk)的Purndy图书馆中的原件,原件的复印件是由馆长Bern Dibner先生提供的。

第 3 章　国际合作和国际联盟
（1922～1927）

在 1914 年战争爆发之后，爱因斯坦关于战争与和平问题的观点日益变得定形了，他最终认为超国家的组织是废除战争的先决条件。因此，人们必然预期他会欢迎 1920 年国际联盟的建立。在国际联盟存在的头几年，他没有与国联直接接触。不过，在 1922 年，爱因斯坦和著名物理学家玛丽·居里（Marie Curie）、法国哲学家亨利·本格森（Henri Bergson）以及其他世界知名人士应邀成为国际联盟知识分子合作委员会的委员。爱因斯坦迅速地接受了邀请[①]：

> 虽然我对委员会所做的工作的性质一点也不清楚，但是我认为接受你们的邀请是我的责任。依我之见，在像这样的时刻，没有人会拒绝参与为带来国际合作而做出的任何努力。

对爱因斯坦的邀请是在德国允许加入国际联盟之前四年发出

---

① 爱因斯坦接受国际联盟知识分子合作委员会任命的原信译自 FRANK 第 328 页中的德文原件。另一个译自 TFAW 第 14 页的德文原件。该委员会的正式名称在 1926 年显然变为"国际知识分子合作委员会"，但是后一个名字的使用并不是一贯的，两个名字交替地正式使用。

的,它曾激起某些争论。英格兰牛津的吉尔伯特·默里(Gilbert Murray)教授是国际联盟运动中著名的英国领导人之一,后来任知识分子合作委员会主席,他在1957年逝世前不久说[①]:

> 我自然渴望使爱因斯坦博士成为知识分子合作委员会的委员,部分是因为他在某种意义上可以算做德国人,部分是因为他的知名度;但是也有两三个障碍——我的某些法国同事反对这么早就请来一个德国人,而一些德国人却争辩说,他根本不是德国人,而是瑞士的犹太人。另一个困难是,爱因斯坦本人怀疑知识分子合作委员会只不过是由胜利者组成的委员会。与委员会一些领导成员的会谈很快使他对我们真正的国际与和平精神感到满意。德国人的反对意见不是一种能够坚持的意见;如果他是瑞士人,那么德国人就没有理由反对他。

在接受加入委员会的邀请后不久,爱因斯坦对他自己的参加另有想法,几乎决定要撤回他的接受。他向皮埃尔·科尔梅(Pierre Comert)转达了他的意图,科尔梅是国联的新闻主任,是爱因斯坦个人认识的唯一的国联官员[②]。他在补充说明中谈到,尽管他本人不是德国知识分子敌意批判的对象,但是

> 这里的局势是这样的:犹太人在参与政治事务方面还是

---

① Gilbert Murray 关于爱因斯坦在委员会服务的回忆是特地为本书准备的。
② 爱因斯坦是通过他的朋友 Hermann Struck 画家向 Comert 转达他收回接受邀请的意图的。

有所约束为好。此外,我必须说,我不想代表那些肯定不会选我作为他们代表的人,我发觉我自己与他们在所处理的问题上格格不入。……

在恳求爱因斯坦不要撤回的人当中,有居里夫人(Mme. Curie)和吉尔伯特·默里。他们显然说服了他。由于他不能出席1922年8月在日内瓦举行的委员会第一次会议,因此他打电报表示支持。下面的祝词无疑有助于他在委员会成员资格方面达成积极的决定。他在"科学的国际主义"一文已经充分表达了这些观点,他很可能是在同一时期准备这些祝词的[①]:

当国家主义和政治激情在战争期间正好达到顶点之时,埃米尔·菲舍尔[1902年诺贝尔化学奖获得者]在[普鲁士皇家]科学院的一次会议上强调指出:"不管你喜欢还是不喜欢,科学现在是并将永远是国际主义的?"

科学家中间的伟大人物总是了解这一点,并且热情地感受到这一点,即使在国际冲突期间当他们仅仅站在他们的气量狭窄的同行之中时。在战争时期,每一个国家的大多数投票人都背叛了他们的神圣责任。国际学会联合会被破坏了。会议虽说还是举行了,但是不许来自先前敌对国的学者出席所举行的会议。政治考虑装腔作势地进行着,它使得纯粹的

[①] 论述"科学的国际主义"的论文是在 MW 第82页中以德文发表的,这是译自它的新译文。不同的英译文发表在 TWAISl 第50页和 IAO 第83页中。在 MW 和 IAO 中,该论文所署的日期是"在战后不久",但是它大概是在几年后准备的。

客观性不可能奏效。而没有客观性就无法实现伟大的成就。

为了使知识分子共同体恢复健康,不受此刻激情诱惑影响的本意良好的人能够做些什么呢?只要大多数脑力劳动者依然如此激怒,那就不可能为具有真正意义的国际会议做出安排。而且,从心理上反对恢复科学工作者的国际联合还是如此难以克服,以致少数宽宏大量的人也无法战胜它。

这些比较开明的人通过与世界各地志趣相投的男人和女人保持密切的接触,以及通过在他们自己有影响的范围内坚定不移地拥护国际主义事业,能够对复活国际交往的伟大任务做出重要贡献。真正的成功将需要时间,但是它最终无疑会到来。我不能让这个机会白白失去,而不表示我对特别多的英国同事的赞赏,他们在这些困难的岁月,从来也没有停止表现出维护国际知识分子共同体的强烈愿望。

单个的平民的态度处处比官方的声明好得多。与其让具有善良心愿的人容许他们自己变得恼怒或误入歧途,不如让他们记住这一点:参议员是可尊敬的人,但是参议院却是一个怪物。

我对普遍的国际组织怀有极大的希望。我的情感并非更多地建立在信任科学家的理智和高尚品格的基础上,而是更多地建立在经济发展的不可避免的压力上。由于这些发展大大依赖于甚至是极端保守的科学家的工作,因此除了坚持建立国际组织外,他们将别无选择。

当1923年1月法国政府拒绝把德国战争赔偿支付问题提交

仲裁,并派遣武装占领军进驻德国鲁尔地区时,爱因斯坦对国际联盟有能力成功地和平解决世界问题的信任严重地动摇了。就这一次,爱因斯坦发现他自己与德国国家主义站在同一边,尽管出于不同的原因。在他1923年3月从远东和地中海返回后不久,他宣布他辞去知识分子合作委员会委员的职务[①]:

> 我已经变得确信,国联既没有力量,也没有它为实现自己的目的所需要的真诚愿望。作为一位深信不疑的和平主义者,我觉得不得不切断与国联的一切联系。我请求你把我的名字从委员会成员的名单中勾销。

在这一时期,对爱因斯坦所做的非难的性质,反映在他自己在同一时间给德国犹太复国主义组织所写的一封短笺中。该短笺试图反驳在纳粹党的会议上对他的指控,纳粹党当时还处于它的初建时期:

> ……我委托你们发布下述正式声明。无论在巴黎还是在任何其他地方,我从来没有否认我出生在德国双亲居住的乌尔姆(Ulm),也没有否认我后来通过移民成为瑞士公民。而且,我可以说,我从未求宠于任何人而企图去巴结他。

[①] 爱因斯坦辞去委员会委员职务的辞呈在 FRANK 第328页,德文引用得不准确。英译文在 TFAW 第14页中给出。眼下的译文译自原始的亲笔信。

第3章 国际合作和国际联盟(1922～1927)

吉尔伯特·默里在一封致爱因斯坦的信中,表达了他对爱因斯坦辞去国联委员会委员职位表示伤心,该信所署日期是1923年4月20日[①]:

> ……我充分理解你的行动,甚至对你的行动感到最深切的同情,但是我希望并且相信,你是不正确的。我确信,在议会的绝大多数代表都具有所必需的**善良意愿**。要是不相信这一点,人们就不会参加议会的会议,也不会在秘书处一干就是几天。但是不用说,能力是另外一码事。在欧洲,我们面临着掌握在一个国家手里的军事霸权,它几乎大到拿破仑(Napoleon)在他的权力顶峰时的军事霸权,这使得朝向国际公正的进步变得极其缓慢和困难。即使像我自己这样的深深地为国联承担义务的人,有时也发现要保持我们的耐心是很困难的。
>
> 我为你明确地辞职而遗憾。……我认为,对我们中的若干人来说,正确的路线也许是,当法国拒绝把他们的案例提交仲裁,尤其是在欧洲造成了战争状态时,知识分子合作委员会不可能起什么作用。我相信,委员会的其他一些成员恐怕也愿意采取这种路线。委员会本身主要由与国联毫无特殊关系的人组成,我担心它没有渗透国联的精神。……

爱因斯坦在1923年5月25日复信说:

---

① Gilbert Murray 的信是经过他的特别慨允而重印的。

> 我决定辞去委员会的职务的确是十分勉强的；我甚至不能肯定我的做法是正确的。但是，一旦我对作为一个整体的国联的信念发生动摇，那就不可能进一步参与它的任何活动。它的主要缺点不是缺乏作为其后盾的力量。更确切地讲，我发现最使人沮丧的是，国联由于它的缄默和行动，在这一历史阶段作为恰巧成为处于支配地位的那些强国的工具而起作用。因此，国联不仅没有坚持正义，而且实际上削弱了相信有可能创建一个超国家组织的、具有善良意愿的人的信念。
>
> 我希望能够使你相信，我的行动绝不是由政治偏见决定的，更不必说是由沙文主义决定的。

由于爱因斯坦辞去国联委员会职务的辞呈得到广泛的宣扬，因此他感到不得不提出公开的说明，该说明发表在德国和平主义杂志《和平运动》1923年6月号[①]。他认为辞职是必要的，他说：

> 因为国际联盟的活动使我深信，无论多么令人不快，目前的大国集团好像并没有承担义务的行动，而国联却心甘情愿对大国承担义务持反对立场。我之所以撤回，是因为国际联盟像它目前的所作所为那样，不仅没有使国际组织的理想具体化，而且实际上怀疑这样一种理想。
>
> 不管怎样，我是十分勉强地这样做的，因为在我身上，下

---

① 爱因斯坦在《和平运动》上对他的辞呈的说明是从1923年6月28日《纽约时报》和TFAW第14页得到的。

第 3 章　国际合作和国际联盟(1922～1927)

述希望还没有完全死灭：在国际联盟今天存在的外壳内，迟早可能发展出一种较好的机构。……但愿未来的国联证明我严厉的话语是犯了错误。

爱因斯坦在任何时刻也没有放弃国联的原则，这一点在他发给柏林的群众集会的祝词中清楚地表达出来①。这次集会是由德国人权同盟在1923年7月17日组织的，为支持德国进入国际联盟而举行：

我为有机会表达我的下述信念而感到高兴：创建一个强有力的政府之间的组织对于欧洲的幸存是至关重要的。如果德国进入国际联盟将有助于促进这一目标的话，那么为德国的进入而工作就是我们的责任。

在战前，爱因斯坦在比利时实业家埃内斯特·索尔维(Ernest Solvay)组织的一系列国际科学会议中起了重要作用。这些"索尔维会议"现在恢复了。1923年7月15日，洛伦兹就他是否希望接受邀请的问题试探爱因斯坦。爱因斯坦在1923年8月16日答复说，他与一位同事讨论了这个问题，他认为：

……会议依照原则把我的德国同行排除在外，因此在我

---

① 爱因斯坦就进入国联的柏林群众集会所做陈述的片断是在 TFAW 第15页给出的。眼下的译文译自手稿。在第1章注释中所引用的 Otto Lehmann-Russbüldt 的小册子第105页中，用大量材料证明爱因斯坦参加了这次集会。

看来,参加这个会议也许是错误的。……我确信,不应该容许政治冲击科学努力,也不应该让个人为他们碰巧所属的国家的政府承担责任。假如我参加会议,那么这就隐含着,我会变成我强烈地认为是深恶痛绝的不公正行为的同谋犯。当我想到法国人和比利时人近年犯下了许多罪孽,却继续装出受损害的清白无辜的样子时,这种情感就变得更加强烈了。……

如果你保证使我连会议的邀请也收不到,我将十分感谢。我想省去谢绝的需要——这种行为也许会妨碍在各国物理学家之间逐渐重建友好合作的有益事业。……

洛伦兹在1923年9月15日写道,虽然他理解爱因斯坦的理由,但是说德国科学家依照原则被排除在外则是完全不真实的[①]。大门半开着,他希望大门不久会完全敞开。他也报告了他作为爱因斯坦的继任者出席知识分子合作委员会第一届会议的情况:

……我的印象是,你依然留在你能够与它的成员一起令人满意地工作的委员会里。在这个圈子内,真正需要普遍的理解,尽管迄今它还没有表现出自己已经达到人们所希望的程度。……

在给居里夫人的信中,爱因斯坦略为详细地论述了他辞去国

---

① 本章多处引用的爱因斯坦-洛伦兹通信,译自和摘自荷兰海牙国家档案馆的原来的亲笔信。爱因斯坦接受参加索尔维会议的日期是1926年4月12日。

第3章 国际合作和国际联盟(1922~1927)

联委员会职务和他不愿意参加索尔维会议的情况[1]。这封信所署的日期是1923年12月25日,它表明是发现镭的二十五周年纪念日。(直到两年半之后,当爱因斯坦达到他的目的,德国人依照原则不再被排除在外时,他才接受了参加索尔维会议的邀请。)在给居里夫人的信中,他明确表示:

> 我明白,我退出国联委员会。并且发表了一个措辞尖锐的声明,你为此会生我的气,这是合乎情理的。毕竟在不到半年前,我自己还劝你参加委员会的工作呢!我的辞职,既不是出于卑鄙的动机,也不是因为亲德国人的同情心。我已经深信,国联(不同于我所属的那个委员会)尽管虚饰着一层薄薄的客观性的面纱,但它的所作所为却是强权政治的驯服工具。在这种情况下,我不想同国联发生任何关系。我觉得,含有这个意思的直率声明不会有什么害处。也许我错了,但当时我的信念就是这样。
>
> 而且,我还请求过,不要邀请我去布鲁塞尔[参加索尔维物理学会议]。虽然从心理上讲,我完全能理解法国人和比利时人为什么不喜欢与德国人会面,但是像群众煽动所控制的低劣的群氓那样,按照各自的国籍或其他浅薄的标准相互对待,那肯定与具有真正的文化的人不相称的。假如世道果真如此,那么我宁愿待在我的书房里,也不想为外界人们的行为而懊恼。请一刻也不要以为,我认为我自己的同胞高人一等,

---

[1] 爱因斯坦给Curie夫人的信译自SEELIG第210页。

我误解了其他人,这与相对论的精神是格格不入的。……不过话已说够了。假如我不是把你看作一个可以闹别扭的姐妹,一个在她的灵魂深处对这样的感情总是有所理解的,而且始终使我感到特别亲近的姐妹,我是不敢以这种方式发牢骚的。

1923年的特点是骚动特别多、充满变故的一年,形势的发展影响了德国的政治和经济状况。法国军队对鲁尔的占领大大加速了德国货币的全面崩溃,这具有最为广泛的政治和经济影响。政治民主的生存时常处于危险之中。纳粹运动获得了力量。国家主义激情迅速高涨。这年11月,爱因斯坦出其不意地启程去荷兰莱顿。军国主义的煽动与希特勒1923年11月9日在慕尼黑(Munich)发动的不成功的啤酒厅政变同时发生,它再次引起人们对爱因斯坦安全的担心。爱因斯坦的离开如此突然,以致马克斯·普朗克应邀来到爱因斯坦家里时,发现主人已不在了,同时在十分焦虑的状态下给普朗克写了留言,恳求普朗克不要接受来自国外的任何诱人的提议,因为这样无疑会走他的道路。不管爱因斯坦是否再次片刻考虑过永远离开德国,他果断地向普朗克保证他决定不这样做,大约六周后他重返柏林。

1924年5月16日,吉尔伯特·默里再次写信给爱因斯坦。该信标明"机密":

> 你无疑已经不时地注意到,我和其他人以知识分子合作委员的片面性为理由对它做了批评。我想,事情现在已经达

第3章 国际合作和国际联盟(1922～1927)

到这一地步:如果你乐于重新考虑你对委员会的态度,他们会一致欢迎你的光临。我十分希望你能同意再次加入到我们的行列中。

在这件事情上不会有什么前后矛盾之处。在入侵鲁尔以及随之而来的法国和德国之间的感情激怒之后,你作为一种抗议辞职了,而你重返委员会将标志着我们大家期待为恢复友好关系的开端。我感到,在这个时刻,当似乎有指望使赔偿问题获得某种最终的解决,似乎有指望劝说法国离开德国时,善良的欧洲人应该尽其所能做有助于创造正常气氛的所有事情,你参与国联委员会正是这样一类事情,它会影响到整个欧洲。如果你能够给我一个私下保证,保证你愿意考虑国联理事会重新恢复你在委员会职位的邀请,那么我蛮有把握地肯定,邀请将是唾手可得的。

爱因斯坦在 1924 年 5 月 30 日回信说:

在我从几周的旅行中返回时,我看到你的信,我真诚地感激你的来信,它的确使我十分幸福。它肯定值得坦率地回答。

当我在一年多前宣布我退出知识分子合作委员会时,我就指出,我这样做并不是由于对委员会本身的工作缺乏信任,而是因为我对作为一个整体的国际联盟失去信心。我毫不犹豫告诉你,我的最亲密的、最开明的朋友,都是对我的辞职表示极度遗憾的人。我自己渐渐地开始感觉到,我与其说是受了明晰思考的影响,还不如说是受了幻想破灭的一时情绪的影响。确实,国联迄今常常失败,但是同时与此一样阴郁,还必须把它看作是能给那些为国际和解诚实工作的人提供有效行动的最有指望的机构。还有另一个应该考虑的因素:在这个国家中相信调解政策的人此时应该竭尽全力地保障,让在法国人民身上如此强烈地表现出来的欧洲团结精神结出果实。

我高兴地告诉你,我愿意感激地接受重新选入委员会,并且愿意做我能够促进有益事业的事情。万一我未被选入——鉴于所发生的情况这是完全可以理解的,我也会高兴地在可能出现的任何特定问题上与委员会一道工作。

我无法告诉你[默里1924年6月6日复信],我多么兴奋收到你5月30日的最宽宏大量、最友好的来信。

当然,情况还有某种棘手之处,因为委员会的一些成员将无疑对你批评它而感到不满,恰如他们对我也略微不满一样。但是,我看不到他们怎么能够再次保持这样的不满,即使任何人希望如此做——我不期望出现这种情况。

我获悉的一切消息都有助于证明,在法国政策的方向上,尤其是在与国联有关的问题上,存在真实的、明显的变化;我不能不感到,当知识分子合作委员会终于把像居里夫人、本格森和你本人这样的具有世界范围重要性的三位学者包括进来时,它将最后奏响国际合作的真正音符,而这种合作到目前为止似乎经常是缺乏的。……

仅仅在两周之后,国际联盟秘书长埃里克·德拉蒙德爵士

第3章 国际合作和国际联盟(1922~1927)

(Sir Eric Drummond)向爱因斯坦发出正式邀请:

> 国际联盟理事会主席要求我告诉你,在6月16日的理事会上,决定恢复他们对你的邀请,邀请你作为知识分子合作委员会的委员。……
>
> 我代表国际联盟理事会真诚地希望你有意接受邀请,我可以表达这一希望吗?

爱因斯坦于1924年6月25日接受了邀请[①]。在同一天,他寄给皮埃尔·科尔梅一份打算给美国报刊用的声明:

> 国际联盟再次把我选入它的知识分子合作委员会,这一事实是在该机构中占优势的宽宏大度情操的使人放心的表示,我认为这对于人类的政治组织来说是极为重要的;尽管我去年年初在当时所发生的事件的令人沮丧的影响下向国联唐突地递交了辞呈,但是我还是重新当选了。我受到这种理解度量的鼓舞,过去的事就让它过去吧。一旦各个角落的有远见的人民在所有参加国处于支配地位,那么国际联盟必定能够实践它创建一个和平世界的伟大使命。

爱因斯坦严肃地意识到他的新责任,这种严肃性在他1924年

[①] 在Sir Eric Drummond的信的下端,爱因斯坦简单地注明说:"在6月25日已经做了肯定的答复。"显而易见,他没有保留他接受邀请的复写件,接受邀请的信可能是手写的。爱因斯坦的许多信件都是手写的。

7月19日写给夏伊姆·魏茨曼的一个短笺中显露出来[1]。他在信中说明他不能参加在伦敦召开的犹太复国主义的重要会议,因为它与知识分子合作委员会的日内瓦会议相冲突:

……如果我离开[日内瓦],那么委员会其他成员的感情将会受到伤害。情况就是这样,因为仅仅在一年前,我在一次大骚动中辞去了委员会的职务,同时公开宣布国联没有履行它的职责。现在,政治形势在某种程度上已经得到改善,我也被重新选入,我必须参加我的第一次会议。为了避免新的误解,我感到不得不这样做。……

就这样,爱因斯坦终于变成国联知识分子合作委员会的一名起作用的成员了[2]。在会议开幕前几天即1924年7月21日,他在从日内瓦写给妻子的信中说:

国际联盟大厦的内部似乎神秘莫测——这是一家临时准备设备的旅馆,它好像在一夜之间就转变成以前从未梦想到的事件的舞台。人们忙碌地奔走着,用柔和的声音讲话。

---

[1] 爱因斯坦给 Weizmann 的短笺译自原来的手书,它保存在以色列雷霍沃特(Rehovoth)的 Weizmann 档案馆。

[2] 爱因斯坦在知识分子合作委员会活动的主要资料来源是该机构的正式记录,这是在纽约伍德罗·威尔逊纪念图书馆(the Woodrow Wilson Memorial Library)查找到的。

第3章 国际合作和国际联盟(1922~1927)

主席亨利·本格森和副主席吉尔伯特·默里主持了委员会会议。在场的其他成员中,知名人物有居里夫人、加州理工学院的罗伯特·A.密立根(Robert A. Millikan)和H. A.洛伦兹,洛伦兹在前一年选入委员会接替爱因斯坦的职位。1924年7月25日的官方备忘录的内容是:

> ……委员会也欢迎了作为老同事和新同事的爱因斯坦先生。他像其他委员一样,在没有请求任命的情况下被任命为委员会的委员。他在他自己需要的时候重返委员会,并希望成为它的委员。因此,它双倍地属于它。委员会为把一位具有世界范围声望的学者列入它的委员之中而感到幸福和自豪。……事实上,爱因斯坦先生似乎把一部分仁慈变为[他的]高尚的沉思。甚至在战争期间,甚至在战前,他对人与人之人间的关系的看法也不可能远离国际联盟的理想。如果他通过参与国际联盟委员会成功地把所有对他的高尚沉思感兴趣的人吸引到这一理想,那么他就会对人类做出新的、十分伟大的贡献。

第二天,委员会考虑一项来自法国政府的提议,为的是在巴黎建立一个国际知识分子合作协会,作为该委员的执行机关。爱因斯坦对这项建议的反应概述在下面的备忘录中:

> 爱因斯坦先生的看法是,法国的建议具有极大的意义,它只能引起感激之情。委员会的委员们一致同意,他们希

望所有欧洲国家都应该协作。在德国许多人具有相同的观点,但是也必须记住,那里的许多人由于没有受到真正客观的欧洲精神的激励,因而不信任国际联盟,并且非难它。有理由担心,知识分子合作委员会迁移到巴黎会使委员会的努力带有偏见,会妨碍它达到它所追求的那些崇高目标。就他个人而言,他没有这种忧虑,也未做什么建议,但是他请求委员会从心理学的观点考虑一下现存的环境和现有的局势。

爱因斯坦得到保证,把委员会所在地迁移到色黎并没有什么意图。委员会最后决定,把这项计划提交国联采取行动。吉尔伯特·默里多年后描述了爱因斯坦在委员会的贡献:

……他在每一个方面都是讨人喜欢的同事。他充分代表了委员会的真正精神。我们永远有差异的唯一之点是由于他的性情特别仁慈。有一位高级职员是法国人,我们认为他的行为不正派。爱因斯坦不愿意谴责任何人,他怀疑我们中的一些人因这位法国人的极左观点而对他怀有成见,从而必然确信对他的指责实际上是正确的。

在会议期间,向日内瓦大学学生发表演讲已成为委员会委员的习惯,但是爱因斯坦却以小提琴独奏会取而代之,这使他的听众赏心悦目。……

在我们的两次年会期间,我碰巧每天早晨与爱因斯坦、居里夫人和夏娃·居里(Eve Curie)共进早餐,夏娃·居里是居

第3章 国际合作和国际联盟(1922～1927) 115

里夫人的女儿,她后来撰写了她母亲的生平。他们欢快地吃早餐,主要是由于夏娃·居里和爱因斯坦不时愉快地打趣,爱因斯坦完全没有像往往认为大学者才有的那种一本正经。……

我也愿意提及,有一天,当他与我在我的英格兰家里共进午餐时,他情绪十分低沉地叙述了国际形势。我的妻子惊呼:"爱因斯坦博士,当你对世界持有这样黯淡的看法时,你能够继续保持这样令人振奋的精神吗?"此时,爱因斯坦微笑着回答:"我们必须记住,这是一颗十分微小的司命星,也许某些更大的、更重要的司命星可能是很善良、很幸运的。"

爱因斯坦在1924年8月29日《法兰克福报》(*Frankfurter Zeitung*)报道了他参加的知识分子合作委员会第一届会议:

我刚刚从国联知识分子合作委员会的会议返回,我乐于把我的一些印象转达给德国公众。委员会的目标是,发动或鼓励可以促进各国科学和智力共同体之间的国际合作的尝试,从而希望迄今被语言和传统割裂开来的民族文化可以由此带来比较密切的交流。委员会小规模地发起了几个庄重而富有成效的规划,例如科学报告、出版物交换、著作产权保护、各国之间的学者和学生交换等国际组织,这不是引人入胜的乌托邦计划。到目前为止,在国际报道范围内,已达到了最大的进步。

虽然刚才提到的特定规划对一般公众来说可能没有兴趣，但是德国人民和德国政府应该原则上对国际联盟采取什么态度的问题，却是应当多加考虑的。仅就他们卷入这个较大的问题而言，我在日内瓦的个人印象是饶有趣味的。

委员会的所有成员总是急于强调该机构的真正国际特征。尽管问题还在讨论之中，德国总是受到考虑，仿佛它事实上是国联的成员。的确，法国的心理可能在某种程度上无意地支配了行动，考虑到国联的起源和重要国家未参加，这是毫不奇怪的；可是，我幸运地观察到真诚的心愿是客观的。这样的精神必然证明在未来是富有建设性的。我确信，国际联盟是一个将对欧洲的有形和无形资源的稳定恢复做出真正贡献的机构。我的经验是，当听凭理性和绝对的真诚占优势时，就能够完成许多任务。

在日内瓦期间，我也有机会与许多见识广博的人，尤其是法国人，讨论德国进入国际联盟的问题。每一个人都毫无例外地持有这样的观点：德国应该受其他大国一样的对待，应该在国联理事会中给德国一个永久席位。人们也觉得，德国应该在伦敦会议成功结束之后立即加入国联。我完全赞同这种观点，并且进而相信，对于德国加入国联，德国不应当附加任何条件和保留。信任产生信任，没有信任，卓有成效的合作将是不可能的。我希望，相信国际和解必要性的德国人要施加影响，以便有效地利用目前的对德国进入国联来说是有利的时机。

第3章 国际合作和国际联盟(1922～1927)

爱因斯坦在1924年10月30日致索洛文的短笺中,进一步坚定了他对知识分子合作委员会的赞许的印象:①

> ……国际联盟的委员会比我设想的要好。在欧洲毕竟存在着事情可以变得更好些的希望。

仅仅在那天之前,即1924年10月29日,他这样回答一位法国人的询问:"欧洲联合政府本身可以实现吗?"②

> 为欧洲联合政府是否可行而惊奇,是没有什么意义的。如果欧洲的重要地位和人力资源在任何可以看得见的程度上要幸存下去的话,那么它**必须**变成一个实体。

鼓励在各国成立至少具有半官方立场的下属国家委员会,是国际知识分子合作委员会的既定政策。尽管爱因斯坦原先疑虑重重,但是他在德国创建这样一个国家委员会中显然起过作用,不过这一努力在几年内并未成功。1924年12月16日,他写信给洛伦兹:

> ……第二天,我向[马克斯·]普朗克再次谈起国家委员。他似乎有些不知所措地表达他自己的意思,既未说是,也未说

---

① 给 Solovine 的信的摘录,译自第2章注22提供的通信集。
② 询问"欧洲联合政府本身可以实现吗?"出自巴黎的 Maurice d'Hartoy,他是在法国国际大调查名义下若干调查研究的发起人。

否。他对我的目的实际上完全不懂,他觉得仅仅保证兄弟关系没有什么实践价值。我向他说明,委员会的意图是找到实际问题的解决办法,我提到了几个问题。我也告诉他,国家委员会是中央[国际]委员会的机构,它的功能是与各国的学者和学术界建立联络关系。依我之见,这也许是你的信可能对他的思考具有强烈影响的时刻。如果你充分友好地写这样一封信,那么请不要提及我建议如此。……

在不到一个月后,即1925年1月9日,爱因斯坦再次写信给洛伦兹:

> 在我们的世界上,要以某种方式为人类的生存起一份作用,是一件困难的工作。……正如你知道的,我曾请求普朗克先生……组织或者至少是留心国家知识分子合作委员会。我同时注意到,我的请求使他感到不快,此后可怜的家伙正在自我反省。无论我什么时候询问,他说他迄今还没有决定他想做什么。昨天,他本人提出这件事,并说他不能做那些使他感到害臊的事情。
>
> 作为辩护,他说了诸如此类的话:"只要德国人被排除在国际社会和国际会议之外,他们就必须严格地远离所有的国际事件,虽然他们可以与国外的个人继续保持真诚的私人关系。当然,我坚决表示,国际事件不会统统结成一团的。……"
>
> 虽然他的推理不合逻辑,但是我并不认为与他进行任何

第3章 国际合作和国际联盟(1922~1927)

进一步的争辩是明智之举。重要的事情在于他的基本态度。他的理由是次要的、可以变化的。如果我正确地评价普朗克的立场,那么他本人事实上会乐于合作,但是对他所属的社会集团的忠诚使他不可能这样做。最近几周的政治事件虽然在这里造成了巨大的痛苦,但是它们显然使形势变得有利于他的决定。他的决定是多么肯定,这可以从他的明确要求来判断,我请求你不要给他写信讲这件事。

我对这一切感到十分不快。折磨欧洲人的流行病是情绪状态。因此,理性在这里是无能为力的。我担心,目前我们还无法为国家委员会找到一个有足够声望的人。……此人能被知识分子看成是他们之中的一员,并能赢得他们的信赖。我们将不得不等待政治意识的苏醒。……

此后不久,爱因斯坦访问了洛伦兹,讨论了他反对在巴黎建立知识分子合作的机构。在到南美进行持续旅行——由于这次旅行他不可能及时返回参加委员会的下一次会议——的前夕,爱因斯坦请求洛伦兹代他发表一个措辞强硬的声明,在这个声明中洛伦兹透露爱因斯坦特别反对任命法国人为该机构的首脑。

洛伦兹谢绝合作。他觉得,任命朱利安·吕谢尔(Julien Luchaire)不仅是预料中的必然结局,而且也是出色的选择。而且,由于与大多数人的观点背道而驰,爱因斯坦只会减弱他在委员会的影响。

这年年初,即1925年1月6日,爱因斯坦支持共产党关于释

放政治犯的呼吁,该呼吁刊登在柏林报纸《夜晚的世界》(*Welt am Abend*)①:

> 每一个正派的德国人都必须看到承认大赦政治犯的必要性,只要因为这样的行动将有助于和平与进步事业就可以了。人们处处必定感到羞愧的是,政治公正原则迄今还不是客观的或者没有摆脱偏见。政治大赦意味着公正原则的基本契约付诸实现。

在这同一时期,爱因斯坦寄给格奥尔格·阿尔科(Georg Arco)如下的祝词,表达了他对俄德团体成功工作的良好祝愿,他是该团体的国外会员②。爱因斯坦说:

> 我高兴地向你们致以最热烈的问候,尤其是由于我不能接受善意的邀请,和你们一块去访问莫斯科。在这个时候我不敢中断科学工作,科学工作使我现在不可能做这次旅行。
> 请允许我利用这个机会,对你们的努力表达我的兴奋之情,你们不顾当前的政治斗争,努力重建跨越国界的广泛的文化纽带。我为自己成为你们理事会的成员而感到荣幸,我希望你们的团体取得最大的成功。

------

① 《夜晚的世界》(*Welt am Abend*)上的声明上从 TFAW 第 26 页得到,它明显地被修正了。
② 俄德团体命名为"文化技术东方协会"(Kulturtechnik Ost),这公然无视翻译原则。

第3章 国际合作和国际联盟(1922～1927)

在1925年春,爱因斯坦赴南美,这次旅行又没有政治目的。他会见了政治家、科学家和犹太人社区的重要成员,他在所到之处都受到恰如其分的款待。他与奥托·比克邂逅,比克和他于1914年一起在尼古拉的宣言上签过名,现在是阿根廷报纸的记者[①]。爱因斯坦在部分旅行期间写有日记,日记记载了1925年4月17日在布宜诺斯艾利斯的情况:

> 莫名其妙的人们,这些德国人。在他们看来我是一枝散发着恶臭的花,可是他们却把我插在他们的纽扣眼上。

在1925年4月30日的另一记载中,他谈到对蒙得维的亚(Montevideo)的访问,还谈到乌拉圭人与荷兰人和瑞士人的相似点:

> 魔鬼容忍了这些十足自负的幅员广大的国家!假如我有力量,我将要把它们统统分为小国。

爱因斯坦接受了《纽约时报》驻柏林记者的访问,访问记发表在1925年5月17日的《纽约时报》上,他在这次访问中谈到远东[②]:

---

① 与 Otto Buek 的南美意外相遇出自第1章第22页注1归于 Buek 所写的一篇未发表的文章。

② 1925年5月17日《纽约时报》的访问记是 Herman Bernstein 处理的。它稍加修改后在这里重印。最后的段落发表在 TFAW 第15页。

> 我认为,俄国、日本和中国的联合是十分自然的。因为这些国家处在防御西欧和美国比较发达的经济的位置,它们不可能是另外的样子。在决定国家的行为时,环境比政治意图更强有力;我觉得可以肯定,比较发达的国家的发展将大大受到危害,除非它们追求一种谨慎的、有远见的政策。
>
> 远东国家的人民不应该丧失正派的生活规范的可能性。……日本现在像一个没有安全阀的大水锅。它没有足够的土地,无法使它的居民生存和发展。如果我们要避免可怕的冲突的话,那么就必须以某种方法缓和局势。
>
> 至于俄国,在我看来情况好像是这样:在它的经济条件下,它在它目前的政府形式下没有取得什么进步,也没有表现出建设性的本性。工业生产已经衰退。但是,就俄国的未来而论,正像在一切事情上一样,要做出预言是困难的、不明智的。

谈到国际联盟,爱因斯坦说:

> 德国所犯的错误在于相信国际联盟毫无价值。国联具有令人赞美的意图,也完成了一些有价值的工作。但是,我希望强调我的下述信念:除非美国发挥它的稳定的影响,否则国际联盟以及其他国际组织就不可能继续存在。

与爱因斯坦的预期相反,他能够去日内瓦出席1925年7月27至30日的知识分子合作委员会的第十五次会议。他的朋友洛伦兹这次担任主席。爱因斯坦热情地赞同一项企图建立国际大学的计划,以教育国务活动家、外交官、政治家、政治作家、政治科学教授等。备忘录包含有他的观点的摘要:

> ……众所周知,历史上的教育当时并没有在充分广阔的路线上进行。历史学家没有充分地摆脱偏见,要得到不可分割的整体似乎是不可能的。必须建立某种机构,这种机构应该是完全自由的,必须按照人的资格任命他们,而不顾及他们的观点。

不管怎样,委员会感到,这项计划超越了它当时能够考虑的范围,虽然它认可这件事可以进一步研究。爱因斯坦也对委员会在"防止有关各国错误观点的形成"中的工作表现出兴趣,这项工作是通过在国家知识分子合作委员会之间的直接交流完成的,国联的委员会或者承认,或者帮助在各国组织国家的委员会。要求修改教科书中的令人作呕的段落被认为是特别重要的。爱因斯坦比较积极地参加了委员会某些科学规划的讨论,例如创建国际气象署的建议以及企图使科学术语和考古术语标准化的规划。

德国和胜利的协约国之间的洛迦诺(Locarno)条约是在1925年秋季缔结的,它标志通向国际和解的一个重要步骤。自大战以来,德国首次与西方其他大国平等地会谈。两个月后,《纽约晚邮报》和《费城公共分类账》(*Philadalphia Public Ledger*)请爱因斯坦就这些事件为特定的元旦期号发表评论。爱因斯坦答复道[①]：

> 洛迦诺条约证明，欧洲认真负责的政府集团现在深信，需要在超国家的基础上建立一个欧洲人的组织。该条约使人们明显地看到，传统的偏见和源于战争的怨恨已经变得如此微弱，以致全体民众容许政府敢于采取这样的步骤。我希望并且相信，人们自己一旦感到具有这种新的理解，他们将会照着做，同时赞赏已经做出的惊人进步。

当时，知识分子合作协会是由国联授权的，在1925年后期开始发挥作用。正如洛伦兹预见到的，它的理事长是法国人朱利安·吕谢尔，他在建立委员会以及该协会中起了积极作用。1925年10月24日，吕谢尔写信给爱因斯坦，请求他帮助劝服德国政府选派一个官方代表到该协会[②]。委员会和协会的关系，显然不像包括爱因斯坦在内的一些委员所希望的那样清楚地规定了。后来，这变成了一个争论的问题。协会法定是委员会的执行机关，但是也有一个君子协定：理事长总是法国人，协会的资金事实上也是由法国政府提供的。1926年1月16日，当协会在巴黎正式举行落成仪式时，爱因斯坦在宴会演说中径直地讲出了他的担忧，他是

---

① 发表在《纽约晚邮报》和《费城公共分类账》上的爱因斯坦元旦声明是经《纽约邮报》特别慨允重印的。它是由德文手稿稍加修改得到的。

② Julien Luchaire 1925年10月24日写的信，来自联合国教科文组织档案中原始文件直接影印件的大汇编，是通过它的前任理事长 Luther H. Evans 博士的帮助得到的。

第3章 国际合作和国际联盟(1922~1927)

用带有德语语调的迟疑不决的法语表达他的担忧的[①]：

> 去年，欧洲的主要政治家首次做出一些重要的决定，这些决定起因于下述认识：除非现有国家之间潜在的权力斗争归于终结，否则我们大陆就不能充分复原。欧洲的政治组织必须加强，消除制造分裂的关税壁垒的尝试必须做出。但是，这些伟大的目标并不能仅仅通过国家之间的正式条约达到。尤为必要的是，人们的思想要接受国际合作的概念。我们必须力图在他们之中唤起休戚相关的意识，这种意识并未在国境线上终止，因为在过去就是这样做的。正是由于在思想上有这一目标，国际联盟才创立了知识分子合作委员会。这个委员会明显是国际性的，完全是一个非政治机构，其目的在于恢复被战争隔绝的各国知识分子之间的交流。哎！这是一项困难的任务。必须承认，至少在我熟悉的国家，科学家和艺术家比事务家在更大的程度上受狭隘的国家主义指引。
>
> 委员会一年开两次会。为了使它的工作更加富有成效，法国政府决定创建并维持一个常设的知识分子合作协会。这一慷慨的行为值得我们大家感谢。

---

① 爱因斯坦就知识分子合作协会所讲的话用德文发表在 MW 第85页。措辞相同的英译文发表在 TWAISI 第52页和 IAO 第86页上。现在的版本实际上是新译文。(爱因斯坦显然就同一题目给法国杂志《欧洲新闻》(*L'Europe nouvelle*)1926年2月号写了一篇文章。)在1926年1月17日致他的妻子的信中，爱因斯坦说，除了 Luchaire 之外，他是在宴会上唯一的讲演者。"我想看到任何其他人拥护这么不幸的法国人，可是却没有看到有讲技巧的人尝试这样做，除非他受到一大批类似发言的赞同！我拥有的一切只是一个德语提纲。"

赞扬人们称许的事情，忽视人们懊悔或非难的事情，总是一件容易的和令人满意的工作。但是，要使我们的工作取得进步，诚实则是必不可少的。因此，在对协会的成立表达我的良好祝愿的同时，我愿毫不犹豫地讲出一些批评意见。

几乎每天我都有机会注意到，我们委员会工作的最大障碍就是对它的公正无私缺乏信任。增强人们信任的每一件事都必须去做，损害人们信任的每一件事都应该避免。

现在，当法国政府用公款组织和维持协会作为委员会的常设机关时，由于法国人是它的理事长，因而超然的观察者几乎不能避免这样的印象：法国的影响在委员会中处于支配地位。由于委员会的主席迄今也是法国人，这一事实进而加深了上述印象。刚刚提及的人享有最高的声誉。他们处处受到尊敬和尊重。不管怎样，法国占优势的印象依然如故。

我表达了我的精神，并且拯救了我的灵魂。我全心全意地希望，新协会通过与委员会的相互影响，能够在促进它们的共同目标方面取得成功，并且最终能够赢得全世界脑力劳动者的信任和承认。

1926年1月17日，爱因斯坦从巴黎写信给他的妻子，谈到一件事情，这件事包含协会全体理事的任命：

……昨天早晨，我与委员会的法西斯分子委员[阿尔弗雷多·罗科（Alfrendo Rocco），墨索里尼的司法部长]进行了激烈的斗争。只要他活着，他就会记着它。……

第 3 章 国际合作和国际联盟(1922～1927)

根据国联秘书处的提议,罗科被任命为委员会的委员和在巴黎的协会的理事,以接替墨索里尼的一个知名的对手。委员会的委员显然对这些任命不置可否,他们中的一些人——包括爱因斯坦和居里夫人——感到,政治考虑起了过大的作用。居里夫人据理反对罗科,说委员会的委员应该独立于他们的政府。爱因斯坦的反对依据意识形态的理由。事实上,与他的习性相反,他走得如此之远,以致毛遂自荐代替罗科做理事会的理事。但是,当人们开始清楚地知道,意大利在此事上可能威胁要从国际联盟退出时,对罗科的反对也就停止了,于是罗科担任了委员会的一个职位。

1926 年 1 月 29 日,适逢罗曼·罗兰六十岁生日。马克西姆·高尔基(Maxim Gorki)、斯特凡·茨威格(Stefan Zweig)[1]和乔治·迪阿梅尔(Georges Duhamel)[2]邀请有关人士为《友谊之书》(Liber Amicorum)撰稿,以表达对罗兰生日的祝贺,爱因斯坦也在应邀者之列[3]。爱因斯坦准备了下面的陈述:

尊敬的大师:

我只亲眼见过你一面[参见第 33～37 页]:那时你还因欧

---

[1] 斯特凡·茨威格(1881～1942),德语作家,在诗、短论、小说和戏剧方面都获得了优异的成就。——译者

[2] 乔治·迪阿梅尔(1884～1966),法国小说家。1935 年当选为法兰西学院院士。——译者

[3] 向 Romain Rolland 的《友谊之书》撰稿的其他人是捷克斯洛伐克总统 Masaryk,Sigmund Freud, Stefan Zweig, Richard Strauss, John Haynes Holme, Waldo Frank, Upton Sinclair, H. G. Wells, Rabindranath Tagore, Mahatma Gandhi 等等。现在的译文是从手稿翻译的。承蒙 Rolland 夫人允许提供的另一个复制件表明,最后一段稍有改动,而且也删去了最后一个句子的最末一个从句。

洲危机的最初冲击而心神不安,在那些备受折磨的群众中间,你像一个孤独的空想家,他们由于你无力给他们带来光明和解放而感到心灰意冷。你从来不满足于利用你的罕有的创造性才能只与高雅的人交往;你渴望帮助一切蒙受自己造成的苦难的受害者。

鲁莽的群众被邪恶的激情驱使着,这种激情支配了他们,也支配了代表他们的政府。他们狂言谵语,结果只是彼此之间弄得更加悲惨。一般说来,他们似乎在没有体验到内心冲突的情况下就造成了所有这些苦难。那些不带有群众的粗暴情绪的以及承受这种激情影响而信守兄弟友爱理想的少数人,则面临更加困难的状况。他们将被他们的同胞抛弃,像麻风病人一样受到迫害,除非他们以违心的方式行事,或者胆怯地把他们的真实思想和情感隐藏起来。你,可尊敬的大师,却没有保持沉默。你奋起战斗,忍受着痛苦,你援救那些处于危难中的人们,你是一位伟大的人物。

在这个使我们欧洲人深感羞耻的年代,甚至连具有高尚精神的人也会成为野蛮情绪的牺牲品,这已经是一清二楚的了。我不相信,高尚的为人态度在大学和科学院里要比在不出名的、默默无闻的普通人的店铺里更加兴旺发达。

可是,有一个共同体,你属于其中最杰出的人物。这个共同体是由下述人组成的:他们对于仇恨这种瘟疫具有免疫力;他们力图废除战争,并把它作为通向人类道德新生的第一步;他们把这项任务看得比他们自己特定的国家或民族的特殊利益更为重要,重要得无法比拟。

第 3 章 国际合作和国际联盟(1922～1927)

130 爱因斯坦论和平

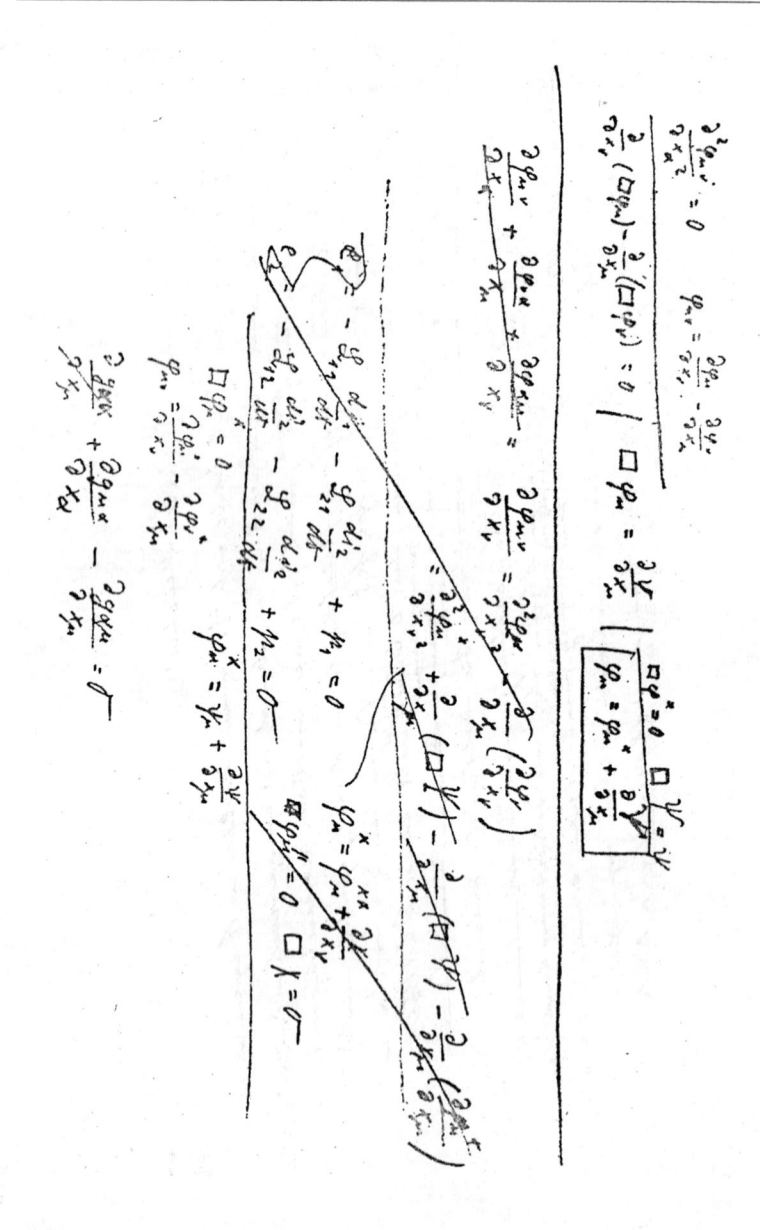

(handwritten manuscript page, rotated — mathematical derivations)

$$\frac{\partial^2 \varphi_{\mu\nu}}{\partial x_\sigma^2} = 0$$

$$\varphi_{\mu\nu} = \frac{\partial^2 \psi}{\partial x_\mu \partial x_\nu}$$

$$\Box \varphi_{\mu\nu} - \frac{\partial^2 \psi}{\partial x_\mu \partial x_\nu} = 0$$

$$\frac{\partial \varphi_{\mu\nu}}{\partial x_\sigma} + \frac{\partial \varphi_{\nu\sigma}}{\partial x_\mu} = \frac{\partial^2 \varphi_{\mu\nu}}{\partial x_\sigma \partial x_\nu} = \frac{\partial}{\partial x_\nu}(\Box \psi) - \frac{\partial}{\partial x_\nu}(\Box \psi) \left(\frac{\partial \psi}{\partial x_\mu}\right)$$

$$\boxed{\Box \psi = 0 \qquad \varphi_{\mu\nu} = \varphi_{\mu\nu} + \frac{\partial^2 \psi}{\partial x_\mu \partial x_\nu}}$$

$$-\varphi_{\mu\nu}\frac{dx_\nu}{dt} - \varphi_{\nu\sigma}\frac{dx_\sigma}{dt} + h_{\mu\nu} = 0$$

$$\Box \varphi_{\mu\nu} = 0$$

$$\varphi_{\mu\nu} = \varphi_{\mu\nu}'$$

$$\varphi_{\mu\nu} = \varphi_{\mu\nu}' + \frac{\partial^2 \psi}{\partial x_\mu \partial x_\nu} \quad \Box \psi = 0 \rightarrow \frac{\partial^2 \psi}{\partial x_\sigma^2} + \frac{\partial \varphi_{\mu\nu}}{\partial x_\mu} - \frac{\partial \varphi_{\mu\sigma}}{\partial x_\mu} = 0$$

第3章 国际合作和国际联盟(1922～1927)

1926年7月26日至29日,在日内瓦举行了知识分子合作委员会第八次会议,这次会议对爱因斯坦来说可能是失意的经历。备忘录记载了讨论的重大细节,但是却没有证据表明给出富有成效的结果。改正教科书中的令人作呕的段落的问题再次被提出来,但是却做出决定:一个国家委员会在拒绝来自任何其他国家委员会关于这样的改动的要求时,不需要给出任何理由。爱因斯坦赞同罗马尼亚人的意见,罗马尼亚人建议,一个国家委员会提出的这样要求的副本,必须正式地寄给国际委员会,这便能汇集起一个供任何其他国家委员会进行磋商的参考案卷;但是,由于担心践踏敏感的感情,罗马尼亚人的建议未被采纳。至于委员会委员接受他的政府的指示是否与委员的独立性相容,也做了进一步的非决定性的讨论。爱因斯坦在该问题上的表决是否定的。关于早先提议的创建一所高级政治研究的国际学校,则是含糊其辞的。爱因斯坦迫切要求投票赞成,但是他被告知:一些重要的大学,已经在某种程度上具有国际性的特征,委员会应该仅限于强调这样的现存良机。爱因斯坦极力主张,要采取行动促进学生和教授的国际旅行,他们常常碰到办理护照的困难,但是这被认为是在国家委员会的职权范围之内。

即使在纯粹的科学问题上,委员会也不愿采取直率的立场。尽管爱因斯坦坚持一项明确的计划,但是建立国际气象署的提议却从他所在的小组委员会的手中被去掉了,而提交给国联理事会。关于爱因斯坦也支持的使科学术语标准化的问题,委员会也干得并不出色。

1927年1月,德国大学联合会主席向爱因斯坦寄了与之有关的社论抽印本,它们发表在联合会公报上。他力图证明重新发表这些全都受到爱因斯坦批评的印刷报告是正当的,他解释说:和盘托出全部观点是联合会的政策,即使把委员卷入其中和点名提到他们。而且,联合会并非必然地使自己参与到这些声明的任何一个中去。由联合会收到的信件导致爱因斯坦的复信的手写稿:

> 我对你发表有关我个人的东西毫不在意。可是,我不止一次地注意到,针对学术共同体所做的有关国际关系的报告暴露出,它们令人痛惜地缺乏客观性。外国的学会所表达的不友好的观点被记载下来,而友好的姿态则被忽视了,这一切只能有助于在学术界的人们中间培植虚假的仇恨。当德国和法国的负有责任的政治领导人为和解——他们认为这对于欧洲的文化利益和工业利益是必不可少的——而工作时,学术共同体却由于很少考虑威望而继续显得软弱无力,从而延缓了事件的不可避免的进程。事实上,如果学术界的下一代人不得不承认我们这一代人没有了解我们所处时代的重大任务的话,那将是不幸的。

爱因斯坦在早先的日子里就明确认识到法西斯主义的威胁,因此他敏锐地意识到这样的凶兆:当墨索里尼越来越加强他在意大利的权力时,当法西斯的倾向在欧洲其他地方变得十分明显时,法西斯主义日益增长的力量便呈现出对世界和平的威胁。无论何时只要有机会,爱因斯坦便发出反对法西斯威胁的声音。早在

第3章 国际合作和国际联盟(1922～1927)

1927年2月,法国作家亨利·巴比斯就致信爱因斯坦,因为他是"在真正的伟大人物的群体中博得注意的一员,这个群体奋起反抗和阻止法西斯主义的野蛮侵略行径"。巴比斯力劝爱因斯坦成为当时处于发展过程之中的新国际评论的撰稿人,并催促他在一个公众呼吁上签名,爱因斯坦立即答应这样做。命名为《自由的精神》(*Aux Esptits Libres*)的呼吁宣称:虽然自战争结束以来已经过去了八年,但是战争的气候还继续着;在几乎每一个国家,基本的自由都受到暴力政治的威胁;因为法西斯主义威胁说要消灭在拼死战斗和牺牲的数世纪中所赢得的一切自由,因此"对于在世界共同体中具有的任何智力和道德影响的所有人来说,在委员会中把那些其目的在于反对和消除法西斯主义的野蛮狂涛的人团结起来"的时机业已成熟。

三个月后,爱因斯坦收到泛欧洲联合运动创始人、奥地利伯爵R. N. 库登霍夫-凯勒吉(Coudenhove-Kalergi)的邀请信,邀请他参加10月在布鲁塞尔举行的联盟第二次会议并发表演说。爱因斯坦在1927年6月25日复信说[①]:

> 我确信,你了解欧洲团结的事业是多么真正地贴近我的心;我甚至对加强各种团结运动的所有努力更感兴趣。
>
> 部分原因是缺乏时间和精力,部分原因是我不能对你所代表的事业做出任何有创造性的贡献。因此我很抱歉,不能

---

① 关于1926年6月的欧洲合众国布鲁塞尔会议的细节,出自Otto Lehmann-Russbueldt的德国人权同盟史的历史第114页。(参见第1章注8)

接受你的邀请去参加第二次泛欧洲会议。

　　我愿借此机会提出,你以你的能力为实现两个竞争的泛欧洲运动的联合做出了一切。毫无疑问,这是向前迈出的重大步骤!

爱因斯坦提到的竞争的运动,可能是欧洲合众国会议,这个会议由国际人权同盟主办,正好一年前也在布鲁塞尔召开。这次会议的形成最初是由德国人权同盟提议的,爱因斯坦还是该同盟的成员,同盟在1922年建立国际同盟中起了作用。这将使人想起,新祖国同盟(这是德国人权同盟最初的名字)自1914年秋发端以来,在支持欧洲统一方面一直没有良好的结果。

1927年7月20日至27日,爱因斯坦在日内瓦参加了知识分子合作委员会第九次会议。他从那里给他的妻子写信时谈道:

　　……委员会是惬意的,虽然它主要地向着法国人——我承认与"我们的人"相比,我更喜欢法国人。我猜想,我将不会活着看到这些形形色色的世界的合并;可是,使我高兴的是,我注视着他们二者,而没有感到我属于二者中的任何一个。……

爱因斯坦被委任代表由国际劳工署建立的脑力劳动者顾问委员会的日内瓦委员会。他表达了控制席位的保留,这种席位都给了各种国家知识分子合作委员会。他在1927年9月13日致洛伦

第 3 章 国际合作和国际联盟(1922~1927)

兹的信中提到这件事①:

> ……我特地因为我采取的决定打扰你,这个决定的大意是,在每一个独立自主的国家,日内瓦委员会与之依然继续保持正式关系的,只应该有一个国家委员会。如果这不是针对下述事实而言,就不会有什么异议。不幸的是,在许多国家,压迫的政策是对准国内少数派而实行的。这些少数派被排除在国家委员会之外,因而实际上不让与日内瓦委员会接触。这一事实使在日内瓦的我们感到在文化压迫的现存政策方面犯了同谋罪,我们应该把废除这种政策视为我们的主要任务之一。
>
> 也许你没有意识到,在许多欧洲国家局势是多么糟糕。对于你的报告,我正在寄给你一份关于被压迫的巴尔干人民的状况的备忘录。我深深地被它打动了。
>
> 你认为委员会应该撤销它的决定吗?国联与其说是独立国家的代表,还不如说是政府的代表,不过这个事实并不能证明只承认代表政府的当地委员会的政策是正当的。而且,在这方面应该提到,我们自己委员会的成员并不是政府的代理人。因此,我们应该给予每一个国家中每一个文化群体形成当地委员会的权利,当地委员会可与我们的委员会继续保持正式接触,这是十分合乎逻辑的。无疑,这会产生许多困难;

---

① 爱因斯坦 1927 年 9 月 13 日致 Lorentz 的信仅仅是海牙国家档案馆档案中的一个,那是打印稿。

但是,克服这样的困难本身也许就是伟大的成就。我相信,每一个这样的代表机构的存在,都可以减轻各种被迫害的少数派所遭受的许多艰难困苦。

86　在7月的日内瓦会议上,爱因斯坦受到居里夫人的支持,也对巴黎的协会未经日内瓦委员会的预先批准就采取行动这一日益增长的倾向表示反对。正式记录表明,他提出了下述议案:

> 协会被要求在决定安排和着手工作之前,要听取委员会的意见,这事实上会缩小委员会做出决定的权力。……
> 罗科先生赞同。可是,不应该忘记,委员会一年只开一次会。在闭会期间,理事会代表它,在紧急情况下,容许理事会有某种做出决定的自由是必需的。
> 居里夫人回答说,她的建议[对于促进建设性问题的解决来说]具有平和的性质。爱因斯坦教授和她十分理解有必要容许协会有某种程度的主动性,但是希望在委员会可能不得不对理事会和协会采取不合意的态度时,要避免重复某些事情。她的建议一点也不是为打消念头而做的形式上的号召。她只是要求协会注意谨慎行事的必要性。
> 爱因斯坦教授表示同意。该建议只不过打算要求协会要谨慎小心。这也许必须仔细加以解释,但是协会的理事长完全有能力做到这一点。……
> 默里教授指出,已经出现的误解并不是由于规章方面的任何缺陷,而是由于一系列的意外事件。他认为委员会不需

要采取一项对理事会和协会似乎是不礼貌的决定。委员会本身也许满足于劝告这些组织在现有的规章限度内采取最大的谨慎。……

主席[洛伦兹]……认为,没有必要修改章程,因为已经举行的讨论可以构成对它们的权威解释。

居里夫人和爱因斯坦教授在这种情况下说,他们愿意撤回他们的建议。

也存在另外的困难。委员会已经资助了在布鲁塞尔的国际文献学协会手头的一些工作。所印刷的文件已发现包含许多错误,序言被认为对国联不礼貌。爱因斯坦反对文件要随着拒绝对委员会承担责任的说明信一起分发的计划,他的停止这样分发的建议被采纳了。在1927年11月12日致普鲁士教育部长的一封信中,爱因斯坦充分表达了他对委员会工作的总的态度,该信是对那位官员信件的答复:

……[在7月的日内瓦会议上]所采取的一切决议将由国际联盟出版。由于会议记录本身没有公开,是否允许委员们转述它们还是有疑问的。……

委员会尤其是在它的现任主席洛伦兹教授的领导下,只是作为调解人努力发挥作用。换句话说,它力图**促进**学者范围内的国际组织和普遍合作的形成,本身并不在这样的努力中担任领导角色。它曾尝试说服巴黎协会遵循同一普遍政策。……

关于在以前属于同盟国的国家中参加学会的问题，委员会和它的主席成功地坚持，**事实上的合作**比国际组织中的**形式上的会员资格**更为重要。我觉得这种态度值得强调，因为它意味着，委员会要求统统消除纯粹考虑名望，而力图仅仅为共同的事业服务。……

几个月后，德国政府也创建了国家委员会，即德国知识分子合作委员会，其委员是由政府自己委任的。在1928年3月26日成为德国委员会委员的爱因斯坦，此后只参加了一次日内瓦国际委员会会议，即1930年的会议。在这次会议上，德国委员会提交了几项建议，这些建议是在越过爱因斯坦抗议的情况下提出的。对于爱因斯坦来说，从他开始参与时起，代理人的问题就是一件使人忧虑的事情，这个问题在1926年解决了，当时爱因斯坦同意，柏林的普鲁士国家图书馆馆长克吕斯（Krüss）博士被委任为他在日内瓦委员会和巴黎协会两处的永久代理人。1933年，克吕斯博士继任爱因斯坦在该委员会的席位。

1927年的某个时候，爱因斯坦再度访问巴黎。《柏林日报》（*Berliner Tageblatt*）发表了下面的报道，报道访问期间发生的一件事[①]：

　　爱因斯坦教授同意激进社会主义者的报纸《工作》

---

① 归属于《柏林日报》的文章是由不完整的打印稿翻译的，所署日期只是1927年。

第3章 国际合作和国际联盟(1922~1927)

(*L'Oeuvre*)的代表的采访,我们的巴黎记者向我们发回了访问记的正文。由于它似乎给出的是爱因斯坦教授观点的相当不准确的文本,我们与他通话,请他对他未经证实而做的陈述给出权威性的报道。爱因斯坦教授告知我们的记者,他的确接见了《工作》的代表,希望这样的访问会有益于国际友好的事业。不幸的是,他的观点被严重地歪曲了。这里是他向我们自己的记者叙述的正文:

"我说:常常引用的'德国的战争之魂'往往是言过其实的。与国外广泛持有的观点相反,不仅德国左翼集团,而且甚至德国右翼集团,尤其是那些对政治和经济后果负有责任的人,都受到逐渐与法国达成谅解的真诚愿望的激励。确实,在德国并不完全喜欢**和平主义**这个词,由于人们每每认为它与不现实的政治哲学是同义的。不管怎样,与法国恢复友好关系的愿望在居民的每一个阶层中已经广泛地传播开来。

"要问我对国际联盟的态度,我说:就世界和平这个重大问题来说,不能否认的是,国联使许多人相当失望,而且人们处处感到,在与勇气和善良意志有关的决定性时刻,它的行动总是失败。可是,我觉得,一切好心的人们都应该支持在国际关系领域内恢复秩序这一最初的尝试;因为尽管国际联盟存在着,但是欧洲权力平衡的过时的和危险的程式还会施加有害的影响。

"当我指出,法国像其他国家一样,还没有在裁军问题上达到勇敢的决断时,访问者争论说,欧洲裁军与俄国的状况不可分割地联系在一起,而俄国还是一个处于欧洲国家共同体之外的国家。我在答复时说,我坚定地相信,俄国对任何欧洲国家都没有侵略意图,而且欧洲国家无论如何不能利用这个论据来解释它们不促进裁军。"

1927年12月17日,爱因斯坦给柏林和平运动的首脑赫尔穆特·冯·贝费尔德(Hellmuth von Beerfelde)一个短笺:

> 你不需要试图争取我响应为反对战争而做的有组织的运动的计划,我已经全心全意地献身于这一事业,并为支持它将做出我能够做出的一切。

第4章 反对战争（Ⅰ）
（1928～1931）

如果世界各国相当数量的公民拒绝服兵役，那么那场战争就会变得不可能发生，这一信念在爱因斯坦早期的和平主义观点中是绝对无疑的。可是，直至1928年前后，他似乎明确支持自第一次世界大战以来显著高涨起来的有组织的运动，以代替个人反对战争。在其后的五年间，直到希特勒在德国夺取权力，这种富于战斗性的和平主义形式在爱因斯坦的政治思考中处于支配地位。

他最早的关于反对战争的声明之一，包含在他对从国际妇女争取和平与自由同盟收到的邀请的答复中，该同盟请求他参加在日内瓦举行的毒气战研讨会，同时召开的还有国际联盟裁军委员会的会议。爱因斯坦谢绝了邀请，但是在1928年1月4日给国际妇女同盟寄了一份声明，并说他们可以以他们认为最有用的无论什么方式利用它：

> ……在我看来，对战争行为规定准则和限度是一项完全无效的任务。战争不是游戏，因此人们不可能像在做游戏中那样按规则来进行战争。我们的斗争必须指向反对战争本身。众人能够通过在和平时期建立完全拒绝服兵役的组织，来最有效地与战争体制做斗争。在英国和德国，沿着这个方

向所做出的努力似乎是相当有希望的。我相信,你们的同盟能够做的事情没有比利用它的物力支持这样的运动更富有建设性了,即使激进的政策不得不使你们失去一些盟员。

在同一时期(1928年1月),爱因斯坦认可德国人权同盟理事会的当选,该同盟当时在德国是最卓越的和平主义运动,并且是为公民自由而斗争的领导者①。在1928年下半年所发表的四篇声明中,爱因斯坦进一步使他的关于拒绝服兵役的观点具体化。1928年8月底,反对征兵的宣言发表了;爱因斯坦和其他来自十五个国家的将近七十名杰出的和平主义者一起在宣言上签了名。1928年11月25日,爱因斯坦向伦敦的不再要战争运动②即国际反战者英国小组发了祝词:

我深信,拒绝参加为任何种类的战争服务的国际运动是我们时代最鼓舞人心的发展之一。每一个有思想的、动机良好的和有良心的人,都应该在和平时期承担严肃的、无条件的义务:不以任何理由参加任何战争,或者不直接或间接地支持任何种类的战争。

---

① 爱因斯坦被选入德国人权同盟理事会一事在该团体的杂志《人权》(*Die Menschenrechte*)1928年1月31日第Ⅲ卷第1期中有所记载,该杂志是通过Kurt Grossmann先生得到的。

② 不再要战争运动的信笺上端印有下述文字"会员签署的宣言":"战争是对人类的犯罪。因此我决定:1.不支持或不参加国际的或国内的任何战争。2.为全面裁军,为排除战争的一切根源,为共同之善在和平主义的合作原则基础上建立新的社会秩序和国际秩序而工作。"

第4章 反对战争（Ⅰ）(1928～1931)

进步组织联盟美国办事处1912年在巴黎成立，现在设在俄亥俄州(Ohio)的黄泉(Yellow Springs)；该办事处宣布它恢复出版《进步档案》(Records of Progress)的意向，该杂志所注明的日期可以追溯到1907年的海牙会议。爱因斯坦给第一期所写的稿件(1928年12月26日)是答复请求的[①]，他回答了下面的询问：

> 为了保证国际争端的和平解决——这一点在凯洛格条约(the Kellogg Pact)中规定了，实际上应该创建什么体制才会多于虔诚的希望呢？

爱因斯坦回答如下：

> 只有当废除所有的军队和所有形式的义务兵役时，国际争端的和平解决才有可能。作为一个开端，如果杰出的公民都拥护拒绝服兵役的原则，那么这也许是最有效的。

[①] 请求为《进步档案》(Records of Progress)撰稿的信件是由进步组织联盟主席Rudolf Broda博士签署的，他当时是安蒂奥克(Antioch)学院的教员。在油印信件底部的手写短笺中，Broda提醒爱因斯坦"你在我们周刊《人类》(Die Menschheit)方面的合作(1914)"。这家周刊首先在瑞士出版，尔后在德国出版，它从1914年至1922年是进步组织联盟的正式机构(根据联盟信笺上端所印的文字)。它的档案是贫乏的。如果爱因斯坦实际上早在1914年就为它撰稿，那么这也许意味着，他甚至在尼古拉宣言(参见第1章pp.19～25)之前就对政治事务采取公开的立场。无论是Kurt Grossmann先生，还是Friedrich Wilhelm Förster教授(他们二人都与《人类》过从甚密，后者还是固定撰稿人)，或是德国的其他资料来源，都不能回忆起或用文献证明爱因斯坦为《人类》写过任何东西。

爱因斯坦为支持日内瓦世界和平同盟的"金色的和平之书"，给该同盟撰写了这个声明：

> 如果一个人准备按照特定权力的指令犯杀人罪，或者如果他容许自己被利用服务于以无论什么方式发动或准备这样的罪行的目的，那么他就没有道德权利宣称自己是基督教徒或犹太教徒。

1928年春，爱因斯坦受到疾病的折磨，病魔限制了他几个月的活动，使他不可能参加在日内瓦召开的知识分子合作委员会7月会议。可是，恰恰是在这一期间，爱因斯坦很积极地为委员会而工作。正如以前提到的，爱因斯坦被任命为国际劳工署脑力劳动者顾问委员会的委员代表。在提名合适才干的候选人时，都要寻求爱因斯坦的帮助。问题是有些棘手的，因为在德国存在着不少于三个脑力劳动者国家组织，它们之间的一致是必不可少的；而且，也不得不考虑德国政府的愿望。

爱因斯坦本人是三个组织中的最小一个的名誉成员，最小的组织在取向上是社会主义的，是唯一的能够恰当地称之为工会的组织。这个团体及时地签署了他对享有国际声望的、自由主义的柏林经济学家维夏德·冯·默伦多夫（Wichard von Möllendorff）的提名。但是，三个团体中最大的一个是号称近五十万人之众的大杂烩，它在这个决定上畏葸不前；它的野心勃勃的头目、年迈的奥托·埃弗林（Otto Everling）被广泛看作是反动的，他提自己为候选人。当德国劳工部长、天主教中间

第4章 反对战争(Ⅰ)(1928~1931)

党的党员提出一个学院的教授做候选人时,情况就进一步复杂化了。这位教授是他的朋友和同党党员,值得尊敬但并不有名。

爱因斯坦部分地从他的立场出发进行工作,与政府、国际联盟和工会官员进行耐心的谈判和通信达数周之久,起初他仍无法使这些有时是尖刻的争吵平息下来。不过,形势的发展归因于爱因斯坦的帮助。天主教的劳工部长被社会主义者冯·默伦多夫接替,他最终被国际劳工组织委任。但是,事实证明仅仅是暂时的胜利;当冯·默伦多夫三年后退休时,埃弗林通过走后门接替了他的职位,这使爱因斯坦大为沮丧[①]。

德国人权同盟现在已出版它自己的机关刊物《人权》。爱因斯坦为1928年11月11日的停战十周年纪念专号写了特别的声明[②]:

> 人民在和平时期的政治冷淡表明,他们将准备容许以后

[①] Everling是德国脑力劳动者保护同盟的头目。社会主义取向的团体是德国脑力劳动者工会。第三个团体是自由智力职业联合会,它倾向于和保护同盟走同一条路。劳工部长Braun的不成功的候选人是卡尔斯鲁厄(Karlsruhe)的Theodor Brauer教授。Everling于1933年被委派到国际劳工组织委员会,作为国际脑力劳动者联合会的代表,据推测他的团体为此目的加入联合会。爱因斯坦关于这件事的案卷多达四十多个文献,他给予此事以有意识的关注驳斥了——至少就他自己来说——下述批评:委员会的著名委员不愿意参与行政琐事。在几个文献中,提到了在他的病床旁举行的会议。爱因斯坦在1928年6月28日向他的一位朋友(Margarete Lebach夫人)写道:"我恢复健康的速度与医生和其他为了我这位不中用的老朽而操心的人的数目成反比。"(存档号1744第47条,Parke-Bernet Galleries,Inc,New York,1957。)

[②] 停战纪念日声明是从1928年11月11日《人权》第Ⅲ卷第8期翻译的,是通过Kurt Grossmann先生得到的。

把他们自己引向屠杀。因为他们今天甚至缺乏在支持裁军的声明中签上他们的名字的勇气,所以他们明天将不得不流出他们的鲜血。

1928年12月20日,他给芝加哥(Chicago)《日报》(*Daily News*)驻柏林记者埃德加·安塞尔·莫勒(Edgar Ansel Mowrer)撰文,大概是对关于新年声明请求的反应:

我希望——

1. 即将来到的一年就广泛的陆地和海洋方面的裁军能够带来广泛的国际协定。

2. 国际战争债务问题可以以这样的方式加以解决:在不迫使出卖其在国外的基本资源的情况下,容许所有的欧洲国家存在。

3. 可以找到与苏联的光荣妥协,这会清除那个国家的外部压力,从而容许它在不受干涉的情况下致力于国内的发展。

国际妇女争取和平与自由同盟组织了一个战争和平民保护现代方法国际会议,它是1929年1月4日至6日在德国莱茵河畔法兰克福召开的。三百人出席了会议,来自德国、瑞典、波兰、瑞士、英国、法国和捷克斯洛伐克的权威宣读了论文。爱因斯坦同意主办这次会议,他写道:

在我看来,屠杀任何人都是谋杀罪;当它作为国家政策的

第4章　反对战争（Ⅰ）(1928～1931)

工具大规模地发生时，也是谋杀罪。

爱因斯坦的朋友、巴黎法兰西学院的伟大物理学家保罗·朗之万(Paul Langevin)草拟了一份宣言，是和会议录一起出版的，许多科学家都签了名，其中包括爱因斯坦[①]：

> 科学和技术技能日益增加使人们相互之间遭受损害的威力。由于自动过程显然超越了任何局部的控制，科学的发展正是从它一开始就被用来完善杀人技术。世界大战目睹了新的破坏方法；在新的灾难性事件中，由于化学武器和细菌武器的完善，因而包含前所未有的恐怖；这种对文明和人种的危险，即使在下述人的思想中也可能十分有理由地引起对科学进步的道德价值的怀疑，按照旧有的路线展望另一次战争并未使这些人厌恶。
>
> 签名者认为，由于准备新的科学战争，对整个人类，尤其是比较文明的民族构成了威胁，强烈谴责这一可怕的危险是他们的紧迫责任。因为不会有限制科学发展的打算，

---

① 在现代战争方法和平民保护国际会议（在法兰克福）上宣读的论文和朗之万起草的宣言在小册子《化学战》(*Chemical Warfare*, Williams and Norgate, London, 1930)中发表了，这本小册子是通过Alfred Lief先生得到的。它列出了爱因斯坦和其他115人的名单，作为总理事会的理事。按照1930年5月31日《人权》的脚注，会议文件用德文以《现代战争方法和平民保护》(*Die modermen Kriegsmethoden und der Schutz der Zvilbevölkerung*, Endries, Cannstatt)和《爆发毒气战》(*Der kommende Giftgaskrieg*, by Dr. Gertrud Woker, Oldenburg Verlag, Leipzig)作为标题出版了。Barthelemy de Ligt的论文在会上宣读了，但没有在《化学战》中发表，而在1929年2月《新一代》(*Die neue Generation*)中发表了。

唯一可供选择的办法就是停止战争本身。的确不可能制止思想适应于生存和深刻的本能日益强加给我们的行动。那些献身于科学研究的人痛心地看到，他们劳动的成果被用来推进暴力政治，此时他们必须首先起来为反对这种危险而斗争，因为不管他们自己的动机如何，是他们帮助制造了这种危险。

经验已经表明，所有其目的在于限制科学应用的公约都是无效的：它们采取任意的区分；它们没有追究罪恶的根源；没有什么东西能够阻碍一个国家利用自然和科学交给它自由处置所有资源。

唯一有效的行动是为制止战争而工作。斥责在备战的情况下寻求安全是无用的，用全副精力宣布我们的信念——国际公正的迅速建立对于人种而言是生死攸关的问题。必须让组织和宣传机构确信公众的观点：和平和正义建立在人民的共同意愿的基础之上。必须通过协议创造必要的机制，不断地向政府施加压力。

由于这些理由，怀着这个考虑中的目标，我们签名者宣布：我们首要的责任是在原则上反对一切战争，反对把科学工作的最尖端的成果用于战争，反对一切偏见或利害关系的影响，因为它们支持用暴力方法解决国际难题的野蛮传统。

1929年2月23日，爱因斯坦完成了在他所有反对战争声明中最简明、最坚定的一个声明。它是爱因斯坦应邀为一个专题讨

第4章 反对战争（Ⅰ）(1928～1931)

论会撰写的,这个讨论会是由独立的捷克杂志《真理》(*Die Wahrheit*)主办的,所讨论的问题是:"如果爆发了另一次战争,那么你将做什么?"①

我会无条件地拒绝直接的或间接的战争服务,我将力图劝说我的朋友采取同一立场,不管我对特定战争的起因可能有何感受。

一年多之后,爱因斯坦在向荷兰通信者证实这个声明的可靠性时写道:"虽然声明的发表在捷克受到检察官的压制,但是它却在其他国家的报纸发表了。……我今天的感觉与我当时的感觉一模一样,并且我坚信,任何对保护我们文化的价值持严肃态度的人,都必然会采取这样的革命立场。"这个声明在即将到来的岁月里使爱因斯坦成为全世界战斗的和平主义的英雄。在所有这些年间,爱因斯坦没有停顿他的科学工作:1929年2月,据报告,他系统地形成了统一场论的第一个版本②。在这一理论中,电现象和磁现象被结合在单一的方程组里,使该理论进一步系统化和精制化占据了他此后的二十五年多时间,直至他的逝世。在统一场论宣布后不久的1929年3月14日,迎来了爱因斯坦的五十岁生日,

---

① 为《真理》撰写的、常常引用的声明是在 TFAW 第26页发表的。现在的译文依据爱因斯坦的手稿稍加修改。爱因斯坦的荷兰通信者是 Jacob ter Meulen;他给 ter Medlell 的信所署日期是1930年7月12日。

② 关于爱因斯坦最初的统一场论的发表,请参见1929年2月3日和4月8日《纽约时报》,1929年2月4日(伦敦的)《泰晤士报》(*The Times*),《科学月刊》(*Scientific Monthly*)第28卷和《天文台》(*Observatory*)第52卷。

送给他的大量礼物和良好祝愿来自世界各地。在纽约,爱因斯坦五十寿辰纪念委员会举行会议,为犹太国家基金筹款。爱因斯坦发去祝词,他在祝词中说:

> ……个人是无关紧要的。正是共同体的工作和服务,才有考虑的价值。

这份祝词的草稿是在他的案卷中发现的,可能未被利用,它的内容如下:

> 你们正在庆祝具有我的名字的传奇人物。这是一个证明:尽管对权力和奢侈有着灾难性的欲望——这概括了我们时代的特征,人类精神的永恒目标还没有被忘记。这使我感到十分幸运。

爱因斯坦的档案再三表明,他不仅与形形色色的人和事打交道,而且他也慷慨地给予他的支持,尽管这种支持并不是不分青红皂白的,因为人们往往指责他在后来的岁月是这样做的。下面几个例子即使本身并不十分重要,然而它们却表明他所投身的许多事业;它们也有助于证明这样的事实:他从来也没有迷失对他的主要兴趣的洞察——和平、民主以及独立的犹太人祖国。

1929年3月,爱因斯坦同意在新近形成的犹太人和平同盟理事会服务;4月,他给英国和平主义杂志《不再要战争》(*No More*

War)的特选号准备了如下祝词:

> 人们自身必须采取主动,以便看到他们将永远不再被引向屠杀。盼望他们政府的保护是愚蠢的。

1929年4月15日,爱因斯坦和若干其他杰出的德国人一起,抗议德国政府拒绝容许从苏联流放的列甫·托洛茨基(Leon Trotsky)在德国居留①。两个月后(1929年6月30日),他写信给在柏林的苏联公谊会:

> 虽然我强烈地非难任何反苏宣传和军国主义,但是我不能在你们的呼吁上签名,因为它表达了与我本人相冲突的政治观点②。

还是在这年后期,即1929年9月6日,爱因斯坦辞去反对帝国主义与争取民族独立同盟的荣誉主席职务,因为该同盟攻击犹太人在巴勒斯坦的移居工作。

在第一次世界大战后的早期岁月里,爱因斯坦把许多时间(p.32及以下诸页)用来力图澄清德国军队被指控在战争中,尤其是在比利时所犯的暴行。当时,德国国会任命了一个调查委员会,

---

① 爱因斯坦参与托洛茨基委员会在1929年4月20日《人权》第Ⅳ卷第4/5期中有文献证明,这是通过 Kurt Grossmann 先生得到的。

② 由苏联的朋友们发起的呼吁的内容,其详情是未知的。

它调查的结果于 1927 年在五卷白皮书中发表了①。由于这个出版物实际上宣布德国军队无罪，它立即激起比利时卢万大学教授费尔南·马扬斯（Fernand Mayence）的反驳。在标题为《卢万的自由射手的传说》（*La Légende des Francs-Tireurs de Louvain*）的小册子中，马扬斯企图驳斥德国人的论点：[1914 年 8 月]卢万的比利时平民即刻被射杀，仅仅是因为他们进行狙击。在阅读了马扬斯的小册子后，爱因斯坦一时冲动给他写了一封信（1928 年 10 月 29 日），并认可它发表：

> ……我觉得，你通过尝试为具有善良意愿但又常常被引入歧途的人提供那些令人痛心的事件的精确信息，对于正义事业和国际和解做出了巨大的贡献。我与你具有相同的观点：由于明显的缘由而聚集起来的苦难，只能够通过承认真相而减轻，而不管真相可能是什么。我最真诚地希望，你的工作可以对这一崇高的目标做出认真的贡献。

爱因斯坦给马扬斯教授的信在两个不同的方面具有反响。前国会调查委员会秘书在与爱因斯坦的通信中温和地提出异议，而爱因斯坦在与他的私下会见中力图解释自己的立场。另一方面，

---

① 国会调查委员会的秘书是 Berthold Widmann 博士，它的主席是天主教中间党党员 Bell 博士。他们都是五卷本著作《世界大战时的国际法》（*Völkerrecht im Weltkring*）的编者。Dom Norbert Nieuwland 给爱因斯坦写到，他自己 1914 年 8 月 23 日在迪南特（Dinant）被德国人抓获，德国军队在那里射杀了 674 个平民，年龄最大的有八十八岁，最小的只有三周。

第4章 反对战争（Ⅰ）（1928～1931）

比利时马勒德苏斯（Maredsous）修道院的多姆·诺伯特·纽兰（Dom Norbert Nieuwland），即在比利时迪南特（Dinant）射杀的目击者，向爱因斯坦呈递了把德国军队牵连在罪行之内的附加材料。他告知爱因斯坦，德国邮局禁止邮寄马扬斯的小册子，爱因斯坦显然对此举提出正式抗议。这些个别接触的结局起初似乎充满希望。爱因斯坦劝服瓦尔特·许金教授1929年5月在巴黎与多姆·诺伯特会见以进行探索性的谈话，许金教授是公认的国际法学者，当时在基尔（Kiel）大学国际法学院任教。比利时和德国的天主教徒之间的比较正式的会议在一年后举行，会议显然没有取得决定性的结果。尽管德国的目击者在宣誓书上签了名，但是比利时人却不情愿或不能够承认，任何比利时人参与了狙击。不过，正如爱因斯坦1931年3月31日在给国会委员会秘书的便笺中所说的：

……尽管不可能得到最后的澄清，但是在那个方向上的共同努力将有助于改善总的气氛。

1929年7月，《基督教世纪》（*Christian Century*）的编辑约请爱因斯坦，因为爱因斯坦对甘地（Gandhi）表示深深的钦佩。在问及他自己的和平主义观点时，爱因斯坦说[①]：

我的和平主义是一种本能的感情，这种感情支配着我，屠杀另外的人的想法对我来说是令人憎恶的。我的态度不是理

[①] 《基督教世纪》的编辑 Paul Hutchinson 的叙述选取自 TFAW 第19页。

智的理论的结果,而是由对每一种残酷行径和仇视的深恶痛绝引起的。……

德国人权同盟围绕有关案例在国外发起了公开攻势,其中之一是俄国战俘约瑟夫·贾库鲍夫斯基(Josef Jakubowski)的案例,他居留在德国做农场工人。1925 年,贾库鲍夫斯基由于谋杀他自己的孩子而被判处死刑,他被指控为逃避因离婚而支付给孩子的赡养费犯了杀人罪。在他被处死后,同盟在漫长而艰苦的斗争期间证明,贾库鲍夫斯基是无罪的,对他的审问充满偏见。真正的罪犯最终会被送交法院审判。1929 年 7 月,爱因斯坦和海因里希·曼(Heinrich Mann)、阿诺尔德·茨威格(Arnold Zweig)以及其他名人一起,带头发起了一个公众运动,为贾库鲍夫斯基基金筹款,以便使同盟能够继续为反对审判流产,尤其是为反对极刑而斗争[1]。

在同一个月(1929 年 7 月 11 日),爱因斯坦给德国驻外公使古斯塔夫·施特雷泽曼(Gustav Stresemann)写了一封机密信,表明他早先对巴黎的国际知识分子合作协会的担忧(参见 p.69 及以下诸页)。

……无论德国还是英国都没有参与[给协会提供资金],这一事实不能不使法国的影响显得突出,它无益于……国际

---

[1] 带有爱因斯坦摹写签名的贾库鲍夫斯基呼吁刊登在 1929 年 7 月 25 日《人权》第 Ⅳ 第 7~8 期上,它是通过 Kurt Grossmann 先生得到的。该案例的进一步的细节取自德国人权同盟的一份研究报告,这份报告是 Grosmann 先生在 1942 年为美国政府确定方针而草拟的,爱因斯坦证实它是正确的。

第4章 反对战争（Ⅰ）(1928～1931)

团结。

  我深信，假如德国每年捐助40000马克的数额，那么该协会会立即任命一位可以施加显著影响的德国人做助理主任。……如果能够找到一些人，他们的能力和兴趣在于促进国际团结的计划，这样一来他就能赢得协会的信任和尊重。……尤其是考虑到目前这里的政治明星，英国会感到不得不仿效德国的榜样。

从爱因斯坦的档案来看，德国政府似乎并没实行他的建议。[99] 早在1922年，爱因斯坦就应邀成为超国家共和国的理事会的理事。这是一个和平主义团体，它力求建立一种新型的少数派法律，在整个法律下，任何人能够在不失去给定国生活和工作特权的情况下放弃他的国籍。这个团体的意图在可以得到的材料中并没有十分明确地加以描述。但是，关于它的情况似乎充分地告诉爱因斯坦。在1929年，当收到他参加的理事会的邀请时，他做了如下答复(8月19日)：

  超国家共和国所提出的政策对我没有吸引力。国家并不是仅仅为了进行战争而组建的。国家构成了试图找到极其重要的经济问题和文化问题解决办法的当地组织。如果实际上不可能在形式上和法律上把给定地区的大多数人与在那里建立的国家区分开来的话，那么这或者导致基本的组织价值的破坏，或者导致大多数人公民权的完全剥夺。在我看来，这差不多是为了防止遗传病的传播而倡导统统阉割。

爱因斯坦的朋友、法国数学家雅克·S.阿达玛(Jacques S. Hadamard)（他自己是一位公开承认的和平主义者）在1929年9月16日的信中尖锐地反对完全不参加战争的决定,爱因斯坦那年初在给捷克杂志《真理》的声明中曾宣布这一决定。阿达玛引用了大量的历史证据表明,不愿保卫自己反对侵略的国家因而也不能防止侵略,侵略者既不会因为他们自己国家中的反对而被制止,也不会因为全世界舆论的压力而被制止。国际联盟怎么样呢？它也应该阻止使用武力吗？阿达玛认为,1924年的日内瓦议定书尝试给侵略下定义,这个议定书是和平道路上的有意义的一步。由于在这样的重要问题上不愿反对爱因斯坦,他在澄清他们的分歧之前,拒绝发表自己的一篇文章,他甚至在知道爱因斯坦的声明之前就写出这篇文章。1929年9月24日,爱因斯坦因纳粹在德国的胜利而改变了他的和平主义观点之后,寄出他在后来的岁月中有时提起的一封复信:

我十分高兴地收到你的来信,首先因为它来自你,其次因为它显示了你正在极其诚挚而认真地考虑欧洲的严重问题。我有些犹豫地给你复信,因为我充分地意识到,当涉及人类事务时,我的感情比起我的理智要起更加决定性的作用。不过,我还是敢于为我的立场**辩护**。但是首先让我做一个限定。我可不敢以这种方式向非洲的原始部落说教,因为那里的病人在治疗会对他有任何帮助之前早就死去了。但是,欧洲的局势尽管有墨索里尼,毕竟还是大不相同的。

我想指出的第一点是:在道义上和物质上都在有组织地

第 4 章 反对战争(Ⅰ)(1928～1931)

备战的欧洲,软弱无能的国际联盟在国家主义发狂之时,甚至不能够拥有道义上的权威。每个国家的人民都将坚持认为,他们自己的国家是侵略的受害者,并且都将怀着十分善良的信念这样认为。……你不可能教育一个国家拥护战争,与此同时又使它的人们相信战争是可耻的罪行。

我的第二点是:我得承认,决定不自卫的国家是要承担巨大风险的。可是,这个风险是由作为一个整体的社会承受的,是为人类进步的利益承受的。没有牺牲,就永远也不可能有真正的进步。

我的第三点是:虽然这一风险很大,但并不一定是致命的。既然德国在四年消耗战之后也没有遭受比她实际上已遭受的更持久的损害,那么一个连仗也没有打的欧洲国家遭受的损害肯定不会比德国实际遭受的更大。

我的第四点是:只要各国有组织的继续准备战争,那么害怕、怀疑和自己的野心将再次导致战争。

我的第五点是:我们无法抽出时间去等待,各国的统治阶级自愿地决定接受对他们国家的最高权力的干预。他们对权力的贪欲将妨碍他们这样去做。

我的第六点是:受到普通老百姓尊敬的杰出人士,就他们的国家不应该从事任何尚武行为甚或军事行动公开发表声明,这将构成反对好战精神的一种有效武器。

我的第七点是:进行战争,既意味着杀害无辜,也意味着容许自己被无辜杀害。……任何一个正派的、有自尊心的人怎么能去参与这样的悲惨事情呢?如果你的政府要你作伪证,你会让自己这样干吗？肯定不会。那么,屠杀无辜者,不是要比作伪证坏得多吗？

说真的,依我之见,这最后一个论据是最为强有力的;至少,这是它影响我的方式。就我来说,人类的福利必须高于对自己国家的忠诚——事实上必须高于任何事物和一切事物。

1929年11月,两人在巴黎会面,讨论了他们发生严重分歧的争端。阿达玛当时准备了一份声明,他在发表前把它交给爱因斯坦。他把分歧范围缩小到某种程度。他按照爱因斯坦完全有可能承认的那样引用了爱因斯坦的话:他站在他的时代的前头,但是也有一些事情必须当着他们时代的面讲出来,以便为未来铺平道路。另一方面,阿达玛紧扣他的要点:正是一个国家在不发一枪一弹的情况下取得胜利的可能性,只会有助于推进专制主义。为了答复阿达玛关于表示要发表手稿的第二次请求,爱因斯坦在1930年8月9日写道:

不用说,我及时读了你的声明,并且不反对发表它。……但是,我的观点未变。在战争这一事件上,如果可以断言某国政府是"有罪的",那么肯定地讲,那些必须冒生命危险的人就是无罪的了。我依然一如既往地深信,唯一的希望在于,抛弃作为解决争端手段的战争概念。如果那些因其才干而被考虑作为他们国家领导者的人,能够公开宣布他们无条件地反对战争的话,那么这样的态度就会在全体居民中迅速地传播开来。我不相信,在目前的环境下,为了达到那个目标而必须承受的风险会太大。

1929年11月,一位商人、第一次世界大战的老兵从德国一个小镇写信给爱因斯坦,信中建议,由来自各国的老兵团体在旧战场上举行一次庄严的会议,对大陆老兵组织中日益增长的国家主义倾向进行有效的抵制。在英国人拉尔夫·H.莫特拉姆(Ralph H. Mottram)所写的一本有名的书《西班牙农场》(*The Spanish Farm*)——该书雄辩有力地揭露了战争的有害和可恶——的影响下,通信人只不过重述了他原先早在五年前就提出的主张①。爱因斯坦在1929年11月28日复信说:

> 我相信,你的建议是美好的,而且能够实现。……我将力图间接地建立某些接触,这些接触可能有助于实施你的计划。你将再次接到我的信,你可以随便指派我干什么。

1930年1月1日,爱因斯坦回答那位老兵的又一封来信:

> 我相信你在与[H. G.]韦尔斯(Wells)的通信中充分表明,R. N. 库登霍夫[-凯勒吉]和我自己赞成你的方案。我不想看到这件事放在大众的手头。……我希望你的努力都能成功。

---

① 《西班牙农场》是在美国由 Dial 出版社出版的。通信人是德国韦瑟尔(Wesel)的 Erich Leyens。

这个发端是否最终导致国际老兵组织的形成,这一点并未被证实。

1930年1月16日,爱因斯坦系统地回答了关于裁军的三个问题,问题是由在柏林的横跨大洋新闻社的编辑向他提出的①。爱因斯坦的陈述发表在1930年1月21日《纽约时报》他自己名字上方的一则特别电讯中:

> 问:你认为一个国家由于采取全面裁军或部分裁军,会不负责任地行动,或者甚至可能危及它的真正存在吗?
>
> 答:一般公认,所有大国都追求的维持大规模备战的政策,已证明对人类是最为有害的。而且我坚持,在现有条件下,没有一个国家会因为采取单方面的裁军而冒真正的风险。假如情况不是这样,那么现在不恰当地武装起来的国家或根本不武装的国家都会处于极度危险和不稳定的局势之中。然而情况并非如此。我深信,那些在军备生产和扩充军事设施方面具有利己的经济或政治利益的人,正在利用他们宣称的对其他国家武装力量的关心作为精巧设计的托词。
>
> 问:你认为正在参加当前伦敦海军会议的国家所达成对任何通向裁军的进步,会给人类树立一个榜样吗?
>
> 答:我深信,通向裁军的第一个真正成功的步骤会产生具有深刻的教育意义的影响,它会使采取第二步和第三步变得

---

① 来自横跨大洋新闻社的信件没有提到爱因斯坦的回答发表在《纽约时报》。这里给出的译文是从原手稿新译的。《纽约时报》删去了问题,刊登了作为一个连贯叙述的回答。

第4章 反对战争(Ⅰ)(1928~1931)

无比容易。因为参加国之间的这样的最初商定,使得它们通过叫嚷国家安全而恐吓国会议员变得更加困难,在所有国家中以往却是这样做的。

问:你认为备战在经济上是有利的吗?国家会因裁军而遭受经济困难吗?

答:对于作为一个整体的国家来说,军备生产从来也不是经济资产。它总是意味着人力资源和物力资源的非生产性利用。此外,人在他们多产的年代征召服役,便削弱了该国经济部门的生产潜力,这还没有提及人们由于从物质上和精神上备战而遭受到的道德损害。

物理学家莱奥·西拉德(Leo Szilard)曾在柏林和爱因斯坦共事,在生产原子弹的开初阶段曾经与爱因斯坦合作过(参见第9章),他构想了一个国际和平方案。该方案在1930年春被提交给英国的H.诺埃尔·布雷斯福德(H. Noel Brailsford,新闻工作者和作家)。西拉德所期待的新团体是一个国际的知识分子——主要是科学工作者——组织,准备越过国界去行动,通过国际政府实现和平和裁军。布雷斯福德确定不了西拉德规划的价值,他询问爱因斯坦在多大程度上支持这一方案。爱因斯坦在1930年4月24日答复说:

……西拉德与一个正派而能干的年青人团体、与大部分物理学家有联系,他们同情他的构想。但是,迄今还没有创建任何一种组织。……我认为西拉德是一个杰出的、有理智的人,他通常不会给出错误的观念。像这种类型的许多人一样,他可能倾向于在人类事务中夸大理性的重要性。……我不清楚西拉德计划的前景。更重要的是,似乎没有一种强有力的、紧密结合的因素,能够使这样一个由卓越的个人组成的团体实际上是富有成效的。不过,当那些贪婪的、被权力迷住的人日益加剧践踏我们行星的面貌时,面对这样生死攸关的问题,人们不应该依然是完全迟钝的。

当请求爱因斯坦参加在瑞士伯尔尼举行的通过宗教争取国际和平世界大会,并在会上发表演说时,他谢绝了,但却在信中附上一些直率的评论(1930年5月23日):[①]

> 很抱歉,我不能参加你们的大会。由于我敏锐地感到在争取和平的工作中应该得到宗教组织的合作,因此我理应特别渴望参加会议。……假如我能够参加你们的大会,我要说,在历史的进程中,教士为人们之间的许多冲突和战争负有责任,他们为此偿还了许多。他们通常是有组织的憎恨力量的奴隶,他们极少表示要抵制这种力量。我不会恳求他们,我只不过要提醒他们想想他们作为人的明确责任。

1930年5月,当英国的不再要战争运动请求爱因斯坦为它的机关刊物《新世界》(*The New World*)撰稿时,他写道:

---

① 通过宗教争取国际和平世界大会的邀请,来自季刊《力量和自由的象征》(*Die Eiche*)的编者 F. Siegmund-Schultze。

第4章 反对战争（Ⅰ）(1928～1931)

你们问我，我对科学和战争的关系有何感受。科学是一种强有力的工具。如何使用它，它是给人赐福还是降祸，则取决于人本身，而不是取决于工具。刀子对人的生活是有用的，但是它也能够用来杀人。

我们的问题的解决不能来自科学，它只能来自人本身。只要人被有组织地训练来对人类犯罪，这样造就的心理状态只能一再导致大灾难。我们的唯一希望在于，拒绝任何有助于战争准备或战争意图的行为。

几个月后，在另一篇关于同一规划的声明中，爱因斯坦说[①]：

科学使致力于它的任何人变得崇高，不管他是学者或者只不过是学生。而且，科学的技术应用有助于把人从单调的体力劳动中解放出来。事实上，唯有科学才使废除奴役成为可能。

可是，科学无法把我们从战争的灾祸中解救出来。科学是一个强有力的工具，它能够提高生命的价值，或者毁灭生命。除非人废除战争的坚定决心，除非人无条件地拒绝容许他的精力被误用来进行罪恶的事业，否则没有什么东西能够把我们从战争的恐怖中拯救出来。让我们记住路德（Luther）的名言：

[①] 关于科学和战争的第二篇声明的手稿具有这样的标记：9月30日～3月31日。它的场合未确定。

"除非汝等必须是通情达理的,否则就没有什么办法。"

1930年5月30日,国际妇女争取和平与自由同盟紧接着凯洛格-白里安公约(the Kellogg-Briand Pact)——该公约宣布作为国家政策工具的战争是非法的——的批准,发表了一份关于世界裁军的宣言[1]。爱因斯坦和伯特兰·罗素、斯特凡·茨威格、托马斯·曼(Thomas Mann)、简·亚当斯(Jane Addams)以及伊凡·巴甫洛夫(Ivan Pavlov)一起,是头一批签名者的一部分。英语文本是这样的:

全世界的科学家和技术专家已经证明:

科学的战争方法已使国防和平民保护成为虚妄;而且,新的战争便意味着大部分人口被战火、毒气和化学药品同时消灭。

所有国家都处于严重危险之中!

你可知道,把科学用于正在不断完善的破坏手段的新战争意味着什么吗?

你可知道,在未来的战争中,因为不仅武器、军需品和食物仓库,而且一切重要的工业中心都会成为攻击的目标,任何人都将无利可图吗?这将导致工业的总毁灭。

你可知道,空军轰炸中队能够同时摧毁像伦敦、巴黎、纽

---

[1] 裁军宣言的德文版本发表在1930年7月20日《人权》第V卷第5/6期,它是通过Kurt Grossmann先生得到的。

第4章　反对战争（Ⅰ）(1928～1931)

约和柏林这样的城市吗？

你可知道，毒气不仅能够立即或者在遭受无法形容的痛苦之后毁坏人的肌体，而且它能够渗入大地深处，长期毒化土壤和水吗？

你可知道，借助化学方法制成的燃烧弹能够这到 3000°C 的高温，从而把在毒气起作用之前可能逃脱的一切生命统统消灭吗？

尽管官方对和平做了种种保证，但是战争的危险在全世界从来也没有这么严重，所涉及问题也没有这么复杂。难道人民会允许他们的政府准备这样的毁灭性的战争吗？

世界人民：团结起来，以要求普遍裁军表示你们争取和平的愿望吧！

战争已经被宣布废止[这是就凯洛格公约而言的]；现在让我们要求废除军备。

已签名的男人和女人，不论在政党之内还是在政党之外，他们都深信不疑：

目前的备战政策并没有给世界人民提供任何安全，事实上它使所有国家都产生了经济灾难；

这项政策使新的战争不可避免；

在未来，每一次战争都将是灭绝性的战争；

裁军应该是废除战争的逻辑继续，只要有关各国政府仍旧拖延裁军，那么代表政府的和平宣言依然只不过是一纸空文。

因此，签名者要求普遍而全面的裁军，急迫地请求他们的政府给出席下届裁军会议的代表以正式的指令,要他们批判地审查一切裁军建议,不论这些建议是已经做出的还是新近收到的,也不论它们的来源如何;并且要采取一切措施,以保证世界裁军的迅速实现。

匈牙利出生的和平主义者罗希考·施维默(Rosika Schwimmer)拒绝宣誓她愿意当兵,被取消了美国公民权,这为爱因斯坦提供了一个机会,使他能比先前更为有力地陈述他的观点。1930年7月3日,他写信给国际妇女争取和平与自由同盟①:

> 我觉得,施维默夫人以她采取的立场已经做出了有价值的贡献,她值得所有真正的人道主义者给以充分支持。
>
> 当政府确实代表人民意志的时候,人民还是被军事义务的过时传统迷住,除非最优秀的有才智的人主动反对权力机构和权力背后的真实武力,否则如此紧迫需要的世界和平将永远无法达到。那些深信这一步骤是必不可少的人,有责任公开宣布和捍卫他们的信念,即使他们因此会遭受现存政权的邪恶意志的迫害。只有当足够数目有影响的人怀有道义勇气采取这样的态度,成功才会到来。
>
> 这是革命性的态度。人们除了革命性的行动外,永远也不会使自己摆脱无法忍受的、凝结于法令中的束缚。在这种

---

① 关于 Schwimmer 夫人的信发表在 TFAW 第 24 页中,现在的译文是依据德文手稿的修改版。

第4章 反对战争（Ⅰ）（1928～1931）

情况下，这样的行动也是不可避免的。必须大力称赞施维默夫人，赞扬她实现了这一点，赞扬她有勇气接受她的行为的后果。

是年初，在巴黎的国际知识分子合作协会理事会主席保罗·潘勒韦写信给爱因斯坦，对德国知识分子合作委员会的一揽子推荐表示严重关切，爱因斯坦是该委员会的委员。爱因斯坦在1930年4月9日复信说：

你的信向我提供了一个恰逢其时的机会，使我能就德国国家委员会的建议提出我的看法，这使我感到十分高兴。很遗憾，尽管我明确非难德国外交部，这些建议还是被国家委员会在一次会议上正式通过了，只有大约六名理事会理事出席了这次会议。这些建议是赫尔·克吕斯（Herr Krüss）的作品；预先未告诉我们它们的内容。

所有具体问题中的第一个，必定是坚定地要求促进国际合作和相互信任，这对于富有成果的协作来说是必不可少的。德国国家委员会所采取的主动行为根本没有打算发扬相互信任的精神。即使他们事实上想要影响协会的未来工作，他们在清楚地认识到协会的担子迄今几乎全部地落在法国肩上这一事实时，也应该与法国工作人员进行某种初步的秘密讨论，由于迄今德国的团体对国际知识分子合作委员会的工作的贡献是相当微不足道的，这样的姿态也许是比较适当的。

至于实质，我知道，虽然我同意你就德国建议所讲的批评性的评论,不过我感到不得不**坚定地坚持这样的观点:协会必须依旧是一个不可分割的统一体**。一旦协会的一些部分被安置在各国——很不幸已有一个先例,那么作为预定进一步发展真正国际精神的实体的协会之重要性也就受到削弱。如果知识分子合作委员会继续忠诚于它的崇高使命,那么我们就不必对那些欧洲历史上邪恶的遗传病即民族虚荣心和妒忌心做任何让步。

我希望利用这个机会做一点相反的评论:我总是为下述事实感到遗憾,即协会设立在巴黎,资金全部由法国提供。毫无疑问,这样做是出于高尚的理由,但是在政治如此大为不安定的时期,在我看来它似乎必然使人产生强烈的猜疑。即使是以真正典范的国际公正精神处理协会工作的吕谢尔先生,也不能完全消除这些疑虑。

依我之见,如果法国团体愿意提出下述计划,那么必定会大大有助于国际友谊事业:把协会全部迁到日内瓦,让所有国家都按定额分配制为它提供财政支持。鉴于法国所做出的巨大牺牲,这样的计划不应该来自我们一方。不过,如果法国人愿意自己这样做的话,我相信这样的自我克制行为会受到感激的欢迎,并被每一个人视为对国际主义事业的重要贡献。但是,这样一个计划很可能只能随着时间的推移最终被接受。正是在现在,我相信最紧迫的任务是维护协会的完整性。

1930年7月23日至29日,爱因斯坦在日内瓦参加了知识分子合作委员会的会议,不过最后那次会议的备忘录很少提到就必

第4章 反对战争(Ⅰ)(1928~1931)

然出现的改组发生的剧烈斗争。因为爱因斯坦不能参加执行委员会会议,所以候补德国委员赫尔·克吕斯代替他。显然为了阻止赫尔·克吕斯在执行委员会的委员资格,居里夫人由于爱因斯坦的支持同意被选为爱因斯坦的继任人。重组协会工作的计划是长时间讨论的问题,爱因斯坦在讨论中采取了与他在致潘勒韦的信中相同的立场。德国国家委员会的提议显然未被全盘接受。

在讨论潘勒韦关于委员会本身关心基础教育问题时,爱因斯坦做长篇发言的唯一机会来到了。"如果委员会本身对这个问题不感兴趣,那么它就不会满足舆论的希望。虽然潘勒韦先生认识到会遇到来自政治方面的困难,但他还是认为应该勇敢地处理它们。……"

> 爱因斯坦先生在基础教育问题上强烈支持潘勒韦先生和居里夫人的意见[会议记录继续着][1]。调查委员会草拟的工作纲要考虑给人一种房子着火的印象,此时在全力抢救家具的过程中,没有注意选择最有价值的物件。实际上,要最简单地陈述它,上述问题即是,教育作为一个整体是否应该被看作是推动和平主义思想的工具。
>
> 爱因斯坦先生深信不疑,他的观点建立在十分可靠的资料来源的基础上,也就是说在研究这个问题时,委员会会得到各个会员国的支持。爱因斯坦认为,委员会应该前进,不要担心受到阻碍,即使它以后可能停下来。在任何情况下,都不要

---

[1] 为清楚起见,记载爱因斯坦评论的日内瓦委员会会议记录做了修正。

让它放弃它以前已经开始的东西。这是能够研究的最重要的问题。只有在这一点上获得成功,才能完成具有重大意义的工作①。

关于"在同一地区共存的不同文化群体的问题",从欧洲人民的实际状况的角度来审查,而不仅仅是从超越欧洲人的角度来审查,那么显而易见,在人种学上的少数民族中,不同文化层次现在构成最严重的问题之一,而且有害于欧洲的关系。爱因斯坦先生认为,使整个欧洲注意到这一观点是委员会的责任。如果委员会把其他一切放在一边,只处理这个问题和基础教育问题,那么它就能够着手从事相当规模的计划。……

尽管事实上爱因斯坦的观点在某种程度上占优势,但是当他离开日内瓦时,显然对委员会工作的幻想完全破灭了。他写信给一个联盟的次长阿尔伯特·杜福尔-费龙斯(Albert Dufour-Feronce),此人先前是德国外交部的官员②:

……如果我决定不再去日内瓦,那是因为经验告诉我,很不幸,委员会作为一个整体,似乎缺乏必要的决心来达到改善

---

① A. Lief 在 TFAW 第16页中,把爱因斯坦关于教育的评论的译文作为直接引文给予知识分子合作委员会。该引文在结束时提到,"在科学各个分支中工作的专家之间"令人痛惜地缺乏合作,"他们总是在他们眼前放着显微镜"。

② 给 Dufour-Feronce 的信用德文发表在 MW 第70页。实质上等价的英译文发表在 TWAISI 第54页和 IAO 第84页。在 IAO 中,这封信被错误地确定为1923年。

国际关系的真正进步。依照我的观察,委员会好像是仅仅想造成主动的假象。在这方面,我感到,它在整体上甚至比国联还要糟糕。

正因为我极其盼望对国际仲裁和管理权力的建立给予我能够给予的无论什么帮助,所以我感到不得不辞去委员会中的职务。

"国家委员会"形成了日内瓦委员会和每一个国家的知识分子共同体之间进行交流的唯一渠道,由于创建它们,日内瓦委员会事实上同意对文化上的少数派的压迫政策。这构成对它的功能——对一切国家的少数派在他们反对文化压迫的斗争中给予道义上的支持——的蓄意否定。

至于谈到反对各国教育中的沙文主义和军国主义倾向,委员会的态度也是半心半意的,以致人们不再期望它在这个极其重要的领域中有任何认真的努力。

进而,对于发誓全心全意支持创建一个以法律为基础、以反对军国主义为目标的国际秩序的个人和组织,委员会坚决拒绝给予道义上的支持。据了解,一些委员拥护与他们应该有责任支持的原则而截然相反的原则,委员会从来没有试图去抵制这些委员的任命。

从这几点评论中,你将无疑会极其充分地懂得我的决定,因此我不想用进一步的论据使你厌烦。可以肯定,草拟这一控告并非我的职责,我只是希望说明一下我的立场。如果我在委员会看到任何希望的话,那么你可以确信,我会以另外的方式去行动。

显然,这封信没有考虑正式辞职;几乎在两年后,当爱因斯坦从美国返回时,他发现邀请他参加1932年7月在日内瓦举行的委员会会议和协会会议。1932年4月20日,他答复说,他任职到1931年期满为止,并附带说,他不相信他是在委员会做有用工作的人。

在克吕斯博士接替他之前,爱因斯坦与巴黎的国际知识分子合作协会有一次深一层的、重要的联系,即与西格蒙德·弗洛伊德(Sigmund Freud)坦率交流信件。尽管爱因斯坦在从委员会辞职时感到失望,但是1930年的国际联盟第十届年会激励他写出如下声明[1]:

> 对于国际联盟已经完成或尚未完成的事情,我很少有热情,但是我总是为它的存在而感到欣慰。

多年后,他把知识分子合作委员会向他在这些时期内的传记作者之一做了描绘:

> 尽管它有杰出的成员,但它却是我与之发生联系的最无效的事业。

1930年10月,爱因斯坦以"我所看到的世界"为题,在《论坛

---

[1] 关于国际联盟第十届年会的声明用德文发表在 FRANK 第329页,用英文发表在 TFAW 第15页(这里给出的版本)。这是1930年2月13日为柏林《国联杂志》(*Völkermagazin*)写的。接下来的声明译自 SEELIG 第209页。

与世纪》(*Forum and Century*)发表了关于他的世界观的另一份声明①。这份广为重印的声明只有一段在这里是有趣的,爱因斯坦在这段描述了他对军国主义的态度:

> ……这把我引向群氓生活的最糟结果,即我所憎恶的军事体制。对于那些随着军乐队的旋律在普通士兵的队列中洋洋自得行进的人,只能让我蔑视他们。给这样的人一个大脑确实是一个错误,脊髓也许就足够他们用了。文明世界的这种可耻的污点应该尽快地加以清除。遵命的英雄主义、无意义的暴行以及以爱国主义名义所进行的讨厌的胡闹,这一切都使我深恶痛绝!在我看来,战争是多么可耻和卑鄙!我宁可被千刀万剐,也不参与这种丑恶的勾当。我对人类的评价是足够高的,我相信,只要人们的健全常识未被通过学校和报刊而起作用的商业利益和政治利益腐蚀,那么战争的幽灵早就应该消失了。……

1930年9月30日,罗曼·罗兰写信给爱因斯坦,请求他为"金色之书"撰稿,该书是在翌年5月印度诗人拉宾德拉纳特·泰戈尔(Rabindranath Tagore)七十岁生日时呈现给泰戈尔的。泰

---

① "我所看到的世界"的德语文本发表在 MW 第7页。三种不同的译文发表在 TPAW 第20页(部分),TWAISI 第1页和 JAO 第8页。它也在《活着的哲学家》(*Living Philosophies*,Simon und Schuster,New York,1931)和《我的信仰》(*I Believe*,Allen and Unwin,London,1940)中重印。正文中节录的英译文被修改过。

戈尔新近访问了爱因斯坦,两人举行了一次广泛宣传的哲学谈话①。爱因斯坦在1930年10月10日复信说:

> 我愿高兴地在你漂亮的文本上签名,并附上一篇简短的稿件。由于交流中的困难,我与泰戈尔的谈话是相当不成功的,从来也不应发表它。在我的稿件中,我会乐于表达我的下述信念:享有巨大智力成就荣誉的人,有义务给予无条件拒绝战时服役的原则以道义上的支持。……

1930年10月12日,罗兰复信说,爱因斯坦提交的稿件似乎十分合适。不过,应当告诉人们,拒绝战时服役可能要承受巨大的牺牲和苦难。罗兰写道:"在我们的苛刻的社会中,苦难几乎总是理性为了前进而必须通过的必要阶段。……"

在爱因斯坦生活很活跃的年代里,他在若干并非他自己起草的宣言上签了名。这些文件不仅显示了爱因斯坦极感兴趣的某些公开的争论问题,而且也是在两次战争期间最卓越的头脑为达到一个更健全的世界所做出的许多努力的标志。与对1930年10月12日发表的呼吁反对征兵及对年轻人军训的宣言的支持相比,爱因斯坦可能没有以更大的热情支持那些文件之一。爱因斯坦、泰戈尔、罗曼·罗兰以及其他许多反战人士都在宣言上签了名,其中包括简·亚当斯、约翰·杜威(John Dewey)、厄普顿·辛克莱

---

① 与 Tagore 的谈话发表在 1931 年 9 月 11 日《美国犹太人》(*The American Hebrew*)。

第4章 反对战争（Ⅰ）(1928～1931)

(Upton Sinclair)、西格蒙德·弗洛伊德、奥古斯特·福雷尔(Auguste Forel)、托马斯·曼、斯特凡·茨威格、泽尔马·拉格尔勒夫(Selma Lagerlöf)、H. G. 韦尔斯和伯特兰·罗素。它是由联合和平理事会（这是包括公谊会教徒在内的一个松散的联盟或咨询委员会）、和解联谊会、反战者国际组织、国际妇女争取和平与自由同盟以及其他几个和平主义团体发起的。宣言内容如下[①]：

所有国家的政府终于正式承认,要给世界人民以和平的权利。在巴黎[凯洛格-白里安]公约中,那些政府拒绝接受战争是国家政治的工具。

不过,备战继续着。在政府的和平声明和坚持与扩大年青人的军训之间,存在着尤为明显的对照。

军训采取两种形式:在许多国家,都存在着法定的征兵;在其他国家,尽管名义上是自愿的,但军训是借助道德的和经济的压力大规模地强加于人的。而且,所有的政府都以国家防卫的名义声称,要求他们的公民、男人和女人履行战时服务的基本权利。

我们认为,每一个真诚地需要和平的人都应该要求废除年青人的军训,都应该促进取消政府把征兵强加给他们的公民的权利。征兵把个人完全置于武力的摆布之下。它是奴隶制度的一种形式。人们不加怀疑地接受这种奴隶制度,只是表明了它的阴险的后果。

---

① 联合和平理事会的宣言译自原始德文文本。

军训是在杀人技巧方面进行精神的和身体的教育。它是为了战争的教育。它使战争心理永远长存。它阻挠人争取和平的意志的成长。在中学、大学、官方组织和私人组织中,如果年青人常常是在体育锻炼的借口下接受战争知识的教育,那么老一代人就对年青一代人犯下了严重的罪行。

在和平条约的条款下,责成战败国废除军训以及征兵。现在是人民自己最终采取主动以消除军训和征兵的时候了,不仅是战败国的人民,而且是全世界的人民。

如果政府没有清楚地认识到人们厌恶战争的深度,那么它们必须准备面对那些把忠于自己的良心和忠于人类看作是至高无上的人的反对。让所有国家的人民把下述口号作为他们的目标:"不再要军国主义化!不再要征兵!教育为人类与和平!"

1930 年 11 月 30 日,爱因斯坦离开柏林,首次到帕萨迪纳(Pasadena)的加州理工学院做三次相继的一年一度的访问。航海旅行给予他某种惬意的休息,尽管事实上他甚至在船上也受到人群前所未有的包围。在不连续的但却是毫无保留的日记中,他就他的豪华的睡舱发表评论:

1930 年 12 月 2 日……过分的、使劲的关心使我心神不安。由于受到如此之多的不必要的关照,我感到像是一个劳动的剥削者。……

1930 年 12 月 3 日……船上的每一位工作人员都这样

端庄和纯朴地行动，以致人们对他们自己的粗鲁行为感到古怪。南安普敦(Southampton)一再给我留下英国势力的印象。一切事情都平静而安详地继续着。……甚至新闻广播员也有节制地惯常进行着！荣誉归于应得荣誉的人。单说一个"不"字就足够了。世人能够从中学到许多东西——即使赴宴去吃圣洁的圣餐，随随便便穿衣的并非仅仅我一人。……

当船接近美国时，爱因斯坦的日记写道：

> 1930年12月10日……数不清的电报，带给船上的无线电操作人员兴奋的时刻。那位肥胖的、兴高采烈的德国人把一切东西都译成英语。……

"肥胖的、兴高采烈的德国人"是美国历史学家和艺术家亨德里克·维勒姆·范隆(Hendrik Willem Van Loon)，爱因斯坦在船上与他相遇。翌日抵达纽约是这样描绘的：

> ……比最富于幻想的预料还要糟。刚刚离开长岛(Long Island)，一大堆记者就蜂拥到船上。……当时，许多摄影者像一群饿狼一样向我扑过来。记者净问些特别无意义的问题，我则以廉价的玩笑做答，而他们却热情地记下了这些笑话。我几乎忘记了两家广播公司。一家把我的消息传播给美

国人民。关于另一个,我利用了一个巧妙的小寓言:我是雅各①,我完全没有把握我是否已经娶了正直的妻子(广播公司)。因此,我满意它们两家,多亏爱尔莎(Else)(爱因斯坦的夫人)的精明管理,赚了 1000 美元福利金。到中午我已精疲力竭了。……

下面是爱因斯坦在纽约港从船舷上在广播节目中所讲的祝词②:

当我在相隔十年之后,正要踏上美国的土地上时,我心中的最主要的想法是:今天因这里正在做出的和平工作而对全球最有影响的这个国家,构成民主的生活方式的堡垒。每一个人都自豪地站起来,唯恐失掉他的公民权利。每一个人不管其出身,都有机会为作为一个整体的共同体的利益而自由地发展他的能力,这种机会不仅仅在纸上,而且也在实际的实践中。

你们的国家用它的头脑和它的双手的工作证明,个人自由比任何形式的暴政能为富有成效的劳动提供更好的基础;无论何时人们在他们的社会受到健康的自尊心的激励,他们都觉得有责任为社会而做出牺牲。人们在美国人民中间发现的团结一致的意识,就是你们坚信一切民族和文化的巨大的

---

① 雅各(Jacob)是犹太人的祖先之一,即以色列。
② 向美国人致意的祝词在这里是从原来的手书新翻译的,纽约 Joseph Schaffner 夫人拥有该手书。另一个译文发表在 TFAW 第 32 页,大概是实际广播的译文,它归爱因斯坦夫人所有。

第 4 章 反对战争(Ⅰ)(1928～1931)

国际共同体的基础。这种信念导致文化机构的创立,其赐福扩展到世界的所有国家。

你们国家有能力帮助击败威胁我们时代的鬼怪——军国主义。你们的政治地位和经济地位今天是如此强大,如果你们认真努力,你们就能够粉碎战争传统,由于这样的传统,欧洲在其整个历史上遭受了苦难,世界其地方也遭到苦难,即使在程度上较小一些。命运把这一历史使命放在你们手中。通过完成这一使命,你们将为你们国家和你们一代人建立一座不朽的纪念碑。

由于受到这些希望的鼓舞,我向你们和你们国家的国土致敬。我热切地期待着,借助于我在你们中间将要看到的和学到的东西,重建古老的友谊,并扩大我的理解。

在接着的五天时间,爱因斯坦紧张地巡回做讲演,出席记者招待会,参加会议,莅临典礼,观光,去种植园、歌剧院和音乐会[①]。他会见了哲学家、出版商、政治家、科学家、犹太人领袖和犹太复国主义者领导人。他被带去看在纽约河滨教堂正门上的他的雕塑头像。他在高朋满座的市政厅仪式上接受了城市钥匙,市长詹姆斯·J.沃克(James J. Walker)和哥伦比亚大学校长尼古拉斯·默里·巴特勒(Nicholas Murray Butler)在仪式上讲了话。他在麦迪逊广场花园庆祝犹太人圣节的群众大会上发表演说。他

---

① 爱因斯坦在纽约逗留的细节出自他的日记和《纽约时报》。

与阿尔图罗·托斯卡尼尼(Arturo Toscanini)[①]、弗里茨·克赖斯勒(Fritz Kreisler)[②]和拉宾德拉纳特·泰戈尔握过手。印度访问者在他面前的地面上鞠躬磕头以示尊敬,犹太复国主义者呼喊"你属于我们",歌唱家拜倒在他的面前。他感到高兴的是,他能够在船上他的安静的住处度过夜晚的时光,在那里警卫保护他免遭各种纠缠。

1930年12月14日,爱因斯坦作为一个战斗的和平主义者的生涯的顶点来到了,当时他在纽约的里茨-卡尔顿饭店的一次会议上做讲演,这次会议是由新历史学会举办的。讲演是即席发表的[③],当时预定的译员证明不能胜任这项任务,罗希考·施维默夫人(参见 p.106)自愿把爱因斯坦的评论译成英语:

> 当那些由于和平主义的理想而结合在一起的人举行集会时,他们通常只与他们自己同类的人结伴。他们像绵羊一样挤作一圈,而狼却等候在外面。我认为,和平主义的演说家面临着这种困难:他们往往只到他们自己的群体中去,这些人反正都是和平主义者,简直用不着去说服。绵羊的呼叫越不出

[①] 阿尔图罗·托斯卡尼尼(1867~1957)是意大利指挥家,20世纪上半叶杰出的指挥大师。——译者

[②] 弗里茨·克赖斯勒(1875~1962)是奥地利小提琴家。——译者

[③] 爱因斯坦在新历史学会面前的讲演在不少于五个英文版本中都可以得到。这里给出的版本出自 TFAW 第34页,它有相当广泛的风格上的变化。Schwimmer 夫人1930年12月28日寄给爱因斯坦鉴定的版本有点短。新历史学会出版了它自己的版本,其他版本发表在1930年12月21日《纽约时报》和1931年1月《明日世界》(*The World Tomorrow*)。

这个圈子,因而起不了什么作用。这是和平主义运动的真正弱点。

名副其实的和平主义者,他们的头脑并非想入非非,而是用现实主义的词语去思考,他们必须大胆地努力去做对和平主义事业有实际价值的事情,而不应当依旧仅仅满足于信奉和平主义的理想。需要的是行动,而不是言论;言论只能使和平主义者一事无成。他们必须行动起来,从那些现在能够达到的事情开始。

至于我们下一步应该怎么办,我希望你们认识到:在目前的军事体制下,每一个人都被迫为他的国家去犯杀人罪。一切和平主义者的目的必须使其他人确信战争是不道德的,必须使世人摆脱服兵役的可耻奴役。为了达到这一目标,我想提出两条路线。

第一条已经付诸实践:毫不妥协地反对战争,在任何情况下都拒绝服兵役。在实行征兵制的国家里,真正的和平主义者必须拒绝承担军事义务。在许多国家,为数不少的和平主义者冒着巨大的个人牺牲,已经拒绝和正在拒绝在和平时期为军事项目服务。这样做就明白地显示出,他们在战争爆发时也不愿去打仗。

在未实行义务兵役制的国家里,真正的和平主义者必须在和平时期公开声明,他们在任何情况下都不会拿起武器。这也是反对战争的有效方法。我热切地劝告你们努力使全世界人民确信这种立场是正义的。胆怯的人也许会说:"这有什么用?我们会被投入监牢。"我可以这样回答他们:在预定服兵役的人中即使只有百分之二的人宣布他们拒绝打仗并竭力主张不用战争手段解决国际争端,那么政府就会无能为力,他们不敢把这么多的人送进监狱。

我为反战者提出的第二条行动路线,是一种不会把个人卷入与法律牵连的方针。这就是通过国际立法力图确立在和平时期拒绝服兵役的权利。那些不愿意接受这种立场的人也许宁可拥护国际立法,这一立法容许他们去做某些有益于他们自己国家或全人类的艰苦工作,甚或是危险工作,以代替服兵役。他们会因此证明,他们的反战并非自私自利,而仅仅是下述信念的逻辑结果:国际纠纷能够用打仗以外的方式去解决。这进而会证明,他们反对战争不可能是由于怯懦,或者由于贪图个人安逸,或者由于不愿为他们国家或人类服务。如果我们声明我们心甘情愿地接受带有危险性质的工作,那么我们将在通向一个比较和平的世界的道路上大大前进了。

我进而建议,所有国家的和平主义者都着手筹措资金,以支持那些想拒绝服兵役、但由于缺乏经济收入而实际上不能这样做的人。因此,我倡议建立一个国际组织并筹集一笔国际和平主义者基金,以支援我们时代的积极反战者。

最后,我是否可以说,想要实现和平的严肃的和平主义者,必须有勇气行动起来,并且继续坚持这些目标;只有那时世人才会感激地关注他们。和平主义者的声音那时才会被现在还不是和平主义者的人听到;一旦他们留神倾听,他们的教训必然会卓有成效。如果他们过于拘谨,他们的声音将依然只能达到他们自己圈子内的那些人。它们将依旧是绵羊,依

第4章 反对战争（Ⅰ）(1928～1931)

旧是和平主义的绵羊。

首先是美国的和平主义者，然后是全世界的和平主义者，都以极大的热情欢迎爱因斯坦的讲演。事实上，这把他确立为卓越的国际和平主义英雄之一。他收到许多贺词，而且在以后几个月，带有"2%"铭文的纽扣开始从美国街道和校园的年青人的上衣翻领流行起来。

爱因斯坦的"百分之二讲演"产生了一种反应，这一点可能没有引起他的注意。1931年2月16日，在英国的国际反战者荣誉书记H.朗哈姆·布朗（H. Ruhham Brown）写信询问爱因斯坦的朋友罗曼·罗兰：

1. 爱因斯坦认为拒绝接受任何战争服务便构成消除战争的手段，你具有这样的观点吗？
2. 你觉得那些亲自拒绝这种服务的人应该受到希望结束战争的所有人的支持吗？

1931年2月20日，罗兰在回答H.朗哈姆·布朗时陈述了[①]他的信念：拒绝一切直接的或间接的战争参与是"良心的义务"，他完全同意爱因斯坦的观点，正如他在第一次世界大战中的行为所表明的。

---

① Rolland对H. Ruhham Brown的询问的答复，是经MarieRomain Rolland夫人的慨允复制的。

119　……但是,如果你提出疑问与其作为道德义务,不如作为实践问题的话,那么我认为爱因斯坦的态度确实会引起争论。即使"世界百分之二的人口拒绝打仗",也绝不会废除战争。爱因斯坦似乎忽略了这样的事实:自1914年以来,战争的技术已经改变了,并且还正在改变。趋势是利用少数的技术专家兵种,他们知道如何指挥用毒气弹和细菌弹以及其他大规模杀伤武器武装起来的空军中队。在这样的情况下,无论百分之二还是百分之十的人口拒绝服兵役,这对政府来说就变成一个完全无关紧要的问题了。政府也许不需要把反战者投入监狱。士兵和平民同样会遭受到致命的弹雨的袭击。……

罗兰继续支持把社会的彻底改革作为争取"废除引起战争的体制"的唯一方法。他没有放弃非暴力原则,并且讲了不少高度赞美甘地和个人反战者的话;但是,他觉得大规模的有组织的行动是必不可少的。他认为,为了延缓已经出现在地平线上的战争的危险,孤立的行动证明是软弱无力的。

在1930年12月16日从船舷上告别纽约的祝词中,爱因斯坦对"有机会完成某些有社会价值的事情"表示满意。三天后,轮船在古巴的哈瓦那停靠,他在他的日记里写道:

　　1930年12月19日……革命,但是没有可以看得见的革命征兆。由于蔗糖价格下跌所引起的危机。漂亮的西班牙建筑物。学院、地理学会,总是千篇一律。奢侈的俱乐部与赤裸

第4章 反对战争(Ⅰ)(1928～1931)

裸的贫穷同时并存,贫困主要侵袭的是有色人种。他们拥挤在没有窗户的窝棚里。但是有暖和的气候和香蕉,不顾严重失业的愉快面孔。只有当人们在暴风骤雨的天气里离开故土的时候,才感到真正的痛苦。……

通过巴拿马运河给他留下了深刻的印象,尽管他马上就抱怨"乘客正在变得越来越恼人,没完没了地拍照"。而且在三天之后:"每一个人都有了他与我合拍的照片,……为博得亲笔签名的事也很兴旺。……他们对我极为大惊小怪。到哪里事情才会完全了结呢?"

爱因斯坦被加利福尼亚州(California)强烈地吸引住了:"人人都有汽车,……但是一些汽车确实远远落后于时代了。今天我看到一辆肮脏破旧的车子开价25美元!商店漂亮得惊人。人人都尊崇自己,人人都能付清装在他的篮子里的东西的款项。包装独出心裁,尤其是鸡蛋纸盒。每个人在街上都能认出我,向我微笑着。"爱因斯坦租用了一所单幢房子作为他的住宅,他把它描绘为一座"用木瓦盖屋顶的华而不实的房子"。

1931年1月8日,爱因斯坦访问了好莱坞,在那里专门为他放映厂电影《西线无战事》(*All Quiet of the Weatern Front*),这是依据埃里希·玛利亚·雷马克(Erich Maria Remarque)的著名德语小说改编的。他评论说"好片子",并对在德国禁演它表示义愤[①]。

[①] 爱因斯坦对Remarque影片的陈述在他日记中也提到了,这里译自1931年3月2日《人权》第Ⅵ卷第3号,它是借助Kurt Grossmann先生得到的。

禁演这部影片[他说]在全世界的眼中标志着我们政府外交上的失败。它的检查制度证明,政府已经屈从于大街上暴民的吼叫,并且揭示它是十足的软弱无能,以致必须强烈需要政策的倒退。

这年下半年,爱因斯坦的陈述在德国人权同盟所开展的成功的运动中起了作用,这一运动为的是催促《西线无战事》在德国放映。1931年1月9日,爱因斯坦在他的日记里写道:

访问厄普顿·辛克莱。一位杰出的理想主义者,同时也是一位具有鲜明性格的人。称赞俄国的观点,他说,因为他们教育群众,正在使群众苏醒过来。……

1931年1月22日,帕萨迪纳的居民辛克莱带领爱因斯坦去看俄国导演谢尔格尔·叶伊先斯泰恩(Serger Eisenstein)的关于墨西哥的影片;斗牛的连续镜头使爱因斯坦大倒胃口。

到这月底,辛克莱寄给爱因斯坦"一些刚刚到达我手头的俄国统计资料"。他也为《新领袖》(*New Leader*)在二十五周年纪念时的声明辩护,这是在纽约出版的一家社会主义周刊。这里是1931年2月3日辛克莱的提问和爱因斯坦的答复[①]:

问:你谈谈在反对日益增长的扩军危险和战争威胁中美

---

① 对 Upton Sinclair 的两个答复的第一个(以不同的译文)发表在 TFAW 第28页。

国工人的责任是什么？

答：美国今天是地球上最强大的国家。因此，反对军国主义和战争威胁的斗争成功与否在很大程度上取决于美国人对这些问题如何做出反应。对于社会主义各政党来说尤其如此；几乎没有必要讲他们为什么应该特别关心为反对战争而积极斗争了。

问：你是否愿意告诉美国工人，在像美国这样一片具有如此庞大生产能力的国土上，你就悲惨和饥饿的情景所做的思索吗？正如你所了解的，我们能够生产的食物比我们能够销售的要多，我们只是使我们的工厂以它们的能力的一个小百分比运转；可是，千百万人却需要食物和其他起码的生活必需品。

答：按照我的看法，现今严重的生活资料危机清楚地表明，现存的经济组织就人们能够称其为"组织"而言，是不适宜于足够供给居民需要的。可是，这一陈述不应该认为是一种控诉；它应该更加促使我们努力以这样的方式组织经济：人的真正生存将不再受到经济危机的威胁。

爱因斯坦提到美国在世界能够和应该享有的政治影响，这不是孤立的评论。这显然是爱因斯坦在那些日子全神贯注的问题，也是他访问美国时屡屡强调的问题。他的观点似乎在一篇文章的最后一段做了充分的概括，这篇文章是针对在美国期间得到的印

象而准备的①。声明是在爱因斯坦返回欧洲后,于 1931 年 3 月 29 日在美国发表的,其内容如下:

> 在世界技术发达的国家中,美国当今是最强大的。它对于国际政治形势的潜在影响几乎是难以预测的。可是,美国是一个大国,它的人民迄今并没有对重大的国际问题发生很大兴趣,其中主要的是裁军问题。即使仅仅出于美国自身的利益,这种状况也必须改变。刚刚过去的战争已经显而易见,大陆之间已不再有任何屏障,一切国家的命运都密切地交织在一起。因此,这个国家的人民必须开始认识到,他们对世界的政治发展负有重大的责任。无所事事的旁观者的角色是与美国不相称的。长期这样下去,对我们大家都是灾难性的。

1931 年 2 月 2 日,《耶鲁大学日报》(*Yale Daily News*)发表了爱因斯坦对与科学领域相关的一系列问题所做的回答②。只有一个问题涉及政治。爱因斯坦在回答时一再强调他的下述观点:科学本身对于建立国际组织——如果要避免世界混乱,这种组织则是必不可少的——不会有直接的影响;只有人的决心才能够解决这个问题。

---

① 爱因斯坦的文章"我在北美的初步印象"是在 MW 第 51 页发表的,现在的译文译自它。不同的英文版本发表在 TWAISI 第 37 页和 IAO 第 3 页。以正文的形式唯一重新发表的最后一段在 TFAW 第 33 页还有不同的译文,在那里它被鉴定是通过 McNaught Syndicate 于 1931 年 3 月 29 日发表的。

② 对《耶鲁大学日报》提问的回答是从 1931 年 2 月 3 日《纽约时报》得到的。

第4章 反对战争（Ⅰ）（1928~1931）

1931年2月18日，爱因斯坦在加州理工学院向几百名学生发表演说[①]：

……我想唱一首圣歌，来赞美在应用科学领域所做出的进步；而且毫无疑问，在你们自己的一生中，你们将进一步把它向前推进。我之所以用这样的言辞讲话，是由于这个世纪是应用科学的世纪，而美国又是应用科学的故乡。但是，我不想使用这样的语言。……如此宏伟的应用科学节约劳动，使生活更加舒适，但却给我们没有带来多少幸福，这到底是为什么呢？简单的答案是，我们还没有学会恰当地利用它。

在战争时期，应用科学给人们以相互毒杀和残杀的工具。在和平时期，科学使我们的生活变得急速和不确定。它没有把我们从许多不得不完成的单调工作中解放出来，反而使人成为机器的奴隶；人们多半一天到晚疲倦地工作着，在劳动中毫无乐趣可言，而且总是提心吊胆，唯恐失去他们那点可怜的收入。

你们可能觉得，你们面前的这位老人正在唱不吉利的反调。可是，我这样做，其目的无非是向你们提一些忠告。如果你们想使你们一生的工作对人类有益，那么你们只了解应用科学本身还是不够的。关心人自己必须始终成为一切技术努力的主要目标，要关心如何组织人的工作和商品分配，从而以

[①] 爱因斯坦对加州理工学院学生的演说在这里是依据原始德文手稿新译的。另一个译本是由美联社分发的，发表在1931年2月17日《纽约时报》。

这样的方式保证我们科学思维的结果可以造福于人类,而不致成为诅咒的祸害。

当你们沉思你们的图表和方程时,永远不要忘记这一点!

按照爱因斯坦的东行路线,在返回欧洲的途中,他在芝加哥受到和平代表团的欢迎。他在这列车后部的乘客上下平台上向人群讲话(1931年3月3日)[①]:

> 我十分高兴,你们给我这个机会就和平主义问题发表几点评论。最近几年的发展再次表明,我们几乎不能证明下述设想是有道理的:反对扩军和军国主义精神的斗争能够有把握地委托在政府手中。即使创建拥有大量成员的和平主义组织,这也不能使我们更加接近我们的目标。
>
> 我深信,富有成效的唯一途径是采用拒绝服兵役的革命性的方法。我们在各个国家都要有组织,以便对一切有勇气抵制战争的人给予物质上和道义上的支持。要使和平主义具有生机勃勃的结果,要开创强大的、将吸引有坚定性格的人的运动,这是唯一的道路。它就是并非法律认可的斗争,但是,如果人们要拥有抵制政府实行犯罪行为的指令的权利,就必须奋起斗争。
>
> 许多自认为是善良的和平主义者的人,不想去参与这样

---

① 在芝加哥列车乘客上下平台的讲话译自原始德文手稿。另一个译文发表在 TFAW 第39页。代表团是由和平主义者 Lola Maverick Lloyd 组织的,Schwimmer 夫人把他介绍给爱因斯坦。

第4章　反对战争（Ⅰ）（1928～1931）

的激进形式的和平主义，他们可能宣称，爱国主义妨碍他们采取这样的方针。但是，在紧急情况下，是无论如何不能依靠这样的人的，我们在世界大战中如此清楚地了解到这一点。

第二天，即1931年3月4日，爱因斯坦又一次受到十六个小时的折磨[①]。从早晨到达纽约到半夜乘船回欧洲，他连续地成为众人注目的中心。爱因斯坦一行人径直走到船上，来自反战同盟的一个代表团在那里等待着。爱因斯坦重复了他的芝加哥声明，插入了下述评论：

> 最近裁军会议的证据表明，政府或不愿意或不能够达到真正的裁军。正是人民必须表达他们要求裁军的愿望，如果他们真想裁军的话。
>
> 一般说来，和平主义运动在和平时期并不是足以吸引绝大多数人的、引人注目的运动。不过，反对服兵役的斗争却具有激动人心的影响，因为通过直接向我们的对手挑战，它将不可避免地造成争论。
>
> 如果和平主义组织的成员在和平时期不准备冒着坐牢的危险反对当局而做出牺牲的话，那么他们在战时肯定会失败，因为此时只能期望最坚决、最果敢的人去反对战争。

[①] 爱因斯坦1931年3月4日在纽约逗留的细节来自当日《纽约世界电讯》(*New York World Telegram*)和1931年3月5日《纽约时报》。爱因斯坦在船舱发表评论的文本依据TFAW第40～41页做了修订。

社会主义领导人诺曼·托马斯(Norman Thomas)也在船舷被引见,他试图引出爱因斯坦对美国的印象,当时美国已处于经济萧条的支配之中。爱因斯坦答复道:

> 和平主义比社会主义更容易赢得人民。社会和经济问题已经变得极为复杂,必须做到使人们实际上相信和平解决的可能性。一旦达到了这一点,就可以期望他们用和平的精神处理经济和政治问题。我想说的是:我们应该首先为和平主义而工作,然后为社会主义而工作。

当天下午,爱因斯坦来到旅馆,他在旅馆接待了无休止的访问者人流,其中包括海伦·凯勒(Helen Keller)。记者注意到,爱因斯坦作为一位著名人物,在泰然自若和驾驭自己的能力方面都大有长进。其中一位记者写道:"走来的是一位慌慌张张、使人迷惑的德国科学家,他在12月初首次会见了一大群新闻记者和摄影师,……当时他恐惧地躲避他们。今天在他的住所,他彬彬有礼,谈笑自若,毫不拘束。"美国巴勒斯坦运动在阿斯特饭店设资金筹措宴会,拉比·斯蒂芬·S.怀斯(Rabbi Stephen S. Wiss)欢呼拥立他们的"精神之王",即使在宴会上讲完话后,爱因斯坦的一天还没有结束。反战青年团体的二十五个以上的代表聚集在码头,在他乘船时向他表示敬意,他们中的许多人还想得到他的签名。青年和平联盟的成立后来就是由这次行动形成的,爱因斯坦通过海底电缆发了电报:

第 4 章　反对战争（Ⅰ）(1928～1931)

我希望你们在和平主义的激进化中取得使人高兴的进步。只有抵制服兵役才能给和平主义运动带来成功。

在告别电文中,赫伯特·胡佛(Herbert Hoover)总统表达了他的希望："你对美国的访问使你感到满意,正如它使美国人民感到满意一样。"1931年3月14日,爱因斯坦从柏林发电文感谢美国人民。第二天,《纽约时报》发表了它：

> 正如鱼不离开它的自然环境就不理解水一样,同样地,人不尝试和环境——在这样的环境中,现有的习惯、规范和抱负与他在日常工作中所碰到的那些东西是截然不同的——接触,就不能理解他的日常环境的特质。
>
> 在我看来,美国自身正好展示出这样一个使人不得不感兴趣的新世界,它是一个社团的世界、合作的世界,正如我们欧洲是一个个人主义的世界一样。在美国,每一个人都找到他能够有效发挥作用的领域。……
>
> 在美国,我受到的同情和尊敬比我应该期待的要多得多——事实上比任何一个人值得期待的都要多,我乐于抓住这个机会记下我的感激和谢意。

在访问美国期间,爱因斯坦同意会见德国事业的代言人、纽约的乔治·西尔维斯特·菲尔埃克(George Sylvester Viereck)。在那些日子里,许多思想萦绕在他的脑际,这些思想在那次会谈中得

到充分的概括。据报道,爱因斯坦这样说①:

倘若按照我们的需要组织我们的资源,而不去做僵化的经济理论或传统的奴隶,那么就会有足够的钱财、足够的工作和足够的食物。首先,我们必须不容许我们的思想和我们的活动由于准备另一次战争而离开建设性的工作。我赞同伟大的美国人本杰明·富兰克林(Benjamin Franklin)的一句话:从来也没有一次好的战争或一次坏的和平。

我不仅是一个和平主义者,而且是一个战斗的和平主义者。我愿为和平而斗争。除非人民自己拒绝去打仗,否则就不会结束战争。

每一项伟大的事业,起初都是由敢作敢为的少数派倡导。一个人为他信奉的事业(例如和平)而死,岂不是比为他不信奉的事业(例如战争)而遭受痛苦更好些?每一次战争只不过是加大了阻碍人类进步的恶性循环的锁链而已。少数拒服兵役者能够使反战抗议引人注目。

群众从来也不是军国主义者,除非他们的思想受到宣传的毒害。我同意你的看法,我们必须教导群众抵制这种宣传。我们必须通过用和平主义精神教育我们的儿童,向他们灌输反对军国主义的思想。欧洲的麻烦在于,她的人民被培养成有一种不正常的心理。我们的教科书颂扬战争,而又隐瞒战

---

① 与 George Sylvester Viereck 的会谈取自 TFAW 第 37 页,其风格稍有变化,在那里它被说成是 1931 年 1 月由通用服务公司(Universal Service)发表的。

第4章　反对战争（Ⅰ）(1928～1931)

争的恐怖。它们把仇恨灌输给儿童。我们要教给他们和平而不是战争，教给他们爱而不是恨。

教科书应该重写。我们应该把新的精神注入我们的教育体制中去，而不应该让古代的积怨和偏见永远长存。教育应该在婴儿时期就开始。全世界的母亲都有责任在她们的孩子的心灵中播下和平的种子。

也许不可能在一代人的时间里根除好斗的本能。完全根除它甚至也不是称心如意的。人们应该继续战斗，但是他们应该为值得花费时间的事情去战斗，而不是为设想中的地理界线、种族偏见和在爱国主义色彩伪装下的私人贪欲而战斗。他们的武器应该是精神武器，而不是炮弹和坦克。

请设想一下，如果把在战争中释放的力量用于建设的任务，我们能够把世界建成什么样子啊！各交战国在世界大战中所消耗能量的十分之一，他们花费在手榴弹和毒气上的费用的一部分，就能够提高每一个国家的生活水准，就能够防止遍及世界的失业的经济灾难。

我们必须准备为和平事业做出英勇的牺牲，正如我们为战争不惜做出牺牲那样。在我的心目中，没有什么任务比它更重要或更紧迫了。

我能做的或能说的事情都不会改变宇宙的结构。但是，通过我的大声疾呼，也许我能够有助于一切事业中最伟大的事业——人与人之间的善良意愿和地球上的和平。

第5章 反对战争（Ⅱ）
（1931～1932）

爱因斯坦对和平主义事业的支持并非仅仅限于道义上的支持。在许多场合，他都把他对和平和其他社会问题的信念转化为具体的行动。1929年，当巴勒斯坦对反犹太人的阿拉伯人暴徒宣布死刑判决时，他支持反战国际努力去减轻刑罚，并致电抗辩，这直接影响了巴勒斯坦的高级专员[①]。这年后期，当芬兰青年阿尔恩特·佩库里宁（Arndt Pekurinen）因拒绝服兵役而被监禁时，爱因斯坦联合其他人在反战国际起草的抗议芬兰当局的信中签了名[②]。

爱因斯坦对这次抗议的支持导致进一步的通信，它显示出爱因斯坦在追求他所献身的事业中是多么坚韧不拔。当芬兰国防部长告知爱因斯坦，兵役法容许政府在非军职人员控制下使用拒服兵役者从事非军事工作，爱因斯坦在1930年2月20日答复如下：

我感谢你1930年2月7日的详述信件。它表明，芬兰已

[①] 爱因斯坦在反犹太人的阿拉伯人骚乱案件中的干预在TFAW第26页提到了。

[②] 爱因斯坦在Pekurinen案件中的信译自手稿。在TFAW第27页给出不同的译文。那里的日期也不同于爱因斯坦复写副本的日期。

经用体面的、值得仿效的方式解决了当个人拒绝服兵役时国家所面临的困难问题。

显然,这封信在芬兰得到广泛的宣传。它引起了赫尔辛福斯(Helsingfors)(赫尔辛基(Helsinki))大学数学教授、芬兰和平同盟主席费利克斯·伊韦尔松(Felix Iverson)的来信。他暗示说,国防部长告诉爱因斯坦的消息是错误的,并没有给佩库里宁以选择权,他在直接或间接服务于军事目的的工作中被使用。他实际被分派的任务是在芬兰陆军消防署服务,他在那里负责安全警戒大军事设施和军需品。1930年3月6日,爱因斯坦给芬兰国防部长寄出第三封信:

> 在芬兰的朋友告知我,我对你表示我的赞赏的那封信是以错误的假定为根据的。道德和公正有必要使那些反对服兵役的人仅仅在与军事意图没有密切关系的工作中被雇用。在你的公民之一A.佩库里宁的情况中却不是这样。因此,对他拒服兵役强加不光彩的处罚不能认为在道德上是无可非议的。

大约在同一时期,若干被告因反战宣传被传呼到保加利亚索菲亚法庭。他们提名爱因斯坦作被告方的证人,他立即在1930年2月20日写信给法庭庭长:

> ……不用说,战争的危险在任何时候都存在着,在我们成功地创造一个反战国际保证之前,这种危险还会继续存在。

今天,一个特别的危险来源是由众所周知的利益冲突引起的,即以某些集团和政府为一方,以俄国为另一方的二者之间存在的利益冲突。

反对战争在任何自称是真正文明的一切国家里都是合法的,它总是值得斗争的。对任何现代国家来说,对反战者的迫害都是可耻的行径;它只能意味着,该国实际上支持军国主义目标。

显然,这封信的手稿还有一句话没有包含在实际发出的文本中:

我特此声明,我本人已经参加了反战宣传。

1930年8月5日,爱因斯坦向哥本哈根(Copenhagen)报纸《政治报》(Politiven)的编者提交了一封信以供发表,他在信中告知丹麦人民,他决定把由他支配的两个特别的礼品授予反战者[①]:

正如你们可能知道的,对丹麦作曲家维克多·本迪克斯(Viktor Bendix)和他的妻子里格莫尔·斯塔姆佩(Rigmor Stampe)的纪念每年都借助于"纪念礼品"给以荣光。这个1000克朗的礼品被用于这两个名人所支持的目的或事业,不管其中包括一个人还是一群人。当金额不过分时,作为表示

---

① 给《政治报》的节略信发表在荷兰和平主义杂志《解放》(Bevrijding)1931年1月号,其译文发表在TFAW第29页。该信是通过《政治报》的慨允重印的。

第5章 反对战争(Ⅱ)(1931～1932)

主张的姿态的象征意义就不应该被低估。

在国家和社会把忽视人的价值——例如他们不使有卓越才干的年青人得以发展，或不赞颂还没有引起公众注意的重要的社会行为——视为犯罪的情况下，或者当国家和社会感到特别是通过服兵役和战争服务是胁迫他们的公民时，就应该给以奖励。从未成文的道德法的观点来看，必须认为这样的胁迫是非法的，因为它与逐渐增加的具有高尚道德境界的良心是不相容的。

由于我既没有私下地也没有公开地掩饰我对于官方强迫服兵役和战争服务的义愤感，我关于严肃的、热烈的争端的观点完全是人所共知的。我认为，用每一种适用的手段反对这样的对个人的野蛮奴役是良心的责任。我设想，1929年和1930年的本迪克斯奖由我支配，因为我相信我肯定会把它们用于反对军国主义宣传的服务之中。这些奖励应该鼓励那些宣布他们决定永远不直接或间接地参与任何进攻战争或防御战争的人，它们也应该用来支持那些因为拒绝服兵役而实际遭受迫害的人。因此，使我感到极为满意的是，给予两位反战者——由于他们定罪的程度而度过了服六年苦役的严厉判决——以紧急援助，帮助重建他们破碎的生活。

通过以两个精神高尚的名人的名义提供的这一礼品，也许有益于善良的事业，大概也有可能完成更伟大的事情。我想让丹麦公众了解这一点。

1930年12月在纽约的里兹-卡尔顿饭店的讲演(参见 p.116)

中，爱因斯坦把呼吁支持反战者的基金作为一个要点，这一呼吁没有被忽视。反战者国际立即表示要设立"爱因斯坦基金"[①]，爱因斯坦在寄给反战者国际的会议的祝词中正式确认了这一点，会议是1931年8月在法国里昂(Lyon)举行的。当爱因斯坦从西海岸返回，于1931年3月途经芝加哥时，已经筹集了200美元[②]。可是，1931年5月11日，爱因斯坦夫人在感谢施维默夫人的捐款时写道：

> ……我希望我们有大笔基金。大约每一天，那些因拒服兵役而受到麻烦的人都能得到我们的帮助。消息已流传开，说我们只有一小笔钱用于这样的目的。不幸的是，基金全都分发了，只是有几个花押。
>
> 我丈夫在美国讲演的影响确实是激动人心的。运动正在阔步进展。

爱因斯坦对捷克斯洛伐克共和国国父托马斯·G.马萨尔伊克怀有深厚的钦佩之情，他在九年后签署了马萨尔伊克的诺贝尔和平奖的提名。当捷克杂志《真理》请求爱因斯坦发表谈话时——该谈话在马萨尔伊克八十岁生日的时刻收录在一个专辑里，爱因斯坦写道：

[①] 设立爱因新坦基金的表示是 H. Ruhham Brown 在纽约致爱因斯坦的一封信中做出的，该信所署日期是1930年12月29日。

[②] 在 TFAW 第29页提到在芝加哥所筹之款项。

第5章 反对战争(Ⅱ)(1931～1932)

马萨尔伊克教授是一个人如何热爱他自己的人民的活生生的榜样,事实上这一榜样与世界公民的眼界是十分和谐的。

1931年4月13日,爱因斯坦直接写信给马萨尔伊克教授:

在对裁军会议做了数年良心上的自我反省和醒悟之后,我已经变得深信不疑:只有拒绝无论任何军事服务的勇于自我牺牲的人,才能够把世界从战争的灾祸中拯救出来。我认为,我的职责是给这样的人以我能给予的无论什么帮助,并力图组织一个志趣相投的人的国际协会以支持他们。

在贵国,布吕恩(Brünn)高级法院判处普热米斯尔·皮特尔(Přemysl Pitter)先生长期监禁,这位道德高尚的人具有刚才描述的反战情操。

因为我深深地钦佩你——你的伟大的道德境界经受了如此之大的逆境的考验,所以我感到不得不提出在这个案例中你所实行的仁政。全世界爱好自由的人都极为尊敬地注视着你,这种尊敬源于你的人品,而不是源于你作为国家元首的权力。因此,你的行动会大大有益于正义和博爱事业。

爱因斯坦只收到了总统办公室的例行的感谢信。可是一年之后,马萨尔伊克写来了四页手写信,不幸的是,它被丢失了,显然是在1933年纳粹突然搜查他在柏林近郊的夏季别墅时弄丢的①。爱因斯坦回信给马萨尔伊克的日期是1932年9月5日：

> 当我获悉你正在多么诚心地深思反对服兵役的棘手问题时，我深受感动。你是多么善良，亲自就这个问题给我写了这么长的信，它显示了你对人类的深厚感情。假如所有国家都有像你这样的人做领导，那么废除战争的运动就不会像今天这样显得毫无希望。
>
> 政府强迫人民执行的正是他们自己教导和宣称信奉的宗教认为是最邪恶的行为——而且这些行为严重地危害世界文明的真正幸存，我觉得几乎无法理解，为何只有这么少的人把这视为政府的可耻和卑劣。
>
> 你的信是有价值的体验，我为它而感谢你。

作为1916年旧金山战备日游行示威时炸弹爆炸的结果，加利福尼亚劳工领导人托马斯·J.穆尼（Thomas J. Mooney）被判处死刑，判决后来减轻为终身监禁。他的案子（和沃伦·K.比林斯（Warren K. Billings）类似的案子）成了自由主义人士中间有名的话题，他们中的许多人都相信这两个人是清白无罪的。爱因斯坦在加利福尼亚时逐渐了解这一案情，在他返回德国后，他给穆尼寄去下述祝词，所署的日期是1931年3月18日②：

---

① 爱因斯坦的秘书Helene Tukas小姐回忆了Masaryk的手写信，她提出该信丢失的这个可能的理由。

② Mooney-Billings案子的通信发表在TFAW第27～28页，它们有些不准确。

第5章 反对战争(Ⅱ)(1931~1932)

我深知在加利福尼亚存在着多么怪诞离奇的审判状况，又是何等专横地对待某些权势集团所反感的人。我也意识到你们国家中少数人的英勇斗争，在这个国家，财富对政府当局行使着比西欧还要大的权力。

我确信，一旦受蒙蔽的群众开始意识到这种严重状况的存在，美国人民的力量将会战胜它。

1931年6月2日，爱因斯坦为此进而向加利福尼亚州州长詹姆斯·罗尔夫(James Rolph)发出直接呼吁，他在呼吁中说：

这两个人已遭受了十五年的不幸，我深信，如果州长先生你同意现在完全赦免他们，那么你便完成了一件有益于正义事业的事情。

美国斯科茨博罗(Scottsboro)的八个男孩被指控强奸了两名妇女(其中一人后来撤回起诉)，而于1931年4月在亚拉巴马(Alabama)判罪，爱因斯坦也参与到世界范围的抗议这一有名的诉讼之中。当他被告知，在美国有人对他是否实际上支持被判罪的人持有怀疑时，他在1931年7月25日写信给德国经济学家阿尔方斯·戈尔德施密特(Alfons Goldschmidt)：

……作为用文件证明我参与为八个斯科茨博罗黑人利益的抗议活动，我特此坚持，……我请求并委托你把我的名字签署到抗议书上。……

在1931年吸引爱因斯坦注意力的另一个案件是克罗地亚(Croat)学者米兰·萨福利(Milan Sufflay)博士的暗杀。虽然凶手的身份是已知的,但是南斯拉夫政府对这一状况却熟视无睹。在德国人权同盟的赞助下,爱因斯坦和著名作家海因里希·曼一起签署了一封抗议信①。

爱因斯坦这时在德国与之有联系的一个尤为著名的事件,表面上是围绕学术自由的争端,但是其根子却在和平主义运动和反战斗争。这个事件的中心人物是海德堡大学的埃米尔·J.贡贝尔(Emil J. Gumbel)教授。贡贝尔是一位心直口快的自由而活跃的和平主义者。自战争结束以来,贡贝尔站在德国真正的民主分子和共和政体分子一边,为忠实服从凡尔赛(Versailles)和约,为反对那些年已经出现的许多反动的复仇运动而斗争。他出版了几本书和小册子,在其中证明,德国违反它的条约义务,秘密地重新武装起来,而且还存在着像3K党这样的暴力小集团,因此他尤其变得广为人知。这些"小集团"是秘密的法庭,没有任何法律地位,它们专门负责谋杀反对反动复活和战争复活的许多自由主义者与和平主义者。贡贝尔捍卫共和国的活动,成为国家主义分子多年间攻击他和他的学术地位的原因。1925年,他所在的海德堡大学哲学系正式通过了一项指责贡贝尔的决议案。此后,把他从该大学撵走的努力从来也没有停止过。他的提升被禁止,这本是期待已久的事。最后在1933年,政府参与这一事件,给贡贝尔一次小的

---

① 爱因斯坦对Sufflay案件的干预在1931年6月2日《人权》第6卷第5号被证明。

升级,这时教师和学生中的国家主义分子宣称政府的行为侵犯了学术自治,策划了激烈的游行示威。这个事件引起国际关注。1931年4月,德国人权同盟在柏林召开群众大会,爱因斯坦参加了会议。这里是他准备好的讲演,但是他得不到可能发表讲演的机会[①]:

> 尽管大学里的教授职位很多,但是明智的和精神高尚的人却很少见。讲堂又多又大,但真诚渴望真理和正义的年青人却不多。大自然慷慨地生产庸才,她却难得创造出具有非凡才干的卓越人物。
>
> 我们都意识到这一点,抱怨是无济于事的。难道情况过去不总是这样,未来还不总是如此吗?毫无疑问,确实是这么回事,我们没有选择的余地,只有默认大自然的安排。但是,也还存在着像时代精神这样的东西,即特定一代人的心理气质,它从一代人传给另一代人,在共同体上打下它的与众不同的印记。我们每一个人都必须努力在某种程度上修正这种精神状态。
>
> 试把一个世纪前在我们大学激励青年人的精神与今天流行的精神比较一下吧。那时,他们相信人类社会的改善;他们尊重诚实的意见,他们具有我们伟大的人物曾为之生存和战斗的那种宽容精神。在那些岁月里,人们为所谓的德意志的

[①] 爱因斯坦关于 Gumbel 事件讲演的德文文本发表在 MW 第 25 页。稍微不同的英文本发表在 TWAIS1 第 5 页和 IAO 第 28 页中。现在的文本全面地做了修订。

更大的政治统一而奋斗。当时,这些理想正是在大学里的学生和教师身上闪闪发光。

今天,也有这样一些人渴望社会进步,他们相信宽容精神和思想自由,他们为今天称之为欧洲的更大的政治统一而奋斗。但是在今天,体现人类希望和理想的人不再是大学生和大学教授了,无论谁只要以清醒而冷静的方式去观察人与社会,他都必然会得出同样的结论。

我们今天聚会来估量我们自己。我们会议的诱因是贡贝尔教授事件。贡贝尔教授受到毫不妥协的正义感的激励,公布了若干尚未受到应有惩处的政治罪行的细节。他以忠诚的勤奋、高度的勇气和模范的公正做了这一切,他通过他的书给我们的共同体以非凡的贡献。可是,正是这个人,他的大学的学生团体和许多教职员正在极力把他驱逐出校。

决不能容许政治激情发展到这样的程度。我深信,任何一个虚心阅读贡贝尔的书的人,都会对他的著作具有和我自己相同的印象。如果我们要为我们的社会建立一个健全的政府框架,像他这样的人就是必不可少的。

让每一个人都根据他所阅读的,而不是根据别人告诉他的东西自主地判断吧!这样一来,贡贝尔教授事件在如此不光彩的开端之后,还可能会产生富有成效的结果。

后来,在给一个同事的信中,爱因斯坦对该事件还做了另外的

第5章 反对战争(Ⅱ)(1931～1932)

判断[①]:

> 作为一个人,我对[贡贝尔]怀有更为崇高的敬意。他的政治活动和他的出版物显示了高尚的道德感。学生对待他的行为是我们时代最令人悲痛的征兆之一,这对正义、宽容和真理的理想一点也不尊重。那些蛮横迫害像贡贝尔这样同龄人的人,他们的头目没有表示要反对顽劣暴民的人,其结局如何呢?……出于利己的动机使没有经验的年青人误入歧途,这是多么可怕的事。如果事情以这种方式继续下去,那么我们在法西斯暴政下生活之后将要目睹红色恐怖。

按照反战者国际的建议,爱因斯坦力图帮助五名波兰反战者,这再次表明他对于拒绝服兵役事业的坚定信念。他写信给波兰布雷斯特(Brest)市和华沙市的军事法庭(1932年11月6日):

> 作为正义和人类进步的支持者,为了几个按照良心的呼声在你们国家拒绝服兵役的波兰公民的利益,我感到不得不向你们发出呼吁。……
>
> 我确信,纯粹因为人们拒绝承担他们出于健全的理由而认为是不道德的义务,去对他们进行长期的、残酷的迫害,这

---

① 爱因斯坦就 Gumbel 事件写信给他的同事即海德堡大学的 Gustav Radbruch 教授。它发表在该期《人权》上。这封信的一部分以不同的译文发表在 TFAW 第29页。它在那里发表归因于1931年4月《柏林日报》,而爱因斯坦档案中的副本所署日期是1930年11月28日,它与所发表时版本有差别。

与一个现代国家是不相称的。有一些国家,给这样的受最高尚的道德原则指导的人提供一种可能性,使他们能够按他们的良心的命令去做而又不违反该国的法律。英国即使在战时也堪称这方面的光辉榜样。

为了正义,为了波兰,我恳求你们务必放弃对这些人的起诉。

在整个1931年,爱因斯坦继续发表支持反对战争的公开声明。一份这样的声明是写给德国杂志《青年论坛》(*Jugendtribüne*)的,所署日期是1931年4月27日:

政府过分依赖战争机器的经济受益人了,以至于不能期待他们在不远的将来朝着废除战争迈出决定性的一步。我认为,只有当人们在国际的规模上组织起来,并作为主体拒绝服兵役或从事战争服务时,才能够取得重要的进步。世界人民必须开始认识到,在指望他的公民从事传统道德认为不犯罪的活动时,没有一个政府是公正的。公谊会教徒在宗教的基础上达到的东西,必须成为所有严肃的人的共同信念。

爱因斯坦在英国逗留了一个月,在离开英国前夕,他就和平与国际合作问题写信给瑞典情报局(1931年4月30日):

我坚信,有计划地坚持拒绝服兵役的权利、并给那些勇敢地实践这样拒绝的人以道义和物质支持的强大国际组织,会对人类在我们时代能够从事的最有价值的事业尽力。

在同一天,爱因斯坦撰文给纽约《明日世界》(*The World Tomorrow*)的编辑柯尔比·佩奇(Kirby Page)①,佩奇曾就19000名美国教士的投票数向他做了汇报:

在回答你的调查表的人中,有54%表示他们不参加未来的任何战争,这证明美国教士确实了不起。只有采取这样的根本立场,我们对世界才能有所帮助,因为政府向来把他们发动的任何战争都称为防御战。

如果国际教士协会组织起来,它公开拥护拒绝服兵役,它的会员宣誓在战争事件中相应地行动,那么这便向前迈出了一大步。考虑美国在世界上巨大的道义影响,组织这样一个协会绝不是毫无希望的;它可能导致具有历史意义的结果,对那些推动这样的运动的人而言也是重大的奉献。

爱因斯坦多么严肃地采纳这一建议,可由他在访问英国期间所记日记中的相应记载来判断:

……坚决的:我将试图在使拒绝服兵役和拒绝战争服务的权利合法化的目标背后,把各国的教士团结起来。

---

① 爱因斯坦的声明发表在1931年6月《明日世界》。该声明在这里重印是承蒙《基督教世纪》(*The Christian Century*)的概允,《明日世界》与它在1934年合并。现在的译文译自德文原件,它与TFAW第41页给出的译文大为不同。

在过去的三年间，爱因斯坦显然不知道国际反对军国主义教士和牧师联合会已经存在。该联合会是爱因斯坦后来与之合作的联合和平理事会的几个构成团体中的一个。在他从英国返回后不久，他收到柏林的拉比①莱奥·贝克（Leo Baeck）的一封信，这封信向爱因斯坦提供了使他的已知观点成功的机会。贝克博士告知爱因斯坦，来自争取国际和平世界大会的信，恳请他请求爱因斯坦在预定1931年8月于日内瓦召开的大会上就宗教与和平主义问题发表演说。爱因斯坦在1931年7月10日答复说：

> 我几乎用不着告诉你，我是多么全心全意地欢迎任何动员教士参与和平主义运动的努力。然而，使我深感遗憾的是，我将不能光临会议发表邀请我做的讲演。我不可能参加这样的盛大集会。会议太多了，它们都很重要，我不能把任何一个都选中。例如，我不能参加今年将在里昂举行的反战者国际的相当重要的会议。我必须严格地把自己局限于在我的办公桌上能够完成的工作之内。
>
> 请原谅，我不能接受该邀请。

翌年，爱因斯坦与国际反对军国主义教士与牧师联合会有了广泛的交往。

1931年5月，爱因斯坦访问了英国牛津，其目的是发表若干讲演，这次访问是在新的、有时是相异的环境中的一次激动人心

---

① 拉比（rabbi）是犹太教负责执行教规、律法并主持宗教仪式的人。——译者

第5章 反对战争(Ⅱ)(1931~1932)

的经历。有许多会议、聚餐、盛宴和各种荣誉等级的奖赏。可是,他抽不出时间与他的同行密切接触,并探索他自己的科学问题。正像他的日记本中的一些记载所表明的,他却没有忽视世界事务:

> 1931年5月20日:……晚上,学生会议在国家协会联盟的赞助下举行。在两小时内,他们就俄国以及德国的国内政治局势接连向我发问。
>
> 1931年5月23日:……最后在舒适而古老的私人住宅内会见了和平主义的学者。人们发现英国人在政治上极为成熟。相比之下,我们的学生是多么不健全!
>
> 1931年5月26日:……下午,由反战者国际安排访问。就我在美国讲演的影响和传播进行了讨论。事情看来大有指望。我必须全力以赴地致力于此。多好的会员;基础是英国的宗教传统。

另一段日记记载是回忆往事的,爱因斯坦想起他访问日本期间的一件不幸的事情,当时他借了一顶大礼帽,可是礼帽太小了,他除了整天把它拿在手上以外别无办法。他在1931年5月15日这样写道:

> ……我的礼服白衬衫简直完全扣不住,结果几乎每当我走动时都能窥见我的多毛的胸膛。我彻底地搜索了我的单身住处,找到了针和线,把衬衫缝合到我恰恰能够穿进去的地

方;我的外表现在像个样子了。……

在从英国返回后不久,爱因斯坦和其他八位有名的德国和平主义者一起,赞同并签署(1931年6月2日)了一份强烈反对瑞士民兵体制的声明,当时在欧洲其他地区也正在考虑这种体制[①]:

> 我们签名者,德国和平运动的积极支持者,关切地注视着国际和平运动中日益增长的趋势:放弃对于导致废除征兵的受训练的后备军加以限制的要求,而代之以赞同缩减军事训练时间的原则;采纳这一原则会导致普遍接受瑞士的民兵体制。
>
> 我们迫切请求你们在欢迎这一行动方针之前仔细研究一下像瑞士这样一种体制:它使每一个体格健壮的公民从十八岁起到死亡时为止都成为士兵,并给每一户家庭分发一支枪。我们瑞士的和平主义同志在致国家议会联盟代表的信函中坚决主张:"根据瑞士关于民兵体制的经验来判断,把它介绍到全世界只会意味着在各国之间重新复活好战精神,并使裁军变得根本不可能。不要再让和平的敌人找到妨碍裁军的微妙

---

① 关于瑞士民兵的声明受到反战者国际德国分部即反对服兵役者同盟的支持。爱因斯坦在表示赞同时,谴责法国政治家 Paul Boncour 复活了这一"灾难性的"倾向。声明的其他签名者是 Otto LeHmann-Russbüldt, Robert Pohl, Franziskus Strasmann, Helene Stöcker, Paula hans, Ludwig Quidde, Arnold Kalisch 和 Lida Gustava Heymann。它发表在1931年7月《新世界》(*The New World*),1931年7月4日《时代与潮流》(*Time and Tide*),1931年7月29日《国际裁军记录》(*International Disarmament Notes*),必定在其他出版物也发表过。

第5章 反对战争（Ⅱ）(1931~1932)

途径了。"

事实是，军事训练的时间越短，能够和将要遭受军事训练的征募人数也就越多。这意味着，一个国家的精神军事化将在迄今未知的广度上进行下去，并且将使与通向和平的进步有关的任何希望成为虚无缥缈的东西。此外，使人不得不担心的是，同盟国将一刻也不默许双重体制的并存。奥地利议会已经正式通过了一项决议案，要求奥地利政府采取步骤，在得到协约国允许时采用以民兵形式的征兵制。我们在德国知道，征兵不仅是战时的措施，而且也是对国民的精神和生活具有决定性影响的永久制度；因此，我们尤其要力劝你们——我们的英国同志，不要在反对虽然已经动摇，但还有可能再次拴住抗议群众手脚的体制中抛弃我们。人们清楚地记得，不是人民而是政府，才希望维护这种体制，而且有充分的证据表明，反对这种与凯洛格条约及其含义不相容的体制的斗争大大增强了。

1931年6月13日，爱因斯坦写信给学术界的一位通信者，以回应他的一封来信，这封来信在爱因斯坦的档案中没有找到。爱因斯坦的答复很有特色，即使不参照询问的性质也是意味深长的：

你的意图是出色的，你的方法却完全不相宜。在道义事业中没有像组织这样的东西，也不可能有任何这样的东西。这就是佛陀和耶稣基督从来也没有建立任何俱乐部的原因。

反战者国际代表团的一位成员5月在牛津访问了爱因斯坦,他就是反战者国际主席、英国下议院院议员 A. 芬纳·布罗克韦(A. Fenner Brockway)。他在《新世界》1931年7月号发表了他与爱因斯坦会见的印象[①]:

……爱因斯坦教授赞同,重要的事是拒绝服兵役;但是他表明,如果用提供公民服务做替换而得到作为正常权利的豁免的话,那么就能够打破征兵的暴政。

按照他对这个问题的看法,存在着两种反对战争的途径——合法的途径和革命的途径。合法的途径包括提供可供选择的服务,它不是作为少数人的特权,而是作为所有人的权利。革命的途径包括毫不妥协的抵制,以便在和平时期粉碎军国主义强权,或者在战争时期破坏国家的应变能力。爱因斯坦教授的总的结论是,这两种趋向都是有价值的,某些情况证明一种途径是有理的,某些情况证明另一种途径是合理的。

爱因斯坦教授使我感到惊奇的是,他强烈地确信,今天值得支持的只有下述和平团体:这些团体毫无保留地反对一切战争,坚持通过他们自己的政府实行全面裁军,而不管其他国家可能做什么。

"有这么多的虚假的和平团体",他解释道,"他们只准备在和平时期大谈和平,而在战争时期他们却靠不住了。不准备在战时支持和平的那些和平的拥护者是无用的。拥护和

---

① Fenner Brockway 对爱因斯坦的访问记是经 Brockway 的允许复制的。

第5章 反对战争（Ⅱ）(1931～1932)

平,而当考验来临时又退缩,这意味着无——绝对的无。……"

"政府总是能够以这样的方式描绘战争的理由：它使人民相信,他们正在反对侵略者或将来会变成侵略者的人入侵他们的家园。你们必须下定决心,你们无论如何也不要支持战争。……"

"爱因斯坦教授坚决主张,为了得到每一个国家有影响的男人和女人的支持,还应该做出重大的努力。他承认,要让担任官方职务或大学职位的人公开宣布他们自己是反战者是很困难的。……但是,尽管困难很大,站在和平一边的"知识分子"的新成员必须做出尝试,如果有足够数量的男女知识分子站出来公开宣布他们赞同反对战争,那么就会消除只有不切实际的理想主义者才是反战者的印象。……"

1931年7月,一群美国人在柏林近郊爱因斯坦的乡间别墅访问爱因斯坦。爱因斯坦的观点能够在组织一个呼吁所有人反对战争的凯洛格联盟的建议中窥见。据报道,爱因斯坦说[①]：

> 汇集一个名单是不够的。所需要的是实际的努力,以激发人们充分的热情,使他们确信其他人参加。没有什么伟大的理想会使条件得到改善,除非人们准备为他们的信念做出牺牲。加入到一个名单中有什么牺牲呢？

---

① 关于凯洛格联盟的陈述出自 TFAW 第42页。

身处显著地位的人因为信奉和平主义正在受苦,这还是不够的。我不相信国家主义的政府甚至会留意杰出个人的宣言,除非他们数量庞大。不管怎样,如果形式上的反对战争宣言是对成员资格的唯一要求,那么联盟将依然是一纸空文。

一切国家的人民必须以文化方式和社会方式吸收和平主义。我十分担心的是这样的人:他们和平时期只在形式的意义上抛弃战争,许多人在战争的威胁变成现实时就变得不坚定了。

你们必须设计出一种崇拜偶像,它将通过专门强调和平的每周社交集会和文化节目,引进新的成员,实践和平主义的理想。只有用这样的方式,世界和平的理想才能够深入老百姓的内心。因此,和平主义的目的必须在人们的日常生活中发挥作用。

反战者国际的会议于1931年8月1日至4日在法国里昂举行,爱因斯坦近期就此写信给拉比贝克。下面是爱因斯坦的祝词[①]:

你们代表着结束战争的最可靠的运动。如果你们明智而勇敢地行动,那么你们可以成为卷入到人类最伟大的努力之中的男女们的最有效的团体。你们所代表的五十六个国家的人民具有比武力还要强大得多的威力。

---

① 致里昂会议的祝词以德文在油印本给出,稍为修订的英文版在 TFAW 第42页给出。德文文本的主要部分也发表往1931年8月20日《人权》。

第5章 反对战争(Ⅱ)(1931～1932)

世界上所有的国家都正在谈论裁军。你们必须教导他们,就裁军而言实干要多于空谈。人民必须从政治家和外交官的手中接管这件事。只有他们自己才能够把裁军带到这个世界上。

那些认为战争的危险是往事的人,正生活在傻瓜的乐园中。与曾经导致世界大战的军国主义相比,我们今天面临的军国主义更为强大、更为危险。这就是政府已经完成的事情!但是,在世界人民中间,反对战争的思想正在日益增长。你们必须无所畏惧地接受挑战,大胆地传播反对战争的思想。你们必须确信,人民将把裁军夺到他们自己的手中,并且宣布他们将不参加战争或参与备战。你们必须号召一切国家的劳动者团结起来,拒绝变成以生命为代价进行战争的势力的工具。今天,在十二个国家中,青年人正在反对征兵,拒绝服兵役。他们是无战争世界的开拓者。每一个真正的和平同情者都必须支持他们,帮助他们,以唤醒世人对于征兵罪恶的良心。

我特别要向知识分子发出呼吁。我呼吁我的同代科学家在为战争意图的研究中拒绝合作。我呼吁教士追求真理,抛弃国家主义的偏见。我呼吁所有的文人公开宣布支持我们的立场。

我请求每一家以支持和平而自豪的报纸,鼓励它的读者拒绝战争服务。我请求编辑们鞭策名人和有影响的人,率直地询问他们:在和平问题上你站在哪一边?你害怕参加到拒绝战争服务的人中去吗?在你放下武器并伸出友谊之手之前,你必须等待其他每一个人都解除武装吗?

这不是应付的时候。你或者支持战争,或者反对战争。如果你支持战争,那么你就一意孤行,刺激科学、财政、工业、宗教和劳动力竭尽全力集结装备,制造尽可能致命的武器。如果你反对战争,那么你就鞭策每一个人在他力所能及的范围内抵制战争。我要求每一个读了这些话的人做出严肃的、最终的决定。

让这一代人成为向前迈出最伟大一步的一代人,在人类的历史上从未迈出过这一步。让这一代人给未来几代人留下无法估量的世界遗产:战争暴行已经永远从世界上消除。如果我们下定决心,我们就能够做到这一点。所需要的仅仅是:所有憎恨战争的人都要有勇气说,他们将不宽恕战争。

我呼吁一切男人和女人,不管他们声名显赫还是地位低微,都在紧接着到来的2月在日内瓦召开世界裁军会议之前宣告,他们从今以后将拒绝帮助任何战争或准备战争。我敬请他们把这个决定以书面形式通知他们的政府,并就此通过告知我而进一步坚持这一决定。

我将期待成千上万的人响应这个呼吁。他们应该写信给我,地址是:英国,米德尔塞克斯,英费尔德,大教堂路11号,反战者国际总部(the headquarters of the War Resisters International, 11 Abbey Road, Enfield, Middlesex, England)。我已授权设立爱因斯坦反战者国际基金。给这个基金捐款应寄给反战者国际司库。

祝词给在里昂集会的人们留下了深刻的印象。1931年9

月15日,反战者国际的H.朗哈姆·布朗写信给爱因斯坦,说他的祝词在除德国之外的大多数国家得到广泛的、赞许的宣传,在德国只有德国反战者分会的机关刊物《和平阵线》(*Friedensfront*)刊载了祝词的全文,一些重要的报纸仅发表了祝词的零星节录,删去了爱因斯坦号召行动起来的话。只收到了几封回应爱因斯坦请求的信,给反战者国际基金的捐款也是微不足道的。

尽管爱因斯坦反对战争的立场是清楚而率直的,但是还有人批评他走得不够远。在一封致前希特勒德国的、众所周知的激进和平主义周刊《世界舞台》(*Die Weltbühne*)的公开信中,国际法专家库尔特·希勒在"请向前走一步,爱因斯坦!"的标题下提出,要使和平主义富有成果,就应该倡导社会革命。爱因斯坦在1931年8月21日写信给他,私下说希勒的作品是"相当愚蠢的":

> 我之所以参加政治问题的公开讨论,仅仅是因为我对质问和挑战不能置之不理。我同意你的观点:由于我们经济的发展,有必要在经济的许多部门变得更有计划一些。关于在具有民主制度的国家中进行革命,我对此并不满怀希望。我不信服,那些通过革命的、以一些口号为基础的行为能够赢得政权的人会与我的理想一致地运作。我也相信,争取和平的斗争必须全力以赴地推进,使之远远走在引起社会变革的任何努力的前面。……

1931年8月15日,爱因斯坦写信给瑞士的反战者:

……让我对你们的勇气和正直表达我的敬意。与千万个做他们认为是他们正常责任的事情的人相比,一个勇敢到足以拒绝服兵役的人对人类更为有用。你们这样的人像机器中的沙粒一样起作用。借助这样的沙粒,将损毁战争机器,或者至少将废弃正在剥蚀的征兵制,这就是我的希望。……

纽约学院的教师打算把教师组织起来,以便积极地反对战争计划,爱因斯坦在1931年8月21日给他们复信说:

我相信,你们正在组织的运动具有伟大的意义。在塑造即将成熟的一代人的政治观点时,学校比任何其他机构具有更为显著的影响。因此,在教师中间培育和保持充满生气的和平主义思想,是十分重要的。如果你们在美国把教师争取到和平主义一边的过程中大告成功,那么你们将会给其他国家树立一个有益的典范,因为教师在世界各地都充分组织起来了。尤其有价值的,也许是净化有沙文主义倾向的教科书的运动。……

1931年8月23日,十万多佛兰芒血统的比利时人在比利时的迪克斯穆德(Dixmude)集会,对纪念在第一次世界大战中遇难

第5章 反对战争（Ⅱ）(1931～1932)

的同胞而建立的纪念碑进行每年一度的朝觐。爱因斯坦寄发了如下祝词①：

> 我本人十分幸运地了解到，佛兰芒人民进行了伟大的和平示威。对于与这次和平示威有任何关系的所有人，我想以关心未来、具有善意的全体人的名义说：在这个反省和唤醒良知的时刻，我深深地感到与你们是休戚相关的。
>
> 我们必须认识到，目前的糟糕透顶的国际局势是不可能改善的，除非我们为改变它而顽强斗争；一小撮为好战行为卖命的人与大多数优柔寡断、误入歧途的人相比，毕竟为数甚少。而且，那些热衷于保持战争机器运转的人掌握许多权力；他们将不会停止使公众舆论符合他们的致命目的。
>
> 情况似乎是，今日最主要的政治家真诚地尽力造就一个持久和平的时代。但是，无休止的扩军备战非常清楚地表明，他们担当不起对付准备战争的敌对势力的重任。按照我的观点，解救之道只能来自人民自身的力量。如果他们希望摆脱战争服务的卑劣奴役，他们就必须用肯定的语词宣布赞成全面裁军。只要军队存在，任何严重的冲突都可能导致战争。必须宣告，任何不为裁军而积极斗争的和平主义运动是软弱无力的。
>
> 但愿人们的良心和常识能被唤醒，这样我们才可能在国

---

① Dixmude 陈述是在 1931 年 8 月 8 日寄给 Jan De Bondt 的。该陈述的德文文本在 MW 第 69 页给出。两个不同的英文译本一个发表在 TFAW 第 44 页，另一个发表在 TWAISI 第 65 页和 IAD 第 110 页。现在的译文做了综合修订。

家生活中造就一个新时代,由此开始,我们将在某一天回过头来看战争,它原来是我们祖先的不可理解的过失!

1931年9月17日,即日本开始入侵满洲(Manchuria)的前一天,爱因斯坦写信给荷兰杂志《新欧洲》(*Nieuw Europa*):

> 在这些危机的时刻,下述信念获得了巨大的力量:欧洲国家的美好未来与综合裁军的成就息息相关。只有当每一个国家都保证,它们将实际执行国际仲裁法庭的命令时,裁军才能够成功,这一点无论多么强烈地强调也不算过分。那些认真致力于和平的人应该看到,每一个国家在它力所能及的范围内都承担着与所有其他国家协调一致地采取行动的义务,以反对任何违反国际法庭裁决的国家。

在当月,爱因斯坦给德国社会民主党中央机关报《前进报》(*Vorwärts*)的编辑写了一封信,建议发表因道德原因而拒服兵役者准备的一篇反战文章。爱因斯坦写道:

> 社会民主党由于对军国主义妥协,致使威望和信任遭到损失,这已是公开的秘密了。这是最为不幸的,因为这一进展将无助于政府状况的必要改善;可是,损伤并不是不可弥补的。国际团结的重建能使社会主义恢复元气,但是这样的重建只有在真诚的和平主义的基础上才有可能。……

第5章 反对战争（Ⅱ）(1931～1932)

《前进报》的编辑谢绝爱因斯坦关于发表文章的建议①。这位编辑觉得，个人反对战争相对地讲不甚重要，揭露未来战争的可怖的疯狂也许更有意义。此外，社会民主党介绍即便在和平时期拒绝服兵役的宣传，也可能导致与邻国发生纠纷，这些国家与德国不同，实行征兵制。该党与爱因斯坦之间的差异是方法的差别，而不是原则的不同。爱因斯坦不愿在《前进报》上陈述他自己的观点吗？显然，爱因斯坦不愿意就这些话语参与争论。

裁军会议安排在1932年初召开，爱因斯坦在他致里昂的反战者国际会议的祝词中已经提到过这个会议，它越来越占据爱因斯坦的思想。在纽约出版的杂志《民族》(The Nation)，在1931年9月23日刊登了爱因斯坦的下述文章②：

> 假如我们的制度，能够跟得上技术的进展，那么19世纪人类的发明天才的果实就完全可以使生活变得无忧无虑而且幸福美满。可是实际上，这些辛苦赢得的成就在我们一代人的手中，就像蹒跚学步的小孩玩弄枪支一样危险。我们拥有惊人的生产手段，却产生贫困和饥荒，而不是自由。
>
> 当技术进步被用来毁灭人类的生命和人类辛苦获得的劳动成果时，技术进步就是最大的祸害，正如我们老一代人在世

---

① 《前进报》拒绝后，爱因斯坦把文章寄给《火炬》(Fackel)，这是一家激进的出版物，它发表了这篇文章。

② 《民族》的文章的德文文本发表在 MW 第77页。《民族》发表的英译文收录在 TFAW 第46页。另一个英译文发表在 TWAISI 第61页和 IAO 第98页（二者之间有几处小的差别）。现在的译文做了修正。该文章是经《民族》允许重印的。

界大战中毛骨悚然地目睹过的那样。但是在我看来，比这类破坏更为可怕的是战争强加给个人的卑下的奴役。社会迫使人去做我们每一个人都认为是滔天罪行的事，有什么能比这更糟糕呢！而有道德勇气去反抗的人又是何等罕有。依我之见，他们才是世界大战的真正英雄。

不管怎样，还存有一线希望。我以为，今天各国的负责任的领导人总的说来还是真诚地希望废除战争的。这个绝对必需的措施的阻力集中在各个民族不幸的传统上。这些传统通过教育系统的机制延续下去，就像遗传病一样代代相传。使这些传统永久存在的首恶元凶是军事训练、对军事训练的颂扬，同样还有受重工业和军方控制的那部分报纸。没有裁军，就不会有持久的和平。相反地，继续以目前的步调扩军备战，将会无情地导致新的灾难。

这就是1932年的裁军会议对这代人和下代人将具有决定性意义的原因。只要人们考虑到以往会议的结果总的来说是多么可怜，他们就会明白，一切有思想和有责任心的人都必须尽其所能，提醒公众注意这次会议的重大意义。政治家只有得到他们人民的大多数对和平政策的强大支持，他们才能够希望达到他们的伟大目标。沿着这个方向用言论和行动帮助形成公众舆论，是我们大家的责任。

如果代表们带着僵化的政策指令与会，去讨论他们认为是关系到国家威信的问题，那么会议的厄运便是命中注定的了。各方面的人似乎正在清楚地认识到这种危险。在最近一系列的双边会议中，政治家们已经努力为裁军会议打基础。

第5章 反对战争(Ⅱ)(1931～1932)

我以为这是一种很有希望的设计。没有第三方聆听时,两个人或两群人通常能够比较理性地、诚实地、平心静气地通过讨论解决他们的分歧;而第三方在场时,他们讲话必定会很拘谨。只有以这种严格的方式准备会议,从而排除出其不意的花招,出于真诚友好的愿望创造信任的气氛,我们就能希望得到成功的结果。

在这样的国家事务中,成功不是一个才干的问题,更不是机灵的问题;宁可说它是真诚和信任的问题。谢天谢地,单纯的才智不能代替道德的正直。

一个观察家不能只是等待和批评。他必须竭尽全力地为这项事业服务。世界的命运将是它应得的命运。

1931年9月30日,爱因斯坦写信给缅因州(Maine)的一个通信者:

我不接受这样的理论,即认为战争是由资本家唯一地甚或最初制造出来的。我相信,消除现存的严重的经济不公平问题甚至比和平主义问题更重要。但是我确信,我们没有必要把后一应急问题的解决依赖于前者的解决,因为即便在今天,为创造一个将废除战争的组织,条件已经成熟了。

我进而深信,拒绝服兵役和战争服务,将会有效地促使各国政府对共同执行国际仲裁做出的裁决的思想抱比较同情的态度。

施维默夫人向爱因斯坦提出某些与即将来临的裁军会议相关的群众行动的建议。爱因斯坦在同一天复信说：

> 在我看来，你的建议没有足够的实质性意义。尤其是，人们不能简单地、无条件地要求裁军，而不把受威胁的国家变得不致遭到侵略的安排告知它们。……

爱因斯坦也遗憾地收回了他先前通过施维默夫人同意的承诺，即容许一些人查找他反战言论的案卷，当时正准备一个言论集[①]：

> 通过进一步的考虑，我已经放弃了这个计划。吹嘘微不足道的废话，我们只会给事业带来损害，即使它可能出自阁下，即我自己。……

1931年10月8日，爱因斯坦给反战者国际德国分会即兵役反对者同盟(Bund der Kriegsdiestgegner)的会议寄去祝词[②]：

> 很不幸，在这块土地上，暴力的思想体系和职业化的军国主义如此根深蒂固地深入人心，即使在受过最高教育的人群

---

① 后来，爱因斯坦反战言论集作为 TFAW 出版了，它是由 Lief 编辑的。爱因斯坦是在1931年1月2日同意准许编选的。爱因斯坦收回允许只是由于查找他的档案，而不是由于选集本身，它于1933年出版。

② 给兵役反对者同盟的祝词的译文译自手稿，它与在 TFAW 第48页给出的英文版本有差别。

第5章 反对战争（Ⅱ）（1931～1932）

中也是这样，以至于要站起来维护那个对纯洁的精神来说是作为理所当然的事实接受的原则，就需要异乎寻常的勇气和独立性；这个原则是：权力甚至国家，都没有权利要求公民去执行在道德准则上普遍认为是犯罪的行为。

当人的道德力量退化时，科学和技术将使他变得低劣，没有什么东西能够保护他，即使我们业已建立的制度也无能为力。只有强有力的、不妥协的促进国际正义的意志，才能为成功的裁军努力提供有效的基础。

让我们永远不要忘记，妥协往往使人的最伟大的努力归于失败，否则人类也许会从这些努力中获得不可胜数的福分。如果我们坚定而大胆，我们就能赢得我们事业的进步，甚至最终赢得踌躇不前的群众。

为了配合即将到来的日内瓦会议，争取裁军人民议会瑞典委员会的领导人打算在全世界召开群众大会。他们向爱因斯坦提交了一份为此目的而发布的公告。他在1931年的世界大战停战纪念日（11月11日）写了复信，在信中首次涉及满洲的日本"事变"：

> 我高兴地获悉，你正在瑞典为裁军会议的成功而精力充沛地工作着。……但是，请让我说，在迫使各国裁军的努力中，并没有充分地给它们施加压力；各国在国际仲裁方面已经承担的义务并没有为裁军提供合适的基础。法国在这个问题上的立场是十分公正的。只有当所有国家同意执行在日内瓦或海牙达成的协议，即加入对任何罪犯的经济制裁，甚至军事

制裁——如果有必要的话,个别政府才能够冒裁军的风险。

我进而深信,所有反对军事体制的人必须给予这样的纲领以大力支持。这样的方针之所以必要,已为日本最近的行动[侵略满洲]充分证明。今天,甚至从那些实际上不愿意放弃军事冒险的人的嘴里也听到了裁军的叫喊。

法国杂志《世界和平》(*Paix Mondiale*)撤回关于修改凡尔赛和约,尤其是修改强加在同盟国身上的单方面的战争罪行条款的紧急呼吁,该杂志的编辑提出三个问题,爱因斯坦对这些问题的答复如下(在1931年11月17日):

问:你赞成修改凡尔赛和约吗?如果赞成,用什么形式修改?

答:我确信,在某些方面,这项和平条约是不公平的和不合理的。可是,在当前这个关头,修改好像是不合时宜的,尤其是因为,即使不做形式上的修改,国际关系也能够大大改善,倘若各个国家真正如此要求的话。

问:没有在先的道义上的裁军,能够导致实质性的裁军吗?

答:为道义上的裁军而奋斗,肯定是重要的。但是,只有这还是不够的。只有当各国提出反对侵略的保证时,实质性的裁军才会变得可能。日本对满洲的入侵,再次清楚地证明需要这样的保证。假如所有的国家都有责任参加对侵略者的联合抵制,那么日本肯定会被迫放弃它的冒险。

第 5 章 反对战争（Ⅱ）(1931～1932)

问：在目前的条件下，1932年的裁军会议不是要带着它的全部悲剧结局走向某种失败吗？

答：我认为会议在任何情况下都应该举行；至少，它将有助于弄清形势，并把注意力集中在这个重要的问题上。

在1931年11月22日《纽约时报》发表的一篇文章中，爱因斯坦说[①]：

让我从表白这样一个政治信念开始：国家是为人而建立的，而人不是为国家而生存。对于科学来说也是这样。这些都是老生常谈，凡是认为人本身是最高的人类价值的人都是这样主张的。尤其是在这个标准化和定型化的时期，如果这些话不是经常处于被遗忘的危险之中，那么我要重述它们是会犹豫不决的。我认为，国家最重要的使命是保护个人，并使他有可能发展成有创造力的人。

国家应该是我们的勤务员，我们不应该是国家的奴隶。当国家强迫我们服兵役时，它就违背了这个原则，尤其是因为这样的奴役的目的和结果是屠杀其他国家的人民或侵犯他们的自由。的确，只有当这样的牺牲将有益于人的发展时，我们才应当做出这种牺牲。对于美国人来说，这一切也许都是自明的，但对于欧洲人而言情况并非如此。因此，我们可以期

---

① 《纽约时报》文章的德文文本发表在 MW 第73页，《纽约时报》的译文大部分重印在 TFAW 第49页，稍有不同的译文发表在 TWAISI 第57页和 IAO 第95页。TWAISI 译文包括 Bauer 的书的最后一段。现在的译文依据德文手稿做了全面修订。

望,反战斗争将在美国人中间得到强有力的支持。

现在谈谈裁军会议。当人们想到它时,究竟应当笑、应当哭或是应当怀有希望呢?试设想,一个城镇居住着脾气暴躁、不诚实且又好斗的公民。在这里,生命经常处于严重的危险之中,正常的活动不可能进行。地方长老试图纠正这种可怕的事态,但是公民却坚持他们有权佩带刀剑。在经过多年无用的争执之后,市议会终于向议员提出一项法令,对容许公民携带刀剑的长度和锋利程度进行控制。

只要不宣布带刀和用刀是非法的,只要法庭和警察继续执行这些法律,事情当然将依旧是老样子。限定刀的长度和锋利程度将只会有助于最强的人和最好斗的人,而让弱者听凭他们的摆布。

我确信你们大家都理解这个比喻的寓意。确实,我们有国际联盟和国际仲裁法庭。但是,国联无非是一个开会场斯,国际法庭又没有强制执行它的裁决的手段。这些机构并没有对任何遭受侵略事变的国家提供保护。如果人们牢记这一点,那么对于法国在没有适当的保证的情况下拒绝裁军的态度,就不一定像通常那样去做苛刻的判断了。

除非所有国家通过承担联合行动的责任,以反对任何或明或暗地逃避国际仲裁法庭的裁决的政府,从而能够一致同意限制它们的国家主权,否则我们就永远不能从目前普遍的混乱和恐怖状态中摆脱出来;没有什么熟练的戏法能够把各个国家的无限度的主权与反对侵略的保障调和起来。为了劝使各国保证自己帮助执行公认的国际法庭的裁决,究竟还需

第5章 反对战争(Ⅱ)(1931～1932)

要遭受多少灾难呢?过去事态的发展几乎没有理由使人对不久的将来的改善抱过多希望。一切珍爱文明和正义的人,都必须竭力使他们的同胞确信,一切国家都有必要承担这种国际义务。

有人也许会争辩说,这种处理方法过高估计了组织机构的效能,而忽视了心理因素,或者更恰当地讲,忽视了道义因素,这种说法并非没有某种正当理由。有人坚持认为,道义裁军必须走在物质裁军的前面。他们进而正确地表示,国际秩序的最大障碍是大大被夸张了的国家主义精神,这种国家主义精神却起了一个有感染力的但却被误用了的名字——爱国主义。在刚过去的一个半世纪中,这个虚假的偶像处处产生不幸的、极其有害的影响。

为了估量这个论点的真实意义,人们必须清楚地认识到,人的组织制度和人的精神状态是相互影响的。制度依赖于传统的感情态度,并由之产生,由之维系;反过来,制度又给民族内部的那些感情态度施加着强大的影响。

国家主义目前之所以过度地增长,依我之见是与强迫服兵役的制度——或换个委婉的说法是国民警卫队制度——密切相关。任何要求它的公民服兵役的国家,都不得不在公民中培养国家主义精神,以便为他们在军事上有用打下心理基础。国家必然在学校里要求学生把暴力工具当作偶像崇拜,恰如它对宗教所做的那样。

在我看来,采取强迫服兵役是白种人道德衰败的主要原因,它不仅严重地威胁着我们文明的存在,而且也严重威胁我们自身的生存。这个祸因与伟大的社会赐福一起都根源于法国大革命,并且不久便席卷了所有其他国家。

凡是试图培养国际主义思想并且想要反对沙文主义的人,都必须采取拒斥强迫服兵役的立场。对于今天的社会来说,出于良心而拒服兵役者所遭受到的残酷迫害就像几世纪前施加给宗教殉道者的迫害一样可耻。凯洛格条约怎么会敢于宣布战争为非法,而同时又让每个国家的个人听任战争机器的任意摆布呢?

在裁军会议上,如果我们不想把我们自己限制在组织的技术问题内,而且也希望出于教育方面的理由更直接地考虑一下裁军的心理方面的话,那么人们必须力图创立一些国际性的法律手段,人们能够藉此拒绝在军队中服务。这样的措施无疑会产生强有力的道义影响。

让我概括一下我的观点:仅仅在限制军备上达成协议是不能给予保障的。强制仲裁必须靠执行力量来支持,所有参与国都要保证这样做,都要准备用军事的和经济的制裁对付侵略者。必须同强迫服兵役这种有害的国家主义的主要根源做斗争;最为重要的是,必须在国际主义的基础上对出于良心而拒服兵役的人提供保护。

爱因斯坦文章的手稿包含着几个重要的段落,《纽约时报》发表时删去它们。删节的一段是爱因斯坦推荐路德维希·鲍尔(Ludwig Bauer)最近出版的一本书《战争在明天再次发生》(*War Again Tomorrow*),爱因斯坦认为这本书"敏锐地、毫无偏见地、以极大的心理理解力"探讨了在他的文章中所讨论的问题。也删节了一长段话,爱因斯坦在这段话引用了柏林的 D. 霍尔德(D. Holde)教授的言论,这位教授是为贡贝尔(参见 p.132)的利益采取抗议行动的主要人物之一,也是为使反对战争合法化而提出下述具体建议的作者:

> 在凯洛格条约中,全世界的政府代表已在道义上宣告战争为非法,同时谴责把战争作为一种可耻的、不能允许的工具来解决各国之间可能会存在的无论什么分歧。为即将来临的裁军会议做最低限度的建议也会在逻辑上导致这一行动。……
>
> 所有凯洛格条约的签署者,都应该以他们政府的名义在全世界面前庄严承担义务:永远不用武力、道义压制或其他压力迫使他们的任何公民或国民违背他们的道德信念或宗教信条,或违背他们的道德良心,去直接或间接地参加任何战争行动,也不直接或间接地用任何方式支持这样的行动。
>
> 例如,即使是教士,不管他属于什么教派,也不管他是在这个领域还是在那个领域履行宗教服务,他们都不应该受命为士兵或其他参加战争的人祈求上帝保佑,也不应该受命为他们国家的胜利而恳求上帝。鉴于战争已经非法化,必须认为这样的行为是不光彩的,是与兄弟情谊精神背道而驰的。
>
> 通过这样的决议案,便会在签署凯洛格条约的政府方面体现出另一个极其重要的义务。它也许会在全世界面前严肃地编纂出这些政府以往承担的基本道义义务和法律义务,从

而可能有助于促进普遍的世界裁军。

明确地勾勒出国家和个人之间关系的困难,占据了爱因斯坦一生中的许多时间,在他给《纽约时报》撰写的上面的文章中,以及在霍尔德教授为使反对战争合法化的建议中,都提到了这个问题。在同一时期,爱因斯坦写信给意大利司法部长阿尔弗雷多·罗科。他请求罗科向墨索里尼建议,不要让意大利科学家蒙受强迫效忠宣誓的耻辱[①]:

> ……不管我们的政治信仰多么不同,我知道我们在一个基本的观点上是一致的:我们两个都赞美欧洲知识分子的卓越成就,并看到我们最珍爱的那些价值从中反映出来。这些成就只能在这样的社会得以发展:良心自由和教学自由畅行无阻,对真理的探索优于任何其他考虑。……
> 我不打算和你争论这样的问题:人的自由在任何时候是否必须局限于国家利益之内,要限制到什么程度。但是,我觉得毋庸置疑的是,对真理和科学知识的追求应该被每一个政府当作神圣不可侵犯的东西来看待,尊重那些真诚地寻找真理和科学知识的人的自由是作为一个整体的社会的最高利益。……

[①] 给 Rocco 的信所署日期是 1931 年 11 月 16 日。德文原文发表在 MW 第 24 页。稍为不同的译文发表在 TWAISI 第 31 页和 IAO 第 30 页。现在的译文是由德文原文新译的。

第5章 反对战争(Ⅱ)(1931~1932)

在给《纽约时报》的一封未发表的信——这封信可能是爱因斯坦到达美国帕萨迪纳作第二次访问之后准备的手稿,爱因斯坦推荐约翰·H.迪特里希(John H. Dietrich)的小册子《国家将裁军吗?》(*Shall the Nations Disarm?*),这本小册子是在基督教唯一神教派教徒的赞助下出版的:

>……它的传播很可能对美国和全世界的舆论产生决定性的影响,从而对裁军会议的结果起到促进作用。在美国一些地方,难道没有人会安排这本著作的广泛销售,从而对我们处于危险的文明做出持续的帮助吗?在这个关头,这样的行动很可能对整个世界具有历史意义。

1931年12月2日,爱因斯坦再次启程赴美,这次他乘的是一艘小船,直接送他去加利福尼亚。爱因斯坦夫人1932年2月3日在帕萨迪纳写信给罗希考·施维默夫人:"我们避开取道纽约旅行,我的丈夫无法胜任在那里加在他身上的沉重要求。"从1931年12月6日在船上所写的下述日记中,可以估计爱因斯坦此时关注的事情:

>……我今天决定,我将基本上放弃我的柏林职位,在我一生的其余时期,我将是个漂泊不定的人。海鸥在飞行中总是陪伴着船只。它们是我的新同事,虽然天晓得,它们比我能干。它们也更了解地理学。与这样的生物相比,人对外部事物是多么依赖啊!……

几个月前,虽然爱因斯坦正在考虑放弃他的德国国籍的可能性,但是他显然还打算住在德国。他在1931年7月17日给(普鲁士科学院的)马克斯·普朗克教授草拟了一封信,可是显然这封信没有发出;他在信中表示,纳粹的活动对德国的公共事务和政治事务的影响日益加剧,他留下来已不安全了:

> 我想促使你注意一件事,这件事与我的雇用条件密切相关。你一定能回忆起,我在战后曾宣布,除了我的瑞士国籍外,我愿意接受德国国籍①。近期的事态暗示,保持这种状况是不可取的。因此,如果你保证使我的德国国籍被取消,并告知我这样的变化是否将容许保留我在科学院的职位(我真诚地希望保留),我将十分感谢。
>
> 出于对在财政上依赖于我的许多人的关心,以及对人格独立性的某种需要,迫使我采取这一步骤。我十分希望你会理解我,不会把这种请求看作是对国家、是对在我一生的最好年华给我提供值得羡慕的生活和工作条件的机构的忘恩负义行为。迄今,我已经谢绝了国外提供的职位,尽管它很诱人,也许会促使我离开我的工作舞台。我希望我在将来也能够保持这种态度。

爱因斯坦避免与他同行的乘客接触,享受了航海旅行的闲暇。

---

① 由于爱因斯坦从未放弃瑞士国籍,从1919年前后到1933年他具有双重国籍,此时他同时是瑞士公民和德国公民。从1940年起,他再次具有双重国籍,此时他是瑞士公民和美国公民。

第5章 反对战争(Ⅱ)(1931～1932)

他挖苦地提到他最近在柏林收到的一封匿名信,他在1931年12月9日写道:

……仅缺少一件事。从来还没有任何匿名信。真可惜,因为在这类信中,即使最笨拙的谎言也可以说是不掺假的,即是说,它们表达了写作者的真实人格。

在中美洲太平洋沿岸的莫伊奥斯港(Porto Moios),他参观了香蕉种植园。他发现美国类型的殖民区是很典型的,他在1931年12月20日写道:

……我听说,印第安人像因纽特人一样正在消亡。他们无法忍受工作的严格,由于不工作,他们在山上挨饿。在热带地区,生存斗争对人、动物和植物来说,甚至比在我们身边还要赤裸、还要残忍。我们自己的斗争通过现代的公司变得加剧了,这些公司是系统地组织斗争的,其行为是受未知的、不可名状的利润的欲望而促动的。多么有启发性的景象啊!可是没有出路。狗咬狗,不为什么目的,也没有抱什么看得见的目标。

在到达洛杉矶(Los Angeles)的1931年12月30日,爱因斯坦记下:"在帕萨迪纳,有10%的人失业。"在1932年1月9日记下:"……这里的状况朝不保夕。胡佛拒绝接见代表失业者的代表团。"

同一天,《自由》(Liberty)发表了小约翰·D.洛克菲勒(John D. Rockefeller, Jr.)的讨人喜欢的画像,它是出自乔治·西尔维斯特·菲尔埃克之手。在一年前爱因斯坦访问纽约时,菲尔埃克曾安排一次爱因斯坦和洛克菲勒的会见。菲尔埃克的文章提到爱因斯坦的段落很简短,但却很有意思,它们显然构成洛克菲勒和爱因斯坦之间在纽约会见时所进行的讨论的一部分[①]:

……爱因斯坦教授争辩说,他[洛克菲勒]的教育基金拟定的严格条例有时窒息了有天才的人。这位教授大声说:"官样文章就像绑扎木乃伊一样束缚人的精神!"另一方面,洛克菲勒指出,必须仔细地看管基金,以免它流向无价值的目的或不值得奖励的个人。他坚持自己的立场,反对这位现代世界最伟大的人物,他干练地为经管各项基金的制度辩护。

爱因斯坦说:"我信任直觉。"

洛克菲勒回答:"我信任组织。"

爱因斯坦以卓越的人才为理由,洛克菲勒支持尽可能多的人的最大利益。爱因斯坦是贵族政治论者,洛克菲勒是民主主义者。

每个人都是真诚的,每个人都使对方相信他的诚意,但是

---

① 源于《自由》杂志的这些摘录是经该杂志的合伙所有人 Lorraine Lester 的允许重印的。爱因斯坦请求 Viereck 安排与 Rockefeller 会见,是由于他想敦促修改 Rockefeller 基金会关于海外学者奖学金纲要的规则。爱因斯坦觉得,这些规则没有一视同仁地对待那些在他们本国还没有获得永久性职位的年青学者。Rockefeller 后来写信给爱因斯坦,说他和他的家人极其喜欢他的访问,他会与 Rockefeller 基金会的高级职员讨论爱因斯坦所评论的奖学金问题。

第5章 反对战争(Ⅱ)(1931～1932)

谁也说服不了谁。

会谈转移到经济问题。爱因斯坦拥护缩短工作时间,以给失业者提供机会,并建议最称心合意的办法是延长学年,以避免儿童们与他们的长辈竞争职业。

洛克菲勒问道:"这样的主意不是要把无根据的限制强加于个人自由吗?"

爱因斯坦反驳这种说法:目前的经济紧张情况证明,与各国政府在战时所采取的措施相类似的办法是正当的。

爱因斯坦声言他反对战争。而小约翰·D.洛克菲勒虽然同样反对战争,但是他过于坚定地立足于现实,以致不容许他自己完全同意比较极端的和平主义者的观点。爱因斯坦驳斥道:"只要人们拒绝扛起武器,战争就能够终止!"

在全国有色人促进协会的机关刊物《危机》(*The Crisis*)1932年2月号,爱因斯坦写道①:

> 少数民族,尤其是当他们中的个人因身体上的差异而能够加以识别时,被他们生活于其中的多数人作为劣等民族来看待,这似乎是一个普遍的事实。然而,这样一种命运的悲剧成分,不仅在于这些少数民族在经济关系和社会关系中所遭受到的、自然而然就认清了的损失,而且在于遇到这种待遇的

---

① 《危机》的声明重新发表在 1932 年 1 月 19 日《纽约时报》,这篇声明是经《危机》的允许而重印的。

人的大部分,由于多数人潜移默化的影响而默认这一不公正的估价,并且逐渐把像他们自己这样的人视为劣等人。

这种罪恶的第二个方面是更重要的方面,它能够通过少数民族内部更加亲密的团结和有意识的教育启蒙来对付,这样少数民族的精神才能获得解放。美国黑人在这个方向上的坚定努力,值得每一个人承认和支持。

爱因斯坦夫人在1932年2月3日写给施维默夫人的信中说:"今年,我的丈夫正在继续为裁军与和平而卓有成效地工作着,他最近为此目的在名副其实的公谊会教徒学校惠蒂尔学院(Whittier College)发表了一次讲演。我的印象是,自去年以来,我们的事业大步向前迈进了。"爱因斯坦在那次讲演中就日内瓦裁军会议的可能失败的含义做了评论,他的评论几乎是预示性的。作为美国的客人,他大概不会如此直言不讳地和坦率地谈论美国在世界的责任,尽管他没有以最大的关切展望国际局势[①]:

……今天,美国人为他们自己国家的经济状况深感烦恼。他们的负责任的领袖首要关心的是国内严重失业的治疗办法。生活在正常时期的人们很少意识到美国和世界其余地区——尤其是美国的母亲欧洲——条件的相互依赖性。

---

① 虽然这一点没有明确证实,但这多半是爱因斯坦在惠蒂尔(Whittier)发表的讲演。他的1932年1月18日的日记也表明了这一点:"公谊会教徒会议在南部城镇附近举行,我就裁军会议做了简短讲演。"德文原文发表在 MW 第79页,同时英译文发表在 TWAISI 第63页和 IAO 第100页。现在的译文是校订过的译文。

第5章 反对战争(Ⅱ)(1931～1932)

无论如何,现有的以自由企业为基础的经济体制,将无法依靠它自己的能力克服这些困难。需要通过国家调节,来安排人力和消费品的公平分配。没有这样的政府管理,即使是最富有的国家的经济也将不能恰当地发挥作用。事实是,由于技术的改进,为满足人的需要而要求的工作总量显著地减少了;"自由"经济不再能够为所有想要工作的人提供就业了。要使国家中的每一个人都从技术进步中受益,而不让一个人受到损害,那么专门的规章措施就变得必不可少。

如果经济需要仔细的管理以便有秩序地运转的话,那么在国际关系的范围内这样的管理是多么必要啊!几乎没有人坚持认为,战争形式的暴力行为显示了国际问题的令人满意的解决办法,即与人的尊严相容的解决办法。但是,我们并没有充分协调一致地、精力充沛地为防止战争——原始时代的残酷而野蛮的遗风——而尽力。要充分地理解这个问题,就必须做一些严肃的思考;如果我们要果敢地、有效地为和平事业做贡献的话,那么我们就需要勇气。

无论谁真正力求消除战争,都必须坚定地坚持,他自己的国家要把部分主权交给国际机构;他必须准备在国际争执事件中促使他自己的国家遵守国际法庭的裁决。他必须不屈不挠地支持普遍裁军,在可怜的凡尔赛和约中,实际上已规定了普遍裁军。除非我们停止向人民群众灌输军国主义和侵略性的国家主义,否则我们就不可能对进步怀有希望。

在近年,对大国来说,没有什么东西比各种裁军会议的失败更丢脸了;这一失败不仅仅归因于野心勃勃的和肆无忌惮的政治家的阴谋；它也是由于各地人民的冷淡和漠然。除非这些情况发生变化，否则我们必然要毁灭我们伟大的文化遗产。

我认为，美国人民并没有充分地意识到他们在这个事情上的责任。也许他们想："假如欧洲人民的怨恨和倾轧要消灭欧洲，那就让欧洲死去吧！威尔逊（Wilson）总统播下的良种，根本没有在欧洲贫瘠的土地上结果。我们是强大的和安全的，对于国外的新纠纷，何必匆忙呢？"

这样的态度既不高尚，也不现实。美国对于困扰欧洲的困难并不是没有责任的。由于无情地压制她的权利，她事实上加速了欧洲的经济衰退和道德衰败；她已经为欧洲的巴尔干化做出贡献，因此她必须为政治德行的崩溃和以绝望为动力的复仇精神的露头承担责任。复仇精神将不会突然停在美国大门口；事实上，我几乎想说，它已经影响美国了。我对你们说：请小心谨慎！请你们警惕！

让我们坦率直言，勇往直前：为了保护人类已经生产的最好的东西，裁军会议向你们提供了最后的机会，你们的机会并不比我们少一点。全人类的眼睛和希望，都指向美国这个最强大、相对而言也是最健康的国家。

在惠蒂尔讲演两天之后，即1932年1月20日，爱因斯坦在他的日记写道："[前美国驻德大使][雅各布·古尔德·]舒尔曼（Jacob Gould Schurman）谈起了当前的德国，以某种冷嘲热讽的口吻讨论了德国政党的结构；由于他的羞怯，粗略涉及了一下经济

第5章 反对战争(Ⅱ)(1931~1932)

状况。"1932年1月25日,爱因斯坦、舒尔曼和历史学家查尔斯·A. 比尔德(Charles A. Beard)都是加州理工学院设宴招待的贵客。在称赞了舒尔曼的学术和外交生涯后,爱因斯坦说[①]:

> 我不能放弃讨论另一个论题,忘记它便会冒怀疑是故意沉默的风险。欧洲的-美国的文明的基础被严重地动摇了;面对凶恶的、不可捉摸的、具有威胁性的强权,困惑感和恐惧感揪住我们大家的心。虽然我们在消费品和生产工具两方面比我们之前的任何一代人都要丰富,但是人类的大部分继续遭受灾难性的短缺。生产和消费越来越衰退,对公共机构的信任比以往任何时候都低落。似乎在每一个地方,整个经济机体好像得了不治之症一样。
>
> 对于疾病的原因已有许多推测,情况也许是,纯粹的技术性治疗可以治愈。乐观主义者大概会问,为什么不可能用适宜的措施在生产和消费之间恢复平衡呢?可是,悲观主义者提出不同的问题:我们的文明为什么不应该恰恰像罗马帝国创造的文明,因为腐朽而衰亡呢?于是,谁正确?我们站在哪一边?
>
> 让我尝试从历史的视角回答这个问题,我们的文明总是基于我们文化的保持和改善。而文化则受到两个源泉的滋养。其一来自由意大利文艺复兴所更新和补充的古希腊精

---

① 爱因斯坦在Schurman宴会上讲演的节录发表在1932年1月26日的《纽约时报》,现在的译文译自正式文本。

神。它要求个人去思考、去观察、去创造。其二来自犹太教和原始的基督教。它的特征可用一句箴言来概括：用为人类的无私服务证明你的良心。在这个意义上，我们可以说，我们的文化是从创造的源泉和道德的源泉进化而来的。直到中世纪末，文化生命是唯一地从第二个源泉即道德的源泉获取它的力量的。所导致的，是思想贫乏的但却稳定的文化。在文艺复兴时期，当人的创造力的源泉开始比较自由地涌流时，结果产生了花繁叶茂的文化，它一代代地传下去直到当代，提供了永不枯竭的激励源泉。这一激动人心的进化的结果是，创造了强大的文明和技术以及人口的激增，提高了生活的物质水准和精神水准。

我们显然已经忘记，道德源泉对于我们的生存依然是极其重要的。可是现在，我们沮丧地认识到，这个源泉已经丧失了它的许多力量，而没有它，我们命中注定是毫无希望的。以往各代人的创造能力传到我们手中的工具越强大，人们明智地使用它们的道德力量也必须越伟大。要克服社会中的罪恶，人不能缺少理智；现在缺乏的正是他对人类利益的无私的、负责的奉献。

我必须为证明这一点详细提供理由吗？我们不是每一天、在几乎每一块土地上都目睹人民的正义感太微弱了，以致无力为觉得是审判不公的法庭裁定翻案吗？早就认清它们的经济是难以应付的国家，即使没有正式承认，却也依旧尊重条约，这难道不是真的吗？虽然毫无疑问，另一次战争对人类会是灾难性的，是与我们正式表示尊重的道德律背道而驰的，但

第5章 反对战争(Ⅱ)(1931～1932)

是国家还致力于为战争做物质的和心理的准备,这不也是真的吗?人们常常能够继续询问这样的问题,得到的答复无非是怀疑的微笑。正是海因里希·海涅(Heinrich Heine)唱出了带有苦味的诗句:只有傻瓜才等待回答。

让我以感谢贵国的自由而宜人的制度作为结束语,这种制度使我有可能相当坦率地向这一大群人发表演说。

《和平阵线》的编辑阿尔诺德·卡利施(Arnold Kalisch)在1931年10月4日写给爱因斯坦的信中,请求爱因斯坦支持反战者国际名誉书记H.朗哈姆·布朗争取诺贝尔和平奖的提名。由于提名必须在1932年2月1日前呈递,卡利施在一封信中加强了他的请求,这封信是爱因斯坦在加利福尼亚收到的。卡利施把寄给德国一群教授的信的手稿装入信内,以努力争取他们同意提名。在致诺贝尔委员会的信(1932年1月)中,爱因斯坦说:

……我认为,朗哈姆·布朗先生比任何其他活跃的和平主义者对和平事业做出了更多的贡献。他把他的时间、他的无限的精力和他的巨大的个人勇气都贡献给这一最有价值的事业。他正是以谦逊这唯一的应变能力设法把反对战争转变为有组织的运动,从而使包括拒绝服兵役在内的、要承受严重的个人危险和牺牲的那些人的行动更有成效。

但是,爱因斯坦对这个人的声望或他在德国学术共同体中的事业都不抱幻想。正如他写给卡利施的信中所说的:

我认为,用信件请求德国教授支持这项提名也许是不明智的。而且也是无用的。由于这是一个微妙的问题,因而只能通过个人接触,而不能通过由许多人传递阅读的信件来寻求他们的支持。同样地,我不希望我支持提名的陈述公开化或被封入轮流传递的信件内。当然,你可以把我的陈述给我们预料会做出赞同反应的人看看。我们必须避免过早地公开这件事情,以免我们诱使一个直接的竞选运动,这种竞选运动预计会招致许多人的反感,甚至可能引起诺贝尔委员会委员的抱怨。

1932年的诺贝尔和平奖未被授予。

1932年2月1日,爱因斯坦在帕萨迪纳的一次会议上发表演说,这次会议是由洛杉矶国际关系大学举办的,该大学隶属南加州大学,是培养外交官和经济学家的学校。爱因斯坦夫人两天后在给施维默夫人的信中诉苦说:"事情不仅仅是缺乏严肃性,而且被当作一种社交招待。使人感到窘迫的是,不得不听主席讲笑话。……不过,主要发言者是一位前财政部驻海关官员,他十分出色地论述了他的论题。"爱因斯坦在他的日记中重复了这些叙述,并附加道:"我也做了讲演,可是哎呀,这里简直没有一个共鸣的听众。这里的有产阶级总是把任何事情都当作消闲解闷的手段。人们务必不要弄错他们对严肃事情感兴趣的真实动机。这是一个糟透了的世界,在这个世界上居然让这样的人担任第一小提琴手。……"

第5章 反对战争(Ⅱ)(1931～1932)

下面是爱因斯坦的演说①:

> 裁军的最大障碍在于大多数无法鉴别的问题的错综复杂性。大多数目标都是通过细小的步骤实现的。例如,请想一下从绝对君主统治到民主政治的过渡吧!但是,我们这里所谈到的目标却不能缓慢地、一步一步地来达到。
>
> 只要战争的可能性存在着,国家为了确保它们在未来战争中取胜,将会继续坚持尽可能充分地做好军事准备,并且将觉得不可避免地要用好战的传统和狭隘的国家主义虚荣心教育青年人。为发动战争就需要唤起好战精神;只要有理由认为可能出现这些情况,那么对好战精神的颂扬将继续进行下去。武装起来只能意味着赞成和准备战争,而不是为了和平。因此,裁军不能用细小步骤达到,它必须一蹴而就,否则便一事无成。
>
> 为了实现国家生活中的如此深刻的变化,需要巨大的道义上的努力,需要审慎地抛弃根深蒂固的传统。谁不愿意让他的国家的命运在冲突事件中无条件地取决于国际仲裁法庭的裁决,谁不准备看到他的国家毫无保留地参与为这样的程序而提供的条约,谁就不是真正下决心消除战争。事实就是这样:要么全有,要么全无。

---

① 在洛杉矶国际关系大学讲演的德文原文发表在 MW 第 72 页。三个更重要的英译文是这样得到的:由 William B. Munron 教授提供的洛杉矶国际关系大学出版的季刊《世界事务解释者》(*World Affairs Interpreter*)1932 年夏季号,TFAW 第 56 页以及 TWAISI 第 55 页和 IAO 第 102 页(完全相同)。现在的译文是新的。

应该强调的是,以往保证获得和平的尝试之所以失败,只是因为他们倾向于妥协的解决办法,这种办法不适合妥善处理这个任务。裁军和安全是不能分割的,它们必然是同时出现的。只有当所有国家都表态服从国际权力的裁决时,才能得到安全。

我们现在正处于历史上一个决定性的十字路口。我们要决定的是,是要寻找一条通向和平的道路呢?还是沿着野蛮的、与我们文明多么不相称的武力的老路继续走下去呢?如果我们选择和平的道路,那么个人自由和社会安全就等待我们;如果我们不这样做,那么个人奴役和文明毁灭就威胁我们。我们的命运将是我们应得的命运。

第二天,即1932年2月2日,在加利福尼亚州的圣芭芭拉(Santa Barbara)举行了一次公民群众大会,爱因斯坦给大会发去祝词。他在祝词中重申他关于裁军和国际仲裁的众所周知的观点,并再次敦促美国在争取和平的斗争中变得更为活跃[1]:

> 美国公民积极参与裁军问题,这具有最伟大的意义。今天,美国在国际事务中能够成为最有影响的因素,倘若它的公民真正想要它的话。……

---

[1] 圣巴巴拉祝词的节录出自 TFAW 第57页所给的译文,并借助德文正式文本做了少许改动。

第5章 反对战争(Ⅱ)(1931～1932)

两天后,即1932年2月4日,爱因斯坦听取了雅各布·古尔德·舒尔曼关于日本入侵满洲的讲演。他的评论是:"聪明的和不属道德范畴的。因此,多么不幸。……"1932年2月27日,爱因斯坦自己在一次会议上发表演说,这次会议是由南加州七所大学的代表在帕萨迪纳组织的,其目的在于激励公众注意国际事务[①]。在某些方面,爱因斯坦的评论比富兰克林·D.罗斯福(Franklin D. Roosevelt)总统的演说"孤立侵略者"早了五年多;爱因斯坦强调无限制的经济自由的危险,他着力论述了计划经济的必要性,以便解决现代环境下的复杂的生产和分配问题。如果无节制的神圣不可侵犯的利己主义(Sacro egoismo)在经济生活中导致了灾难性的后果,那么它对国际关系就更有破坏性;高度机械化的战争威胁我们的真正幸存,但是迄今我们防止战争的努力却远远不够。在又一次倡导裁军、国际仲裁和集体安全时,爱因斯坦在涉及远东的严重局势时提出下述有生气的思想:

> 试设想一下美国、英国、德国和法国政府以严密的经济联合抵制相威胁,责成日本政府立即停止它在中国的战争行动。你相信随便哪一个日本政府会公然无视这样的威胁,而冒使它的国家陷入危险境地的风险吗? 当时为什么不施加这样的

[①] 联合抵制演说的德文原文发表在 MW 第61页,在那里该讲演被错误地说成是1930年在德国和平主义学生面前演说的,这一归属也出现在 IAO 第93页的英译文的台头,而在 TFAW 第57页给出另一译文的 Lief 则正确地标明了讲演的时间和地点。这两个译文差别显著(IAO 的译文也发表在 TWAISI 第44页)。在本书中节录的译文是新译的。《纽约时报》在1932年2月28日刊印了这篇讲演的节录。

压力呢？人和国家为什么要生活在一个他们必须为他们的真正幸存担惊受怕的世界上呢？答案在于，他们执行的是某种有利于他们自己可怜的、暂时的利益的方针，他们不愿意使他们的利己目的服从作为一个整体的社会的幸福和繁荣。……

几天后，即1932年3月4日，爱因斯坦乘船回欧洲，他以呼吁青年一代为根本改变人类面临的形势而工作，结束他的讲演："我们老一辈人注视着青年人，希望他们尽其所能而奋斗，以到达我们这代人没有达到的更美好的世界。"

第6章 法西斯主义在德国的前夜（1932～1933）

1932年，是黑夜降临德国、后来又降临整个欧洲大陆之前的最糟糕的一年。自从纳粹分子在1930年9月的国会选举中取得出乎预料的、彻底的胜利以来，法西斯专政的威胁给德国其他每一个政治问题都投下阴影。因为许多曾经发誓要保护国家民主制度的政治领导人直接或间接地与法西斯分子合作，由于政治左派分裂、混乱，又未充分认识法西斯主义的真正本性，从而显得软弱无力，所以纳粹主义在1933年变为现实。

纳粹分子专政不仅意味着体面、法律和自由的终结，而且也意味着德国人的彻底军国主义化和积极准备战争。对于一切了解这些情况的人来说，1932年也是令人日益忧虑和担心的一年。只有比较少的人对笼罩在德国上空的威胁看得清楚，爱因斯坦就是少数派中的一员。此外，他深为一个特定的灾祸忧心如焚：如果纳粹分子统治出现的话，居民中的犹太人就会大祸临头。对比较健全的世界组织寄予希望的人似乎处于危险之中，自第一次世界大战结束以来，爱因斯坦独自以及与其他人合作，精力充沛地为这些组织的建立而奋斗过。他之所以决定接受在美国的职位并离开德国——他多年来曾坚决拒绝这样做，必定部分地是由于他明确认识到，即便完全需要的话，甚至他最终也无法阻挡使德意志民族走火入魔的憎恨、压迫和军国主义的严酷潮流。可是直到最后一刻,他还继续为消除战争、为国际理解而劳作。事实上,在纳粹主义把持德国前的最后一年,也恰恰是他待在欧洲的最后一个整年,爱因斯坦除了许多例行的公共事务活动外,还参与了几个巨大而重要的项目:他到日内瓦裁军会议做了一天示威性的访问;他与人合作努力建立国际和平中心;他卷入了激烈争论的阿姆斯特丹和平会议;最后,他与西格蒙德·弗洛伊德就战争问题互致公开信。

前面已经提到,爱因斯坦对动员教士在国际范围内争取和平一事很关心。他于1932年春返回欧洲后不久,便收到了荷兰阿梅尔斯托尔(Ammerstol)的雷费伦德·J. B. Th. 许根霍尔茨(Reverend J. B. Th. Hugenholtz)的一封信,许根霍尔茨是国际反对军国主义牧师与教士联盟的联合和平理事会的指导性人物和代表。他请求爱因斯坦支持并参加联合和平理事会计划于1932年5月在日内瓦召开的会议。

许根霍尔茨痛苦地抱怨财政拮据困扰和平运动,他谈到他打算呈交给爱因斯坦的一个筹款计划。爱因斯坦在1932年4月16日复信说:

> 我几乎无法找到恰当的词汇告诉你,把教士组织起来为反对各个国家中的好战精神是多么重要。迄今,所有教派的大多数牧师都是国家逆来顺受的奴仆,在许多国家他们在经济上还依赖国家。即使当国家的要求与最基本的法律——更不用说所有宗教团体教导的道德原则了——格格不入时,他

第6章 法西斯主义在德国的前夜(1932～1933)

们也是奴性十足的。教士在世界大战期间的行为是不光彩的；如果有可能促使他们在态度上有根本性的转变，那么这便是向前迈出了一大步。

在1932年5月对牛津大学的另一次访问结束时，爱因斯坦为联合和平理事会来到日内瓦，虽然他本来谢绝了许根霍尔茨的邀请。等待已久的裁军会议终于在日内瓦举行，会议开了多周。无休止的讨论进行着，但是采取迅速而决定性的行动的机会却变得越来越少，和平主义者痛苦地失望了。为了使公众的注意力集中在有失败的危险上，联合和平理事会做出了戏剧性的努力，爱因斯坦也参与其中。1932年5月22日星期日，他和前议会议员、英国当时起主导作用的和平主义者之一庞森比勋爵(Lord Ponsonby)离开伦敦到日内瓦，他们第二天在日内瓦举行了记者招待会，大约六十名记者出席招待会。

庞森比代表他本人、爱因斯坦、罗曼·罗兰和杰出的法国小说家和战斗的和平主义者维克多·马格丽特(Victor Margueritte)发表了一个简短的声明：

> 情况已经变得十分明显：日内瓦谈判在导致实际的裁军方案的道路上没有取得什么进展，而要把世界从新的战争的恐怖中拯救出来，这样的方案又是必不可少的，因此我们认为，世界人民把这件事情掌握在自己手中的时刻已经来临。他们必须坚持在五年内全面裁军，必须坚持在任何情况下立即放弃战争。与此同时，他们必须要求废除征兵，必须要求立

即停止军事征集以及武器和军需品的生产。

世界人民必须通过个别地或集体地拒绝服兵役或参与战争物资的生产和运输,准备达到这些目标。

接着,爱因斯坦作了如下发言[①]:

我之所以来这里向你们讲话,是因为朋友们使我确信,这样做是我的责任。我乐于就我对局势的印象做几点简短的评论。我不需要提到,我与这里的朋友在每一个细节上都是一致的。

首先,我想说的是,即使含义不是如此悲剧性的,可是在裁军会议上所使用的方法就只能称之为荒唐可笑的。人们不能通过制定控制冲突的章程,使战争发生的可能性减少。人们必须以无条件地决定用仲裁方式来解决国际争端为出发点。它所涉及的东西是道德和善意的问题,而不是一个与所谓的技术专家有关的问题。

我不打算详细地涉及应该运用的方法,因为我的朋友和同事已经做了简要的描述。我自己宁可只限于回答问题。

〔他的道义裁军的观点是什么?〕

---

① 爱因斯坦的档案包含另一个德文记者招待会的正式文本,该文本是反战者国际呈送给他的,它形成了 TFAW 第 60 页所做的报道的基础。不过,爱因斯坦在这个文本上做了某些删节。正如他在 1932 年 6 月 17 日致 H. Ruhham Brown 的信中所说的:"在由我处理的范围内,我对记者招待会的报告做了相当自由的修改。呈交给我的译文包含许多误解和含糊,我可能对此负有部分责任。"关于文本中的译文,是爱因斯坦自己修改的。

第6章 法西斯主义在德国的前夜(1932～1933)

是物质裁军还是道义裁军的问题应该是首先提出的问题,这使我想起最早产生的一个问题:先有鸡还是先有蛋。不用说,道义裁军是基本的;但是,只要政府正在准备战争,他们将不会真诚地促进道义裁军。

道义裁军像作为一个整体的和平问题一样,也是难以解决的,因为掌握权力的人从来也不想把他们国家主权的任何部分交出来,可是要消灭战争,他们必须做的恰恰就是这件事。因此,我深信,不能把和平问题的解决放在政府手里;相反地,我们必须看到,在理智上和道德上独立的人民,正在把他们的影响和资源集中在反对军国主义的斗争上。这就是我们为何必须抵制怀疑和泼冷水,因为它们目前正在逐渐损害知识分子领袖的十分重要的影响。

在回答有关他是否相信为保证国际安全而做出仲裁的可能性时,爱因斯坦重申他经常重复的关于和平解决国际争端的立场。

[他对宣布侵略为非法的、可从未完全被批准的日内瓦草约有何评价?]

我们必须一点也不屈服。最大的犯罪是为了达到一个个小的目的而妥协。我们必须继续为日内瓦草约的批准而斗争。

[妇女和工人阶级在反战斗争中的作用怎样?]

二者都是重要的。我记着国际妇女合作向导、国际妇女争取和平与自由同盟以及其他能够大力帮助我们导致真正进步的组织。同样地,工人阶级的组织和政党应该敏锐地关心和平运动。无论如何,他们应当清楚地认识到,存在着接受妥协的真正危险,这些妥协为了诸如"战争的人性化、社会的爱国精神"之类暂时的、虚伪的成就起见,而牺牲最终的目标。必须说服人民拒绝服兵役。只有像这样的具体行动才能产生实在的印记。

我绝对相信,我们应该利用每一种可能的手段,来加强反对战争的运动。不能过高估计它的道德意义。与其他任何事情不同,这个运动同时激励个人勇气,唤起人的良心,削弱军事体制的权力;我十分赞赏78000名法国教师,他们拒绝按沙文主义路线教学。

[如果他不认为妥协是可能的,那么他没有敲响裁军会议的丧钟吗?]

的确,那是我的打算。依我之见,裁军会议正朝着糟透了的妥协方向进行着。现在就在战争中能够容许哪种类型的武器可以达成的任何协议,在遇到战争考验时都将无法履行。不能使战争人性化。只能消除它。

当有人提醒庞森比勋爵,在许多国家,报刊都控制在政府手里,因此像他们正在举行的这样的记者招待会不可能是真正有用的,此时他表示赞同,并且说道:"也许我们今天在这里没有完成很多任务,但是我们双方决心继续永不停息地工作。"

有另外一些人对访问有保留。罗曼·罗兰在记日记时显得有

第6章 法西斯主义在德国的前夜(1932~1933)

些生气[①],因为参加日内瓦会议或签署庞森比-爱因斯坦宣言的邀请信在庞森比和爱因斯坦离开伦敦到日内瓦那天才到达他的手中。但是,他立即告知爱因斯坦,他愿做宣言的签名者:

> ……我与你联合在一起,强有力地坚持认为,不仅有必要向混乱不堪、意见分歧的舆论呼吁,而且也有必要明确地、尖锐地向军械工业和运输业的工人群众呼吁。他们必须发挥作用,必须打击发动战争或促进战争的任何尝试。解救危局的钥匙就在他们手里。……

作为进一步的强调,他在宣言底部写道:

> 我坚定地认为,宣言的最后一点应该是第一点。"愿上帝(在这种情况下,上帝意指各国政府和国际联盟)挽救那些自我救助的人吧!"该由人民承担和平之责了,不要等待他们政府采取行动了,政府只是轻视人民,政府将继续这样做,直到人民的意志完全显示出来为止。

参加记者招待会的一位法国报界人士向罗兰抱怨说,爱因斯坦坐在扶手椅上笼统地回答一些毫无意义的问题。没有提出实在的行动计划;爱因斯坦和庞森比没有等待进一步的展开就匆匆离

---

① Romain Rolland 的评论和印象出自他的日记的副本,它是 Marie Romain Rolland 夫人善意地提供的。译文在这里是经 Rolland 夫人的允许再发表的。

开了。罗兰不同意这位报界人士的下述解释:爱因斯坦只不过是其他势力的工具,例如反战国际的工具;但是,他注意到,爱因斯坦一旦在科学领域之外,便倾向于变得不切实际了。

与罗曼·罗兰所认为的相比,爱因斯坦在日内瓦的短暂露面产生了较大影响,这一点在关于日内瓦会议的一篇名为"和平的喜剧"的文章中体现出来。这篇文章是罗马尼亚-美国小说家孔拉德·贝尔科维奇(Konrad Bercovici)撰写的,它发表在《画刊评论》(*Pictorial Review*)1933年2月号上,贝尔科维奇对爱因斯坦日内瓦访问的报道尽管可能有所夸大,但它无论如何暗示出对爱因斯坦人格全面的、本能的欣赏[①]:

> ……当新闻报道传出爱因斯坦到达日内瓦的消息时,所有新闻记者都留在会议厅。甚至一些代表也决定,瞧瞧这位伟大人物比聆听使用细菌和毒气的讨论更有价值。
>
> 他在和平会议上没有正式身份。他不代表任何势力。他甚至也不是一位被委派的报社从业人员。可是,没有一个人……对他在那里的权利提出质疑。没有人怀疑他在那里的至上权利,除了一位巴尔干代表外:
>
> "谁叫他来的?"他质问,"他代表什么?那位犹太人代表谁?"
>
> 人们使这位巴尔干代表平静下来。实际上,是一位美国

---

① 在这里,《画刊评论》的节录是通过赫斯特期刊(Hearst magazines)、现在的《画刊评论》版权所有人允许重新发表的。

第6章 法西斯主义在德国的前夜(1932～1933)

新闻记者用报纸在他手里拍打,使这位莽汉闭嘴。

人们好奇地看到:这位满头银发、身材矮胖的人走上和平宫宽阔的楼梯,数百人恭敬地拉开一定的距离跟随在他的后面。新闻记者甚至把爱因斯坦想象得像国王和王后一样尊贵,而他却没有用多久时间会见亲近他的记者。……

当爱因斯坦转过身来,微笑着,并说他以后会同记者交谈时,他们在爱因斯坦下面两三步处停下来,静静地排列着。当爱因斯坦向一位年青记者要打火机重新点燃他正在吸的雪茄烟时,这位记者激动得几乎要晕过去。

他漫步进入会议室。此时正在宣读论文的毒气委员会的专家停了一秒钟,接着又继续宣读。然而,这简短的一秒钟是对这位人物显露的伟大的一种承认。它比大家都停止他们正在做的一切工作而向他鼓掌欢迎是一种更引人注目的承认。所有的眼睛都转向爱因斯坦,世界就在他所在之处。……

过了一会儿,爱因斯坦出现在记者室。新闻记者再次恭敬地拉开一定的距离站在旁边。他们没有蜂拥他,没有向他呼喊,没有连珠炮般地向他提出问题。自从这些人来到日内瓦以后,这是他们遇到的第一个真正轰动一时的事件。……

1932年7月10日,星期天,爱因斯坦在他的柏林附近的卡普特(Caputh)别墅接待了公谊会教友服务分会(公谊会教徒运动英国分会)的科德·卡奇普尔(Corder Catchpool)。卡奇普尔撰写了

一篇详细的访问记录①:

……用石料和木材建造的爱因斯坦的小别墅……坐落在湖泊和森林之间,远眺是施维洛夫教皇(Schwielow-See)湖,背后是一望无际的松林。……当我沿着斜坡路向上走时,庭院中长带形的白沙粒在明亮的阳光下闪闪发光。……天气酷热。……教授坐在宽阔的三角形屋檐下唯一的阴凉处。……房子的整个正面似乎是敞开的。……

[关于爱因斯坦所说的只要百分之二属于征兵范围的那么少的人拒绝服兵役,就不可能使战争发生的论点的问题]我插入了一系列提问。独裁政府……例如在俄国,不会顺利地粉碎百分之二吗?事情不会如前所述那样继续下去吗?"是的,百分之二甚或百分之十。这在俄国和其他一些国家不起作用。"但是,他觉得,部分的不适用性并不是对该原则的真正非难,依然有许多原则会起作用并且应该使它起作用的国家。爱因斯坦教授一再返回把个人拒绝参加战争作为在消除战争过程中最基本、最实际的步骤的意义上。"因为用这种方式,这么少的人就能产生如此大的影响。你不需要许多人,但是他们必须下定决心。"通过个人抵制对战争进行伟大的讨伐这一想法,是他的中心要旨。"从裁军会议中期待不到一点东西——让我们希望,当人们普遍地认识到这一想法时,人们的

---

① Catchpool 的访问记发表在英国公谊会教徒杂志《公谊会教友》(*The Friend*) 1932 年 8 月 12 日的期号。文章题目是"星期日下午与爱因斯坦教授在一起",经该杂志允许重新发表。

第 6 章　法西斯主义在德国的前夜(1932～1933)

思想将会转向更为激进的方法。……"

世界人民必须学会信赖国家共同体赖以立足的条约。这样的国家共同体(Völkergemeinschaft)必须具有执行它的意志的权力。世界人民必须认清,存在着超国家的控制权,否则他们将再次沦为国家主义战争心理的牺牲品,将再次无力反对它。教授形成了一个相当明晰的观念:这种超国家的力量应该受到欢迎。德国的十万名凡尔赛士兵可以看作是构成合理的国家部队的军队。较小的国家可以在它们人口的比例中占有较大的份额。虽然这些军队由职业士兵组成,但是应该把他们视为政治力量,并且尽可能不要把他们驻扎在他们自己的土地上。……

我们面临着一个大问题:仅仅拒绝参加战争服务对青年人来说可能过于消极了。……英雄的和平主义肯定是可以的。我提出了一个问题:在像法国这样的国家,是否不要求太多的年轻人拒绝服兵役。"断然不行!"教授说,"相反地,今天在德国的困难就是,尽管我们没有强迫服务,但是也存在着强烈的好战精神。当年青人缺乏和平主义骨气时——反对征兵的伟大斗争可以产生这种骨气,他们便容易沦为军国主义的牺牲品。……"

我问:一旦我们消除了战争,我们和年青人应该做什么?"这是一个十分重要的问题,但是有足够的时间思考它。"能使伟大的个人要求成功的每一件事都会吸引住年青人,尤其是与风险相关的事情。……爱因斯坦教授毫不犹豫地欢迎……二者择一服务的政治方案。这无疑包含着困难问题,但是巨大的道义影响在价值上超过这些问题,人不再能够被迫变成杀人犯的事实必然能够产生这一影响。"那比任何事情都要可怕。"

我没有询问爱因斯坦教授反对战争建立在什么基本原则的基础上。但是我以为,我们在这里明白它,我们发现他的立场与公谊会教徒的立场十分接近。……

[爱因斯坦评论了其他若干观点。]

波兰走廊:"我不应该创造它,但是现在也没有改变它的意图。仅仅把东普鲁士与德国其他地区有形分开的事实并没有构成反对走廊存在的充分论据。许多国家都是由两个或更多的分开的岛屿组成。像走廊问题这样的情况显示出有利于超级大国的强有力的论据。"

满洲和国际制裁:如果开始时英国和美国关闭它们的港口,那么日本会立即让步。在最近访问美国期间,爱因斯坦教授询问为什么不这样做,回答的天真令他震撼:由于如此之多的商业利益存亡攸关,这样的步骤显然是办不到的。

俄国和日本:正如马克思主义者宣称的那样,资本主义不是战争的唯一原因,尽管如此,战争的危险却是真实存在的。按照爱因斯坦教授的观点,心理的因素甚至具有更大的意义。

甘地和非暴力:虽然甘地的经济观点是成问题的,但他的非暴力的消极抵抗和不合作主义(Satyagraha)却是十分重要的,可以适用于欧洲问题。……

我动身离开,在沿着庭院向下的路上,谈话继续到了一个新的现实问题:和平和教育。除了历史,科学的教学是完全正

第6章 法西斯主义在德国的前夜(1932～1933)

确的!由于历史是从国家主义的立场讲授的,它产生了严重的、危险的问题。"我立即换上这一说法:'人民蒙受他们自己记忆的痛苦。……'"爆发出欢快的笑声,这笑声伴随着我离开,正如它伴随着我到达一样。……

目睹这次会见的是雷费伦德·J. B. Th. 许根霍尔茨,他是荷兰的和平主义牧师,爱因斯坦年初曾和他通过信,他也是爱因斯坦夏季别墅的周末客人。许根霍尔茨寻求这个机会,向爱因斯坦呈送了一份在海牙建立国际和平大厦的计划,它是独立于现有的和平主义组织筹措资金的,可以为这些组织提供办公室、图书馆和会议设施。为获得道义支持而与之打交道的团体是反战者国际、国际妇女争取和平与自由同盟、国际和解联谊会和国际反对军国主义办事处。1932年7月25日,爱因斯坦承认了许根霍尔茨计划的草案:

> 我完全同意你的草案的文本,希望你将成功地得到所提到的组织的认可和无条件的合作。请把你的努力的成功随时告诉我。
>
> 我正在用我的签名回报你的建议。除了我作为执行委员会主席这一提议外,我都赞同。这个公职应该由将要干实事而不仅仅是作为"粉饰门面的人"来担任。总之,我倾向于认为,所涉及的团体应该就新组织的细节进行磋商。应该尽一切努力去避免由一个内部小圈子控制的印象。我充分地信任你在这方面的老练和谨慎。

许根霍尔茨接受了爱因斯坦的建议,并把他写给各个和平团体的信件的副本寄给爱因斯坦。他报告说,和平会议——8月底在阿姆斯特丹举行,亨利·巴比斯为筹备它起了显著作用——落入共产主义者的控制之下,联合和平理事会中的团体勉强决定不参加了。几个月后,许根霍尔茨再次写信。和平主义团体似乎没有理解他关乎国际和平大厦的计划。反战者国际和国际反对军国主义办事处倾向给予支持,而其他团体却没有答复。阿姆斯特丹反战会议"失败了",他现在致力于组织"真正的"反战会议。他觉得,建设国际和平大厦的工作应该进行下去,而不要进一步拖延。爱因斯坦也许在美国——"当你在普林斯顿时"——能够为这项方案筹集款项?爱因斯坦交换的最后一封信所署的日期是1932年10月26日:

我参与了你的事业,这件事依赖于最重要的和平主义团体的认可与合作。如果这一点不能达到,那么我将认为同意这项方案是一个严重的错误,我不会参加它的。我们和平主义者可能酿成的最坏事情就是为军国主义者提供不和的场景。

我也认为,在阿姆斯特丹会议之后这么快地为同一目的召集另一次会议是一个严重的错误。我无论如何不会希望去参加。我哀叹巴比斯先生在他主办的会议方面所犯的错误,我也几乎同样确信,和平主义运动必须避免任何可能认为是反作用的东西。我请求你,我甚至乞求你不要做可能伤害我们事业的任何事情。此时,约束自己比表现积极性更为重要。

第6章 法西斯主义在德国的前夜(1932~1933)

请继续你的坚持不懈的努力,以达到战斗的和平主义组织之间的充分团结,即使这意味着放弃你自己的一些个人要求。

在爱因斯坦收到许根霍尔茨的信之前很久,爱因斯坦就已经知道许多有关世界反战会议的情况。早在1932年4月,巴比斯从巴黎打电报给他,请他作会议的发起人,这次会议原初的构想与远东局势有关。日本在1931年9月入侵满洲之后,紧接着又在1932年1月挑起导致大规模杀戮的上海事变。巴比斯像许多其他人一样估计,日本的行动最终是指向苏联的。爱因斯坦在1932年4月20日迅速答复巴比斯:

> 我从来也不想参加其重要性将是很可怜的会议。举行会议就应该有几分像阻止火山爆发或在撒哈拉沙漠多下一场雨一样。
>
> 自从日本开始它的满洲冒险以来,情况在我看来十分清楚:它受到强有力的、看不见的同盟者的支持。尽管我对于他们的身份没有直接的证据,但是我觉得他们同样是破坏裁军努力的势力。而且,我相信,与其说他们在英国存在,还不如说是在法国存在。军国主义者和军需品实业家,善于为他们自己的目的利用自战争以来就萦绕在法国人民心头的恐惧。为了避免必须采取需要用来应付经济危机的经济措施,政府总是求助于军事冒险,对于利润的无法遏制的欲望是隐藏在幕后的强大动力。……
>
> 我最热情地感谢你关于伟大的法国正义斗士[左拉

(Zola)]的新书。

爱因斯坦的信使巴比斯没有再写高谈阔论会议计划的信。会议原订6月28日在日内瓦举行,这一天是在萨拉热窝(Sarajevo)刺杀奥地利王位继承人的十八周年纪念,该事件是第一次世界大战的导火线。这次会议被想象成超越所有党派性的争论,重新集结世界的道义和理智力量,以反对帝国主义战争的蠢行。通过把自大战以来高涨起来的分散的和平主义运动联合起来,会议能在尽可能广泛的基础上起作用。发起人除爱因斯坦和巴比斯外,还有孙逸仙夫人(Mme. Sun Yat-sen)、西奥多·德莱塞(Theodore Dreiser)、厄普顿·辛克莱、约翰·多斯·帕苏斯(John Dos Passos)、海因里希·曼、马克西姆·高尔基、乔治·萧伯纳、H. G. 韦尔斯、罗曼·罗兰和保罗·朗之万。爱因斯坦在1932年4月26日复信说:

你4月20日的来信使我确信,我误解了你的电报,并且对你建议的会议的特点有所误会。我过去的印象是,你打算做的一切就是造成一种相当重要的抗议,希望它能影响日本现时正在实行的战争政策。我现在认识到,你是对准一个更大的目标:帮助创造一个比迄今现有的还要有效的反战运动。在这样的尝试中,我应该为尽可能充分地参与而感到高兴。

我深信,只有一项政策将证明是富有成效的:国际成员的所有成员国,此外还有美国,都必须承担无条件的义务,即执行国联和海牙国际仲裁法庭的一切裁决。

第6章 法西斯主义在德国的前夜(1932～1933)

如果我们成功地说服各国比较有教养的团体相信如此深远地放弃国家主权的必要性,那么我们实际上就能够完成一些也许是有益的事情。假如我们在过去实现了这一点,那么就能够通过对日本的所有商品和船只强行联合抵制,从而阻止日本目空一切的行为。

春天,爱因斯坦收到了巴比斯发来的若干电文,电文报告了许多其他著名人物的发起人身份以及会议组织中的稳定进展。附在1932年5月18日一封信中的附件是一份必须由所有发起人签署的一份呼吁的原文,它是用来作为公开通告的。呼吁指出,日本在中国肆无忌惮的战争,"由于帝国主义列强的认可和纵容"而明确地指向苏联。在呼吁的第一段特别强调了这种看法:"虽然裁军会议在日内瓦正全力进行,但是日本却猛烈进攻亚洲大陆。它在闸北(Chapei)屠杀了无数无辜的人民。它占领了满洲。满洲被拙劣地伪装成一个独立的共和国,清楚地用来作为进攻苏联的战争的战略基地。十五年间,苏联努力建设新的世界秩序,这种新世界秩序的基础是:工人协作共同体,国民收入的合理分配,公共福利的追求以及消除人对人的剥削和压迫;简而言之,其基础在于径直反对资本主义制度的无政府状态的原则。献身于它的社会主义伟大任务的人塑造的苏联,数月来已经英勇地反击了日本的挑衅。"

1932年6月初,爱因斯坦从卡普特答复了巴比斯签署呼吁的建议:

在我从英国返回时,我收到你装有呼吁草稿的信件。因为信中包含着对苏维埃俄国的颂扬,所以我不能签署它。近来,我十分艰难地尝试对那里正在发生的情况形成一种判断,我得到一些相当阴郁的结论。

在顶端出现的是个人斗争,在这一斗争中,从利己动机出发而行动的、渴望权力的个人利用最肮脏的手段;在底部似乎是对个人和言论自由的十足压制。人们感到惊奇:在这样的条件下,生活有什么价值。

然而,这并未促使我认为,日本和在它背后的大国的阴谋诡计比你认为的要少糟糕一些。我在各种场合都提示对日本实行国际经济联合制裁的可能性,之所以发现无法达到这一点,显然是因为其中包含的强大的个人经济利益!如果你沿着比较客观的路线,对你的呼吁的第一段重斯措辞,删去对苏联状况的任何赞颂,那么我肯定会在它上面签名的。

巴比斯曾经在他的一封信中提到,他的杂志《世界》(Monde)陷入财政困难之中,爱因斯坦大约在四年前帮助他创办这份杂志。他强调杂志幸存的重要意义,请求爱因斯坦写封短信。爱因斯坦以下面的话答应了请求:

我们生活在道德衰败的时代。对生命的崇敬和对真理的尊重已正在堕落。蛮横势力所炫耀的偶像简直无孔不入。以保卫我们的精神遗产为己任的人已经陷入消沉的怀疑主义。他们袖手旁观我们道德的枯竭。

在法国,那些掌握权力的人通过加深和利用世界大战中

第6章 法西斯主义在德国的前夜(1932～1933)

大众残存下来的恐惧,把追求个人野心和贪欲作为目的。

《世界》是人性的唯一声音,它力图唤醒懒惰者的沉睡的良知,忠实地、无所畏惧地揭露世界最新发展的根源和有害影响。

在收到爱因斯坦拒绝签署呼吁书之前寄出的一封信中,巴比斯告知爱因斯坦,他觉得不能等待所有拟议的发起人签名了,因此只用爱因斯坦和罗兰的名义发表呼吁。在后来的一封信中,巴比斯报告说呼吁得到了令人满意的承认。他暗示,爱因斯坦在尝试倡导对日本实行联合经济制裁的思想的亲身经历是资本主义在煽动战争中起作用的证据。至于苏联的状况,他把这些状况看作是十足的诽谤的起因,并敦促爱因斯坦访问俄国,自己做出判断。爱因斯坦1932年6月17日从卡普特复信说:

你无疑意识到,我在所有的基本观点上是与你一致的。要阻止对俄国发展的任何外部威胁,必须做各种事情。在我对呼吁的批评中,我只是试图避免对俄国内部状况的颂扬。我不希望在这个时候长篇大论地讨论这个问题。但是,我宁可确信,假如巴比斯碰巧住在俄国,那么他也许在某处坐牢或流放,倘若还能饶他一命的话。

无论如何,为了异常重要的和平事业,我想极力主张,在日内瓦会议上,大力支持所有的和平努力,但不要有有利于布尔什维主义的措辞。否则,将会在最真诚、最热心的人中间不可避免地引起不祥的争论,而你的方案获得实际成功的可能性比无论怎么去做都要小,这是很不幸的。

我深信,只要生命和个人神圣不可侵犯的原则不再成为政治争论的主题,那么才能有效地为和平事业服务。我们任何时候也不要忘记,反对军国主义的最英勇的斗士来自一个宗教团体,来自公谊会的教徒们。

当会议在接下来的几周内取得显著进展时,会议地点却从日内瓦(当局认为它在此地有破坏作用)转移到布鲁塞尔,最后转移到阿姆斯特丹。会议于 1932 年 8 月 27 日在阿姆斯特丹开幕[①]。在开会之前,爱因斯坦收到巴比斯五封以上的来信,信中力劝他积极参加会议。德国经济学家阿尔方斯·戈尔德施密特也从莫斯科吁请他,希望他参加会议,德国共产党领导人和国会议员维利·明岑贝格(Willi Münzenberg)也这样做了。许多后来的发起人和数百个地方委员会,都支持现在开始称作国际反对帝国主义战争大会的会议,巴比斯热情地描绘了这些个人和团体。会议信笺上端

---

① 国际反对帝国主义战争大会,可能是这类会议中最大的、最有雄心的事件。巴比斯在 1932 年 9 月 11 日致爱因斯坦的信中附加了一份报告,报告宣称有 2191 名代表参加会议——1041 名无党派人士,830 名共产党员,291 名社会民主党员,24 名独立的社会主义者和 10 名持不同政见的共产主义者。Shaw(英国)和 Wells(德国)显然没有参加国际发起委员会,可是信笺上端的文字列举了除在第 240~241 页提到的人名外,还有如下人物:Victor Margueritte,Félicien Challaye,Paul Signuc(法国);Frantz Masereel(比利时);Henriette Roland-Holst(荷兰);Valle Inclan,Commandant Franco(西班牙);Havelock Ellis,Bertrand Russell(英国);Charlotte Despard(爱尔兰);Karl Kraus(奥地利);Michael Karolyi(匈牙利);Dobrogheanu Gherea(罗马尼亚);Martin Andersen Nexö(斯堪的纳维亚);General Augusto Sandino(拉丁美洲);Sen Katayama(日本);Jean Devanny(澳大利亚)。在第 246 页提到的报道是 Kurt Grossmann 提供的,发表在独立的和平主义杂志《和平瞭望台》(Die Friedenswarte)1932 年 10 月号。

第6章 法西斯主义在德国的前夜(1932～1933)

把爱因斯坦的名字列在二十六位其他的发起人当中。爱因斯坦担心会议可能会分裂和平主义队伍,这种担心经证明是有充分根据的。1932年8月22日,巴比斯从巴黎打电报给爱因斯坦:

> 你出席8月26日的阿姆斯特丹反战会议具有决定性意义。缺席会被解释为不信任投票。请求你来阿姆斯特丹。罗曼·罗兰、保罗·西尼亚克(Paul Signac)、马克西姆·高尔基电。

在电报空白处的背面,爱因斯坦撰写了下述电文,电文有多处修改且是隔行书写的:

> 当日本侵略满洲时,文明世界的良心没有强大到足以制止这种非正义行为。军事工业的经济利益经证明比人民对正义的要求更为强有力。现在,对每一个人来说情况已经变得很清楚:日本冒险的意图之一是削弱俄国并阻碍它的经济发展。
>
> 所有健康发展国际法律制度的支持者,不管他们的政治意识形态或经济思想体系如何,都必须尽其所能保证,用将会达成公正而深思熟虑的决定的制度代替蛮横的势力和贪得无厌的欲望。在我们的文化受到如此严重的威胁时,每一个袖手旁观的人都必须感到内疚。
>
> 在世界起主导作用的国家中,当对正义的要求足够强时,正义将会达到。我希望,这次会议将有助于动员舆论,从而迫使大国政府采取必要的措施,以防止迫在眉睫的灾难。

1932年9月11日,巴比斯告知爱因斯坦,他的电文受到热烈的欢呼。可是,几家德国和平主义杂志当时的报道却特别提到,与对共产主义的演说家的欢迎相比,爱因斯坦的电文受到"异常的冷遇"。1932年9月23日,德国的"反对帝国主义战争委员会"即阿姆斯特丹会议的分支通知爱因斯坦,他不仅被选为这个团体的成员,而且也被选为世界反战委员会的成员。他在1932年9月29日回答说:

> 我仔细考虑了你们邀请我成为你们委员会的成员。但是,我觉得不能够接受这个邀请。我很早就开始懊悔我的筹备阿姆斯特丹会议的国际委员会的成员资格,尽管我在会议所追求的目的方面与会议完全一致。无论如何,我不赞成这样的事实:会议全部处于俄国共产党的控制之下。也就是说,会议的决议符合共产主义运动的用词惯例。著名的社会民主主义者被排除在会议委员会之外。鉴于会议的不容异说的政治态度,战斗的和平主义者恳求我不要参加会议。假如我事先了解会议领导人员的政治立场,我就决不会容许我自己被选入阿姆斯特丹委员会;重要的是,我要保持政治中立的立场。不这样做的话,就可能危害我为战斗的和平主义事业服务的机会。

在同一天,爱因斯坦就担当阿姆斯特丹会议的另一个分支即医生反战委员会的发起人的类似邀请,做了答复:

第6章 法西斯主义在德国的前夜(1932～1933)

……如果医生职业想要变得关心政治上活跃的和平主义事业的话,那将是令人满意的。但是,我认为,所有这样的尝试都应当审慎地摆脱由党派来主办。阿姆斯特丹会议肯定不是如此,它转向纯粹的单一的苏联方案。这就是这么多积极的和平主义者退出它的原因。我保证,如果罗曼·罗兰正确地获悉它的政治特点的话,他是不会让会议利用他的名字的。我也不会这样做。如果你们想要在和平事业中变得生机勃勃的话,那么我力劝你们避免与阿姆斯特丹会议如出一辙。

德国总委员会的主席反驳说,爱因斯坦的反对是没有根据的。阿姆斯特丹会议的执行委员会只有百分之六的人是共产党员。社会民主党员不仅未被排除在外,而且实际上受到欢迎。决议是由一个委员会起草的,共产党员在其中仅仅代表极少的少数派;的确,共产党员批评决议不够坚决。事实上,许多非共产党员的和平主义者宣称,会议证明它是可以与共产主义者合作的。爱因斯坦在1932年10月13日写了下面的信,结束了这一交流:

我[关于阿姆斯特丹会议]的信息来自无懈可击的消息灵通人士,我充分地信任他们。向我提供消息的人之一是一位功绩巨大、绝对诚实的战斗的和平主义者。由于我力求避免党派的牵累,因此我不能加入你们的组织,尽管我充分称道你们的目的。不过,我准备在特定的情况下与你们合作。

爱因斯坦并不是对阿姆斯特丹会议幻想破灭的唯一的人。立场比爱因斯坦偏左的法国作家维克多·马格丽特给爱因斯坦寄了他退出阿姆斯特丹委员会的措辞尖锐的信件的副本。爱因斯坦在1932年10月19日复信说：

> 你是完全正确的。……巴比斯是一位好人，但却不幸地是一位可怜的执行者。他容许自己完全被布尔什维克欺骗，以致使会议失去了它的超越党派的特征。我保证，罗曼·罗兰必定也对会议的领导大为不满，但是他感到体面地退出也许是困难的。我相信，通过创建一个由著名艺术家和学者组成的战斗的和平主义组织，能够更好地为和平事业服务。如果以充分的技巧讨论方案的话，那么这样一个无疑会产生巨大影响的团体就能够组建起来。

马格丽特迅速而热情地做了回答。他本人曾在思考的恰恰是这样一个团体，他在1932年5月访问柏林时已把一个计划留给爱因斯坦供讨论用，虽然爱因斯坦当时还未离开英国，即将到来的国际反对反犹太主义同盟的巴黎会议，可能正好是召开这样一个治安维持会的论坛。爱因斯坦再次写信，建议马格丽特看看朗之万，爱因斯坦显然暗示朗之万做这样一个团体的预期的首脑。爱因斯坦可能亲自与朗之万讨论过计划，或在没有留有副本的信中讨论了。1932年11月20日，他写信给他在巴黎的朋友莫里斯·索洛文[①]：

---

① 给 Solovine 的信是经巴黎的 Cauthier-Villars 的允许翻译的。

请再次告诉朗之万先生,我是多么感谢他,并催促他立即回答我的去信。我给他写了有关可靠的和平主义取向的、起主导作用的知识分子的国际联合会的消息,它应该通过报刊试图在裁军、安全等事务中产生政治影响。朗之万应该是这样一个团体的中心人物,因为他不仅是一个具有善良意愿的人,而且也是一个具有健全政治意识的人。

同一天,爱因斯坦写信给伦敦的夏伊姆·魏茨曼[①]:

……我认为,在你就战争的危险和政治领导人所做的徒劳努力的评论中,你是完全正确的。在一个时期,我尝试帮助组建一个由独立的个人组成的有效团体,这些个人的威望来自他们的智力成就,他们的客观和正直是无可置疑的。该团体的意图是通过就重要的时局问题发表公开的通告,来支持或影响一切指向国际合作、裁军和安全的努力。[泛欧洲联盟的奠基人和首脑][孔特·]库登霍夫[-凯勒吉]对这个团体而言是不够格的,因为他的声望不是建立在非政治领域的成就的基础上;进而,他的政治倾向——例如他对俄国的尖锐攻击——可能危害这样一个团体的有效性。任何职业政治家是否应该成为该组织的正式成员,事实上还是有疑问的。……

---

① 给 Weizmann 的信的原件在以色列雷霍沃特(Rehovoth)的 Weizmann 档案馆。

显然,该计划没有取得进展,因为下一年(1933年7月1日)爱因斯坦写信给一位曾建议类似计划的法国妇女:

> 你提出的计划酷似我与朗之万反复讨论过的计划。要找到唯有凭借他们的道德品质才获得出名的人,似乎是极其困难的。这就是我力图形成一个大约三十人的团体的原因,这些人除了他们的道德品质外,他们还通过他们的智力成就赢得了世界范围的声望。只凭道德品质还不能保证该团体实际上变得卓有成效。
>
> 这项方案之所以没有取得进展,其原因在于我没有收到来自朗之万的进一步的消息,他是一个忙得不可开交的人。也许你将有机会重新唤起他的兴趣。很可能,在德国最近的政治事件吓住了他。不过,可以相信的是,即使现在,这样一个国际团体也会享有足够的威望,足以保护它的成员免受沙文主义政府的迫害。
>
> 如果你希望帮助的话,你最好与朗之万讨论一下这项方案,然后把详情报告我。请转告他,只要我的健康允许,我就准备赴巴黎。

爱因斯坦对纳粹在德国的胜利和战争危险的最终增加日渐忧虑,这导致他在争取明智的斗争中到处寻求合作和支援。这也许是他在1932年两次亲自给另一位智力巨人西格蒙德·弗洛伊德写信的原因。他对弗洛伊德工作的态度是同情的,但不是全部赞成;爱因斯坦好像把作为心理分析之父的弗洛伊德和作为社会哲

第6章 法西斯主义在德国的前夜(1932～1933)

学家的弗洛伊德区别开来。正是主要由于后者的资格,爱因斯坦才在尝试组建知识分子领袖的团体时与弗洛伊德打交道,他建议弗洛伊德和他一起就怎样能够把人类从战争的威胁中解救出来的问题进行公开讨论。

爱因斯坦和弗洛伊德至少有两次机会相遇。除了两封关于战争问题的信件外,他们迄今能够确定的通信几乎完全限于在生日和其他特殊场合互致有趣的祝词。弗洛伊德完全意识到爱因斯坦对他的工作有所保留。在1929年11月6日致乔治·西尔维斯特·菲尔埃克的信中,他写道[1]:

> ……你把实在的、真正的、几乎是天真的成分引人注目地分离开来,正是这些成分形成这个罕有伟人的伟大,他摆脱了人的无数弱点。……我已经熟知爱因斯坦对心理分析的立场。几年前,我与他有一次对我来说是有趣味的长谈,在那次长谈中我清楚地认识到,他对心理学的了解并不比我对数学的了解更多一些。事实上,我相信我甚至在他前边,虽然我充分赞赏数学思维的理性存在,但是他却否认心理学的正当地位。……
>
> 在称赞我的描述风格和技巧时,爱因斯坦只是证明,他是一个本意良好的人。他因我的著作的内容称赞我。但是,他缺乏必要的理解,不管怎样他赞扬了我的风格。……

---

[1] Freud致Viereck的信的节录,是经伦敦Sigmund Freud版权有限公司的允许重新发表的。

到1931年,爱因斯坦的观点没有大改变。这年12月6日,在去美国的途中,他在日记里写道:

……我理解荣格[瑞士精神病学家、弗洛伊德的门徒卡尔·古斯塔夫·荣格(Carl Gustav Jung)]的模糊的、不精确的概念,但是我认为它们是无价值的:谈得很多而没有任何明晰的方向。如果必须有一个精神病学家,那么我会偏爱弗洛伊德。我不相信他,但是我很爱他的简明风格以及他的独创性的、虽则是越轨的思想。……

爱因斯坦对心理分析的观点后来有所修正。当1936年4月21日,他在弗洛伊德八十岁生日之际写信给弗洛伊德时,他评论说,直到最近,他发觉仍难以对弗洛伊德理论的正确性持有确定性的观点。现在,这种情况已经有所改变,由于他得知的几个例证使人在这方面完全不容置疑。爱因斯坦写道:"我认为这是一件幸事;当一个伟大的、美妙的概念被证明与实在是和谐的时候,它总是一件幸事。"1939年5月4日,在弗洛伊德逝世仅几个月前,爱因斯坦寄给弗洛伊德最后一封信,他在通信中再次表达对弗洛伊德文字才华的赞美,并且说,如果人们能够理解他自己在其中不是专门家的科学领域中的思想结构的话,那么他必然是心满意足的。

爱因斯坦就所规划的知识分子领袖组织写给弗洛伊德的信是

第6章 法西斯主义在德国的前夜(1932～1933)

在1931年发出的,或者可能是在1932年发出的,信的内容如下[①]:

> 我极为钦佩你弄清真理的激情——一种在你的思维中达到支配其他一切的激情。你以不可抗拒的明晰性证明,侵略和破坏的本能与爱的本能和生的欲望在人的心灵中是多么不可分割地交织在一起。同时,你的令人信服的论据表明,你对于使人从战争的罪恶中获得内在的和外在的解放这一伟大目标做出了意义深远的奉献。从耶稣(Jesus)到歌德和康德,一切超越他们自己的时代和国度而被尊奉为道德领袖和精神领袖的人,都怀有这样的深沉的希望。尽管他们影响人类事务进程的愿望毫无实效,但是这样的人却被普遍地承认是领袖,这难道不是意味深长的吗?
>
> 我确信,几乎一切因其成就而被看作是领袖——即使是小团体的领袖——的伟大人物,都具有同样的理想。但是,他们对政治事件的进程却没有影响。情况看来好像是,正是对各国命运最有决定性的人类活动领域,几乎不可避免地落入完全不负责任的政治统治者的手里。
>
> 政治领袖或政府把他们的权力或归因于使用武力,或归因于群众选举。不能认为他们是一个国家最高道德或最高智力的成分的代表。在我们时代,知识精英对于世界的历史没

[①] 给 Freud 的这封信的德文文本发表在 MW 第64页,在此处它被归属于"1931年或1932年初"(MW 的编者说,爱因斯坦和 Freud 曾在柏林两次短暂会面)。英译文发表在 TWAIST 第46页和 IAO 第104页,在这里修改过。

有施加任何直接的影响；他们分成许多派别，正是这一事实使他们不可能在解决当今的问题中同心协力。凭藉那些因其先前的工作和成就证明是能干和正直的人的自由联合，能够使这种情况发生变化，你难道没有这样的感觉吗？这样一个国际范围的团体的成员可以通过经常交换意见保持相互接触，如果该团体本身的态度得到它的协调一致的成员的签名支持，并通过报刊公诸于世的话，那么它就可以对政治问题的解决施加重要的、有益的道义影响。当然，这样的联合会染上常常导致学术团体衰退的所有毛病。鉴于人的本性不是完美无缺的，很不幸，这样的衰退可能发展的危险始终存在着。然而，尽管有这些危险，难道我们就不该不顾一切危险地至少去尝试形成这样一种联合吗？在我看来，这似乎正是一项紧迫的任务！

这样一个知识分子——在道德和精神方面真正高大的人——的联合体一旦建立起来，那么它就能够精力充沛地谋取虔诚的团体支持反战斗争。对于许多善良意图今天已被痛苦的屈从态度麻痹的人们来说，这个联合体会给他们以行动的道德力量。我也相信，这样一个因他们的个人成就而受到高度尊敬的人组成的联合体，对于国际联盟中积极支持创建这个机构的伟大目标的成员来说，也会提供重要的道义支持。

我之所以向你、而不是世界上其他任何人提出这些建议，是因为与其他人的情况相比，你的现实感很少被痴心妄想所遮蔽，而且由于你兼有批判性的判断、诚挚和有责任心的品格。

第6章 法西斯主义在德国的前夜(1932~1933)

1932年夏天,爱因斯坦和弗洛伊德之间的关系达到最高点,当时在国际知识分子合作协会的赞助下,爱因斯坦开始与弗洛伊德就战争的原因和战争的消除进行公开讨论,爱因斯坦的正式信件所署日期是1932年7月30日;随信还附有同一日期如下的非公开便笺:

> 我应该高兴地利用这个机会向你发出个人的热情问候。我感谢你,因为在我读你的著作时度过了许多赏心悦目的时刻。使我总是感到高兴的是,我观察到,即使那些不相信你的理论的人也发现,要抵制你的观念是如此困难,以致当他们不在意时,他们在他们的思想和言论中使用你的术语。

下面是爱因斯坦致弗洛伊德的公开信,十分奇怪的是,这封信从来也没有变得广为人知[①]:

亲爱的弗洛伊德先生:

国际联盟及其在巴黎的国际知识分子合作协会提议,我应该邀请一位由我自己挑选的人,就我愿意选择的任何问题坦白地交换观点,这给我提供了与你就一个问题进行商讨的

---

① 爱因斯坦和Freud通信的译文是由Stuart Gilbert翻译的,这些信件构成《为什么有战争?》(Why War?)一书。信件在这里是经过联合国教科文组织、国际知识分子合作协会继承人代理处的允许重新发表的,它们曾出版了包括这两封信的小册子。联合国教科文组织撰写了许多有用的背景信息。发起这次通信的主要人物、联合国秘书处的工作人员Leon Steinig也给予十分有益的帮助。

十分可喜的机会,照目前的情况来看,这个问题在文明不得不面对的全部问题中是最为引人注目的。这个问题是:有什么方法能把人类从战争的威胁中解救出来?随着现代科学的发展,这个问题正如我们所知道的,开始意味着文明的生与死题,这是众所周知的常识之谈;不管怎样,就所有显示出来的热情而言,解决它的每一次尝试都以可悲的失败而告终。

而且,我相信,那些把从职业和实践方面解决问题视为其责任的人,正在逐渐清醒地意识到他们处理它的意义,他们现在有一个十分强烈的愿望,就是了解由于在科学追求中全神贯注,因而能够在距离适合的视野中观察世界问题的人的观点。就我而言,我的思想的道德目标没有对人的意志和情感的隐秘之处提供洞察。因此,在现在提出的探求中,我能够做的只不过是力图澄清争论的问题,阐明比较明确的解决办法的理由,能够使你把你的关于人的本能之生存的意义深远的知识用来启示这个问题。存在着某些心理障碍,对心理科学外行的人可以朦胧地猜测到它们的存在,但是他没有能力揣摩它们的相互关系和古怪行为;我深信,你将能够提出一些或多或少处于政治范围之外的有教育意义的方法,这些方法将消除这些障碍。

作为一个对国家主义偏见有免疫力的人,我个人看到处理该问题肤浅的(即行政的)方面的简单途径:通过国际承诺,建立一个立法和司法实体,来调停国家之间发生的争端。每一个国家都要保证遵守这个司法实体发布的规章,在每一个争端中祈求它的裁定,毫无保留地接受它的审判,并且执行法

第6章 法西斯主义在德国的前夜(1932～1933)

庭认为对实施它的判决是必要的每一个措施。但是,在这里,我一开始就碰到一个困难:法庭是一个有人性的机构,依照它的处置权的程度来看,它不足以强制执行它的裁决,它更易于受到被法律之外压力的扭曲评判。这是一个我们不得不估计的事实;法律和强权不可避免地并肩而行,就共同体具有有效的权力强使尊重它的司法理想来说,司法判决更接近于共同体(以它的名义和权利公布这些裁决)所要求的理想的公正。但是,我们现在并没有任何超国家的组织;有能力来行使无可争辩的权力的判决,并强迫绝对服从它的判决的执行。因此,我得出我的第一个公理:国际安全的追求包含每一个国家在某种程度上无条件地放弃它的行动自由——也就是它的主权,而且显然毋庸置疑的是,没有其他道路能够导致这样的安全。

最近十年,为达到这个目标所做出的一切努力尽管明显地表明是真诚的,但却没有完全取得成功,这使我们毫无怀疑的余地;与这些努力并行的心理因素正在起作用。这些因素中的一部分还远远没有找到。在每一个国家,权力都体现着统治阶级的特征,对权力的渴望是与对国家主权的任何限制敌对的。这种政治权力的饥饿常常受到另外集团的支持,该集团的欲望建立在纯粹唯利是图的经济行为上。尤其是要记住,这个集团虽小但却起决定作用,在每一个国家又很活跃;它由这样一些个人构成:这些人不关心社会的考虑和约束,而仅仅把战争武器的制造和销售看作是推进他们的私人利益、扩大他们的个人权势的时机。

但是，认清这一明显的事实仅仅是通向正确评价实际事态的第一步，结果在它之上又产生了另一个困难问题：大多数人都要因战争状态而遭受损失和痛苦，那么这个小集团怎么可能使大多数人的意志屈从于为他们的野心效劳呢？（在谈到大多数人时，我没有排除选择战争作为其职业的每一个部队的士兵。由于他们相信，他们正在为保卫他们种族的最高利益而服务，而且进攻往往是最好的防御方法。）这个问题的明显答案也许是，少数人即现今的统治阶级拥有学校和报刊，通常也拥有在他们控制下的教会。这使他们能够组织和支配群众的情绪，使之成为他们的工具。

可是，即使这个答案也没有提供圆满的解答。由它又产生了另一个问题：这些谋略怎么就能如此充分地激起这种疯狂的热情，甚至牺牲他们的生命也在所不辞呢？只有一个答案是可能的。因为人在他的内部有一种憎恨和破坏的欲望。在正常时期，这种激情处于潜伏状态，它只有在异常的环境下才显露出来；但是，要使它发挥作用并集结为集体精神错乱的力量，也是相当容易的。也许，我们正在考虑的所有复杂因素的症结在这里，这是一个只有对人的本能有学问的专家才能够解开的谜。

从而，我们谈论我们最后的问题。是否有可能控制人的心理进化，以便使他成为防止憎恨和破坏的精神错乱的证据呢？在这里，我绝不是仅仅思考所谓的没有教养的群众。经验证明，所谓的"知识界"反而最易于产生这些灾难性的集体暗示，由于知识分子与处于自然状态中的生活没有直接的接触,而是在生活的最容易、最综合的形式中——在印刷品上——遇到生活的。

最后,我截至目前仅仅谈到国家之间的战争,它们是作为国际冲突而为人所知的。但是,我完全意识到,侵略的本能在其他形式下和在其他环境中起作用。(例如,我考虑的是国内战争,在早期它出于宗教热忱,但是当今则由社会因素引起,或者由于对少数民族的迫害。)但是,我坚持认为,人与人之间冲突的最典型、最残忍、最放肆的形式是蓄意的,因为在这里我们有最充分的理由发现使一切武装冲突不可能发生的途径和办法。

我知道,在你的著作中,我们可以找到对这个紧迫的、引人注目的问题的所有争端做出的明晰的或隐含的答案。但是,如果你愿意借助你的最新发现描述一下世界和平问题,那么这将是对我们大家的最大帮助,因为这样的描述完全可能使新的、有成效的行为模式发扬光大。

你的最忠诚的　A.爱因斯坦

国际联盟的工作人员利昂·施泰尼希(Leon Steinig)为促成这次通信做了许多工作,他在1932年9月12日写信给爱因斯坦:

……当我在维也纳访问弗洛伊德时,他请求我感谢你的友好的话语,并请求我转告你,他会尽最大努力探讨防止战争这个棘手的问题。他将在10月初之前准备好他的答复,他宁可认为,他想要说的东西将不是十分鼓舞人心的。"我必须在我的整个一生告诉人们,真理是难以压制的。现在我已年迈,我肯定不想愚弄他们。"他甚至怀疑,[巴黎的知识分子合作协会会长][亨利·]博内(Henri Bonnet)是否想要发表他的悲观的答复。……

四天后,爱因斯坦复信施泰尼希说,即使弗洛伊德的答复既不使人振奋,也不乐观,但它肯定会是兴味盎然的,会在心理上给人以深刻的印象。

弗洛伊德的答复署有1932年9月于维也纳,人们从未给予它以应有的注意:

亲爱的爱因斯坦先生:

当我得知你打算邀请我就不仅使你本人感兴趣的主题,而且似乎也能赢得公众兴趣的主题相互交流观点时,我真诚地表示同意。我期待你选择一个处于知识边疆上的问题——它今天正处于这一状态,选择一个我们物理学家和心理学家中的每一个人都可以从他自己的角度探讨的题目,虽然从各自的前提出发去陈述它,但是最终却在共同的基础上相遇。因此,你向我提出的问题——为使人类免除战争威胁必须做什么?——曾使我感到诧异。接着,我一度被我的(**我们的**,我几乎这样写了)不能胜任的想法惊得发呆;因为在我的印象中,这是一个实际的政治问题,是政治家专门研究的问题。但是,此时我认识到,你虽然没有按你的科学家或物理学家的能力提出问题,但是作为一位热爱他的同胞的人,你与极地探险

第6章 法西斯主义在德国的前夜(1932～1933)

家弗里德蒂奥夫·南森(Fridtjof Nansen)一模一样,响应国际联盟的号召,承担起救助无家可归、饥寒交迫的世界大战受害者的任务。然后,我提醒自己,我不是被约请简洁阐述实际建议的,更确切地讲,而是解释防止战争这个问题是如何深深地打动一个心理学家的。

但是在这里,你也在你的信中陈述了该问题的要旨——先发制人地占了我的上风!尽管如此,我还是要紧随你的足迹,使我满足于赞同你的结论,不过我准备就我所能知道的或猜测到的,扩展一下这些结论。

你以强权和公理①之间的关系开始,这肯定是我们探讨的恰当起点。但是,就**强权**(might)这一术语而言,我想用一个比较强硬、比较能说明问题的词**暴力**(violence)代替它。在强权和暴力方面,我们今天显而易见地自相矛盾。很容易证明,一个能从另一个推论出来,而且当我们追溯起源和审查原始的条件时,问题的解决就十分顺利地随之而来。在下面的结果中,如果我把众所周知的、公认的事实说成仿佛它们是新资料一样的话,那么我必须恳求你的宽容。上下文关系使这一方法成为必不可少的。

原则上,人与人之间的利害冲突是求助于暴力解决的。这在动物王国中都是相同的,人不能宣称被排除在此之外;不管怎样,人也有观点冲突的倾向,有时它接触到抽象思想的高

---

① 这里的"强权和公理"原文为 might and right。其中 might 有"强权、权力、能力、势力、力量、威力"之意,right 有"公理、公正、正义、权利"之意。此后我们依据上下文译为不同的汉语词汇,请读者留意。——译者

竿的峰巅,这似乎要求用完全另外的方法来解决。然而,这种文雅是后来的发展。首先,在小社区中,群体的力量是决定所有制特征和什么人的意志处于支配地位的问题的因素。很早之时,体力是起作用的,后来被各种附属物的利用代替了;武器更精良的人,或者能更熟练运用武器的人证明是胜利者。现在,由于武器的出现,优越的大脑首次开始取代蛮横的体力,冲突的目的依然是相同的:通过伤害他或削弱他的力量,强制一个派别收回主张或放弃抗拒。当对手明确地丧失战斗力时——换句话说是被杀死时,便最有效地达到这一目的。这一过程有两个有利之处:敌人不能恢复敌对行为;其次,他的命运威慑其他人避免仿效他的样子。而且,对敌人的屠杀满足了本能的渴望——我们以后将回到这个观点上来。不过,可以用另一种考虑抵销这种屠杀的旨意:如果敌人的精神被摧垮而又饶恕了他的性命的话,那么可以利用他从事奴隶般的苦役。在这里,暴力不是在屠杀中找到发泄,而是在征服中得到排遣。因此,给定方面的惯例便出现了。但是,胜利者从现在起不得不认真对付在他的受害者中激怒的复仇欲望,于是他在某种程度上失去了他个人的安全。

这样一来,在原始的条件下,正是在优势的力量——野蛮的暴力或用武器支持的暴力——处处称王称霸。我们知道,在进化的过程中,这种事态有所修正,探索出一条脱离暴力而导入法律的路线。可是,这条路线是什么呢?的确,它出自一个简单的事实:一个强人的优势能够被许多弱者的联合压倒,此即团结就是力量(l'unionfait la force)。野蛮的力量被团

第6章 法西斯主义在德国的前夜(1932~1933)

结制服;分散单位的联合威力补偿了它反对孤立的庞然大物的权利。因此,我们可以把"公理"(即法律)定义为共同体的权利。可是,它也无异于暴力,无论什么个人阻挠它都会受到猛烈的抨击,而且它使用完全一样的方法,追求类似的目的,但却有一个差别:它是公共的暴力,不是一意孤行的个人的暴力。但是,要从野蛮的暴力过渡到法律的领域,首先必须具备某些心理条件。多数人的团结必须是稳定的、持久的。如果它的存在理由(raison d'être)是一些过分自负的个人的挫败,而且在他垮台之后它被解散了,那么便导致一无所有。其他一些依赖他的优势权力的人将力图恢复暴力统治,循环将无限地周而复始。因此,人民的团结必须是持久的和充分组织的;它必须制定遇到可能反抗的危险的规定;它必须建立一种机制,以保证它的章程——它的法律——被遵守,保证像法律要求一样的暴力行为被正当地实施。利益共同体的这一认识在群体的成员中产生了团结一致和兄弟般休戚相关的情感,这种情感构成它的真正力量。

迄今,我已经陈述了在我看来是问题的核心的思想:通过权力转移到较大联合体的暴力镇压,建立在把其成员联络起来的情感共同体的基础上。其余一切只不过是同义反复和假象。现在,只要共同体由若干大致均等的个人组成,局面就是足够单纯的。这样一个群体的法律能够决定,个人在多大程度上必须放弃他的个人自由,放弃使用作为一种暴力工具的个人力量的权利,以保证群体的安全。但是,这样的联合体仅仅在理论上是可能的,在实际情况下,情况由于下述事实总是错综复杂的：从一开始，群体就包括不均等的成分，即男人和妇女、老人和儿童，以及很早作为战争和征服结果的胜利者和战败者即主人和奴隶。从此时起，公共法律就注意到这些力量的不均衡；法律借助规定制定出来，法律又促进规定，它们没有给奴隶阶级以权利。其后，在社会阶层内部存在两种造成法律不稳定但也是立法进化的因素：其一是，统治阶级的成员试图把他们凌驾于法律的限制之上；其二是，被统治阶级为扩大他们的权利，为了用对大家都平等的法律代替不平等的法律而得到具体的利益，进行持续的斗争。当在共同体内，在某些历史条件的频繁结果中出现权力平衡的积极变化时，这些倾向的第二个将尤为引人注目。在选样的情况下，法律可以针对变化的条件加以调整，或者（更为经常地是这样发生的）统治阶级不愿新发展闯入，其结果爆发起义和国内战争，这时法律失去作用，武力再次充当仲裁人，随后又出现新的法律制度。存在着法制变化的另一种因素，它是以完全和平的方式运作的，即共同体公众的文化演进；可是，这个因素具有不同的秩序，只能放在后面处理。

于是，我们看到，即使在群体本身之内，当发生冲突的利害关系处于生死攸关之时，暴力的运用是无法避免的。但是，在同一个天空下共处的人的共同需要和习惯都赞同迅速结束这种冲突，由于情况如此，和平解决的可能性促成稳定的进步。可是，最漫不经心地一瞥世界历史，将显示出无穷系列的冲突发生在一个共同体和另一个共同体或他人的集团之间，发生在大单位和较小的单位之间，发生在城市、农村、种族、部落和王国之间,这一切几乎都是通过战争的仲裁法就范的。这样的战争或以掠夺结束,或以征服和征服的胜利果实、失败者的败北而告终。对这些扩张战争没有一个单一的囊括一切的判断。例如蒙古人和土耳其人之间的战争,一方面导致了十足的灾难,可是另一方面却推进了由暴力到法制的转化,由于他们创建了一个较大的单元,在这个单元的边界内,使用暴力受到禁止,新的体制了结了一切争端。罗马人的征服也这样把那种恩惠即罗马和平(pax Romana)带给地中海沿岸的国家,出现了罗马帝国统治下的和平。法国国王扩张的欲望创建了一个在和平和统一之中繁荣兴旺的新法兰西。尽管战争的含义是自相矛盾的,但是我们必须承认,战争完全可以为我们如此渴望的完好的和平铺平道路,因为战争创建了庞大辽阔的帝国,在帝国的疆域之内,强大的中央政权禁绝了一切战争状态。然而,在实际上,这个目标是达不到的,因为作为一个法则,胜利的成果只不过是短命的,新创建的单元再次分崩离析,总的来说是因为在暴力结合起来的各部分之间不会有真正的凝聚力。而且,到目前为止,这样的征服只是造就了集合体,这些集合体尽管都很巨大,但是也有边界,这些单元之间的争端只能通过使用武力解决。对一般人来说,所有这些军事冒险事业的唯一结果是,虽然不再爆发频繁的——即便说不上不断的——小规模的战争,但是他们却不得不面临大规模的战争,尽管大战较少发生,但是它们的破坏性却大得多。

关于今日之世界,同样的结论完全适用,而且你也得到这个结论,虽然是通过较短的路径得到的。只有一种可靠的结束战争的途径,这就是通过共同承诺,建立一个中央控制机构,它在每一次利害冲突中都有最后的命令。为此,需要做两件事:第一,建立这样一个最高司法法庭;第二,使它具有足够的执行力量。除非这第二个要求被满足,否则第一个要求是无用的。显而易见,国际联盟作为一个最高法庭起作用满足第一个条件;但是,它不满足第二个条件。它没有力量去处置,如果新实体的成员即组成它的国家向它提供支持的话,它才能够获得力量。既然事情如此,这也是绝望中的希望。虽然我们不顾在历史进程中难得——也许在这样的规模上以前从来也没有——尝试类似这里的试验,但我们还是应该接受国际联盟的眼光十分短浅的观点。迄今通过使某种理想主义的心情发挥作用,把希望全部寄托在拥有强权上,正是获得权威(换句话说是强制的影响)的尝试。我们已经看到,在共同体内存在着两种凝聚因素:群体成员之间的暴力强制和情感纽带(用专门用语说是"利害密切相关之感"(identifications))。如果这些因素中的一个变得不起作用了,另一个还可以足够地把该群体包容在一起。显而易见,像这些国家只有表现出大家共同具有的根深蒂固的统一感时,它们才是有意义的。因此,有必要估计一下这些情感的效力。历史有时告诉我们,它们是富有成效的。例如,泛希腊主义的概念,即希腊人的优越于他们的野蛮邻国的意识,在邻邦同盟(Amphictyonies)①、

---

① 邻邦同盟是古希腊近邻诸邦以保护神庙为名而结成的联盟。——译者

第6章 法西斯主义在德国的前夜(1932～1933)

神谕宣示所(Oracles)和运动会中得以表达,这一概念强大到足以使战争方法人性化,仿佛下述做法都是合情合理的:不去防止希腊种族不同成分之间的冲突,甚或由于敌手失败了,也不去制止城邦或城邦集团同他们种族的仇敌波斯人合作。文艺复兴时期的基督教界的团结再也不能有效地制止基督教的大国和小国,同样地请求土耳其皇帝帮助它们,尽管基督教有广泛的权威。在我们的时代,我们徒劳地寻找其权威可能是不容怀疑的某种统一的概念。情况十分清楚,今天在每一个国家,都是至高无上的国家主义观念在截然相反的方向起作用。有一些人坚持认为,布尔什维克的概念可以使战争终结,但是照目前情况来看,这个目标还十分遥远,也许在经过一段时间残酷的大血战之后才能达到。因此,在目前的条件下,用理想的权利代替暴力的任何努力看来好像是注定要失败的。如果我们无视权利建立在暴力之上,以及即便在今天也需要暴力维持它这一事实的话,那么我们的逻辑就出了毛病。

我现在可以评论你的另一个陈述。你为这么容易使人染上战争狂热而感到惊奇,你猜测在人身上具有顺从于刺激的、活跃的仇恨和破坏的本能。我完全赞同你的看法。我相信这种本能的存在,并且最近在尽力地研究它的神秘现象的具体化(manifestations)。关于这一点,我们心理分析学家在如此之多尝试性的试验和在黑暗中摸索之后,已经对本能的认识有所领悟,我能够提出这种有关本能的知识的片断吗?我们设想,人的本能有两类:保存和一体化的本能,我们称其为"性爱的"(erotic)本能(在柏拉图(Plato)在他的对话中赋予爱神厄洛斯(Eras)的意义上);要不然称其为"性欲的"(sexual)本能(明确地扩展到通俗的"性"(sex)的含义);其次,摧残和屠杀的本能,我们把其看作与侵略的本能或破坏的本能是一样的。正如你所察觉的,这些本能是转化为理论实体的、众所周知的对立物——爱和恨;它们也许是落入你的职责范围内的那永恒的两极——吸引和排斥——的另外的方面。但是,在过分性急地转向善和恶的概念时,我们必须谨慎小心。这些本能中的每一个像它的对立面一样都是一点也不可缺少的,所有的生命现象都源于它们的活动,不管它们是协同一致地起作用还是针锋相对地起作用。两个类别中的无论哪一种本能似乎仅仅在相当稀罕的情况下才能孤立地运作;它总是与它的对立面的某剂量混合着(正像我们所说的"合铸着"),这调节了它的目的,甚或在某些环境中达到它的前提条件。因此,自我保存的本能肯定具有性爱的本性,但是正是这种本能要达到它的目的却需要侵略的行为。按照同样的方式,当爱的本能指向特定的对象时,如果它要有效地占有该对象,它就要求掺入贪得无厌的本能。正是在它们的神秘现象的具体化中难以把两类本能隔离开来,才这么长时期地妨碍我们去认清它们。

如果你和我一起在这条道路上再向前行进一点的话,那么你将发现,人类事务也在另一个方面是错综复杂的。行为在刺激单一本能后紧随出现只不过是例外,因为它本来就是性爱和破坏性的混合。类似组成的几个动机共同作用导致该行为。你的同事 G. C. 利希滕贝格(G. C. Lichtenberg)教授及时地注意到这个事实,他一度在格丁根(Göttingen)当物理学教授;他也许作为心理学家比作为物理学家还要有名。他引申出"动机的罗盘盘面"(Compass-card of Motives)的概念,并且写道:"驱使人行动的不同动机能够像三十二级风一样分类,并能够用相同的方式加以描述,例如 Food-Food-Fame 或 Fame-Fame-Food。"因此,当一个国家奋起投入战争时,人的动机的整个领域——高尚的动机和卑下的动机,一些公开地声言,另一些则掩饰过去——都可以响应这一呼吁。侵略和破坏的欲望肯定包括在内;历史和人们日常生活中不计其数的残酷行为证实它的盛行和威力。这些破坏性的冲动的激励由于诉诸理想主义和性爱的本能相互助长了它们的释放。沉思一下历史书中记载的暴行,我们觉得理想的动机常常起着掩饰破坏的欲望的作用;有时,正如中世纪天主教审判异端的宗教法庭的残酷行为一样,情况似乎是,当理想的动机占据意识的显著位置时,它们却从潜入无意识中的破坏性本能中汲取它们的力量。两种解释都是行得通的。

　　我知道,你对防止战争感兴趣,而不是对我们的理论感兴趣,我记着这件事。可是,我却想用较长一点篇幅详述这种破坏性的本能,它难得受到注意,而它的重要性证明有充分的根据加以注意。只要稍加思索,我们就可以得出结论:这种本能在每一个活着的生命中都起作用,极力诱使它毁灭,并且使生命退化到它的惰性物质的原始状态。事实上,完全可以把它叫作"死亡本能";而性爱本能却保证拼命地活下去。当死亡本能借助某些器官把它的行为向外对准外部对象时,它就变成破坏性的冲动。也就是说,活着的生命通过消灭外来的机体保护它自己的生存。但是,死亡本能以它的一种活动性在活着的生命**之内**起作用,我们力图把若干正常的和病态的现象追溯到破坏本能的这一**内向性**(introversion)。我们甚至已经信奉用侵略冲动的某种"向内转向"来解释人的良心的起源这样的异端邪说。显而易见,当这种内在倾向在过大的规模上起作用时,它就不是微不足道的琐事了;相反地,它确实是不健全的事态;而破坏冲动转向外部世界必定具有有益的效果。于是,就这一切我们现在正在防止的、卑劣的、有害的脾性来说,这里都有生物学的正当理由。我们只能够承认,它们实际上比我们这种防御它们的态度更类似于自然状态,事实上这一点依然需要说明。

所有这一切给你一种印象:我们的理论相当于一种神话学,而且是阴暗的神话学!但是,每一门自然科学最终难道都不导致这类神话学吗?你的物理科学今天难道是另外一个样子吗?

与所论及的问题有关的这些观察的结论是,不存在我们能够压制人的侵略性倾向的可能性。他们说,在地球上一些幸福的角落,自然界大量产生人们需要的各种东西,那里的种族兴旺发达,有礼貌地生活着,而不知道侵略或强制。我无法相信这种说法,我想要关于这些幸福的人们的进一步的详情。布尔什维克也通过保障物质需要的满足和实行人与人之间的平等,立志消除人的侵略性。我以为,这种希望是徒劳的;其间,他们忙于改善他们的武装力量,他们对外来者的仇恨并不

第6章 法西斯主义在德国的前夜(1932～1933)

是他们之间凝聚力的最少的因素。总之,正如你也观察到的,完全压制人的侵略倾向并非处于争辩之中;我们可以试行的,是把它导入除战争以外的渠道。

从我们的本能"神话学"出发,我们可以顺利地推导出消除战争的间接方法的公式。如果拥护战争的脾性是由于破坏本能,我们手中总是共存它的反面动因爱神厄洛斯。在人与人之间产生情感纽带的一切东西都必须作为战争的解毒剂为我们服务。这些纽带有两类。第一,像这样朝向被爱对象的关系虽然具有性欲的意图,但它们却是空虚的。心理分析学家在这方面提到"爱"时需要的不是感到良心的责备。宗教使用同样的语言:像爱你自己那样爱你的邻人。虔诚的训诫容易宣布,但是却难以实行! 其他感情纽带是借助于利害密切相关之感的方式。人与人之间显示出并非偶然的相似的一切东西,都发挥着共同体的这种情感即利害密切相关之感,人类社会的整个大厦在很大程度上耸立于其上。

在你谴责滥用权威的话语中,我发现关于间接非难战争冲动的另一暗示。人被分为领导者和被领导者,这只不过是他们天生的、无可挽回的不平等的另一个神秘现象的具体化。第二个阶层构成最大多数;他们需要高高在上的指挥为他们做决定,而他们通常无异议地服从这些决定。在这一前后关系中,我们能够指出,人们应该比迄今更加卖力地形成一个优秀的独立思想家阶层。这些思想家不屈从于恐吓,热情地探求真理,他们的作用是指引依赖于他们引导的群众。不需要指出,政治家的统治和基督教关于思想自由的禁令为何几乎没有促进这样的新创造。显然，理想的条件可以在每一个人都使他本能的生命服从理性支配的共同体中找到。正是这一点能够导致人与人之间如此完全、如此持久的团结，即使这包含了相互感情纽带的切断。但是，照目前的情况来看，这样的希望的确是十足的乌托邦。其他防止战争的间接方法肯定比较适宜，但是却没有带来迅速的结果。他们想象一幅如此缓慢碾磨的磨面机的丑陋情景，以至于在面粉磨出之前，人都饿死了。

正如你所看到的，在实际的和紧迫的问题上，离开世俗的接触而去请教理论家，是一点好处也没有的。最好用我们准备掌握在我们手中的工具来应付每一个相继的危险。可是，虽然在你的信中没有讨论使我极感兴趣的问题，但是我却想处理它。你、我以及其他许多人都如此激烈地声言反对战争，而恰恰不承认战争是生命另外的死乞白赖的要求，这样做究竟是为什么呢？因为这是相当自然的事，即在生物学上是合理的，在实践上是不可避免的。我确信你不会因我提出这样一个问题而震惊。为了较好地处理质问，完全可能戴上装作超然的假面具。对我的质问的回答可以说明如下：因为每一个人都有维护他自己的生命的权利，而战争却要毁灭充满希望的生活，战争把个人强行推入这样的境地：侮辱他的人格，迫使他违背自己的意愿去屠杀同胞，战争摧毁物质的舒适、人的劳动成果以及其他许多东西。而且，正如现在的情况所表明的，战争并没有为与古老理想相应的英雄主义行为提供活动的余地，而且由于现代武器的高度完善，战争今天将意味着

第6章 法西斯主义在德国的前夜(1932～1933)

战斗部队即使不是双方也是一方的彻底灭绝。这是如此真实,如此明显,以致我们只能感到惊奇:为什么战争行为未被普遍的赞同所取缔。毫无疑问,我刚才提出的两点中的无论哪一个都有争论的余地。有人可能会问,共同体自身是否不能要求对它的成员的个人生存具有支配权利。而且,不能不分青红皂白地谴责一切形式的战争;只要存在着国家和帝国,每一个准备无情地消灭它的对手的国家都必须为战争而武装起来。但是,我们将不去仔细研究这些问题中的任何一个;它们处在你邀请我争论的问题之外。我继续讲述另一点,正如使我想到的,即我们对战争共同憎恨的基础。情况是这样的:我们不能做除了憎恨战争以外的事情。我们是和平主义者,由于我们机体的本性要求我们这样做。因此,我们很容易找到为我们的立场辩护的论据。

不管怎样,这一点要求加以阐明。这里有一种我用来观察它的方法。自从远古以来,人类的文化发展(我知道,一些人偏爱称其为文明)就处于进步之中。我们把我们意向中的最好的一切东西都归功于这个**过程**,但是也把造成人类苦难的许多东西归因于这个过程。它的起源和原因是不清楚的,它的结局是不确定的,但是它的一些特征却是易于察觉的。它完全可以导致人类的灭绝,因为它在不止一个方面损害性欲的功能,即使在今天,所有国家不文明的种族和落后的阶层正在比有教养的部分更急剧地增加。这个过程也许可以比作为对某种动物进行驯养——它肯定包含结构的物理变化,但是文化发展是这个序列的有机过程的观点还没有变得人所共知。伴随这种文化变化过程的心理变化是显著的,而且没有被否定。心理变化在于逐渐地排斥本能的目的,并缩减本能的反作用。使我们祖先高兴的感觉已经变为对我们来说是中性的或难受的;而且,如果我们的道德理想和审美理想经受了变化,那么这种变化的原因最终是机体的。在心理方面,两个最重要的文化现象是:第一,智力的增强,它倾向于控制我们的本能的生命;第二,侵略冲动的内向性(introversion),它伴随着它的一切好处和危险。现在,战争最显著地违背了文化进展给予我们的心理意向;因此,我们必须憎恨战争,我们必然发现它是绝对难以忍受的。对于像我们一样的和平主义者来说,这不仅仅是理智上的和情感上的嫌恶,而且也是建制上对战争的最激烈的形式的不容忍(intolerance)和特异反应(idiosyncracy)。审美上的战争的丑行在这种反感中所起的作用也许几乎和战争的残暴一样大。

在其余的人转变为和平主义者之前,我们还要等待多长时间呢?对此不可能断定,可是也许我们的下述期望并非痴心妄想:这两种因素——人的文化意向和对未来战争将采取的形式有根据的恐惧——可能有助于在最近的将来结束战争。但是,我们无法猜测用什么方法或途径才会出现这种情况。其间,我们可以满足于确信,无论什么东西促进文化的发展,也都正在对抵制战争发挥作用。

虽然这个陈述在你看来也许会失望,但是我还是要向你致以最亲切的问候和最真诚的敬意。

你的西格蒙德·弗洛伊德

第6章 法西斯主义在德国的前夜(1932～1933)

当爱因斯坦收到弗洛伊德的答复时,他显然没有失望。他在1932年12月3日给弗洛伊德写了下述信件:

> 你以你的真正优秀的答复给国际联盟和我本人奉送了一个最可喜的礼物。当我过去给你写信时,我完全相信我的角色是微不足道的,即把我作为钓钩上的诱饵引诱大鱼上钩,这只不过是用文献证明了我的良好意愿。你反过来却给予鸿篇硕文。我无法知道,从这样的种子能够生长出什么东西,正如任何行为或事件对人的影响总是不可预测一样。这不是我力所能及的,我们无须为此操心。
>
> 由于你全力以赴地献身于追求真理,由于你整个一生在坚持你的信念中表现出极其罕有的勇气,你已经博得我的感激和所有人的感激。……

到爱因斯坦和弗洛伊德的通信在1933年以《为什么有战争?》(Why War?)为题发表时,希特勒已经大权在握,他迫使二人逃亡在外,这样通信从未像他们打算的那样广为传播。事实上,据说小册子的德文第一版因受限制仅印了2000册,英文初版也是如此。

在1932年,除了刚才叙述的四个主要事项以外,一些电文、对询问的答复以及爱因斯坦在同一时期准备的类似声明都证明那些日子的政治局势日渐紧张。1932年4月20日,他向在拉脱维亚(当时还是个独立国家)里加(Riga)出版的俄语杂志《东北风》(Nord-Ost)提交了一篇稿件,该文是为"欧洲和即将来临的战争"

专题讨论会撰写的:

> 只要没有使一切国际冲突服从仲裁,就无法保证仲裁所得到的裁决的实施;只要不禁止武器生产,我们就可以确信战争将接踵而至。除非我们的文明获得克服这种罪恶的道德力量,否则它必然具有以前文明的命运:衰退和腐败。

《和平阵线》杂志编辑阿尔诺德·卡利施请求爱因斯坦支持捷克斯洛伐克医生写的反对战争的书,爱因斯坦1932年4月26日写信给他:

> 你无疑知道,我是多么渴望支持任何能够有效地帮助反对公开的军国主义取向的斗争。但是,我对这本书……有保留。如果可以把战争引起的精神上的极度紧张视为比如说像偏执狂一样的疾病的话,那么在集会中的任何狂热同样会被看作是一种病症。人们没有奋起抵制他们的同胞的易动感情的态度,这好像是完全正常的。……在战争状态下,把那时可能存在的精神上的极度紧张描绘成一种病症,这并没有带领我们朝解决战争问题的方向上迈出一步。……

泛欧洲联盟的库登霍夫-凯勒吉请求爱因斯坦发起计划于1932年秋召开的会议。爱因斯坦在1932年7月6日回答说:

> 虽然我毫无保留地相信联合欧洲的思想,但是我实在不

第6章 法西斯主义在德国的前夜(1932~1933)

能参加你们的委员会。我的理由如下：

泛欧洲运动等同于你的名字。在一份专门的出版物中，你对当今的俄国采取直言不讳的敌对立场，与此同时，误入歧途的运动开始导致用武力对那个国家进行镇压。在这种情况下，参加你们的委员会将意味着我本人与我不具有的立场结盟。我肯定不赞成在俄国正在发生的许多事情，但是我更不满意正在使用暴力方法去镇压为创建一个公正的、理性的经济秩序而做出的一系列独一无二的尝试。

在伟大的俄国作家马克西姆·高尔基六十五寿辰将近时，爱因斯坦1932年9月29日写信给高尔基：

我了解到，你正在庆祝你的杰出创造性的艺术作品的周年纪念。我觉得需要在这个时刻告诉你，我是多么高兴世界上有像你这样的人存在。在活着的第一流的有创造能力的艺术大师中，没有几个人像你那样既是他们自己社会的公仆，又是改善人类命运的斗士。祝愿你的作品继续使人变得崇高，不管他们的政治组织可能采取什么形式。命运总是由个人所感、所欲、所为的东西决定的。这就是为什么从长远看，对人的教育主要是培养有能力的人的任务，而并非主要是政治领导人的任务。

柏林一家报纸请爱因斯坦谈谈他对新闻自由的立场，爱因斯坦在 1932 年 10 月 13 日写道[①]：

> 限制甚或压制通过言论或文字对政治事务进行评论和批评的自由的国家，必然要堕落下去。容忍这种限制的公民证明他的政治劣根性，并进而助长了这种劣根性。

德国新闻工作者鲁道夫·奥尔登（Rudolf Olden）敦促爱因斯坦发起知识分子争取出版、言论、集会和教学自由，爱因斯坦在 1932 年 10 月 12 日答复他：

> 我坚定不移地相信，任何国家，只要它的公民被迫交出了这些权利中的任何一个，就不应该把这个国家视为文明的国家，而只不过是一个具有麻痹臣民的国家。独立的个人属于这样的国家是不足取的，如果它有办法能够避免这样做的话。……我同情你们的努力，对于一切理解所卷入的东西的意义以及珍视他们共同体的幸福和尊严的人来说，支持这些努力是他们的义不容辞的责任。

1932 年 11 月 18 日，爱因斯坦评论法国新总理爱德华·埃里奥（Edouard Herriot）提出的某些裁军建议（包括建立国际警察），

---

① 爱因斯坦关于新闻自由的陈述是写给出版者的，这位出版者发行的报纸是《夜晚的世界》和《明日柏林》(Berlin am Morgen)。

第6章 法西斯主义在德国的前夜(1932～1933)

他发表了下述声明[①]:

> 我深信,关于在将来如何解决国际争端,埃里奥的计划向前迈出了重要一步。我也认为,埃里奥的计划比其他已经提出的计划更可取。在努力理解时,确定给定问题的方式总是决定性的。这意味着,所询问的问题不是在什么条件下裁军是可以允许的和应该如何反对战争。相反地,出发点必须是下述解决办法:
>
> "我们准备把所有国际争端交付仲裁权力去裁决,这个仲裁权力是我们大家通过共同协商而建立起来的。为了使这一点有可能成功,必须满足将保证我们安全的某些条件。问题在于在我们自己之间就这些条件达到一致。"
>
> 单个国家放弃无限制的主权是解决这个问题的必不可少的先决条件。埃里奥——或更确切地说是法国——的伟大成绩在于,他们已经宣布他们原则上愿意做这样的放弃。
>
> 我也赞同埃里奥的提议:应该容许拥有真正有效的武器的唯一武装力量警察,它们必须隶属于国际机构,必须驻扎在世界各地。
>
> 我对埃里奥计划的主要异议是:警察的形成不应该由依赖于它们自己政府的国家军队为单元组成。为了使这样的力量在超国家权力的管辖下有效地发挥作用,它必须在组成上

---

① 爱因斯坦关于埃里奥建议的声明是交给柏林的《国际新闻"合作"》(*Internationaler Pressedienst "Co-Operation"*)的。

是国际的——在人员和指挥两方面都是国际的。

与法国计划还有第二个重要的不一致之点,即该计划对民兵制的支持。民兵制隐含着全部居民都要用军事观念加以训练。它进而意味着,年青人将受到既陈旧、又致命的精神的教育。如果比较先进的国家面对要求每一个公民必须在他一生的某一时期做一名警察,那么这些国家会说什么呢?提出问题是为了回答它。

这些异议不应该显出降低我的信念:埃里奥的建议作为在正确方向上勇敢的、有意义的一步必然会逐渐地受到欢迎。

大概是1932年的某个时候,爱因斯坦为德国旗帜(Reichsbanner)发表了又一个声明,德国旗帜是为保卫魏玛共和国,由德国的自由主义者和非共产党左派在魏玛共和国的最后几年组织起来的半军事性兵团[①]:

> 毫无疑问,因为德国旗帜告知和规劝公众有组织地工作,由于它不依赖于任何一个政党,因而它最有能力抵制纳粹宣传的威胁。因此,我认为,当政治自律处处堕落之时,每一个富有思想的公民都应当尽可能地支持德国旗帜,以便在国内和国外有可能防止巨大的经济崩溃,恢复对法律和秩序的信心。

---

① 德国旗帜声明译自供拍卖的目录便览第59号所列入的第639条,承蒙德国慕尼黑 Karl 和 Faber 在1957年5月21日至22日引导。它被描绘成"1932年左右"的有签名的亲笔文件。

第6章 法西斯主义在德国的前夜(1932～1933)

当人们开始知道爱因斯坦打算在1932年至1933年冬季访问美国时,一个美国妇女爱国团体向国务院提出抗议,抗议国务院给一个被她们说成是共产主义者和反战者国际成员的人办理签证。爱因斯坦以下述声明作为答复①:

> 以前我从来也没有被女性如此粗暴地拒绝,至少从未被这么多的女性成员断然拒绝!
>
> 这些时刻警惕的、有公民意识的女士们,她们是多么正确!一些人就像过去日子的克里特岛的牛头人身怪物,以极大的贪欲和嗜好吞噬有诱惑力的希腊处女一样,想同样吞没无情的资本家,为什么要向这些人敞开自己的大门呢;这些显示出高超技艺的人除了与她们自己的配偶无情争斗外,她们足以抵制每一种战争!
>
> 因此,请你注意你们的稳健的、忠诚的妇女,并且请你记住,强大的罗马的朱庇特神殿(Capitol)就曾经由于她的忠实的雌鹅的咯咯叫声而被保全下来。

爱因斯坦关于"爱国妇女"的另一份声明可能激怒了女士们②:

---

① 爱因斯坦对美国爱国妇女答复的德文原文发表在.MW第55页。一个英译文发表在TFAW第63页,另一个英译文发表在TWAISI第42页和TAO第7页,这个译文是新译文。

② 爱因斯坦关于把妇女派到前线的声明,其日期未经证实,这里是依据IAO第108页(德文原文,MW第66页)中的译文修订的。

> 我以为,在下一次战争中,爱国妇女比她们的男人更应当被派遣到前线去。它至少能在这个混乱不堪、荒无人烟的领域提供一种新奇的东西。此外,女性方面的英雄冲动为什么不应该找到比攻击不设防的平民更为浪漫的情感发泄呢?

爱因斯坦于1932年12月10日起程赴美国。他在帕萨迪纳的逗留表明,他的公开活动比前两次在那里访问时要少。1933年1月22日,他再次向加州理工学院的一个学生团体发表演说①:

> 看到加利福尼亚年青人对维护和巩固和平深为关注,格外令人振奋,这的确是今日向人类挑战的最重要的问题之一。
> 毋庸置疑,美国人享有特殊有利的位置:想象不出在什么情况下他们的国家会遭受军事侵略的严重威胁。不管怎样,作为一个国家,他们对创建解决国际争端的国际仲裁法庭和创建实施这个法庭的裁决的机构具有持久的兴趣。世界大战已使人们明显地看到国家的命运是多么紧密地交织在一起。经济危机大约同时在全世界发生的事实给人们以同样的教训。
> 原则性的结论是:美国年青人必须在让美国参加创建国际组织的每一个尝试方面发挥他们的影响。战争岁月和战后年代的经验使许多美国人踌躇不前,这是可以理解的。但是,

---

① 向加州理工学院学生的演说的一部分发表 OOMLY 第 215 页。这里的译文是从原稿新译的。

第 6 章　法西斯主义在德国的前夜(1932～1933)

如果美国继续它的传统的孤立态度,那么包括美国在内的整个人类将要遭受苦难。

在当前,我以为和平主义组织最迫切的任务是,竭尽全力参加在全世界废除征兵的运动。唯有如此,和解精神才能够在世界各国获得进展。我们大家知道,德国正在要求与其他国家平等的军事地位,对这种平等的要求显然是有道理的。不管怎样,真正的问题是应该在什么基础上恢复这种平等。如果我们现在不在国际规模上成功地废除征兵,那么征兵无疑将在德国恢复,从而造成这样一种局势:一有风吹草动,便会构成像战前曾经存在的那样的危险。今天,和平主义者最重要的任务是使世界人民意识到局势的危险,与此同时全力以赴地导致国际性的废除征兵。

沿着类似路线的另一个声明可能是为加利福尼亚的和平主义会议准备的,大约在同一时期写成[①]:

我热烈欢迎你们把争取和平的战士集合起来。你们清楚地知道,世界形势近年没有改善。在每一个地方,沮丧的气氛助长了反动势力,反动势力反过来正在利用盲目的国家主义者为他们自己不可告人的目的服务。在越来越多的国家准备开始征兵的同时,言论自由和出版自由正在被剥夺。人的自

[①] 这个声明译自手稿,手稿经鉴定仅仅是"帕萨迪纳,1932年至1933年,可能是为青年和平主义会议或杂志准备的"。

由、尊严和正义感正在降低。

请记住,社会虽然有权利指望你们的合作争取公共利益,但是它却无权管辖你们的身体和心灵。在地球上并不存在这样的权力:我们应该从它那里接受屠杀的命令,或接受为屠杀而进行训练的命令。

让我们发誓大力传播这种反对战争的精神。尤其是,让我们起誓,这将是我们要用来教养我们的儿童的精神。

一位美国教师于1931年在卡普特拜访了爱因斯坦,爱因斯坦在1933年2月1日写信给他[①]:

> 过去数代人中有才干的人充分认清保卫国际和平的重要性。当代技术的发展使这个伦理上的基本原则变为文明人类的生死问题。积极参与解决和平问题是一个良心问题,没有一个善良的人能够回避这个问题。
>
> 我们必须清楚,与武器生产有关的各国强大的工业集团正在力图阻挠国际争端得到和平解决的努力。只有当政府能够指望大多数人民的积极支持时,它们才会达到这个重要的目标。在像我们所在的这样的时代,我们生活在民主政体之中,因而国家的命运取决于人民。重要的是,我们要时刻意识到这一点。

---

① 这位美国教师是加利福尼亚圣莫尼卡(Santa Monica)的 Carl J. Rautzenberg。

第6章 法西斯主义在德国的前夜(1932～1933)

在爱因斯坦到达美国后,对他的恶意攻击并没有停止。也许在新泽西州州议会1933年1月30日——正是这天希特勒当上德国总理——通过的共同决议中提供了对这种攻击的最有力的驳斥[①]:

> 鉴于已经宣布,位于新泽西州的新高级研究所邀请著名科学家阿尔伯特·爱因斯坦教授做它的教授会的成员;并且
>
> 鉴于进而宣布,上述的阿尔伯特·爱因斯坦教授已经接受邀请;并且
>
> 鉴于爱因斯坦教授的卓越的科学才能被普遍承认和称赞;并且
>
> 鉴于把上述的阿尔伯特·爱因斯坦教授增补到新泽西学术研究所的教授会,由此给新泽西州和它的人民带来荣誉;并且
>
> 鉴于我们这些新泽西州议会议员认识到上述的阿尔伯特·爱因斯坦教授在世界科学界占有突出的崇高位置,以及他接受在我们州内的研究所之一的教授会成员资格给予我们州的荣誉;因此现在,
>
> **请做出决议**,新泽西州州议会特此欢迎上述著名的阿尔伯特·爱因斯坦教授到新泽西州,到新的科学活动舞台;并且
>
> **请进而做出决议**,向阿尔伯特·爱因斯坦教授发出邀请

[①] 新泽西州议会通过的决议是由州议员 Frank M. Travaline、Jr. Creclit 发起的,得到这份文献归因于 Alfred Lief。

书,邀请他在最近的将来向州议会议员发表演说;并且

请进而做出决议,把这一决议的副本送给上述的阿尔伯特·爱因斯坦教授和新泽西州的新高级研究院。

除了这个决议给予他以官方荣誉之外,爱因斯坦被普林斯顿校友会剧烈地攻击为一个"高谈阔论有害于我们制度、历史和社会生活的学说的外国人","由于他的共产主义与和平主义学说",应该禁止他在普林斯顿讲演。由于来自其他方面的攻击也在继续着,爱因斯坦发觉他自己不得不在1933年7月7日向(伦敦的)《泰晤士报》(*The Times*)和《纽约时报》寄出下述信件:

我已收到新的美国联邦政府发布的通报的副本,其中有我的嫌疑照片,声称证明我与第三[共产]国际有联系。

我与第三国际从来也没有任何联系,我从未去过俄国。

而且,十分明显,声称是我的照片的那张照片并不像我。照片也许是受政治动机的激励而精心伪造的。

希特勒在1933年1月30日爬上权力宝座,这肯定不会使爱因斯坦大感惊异。他没有决定根本不回德国;他关于最近的将来的计划还是模糊的,他在1933年2月27日从帕萨迪纳寄给一位朋友的信中表明了这一点[①]:

---

① 这封信是写给一位朋友 Margarete Lebach 夫人的,它在拍卖目录便览第1744号的第51项部分地给出,承蒙纽约 Parke-Bernet Galleries 在1957年3月26日引导。

第 6 章　法西斯主义在德国的前夜(1932～1933)

……由于希特勒,我不敢进入德国。……3月10日我留在这里,在旅行前我将在芝加哥和纽约有数日的工作需要卖力干。我已经取消了我在[普鲁士][科学]院的讲演。……3月25日我留在瑞士会见了我的儿子。……接着,我想去卢加诺湖(Lake Lugano),或去比利时,或去荷兰。……

正如在1933年3月11日《纽约世界电讯》(*New York World-Telegram*)中伊夫林·西利(Evelyn Seeley)报道的,爱因斯坦在由帕萨迪纳出发前夕在一次会见中宣布:"我不回家了。"他在一份变得广为人知的声明中宣告了他的决定[①]:

只要我在重大事件上有任何选择,我就只想生活在这样的国家:在这个国家,在法律占优势的面前,存在着公民自由、宽容和全体公民的平等。公民自由意味着用言论和文字表达自己的政治信念的自由;宽容意味着尊重他人的信念,而不管这些信念是什么。这些条件目前在德国都不存在。那些对国际理解做出特别重大贡献的人正在那里受到迫害,其中就有第一流的艺术家。

正如一个人受到压力时可能在心理上变成病态的一样,一个社会组织在面临严重的问题时同样也会患病。国家通常经受得住这些困难。我的希望是,比较健康的气氛不久能够

---

① 爱因斯坦声明的德文文本发表在 MW 第105页。Seeley 小姐给出的英文发表在 TWAISI 第81页和 IAO 第205页。这篇译文是经过校订的。

在德国恢复。我也希望,在未来的日子里,像康德和歌德这样的德国伟大人物不仅将时时受到赞美,而且将永远受到尊敬——在公共生活中,在人们的心灵里,以及通过在生活中遵守他们所拥护的伟大原则。

爱因斯坦告诉西利小姐:"我将可能去瑞士。我的国籍是一件奇怪的事情。虽然我的真正国籍是瑞士,但是由于我的正式职位我是德国公民。[①] 无论如何,对于一个有国际主义精神的人来说,特定国家的国籍是不重要的。人道比国家的公民身份更重要。"

爱因斯坦不得不匆忙中断会见,以便去参加一个科学讨论会。西利小姐叙述道:"当他离开讨论会,漫步穿过校园时,爱因斯坦博士感到大地在他的脚下震动。在洛杉矶的历史上,最厉害的一次地震正在摇撼洛杉矶,但是爱因斯坦博士却镇定地回家去。"

1933年3月14日是爱因斯坦五十四岁寿辰,他在芝加哥出席庆祝午宴[②],其中包括许多显要人物,例如伊利诺伊州长、辩护律师克拉伦斯·达罗(Clarence Darrow),芝加哥大学的物理学家阿瑟·霍利·康普顿(Arthur Holly Compton),是康普顿介绍达罗的。《纽约时报》的报道说:"爱因斯坦用微弱的、吞吞吐吐的声音讲话。偶尔向他旁边的人询问词汇。"他谈到"寻找能起作用的分配方法以及生产方法"问题,还谈到"如何以像消除战争这样的

[①] 关于爱因斯坦的双重公民身份,请参见第5章注22。
[②] 两年前,Lola Maverick Lloyd夫人曾在火车站台组织欢迎爱因斯坦,她也关心此次事件,据她的女儿Jessie Lloyd O'Connor说,她在《团结》(Unity)杂志就此写过报道。

第 6 章　法西斯主义在德国的前夜(1932～1933)

方式组织国际事务"问题。

德国事件的变化给爱因斯坦的纽约访问增添了附加意义。1933年3月中旬,他在该市度过了几个忙碌的日子,这几天再次是伟大的个人凯旋。3月17日,罗希考·施维默夫人和艾尔弗雷德·利夫(Alfred Lief)在沃尔多夫-阿斯托利亚(Waldorf-Astoria)饭店安排欢迎他[①],利夫的爱因斯坦和平主义论著选集《反战斗争》(*The Fight Agaist War*)是在这年之后出版的。许多知名人士出席了欢迎会。在欢迎的过程中,向爱因斯坦提出若干问题。当问到美国是否应该为和平预算拨款,正像它曾经为战争预算拨款一样时,爱因斯坦说他赞成这一主张。不过,重要的是要做出保证,人民应该有权决定如何花费为和平而划拨的经费。否则,这也许与卡内基基金会(the Carnegie Foundation)为和平花的钱一样不可靠。爱因斯坦重申他的部分裁军不能防止战争的信念,部分裁军的唯一作用只能是节省一些钱。

罗希考·施维默夫人问,按照他的观点,在美国是否能够做任何减缓欧洲政治紧张局势的事。爱因斯坦觉得,轻视美国新闻界的潜在影响也许是一个错误;但是,无论想要做什么,都不应当通过"径直的"行动去做。美国人对德国人民的同情以及美国人对德国政治事件的变化的忧伤,应该用威严的方式来表达,而不应该通过召唤德国的白痴来表达。他说,像海因里希·曼那样的作家和

---

① Alfred Lief 先生使我们得到了沃尔多夫欢迎的材料。纽约公共图书馆有一大卷剪报,其标题是"阿尔伯特·爱因斯坦教授访问纽约市",1933年3月15日。这个剪报簿包含爱因斯坦1933年3月24日就抄查他的夏季别墅所发表声明的《纽约时报》的剪报。新闻电讯归功于万国服务公司。

克特·珂勒惠支(Käthe Kollwitz)这位杰出的艺术家应该发觉辞职是必要的,以这样的方式行动会使德国艺术院丢尽脸面。德国的和平主义者现在被正式视为国家的敌人。

1933年3月20日,纳粹查抄了柏林近郊卡普特的爱因斯坦夏季别墅,其借口是那里可能藏有武器。爱因斯坦在赴欧洲中途的公海发表下述声明:

> 动用武装部队对我的妻子和我自己在卡普特的住宅进行查抄,这只不过是现在在整个德国发生的随心所欲的暴力行为的一例而已。
>
> 这些行为是政府通宵达旦地把人民的权力转移给纳粹国民军凶狠的、疯狂的暴徒的结果。
>
> 在过去,客人的谒见常常为我的夏季别墅增光。他们总是受到欢迎。人们没有任何理由闯入它。

爱因斯坦没有去瑞士。他改去小小的比利时海滨游览胜地勒科克絮梅尔(Le Coq-sur-mer)躲避了几个月。纳粹的武力捉拿把严重的良心问题摆在他的面前,就像摆在其他和平主义者面前那样。使他的观点适应新的形势要花费一些时间。在一封短笺中表明,转变不是立即做出的,这封短笺迟至1933年5月1日才寄给比利时一位关于保护犹太人免遭怯懦指责的书的作者①:

---

① 爱因斯坦给其写信的那位作者是Joseph Merory,他是奥地利维也纳的一名工程师。

我将不反对你打算决定把你的书题献给我。但是,我无法劝勉自己写序言。作为一位反军国主义者,我对作为军人的犹太人行为如何得体一点也没有兴趣。我能够向你保证,虽然随便哪一个人总会强迫我服兵役,但是我会利用任何手段和一切手段躲避它。如果有人想要当英雄,那么他应当通过接受拒绝服兵役将导致的后果来实现。

但是不久,爱因斯坦的处境就出现了剧烈的变化。

第7章　纳粹主义的出现和倡导备战——离开欧洲(1933)

1933年1月30日,纳粹主义攫取了德国的权力,这给爱因斯坦的一生蒙上阴影,直到他生命终结之时这个阴影也未消失。他永远也不能忘记,正是他的出生地德国,给世界带来战争和不可胜数的苦难和贫困,在它恶魔般地想要灭绝所有犹太人时,它达到兽性和野蛮的程度,即使具有最疯狂的想象力的人也无法预料这种暴虐。爱因斯坦被深深地伤害了,他继续彻底远离德国,以其他人没有表现出的始终如一,在战争结束后完全拒绝为他安排的许多和解尝试。

纳粹主义从其一开始构成的战争威胁、战争本身以及战后德国和世界的重新军国主义化,都使爱因斯坦十分关注,并且影响了——即使不是决定了——他在公共事务中的许多活动和决断。他对战争深恶痛绝,他也深信只有创建一个超国家组织才能维护世界和平,在这两方面他从来也没有犹豫不决过;但是,公然蔑视道义和伦理准则、公开歌颂战争的政治风云人物,在欧洲心脏地区窃取了无限的权力,这促使爱因斯坦放弃了他对西方的反对战争和提倡裁军的支持——彻底地离开他先前的观点,在面对摆在世界面前的致命危险时,这些观点本来对他来说似乎是不可回避的。

考虑到咄咄逼人的环境,爱因斯坦具有完全改变自己主张的

第 7 章　纳粹主义的出现和倡导备战——离开欧洲(1933)

道义力量。但是,他从来都把策略和原则截然分开。情况的确如此,当纳粹这个怪物对欧洲和平构成威胁时,爱因斯坦承认备战的必要性,并且面对和平主义朋友们的猛烈抨击,公开拥护必须做好战争准备。同样真实的是,他从来也没有停止倡导建立一个用和平手段解决国际争端的机构。从纳粹1933年把持德国直到1955年他逝世,在整整二十二年间,无论爱因斯坦在给定的时期可能拥护什么样的暂时政策,他抓住每一个机会为废除战争而斗争。在第二次世界大战结束后的最初数年,他以特有的活力反对战争。但是,他日益对这一斗争早日成功的时机持悲观态度;他越来越多地拒绝支持他认为是姑息手段或折中行为的事情,他无法想象这种做法在达到最终目的即废除战争方面是卓有成效的。

在德国的反革命骚扰也强使爱因斯坦的生活发生了其他变化。在1932年夏天,在纳粹夺权实际出现之前,虽然他已接受了做新泽西州新普林斯顿高级研究所第一届教授会成员的邀请[①],但是他并没有计划完全离开欧洲。他打算保持他的普鲁士科学院院士职位,并在柏林度过夏季学期。这些计划现在落空了。虽说他移居美国并不意味他的科学工作有任何变化——甚至他的助手和他一起赴美国,但是他的日常生活在许多方面不同于他在柏林了。他失去的最多的东西,他从来也找不到什么来替代它的东西,就是他在柏林与难得的卓越科学家群体的联系,他极大地享用了

---

① 美国教育家 Abraham Flexner 构想并组建了高级研究所,他首次于1932年初在帕萨迪纳和爱因斯坦讨论他在该所的成员资格,接着春天在牛津,最后当年夏天在柏林近郊的卡普特再次讨论这个问题。参见 Abraham Flexner, *An Autobiography*, Simon and Schuster, New York, 1960, pp. 250～252。

他们激起的友谊。也有一些在柏林之外的科学家,像在巴黎的朗之万和玛丽·居里,在荷兰的埃伦菲斯特,他们都与他过从甚密,在他于1933年秋离开欧洲后,他们不再是他目前生活的必需部分了。

1933年3月28日,爱因斯坦刚从美国返回欧洲,他就正式向普鲁士科学院提交了辞呈,这种举动几乎肯定会在紧接着的几天内把他开除出去。他的辞职引起科学院和他之间的信件往来[①]。他宣布,他不想生活在并非所有公民在法律面前人人平等的国家。与此同时,科学院谴责他在外国参与传播德国暴行的真相,然后科学院宣称,保护德国免受这些荒诞不稽的谣传的中伤应该是他的义务。在他1933年4月12日写的最后一封信中,爱因斯坦说:

> 要我去做像你们要求我的那样的"证言",恐怕是否定我在我的整个一生都拥护的全部公正原则和自由原则。这样的证言不会像你们设想的那样是代表德国公众证明;相反地,它只能助长那些企图消灭真正的理想和原则的人的事业,而正是这些理想和原则给德国人民在文明世界中赢得体面的地位。假如我在当前情况下发表这样的证言,那么我就会为道德败坏和整个现有的文化价值的毁灭尽力,即使仅仅是间接的尽力。……

---

① 爱因斯坦与两个德国科学院的信件往来在 MW 第105页及以下各页详细给出。同样的译文发表在 TWAISI 第81页及以下各页和 IAO 第205页以及下各页。这里介绍的节录已修订过。

第7章 纳粹主义的出现和倡导备战——离开欧洲(1933) 321

爱因斯坦是巴伐利亚(Bavarian)科学院的通讯院士,该科学院强调与普鲁士科学院是团结一致的,并在1933年4月8日向他提出一个主要的问题:鉴于他与普鲁士科学院关系破裂,他本人认为他未来与巴伐利亚科学院应该是什么关系。爱因斯坦在1933年4月21日回答说:

> [我从普鲁士科学院辞职的理由]也许并不必然地意味着我断绝与巴伐利亚科学院的关系。无论如何,如果我想要把我的名字从它的院士名册上勾销,那是由于其他理由。
> 科学院的根本目标是保护和丰富一个国家的科学生活。可是,就我所知,当相当数量的学者、学生、在学术上训练有素的专家失去了职业和生计时,德国学术团体却袖手旁观、默不作声。我不愿属于任何一个以这样的方式行事的团体,即使它是在压力下如此做的。

爱因斯坦没有误解他的普鲁士科学院同事的观点,他的辞呈并没有在规定的日期早早到达,这一切在他的朋友马克斯·普朗克1933年3月间写给他的几封信中表明得十分清楚。这些信件直到4月初,即在他寄出他的辞呈后若干天还未到达他的手里。对他来说,必然十分痛心的是从普朗克的信中推测,甚至普朗克——正是同一个人在二十年前力劝爱因斯坦辞去他在苏黎世的任职,并接受科学院的院士职位——好像也受到在德国新闻界掀起的反对爱因斯坦的可恨的运动的影响,认为爱因斯坦的辞职仅仅是一种手段,他用这种方式从科学院离去能够达到"体面的"目的——普朗克说,这种方式"使爱因斯坦的朋友免遭无数的麻烦"。这无疑暗示,他的"朋友"已经准备赞同把他开除出去,尽管他的辞呈并未在前面收到。爱因斯坦在1933年4月6日复信给普朗克:

> ……我从来也没有参与任何"传播暴行"。我将对科学院的行为做善意的理解,假定它是在外界压力下做出这些造谣中伤陈述的。但是,即便情况会是这样,它的行为也将不是它的光荣,它的一些比较正派的院士甚至在今天将肯定觉得有一种羞耻感。
>
> 你大概已经得知,这些虚伪的控告是用来为没收我在德国的财产做辩解的。我的荷兰同行努力帮助我克服初发的经济困难。幸运的是,由于我已谨慎地做好应付这样的突发事件的准备,因此我没有必要接受他们的帮助。你将肯定容易想象,德国之外的公众对用来反对我的伎俩有何感觉。的确,正派的德国人会为用来对付我的这种不光彩的手段而感到羞愧,这一天终将到来。
>
> 我禁不住想提醒你,在所有这些年月,我只是提高了德国的威望,可是右翼报刊却对我进行有组织的攻击,尤其是近年的右翼报刊在没有人不辞劳苦地站起来支持我之时更是火上浇油,我没有容许自己被这些攻击离间。可是现在,灭绝我的无防备同胞犹太人的战争,迫使我为他们的利益使用我在世人的眼中可能具有的任何影响。
>
> 要使你更充分地体会我的感情,我请你设想一下你自己目前处于这种境地:假定你在布拉格当大学教授,假定一个政

第7章 纳粹主义的出现和倡导备战——离开欧洲(1933) 323

府夺取了权力,它要剥夺德国血统的捷克人的生计,同时又使用野蛮的办法阻止他们离开这个国家;进一步假定,在世界上部署着警卫部队,以射杀一切未经许可企图逃离这个进行灭绝他们的不流血战争的国家的人。此时,你会认为依旧袖手旁观事态发展,而不大声疾呼支持这些正在受迫害的人是正派的吗?当今德国政府的官方打算不正是要用饥饿消灭德国的犹太人吗?

如果你读了我实际所说的东西(不是歪曲的说明),你无疑会清楚地认识到,我是用认真考虑的、有节制的方式表白的。我说,这不是辩解,而是鲜明地表明了德国当局对我采取行动的卑鄙的、可耻的手法。

使我感到欣慰的是,你作为老朋友无论怎样还接近我,不管来自外部的压力多么厉害,我们之间的关系尚未受到影响。可以这么说,不管"在低级的水平上"发生什么情况,这种关系依然是美好而真诚的。对于我高度尊敬的劳厄(Laue)来说,同样的结论也适用。

又及:我已选用在某种程度上正规的姓名住址格式,以确保这封信不会在中途被打开或被查封。

在爱因斯坦寄给另一位德国物理学家、他多年的亲密而忠实的朋友马克斯·冯·劳厄(Max von Laue)的信中,显露出在德国发生的事件是多么深深地震撼了他。冯·劳厄是1914年诺贝尔奖获得者,早在20年代,当爱因斯坦遭到恶毒的政治攻击时,他是保护爱因斯坦的相当少的几个人之一。冯·劳厄也是在1933年

依然留在德国而没有对纳粹政权表示忠心的罕有的科学家之一。爱因斯坦在对牛津做短暂访问时,在1933年5月26日写信给他:

> ……我不同意你的观点:科学家对政治问题,在比较广泛的意义上讲对人类事务,应该保持缄默。德国的状况表明,随便到什么地方,这样的克制将导致把领导权不加抵抗地拱手交给那些愚昧无知的人或不负责任的人。这样的克制难道不是缺乏责任心的表现吗?假定乔尔达诺·布鲁诺(Giordano Bruno)、斯宾诺莎(Spinoza)、伏尔泰(Voltaire)和洪堡(Humboldt)这样的人都以如此方式思考和行动,那么我们会是一种什么处境呢?我不会为我说过的话中的一个词感到后悔,我相信我的行为是有益于人类的。你以为我不能在目前情况下留在你们的国家而感到遗憾吗?对我来说,这是不可能的,即使他们让我养尊处优也不可能。但是,我对你和在德国的其他几个人的热忱友谊的情感依然是强烈的。我希望我们将在比较愉快的时刻再次相会。……

爱因斯坦也在给其他几个物理学家朋友的信中表达了他的情感。在他给荷兰的亲密朋友保罗·埃伦菲斯特的频繁信件之一中,爱因斯坦于1933年4月14日说:

> 我确信你知道,我是多么坚定地相信所有事件的因果关系。因此,你充分意识到,我从未出于盲目的激情而行动。我已开始在下述方面关注德国的事态发展:

第7章 纳粹主义的出现和倡导备战——离开欧洲（1933）

一小撮病态的煽动者能够得到并利用在政治上没有见识的人的支持。这个小集团现在朝着将日益变得具有破坏性的方向运动。甚至德国之外的国家也存在着被毒害的危险，尤其是因为在德国属于这个小集团的人是宣传机关的把持者。这就是我为什么感到为动员德国以外的一些正派的个人而尽我所能是绝对必要的；而且，我极为小心谨慎地这样干了，我没有说我不会乐意为之承担责任的任何话，如果不如此迅速地施加强大的道义压力和经济压力，那么犹太人便会遭受比他们实际遭受的还要多的苦难。我们的德国朋友不需要做任何事情保护我；事实上，这样的做法会不必要地使他们处于危险之中。无论如何，必须指出的是，一般而言，在德国有教养的阶层方面缺乏勇气是灾难性的。让我提醒你，艺术院在海因里希·曼和克特·珂勒惠支的例子中其表现是多么可怜而又多么可笑。目前的另一个例子是普鲁士科学院秘书的愚蠢态度，他默许发表针对我的诽谤性的新闻短评。……

外国的许多物理学家对普鲁士科学院的态度感到惊骇不已，在他们之中有维也纳大学教授、哲学家和积极的反战斗士汉斯·蒂林(Hans Thirring)。他在致普朗克和柏林大学另一位物理学家埃尔温·薛定谔(Erwin Schrödinger)教授的信中说，他对科学院处理爱因斯坦感到沮丧。1933年5月3日，爱因斯坦答复了蒂林的来信，蒂林在来信中表达了对爱因斯坦的同情和钦佩：

在这一时期，讲那些应该认为是理所当然的事情并相应地去行动,是需要很大勇气的;的确,实际上没有几个人具有这种勇气。你是少有的几个人之一。我希望握着你的手;它是其整个思维方式与我自己的思维方式十分相似的人的手。未来将在我们一边,除非剧烈的变革摧毁所有的智力价值。

到现在情况应该很清楚了,比纯粹犹太人还要多得多的人受到连累。犹太人之所以成为牺牲者,仅仅是因为他仍占据着显眼的个人地位和智力地位。科学界的代表人物之所以没有尽其责任捍卫智力价值,是因为他们完全丧失了他们对智力价值的热爱。这就是劣等智力的邪恶个人能够攫取权力,并用他们可鄙的思想教训民众的唯一原因。

虽然事情还未处处达到这种程度,但是没有清楚地认识到我们必须斗争,我们必须说服其价值依然没有堕落的人——他们像我们一样必须不放弃斗争,那也许是灾难性的。

在欧洲的物理学家当中,爱因斯坦最亲爱的朋友是巴黎的保罗·朗之万。爱因斯坦在1933年5月5日写信给他:

亲爱的朋友:

自从我们在安特卫普(Antwerp)相遇以来,发生了一些影响深远的严重事件,这些事件威胁到我们的文明,尤其是威胁到欧洲安全。像在战时的情况一样,我们再次习惯于每天谈到骇人听闻的恐怖行为,尽管我们会意识到。这许多罪恶从来也没有被公众了解。在德国,一群武装起来的暴徒成功地使有责任心的那部分民众缄默不语,并把一种来自下面的革命强加于人,这种革命不久将成功地破坏或扰乱在社会中文明化的每一样东西。除非今天依然生活在议会制之下的国家最终决定采取有魄力的行动,否则今天威胁我们文化价值的事情在几年之内将会变成严重的军事危险。今天,这样的行为还能够具有纯粹的经济特征。不幸的是,人们并没有充分地认清我们面对的危险,或者说,如果有足够的资料的话,那么积极行动的第一步正在错过,尽管自最近一次可怕的战争经历以来已过了将近十五年。今天,我深信,采用强制性的贸易封锁,还有可能粉碎德国的威胁。

对我来说,法国政府和我的法国同行表现出的极好的态度是极大的满足。由于把我选入法兰西学院的正式通知迄今未到我手中,因此我还不能正式表达我的谢意。

我现在发觉自己处于一种进退两难的困境,这种困境与许多从德国驱赶出去的我的同胞犹太人面临的处境恰恰相反。我接受了高级研究所的亚伯拉罕·弗莱克斯纳(Abraham Flexner)在普林斯顿安排的整个冬季(五到六个月)的任命。我也应邀在紧接着的五年中每年到牛津的基督教教会学院度过一个月。此外,西班牙也为我在马德里(Madrid)大学提供了一种教授职位。在我收到法国的邀约之前,我已接受了这个职位,并允诺明年4月去那里。……最后,我答应这个月在布鲁塞尔(Brussels)弗朗吉基金会(Franqui Foundation)做一系列讲演。由于我在暑假无法做这些事情中的任何一件,因此我还不清楚何时我能去巴黎,也不清楚能在那里待多长时间。在法国领事按照法国公使的指示与我首次讨论法国的计划时,我给他讲了关于这一切的详情。

你可能觉得,不接受西班牙和法国的提供是我的本分,由于我的实际能力与对我所期望的东西是不相称的。然而,在现存的环境下,这样的谢绝可能引起误解,因为两个邀请至少在某种程度上是政治示威,我认为这种示威是重要的,且不想破坏它。……也许事件的发展有可能使我们在某一天相互亲密地生活着。这对我来说将是极大的享受。……

虽然爱因斯坦确信在普林斯顿高级研究所有职位,虽然正如他致朗之万的信披露的,几个国家的著名大学都争取得到他的服务,但是他的个人状况依然十分不安定。他没有一个固定的家;他的直系亲属还在德国。在勒科克絮梅尔的生活也不是没有变动的。有传闻说,德国人悬赏他的首级,并试图绑架或暗杀他。而且,到这里访问的人流络绎不绝,他们中的许多人是来寻求帮助的。不管怎样,爱因斯坦几乎像以前那样生活着。1933 年 4 月 29 日,他写信给托马斯·曼:

我渴望告诉你一些的确是十分明显的事情:你和你的兄长①所显示出的负责任的、有良心的态度在最近的过去是在其他方面都黑暗的德国几个快活的事件之一。其他许

---

① Thomas Mann 的兄长是 Heinrich Mann,他是一位伟大的德国作家。

多能够担当知识界领导的人既没有该角色的必要的勇气，也没有必需的力量。他们无法在他们自己和那些凭藉暴力使自己成为国家代理者的人之间划出截然分明的界限。他们行动的失败导致那些灾难性成分的力量大大增强，他们做了无数伤害德国好名声的事情。此外，他们冒着被暴徒傲慢地不理睬的危险，这些暴徒正是他们现在力图奉承的人。

情况再次变得很清楚，共同体的命运主要是由它的道德标准的水平决定的。任何名副其实的领导只有在你和你的兄弟所代表的价值和理想的基础上才能明确和发展，即使你不能活着看到这样的领导出现，但是这个希望会在这些严酷的时期和还要到来的辛酸日子里给你以真正的安慰。

1933年5月5日，爱因斯坦写信给德国作家威廉·赫尔佐格(Wilhelm Herzog)：

……[德国流亡知识分子的]伟大任务是，使那些依然坚持文化理想、自由、生活信念的国家铭记，隔岸观火是极度危险的。今天，还有可能打倒在德国篡夺权力的人，还能够用经济手段不流血地制服他们。否则，在几年内，许多人将不可避免地牺牲掉性命，甚至在这种情况下也不一定有有利的结局。我的印象是，在国外并没有恰当地估计当前危险的严重性，人们被这样的希望哄骗：恐怖的根源将有一天失去它自己的分量。……

在牛津的时候,爱因斯坦也给一位犹太复国主义者老朋友斯蒂芬·S.怀斯(Stephen S. Wise)写过信。怀斯是纽约自由犹太教会堂的教士,是在美国反对纳粹主义最早、最活跃的斗士之一。当时,怀斯教士受到美国犹太人团体的严厉抨击,因为他担心,美国犹太人对希特勒主义的任何激烈的谴责,都可能为德国政府加剧它在德国迫害犹太人的运动提供托词。怀斯在1933年5月9日致爱因斯坦的信中陈述了这些困难和争论。爱因斯坦在1933年6月6日复信说:

> 首先,我想感谢你激励我给霍姆斯先生[约翰·海恩斯·霍姆斯(John Haynes Holmes),纽约公共教堂牧师,怀斯教士的亲密朋友]写信。我这么及时地读完了你的信,这意指今天我能够向你保证,这些天我并没有慢吞吞地办事,但是我只是未能做我想要做的一切。
>
> 我考虑了你本人和赛勒斯·阿德勒(Cyrus Adler)先生[美国犹太人神学院院长]之间的分歧,你在寄给我的信中披露了这一分歧。我担保,你获知我没有达到一个明确的立场会感到惊奇。
>
> 德国之外的犹太人的这些活动变得众所周知,它们一方面可以对德国政府造成影响;另一方面,它们可能作为他们反犹太人的挑衅的口实和对德国犹太人实行恐怖统治的理由。

第7章 纳粹主义的出现和倡导备战——离开欧洲(1933)

不管怎样，十分有可能，美国犹太人的抗议示威可以成为动员美国非犹太人情感的重要因素，以致他们极其可能反对现在在德国当权的那些人。……

然而，我不怀疑，在幕后进行**充分的**，尤其是针对美国政府当局和美国新闻界的活动是更为重要的。必须一而再地强调这个简单的真相：德国正在以很快的进度秘密武装起来。工厂正在日夜开工，它们中的一些在瑞典（飞机、炸弹、坦克和重炮）。几百万人正在暗中接受训练；任何胆敢指责这些违背凡尔赛和约的人都会作为叛徒受到惩处；正在用一切恐怖手段迫使人们默不作声。在受过教育的那部分居民中复仇的欲望说明，他们反对可鄙的、蛮不讲理的政权失败了，他们在能够成功地这样做的时候却行动不力。即使听任现政府仅仅把持一年权力，那么必须付出的代价将是惊人数目的人牺牲生命和不计其数的破坏。……

如果美国领导人认识到，在这些情况下，任何默许政策都是犯罪，尤其是对法国的犯罪，为此将会得到严重的报应，那么他们肯定会毫不犹豫地对整个德国工业采取谨慎监督的政策，会找到中止进一步的犯罪发展的办法。如果美国当局正确地估计到德国威胁的性质，那么他们无疑会为德国的犹太居民安排取道日内瓦的有效护照。

公众必须通过报刊注意德国的军事危险。必须告诉他们新的欧洲战争会引起的后果，尤其是在考虑到日本造成的威胁（如果欧洲通过战争变得瘫痪了，日本的威胁便会大大增加）的时候。

虽然爱因斯坦继续强调拒绝服兵役对个人来说是多么重要，但是他在某些时候在他的下述观点上却有所动摇：使用武力从来都是不正当的；为保卫世界和平，由各国公民组成国际警察，这个概念日益吸引着他。在早先的冬天他去美国访问时，他就和反战者国际一致采取这一思想。作为回应，庞森比勋爵在1933年2月6日致反战者国际名誉书记朗哈姆·布朗的一封信中，重申了该团体的立场。庞森比的信的副本在1933年4月10日转交给爱因斯坦。庞森比使用了不妥协的语言：

……当然，爱因斯坦教授的……观点值得严密考虑。但是，我倾向于认为，由于我们希望人民认为是切实可行的东西，我们可以使我们自己对可能与我们的过激观点相冲突的折中方案承担义务。这肯定会离间对我们的支持。我们的力量在于我们毫不妥协的态度。

我完全确信，我们应该避免鼓吹像新的军事组织形式之类的任何东西。爱因斯坦教授谈到把小规模的职业部队和最终建立国际警察联合起来，这使我想起了法国的建议，它是戴维斯勋爵（Lord Davies）和其他人在这里提倡的政策。由于下述两个主要理由，我个人总是强烈反对它：

1. 它是不合要求的，因为它承认武力是能够解决国际争端的因素。

第7章 纳粹主义的出现和倡导备战——离开欧洲(1933)

2. 它是不现实的,因为国际联盟甚至就抽象的决议或声明都无法达到完全一致,它从来也不能就国际武装力量的行为和调动达成任何协议之类的东西。

……如果我容许门缝开一点,那么我在逻辑上或道理上就不得不向将方便地大开其门的人让步。我不同意把我的门锁和门闩弄丢失。我现在无法把它们锻制得足够坚固,可是后代人将这样做——比人们预想的要早些。

庞森比勋爵对有关国际警察的建议的消极反应,显然没有影响爱因斯坦本人的观点。事实上,随着希特勒把持权力和其后国际政治形势的彻底变化,爱因斯坦逐渐对在国际基础上组建军事力量感到称心如意。他在与雷费伦德·许根霍尔茨和奥托·莱曼-鲁斯比尔特(Otto Lehmann Russbüldt)重新开始的通信中讨论了这个问题。可是,对于这两位战斗的和平主义者来说,建设国际和平大厦似乎依然是最重要的任务。爱因斯坦并不反对这样的和平中心的主意,他希望这个中心有一天会由现有的和平组织联合而成,但是他突然制止他的两个和平主义朋友以他的名义从事这项雄心勃勃的计划。他在1933年7月1日写道:

……我必须坦率地承认,时间似乎不利于进一步拥护激进的和平主义运动的某些主张。例如,面对德国的重新武装,人们难道有正当理由劝说法国人或比利时人拒绝服兵役吗?

人们难道应该赞成这样的政策吗？直言不讳地讲，我不认为是这样。我以为，在目前的情况下，我们必须支持**超国家的武力组织**，而不是拥护去除一切军队。最近的事件在这方面给我上了一课。

第二天，爱因斯坦给纽约斯宾诺莎中心出版的《生活智慧评论》(*Biosophical Review*)寄去一篇声明。他再次强调他相信超国家法庭是解决和平问题的唯一可能的办法，并说他也认为国际警察是保卫和平的必要工具①。

在春季期间访问英国时，爱因斯坦在格拉斯哥(Glasgow)会见了戴维斯勋爵，他显然决定，以戴维斯勋爵为首的新公民社会的立场接近他自己的立场。1933年7月20日，他给戴维斯寄去这个声明以供发表：

> 依我之见，你的书是它们的领域中最出色的、最有用的出版物，我无法像你那么完美、那么全面地表达我的立场：
>
> 没有安全就没有裁军。
>
> 没有委托的国际仲裁法庭和国际常设部队就没有安全。
>
> 你已经令人难忘地证明了这些论点，我热情地希望你的劳动将引起它们应该得到的认真注意。

---

① 给《生活智慧评论》(*Biosophical Review*)写的声明是作为给编者Frederick Kettner博士的信，发表在这家季刊的1933年秋第3卷第1期的"和平专号"。

第7章　纳粹主义的出现和倡导备战——离开欧洲(1933)　　**335**

在紧接着的一个月,爱因斯坦同意选为新公民社会的"基本会员",并按戴维斯勋爵的请求准备了一份声明,他在声明中认为国际部队具有"警察"的特征,其中包含着这些评论:

> 如果我们要避免彻底灭绝危险的话,那么这个目标是极其必需的,不幸的是,它却无法一点一滴地达到。只有当安全问题圆满解决时,单独的国家才有可能放弃军备竞赛。这样一个纲领要求,参与国自愿放弃它们的部分主权。现在,由于愚蠢的国家主义,尤其是大国的国家主义,使这样的放弃遇到阻力。
>
> 能够实现这样的国际安排的政治家将对人类做出任何人从未做出的伟大贡献。

在这些动荡不安的日月里,爱因斯坦在勒科克絮梅尔最深入沉思的问题,涉及他在过去给予个人反对战争思想以全心全意的支持。他不再能够就所包含的原则延缓做出决定了:6月,当时住在比利时的一位年轻的法国和平主义者阿尔弗雷德·纳翁(Alfred Nahon)强烈地恳求他出庭为即将审判的两个因良心而拒服兵役者戴(Day)和康蓬(Campon)辩护,他们那时作为囚犯被拘押在布鲁塞尔。显然,爱因斯坦对该案件的可能干预也与比利时法庭有利害关系。7月初,一位与法庭接近的女士给他写信说:"第二小提琴手的丈夫乐于在迫切的事情上考虑你的意见。"这是提到比利时国王阿尔伯特(Albert),他的妻子伊丽莎白(Elizabeth)王后在几次非正式的弦乐四重奏时,相对爱因斯坦第一小提琴手担当第二小提琴手的角色①。会谈举行了;与国王的讨论显然有助于爱因斯坦在反对战争这个决定性的问题上做出决断。这一点在他于 1933 年 7 月 14 日写给国王的信中有所表示,显然这封信打算十分精确地陈述在口头会谈前要说的话:

亲爱的陛下:

因良心拒服兵役者的问题经常萦绕在我的心头。这是一个严重的问题,它远远超出我面前的这个特殊案例。

我已经表明,尽管我与反战者运动密切相关,但是我将不干预此事,其理由如下:

1. 在德国事变所造成的目前的危险局势下,比利时的武装力量只能看作是防御的手段而不是侵略的工具。而且在现在,这样的防御力量随时都是迫切需要的。

2. 如果任何人想要干预此案件,他就不应该享有你们国家的款待。

---

① 爱因斯坦与比利时皇家夫妇的友谊可以追溯到数年前,他与 Elizabeth 王后的友谊尤为密切。爱因斯坦在 1930 年从布鲁塞尔给他妻子的一封信中,他保持着把皇家家族称为"the Kings"(《旧约圣经》中的《列王纪》),仿佛他们是命名为 King 的家族一样。"我越过车站……打电话给列王。情况令人讨厌,因为电话总是占线。……三点钟,我乘车去见列王,我在那里受到十分热情的接待。这两个人具有难得找到的纯洁和厚道。我们先交谈了大约一个小时。然后英国女音乐家到了,我们演奏四重奏和三重奏(王后的音乐亲随也在场)。这样快乐地持续了几个小时。接着,他们都离去了,只有我一人留下来与列王赴宴——素食主义风格,没有随员。菠菜伴煮老的鸡蛋、土豆,再也没什么了。"(没有料到我会留下来。)Albert 国王在给爱因斯坦的复信中没有用 the Belgian Government(比利时政府)的术语,而是用术语 Les Gouvernants belges(比利时统治者)。作为立宪的君主,他可能谨防代表他的政府正式讲话。阿尔伯特国王的信是在法国写的。英译文在这里刊登是经过他的遗孀同意的。

不过，我还是想冒昧地附带做点评论。凡是因其宗教的和道义的信念而不得不拒绝服兵役的人，都不应该把他们作为罪犯来处置。至于这样的拒服兵役者是出于诚挚的信念，还是出于不道德的动机，也不应该允许任何人去审判。

依我之见，有一个比较威严、比较有效的办法来考验和利用这样的人。应该给他们提供接受比服兵役更为繁重、更为危险的工作的选择。如果他们的信念足够诚挚，他们将会选择这条道路；这样的人大概从来也不会很多。作为可替代的工作，我考虑到某些种类：矿山劳动，在船上给锅炉加煤，在医院的传染病房或精神病院的某科病房做护理，以及其他类似性质的服务。

任何自愿接受这样的服务而不付报酬的人，都具有异乎寻常的品德，实际上他们比仅仅作为因良心而拒服兵役者承认的人甚至更值得奖赏。肯定地，他不应被视为罪犯。如果比利时制定这样的法律，或者只是树立这样的风尚，那么这就构成通向真正人道的有价值的进步。

致以诚挚的敬意！

阿尔伯特·爱因斯坦

阿尔伯特国王在1933年6月24日从奥斯坦德(Ostend)寄出复信，复信是极其友好的，但是态度却不明朗：

我亲爱的教授：

我极其愉快地收到了你如此亲切地写给我的信，我向你致以我的最热忱的谢意。

对你就比利时和它的对外政策的诚意所说的话，我产生了最深刻的共鸣。

比利时政府打算不插手在它的邻国或在它的邻国之间所发生的冲突；它绝不会答应不公平待遇的实际，大多数比利时人认为这是不可接受的。正如你如此充分地讲到的，我们的部队在性质上是防御性的。在我们的部队中服役是为自由的人民的意志服务，自由的人民坚决维护在国际社会中合法地属于他们的一席之地。

我很高兴，你已经踏上我们的国土。这里的人们因其工作和智力才干与其说属于任何一个国家，还不如说属于人类；可是，他们选定作为他们的避难所的国家正是以这一事实而极其自豪。

王后和我一起向你致以最良好的祝愿，祝你在比利时逗留愉快。请接受我表达的崇高敬意。

阿尔伯特

甚至在他收到这封复信之前，爱因斯坦就采取了使他的许多和平主义赞美者失望的步骤。1933年7月20日，他写信给在比利时的法国反对军国主义者阿尔弗雷德·纳翁，纳翁曾请求爱因

第7章 纳粹主义的出现和倡导备战——离开欧洲(1933)

斯坦为两个被拘禁的因良心拒服兵役者而出面干预①:

> 我要告诉你的事将会使你大吃一惊。直到最近,我们在欧洲还以为个人反对战争能对军国主义构成有效的反击。今天,我们面临着完全不同的状况。在欧洲的心脏地区有一个强国德国,它显然正在用一切可以利用的手段推进战争。这对拉丁语国家,尤其是比利时和法国造成了如此严重的危险,以至于它们终究得完全依靠它们自己的武装力量。就比利时而言,它确实是如此之小的一个国家,是不可能滥用它的武装力量的;相反地,它需要自己的部队拼死保护它本身的生存。试设想一下,比利时被今日的德国占领了!事情会比在1914年发生的情况糟得多。即使在当时,事情也是够糟糕的。因此,我必须坦白地告诉您:假如我是比利时人,那么我在目前的情况下是不会拒绝服兵役的;相反地,我会心甘情愿地去服役,因为我相信,我这样做有助于拯救欧洲文明。
>
> 这并不意味着,我正在放弃我迄今为止坚持的原则。我的最大希望莫过于在可能不是很远的将来,拒绝服兵役将再次成为为人类的进步事业服务的有效方法。

---

① 《纽约时报》和《纽约先驱论坛报》(New York Herald Tribune)这两家报纸在1933年9月10日刊载了爱因斯坦致Nahon的信的特写,说它已于前天在《人道的祖国》(La Patrie humaine)发表。不过,9月7日的国际反对军国主义委员会的新闻服务公司却登记的是8月18日发表,这好像是比较可靠的日期。Alfred Lief确证了这个依据以及反战国际反应的文件。在不到一年之后,即在1934年5月2日,Alfred Nahon写信给爱因斯坦,告知他说,在仔细考虑之后,他已与爱因斯坦修正后的反战立场达到一致,并说他现在在法国一个军事拘留所,因为他没有按时服役。

请引起你的朋友对这封信的注意,尤其是现在在监狱的那两位。

甚至在这封信于 1933 年 8 月 18 日在《人道的祖国》(*La Patrie humaine*)发表之前,就出现了反响。保卫因良心拒服兵役者联合会(与反战者国际有关系)的法国书记给爱因斯坦写了封表示义愤的信,重申早先要求他做发起人的请求。传闻必定不会是真的!反对战争的最高宗师不会抛弃他的忠实追随者!爱因斯坦在 1937 年 8 月 28 日回答说:

几年前,我在与阿达玛教授的通信中用下面的话来为拒绝服兵役辩护:"我承认,对于非洲某些黑人部落来说,放弃战争可能包含着最严重的危险。但是,对于欧洲的文明国家来说,情况就完全不同了。……"

从我做出了这个陈述以来,我的观点没有改变,但是欧洲的局势变化了——它变得接近于非洲的状况了。只要德国坚持重新武装,并有组织地教训它的公民准备一场复仇战争,那么不幸得很,西欧各国就只好依赖军事防御了。的确,我甚至可以断言,如果它们是慎重的,它们就不会不武装而坐等遭受攻击。……它们必须做好充分的准备。

由于我像以往任何时候一样,在我的心里厌恶暴力和军国主义;但是,我不能假装没有看见现实。

如果你能提出任何其他办法使那些依然是自由的国家能够保护它们自己,那么我将乐于洗耳恭听。至于我,除非克服

第 7 章　纳粹主义的出现和倡导备战——离开欧洲(1933)

目前的危险局面,否则我无法想象军事准备之外的其他可供选择的办法。然而,如果我们认清实际上不存在其他可供选择的办法,那么我们就必须足够坦率地承认这一点。

庞森比勋爵也就他现在在关于服兵役的观点写信给爱因斯坦,爱因斯坦在不到一年前曾和他一起赴日内瓦旅行过。庞森比的信是用德文写的,所署日期是 1933 年 8 月 21 日[①]:

……假如我对你关于反对战争的态度的变化表示深深失望的话,我担保你将不会对此见怪。只有我才能理解你对德国发生的事件的烦恼与绝望。然而,在我看来,不管一个政府可能多么使人生气,这个事实并不构成充分的正当理由,来否认拒绝服兵役的合理性和有效性。希特勒的方法可能是疯狂的和犯罪的,但是我坚定地相信,他不是这样一类傻瓜,以为他能够通过对其他国家发动战争而为德国获取任何东西。他会使整个欧洲列队反对他,最终的失败将是不可避免的。此外,他既没有钱,也没有武器,还要特别担心他自己的安全,从而陷入这样的愚蠢的冒险之中。比利时的安全现在和将来唯一地依裁军政策而定。一切通过拒绝任何种类的参与战争的人,都值得我们始终不渝地尊敬和鼓励。拒绝服兵役不仅是和平时期所需要的政策,它在所有时期,尤其是在危机时期也

---

① Ponsonby 勋爵的信是由德文原件翻译的,承蒙他儿子的慨允在这里重新发表。

应该得到我们的充分支持。我对于反对战争的必要性的信念,依然是坚定不移的、毫不动摇的。我冒昧地表示希望,虽然在德国目前所采取的严酷的、暴虐的措施可能动摇你的信念,但是你将不容许你的观点改变——我确信是暂时的改变——变得众所周知,至少在你对问题做出成熟的再考虑之前是这样。如果你的观点变得为人所知,你能够确信,每一个沙文主义者、军国主义者和军火商会高兴地揶揄我们的和平主义立场。

爱因斯坦在 1933 年 8 月 28 日复信说:

按照我的观点,在像欧洲这样占支配地位的环境下,直到去年年底,拒绝服兵役依然是在为理性和尊严而斗争中的有效武器。可是现在,形势已经变化了;我希望它将不会长久地依旧如此。

德国正在狂热地重新武装起来,全体居民正在被用国家主义思想灌输,为战争而训练,你难道可能没有意识到这一事实吗?德国的太上皇较为容易降临到法国人头上,而降临在他们自己公民头上则不大容易,因为他们不是顺从的工具,你暂且相信这一点吗?除了有组织的力量以外,你会提出什么防御呢?

我讨厌一切武装和任何种类的暴力。可是,我坚定地相信,在目前的世界形势下,这些可恨的武器提供了唯一有效的防御。我敢肯定,假如你自己今天在法国政府担任一个负责任的高级职务,那么你也会觉得不得不在面临占上风的危险时改变你的观点。

为回答许多询问,反战者国际于1933年9月底在它的部门之间流传爱因斯坦与庞森比的交换信件,并责令严守秘密。反战者国际书记H.朗哈姆·布朗写道:"在此刻,不存在得到爱因斯坦教授的任何撤回的可能性。这对我们的事业是一个重大的打击。"反战者国际的另一位职员说:"我担心,我们现在能够做的事情无非是,公开地强调我们已经恢复的、为反对战争的原则而奋斗的决心,并指出这一失败并不意味着我们的原则是不健全的,而是意味着人性毕竟是十分脆弱的。"

爱因斯坦给纳翁的信在和平主义者的圈子内引起惊慌失措,这在国际反对军国主义委员会的《新闻服务》(Press Service)的一篇文章中做了说明,《新闻服务》是在荷兰的哈勒姆(Haarlem)出版的。1933年9月7日的特写重新引用并讨论了爱因斯坦的信,它是以"爱因斯坦是变节者"为题发表的,并包含了这些不友好的评论:

……在一个十分关键的时刻,爱因斯坦起了军国主义的作用。……他现在认为,他能够借助于炸弹、毒气和细菌拯救欧洲文明。……爱因斯坦的变节是德国国家社会主义的重大胜利。……爱因斯坦的行为给反对军国主义的斗争造成了彻底的伤害。

爱因斯坦无法知道的另一个严厉反应在罗曼·罗兰 1933 年 9 月的日记中表达出来[①]。罗兰回忆起他早先反对爱因斯坦的"幼稚的保证"和"虚伪的允诺",即数千人决心拒绝接受服兵役就能够防止战争(参见 p.118)。现在,爱因斯坦拒绝支持真正的因良心拒服兵役者,而过去他在他们抗命时曾鼓舞他们,于是他背弃了他曾经鼓吹的信条。

这样的精神软弱性在伟大的科学家身上的确是不可想象的,他应该在把他的陈述交付传播前仔细权衡和表达它们。使人更为不可思议的是,这种软弱性竟出自相对论的作者。像今天占上风的那些境况可能使得实行他所拥护的因良心拒服兵役处于危险之中,但是他难道从未想到这些境况会发生吗?在没有包含危险时倡导这种思想是易如反掌的事,是一种智力游戏;另一方面,在没有充分考虑所有含义的情况下,人们为教训盲目而自信的青年人承担了特别严重的责任。在我看来十分清楚,爱因斯坦在他的科学领域内是一位天才,但在科学领域外却是软弱无力的、优柔寡断的和反复无常的。我不止一次地感觉到这一点。

当人们获悉德国人已经叫嚣向反对德国的其他国家动武时,人们能够想象纳粹党徒的杀人凶相。没有什么东西更能危害德国犹太人的事业了。爱因斯坦没有预料这一点。我担

---

① Romain Rolland 日记的节录译自 Marie Romain Rolland 夫人提供的手稿;承蒙 Rolland 夫人的慨允重新发表这些节录。

心,他现在可能发现要证明自己有理是十分困难的。他的不断向后转、他的犹豫不决以及自相矛盾,这一切比公开宣称的敌人的无情固执还要糟糕。……

抗议信继续飞来。国际争取和平战士联盟就爱因斯坦改变了的观点的真伪提出质问,他们认为这彻底背离了他早先的声明,而这些声明已经成为和平主义者的真正信条。爱因斯坦在1933年9月7日答复说:

事实上,我就所提出的问题写了两份叙述;它们都表达了我的信念。我不能想象,任何一个通情达理的人都会希望法国和比利时无依无靠地遭受德国可能的侵略。可是,目前的局势毋庸置疑地表明,这些国家依然是无防备的,侵略恐怕是不可避免的。假如国际形势即便恢复到一年前时的状况,那么我愿回归我先前的立场,但肯定不是回到更早时候的立场。

两天之后,在出发去英国前夕,他写信给比利时反战者委员会:

我确实坚持认为,在目前的环境下,拒绝服兵役在那些遵循民主体制的国家中是不合适的。只要不存在国际警察,这些国家就必须着手保护文化。在过去几年内,欧洲的局势明显地变化了;如果我们对这一事实熟视无睹,那么我们便会因失算而让我们的仇敌占便宜。

234　事实上,从在勒科克絮梅尔这个时期起,爱因斯坦就觉得不得不发表一个一般的声明:

> 我的理想依然是通过仲裁解决国际争端。直到一年半前,我还认为拒绝服兵役是达到这一目标的最有效的步骤之一。那时,在整个文明世界,没有一个国家事实上打算用武力制服任何其他国家。我依然全心全意地拥护这样的思想:必须避免好战的行为,必须达到国家之间关系的改善。
> 正是由于这个理由,我相信,什么事也不去做,很可能会削弱那些代表今天最希望实现这一思想的欧洲国家的有组织的力量。

在去英国前,爱因斯坦会见了德国流亡者莱奥·拉尼阿(Leo Lania)[①]。

> 我蛮有把握地确信一个事实,在我看来它似乎隐含着纳粹独裁[拉尼阿向他举例]迅速的、不可避免的垮台。这不是我所指望的纳粹主义反对者的力量和德行。它在于纳粹自身的愚笨。……
> 有人说,戒严时期的存在容许糟糕透顶的低能儿支配一个国家。这是不正确的。没有某种智力,即使两侧布满刺刀

[①] 与 Lania 的会谈发表在 1933 年 9 月 19 日《纽约世界电讯》上,电讯标明的时间是同一天,地点是勒科克絮梅尔,此时爱因斯坦已在英国十天了;会谈的节录经报业联合会的允许最新发表。会谈的节录稍微做了修正。

的独裁者也不能无限地维持他的统治。希特勒及其走狗,甚至缺乏在现代条件下独裁所需要的最低限度的智力。……

我信任民主主义者正由于这一理由,我没有去俄国,尽管我收到了十分热诚的邀请。我若去莫斯科旅行,苏维埃的统治者肯定会利用它为他们自己的政治目的谋利。现在,我是布尔什维主义的反对者,正如我是法西斯主义的反对者一样。我反对一切独裁。

我从来不愿生活在法西斯阴影下的意大利,也不愿生活在秘密警察统治下的俄国,自然而然地,我更不愿生活在德国,倘若它们都是我可以去的地方的话。今天,我不需要与德国有任何关系。……整个文明世界为什么不联合起来,一致努力结束这种现代的野蛮状态,我实在回答不了这个问题。世人是否没有看到希特勒正在把我们拖入战争?……

在动身赴美国之前,爱因斯坦于1933年9月9日到达英国,在此逗留了一个月。第二天,他向他的秘书(暂住勒科克絮梅尔)海伦妮·杜卡斯诉苦:

……反军国主义者攻击我是罪恶的叛徒。这些同伴们戴着眼罩,他们不肯承认他们被逐出"天堂"。

敦促他澄清他的观点改变的信件随着他到了英国,甚至到了美国。阿姆斯特丹大学教授 G. C. 黑林加(G. C. Heringa)是无法相信所发表的报道的另一位和平主义者。1933年9月11日,爱因斯坦从英国克罗默(Cromer)写信给他：

> 我向你保证，我目前对服兵役的态度，是极其勉强地并经过艰苦的内心斗争之后达到的。一切罪恶的根源都在于这样的事实：没有强大的国际警察，也没有能够执行其裁决的真正有效的国际仲裁法庭。完全一样，只要大多数欧洲国家热心和平，反军国主义者拒绝服兵役就是正当的。现在，这不再适用了。我深信，德国的局势发展倾向于好斗的行为，这些行为类似于大革命后在法国出现的情况。如果这一趋势获得成功，那么个人自由的最后残余将在欧洲大陆丧失殆尽。
>
> 虽说德国状况的恶化的确部分地归因于邻国的政策，但是在这个时机无意因这些政策而指责它们。明明白白的事实是，当前在德国占上风的武力和镇压的真相对欧洲大陆和它的居民的独立性具有严重的威胁。这种威胁无法用道义手段成功地防止，它只能用有组织的武力来抵挡。为了制止较大的罪恶，就必须暂时接受较小的罪恶——可憎的军事罪恶。如果德国的武装力量占优势，那么无论住在欧洲的任何地方，生命也将毫无价值。
>
> 不管怎样，我认为即使在现在，通过外交压力制止德国重新武装以避免战争，为时还不太晚。**但是，这样的压力将需要德国邻国方面绝对的军事优势**。破坏这样的优势或制止它的实现，等于出卖欧洲自由的事业。
>
> 你不能把法国的军国主义与德国的军国主义相提并论。法国人民，甚至最高层的人士总的来说依旧是在数量上占优

势的和平主义者,他们正在坚持认为军队只是用来保卫他们的国家。这对比利时人民来说甚至更为正确。

总而言之,在目前的环境下,现实的和平主义者应该不再拥护消灭军事力量;相反地,他们应该力求使军事力量国际化。只有当达到这样的国际化之时,才有可能使军事力量转变为国际警察的规模。只是由于对此熟视无睹,我们才没有使危险消失。

在英国逗留期间,爱因斯坦与英国主要的政治家举行了会谈,他努力使他们确信德国重新武装造成的威胁。他会见了温斯顿·丘吉尔(Winston Churchill)、奥斯汀·张伯伦爵士(Sir Austen Chamberlain)和劳埃德·乔治(Lloyd George)。他给他的妻子写道:

> ……今天,我拜访了丘吉尔。他是一位有智慧的杰出人物。情况在我看来十分清楚,这些人提前做好了他们的计划,并决定**立即**行动起来。……

自纳粹1933年10月3日攫取权力以来,爱因斯坦在伦敦做了首次重要的公开露面。露面的场合是避难者救助基金管理机构在皇家阿尔伯特会堂组织的一次群众集会,若干救济机构其中包括公谊会教徒都参加了集会,其目的在于向从德国流亡出来的学者或不久要被从德国驱逐出去的学者提供帮助。因为伦敦警察厅收到了一个特别消息,即暗杀爱因斯坦的阴谋在酝酿之中,所以会馆戒备森严。很显然,爱因斯坦依然没有意识到危险,虽然根据一些报道,类似性质的威胁是他决定去英国的一个因素。在会议上,一万名听众聆听爱因斯坦、奥斯汀·张伯伦爵士(前英国外交大臣)、詹姆斯·金斯(James Jeans,物理学家和天文学家)、卢瑟福勋爵(Lord Rutherford,物理学家)和威廉·贝弗里奇(William Beveridge,经济学家和教育家)的演说。爱因斯坦的演说如下[①]:

> 我很高兴你们给我一次机会,让我向你们表达我作为一个人、一个善良的欧洲人和犹太人的深挚谢意。通过你们充分组织的救助计划,你们不仅向那些无辜遭受迫害的学者,而且也向整个人类和科学给予巨大的帮助。你们表明,你们以及作为一个整体的英国人民依旧忠实于宽容和公正的传统,你们国家在数世纪内自豪地坚持了这个传统。
>
> 正是在像我们今天处处经历的经济困危的时代,我们才有可能认清人民充满活力的道义力量的有效性。让我们希望

---

① 阿尔伯特会堂讲演的译文大体上遵照 1933 年 10 月 4 日《纽约时报》刊出的译文,该文在 OOMLY 第 148 页重印(没有第一段和最后一段)。作为与德文手稿比较的结果,做了一些修正,这不包括涉及年青科学家在灯塔中进行他们的研究的三段话。这些评论必定是爱因斯坦增添的,它们实际上与其他讲话毫无关系,这些评论可能成为该讲演在 OOMLY 中冠上另外一个不恰当的标题"科学和文明"的原因。在 1947 年夏《美国学者》(The American Scholar)的一篇有关爱因斯坦的有理解力的文章中,他的前合作者 Leopold Infeld 提到了这一经过:"他曾经写过,灯塔看守人的职位适合于科学家,因为它能给科学家许多闲暇时间思考和工作。我极力向他解释,世界上只有两三个人能够在这样的条件下从事科学工作,几乎每一个人在他的工作中都需要联系。爱因斯坦听取了我的观点,但是要他同意我的观点则是不容易的。事实上,他是唯一能够满意地做一个灯塔看守人的科学家。"(承蒙《美国学者》的慨允重印。)也可以参见 SEELIG 第 241 页。

在未来某个时候,当欧洲在政治上和经济上统一起来以后,历史学家在做出判断时能够说:在我们自己的时代里,这个大陆的自由和荣誉是靠西欧各国拯救的;它们毫不让步地反对仇恨和压迫势力;它们成功地捍卫了个人自由;个人自由给我们带来了知识和发明的每一个进展,要是没有个人自由,每一个有自尊心的个人都会觉得生命不值得继续下去。

要评判多年把我算在其公民之中的那个国家的作为,这不可能是我的任务。在必要去行动的时候,甚至连试图去评价它的政策也许都是无用的。今天,决定性的问题是:我们如何才能拯救人类和人类的文化遗产?我们怎样才能保卫欧洲免于进一步的灾难?

毋庸置疑,目前的世界危机以及它酿成的苦难和穷困,在很大程度上是造成我们今天目睹的危险动乱的原因。在这样的时期,不满产生仇恨,而仇恨又导致暴力行为、剧烈的变革乃至战争。这样一来,我们看到,灾难和罪恶怎样引起新的灾难和罪恶。

像二十年前的情况一样,起主导作用的政治家再次面临重大的责任。人们只能希望,在还不太晚之前,他们为欧洲制定一类其意义一清二楚的国际条约和义务,从而使所有国家最终认识到,任何战争冒险的尝试终归是枉费心机的。不过,政治家的工作只有受到真诚的、坚决的人民意志的支持时,才能获得成功。

我们不仅关心保障和维护和平的技术问题,而且也关心启蒙和教育的重要任务。如果我们要抵抗威胁思想自由和个人自由的势力，那么我们必须充分地意识到自由本身正处在危险之中这一事实；我们必须清楚地认识到，我们把多少东西归功于我们的先辈通过艰苦斗争赢得的自由。

要是没有这种自由，就不会有莎士比亚(Shakespeare)、歌德、牛顿、法拉第(Faraday)、巴斯德(Pasteur)或李斯特(Lister)，人民群众就不会有像样的家庭生活，不会有铁路或无线电，不会有传染病的防治办法，不会有廉价的图书，不会有文化，不会有普遍的艺术享受，就不会有把人从生产生活必需品所需要的苦役中解放出来的机器。假如没有这些自由，大多数人就会被迫过压迫和奴役的生活，就像他们在亚洲古代的庞大专制国家所过的生活一样。只有在自由的社会中，人们才能有所发明，并创造出文化价值，这使得现代人的生活更有意义。

毫无疑问，目前的经济困难将发布一些法规，内容是劳动供需之间以及生产与消费之间的调节经常通过政府控制来实现。但是，这些问题也必须由自由的人来解决。在寻求解决办法时，我们必须谨慎行事，不要被驱使到一种能够阻碍任何健康发展的奴役制度中去。

我想讲一讲我最近想起的一个主意。当我孤独地住在乡间时，我注意到单调的平静生活如何激励创造的思想。即使在现代社会里，也有某些职业需要人们孤独地生活，不要求付出较多的体力劳动或脑力劳动。我想到的是像看守灯塔或灯塔船这样的职业。难道不可能让希望思考科学问题，尤其是思考数学或哲学性质问题的青年人从事这样的职业吗？具有

第7章 纳粹主义的出现和倡导备战——离开欧洲(1933) 353

这样的抱负的青年人,在他们生活中的最多产的时期,也没有几个人有机会在一段时间内不受干扰地全神贯注于科学性质的问题。即使年青人足够幸运地在有限的时间内得到了奖学金,他也被迫要尽可能快地得出确定的结论。这种压力对于从事纯粹科学的学生只能是有害的。事实上,年青科学家参加一种谋生的实际职业,情况就会好得多,不用说得事先假定,他的职业能为他的科学工作提供足够的时间和精力。

难道我们只是悲叹我们生活在一个紧张、危险、穷困的时代这一事实吗?我以为并非如此。人像其他每一种动物一样,就其本性而言是被动的。除非受到环境的刺激,他几乎不去不辞劳苦地对他的状况做出反应,并倾向于像自动机那样机械地动作。我想我年纪够大的了,完全有资格说,在我的幼年和青年时代,我是经历过这样一个阶段。在这个阶段,人们只考虑他们个人生活的琐事,把头发向后梳得光光的,并力图像他们的同伴一样谈论和行动。人们只能艰难地察觉什么东西隐藏在行为和言语的习俗假面具的后面。这种假面具包住真实的人,仿佛他被包裹在棉絮中一样。

今天是多么不同!在这个暴风雨时代的明澈透亮的电闪中,人们能够洞察毫无掩饰的人和人的价值。每一个国家和每一个人现在都一清二楚地暴露出他的优点和弱点,他的目的和激情。在当前事变的冲击下,通常的行为就变得毫无意义了;习俗像干枯的荚壳一样脱落了。

人在危难中会逐渐意识到经济制度的不合理和需要超国家的政治约束。只有当遭受到危险和动乱时,国家才感到不得不采取进步性的措施；人们只能希望，目前的危机将导向一个更美好的世界。

但是，除了这些相当抽象的进路外，我们决不可忽视那些至高无上的、永久的价值，唯有它们才给生活增添了意义。我们应该把它们作为一份遗产力图传给我们的子孙。这份遗产比我们从我们自己祖先那里接受的遗产更加纯洁、更加丰富。像你们所做的高尚的努力将有助于这个目标的实现。

显然，爱因斯坦被说服在发表演说时删去两段话，这两段在他的原稿中是紧接第三段的。所述如下：

在一个大国，由于仇恨和复仇的说教而导致的夺取权力，对世界和平构成了严重的威胁，不管篡夺者是否有意识地图谋战争。欧洲的历史提供了许多这样的事态发展的例证。即使我们没有听到德国秘密重新武装以及其他令人不安的动向的内情，目前欧洲的局势还是引起警惕的原因。

不过，现在依然是避免危险战火的时机。倘若我可以表达希望的话，那么我想建议，与其咨询法庭，还不如咨询消防署，而且我们尤其要了解其住宅最直接地遭受危险的那些邻居的观点和愿望。

作为一个事实问题，爱因斯坦好像就这次讲演写了两个截然不同的讲稿。第二个讲稿成为一本单行本《欧洲的危险——欧洲的希望》(*Europe's Danger—Europe's Hope*)的基础，该单行本

第7章 纳粹主义的出现和倡导备战——离开欧洲(1933)

1933年在伦敦由欧洲公谊会出版,其中也包含着阿尔伯特会堂讲演的几个部分。这里是小册子中所用的抄本的原译本[①]:

> 当我谈到欧洲时,我并不是意指欧洲的地理概念,而宁可是指某一种对生活和社会的态度,这种态度已在欧洲成长起来,它概括了我们欧洲文明的特征。我讲到诞生于古希腊的那种精神,这种精神在一千多年后文艺复兴时代从意大利传播到整个欧洲大陆——这就是个人自由和对个人权利尊重的精神。
>
> 如果我们对逝去的岁月没有认识,即不了解唯有个人才真正能够创造新的和有价值的东西,那么我们把我们对自然规律和改善我们人类状况空前的技术可能性的知识归功于什么呢?这就是必须保证个人有发展、交流和礼拜的自由——迄今这种自由与社会的利益是和谐一致的——以及行动自由的原因。
>
> 不容否认,目前世界局势正在威胁人的高贵存在的基础。有一些正在起作用的势力,企图毁灭自由、宽容和人的尊严这一欧洲遗产。法西斯主义、国家主义、军国主义和共产主义在形成各种各样的政治制度时,都通过国家导致对个人的镇压

[①] 虽然在抄本中是这样标明的,但是爱因斯坦的阿尔伯特会堂讲演根本不可能是为此目的——在其中提到了"读者"——而打算的。在这次讲演基础上的欧洲公谊会单行本(《欧洲公谊会出版物》(Friends of Europe Puhlication)第4号)的序言易于使人做出解释,它代表讲演的全文;虽然小册子包含讲演中的一些材料,但情况肯定不是那样的。

和奴役，并且终结了宽容和个人自由。

一切爱护更加尊严、更加满意的人性存在的人，一切相信他们理解当今威胁的潜在原因的人，都应该感受到不得不发出他们的抗议声和警告声。如果我们不全力以赴地去行动，我们将注定堕入与古代亚洲专制政治统治下的生活方式难以区分的生活方式。事实上，由于现代的暴君有时比他们古代的老祖宗更没有理性，他们拥有随意支配大得多的施加暴力的技术手段以及诸如学校、无线电和报刊之类的心理武器，而凡人对此又无法抵御，因此情况甚至还要糟糕得多。

专制政治的本质不仅在于一个拥有事实上的无限权势的人把握着权力这个事实，而且在于社会本身变成奴役个人的工具。这就是我为什么认为，奴役于国家是欧洲精神的主要敌人的原因。这意味着，国家不是它应当是的东西——它的公民手中的工具，国家归根结底要无条件地控制它的全体人民。德国人用 Menschenmaterial（人力资源，man power）这个术语，而不是用"人"（the people）来表达这一概念。

什么因素使自由欧洲转化为国家奴役？我的简单答案是：在每一个孤立的国家方面对于军事组织的需要，换句话说，现有的国际法的混乱。德国的地理位置使该国暴露在受攻击之下，因此这使得它最依赖严格的军事组织，由于这一事实，我认为德国人已沦为国家的无用的牺牲品。这样的军事组织，要求把个人降格为忠顺的、毫无意志的爪牙。它要求，把年青人训练得机械地、毫无异议地顺从他们的"上司"。简而言之，这意味着统统放弃个人自由和人的尊严。

第7章 纳粹主义的出现和倡导备战——离开欧洲(1933)

今天统治德国的那些低劣的人,把他们的力量主要归因于下述事实:前几代人被教导要做奴隶,要采取与标志真正的欧洲特征的个人责任感截然相反的态度。

被承认是欧洲文明的基础的个体主义,比任何其他东西受到各国军事组织更为严重的威胁;如果这一点是真的,那么不容置疑的是,就如何应该和必须克服这种危险而言,每一个国家都必须对它的邻国的安全做出有效的保证。没有对整个国家共同体的安全保证,计划的裁军是不可能的;战争不是按照确定的规则所做的客厅游戏。根据这一基本原则,我毫不含糊地分享法国人的观点。

我进而深信,由国家共同体所做的国家安全集体保证也绝不是充分的。必须使各个国家军事设置国际化,即把它们转变为隶属于超国家实体权力的国际警察。

如果读者认为这是乌托邦,那么为比较起见,让他设想一下一个没有法庭、没有警察的国家,与此不同的是,不论第三方何时对一个同胞公民犯了非法行为罪,法律使得每一个公民起来保护这个公民。你能够片刻相信,这样一个国家的公民永远应该没有武器吗?我怀疑这一点。

导致日内瓦裁军会议的官方努力的认真性质表明,对于悬浮在我们头上的危险存在着普遍的意识,迄今它没有达到裁军是不难理解的。有一些问题是不能一点一滴地解决的,例如战争问题。或者各个国家的安全通过国际安排来保证,在这种情况下,国家将不需要再维持它们自己的军事设置;或者不存在这样的保证,每一个国家将继续武装到牙齿。

依我之见，国家主义正是对军国主义和侵略的理想主义的理论解释。法西斯主义是完全适合于军事目的的政府形式。这明白地表现在下述事实上：元首①只有借助侵略行为才能继续把持权力，至少为公开上台要这样做。他必须永远在他的人民的眼前悬吊真实的或假想的攻击目标，为此他正在要求人民牺牲他们的自由。

爱因斯坦在美国定居后数月，欧洲公谊会秘书伦尼·史密斯(Rennie Smith)给他寄了一批该团体的单行本，请求他帮助，以保证在美国广泛地散发它们。同时也暗示，他也许能够协助筹集资金，为的是首先提供"在德国发生的特别是与外部关系有关的准确信息，其次鼓励人民和政府为防止战争而合作"。史密斯先生请求爱因斯坦准许美国报纸重新发表他的单行本，他显然不知道这样的重印已经发生过了。爱因斯坦在1934年2月13日答复说：

《纽约先驱论坛报》2月4日在未和我协商，甚或未通知我的情况下，在我的名下发表了一篇文章[利用单行本的内容]。……删去了任何提及欧洲公谊会的话。我不认为我应该缄默不语地宽恕这类损害，但是我自己没有时间追究这件事。

我的文章在欧洲公谊会的文选中发表是十分合适的，该出版物是留给特殊的一群人的。无论如何，我不会允许在报

---

① 元首(Führer)是纳粹党魁希特勒的称号。——译者

纸重新发表,因为这样发表有可能给还生活在德国的犹太人和思想开明的人带来不利的后果。那些在德国行使专制权力的人把我视为变节的德国人,他们将使清白无辜的人为我的行为承担责任。……

第8章 到达美国重新武装和集体安全(1933～1939)

1933年10月17日,爱因斯坦到达美国,从未返回欧洲。他接受了普林斯顿高级研究所的职位,这成为他永久的、最后的所在。在接下来的六年间,直到战争在欧洲爆发,与自从第一次世界大战结束以来的其他任何时期相比,爱因斯坦就战争与和平问题所发表的公开声明比较少。他的相对沉默不能归因于他与欧洲和他的老朋友的有形隔离,这也不是由于他的基本信念有任何变化;更确切的解释是,主要由欧洲政治集团配合变化所引起的国际局势的完全改变。爱因斯坦从来也不怀疑,德国的纳粹主义意味着战争,除非其他西方国家及时采取恰当的措施来防止危险。这就是为什么爱因斯坦现在比以前不怎么频繁地敦促通过国际法实现国际和平的缘由;他了解,只要希特勒和墨索里尼把持权力,在任何时候要实行这一点都是很困难的,要达到它肯定是不可能的。

正如这六年期间他的论著所揭示的,爱因斯坦常常受到猛烈的批评,其原因不再是通过个人推动反对战争,而是因为拥护西方国家重新武装。他通过强调法西斯主义的可怕企图和唤起对纳粹主义狂热发动战争的注意,一而再地试图费力解释这种变化的理由。他曾经说过,对这些不幸的事实熟视无睹,就是对和平主义理想的犯罪。他深信,达到和平的方法必然地要适应变化着的环境。

第8章 到达美国重新武装和集体安全(1933~1939)

他力促美国放弃孤立政策,加入国际联盟,他希望国联能因美国的成员资格而大大加强。甚至在1933年之前,他就考虑是否有必要促进建立国际警察来保护国际安全,尽管他的和平主义同伴对这一思想表示不满。很可能是因为在德国的灾难性的事态发展,爱因斯坦现在开始深信不疑,国际警察是消除战争的不可或缺的先决条件。倘若已有国际警察,他会更喜欢这样的国际武装组织,而不是各个国家的重新武装,他现在认为后者对德国的侵略是可能的解毒剂。

爱因斯坦对他在美国新环境的情感在他1933年11月20日所写的一封信中反映出来,这封信是写给他的朋友伊丽莎白王后的:

亲爱的王后:

我早就该给你写信了,尽管你已不是王后了。可是,我不十分明白,为什么这个事实会成为一个障碍。然而,这样的问题更多地处在心理学家的学问范围之内。我们大多数人都偏爱观察我们自身之外的事物,而不是我们自身之内的东西,因为在后一种情况下,我们看到的只不过是黑暗的洞穴,这意味着全无。

自从我离开比利时,我直接或间接地感受到了许多好心善意。我尽可能地答应把力劝我在政治事务和公共事务上保持缄默的人的明智忠告记在心中,这不是由于我胆小怕事,而是因为我没有发现做任何好事的机会。……普林斯顿是一个令人惊奇的小地方,矮小的村民古雅而讲究礼仪,像神仙一样超然自得。可是,由于不理某些社会习俗,我能够为自己创造一个有助于研究和摆脱烦恼的环境。在这里,构成所谓的"上流社会"(society)的人比他们在欧洲的对应部分享受的自由甚至更少。不过,由于他们的生活方式倾向于从儿童时代起就抑制个性发展,因此他们似乎没有意识到这种约束。如果欧洲文明像它在希腊那样崩溃的话,那么将要造成的智力废墟也像它当年一样深刻。悲剧性的讽刺在于,唯一的魅力源泉和欧洲文明的价值——个人自作主张和各种国民团体的价值——也可能导致倾轧和衰退。……

爱因斯坦大概没有真正打算不插手公共事务,他也不能不插手这些事务。关于他就反对战争改变态度的不安继续存在着。几乎在他刚一到达美国,他就用一般的声明答复了提交给他的几个询问,他在离开比利时前就起草了这个声明。1933年10月22日,F. M. 哈迪(F. M. Hardie)——在他的统辖下,著名的牛津联盟社团正式通过一项动议:"牛津大学的基督学院将决不为它的国王和国家而战斗"——给爱因斯坦写了一封信,这封信本质上能够简化为一个单音节的问题:"为什么?"一位和平主义者说起哈迪教授时,甚至把和平放在正义之上:"为了做到首尾一贯,和平主义者应该主张,被希特勒统治甚至比战斗更可取。"爱因斯坦在1933年11月答复说:

> 我将高兴地尝试回答你的问题。我与你具有共同的信念:避免战争是今天摆在人类面前最重要的任务。不过,在希

第8章 到达美国重新武装和集体安全(1933～1939)

望避免战争时,我不能走得太远了,以致同意永久破坏我们的一切智力传统和政治传统。

直到希特勒政权出现之前,我都持有这样的观点:拒绝服兵役是反对战争的正当而有效的武器。在那些岁月,没有一个国家企图用武力并以其他国家为代价把它的意志强加于人。不幸的是,情况变化了,今天在德国,正在用军国主义和好战精神系统地对全体居民进行灌输。有人觉得这个事实证明先发制人的战争是有道理的,我坚决不同意这种看法,但是我相信,那些保持民主制度的国家必须尽其所能,通过警惕和谈判制止这一危险的动向。只有当德国的篡位者逐渐认识到,武力冒险的政策证明对他们是毫无希望时,这样的进路才能够成功。除非欧洲其他国家军事上是强大的、团结的,否则德国人是不愿承认这个事实的。因此,在当前的局势下,我不相信追求一种有可能削弱欧洲民主国家的军事力量既有益于欧洲,也有利于和平事业。

和平主义者之间的吵闹依然存在。1933年12月3日,在答复国际妇女争取和平与自由同盟费城(Philadelphia)分部的一个困惑的询问时,爱因斯坦详细地重申了他的立场:他相信限制国家主权的必要性,相信真正有效的国际仲裁权力的重要性;但是他也深信,在面临希特勒的威胁时,反战是不正确的政策:

……不用说,这并不意味着我彻头彻尾地变成了战争的支持者。相反地,我认为,在像这样的时期,在这些[欧洲民主]国家备战是向和平主义目标迈进的最有效的手段。我几乎不需要强调,与在国家的基础上的裁军政策相比,我更偏爱创建一支足够强大的国际武装力量或国际警察。

1933年12月28日,为纪念阿尔弗雷德·B.诺贝尔(Alfred B. Nobel)诞生一百周年,"世界和平道路"在纽约设宴,爱因斯坦和诺贝尔奖获得者辛克莱·刘易斯(Sinclair Lewis,文学)、弗兰克·凯洛格(Frank KelIogg,和平)和欧文·兰米尔(Irving Langmuir,化学)都是宴会的贵宾。前美国国务卿、凯洛格-白里安公约之父弗兰克·凯洛格发表了主要讲演,他讲演的论点与爱因斯坦的信念并无严重分歧,只不过凯洛格认为逐渐裁军的政策是可能的,与爱因斯坦那些日子提议的相比,他倡导给国际仲裁法庭在某种程度比较有限的权力。爱因斯坦自己的评论主要涉及诺贝尔的为人[①]:

> 今天,我们聚集在这里,表达我们对诺贝尔基金高尚的创始人的感激之情。我相信,我们也许能够通过尝试理解他的[诺贝尔的]动机,最有效地达到这一点。在促使他选定如此独有的最后遗愿时,在这个人的内心究竟可能发生些什么呢?
> 我认为,这个问题的答案可以在下述事实中寻找:经济力量的达到难得建立在生产能力或创造成就的基础上。独创性

---

① 在诺贝尔宴会上的讲演在这里译自德文手稿。据推测,另一个译文是爱因斯坦实际上宣读的译文,它发表在1933年12月19日《纽约时报》上,同时一起发表的还有四位贵宾的照片,爱因斯坦身着一套夜礼服,显得最不自在。

第8章 到达美国重新武装和集体安全(1933～1939)

和组织能力来自截然不同的才干,很少在一个人身上结合在一起。叔本华(Schopenhauer)认为意志和理智互不相容,这是没有错的。

诺贝尔也许本来是一位创造性的人物。当他的组织才能命中注定使他达到超群出众的力量时,实际影响他的是创造精神的发展和充实人格的培养。对个人自由和思想自由的热爱必然导致渴望全神贯注于和平问题,因为与战争和军国主义相比,在这里不存在对个人自由的较大的威胁。

诺贝尔的主要创造性成就正好有利于他认为是最大罪恶和祸害的军事力量,这完全可能使他陷入极大的烦恼之中。这样一来,我们应该把他的遗言看作是来自他这一方面的英勇努力,为的是保证他毕生事业的成果服务于善良的、赋予生命的意图,并且以这种方式消解他人格中痛苦的矛盾。于是,遗言相当于最高尚的自我解脱行为。

正是像诺贝尔这样的人,将帮助我们找到解决今天困扰我们的紧迫社会问题和经济问题的办法——对这些人来说,经济成就只不过是服务于**人的**价值发展的工具。

爱因斯坦重新开始他给反战会议发送祝词的做法,尽管现在越来越多地强调建立真正的国际组织的必要性。1934年3月22日,他写信给纽约大学反战委员会:

> 我高兴地获悉,纽约大学的学生将通过举行一个致力于和平问题的会议,计划纪念美国参加世界大战第十七周年。

由于美国在世界上的重要政治影响,因此年青一代正在对我们时代这个最重要的论题感兴趣,本身就具有重大的意义。我们永远不能忘记,正是美国的伟大儿子伍德罗·威尔逊(Woodrow Wilson),为创建国际联盟承担了责任。

有利于和平和裁军的解决办法是不够的。尽可能多的人必须认识到,这些伟大的目标只有通过建立一个国际组织才能达到,这个组织把所有的大国都包括在内,并拥有由它随意支配的足够的执行力量。

我进而认为,你们的会议应该支持尼古拉斯·默里·巴特勒校长的建议:在美国和英国之间必须在这个问题上进行合作。如果美国学生和英国学生之间的合作能够开始的话,尤其是自从明确类似的动向在英国学生团体中引人注目以来,那么这也应该是最称心如意的。

爱因斯坦为新泽西州1934年3月举行的官方欢迎会起草了下面的讲演:

对于你们的诚挚表示,我十分渴望向你们大家表达我的满意和感激之情。这个令人喜悦的场合再次使我确信,生命中最有价值的时刻与其说是由于美好的品行,还不如说是由于命运的恩惠来到我们之中。我们最难忘的体验来自我们同胞的爱与同情。这样的同情是上帝的礼物,当它似乎是不应得的时候,它就更加使人高兴了。同情总是应该用真心诚意的感激之情,用从人自己的机能不全的感觉中流露出的谦虚来接受；它唤起了投木报琼、投桃报李的欲望。

我渴望感谢你们，也是因为你们参加的这个会议力图支持人的无私的仁爱事业。我常常有机会赞美兄弟情谊精神，这种精神是美国的最美好的传统之一。确实，没有另一个国家已经创建如此之多、如此强大的机构，用以为全世界人类的进步和福利做贡献。

激励你们的威尔逊在大战之后参与创建国际联盟的，不也是这同一超国家的兄弟关系精神吗？对在世界其余地区缺乏国际精神大失所望，促使美国目前缩回到它自己的围墙背后；可是，我希望且相信，这个国家由于受到兄弟关系精神的鼓舞，它可能有一天会再次参与国际组织的工作，而国际组织的建立对于人类的未来是生死攸关的。你们现在的校长的某些政策似乎证明这一希望是有道理的。……

1934年4月5日，爱因斯坦给罗切斯特(Rochester)的一位犹太教教士写了下面的信：

> 我今天像以前任何时候一样，是一位热心的和平主义者。[250] 不管怎样，我认为，直到侵略性独裁的存在构成对民主制度的军事威胁终止以前，我们没有理由为在欧洲拥护反战的斗争手段而辩护。对欧洲文明来说，任何削弱德国邻国军事准备的企图都会是不幸的。虽然和平主义的目标依然不变，但是达到和平的方法必须适应变化着的环境。和平主义者今日的目标必然是，在未受独裁方式影响的那些大国之间创建一个

行动共同体。

爱因斯坦有关美国在那些日子,尤其是对国际联盟应该发挥作用的思想,在一篇讲演稿中令人信服地表达出来,这篇讲演稿恐怕是为1934年4月在普林斯顿举行的新泽西州"战争的原因及对策"会议准备的。在强调了需要强制仲裁以解决国际争端之后,爱因斯坦继续写道:

> 对于令人信服的和平主义者来说,国际联盟是真正的国际组织的有指望的开端,它应该受到我们真心诚意的支持。可是,人们从来也不要忘记,像目前这样组成的国联,并没有给它的成员国提供保护。这便解释了它的成员国发现今天削减它们的军备为什么是不可能的,过去在这个方向上所做出的一切努力为什么必然失败。
>
> 在我看来,最近两个具有庞大军事设置的大国[德国和日本]从国联退出并没有削弱该组织。这两个国家由于它们的侵略政策,很可能更加有害于而不是有利于国联及其沿着和平主义路线进展的努力。而且,这两个国家对世界其余地方构成的危险,刺激依旧留在国联的国家进一步紧密团结起来。如果国联能顶住在以后若干年可能威胁和平的挑战,那么它必定会发展成它的成员国之间相互帮助的比较有效的工具。
>
> 依我之见,美国的和平主义者应该把影响美国加入国际联盟看作是他们的首要任务,国际联盟这个组织正是把它的存在归功于著名的美国人威尔逊总统。要使国联成为国际安

全的有效工具,现在在美国力所能及的范围之内。毫无疑问,美国加入国联可能附带的任何条件都会被接受。过去二十年的事变显而易见,美国的命运与旧世界的命运不可分割地交织在一起。因此,它不参加现有的国际组织,也许等于部分放弃对它自己的命运的控制。

不管危险的国际局势和继之而来的某些大国的军国主义化,和平主义者如果精神抖擞地继续为和平而斗争的话,那么他们就可以满怀信心地面对未来。由于广泛地认清另一次战争可能造成的破坏性后果,因此和平主义者拥有强大的同盟军。在美国、英国、法国和俄国,人民最迫切的追求是安全和稳定。今天,这些国家的和平主义者比以往任何时候都有更多的机会,去把国际联盟转变为争取和平的有效工具。

1934年4月29日,基督教徒和犹太教徒全国会议倡议兄弟关系节,爱因斯坦在这个时刻发去祝词,该祝词包括在全国无线电广播节目的许多祝词之中[①]:

> 如果有组织的宗教献身于动员它的追随者的善良意志和精力反对日益高涨的反动潮流的话,那么它就可以弥补它在刚刚过去的战争中失去的某些方面。

---

① 爱因斯坦为兄弟关系广播节目写的稿件,在全国广播公司的国家广播网上由John H. Finley博士宣读。

在美国反对战争与法西斯主义同盟的赞助下,1934年5月26日在纽约教师学院召集了一个反战会议,爱因斯坦给会议写道:

> 知道美国知识分子对和平问题如此深感兴趣,这真使人安心。在这一时刻,我以感激的心情回忆起威尔逊总统精神高尚的领导,他为创建用以和平解决国际冲突的国际组织,成功地迈出了第一步。但愿美国知识分子承担起他们的一份责任,劝服两个主要的原动力之一的美国摆脱它的孤立状态,并在有效的国际组织方面给予支持。
>
> 法西斯主义对我们的文化生活构成了这样深重的危险,对国际团结的支持正好等于对法西斯主义最充分的防御。

进步教育联合会会议于1934年11月23日在纽约举行,爱因斯坦应邀就"教育家与世界和平"问题在会上发表讲话,会议也邀请苏联驻美国大使亚历山大·特罗雅诺夫斯基(Alexander Troyanovsky)讲演。这里是爱因斯坦在会上宣读的祝词[①]:

> 美国因其地理位置而处在幸运的状况之中,它能够在它的学校里讲授和平主义的理性形式,而无须担心它的安全。由于不存在外部侵略的严重危险,因此也不需要向美国年青人灌输军国主义精神。然而,真正的危险存在着,这也许就是

---

① 在进步教育联合会面前的讲话,在这里是以译自德文手稿的新译文呈现出来。两个不同的译文以前发表在 OOMLY 第 207 页(以"学校与和平问题"为标题)和 IAO 第 57 页(以"教育和世界和平"为标题)。

第8章 到达美国重新武装和集体安全(1933～1939)

从纯粹情感的观点来对待和平问题。……

然而,对于年青人来说,应该弄清楚的是,虽然对美国的直接进攻是完全不可能的,但是不管怎样,它在任何时候都可能被拖进军事冲突。只要提及美国参加了第一次世界大战,就能够很容易地证明这一点。于是只有当找到作为一个整体的和平问题的满意解决办法时,连美国人也能够希望享有防止军事卷入的真正安全。我们必须警惕这样的观点:政治解决的政策将使美国是真正安全的。相反地,美国年青人必须开始认识到,找到国际解决和平问题的办法的意义。而且,必须使他们弄明白,由于美国政治家没有支持威尔逊大胆的和平计划,从而损害了国际联盟的有效性,他们为此已经承担了沉重的责任。

还必须指出,只要准备动用军事力量的大国存在,仅仅要求裁军是无用的。因此,法国建议各个国家的安全必须通过国际机构来保障,它是完全有理的。要达到这样的安全,关于共同防御侵略者的国际条约虽然是必要的,但却不是充分的。此外,军事防卫资源必须以这样的方式国际化:将不再有可能由一个国家为它自己独有的目的来使用驻扎在它领土上的军事力量。

即使各国不得不建设有效的保卫和平的基础,也应该使年青人认识到这些生死攸关的问题。还必须增强国际团结的精神,必须反对沙文主义。在学校里,历史必须作为进步和人类文明的进化来讲授,而不是向年青一代颂扬使用武力和军事成功。依我之见,H. G. 韦尔斯的《历史大纲》(*Outline of*

History)对这个目的而言是优秀之作。

要鼓励同情地理解世界不同国家,尤其是我们习惯于把其描绘为"落后的"那些国家的民族特点,用这样的方式教授地理和历史,对于和平主义的振兴来说具有重要的、即使不是直接的意义。

还有一篇没有宣讲的讲演稿可以回溯至1934年,它显然是为帮助纳粹主义受害者的组织而准备的:

> ……最文明的民族如此低劣地向一个弱小的、无防御能力的少数民族进行这么残酷、这么不公正的战役,况且这个少数民族曾经对文明做出了巨大的贡献,而且也无法指控它干了任何激怒这样的敌对行动的事情,这一切怎么是可能的呢?
>
> 伟大的斯宾诺莎说过,人既不应该因为他的行为被憎恨,也不应该因为他的行为被鄙视。只有通过理解潜藏在人的行为中的动机,我们才能够希望防止人可能相互加害的可怕灾祸。
>
> 爱与恨、愉快地创造和残酷地毁坏的倾向,在每一个人的灵魂中密切地结合在一起。当在社会中存在着法律和秩序时,人的整体结构内部的这种不相容和冲突没有变得明显起来,由于在正常环境下,这些破坏性的驱动在一般人身上受到压抑,依然是潜伏的。只有在臭味相投的罪犯身上,人的本性中的这些阴暗方面才不顾社会抵制性的影响而迸发出来。
>
> 但是,有的时候无论国家还是社会,都不施加抑制性的影

响,或者即便施加这种影响,它们也只是十分不完善地施加的。在战时,或者在政治上有势力的集团企图利用人的破坏性倾向谋私利的时候,它们便不施加抵制性的影响。在这样的情况下,反对残酷和暴虐的社会戒律变得不起作用了,人的本性中通常谨慎地隐藏或伪装起来的那些阴暗方面便无拘无束地干它们的可怕的事情。只有极其困难地成功获得真正独立性和孤独的极个别人,才不愿参与集体犯罪。

存在我们将学会避免这样的灾祸的希望吗?我不相信在这一点上能够完全防止,尤其是由于我们几乎没有改变或没有能力改变人的本性。不过,如果我们要想按照威尔逊激起的争取世界的法律和秩序的计划行动的话,那么我们便会更加接近这个目标。像威尔逊想象的有效的国联可能防止战争,从而削弱主要寄托于战争心理的国家主义。而且,国家主义的衰落也会与增加各个国家的真正安全同时发生,它是消除社会退化过程的一个主要原因,例如我们今天在中欧正在目睹的。

目前,我们唯一的满意之处必然来自这样的认识:反对罪恶的斗争将加强为社会的更大体面而起作用的力量。

爱因斯坦改变了的反战立场以及他关于国际安全问题思想的特别详尽的陈述,在他的文章"重新审查和平主义"中呈现出来。这篇文章发表在小杂志《政体》(*Polity*)1935年1月号,是为了回答一位十分活跃的和平主义者布伦特·道·阿林森(Brent Dow Allinson)撰写的文章"爱因斯坦,请你为欧洲和平辩护"而准备的。爱因斯坦的文章如下①：

阿林森先生以礼貌的方式把我置于被告席上。对此我感到幸运，因为它给我一个可喜的机会，来公开表达某些我觉得应该让大家了解的思想。

阿林森先生提出的简明而坦率的责难好像是这样的："几年前，你公开号召拒绝服兵役。现在——尽管国际局势变得出乎预料的糟糕和更加剧烈——你却缄默不语，或者更倒霉的是，你甚至收回了你先前的声明。这是因为你的理解力，或你的勇气，或者也许二者兼而有之，在最近几年事变的压力下遭受到挫折？如果不是，那么请向我们毫不迟疑地表明，你依旧是正直的人的兄弟。"

这里是我的回答。我深信这样一个原则：和平问题的真正解决只有通过组织一个超国家的仲裁法庭才能达到，该组织不同于现在在日内瓦的国际联盟，它可以拥有随意由它支配的强制执行其裁决的手段；它是一个具有常设军事设置和警察的国际审判法庭。这个信念在戴维斯（Davies）的《武力》（Force）一书（伦敦，Ernst Benn 股份有限公司出版，1934 年）中有出色的描述，我大力向每一个严肃认真地关心人类这个根本问题的人推荐这本书。

从这个基本的信念出发，凡是我认为有可能使人类更接

---

① 《政体》的文章由于在编辑方面的较大变更，这里重印时依据的是原德文手稿，全文除头两段外在 OOMLY 第 209 页重新发表。关于这篇文章的内情，发表在 1935 年 1 月 9 日的《纽约太阳报》（*New York Sun*）。

近于超国家组织目标的任何措施,我都赞成。直到几年前,有勇气的和有自我牺牲精神的个人拒绝扛枪服役就曾经是这样的措施。然而,它不再能够作为一种行动路线推荐了,至少不能向欧洲国家推荐。只要在大国中存在类似特点的民主政府,只要这些大国中没有一个把它们的未来计划建立在军事侵略政策的基础上,那么有相当大数量的公民拒绝服兵役,就很可能导致这些国家的政府变得更乐于倾向于用国际仲裁解决国家之间冲突的概念。而且,拒绝服兵役可能使舆论受到真诚的和平主义教育,并使强迫服兵役的非伦理的、不道德的方面变得显而易见。在这样的情境中,拒绝服兵役便构成一种建设性的政策。

可是在今天,你必须清楚地认识到,几个强国已使它们的公民不可能采取独立的政治立场。这些国家通过无孔不入的军事组织,借助适应于侵略性对外政策的被控制的报刊、中央集权的无线电事业和教育系统,来散布虚假的消息,从而成功地把它们的公民引入歧途。在这些国家,拒绝服兵役对于有足够的勇气采取这种态度的人来说,就意味着殉道和死亡。另一方面,在那些还尊重它们的公民的政治权利的国家,拒绝服兵役则可能削弱文明世界健康部分抵制侵略的能力。因此在今天,有识之士不应该支持拒绝服兵役的政策,至少在特别处于危险之中的欧洲不应该这样做。在当前的环境下,我不认为消极抵制是建设性的政策,即使它是以最英勇的方式进行的。不同的时期需要不同的方法,尽管最终的目标依然如故。

这些就是在目前的政治情境中,一个令人信服的和平主义者必须以不同于比较早的、比较和平的时期的方式力图增强他的信念。他必须为和平国家之间更加密切的合作而工作,以便尽可能减小那些把其冒险政策建立在暴力和掠夺基础上的国家一方成功的机会。尤其是,我正在考虑美利坚合众国和不列颠王国之间深思熟虑的、持久的合作,还可能包括法国和俄国在内。

可以确信的是,现存的对和平的威胁将有利于促进这种友好关系,并将导致国际问题的和平解决。这是在目前黑暗局势下的唯一希望;凡是其目的专门在正确的方向影响舆论的一切努力,都能够为维护和平做出重要的贡献。

显然,即使这篇详细的宣言也没有完全消除爱因斯坦改变反战立场所造成的不安。由于他明确地渴望尽可能澄清他在对他来说是如此重要的问题上的立场,因此他还发表了另一个更为简明的声明:

关于在追求和平主义理想中显得称心如意的政策方面,我的声明似乎不是始终如一的,这能够用欧洲政治局势意义深远的变化来解释。当我早先的宣言发表时,拒绝服兵役在所有大国是实际可行的;当我的文章在《政体》杂志发表时,情况不再是这样的了。在像这样的时期,拒绝服兵役的政策所引起的对民主国家的任何削弱,实际上等于背叛文明和人类的事业;只有民主政体方面的有组织的合作,才能使我们更接近和平主义的目标。在法西斯主义国家,任何为和平主义利益的活动都统统超出了这个问题。

1935年2月16日,爱因斯坦写信给比利时王后:

……在我的欧洲朋友中间,我被称之为"伟大的石头面孔"(Der grosse Schweiger),我由于完全沉默不语足以值得得到这个尊号。欧洲阴郁而罪恶的事件已把我麻痹到这样的程度,以至于具有个性的言词似乎不再能够从我的笔头流露出来了。这样一来,我把我自己锁进毫无希望的科学问题——作为一个年长的人,我此后越发继续疏远这里的社会。……

阿尔伯特国王去年在一次登山偶然事故中丧生,爱因斯坦就国王的去世添加了几句情感友好的话语,他希望王后能在她的作为艺术家的工作中找到安慰:

……从我自己的科学努力中,我了解这样的工作对我们的影响,紧张和疲劳是相互接连发生的,如果一个人奋力登山而不能达到峰顶的话,情况就是这样的。除了个人因素外,热情地专注于事业能使人独立于命运的变迁。但是,正是严厉的磨炼,使我们一再想起我们的能力是不充分的。

我时常热切地回忆以往的幸福时刻,从而引起访问欧洲的欲望。但是,这么多的职责在这里等待着我,我似乎无法获得达到这样的目标的勇气。……

一位纽约通信者责备爱因斯坦,因为爱因斯坦说没有德国的、俄国的或美国的犹太人——只有犹太人,爱因斯坦在1935年4月初写信给他:

> 按照最终的分析,我们中每一个都是人,不管是美国人、德国人、犹太人还是非犹太人。如果这一立场——唯一的高贵的立场——被普遍接受的话,那么我应该是最幸福的人了。事实上,我觉得可悲的是,在我们生活的世界上,国籍和文化传统的差异在这么大的程度上把人们分隔开来。但是,由于这是无法回避的现实,人们不能拒绝承认它。……

1935年春,在美国许多学院发生反战示威,这些示威部分是在全国学生罢课委员会的领导下进行的,若干激进青年团体和宗教青年团体参与示威。在费城坦普尔大学(Temple University)举行了一次这样的示威,爱因斯坦在1935年4月9日向它发出一份声明,显然这份声明也于几天后在普林斯顿大学举行的类似的示威中宣读了[①]:

> 美国学术界的年轻人如此热心地专注于当代最重要的问

[①] 关于学生为争取和平"罢课"的报道发表在1935年4月13日《纽约时报》。报道提到普林斯顿会议,据推测这次会议在 Norman Thomas 讲演那天举行,报道还引用了发给坦普尔大学的声明中的一句话。

题——维护和平,这是一个有希望的信号。创造一种具有善良意志的认真态度,是通向这个目标第一个必不可少的步骤。第二步同样是不可或缺的,它就是清楚地认识到可以达到这个目标的方法。由于这些理由,我无论怎么强烈地敦促你们了解戴维斯勋爵组织的伦敦新公民协会也不过分。这位清明的、在政治上有经验的作者的书,在我看来似乎令人信服地、详尽无遗地描述了实现和平的问题。他的看法的根本之点是与国际警察相联系的国际仲裁法庭的概念。

请不要满足于仅仅描绘有关和平的美好情感和漂亮言词。你们应该把这个问题作为具有重大意义的实际任务来对待,无论什么组织看来能最明确地理解该问题,并知道解决它要使用什么方法,你们就应该支持这个组织。

爱因斯坦是应邀就康涅狄格州立学院(Connecticut State College)通过的判决做评论的几位杰出人物之一,该学院说:"个别学院工作人员或个别学生深思了学院的军事教育或军训,他们在校园发起正式的公开议论或正式的公开讨论,任何这样的议论或讨论将使这些人受到撤职的诉讼。"爱因斯坦在1935年4月29日写信给康涅狄格州斯托尔兹(Storrs)的沃尔特·兰多尔(Walter Landauer)教授:

从纯粹法律的观点看,大学行政机关可以有权利施加与较高的学问机构的真正意图没有关系的特许职责,但是从教育的观点看,这样的办法好像是鲁莽的,它们将对学术人员的选择产生不利的影响。有弱点的人易于做任何妥协,而有信念和正直的人则被阻止进入教学职位。无论如何,那些由于需要不得不屈从于他们认为在道德上是令人讨厌的规章的人,将受到软弱无能的挫折感的袭击,这种挫折使他们丧失了对他们工作的热爱和专注——与对形式上的忠诚一言不语的默认相比,这些品质对于实现伟大的贡献是无比重要的。

1935年6月18日,爱因斯坦从康涅狄格州旧莱姆(Old Lyme)写信给俄亥俄州的一个自称是 SOS("停止有组织的大屠杀","Stop Organized Slaughter")的组织。该组织发誓在遭到入侵的情况下保卫美国,同时力图通过严厉消除来自军火工业的利润,通过给财富和人拟订方案为和平而工作。

> 正像美国只有通过它的立法、司法和执行机构才能防止内部争斗一样,同样地,世界和平也只有通过建立相应的国际机构才能够保障。折中办法提供不了成功的希望。……

爱因斯坦会见了罗伯特·梅里尔·巴特利特(Robert Merrill Bartlett),访问记发表在《观察画报》(Survey Graphic)杂志1935年8月号,标题为"和平必须确保"。所引用的爱因斯坦的话是这样讲的[①]:

---

① 会见 R. M. Bartlett 的访问记在这里重印时做了某些编辑改动。

第8章 到达美国重新武装和集体安全(1933～1939)

……战争在路途中。我怀疑战争将在今年或明年到来,舞台还没有准备好。但是,在两三年的时间内,战争将来临。德国现在正在急剧地重新武装起来,恐惧的瘟疫正在席卷欧洲。如果英国采取反对德国重新武装的坚定立场,那么她在两年前就可能制止这种灾难性的趋向;但是,她却没有这样做。在纳粹德国,依然有些知识分子反对军国主义政策,但是大多数本来可以发出反对呼声的知识分子却被流放或被镇压。当然,我现在离开德国已经两年了,因此不能准确地了解那里的公众情感。许多从1914年到1918年遭受苦难的人,肯定不需要另一次战争。但是,有许多不安分的年青人,他们是苦难情况下的受害者,正在被现政权利用谋私利。德国仍然是好战的,冲突是不可避免的。这个国家自1870年以来在心理上和道德上已经没落了。我在普鲁士科学院与之共事的许多人,在世界大战以来国家主义风行的年代里,已证明是道德水准不高的。

[他还相信个人对战争能进行有力的抵制吗?他还相信如果一个国家有百分之二的人拒绝打仗,战争就能够被防止吗?]

鉴于现在我们面临的环境,知识分子的这种抵制是不充分的。和平主义本身在某些情况下已经失败,今天在德国的情况就是这样。任何抵制军事纲领的人将被迅速消灭。

我们必须教育人民,竭力鼓起公众的情绪,使战争失去法律效力。我认为,在这个行动纲领中有两个特点:首先是创建超国家的权力的思想,即必须教导人们用世界的术语来思考;

每个国家都要通过国际合作交出它的部分主权。如果我们想要避免战争,我们就必须力图通过创建一个具有真正权力的国际法庭,使侵略变得不可能。国际联盟和世界法庭二者都缺乏强制执行其裁决的能力。虽然这些机构现在不得人心,但倾向是朝着世界组织的;这种类型的机构是不可避免的。……军事训练和军备竞赛永远也不能防止战争。……

其次,我们必须了解战争的经济原因。根本的困难在于一些人的自私自利欲望,这些人把利润置于人类利益之上。有些人拒不采取开明的思想,他们依然鄙俗褊狭,只要他们保证有利润,他们就自鸣得意、心满意足。因为这些人对财富的贪欲欲壑难填,致使我们遭受到经济国家主义和战争的灾难。罗曼·罗兰认为社会革命是结束战争体制的唯一手段,他可能不是太错的。由于我不知道他目前对共产主义的立场是什么,我不能说我是否同意他的见解。但是,他抨击个人对财富的贪婪和国家对财富的争夺是促使战争不可避免的因素,他无疑是正确的。至少我们必须力求在经济方面有一个转变,这就是对军事工业进行控制。……

这并不意味着我像某些人所做的那样,希望把生活还原为经济力量的相互作用。在所有必须应付的人际关系中,有一种持久的情绪因素。每一个民族群体都与任何其他民族群体有不同的感情倾向,并且往往让自己的行为受偏见的控制。我们需要意识到我们的偏见,并学会矫正它们。……

[我们究竟能消除战争吗?]

是的,我相信能够如此;事实上,我确信能消除战争。我们的希望在于教育青年对生活有明智的看法。……把美和兄弟情谊带进生活,是人的主要愿望和最大幸福。这将是可以达到的,但不是通过恐惧,而是通过对人性中最美好的东西的追求。

[他认为谁是当今世界上最有影响的领袖?]

我怀疑,自托尔斯泰(Tolstoi)以来,有一个具有世界范围影响的真正道德领袖。今天,没有一个人具有托尔斯泰那样深刻的洞察力和道德力量。我极为钦佩甘地,但是我认为他的纲领有两个弱点:虽然不抵抗是对付逆境的最理智的办法,但它只有在理想的条件才能实行。在印度实行不抵抗反对英国也许行得通,但它却不能在今天用来在德国反对纳粹。其次,甘地企图在现代文明中消除或减少机器生产,这是错误的。机器生产在现代文明中要保持下去,人们必须接受它。

[他在反对纳粹政府以及离开德国的过程中做出了真正的牺牲。他会再次采用同样的步骤吗?]

我没有做出什么牺牲。我只是做了任何一个有思想的人在这种环境下都会做的事情。……人们不必在某些重大的争端上避免采取坚定的立场。我认为我的行为没有什么可称赞的;当时实在是无路可走。

……我对我在这个友好国家的新居和普林斯顿的自由空气感到十分愉快。……有好多天,我一连数小时坐在我的书房里,面前放着一张纸。那时,我也许只写下几个某种小符号。……

1935年10月22日,在意大利入侵埃塞俄比亚后二十年,爱因斯坦和前纽约市市长艾尔弗雷德·E.史密斯(Atfred E. Smith)在一次宴会上对全国广播网发表讲话,这次宴会是两个致力于帮助逃离德国的政治避难者和非犹太亡命者的团体在纽约举办的。这里是爱因斯坦的讲稿[①]:

> 在过去几年间,文化崩溃的过程在中欧呈现出这么危险的比率,这必然使任何真诚地关心人类福利的人放心不下。因为无论国际组织的建立还是国家之间责任感的树立,都没有进展到足以容许对这种弊病采取联合行动,因此要保护我们的文化价值免遭威胁它们的危险,正在进行两个不同方向的努力。
>
> 第一种努力即最重要的努力必然是,在国际联盟的框架内,尝试强化那些没有直接受到欧洲最近发展影响的国家。这样的强化应该把共同的和平保障和军事安全的建立作为它的目的。第二种努力是帮助那些被迫从德国移居的个人,无论是因为他们的生命受到威胁,还是因为他们失去了自己的生计。由于遍布全世界的经济危机和几乎所有国家的高水准的失业,每每导致禁止雇用外国人的规章条例,因此这些人的状况尤其是朝不保夕。
>
> 众所周知,德国法西斯主义在攻击我的犹太人兄弟时尤

---

① 这个讲演是在哥伦比亚广播网上广播的,是由美国基督援救德国流亡者委员会和帮助摆脱纳粹主义政治避难者非常时期委员会主办的。这是由原来的德文手稿翻译的新译文。《纽约时报》在1935年10月23日刊登了讲演的详情。

为残暴。我这里有对构成一个宗教共同体的群体进行残害的惨状。这种迫害所宣称的理由是需要在德国纯化"亚利安"人种。实际上,并没有这样的"亚利安"人种存在,这种虚构被发明出来,只不过是为了证明残害犹太人和没收犹太人的财产是合理的。

所有国家的犹太人都来帮助他们穷困的兄弟,他们尽可能而且也已经帮助了非犹太人的法西斯主义受害者。但是,犹太人共同体的联合力量几乎没有充分地帮助所有这些纳粹恐怖的受害者。非犹太移民,即部分犹太血统的人、自由主义者、社会主义者与和平主义者,因为他们原先的政治活动或他们拒绝顺从纳粹统治,因此受到危害,在他们中间的突发事件往往比犹太难民的突发事件更为严重。……

帮助这些法西斯主义的受害者构成了人类的行动、拯救重要文化价值的尝试以及具有显著政治意义的姿态,这后一点并非不重要。……容许这些受害者的条件进一步恶化,不仅会对所有相信人的兄弟情谊的人造成沉重的打击,而且会怂恿那些相信武力和镇压的人。……

下面的评论是以较为分析性的风格写成的,所署日期也是1935年。手稿标有"未发表"的记号。

在欧洲心脏呈现出来的、成为德国永久耻辱的景象是悲剧性的、荒诞不经的,它绝不是自命为文明的国家共同体的光荣!

数世纪以来,德国人民都受到学校教师和训练军士的一脉相承的灌输。德国人在艰苦的工作中得到锻炼,学会了许多事情,但他们也受到奴性服从、军事习性和兽性残忍的训练。战后魏玛共和国的民主宪法套在德国人身上,就好像巨人的衣服穿在矮人身上一样。当时发生的通货膨胀和不景气,使每一个人都生活在恐惧和紧张之中。

希特勒出现了,这个人智力有限,不适合做任何有益的工作,他对环境和造化偏爱超过他的一切人都充满忌妒和憎恨。他出身中下层阶级,恰恰具有充分的阶级私见,甚至仇视为争取较平等的生活水准而斗争的工人阶级。但是,他尤其仇视的,正是永远与他无缘的文化和教育。由于极想攫取权力的野心,他发现他的讲演尽管混乱不堪、充满仇恨,但却博得了那些处境和取向与他本人类似的人的疯狂喝彩。他在大街上、在酒店里四处搜寻这种人类渣滓,并把他们组织在自己的周围。这就是他开始政治生涯的方法。

但是,真正使他夺取领导地位的,是他极端仇恨外国的一切东西,尤其是他厌恶一个没有防卫的少数民族即德国的犹太人。他们智力上的敏感性使他感到不安,他以某种理由认为这种敏感性是非德国的。

对这两个"敌人"的不断攻击使他赢得群众的支持,他允诺给这些群众以光荣的凯旋和黄金时代。他为了他自己的目的,狡猾地利用历史悠久的德国人的军事训练、命令、盲目服从和冷酷的口味。于是他变成元首。

金钱源源不断地流进他的金库,其中不少来自有产阶级,

第8章 到达美国重新武装和集体安全(1933～1939)

他们把他看作是阻止人民的社会解放和经济解放的工具,这种解放在魏玛共和国就开始了。他用一种世界大战以前人们就习以为常的、浪漫的、假爱国的陈词滥调,用自称的"亚利安"或"北欧的"人种优越的谎言迎合讨好人,这种所谓的优越是反犹主义者为了达到他们的阴险目的而捏造出来的神话。他的支离破碎的人格使得不可能知道,他实际上在多大程度上相信他反复配制的胡说。然而,那些纠集在他周围或趁着纳粹的浪头沉渣泛起的人,多半都是些冷酷无情、玩世不恭的人,他们完全明白他们的无耻手法的虚伪。

爱因斯坦在1935年参与的一个有名事项就是提名卡尔·冯·奥西茨基(Carl von Ossietzky)为诺贝尔和平奖候选人[①]。奥西茨基是一位参与神圣战斗的德国和平主义的编辑,他甚至在第一次世界大战前就反对德国的沙文主义,只是在希特勒把持权力前的短暂时期他才被监狱释放出来。他的监禁判决是以魏玛共

[①] 关于Ossietzky的竞选的细节,是由于Hilde Walter(Ossietzky的前同事、为Ossietzky的利益最积极的奋斗者之一)的协作,从阿姆斯特丹Kizergracht 64号的国际社会史研究所得到的。在积极参与竞选运动的其他人中,有Otto Nathan、Werner Hegemann和Gustav Hartung教授(爱因斯坦1935年6月24日的信就是写给他们的)。《纽约邮报》1935年6月24日的专栏文章是Ludwig lore的"在海底电报的背后"。爱因斯坦给诺贝尔委员会的信好像首次(用德文)发表在一本小书《卡尔·冯·奥西茨基》(*Karl von Ossietzky*)上,该书是Kurt Singer和Felix Burger(Kurt Grossmarm的笔名)撰写的,由苏黎世Europa Verlag出版社于1937年出版。它本来安排在1936年出版,显然被延迟到没有损害Ossietzky竞选成功的程度。Grossmann也把这封信收入"爱因斯坦和德国人权同盟"的文章中,该文发表在该团体复刊的机关刊物《人权》1955年3～6月号。在这两个出版物中,爱因斯坦的信的日期都被错误地写为1936年10月27日。

国的名义强加的，其缘由是他在他的杂志《世界舞台》发表了一篇批评德国军事预算的文章。因为纳粹即刻把他投入集中营，因此他成为反纳粹主义斗争的国际象征。主张把诺贝尔和平奖授予奥西茨基的竞选运动在各国持续了几年，其中也有美国，它于是把世界的注意力引向反对纳粹主义的斗争；竞选运动遇到了很大困难。而且，还有其他强有力的竞争者，值得注意的是捷克斯洛伐克总统马萨尔伊克。奥西茨基的支持者认识到，由于奥西茨基极为不充足的条件，谨小慎微地行事是很重要的。他们觉得，过早公开和平奖完全可能给他带来比他已经遭受的痛苦还要大的痛苦——实际上是在他去世公开的。(当时他已经患了肺结核病，疾病使他在1938年逝世。)

正是由于爱因斯坦的建议，美国社会工作者和和平拥护者、本人又是诺贝尔和平奖获得者的简·亚当斯在1935年初提名奥西茨基。许多著名的欧洲知识分子与她联合起来，其中包括托马斯·曼和海因里希·曼、罗曼·罗兰、威克姆·斯蒂德(Wickham Steed)、利翁·菲希特旺格(Lion Feuchtwanger)、阿尔诺德·茨威格(Arnold Zweig)和安德烈·热尔曼(AndréGermain)。奥西茨基的候选人提名也受到国际争取学术自由联合会美国分会的支持，爱因斯坦以及约翰·杜威、阿尔文·约翰逊(Alvin Johnson)和其他许多人都是该分会的成员。尽管指挥竞选运动的人看到行动十分谨慎，但是竞选活动的消息还是泄露到新闻界。《纽约世界电讯》在1935年5月31日刊载了一篇特写。紧接着，《纽约人报》(*New Yorker Volkszeitung*)在1935年6月15日刊登了另一篇整版特写，《纽约邮报》(*New York Post*)在1935年6月24日登载了一篇专栏文章。在布拉格出版的德国亡命者报纸也报道了新闻。在所有这些叙述中都提到爱因斯坦的名字。

爱因斯坦本人对报纸宣传的反应在1935年9月1日的一封信中充分显示出来,这封信是答复要他亲自接触诺贝尔委员会的请求而写的:

> 你建议,我为奥西茨基写信给诺贝尔委员会,尽管我已详细地向委员会推荐了,你这个建议具有很多与委员会相冲突的东西:
>
> 1. 我认为,评判人将设想,来自德国政治流亡者的提议不是建立在客观动机的基础上;因此,这样的提议将达不到它预期的效果。
>
> 2. 通过他在国外的朋友,奥西茨基已让大家明白,倘若纳粹统治者获悉,任何为他而做的努力源自德国流亡者的话,那么这只会加重他已经糟透了的生存现状;如果我要给诺贝尔委员会寄去信件,即便是非正式地寄出,那不会由于欠考虑而泄露出去吗?
>
> 简·亚当斯按照我的建议在最后一年已提名奥西茨基。这样的间接逼近也许是最有指望的步骤。我没有办法找到有资格提出候选人的人,可以以某种成功的希望接近。如果你能够得到这一真相的可靠信息,我愿意高兴地与一两个人接洽。
>
> 我相信,假如心地善良的老诺贝尔能看到在他的名下那些为和平努力而受到称赞和奖赏的人的名单,他在坟墓里也

许会转过身来做出反应的。

爱因斯坦尽管有忧虑,但他还是在 1935 年 10 月 27 日从普林斯顿给诺贝尔委员会写了信:

> 从形式上讲,我没有权利为诺贝尔和平奖提出候选人,但是在现在流行的状况下,我的良心命令我给你们写这封信。
>
> 在授予这一奖赏中,诺贝尔委员会有唯一的机会去实行一个具有伟大历史意义的行动,其反响极可能对解决和平问题做出贡献。只要把奖赏授予一个人,就能够达到这一点。这个人因他的行动和他的极度痛苦比任何其他活着的人更值得获奖;这个人就是卡尔·冯·奥西茨基。把和平奖授予他,会对这样一个国家的和平主义事业注入新的生命,这个国家由于现在流行的状况对世界和平构成最严重的威胁。而且,这种姿态会唤起全世界一切好心人的良知,激励他们为建立安全的国际秩序而工作。

两天后,即 1935 年 10 月 29 日,在美国的奥西茨基的支持者企图避免马萨尔伊克和奥西茨基之间对抗的出现,进行了一项机智的活动。他们直接打电报给马萨尔伊克:由于"赞赏你对促进和平的关心,[我们]冒昧地请求你合作,使设在奥斯陆的诺贝尔奖委员会注意到卡尔·冯·奥西茨基的功绩,他通过坚定地献身于和平理想,从而给所有相信他正在为之献身的理想的人以力量和勇气"。虽然爱因斯坦的名字未在签署电报的人当中,但是这并不必然意味着他对这样处理马萨尔伊克的做法有任何反对意见。

奥西茨基的支持者努力劝诱其他著名人物,以利用他们的影响使诺贝尔委员会偏向奥西茨基,爱因斯坦与他们同心协力,这已是众所周知的事了。他亲自与三位过去的诺贝尔和平奖获得者接洽过:哥伦比亚大学校长尼古拉斯·默里·巴特勒,英国前外交大臣奥斯汀·张伯伦爵士和英国作家与和平主义者诺曼·安吉尔(Norman Angell)。这三个人都谢绝采取行动,张伯伦在答复中说,他不认为诺贝尔打算为此类情况授奖。诺贝尔家族的成员曾经告诉他,诺贝尔希望把奖项授予公认为和平做出贡献的确定的行动,而不是褒奖一般拥护和平原则。张伯伦进而表达了这样的看法:诺贝尔的遗嘱执行人往往偏离这条路线。安吉尔觉得不能推荐奥西茨基争取1936年的奖项,因为他已经为塞西尔勋爵(Lord Cecil)提交了一封有力的推荐信;他认为把奖项授予塞西尔勋爵的立场是势不可挡的。不过,他指出,他也许能够推荐奥西茨基争取下一年度的奖赏。

1935年11月,诺贝尔委员会决定这一年不授予和平奖。可是,一年后,不顾纳粹政府的抗议,和平奖被授给奥西茨基,当时德国政府通过了一项使德国人在未来不能接受任何诺贝尔奖的法律,从而使裁定复杂化了。有证据表明,爱因斯坦为奥西茨基活动包括比写信还要多得多的事情。事实上,他的支持对于竞选运动的最终成功具有重大意义,即使——或者也许因为——他的作用实际上对公众来说依然是未知的。

爱因斯坦仍然深切地关注美国没有进入国际联盟。在谢绝在

纽瓦克(Newark)和平团体面前讲演的邀请时,他于1936年2月26日写道:

> 美国没有参与国际政治事务会进一步削弱国际联盟的影响,并增加新的世界战争的可能性。如果战争实际爆发了,我几乎不相信美国依旧能够长期保持中立,即便她被迫放弃保护她自己的海上贸易原则。
>
> 另一方面,如果美国不得不寻找与国联交往的合适途径,那么新的世界战争的危险就会大大减少。因此,我深信,这个国家如此之多的居民目前津津乐道的孤立主义政策,既对和平主义的理想不利,也对美国的安全事业无益。

1936年3月18日,在希特勒进军莱茵河地区十天之后,爱因斯坦在激情冲击下,写信给一位特别给他留下深刻印象的知名人物,这间或是他的惯例。外交政策协会会长雷蒙德·莱斯利·比尔(Raymond Leslie Buell)刚刚出版了一本小册子《危险的岁月》(*The Dangerous Year*),他在其中批评了面对日益增长的德国重新武装以及意大利和日本的扩张主义,美国的对外政策显得软弱无力。爱因斯坦写道:

> 昨晚十一点,我开始读你的关于当前国际政治局势的小册子。我对你的描述如此入迷,以致我不能把小册子放下来,直到今天早晨三点钟读完它。由于你写了这本小册子,你值得大加赞扬。你对各种国际关系的分析格外清楚、全面和客

观。小册子可以而且应当在政治教育领域具有影响,但对此不可过高估计。我极为钦佩勇敢的客观性与温和观点,你正是以此评价了英国的态度,批评了你自己国家的政策。在这方面,你的贡献确实是独一无二的。

你强调国际联盟的重要性,同时并没有企图隐瞒它的过失和软弱,我同样钦佩你的这种前后一贯性。如果你的小册子受到它应有的注意,那么它完全可能对美国的对外政策施加重大的、积极的影响,这必然会对国际事态的发展产生日益增长的重要作用。

如果对你的研究发表任何批评不是放肆的话,我想指出两点意见。第一,我同意你的看法:意大利、德国和日本由于人口过剩而发觉它们自己处于进退维谷之中。虽然这些国家寻求较好的国际贸易机会以及通过移民缓和人口过剩的压力是合理的,而且这两者都可以用和平的方法来实现,但是人口过剩无论如何不能成为这些国家要求领土扩张的理由。没有一个国家仅仅为了能使它的过剩人口移居国外,就拥有掠夺外国领土的权利。……

我的第二点涉及协约国对德国的政策,德国人相信一个不成文的传统,善良的信念和对契约的遵守只在他们自己中间才应该实行,但是不能把这扩大到对待外国人和外国。我经常有机会观察这种惯常做法,自世界大战以来,这种做法偶然变得更为显著了。法国人早就了解这一点,但是英国人似乎奇怪地没有意识到它。一旦充分地了解这种惯常做法,人们无疑会以更多的同情心看待像克列孟梭(Clemenceau)[①]和彭加勒(Poincaré)[②]这样的有名人物。

一位持激进观点的加拿大青年是几个写信支持爱因斯坦在反战问题上转变的人之一,他与爱因斯坦继续保持零星通信。1935年9月14日,爱因斯坦给他写信说:

> 你讲的是共产主义教义宣传手册中的语言,可是在你说的话中也有许多真理。至于我,我相信稳定的社会进步的可能性。你对资产阶级的特征描述似乎在某种程度上是老一套。……企业家阶级在数量上如此之少,以至于任何一个在政治上成熟到适当程度的民主国家,它都不得不屈从于多数派。真正的问题是,这样的政治成熟是否能够达到。从长远的观点看,我坚持认为,除非群众达到政治成熟,否则他们不会是有用的。虽然你认为群众的政治成熟是革命的先决条件,但是我却想到,一旦成熟的目标实现了,革命也将不再是必要的了。
>
> 的确,科学家一般显得对社会问题和政治问题不感兴趣。其理由在于智力工作的不幸专门化,这造成了一种对政治问

[①] 乔治·克列孟梭(Georges Clemenceau,1841~1929)是法国政治家、新闻记者,第三共和国总理。为第一次世界大战的胜利和凡尔赛和约的签订做出了重要贡献,被当时的欧洲人称为胜利之父。——译者

[②] 雷蒙·彭加勒(Raymond Poincaré,1860~1934)是法国政治家,第一次世界大战期间任共和国总统。他是法国著名数学家昂利·彭加勒(Henri Poincaré,1854—1912)的堂弟。——译者

第8章 到达美国重新武装和集体安全(1933~1939)

题和人的问题的愚昧无知。富有思想的和有责任心的人必须通过耐心的政治启蒙过程同这种不幸做斗争,而政治启蒙也是反对法西斯主义和军国主义的唯一有效武器。一个社会不管它的政治组织是什么,除非保持政治洞察力和真正的正义感,否则它是不能保障它自己的健康的。

1936年4月20日,爱因斯坦写信给同一个通信者,这位通信者给他寄了一本罗曼·罗兰的书《通过革命达到和平》(*Though Revolution Peace*):

我已经把罗兰的书读了大部分,对它并没有热心起来。此人出奇地难以理解。在他看来,言语似乎比生活本身更有意义。当然,我几乎完全赞同他所说的许多话,可是我感到奇怪的是,这么老练的一个人竟然相信,他可以通过他的宣言影响事变的进程。

你对知识分子的控告是有道理的。他们中的大多数由于埋头于抽象的问题,因而对人类最紧迫的需要已经视而不见。这便可以解释,为什么当他们碰到政治问题时,倾向于采取令人讨厌的阻力最小的政策,完全躲避到他们专心从事的特殊专业里面去。我本人终于认识到,既要从事呕心沥血的脑力劳动,还要保持做一个完整的人,这是多么困难。不管怎样,科学家通过他们诚实的劳动,对于消除摧残人的偏见而言,他们正在做出的贡献比政治领袖们的贡献还要大。我们不应当忘记,卡尔·马克思(Karl Marx)和列宁(Lenin)也出身于知识分子,并从知识分子那里汲取了他们的力量。……

1931年在卡普特访问的美国教育家之一[①]在五年后写信给爱因斯坦,询问爱因斯坦对他所设计的和平计划的看法。爱因斯坦在1936年5月18日复信说:

> 我考虑了你的和平计划,并有这些保留意见:
>
> 1. 政府有可能准备接受像你所提出的这样的委员会的先验决定吗?如果不可能,那么这样一个实体的决定或建议为什么会比任何有职权的个人的观点具有更大的影响力呢?
>
> 2. 即使政府发誓服从委员会的决定,如果政府面对来自国内的强烈反对,它们能够遵守它们的诺言吗?我的回答是否定的。人们甚至不必去回忆对国际联盟公约的种种违犯,只需要想想美国的南北战争就行了。当时,即使一个完整无损的、公认的中央政府都不能阻止若干州拒绝遵守联邦政府的决定,而这些州曾保证是要遵守的,也不能阻止它们使用武力。
>
> 3. 由此可得,只有以足够的军事力量做后盾的世界权力机构,才能为避免战争提供一些希望。事实上,即使如此彻底的步骤也不能保证充分的安全。但是,对和平的真正维护用任何次要的办法肯定无法达到。

---

① 美国教育家是伊利诺斯州温尼特卡(Winnetkay)的温尼特卡公共学校的校长。

在这个时期,爱因斯坦的言论和声明选集以《我所看到的世界》(*The World As I See It*)为题出版了。爱因斯坦把一本题赠的书寄给南非联邦当时的司法部长(前总理)、著名的国际主义者简·克里斯琴·斯马茨(Jan Christian Smuts)将军。在1936年5月15日邮寄给爱因斯坦的一封感谢信中,斯马茨呼吁,请注意世界上日益增长的不宽容、迫害和独裁。不过,他自己并非毫无希望。他表达了这样的想法:人类并没有被扔进暗夜之中,更确切地讲,而是正在通过一个阶段,这个阶段虽然十分令人沮丧,但来日却拥有光明的前途。他预期,在人的本性中,正义的力量最终会占优势,人类会在一个较高的生活和思想水平上脱颖而出。由于斯马茨担心国际联盟处于垮台的危险之中,这会给欧洲提出一个严重的问题,因此他建议爱因斯坦——全世界的科学家和思想家都把爱因斯坦视为伟大的领袖——大声疾呼,并向欧洲发出鼓舞人心、增强信念、开导启迪的音讯,"这可以帮助和激励为更美好的世界而正在劳作的人们。"

爱因斯坦在1936年6月24日复信说:

> 我乐于领悟你的仁慈的建议,尽管我对它可能完成任何事情不得不抱最微小的希望。由于许多知识分子接受了有害的妥协,我们的时代远不像以前的时代那样易于倾听知识分子的呼声了,这些知识分子背后没有权力,他们在某种程度上应为他们自己被削弱的地位承担责任。而且,由于我已经反复地、明确地表达了我的观点,因此我只能重复做同样的事情。

但是,我热情地感谢你,感谢你在你的亲切的来信中表达的信念和同情心。

《现时代历史》(*Current History*)杂志的一名工作人员询问爱因斯坦对于下述问题的看法:是否存在两种类型的和平主义,即现在力量正在变小的、陈旧的、理想主义的类型和建立在战争已变得无利可图前提下的、比较流行的、唯物主义的类型?爱因斯坦在1936年3月9日寄去答复,实际上没有回答所询问的问题:

> 我准备与任何一个对和平主义目标持认真态度的人联合,即使他受纯粹的功利主义动机的驱使。英国公民断言,只有强有力的、充分组织的国际军事力量才能保证持久的和平,我深信他们是正确的。而且,我认为美国不参与国际问题解决的政策是一个不幸的错误。这样的冷淡只能增加战争的危险。此外,一旦战争爆发并扩大,美国必然像她过去那样最终卷入战争。依我之见,美国和平主义者今天的首要任务是使这些事实变得妇孺皆知。

恰恰在西班牙内战爆发之前,著名科学家汉斯·蒂林从奥地利的蒂罗尔(Tyrol)写信给爱因斯坦,谈了1935年9月在日内瓦召集的世界和平大会。他说,虽然他乐于有机会再次会见爱因斯坦,但是他无论如何觉得,流亡者尽可能多地待在幕后也许最有益于这项事业。附在这封信中的,是作为出席会议的奥地利代表团成员蒂林起草的一份报告。报告建议,和平宣传没有与反法西

第8章 到达美国重新武装和集体安全(1933~1939)

主义的行动不可分割地联系在一起。他指出,掌握权力的法西斯主义统治是十分顽固的,独裁不能和平地推翻。因此,在放弃使用武力时,和平主义者必然放弃诸如推翻法西斯主义政府这样的目标,而这只有通过武力才能达到。蒂林进而提出,甚至法西斯主义国家也完全可能对探索可采用的和平方法感兴趣。1936年8月12日,爱因斯坦从纽约萨拉纳克湖的格伦伍德(Glenwood, Satanac Lake)复信说:

……我兴味盎然地读了你关于和平大会的评论。就我想起的而言,我未被邀请参加会议,我在任何情况下也不想去参加。我不能同意你所表达的观点。虽然我赞同这样的会议不是用来抨击法西斯主义类型的政府的场合,但是我认为邀请或接受来自法西斯主义国家的人是绝对错误的。其理由有二:

1. 这样的人在需要危及他们生命的情况下是不能讲他们的真正信念的。

2. 法西斯政府会安排对它们十足卑躬屈膝的人做代表,它们还会尽力破坏会议,利用会议为宣传目的服务。

我不赞成仅仅企图保持所谓的和平努力。在今天,唯一切合实际的目标是创建一个无条件服从国际权力的国际安全体制。这是与各个国家的权力相对照的国际权力的问题。没有及时地看到这一点以及抛弃法国,正是英国方面灾难性的大错误。现在,为时晚矣,不幸的战争似乎是不可避免的。

你恐怕会说我是一种古怪的和平主义者!但是,我不能假装没有看见现实。可以毫不夸张地说,在某种程度上,英国和法国的和平主义者要对今天的无可救药的局势负主要责任,因为他们在能够比较容易采取有力措施的时候却阻止采取这些措施。我在1933年徒然地提倡这些合适的政策。但是在那时,"大人物"几乎都嘲笑战争的危险。

1936年10月15日,在庆祝美国高等教育三百周年纪念日时,爱因斯坦在纽约州立大学的纽约州州城集会发表演说,该大学授予他荣誉学位。他讲演中的一段话尤为有趣[①]:

> 我觉得,教育中的最大罪过是,学校通过恐吓、强迫和教师的人为权威管理。这样的方法伤害学生的健康精神、真诚和自信,它们生产出顺从的人。这样的学校在德国和俄国已经成为惯例,这并不是偶然的。我知道,美国的学校并没有在这些有害的条件下管理,在瑞士或者很可能在任何民主统治的国家也没有这样做。要使学校免除这种最坏的弊病是比较容易的:应该让教师尽可能地不使用强制力量,这意味着,学生的尊敬来自对教师的人品和智力素养的欣赏。

1937年3月31日,爱因斯坦把这份声明交给美国学生联合会亨特(Hunter)学院(纽约市)分会:

---

① 爱因斯坦的纽约州州城演说同样的译文发表在OOMLY第31页和IAO第59页。这里给出的那段话依据德文抄本做了修正。

真正的和平主义者是为国际法和国际秩序而尽力的人。中立和孤立——在一个大国奉行它们时——只能有助于国际混乱,从而(间接地)加速引起只能导致战争的局势。

纽约群众集会在1937年4月18日举行,以支持西班牙共和国备战设防,托马斯·曼也在会上发表演说;爱因斯坦通过主教弗朗西斯·J.麦康内尔(Francis J. Mcconnell)向大会发去祝词,同时解释说,健康不佳使他不能亲自参加集会:

> 让我首先强调,我认为拯救西班牙自由的有力行动是所有真正的民主主义者不可回避的责任。即使西班牙政府和西班牙人民没有表现出如此可歌可泣的无畏气概和英雄行为,这样的责任也应该存在。西班牙政治自由的丧失,会严重地威胁人权诞生地法国的政治自由。祝愿你们成功地唤起民众给予积极支持。……我衷心祝愿你们正义的和意义深远的事业大功告成。

1937年10月11日,爱因斯坦给青年基督徒联合会奠基者节国际庆祝会发去祝词。在祝词中有下面几段话[1]:

> ……最近几十年政治和经济的倾轧和冲突,造成甚至上

---

[1] 给青年基督徒联合会的祝词发表在 OOMILY 第9页。这个译文是依据德文手稿修正过的译文。

世纪最沮丧的悲观主义者也未能预见的危险。在那些岁月里,与人类行为有关的《圣经》的责戒,被忠诚的人和不忠诚的人作为个人和整个社会的毋庸置疑的责任接受下来。任何个人如果不承认对客观真理和知识的追求是人的最高的和永久的渴望,那么他就不会被认真对待。

可是今天,我们必须恐怖地认识到,文明人生存的这些柱石已经丧失它们先前的许多强度。曾经受到高度尊敬的国家正在产生暴君,这些暴君竟敢在光天化日之下宣称,"权利"即是任何为他们的目的服务的东西。他们不再尊重为真理而探索真理。对个人和整个共同体的随心所欲的支配、压迫、残害,被作为无可非议的和不可避免的事情公开地实施和默认。

人类一般是慢慢地变得习惯于这些道德衰败症状的。虽然归根结底赞成正义和反对非正义的基本反应是人唯一的防止倒退到野蛮状态的途径,但是这种反应正在可悲地错过。我坚定地相信,人对正义和真理的热烈愿望更多地是用来改善社会和政治条件,而不是用来助长政治上的狡猾刻毒,后者最终只能引起普遍的不信任。摩西(Moses)[①]是比马基雅维里(Mathiavelli)[②]更好的人类的领袖,难道对此能有任何疑问吗?……

在英国会国废除残忍狩猎协会出版的《会刊》(Bulletin)1937

[①] 摩西是基督教《圣经》中率领希伯来人出埃及摆脱奴役的领袖。——译者
[②] 马基雅维里(1469~1527)是意大利政治家及历史学家,主张为达目的利用权术,不择手段。——译者

年11月号上,刊登了爱因斯坦于1937年8月21日写给该协会的一封信①:

> 我全心全意地赞同小册子《两种类似的娱乐:狩猎和战争》(Two Similar Pastimes: Sport and War)中所表达的观点;事实上,小册子表达了我认为不可置疑的观点。大自然把杀害的爱好注入给每一个动物,为了生存,它们必须吃其他动物的肉体。无疑地,人是从这些动物遗传下来的。不过,人数千年生活在文明条件下之后,他们的杀害本能似乎逐渐消失了。只有这样,我才能够向我自己解释我在思考集体狩猎活动时体验到的即刻的、强烈的剧变,尽管我认识到它在我的许多同胞的思想中引起了截然相反的反应,他们的祖先在文明国家生活了较短的时期。
>
> 按照我的思考方式,在人类中间可能有的这样大相径庭的反应,只不过是悲剧性的。这种感情上的差异不仅在动物世界盛行,而且也在人对他的同胞的情感态度领域流行;你们的小册子的作者极其出色地表达了这些思想。

美国反对战争和法西斯主义联盟组织了一个民主与和平人民大会,定于1937年11月26日至28日在匹兹堡(Pittsburgh)举行;爱因斯坦赞成这次大会,但同时就联盟的组织提出几个问题。

---

① 爱因斯坦给全国废除残忍狩猎协会的信的译文,依据德文原件做了修订。发表这封信的那期《会刊》是通过Bertram Lloyd夫人得到的,后来她的丈夫是该团体的主要创始人和名誉书记。

在回答爱因斯坦的关于联盟是否是超党派的询问时，它的执行书记说，虽然一些共产主义者在联盟中活动，但是联盟并未受共产党控制。爱因斯坦在 1937 年 11 月 15 日的一封信中，主要涉及在法西斯主义威胁的世界中和平主义的战略：

> 原则上可以保证，像你们这样广泛的组织的存在是为了倡导民主与和平主义的理想。另一方面，必须表明，后期的和平主义者与其说有助于民主事业，还不如说是有害于民主事业。这一点在英国表现得尤为明显，在那里和平主义的影响危险地延迟了重新武装，而这种重新武装由于法西斯国家的军事准备已变得必不可少。
>
> 军事力量的任何增长都代表着对民主的威胁，这是完全正确的。但是，如果民主国家在面对好战的法西斯主义国家时依然手无寸铁和毫无戒备，那么对民主构成的危险将要大得多。
>
> 在我看来，这整个进退两难的困境来自和平主义组织所追求的相当目光短浅的政策。和平主义的至高无上的目标必须是通过建立国际组织避免战争，而不是暂时地避免重新武装或卷入国际争端。在美国，和平主义运动在国会的中立立法的整个过程中起了重要的施加压力的作用，中立立法已证明多么有损于法西斯主义侵略的受害者，并且可以证明同样有害于未来。
>
> 在目前的世界形势下，只有那些拥有足够的军事力量的国家，才能够有效地为建立国际秩序和国际安全而尽力。对

第8章 到达美国重新武装和集体安全(1933～1939)

这些不幸的事实熟视无睹,正是对和平主义理想的犯罪。

由于重新武装看来是不可避免的,为了防止经济实力过分集中在私人企业手中,应该尽一切努力。通过把主要包括在武装计划中的那些工业国有化,使这样的实力集中在政府手中,肯定会更为可取。

和平主义宣传的主要目标应该是,支持用来解决国际冲突的、最强有力的、可能的、超国家的权力。但是,不应该给孤立主义概念以支持,它今天能被描绘成具有最为鼠目寸光一类的自私自利的特征。

由于希特勒在1938年3月21日进军奥地利,在纳粹恐怖达到的范围内,犹太人的处境比以前更为悲惨。爱因斯坦的亲密朋友、经济学家奥托·内森试图说服他开始广泛地呼吁世人的良知。爱因斯坦不情愿这样做,因为他不相信这样的呼吁能够成功;但是,他当时同意就某种可能的行动与费利克斯·弗兰克福特(Felix Frankfurter)教授通信,这位教授此时是坎布里奇(Cambridge)哈佛法律学院的教授,自1939年以来任美国最高法院法官;由于他具有奥地利犹太人的血统,又与罗斯福总统有众所周知的密切接触,因此他似乎是特别合适的协商人。1938年4月3日,爱因斯坦给弗兰克福特写了下述信件:

今天,我与我的朋友内森教授讨论了欧洲犹太人的悲惨状况。我们两人感到,只要就纯粹数量的限制而言,对犹太人的慈善援助是完全不够的。看来,相信任何有效减轻欧洲犹太人苦难的诺言的唯一步骤也许是，努力团结欧洲以及美国的主要的非犹太人的、非政治的组织（教徒、大学教授、教师、红十字会等），以便共同呼吁一切具有善良意愿的人的良心。我们相信，如果这样的呼吁实际上能够发出的话，那么在这最后一刻还可以避免最坏的结果。

你对此感觉如何？你愿意把你的精力和你的经验投入这样的事业吗？你想与我们商量吗？在我们收到你的回答之前，我们将什么事也不做。如果你有意的话，我们将前去拜访你。

弗兰克福特以一般的措辞赞同这个主意。但是，由于他"对使爱因斯坦到坎布里奇犹豫不决"，因而他从未安排与爱因斯坦和内森会见。取而代之的是，他介绍爱因斯坦与纽约的自由主义律师查尔斯·C.伯林厄姆（Charles C. Burlingham）接洽。弗兰克福特觉得，伯林厄姆可以作为合适的最初发起者。1938年4月9日，爱因斯坦为伯林厄姆写了下面的备忘录：

集体安全体制的崩溃深刻地影响了每一个认真关心人类福利的人。我们痛苦地意识到，国家生活中的这种可悲的倒退只有通过在人的生活中付出沉重的代价才能完全转变。可是，我们必须承认，非政治组织不能够解决这个紧迫的问题。恰当地讲，这是各个国家内政府和政治组织的任务。

国家一旦为它们的文明遗产而自鸣得意，它们就要消灭它们一部分居民的政治权利和个人权利——早就被尊奉为文明国家行动方向问题的人权。在不得不目睹这一事实时,我们并非不关心、不痛恨。在过去,作为个人的我们和那些维护基本的人的价值完整的政府都感到,有必要在其他国家的内部事务中坚持不干涉的原则,并且因此认为,它们不能采取任何行动倒退到野蛮状态,因为野蛮状态对辛辛苦苦赢得的传统处处构成严重的威胁。至于这种不干涉态度是否在实际上合理的问题,是一个著名的政治争论问题。遗憾的是,它只有通过政治实体才能决定。

但是,依然有一个原则,没有一个宣称为人类福利服务的人的集团能够容许无视它,这个原则就是:政府无权指挥一个有组织的战役,从肉体上消灭居住在它国界内任何一部分的居民。我们必须运用由我们随意支配的每一种手段,下决心防止对清白无辜的人民的灭绝,不管这种灭绝是通过武力还是通过系统地剥夺生计。

德国通过对德国犹太人和奥地利犹太人的非人迫害,开始这样的消灭方式。此外,它正在利用它优于西欧小国的军事、政治和经济实力,同样卖力地消灭这些国家的犹太居民。

作为非政治团体的成员,我们两人作为个人,作为我们团体的代表,我们全力以赴地按照我们的支配坚决主张,清白无辜的人民的生存要受到尊重,并使之神圣不可侵犯。在这一点上,我们不承认任何不干涉原则。

对于我们一代人来说,难道还会有任何事比觉得不得不请求无辜的人不被屠杀的事更耻辱吗?

作为爱因斯坦致信伯林厄姆的结果,一次名人聚会安排在哈里·埃默森·福斯迪克(Harry Emerson Fosdick)的家里进行;福斯迪克当时是纽约联合神学院院长。会议实际上在爱因斯坦寄信给伯林厄姆之后一个多月召开。会上讨论了各种行动建议,没有召集进一步的会议,整个努力也一事无成。

在致1938年4月5日在纽约举行的和平大会的祝词中,爱因斯坦说[①]:

> ……许多美国人,甚至和平主义者,都正在思考和谈论:让欧洲衰落吧,她不值得更好些,我们将隔岸观火,与之毫无关系。我认为,这样的态度不仅与美国人不相称,而且是目光短浅的。由于对正义冷嘲热讽的藐视,具有伟大文化的小国正在受到摧残,此时大国不应该袖手旁观。即使从明明白白的自私自利观点看,这样的态度也是短视的。野蛮和非人道的胜利只能在世界上导致美国本身将被迫战斗的局势,这便把世界置于比大多数人今天能够预期的还要不幸得多的境况之下。……

当战争在欧洲爆发之前那年,爱因斯坦为《我所看到的世界》准备了一个补遗,它于1939年发表在名人信条选中[②]:

[①] 根据德文手稿鉴定,给1938年4月5日的会议的祝词只不过是为"和平与民主大会"而写的。
[②] 《我所看到的世界》的补遗最初发表在《我的信仰》中,纽约Simon and Schuster出版社1939年版及伦敦Allen and Unwin出版社1940年版,这里根据德文手稿稍加修正。它在OOMLY第6页重印。在英国出版的版本在几个方面不同于美国的出版物。

第8章　到达美国重新武装和集体安全(1933～1939)

重读我在将近十年前写的短文,我得到了两个泾渭分明的印象。我当时所写的东西,从实质上讲似乎还是永远正确的,可是它好像十分奇妙地显得遥远和陌生。怎么是这样呢?世界在十年间发生了如此深刻的变化吗?或者,仅仅是我年长了十岁,我的眼睛用一种改变了的、黯淡的眼光看待一切吗?在人类的历史中,十年算是什么呢?当与这样的微不足道的时间间隔比较时,不必把决定人们生活的那一切力量视为不变的吗?是我的批判性的判断力难免有错,以至于我的身体在这十年期间的生理变化能够如此深刻地影响我的人生观吗?在我看来很清楚,这样的理由都不能解释我对待一般人生问题的感情进路的变化。这一稀奇变化的原因,也不能在我自己的外部环境中找到。因为我知道,在我的思想和情感中,外部环境总是起次要作用。

不,这里包含着某种截然不同的东西。在这十年间,我对人类文明社会的信心,甚至对它的生存能力的信心已大大消失了。人们看到,不仅人类文化遗产受到威胁,而且人们想要不惜代价留心保护的一切东西,其价值也被贬得太低了。

确实,头脑清醒的人总是敏锐地意识到,人生是一种冒险,生命必须永远从死亡中夺取。危险部分地是外来的:人可能从楼上掉下来摔坏他的脖子,可能并非由于自己的过错而失去他的生计,可能无辜地被判罪,可能被诽谤所毁灭。生活在人类社会中就意味着各种各样的危险;但是,这些危险本质上是混沌的,是受偶然性支配的。个人作为其中一分子的人类社会,作为一个整体似乎是稳定的。但是,从审美和道德的理想来衡量，它无疑是不完善的。然而，总的说来，人们还是对此觉得安适，除了多种偶然事件外，人们在其中感到比较安全。人们把它的内在品质作为自然而然的事接受下来，就像人呼吸的空气一样。甚至德行的标准、抱负和实践的真理，都被作为一切文明人类共有的神圣不可侵犯的遗产，而认为是理所当然的。

的确，第一次世界大战已经动摇了这种安全感。生命的圣洁消失了，个人不再能够做他高兴做的事情，到他喜欢去的地方。说谎成为一种政治工具。不过，人们广泛地认为，战争是一种外来事件，仅仅部分地是或者根本不是人的有意识的、有计划的行动的结果。人们主张战争是从外部对人的正常生活的干扰，人们普遍了解战争是不幸的和罪恶的。与人类的目的和价值有关的安全感，大部分依然没有动摇。

政治事件尖锐地标志着随后的发展，这些事件与其社会心理背景相比并没有深远的影响，这一点是比较难以理解的。第一个短暂的、有希望的前进步骤，是以威尔逊的宏伟倡议而创建国际联盟，并建立各国之间的集体安全体制为特征的。接着，法西斯国家的形成伴随一系列的撕毁条约，以及对个人和军事上弱小国家的露骨暴力行为，集体安全体制像纸板房一样倒塌了——这一倒塌的后果即使在今天也无法估量。它表明有关国家的起主导作用的智囊集团方面的软弱无能性格以及缺乏责任心，也表明在表面上依然未受损的民主国家中的鼠目寸光的自私心态，这妨碍它们做出任何有力的反击。

事态的发展甚至比具有最深刻洞察力的悲观主义者敢于

第8章 到达美国重新武装和集体安全(1933～1939)

预言的还要糟糕。在欧洲,直到莱茵河以东,智力的自由运用实际上已经不复存在,居民受到攫取权力的匪徒的恐怖统治,青年人受到有组织的谎言的毒害。政治冒险家的虚假成功愚弄了世界其余地区;到处都显而易见,这一代人缺乏气魄和力量,而正是气魄和力量使前几代人通过艰苦的斗争和巨大的牺牲,能够赢得人的政治自由和个人自由。

意识到这种事态使我目前生存的每时每刻都笼罩着阴影,而在十年前它并没有占据我的思想。正因为这样,在重读我当年写的东西时,我真是百感交集。

可是我知道,从整体上看,人类几乎没有什么变化,尽管流行的观念使人类在不同的时代有大相径庭的表现,尽管像目前这样的给定时代的事件使人类遭受不可想象的苦难。除了在历史书留下可怜几页向未来各代年青人简短描绘他们祖先的愚蠢之外,就再也不会留下什么东西了。

1939年1月9日,爱因斯坦写信给比利时王后,请求获准使一位现在在德国的年老亲属定居比利时。他利用这个机会思考了有关生活、工作和世界的哲理:

……我为高高兴兴地给你写信而为难。我们不得不目睹的道德堕落及其酿成的苦难是如此深重,以至于人们甚至片刻也不能忘记它们。不管人们如何专心致志地埋头工作,对不可回避的悲剧难以忘怀的情感仍然存在着。

还有一些时刻,人类的局限性和不充分并不妨碍自己摆脱利害密切相关之感。在这样的时刻，人们想象他站在一个小行星的某个地方，惊奇地凝视着永久的、深不可测的东西那冷色的、可是却意味深长地运动着的美；生和死川流不息地合为一体，既没有进化，也没有天数，有的只是存在。

去年，工作已证明是富有成效的。我遇到了一趟有希望的列车，我随同几个年青同事费力地但却坚定地追赶着。它将导向真理还是导向谬误呢——在我短暂的有生之年我也许无法肯定地分辨这一点了。但是，我感到可喜的是，命运使我的一生充满了激动人心的经历，以至于生命也显得有意义了。……

1939年初，美国全国荣誉协会的斐·贝塔·卡帕（Phi Beta Kappa）①请求爱因斯坦在为"保卫人类自由和思想自由基金"筹款而发起的运动场合发表讲演。爱因斯坦1939年2月1日的答复也许因其内容而值得注意，正像它因包含在原始草稿中的、后来被删去的那些部分一样值得注意。在实际发出的信中，他辩护说，他既不是一个雄辩的演说家，也不能充分熟练地用英语口头表达而不致冒引起误解的危险。不过，他附加了几句对这项计划赞扬的话，并且断定：

……这样一个具有崇高声望的团体，在言论、教学和研究

---

① 这似乎不是真名，而是化名，是希腊三个字母Φ、B、K的英文音译。——译者

的自由受到比以往更为深重威胁的时刻,精神抖擞地站出来捍卫这些自由,是十分值得称颂的、在政治上是有意义的。……

被删去的、大概觉得不合适的是一长段,该段正像他过去做的那样,反对把孤立主义作为国家政策,并进而暗示美国对未能达成集体安全负有责任。这两段也被删去了:

> 欧洲今天像一个城镇一样,在这个城镇里,小偷和杀人犯全面地组织起来,而守法的公民则不能决定他们是否应该创建警察武装。
>
> 美国情况如何呢?这里目前还坚持通过孤立可能获得安全的虚幻信念,即使包括大不列颠及其帝国在内的欧洲都沦为新的野蛮行径的受害者。然而,一旦像美国这样有活力的国家认清这种思维背后的谬见,有效的对抗行动将会相当迅速地发展起来。如果我们要防止美国过迟发现她自己要在没有伙伴和力量对比严重不利的情况下不得不为她的生存而斗争,而胜利的前景还处于可疑的局势之中的话,那么确实没有时间可浪费了。

以有名的人类学家弗朗兹·博厄斯(Franz Boas)为主席,在许多著名学者参与下,作为公众启蒙运动的一部分,创建了争取民主和思想自由林肯诞辰委员会。该委员会向四十位卓越的知识分子领袖提出若干有争议的问题。这里是问题和爱因斯坦在1939

年2月初准备答复的完整原文：

问：科学家怎样才能够保证研究的自由，并保证他的研究成果在社会上具有有益的应用呢？

答：研究的自由以及研究成果在社会上有益的应用都依赖于政治因素。这便解释了为什么科学家不能以专家的身份，而只能以公民的资格发挥他们的影响。它进而解释了为什么科学家为了自由地从事科学研究，有义务变得在政治上活跃起来。作为教育者和政论家，他们必须要有勇气明确宣布他们付出艰辛而赢得的政治信念和经济信念。通过组织和集体行动，他们必须力图保护他们自己和社会在言论自由和教学自由方面不受任何侵犯，他们必须永远警惕地注视这个领域。

问：对于违反《独立宣言》和《人权法案》的文字或精神的种族歧视、宗教歧视和其他形式的歧视，科学家和教育家怎样才能阻止呢？学校怎样才能最好地偿付把它们作为民主堡垒来依靠的义务呢？

答：学术自由以及保护少数民族和宗教少数派，构成了民主的基础。使这一真理保持生命力，认清个人权利神圣不可侵犯的重要性，是教育的最重要的任务。教师负有很大的责任，因为他有采取有效行动的广泛机会，没有什么特殊的方法保证在这些重要的问题上取得成功。比一般知识和理解更重要的，是智力气氛和教师本人树立的榜样。

问：政府怎样才能最有效地帮助科学和文化的扩展呢？

第8章 到达美国重新武装和集体安全(1933～1939)

答：政府能够而且应该保护所有教师免受任何经济威胁，因为经济威胁会影响他们的思维。它应当扶植出版良好的、廉价的书籍，普遍地鼓励普及教育。它还应该使经济拮据的学生保证得到与他们的才干相适应的智力和专业训练。最后，学校系统不应当让中央集权来管理，这易于造成强制性的顺从，并且应当尽可能地不依赖于私人资本。

1939年夏，爱因斯坦起草了一篇祝词，从物理上讲，这很可能是他的最永久的祝词了。由于G.爱德华·彭德雷(G. Edward Pendray)神话般的西屋电气公司(Westinghouse)宣传大成功，一个结实的金属封包的时间密封盒装有当代伟大人物的言行录，在纽约世界博览会时埋入地下，爱因斯坦为此撰写了这几行话[①]：

我们的时代产生了许多天才人物，他们的发明可以使我们的生活大为快活自在。我们早已借助机器的力量横渡海洋，并且利用机械力可以最终把人类从各种单调烦琐的体力劳动中解放出来。我们学会了飞行，我们还通过电磁波从世界的一端到另一端方便地通讯。

可是，商品的生产和分配完全是无组织的。人人都生活

---

① 时间密封盒祝词的同样的译文发表在OOMLY第11页和IAO第18页。这里是从德文手稿新译的。

在恐惧的阴影里,生怕失去到手的饭碗,生怕遭受悲惨贫穷。而且,还存在着生活在不同国家的人不时相互屠杀的惨状,这就是所有一想到未来的人都生活在恐怖和苦闷中的缘由。这一切都是由于,较之对社会产生真正有价值的少数人的才智和品格,群众的才智和品格无比低下。

但愿后代人能以自豪的心情和正当的优越感来读这一陈述。

在发表这篇祝词的那些日子内,即1939年8月12日,爱因斯坦从长岛(Long Island)他的夏季隐居处写信给比利时王后:

……读你的甜蜜的短笺,我感受到许多正在消失的辛酸情感,这些情感迄今为止与对欧洲的忧虑不可分割地联系在一起。在长达六年的背井离乡之后,想重返故土的欲望是强烈的。但是,我像一个老贵妇人一样,这么过分操心她的礼服的后裙,以至于她不敢站起来再次成功地设法入座。……

他写了他扬帆驾驶小船和每周与邻人举行室内音乐会的欢乐。古典音乐在美国延长发音的方式给他留下了深刻的印象。"一个只能观察到这块土地喧闹表面的局外人,永远也不会发觉这一点。"

……除了报纸和不计其数的信件外,我几乎不会意识到我生活在人的残缺和冷酷正在达到可怕的比率的时候。也许在某一天,孤独将最终作为人格的老师恰当地被认识、被欣赏。东方人早就了解这一点。经历过孤独的个人将不容易变成民众挑动的受骗者。……

仅仅在十天前,爱因斯坦在一封信上签了名,这封信注定要改变历史的进程——这是一封写给富兰克林·D.罗斯福总统的信,信中建议美国政府关注原子裂变的可能性。

第9章 原子时代的开始
（1939～1940）

爱因斯坦作为科学家的一生格外多产和完满。他有幸能够把他的劳动集中在对他的才能来说是最适合的科学探索领域。他发现有可能——没有几个人有这种可能性——全神贯注地致力于基础的和纯粹的科学工作，并避免耗费许多学者时间和精力的、使人分心的义务。他受到赞扬，因为他成功地增加了人们对人作为其中一部分的宇宙的认识，因为他在活着时看到他的革命性的科学推测被证实，还因为在他一生的早期，在整个科学界，都公认他是在一切时代文明上留下他们印记的人中的一位巨人。可是，十分自相矛盾的是，他深深感觉到的、他一生中最悲剧性的体验，恰恰是以他作为科学家异常丰富和格外有意义的工作的结果而出现的。对于爱因斯坦的科学天才有助于揭示的物理世界的比较深入的洞察，应该找到它的首次应用，可是这一应用不是用来改善人们的福利——爱因斯坦对此甚为关心，而是用来生产威力无比的破坏工具，这的确是悲剧性的。同样具有悲剧色彩的是，他整个一生都忠实地为没有战争的世界而奋斗，可是在历史令人啼笑皆非的迂回曲折中，他竟然会帮助给对人类幸存构成最严重威胁的原子弹提供科学基础。

更具有悲剧意味的是，爱因斯坦通过他一生早期的革命性的

第9章 原子时代的开始(1939～1940) 419

工作,不仅仅把科学的进展引向生产原子武器;他通过强调需要科学实验工作——这最终发展到 1945 年 8 月在广岛和长崎上空投下原子弹,造成二十多万人的死伤——在活着时甚至起了更为直接的作用,这一作用主要是他发挥的,因为他的科学成就使他赢得独特的声望。导致原子时代开始的发展细节将在以下几页叙述。一方面,去尝试评价爱因斯坦在那些岁月戏剧性事件中的历史意义——在可以得到的文献使评价有可能的范围内;另一方面,阐明为了促进有着巨大希望的技术发展而采取的最初几步的奇怪因果性,当时甚至认为这一希望具有最大的军事意义。

了解原子弹早期史的基础是要认识到,原子是能量的真正储藏室。在亨利·贝克勒尔(Henri Becquerel)1896 年发现铀的放射性,接着玛丽·居里(Marie Curie)和皮埃尔·居里(Pierre Curie)1902 年离析出镭之后,这个事实就变得很明显了[1]。三年后,即 1905 年,爱因斯坦以他的革命性的质能等效性方程使科学

---

[1] 对于原子裂变背景的评论以及在这一章中所描述的事件,是以爱因斯坦的档案和各种其他资料为基础的。主要的资料如下:所谓的 Smyth 报告,即 Henry Dewolt Smyth, *Atomic Energy for Military Purposes*(《用于军事目的的原子能》),Princeton University Press,Princeton,1945,它本来是正式的政府文件;Herry L. Stimson and McGeorge Bundy,*On Active Service in Peace and War*(《在战争与和平中的活跃部门》),Harper & Brothers,New Yurk,1948;Selig Hecht,*Explaining the Atom*(《说明原子》)附有 Eugene Rabinowitch 撰写的增补章的扩充版,Viking Press,New York,1954,这是一本受到爱因斯坦称赞的书;Carl Scelig,*Helle Zeit-Dunkle Zeit*,*In Memoriam Albert Einstein*(《光明的时刻-黑暗的时刻,纪念阿尔伯特·爱因斯坦》),Europa Verlag,Zurich,1956;Arthur Holly Compton,*Atomic Quest*(《原子能的探求》),Oxford University Prexs,New York,1956. 重要的口头信息和文字信息是从 Leo Szilard 博士、Alexander Sachs 博士和 Niels Bohr 教授处得到的。爱因斯坦多年的助手 Peter G. Bergmann 教授审查了本章有关科学的段落。

界大吃一惊,它用著名的公式 $E=mc^2$(能量等于质量乘以光速的平方)来表示。不过,首次人为地使物质转化为能量——这最终证明是对爱因斯坦公式的实际证实——并未在大约十五年间到来,而且当时只是在极小的规模上进行。

在第一次世界大战之前和之后的时期,关于远洋定期客轮是否可以用包含在一大堆煤或其他类似的物质中的原子能的能量横渡海洋,存在着引人注意的猜测。当时科学家关心的问题是发现开始释放能量的方法,并使之以所需要的速率进行。我们现在共同偏好的东西是所谓的"链式反应"或自我长存不废的生产能量,这比在普通燃料和炸药中相对地容易诱发、维持和控制。然而,甚至爱因斯坦本人也认为,释放原子能在理论上是可能的,但他没有预料到,这在他有生之年实际上可以达到。

在整个20年代和30年代,物理学家力图用最终已知的各种粒子对原子袭击来分裂原子。但是,他们最多能够实现的是敲落极小的碎片,仅使能量短暂地放出,放出的能量比敲落小碎屑需要的能量还要少。这些新粒子中最有希望的是中子,中子是一种与质子一般大小的粒子,它是英国的詹姆斯·查德威克(James Chadwick)在1932年发现的。利用中子束,恩里科·费米(Entico Fermi)在意大利、伊蕾娜·约里奥-居里(lrène Joliot-Curie)和弗雷德里克·约里奥-居里(Frédéric Joliot-Curie)在法国于1934年使原子产生分裂,但是他们没有解释该过程实际上正是原子裂变(或原子裂解)。

直到1938年12月,当两位德国科学家即柏林恺撒-威廉学会(the Kaiser-Wilhelm-Gesellschaft)的奥托·哈恩(Otto Hahn)和

第9章 原子时代的开始(1939~1940)

弗里茨·施特拉斯曼(Fritz Strassmann)验明,在中子轰击重元素铀时产生的大碎片之一是大约铀一半重的元素钡时,疑团才开始解开。哈恩把他们的划时代论文①的新印征求意见样本(在1939年1月初发表)给他长期工作的同事莉泽·迈特纳(Lise Meitner)寄了一本,迈特纳是半犹太人,前不久逃出纳粹德国,当时住在瑞典。她和她的侄子奥托·R.弗里施(Otto R. Frisch)(当时在哥本哈根和尼耳斯·玻尔(Niels Bohr)一起工作)立即猜想到,在哈恩和斯特拉斯曼的实验中,铀原子实际上被分裂为两个近似相等的部分,从而释放出巨大的能量,这是一个最终被称之为核裂变的过程。弗里施和迈特纳就这一效应为一家科学杂志准备了一个声明。甚至在这个声明于1939年2月发表之前,它的内容就传到玻尔那里,玻尔是对原子结构的世俗知识做出最卓越贡献的人之一。玻尔立即领会了这一发现的广泛应用,并在1939年1月底的华盛顿科学会议上讨论了这些应用。报纸造成轰动。据说,几位科学家在那次会议结束前离开,并在几小时内在他们的实验室能够检验这一发现;后来获悉,弗里施在哥本哈根已经证实了这一发现。

几位科学家讨论过,新发现的最有意义的方面是这样的可能性:在用中子轰击诱发的原子裂变的过程期间,增加的中子会发射出去,它反过来可以引起更多的原子分裂。如果这一猜想证明是正确的,人们就能够产生最终似乎是看得到的原子链式反应。费

---

① Hahn、Strassmann 的论文发表在1939年1月15日《自然科学》(*Naturwissenschaten*),Meitner、Frisch 的通信发表在1939年2月《自然》(*Nature*)。也可参见 Otto Hahn 的"裂变的发现",载《科学的美国人》(*Scientific American*)1958年2月。

米在华盛顿会议与玻尔讨论时提到人创造链式反应的可能性,正是在同一时候,包括巴黎的约里奥-居里在内的其他科学家也正在考虑这种可能性。能够产生增加的中子的最后结论通向原子能和原子弹的获得,但是在一段时间内还没有拿出这个证据。当拿出证据时,这部分地是后来被证实的玻尔猜想的结果,即只有铀的一种罕有的种类或同位素才能够容易地裂变。

从下述事实可以估量被这些发展诱导的科学研究的紧张程度:在哈恩和斯特拉斯曼的发现之后不到一年内,在原子裂变方面就发表了一百篇论文[1]。当科学家正在以高速度工作时,国际局势却逐渐变得越来越危险了。在1939年春,希特勒劫掠了捷克斯洛伐克。熟悉德国、意大利和西班牙政体的本性和意识形态的人,以及密切注视欧洲政治发展的人,都最敏锐地感觉到法西斯侵略的威胁。对于在美国的许多欧洲人和流亡科学家来说,由于他们是从法西斯主义的统治下逃脱的,并且充分了解法西斯的真正目的,因此这一感受尤为真切。

这些科学家中的物理学家,也许比他们的美国同行更直接地领悟到这些新科学发现显示出来的不祥的可能性。他们担心,可怕的新武器会在德国制造出来,在那里原子裂变方面这样重要的工作刚刚完成。从希特勒之前的时期起,德国还因其具有伟大的科学技能而享有盛誉。而且,众所周知,纳粹把大量的资源投入武器研究。有报告到达美国,说德国已经停止向所有外国出口现在

---

[1] L. A. Turner 博士在《现代物理学评论》(Review of Modern Physics) 1940年1月号评论了关于原子裂变的早期文献。

第9章 原子时代的开始(1939～1940)

在德国控制下的捷克斯洛伐克的铀矿,还说柏林的恺撒-威廉学会所有分部都从事秘密工作,其中包括以实现核链式反应为方向的原子能研究。在美国的一些流亡科学家十分渴望加速原子研究的发展,以免法西斯主义的德国能够抢在民主国家的前头生产新武器。在这些科学家中间,卓越的人物是恩里科·费米,他当时是纽约哥伦比亚大学教授;莱奥·西拉德,他曾和爱因斯坦一起在柏林工作过,现在是哥伦比亚大学物理实验室的宾客;普林斯顿大学的欧根·P. 维格纳(Eugene P. Wigner);坎布里奇麻省理工学院的维克多·F. 魏斯科普夫(Victor F. Weisskopf);华盛顿的乔治·华盛顿大学的爱德华·特勒(Edward Teller)。

到1939年3月,西拉德、费米和其他科学家确定,在通过核裂变释放巨大能量的过程中,放射出多余的中子,这也许能够开始链式反应。西拉德和哥伦比亚大学物理实验室的沃尔特·H. 津恩(Walter H. Zinn)就这项工作于1939年3月16日完成了一篇论文,题目是"在慢中子与铀的相互作用中瞬时放射快中子",该文发表在1939年4月15日《物理学评论》。大约同一时候,哥伦比亚大学研究生院院长乔治·B. 佩格勒姆(George B. Pegram)按照西拉德和费米的敦促,写信给美国海军上将S. C. 胡珀(S. C. Hooper),信中说:"很可能,铀可以用来作为爆炸物,每磅铀能够释放的能量比任何已知的炸药要大一百万倍。"佩格勒姆安排费米会见海军部的代表,以便讨论向海军不断报告进一步的科学发展的实际办法。佩格勒姆这样做了,尽管他和费米与若干其他科学家一样还没有肯定,原子链式反应和原子弹的成功制造是切实可行的。佩格勒姆在致胡珀的信中讲到他的保留,他在其中说他自己的看法是,概率是不利于此的。劳拉·费米(Laura Fermi)夫人在她后来关于丈夫的生活和工作的书中说:"恩里科本人在向海军胡珀上将谈论时怀疑他的预言的现实意义。"①海军和费米之间会谈的唯一结果是,海军请求不断向他们报告。1939年暮春,在普林斯顿的一次科学会议上,莱奥·西拉德也和海军举行了非正式讨论;但是,在1939年7月10日,海军科学顾问罗斯·冈恩(Ross Gunn)告知西拉德,说海军不打算在此时纠缠这件事。

在卷入的所有科学家当中,显然正是西拉德最敏锐地感受到紧迫意识。西拉德是一位具有巨大创造性的想象力的人,他比其他人更早地开始设想,制造原子弹在技术上是可能的,这在可以预见的将来能够实现。他自己的一些预测显示出极大的希望。但是,费米在夏天离开了纽约,直到秋天学校重新开学他返回时,没有完成什么事情。西拉德为拖延而变得烦恼,他对能够促成此事感到怀疑。当回想起西拉德当时在美国是一个没有任何正式职务的外侨,甚至不享有常规的大学任命资格,而只不过是哥伦比亚大学的客人时,他在后来进展中所起的作用就更加引人注目了。

不料正是这一时刻,即在1939年初夏,爱因斯坦通过西拉德也卷入到制造原子弹的实验中去。在几年前,爱因斯坦对分裂原子的可能性似乎还十分怀疑。1935年1月,在匹兹堡美国科学促进协会的冬季会议上,采访记者问爱因斯坦,他是否认为,科学家能够持续把物质转化为能量而用于实际目的。在接着的报纸报道

---

① 引文出自 Laura Fermi, *Atoms in the Family*(《原子在我家中》), The University Press, Chigago, 1954。Pegrem 致 Hooper 海军上将的信在该书第 162～163 页全部重印。

第9章 原子时代的开始(1939～1940)

中——这应该谨慎地予以考虑,据传爱因斯坦回答说[①],他觉得这几乎肯定是不可能的,并提到要从分子中释放能量也需要大量的能量。据传爱因斯坦补充说:"这就像黑暗中在一个地方射鸟,而此地仅仅有几只鸟。"

很可能,爱因斯坦大概在1939年初才获悉哈恩、斯特拉斯曼、迈特纳、弗里施的工作以及关于这些进展结果的出版物。不过,对新科学发现在早期实际应用的可能性,他似乎并不是十分乐观的。1939年3月14日,在他六十寿辰之际,他在一份声明中回答了提交给他的问题,该声明发表在《纽约时报》,爱因斯坦做了下面的评论[②]:

> 关于分裂原子迄今所得到的结果并未证明下述设想是合理的:在该过程释放的原子能能够经济地加以利用。可是,几乎不会有一个物理学家具有如此之少的智力好奇心,以致由于从过去的实验中得出的结论而可能损害他对重要课题的兴趣。

西拉德首次与爱因斯坦就核裂变一事接触,发生在几个月之后。当他初次考虑就新科学发现及其应用与爱因斯坦协商时,他一点也没有打算与美国政府打交道。西拉德回忆说,他和维格纳

[①] 爱因斯坦在匹兹堡的访问记,发表在1935年1月12日《文学文摘》(*The Literary Digest*)。

[②] 爱因斯坦1939年3月14日答复《纽约时报》的译文是依据德文原抄件修订的。

到此时已变得十分不安,因为他们忧虑德国从比属刚果得到大量的主要材料资源铀。因此,德国可能大大促进她的原子能研究,并最终生产出原子弹。西拉德和维格纳感到,应该把这些不测事件告知比利时政府,以便能够中止向德国出口铀,倘若比利时希望这样的话。西拉德了解,爱因斯坦与比利时王后伊丽莎白多年都有友好关系。当他和维格纳决定拜访爱因斯坦时,爱因斯坦正在长岛佩科尼克的拿骚地(Nassau Point, Peconic, Long Island)避暑,正如西拉德所报告的,正是他们极力建议爱因斯坦与伊丽莎白王后通信。这次访问具有比较谨慎的、也许是前后不一的目的,它导致了截然不同的、最终却是重大的含义,这是整个原子武器发展戏剧性的方面之一。这次访问发生在1939年7月15日前后。

西拉德回忆说,当爱因斯坦谈到产生链式反应的可能性时惊呼:"我看那永远也不会发生!(Daran habe ich gar nicht gedacht!)"西拉德报告说,爱因斯坦立即认清德国储存刚果铀的含义,并声称他会相应地准备帮助把此事告知比利时政府。三位科学家讨论了该问题的几个处理办法。维格纳显然强调,不仅要求通过王后或比利时驻华盛顿大使,告诉比利时政府向德国出口铀包含的危险,而且也需要美国大量进口铀。至于如何获得铀的进口,或者谁去处理这个问题,不知道是否做了推荐。据报道,爱因斯坦赞成一项建议:向美国政府提交一份拟议中的致比利时王后的信件的草稿,维格纳显然也表示愿意这样做。只要国务院不提出反对意见,就会把信寄给王后。至于在这次最早的会谈中,爱因斯坦、西拉德和维格纳是否考虑把新科学发现的含义告知美国政府,以便保证它有兴趣鼓励或拨款原子武器领域从事进一步的

第9章 原子时代的开始(1939~1940)

研究,就不得而知了。

甚至在拜会爱因斯坦前,西拉德就与纽约一位金融界的朋友讨论了整个问题。他觉得,哥伦比亚大学物理系的财源不足以支持费米和他自己预期的附加研究,因此必须从外界弄到资金。当西拉德拜访爱因斯坦返回纽约后,这位金融专家告知西拉德,他已与亚历山大·萨克斯(Alenxander Sachs)博士协商过,萨克斯是一位与纽约莱曼兄弟银行有关系的著名经济学家,有时也是罗斯福总统的非正式顾问之一。当有人建议西拉德与萨克斯博士联系时,他显然毫不拖延地这样做了。无疑地,正是萨克斯认清了这个问题的重要性和意义,并认为要得到结果,应该引起白宫对此事的注意[①]。因此,他向西拉德建议,爱因斯坦拟议中的信与其写给比利时王后或比利时大使,还不如写给罗斯福总统。萨克斯表示,愿意亲自设法使信能够到达总统手里。西拉德在1939年7月19日写信给爱因斯坦说,虽然他一生只见过一次萨克斯,未能对他形成一种看法,但是不管怎样,他乐于接受萨克斯略述的行动方针。西拉德补充说,这一可取之处也受到爱德华·特勒教授的支持,特勒是哥伦比亚大学客座教授,西拉德与他协商过。西拉德进而建议,爱因斯坦拟议中的信可委托给萨克斯,由于他相信,萨克斯能像他允诺的那样无障碍地去做。西拉德封装了信的草稿。由于萨克斯

[①] 关于Sachs卷入的细节,他1945年11月27日在参议院原子能特别委员会上的证言《与罗斯福总统有关的原子弹规划的背景和早期史》(*Background and Early History of Atomic Bomb Project in Relation to President Roosevelt*)中做了详细的讨论(79次全会第一次会议,依据会议决议案179)。应向Sachs博士表示感谢,他允许细谈他的私人记录。

必定在接着的数月起了重要作用,由于爱因斯坦致罗斯福的信是任何其他在当时能够具有影响的个人都不可能推动的释放"链式反应",因此西拉德就最重要的事情临时安排会见了一位他完全不相识的人,他在唯一一次会见的基础上对此人的信任以及萨克斯对罗斯福大胆决定的能力的洞察,正在展开戏剧性的变化。

尽管不可能重构西拉德会见萨克斯后两周的所有发展,但是已知在这一期间,西拉德再次访问了住在长岛夏季别墅的爱因斯坦。由于维格纳不在城里,西拉德在第二次访问时由爱德华·特勒陪同。在这次与西拉德和特勒的会见中——甚至事先还通了电话或邮件,爱因斯坦接受了萨克斯的建议:要使总统注意这件事,通过萨克斯把信转交给罗斯福。爱因斯坦用德语向特勒口授了信的草稿,它保存在爱因斯坦档案馆里。这个草稿包含着致罗斯福的影响历史进程的书信的主要论点,爱因斯坦最后在书信上签了名。草案内容如下:

> 近期的某些工作逐渐使人们了解到,似乎很有可能,铀将成为重要的新能源。费米和西拉德近来的研究虽然还未发表,但它标志着有可能借助链式反应从铀中释放能量,而这一可能性在最近的将来将会实现。这也许有助于生产一种炸弹,这种炸弹恐怕太重,无法用飞机运输,但是它不会重得连船都运不动。只一个这样的炸弹在港口爆炸,就能够完全摧毁港口及其周围地区。这种可能性虽说不可忽视,但也无法肯定。
>
> 在这种局势下,如果政府继续保持与这个国家致力于链

第9章　原子时代的开始(1939～1940)

式反应问题的物理学家群体接触,也许是有利的。对你来说,可能的处理办法是委托一个你所信任的人,他负有创造和维持这样的接触的使命。我了解到,德国已停止铀矿的出口,这也许可以用下述事实解释:外交部部长的儿子冯·魏茨泽克(von Weizsäcker)作为柏林恺撒-威廉学会的物理学家起了作用,他在那里现在正在重复美国关于铀矿的研究。

美国只有低品位的铀矿。最重要的铀的储藏在比属刚果。

爱因斯坦的草案表明,在可能不到一周时间,最初给比利时王后写信的谨慎建议如何发展成为向美国总统进行意义重大的、具有高度启发性的接洽。爱因斯坦口授的草案是否受到西拉德草案——西拉德在他会见萨克斯后准备了这个草案,并在他第一次访问前寄给爱因斯坦——的激发呢,这还不能确定。1939年8月2日,西拉德写信给爱因斯坦说,在与萨克斯讨论增补的介绍时,曾建议 K. T. 康普顿、伯纳德·巴鲁克(Bernard Baruch)和查尔斯·林德伯格(Charles Lindbergh)做政府和科学家之间联络人的职务,在爱因斯坦的草案中,也在他最后致罗斯福的信中都介绍过这一职务。西拉德补充说,林德伯格在写信的当时是特别让人喜爱的人。

在爱因斯坦德文草案的基础上,西拉德在与萨克斯进一步会见后,准备了两种形式的致总统的信的英译文,他在1939年8月2日的信中把它们寄给爱因斯坦。爱因斯坦偏爱西拉德起草的两个译文中较短的一个。信实际上是寄给罗斯福的,时间为1939年

8月2日，其内容如下：

> 阿尔伯特·爱因斯坦
> 老园林路
> 拿骚地
> 佩科尼克，长岛
> 1939年8月2日

F. D. 罗斯福
美国总统
白宫，
华盛顿，哥伦比亚特区

阁下：

在交寄给我的原稿中，我了解到费米和西拉德最近的一些工作，这促使我预料，铀元素可能在不远的将来会变成新的、重要的能源。这一情况的某些方面似乎需要密切注视，如有必要，还要求政府方面迅速采取行动。因此，我认为，使你注意下述事实和介绍，是我的责任。

在最近四个月期间，通过约里奥在法国的工作以及费米和西拉德在美国的工作，已有几分把握认为，在大质量的铀中实现核链式反应也许变得有可能了，由此能产生巨大的能量和大量的类镭元素。现在看来，几乎可以肯定，这在不远的将来就能达到。

第9章 原子时代的开始(1939～1940)

这一新现象也能够导致制造炸弹,可以想象——尽管不怎么十分确定,由此可以制造出新型的威力极其强大的炸弹。一个这种类型的炸弹用船运出去,或在港口爆炸,完全有可能把整个港口连同它周围的一些地区统统摧毁。但是,这样的炸弹可以十分充分地证明是太重了,无法用飞机运输。

美国仅有品位很低的铀矿,而且数量不多。加拿大和以前的捷克斯洛伐克有一些品位好的铀矿,而最重要的铀资源在比属刚果。

鉴于这种情况,你也许认为,在政府与在美国从事链式反应研究的物理学家群体之间保持某种持久的接触是可取的。要达到这一点,一个可行的办法是,你把这项任务委托给一个你信得过的人,他也许能够以非官方的资格服务。他的任务可以由以下几项组成:

a) 与政府各部接洽,向它们不断报告进一步发展的情况,就政府的行动提出建议,特别注意保证给美国供应铀矿的问题。

b) 通过提供资金加速实验工作,而目前的工作是在大学实验室的预算限度内进行的。如果需要这样的资金,可以通过他与愿意为这一事业做出贡献的私人进行接触,也许也可以通过获得拥有必要装备的工业实验室的合作来解决。

我了解到,德国实际上已经停止出售从已接管的捷克斯洛伐克得到的铀。它之所以要采取这样的先发制人的行动,也许可以在下述基础上得以理解:德国外交部副部长的儿子冯·魏茨泽克隶属于柏林的恺撒-威廉学会,该协会目前正在重复美国的关于铀的一些工作。

你的最忠实的
A. 爱因斯坦

这封信是当时在世的最伟大的科学家写给世界上最重要的政府领袖之一的,它戏剧性地影响了重要的科学发展和军事进展,并提醒美国政府采取决定性的步骤。不过,信在两个多月内实际上没有提交给罗斯福总统,在此期间,德国在探索核链式反应方面可能已经取得了许多进展。在爱因斯坦的档案和所有其他信息来源中,可以得到的文献都无法为拖延传送爱因斯坦的信件提供恰当的解释。在 1939 年 9 月 27 日的信中,西拉德向爱因斯坦表达了他的印象:信"已经在华盛顿一些时候了"。但是,在 1939 年 10 月 3 日的另一封信中,西拉德报告说,他和维格纳访问了萨克斯,萨克斯承认爱因斯坦的信还在他的手里;萨克斯解释说,他与罗斯福的秘书做了几次电话交谈,从中得到一个印象:最好在晚些时候谒见总统,由于他工作负担过重。1945 年 11 月 27 日,萨克斯在美国参议院原子能特别委员会上作证时说,只要总统卷入修改现有的中立法规,他就不想接受总统的任命。不管怎样,直到战争 1939 年 9 月 1 日在欧洲爆发,中立法规没有变成剧烈的争端,这已是爱因斯坦签署信件之后四周多的事了。

希拉德在 1939 年 10 月 3 日给爱因斯坦的信中说,他和维格纳开始怀疑,是否有必要把萨克斯自愿执行的使命委托给另一个人。但是,萨克斯最后在 1939 年 10 月 11 日谒见了罗斯福总统,

第9章 原子时代的开始(1939～1940)

把爱因斯坦的信、西拉德的比较技术性的备忘录以及相当重要的背景材料交给了总统。西拉德的备忘录说,如果能够利用快中子,那么"能够方便地制造出极其危险的炸弹,……它所具有的破坏威力远远超越了所有军事概念"。萨克斯也把他自己的一份手写的陈述交给总统,他在其中概括了所包含的主要问题,并列举了他认为美国在进一步利用核裂变问题的事务上应该采取的步骤。

罗斯福总统立即行动起来。他任命了一个尽可能快地向他报告的"铀顾问委员会";几天后,他写了下面的信给爱因斯坦:

> 白宫
> 华盛顿
> 1939年10月19日
>
> 我的亲爱的教授:
>
> 我要为你最近的来信以及最有趣、最重要的附件而感谢你。
>
> 我发现这份资料如此重要,以致我已经召集了一个由标准局首脑以及陆军和海军选派的代表组成的委员会,大略地研究了你关于铀元素的建议的可能性。
>
> 我高兴地宣布,萨克斯博士将与这个委员会合作并工作,我觉得这是处理这个问题的最可行、最有效的方法。
>
> 请接受我的诚挚的谢意。
>
> 你的最真诚的
> 富兰克林·D.罗斯福

阿尔伯特·爱因斯坦博士

老园林路

拿骚地,佩科尼克

长岛,纽约

铀顾问委员会是一个由三人组成的委员会,他们是:标准局局长莱曼·J. 布里格斯(Lyman J. Briggs)博士,他担任主席;陆军中校基思·F. 亚当森(Keith F. Adamson),他代表陆军兵工署;海军中校吉尔伯特·C. 胡佛(Gilbert C. Hoover),他代表海军军械局。第一次委员会会议于1939年10月21日举行,萨克斯、西拉德、费米、维格纳和特勒都参加了会议。早在1939年11月1日,委员会向总统发出了一份报告,报告在估价进步中的科学革命是非常肯定的。它讲到产生链式反应的可能性,链式反应可用来作为巨大的原子能的来源和"具有比现在已知的任何东西破坏力大得多的炸弹的可能来源"。报告提出,鉴于这些技术的可能性及其潜在的军事价值的根本意义,使得彻底研究该课题变得可以实行。报告进而说道,这样的研究"值得政府给予直接的财政支持"。原子弹发展中许多阶段的进一步的历史在其他出版物中有所记载,不需要在此赘述。在这里感兴趣的是爱因斯坦再次介入的几个事例。

在第一次顾问委员会会议之后,其他科学家应邀参加了后继的协商。萨克斯作为总统的代表继续发挥重要作用,作为与爱因斯坦保持接触的个人,正如他每每强调的:他与爱因斯坦协商,并把爱因斯坦的看法和建议用口头或书面的形式向总统或委员会介

第9章 原子时代的开始(1939~1940)

绍,因为细节是需要口述的[①]。看起来,萨克斯经常采取主动行动,以加速委员会的工作,并引导它把注意力集中在所决定的最紧迫的措施上。在那个时期,即欧战的第一个冬天,顾问委员会是具有官方地位的唯一有关铀的小组。

原子能研究直到那时之前还仅仅为大学实验室所关注,支持进一步的研究的第一个官方步骤是谨慎的:按照顾问委员会11月第一次报告的建议,政府划拨总额6000美元,作为1939年11月1日至1940年10月31日期间的经费用于铀裂变研究(正如阿瑟·H.康普顿把这一年描绘为:"在它对铀计划关心的第一个危急年头")。在同一时期,华盛顿的卡内基学会拨款总和20000美元用于铀研究。尤其是当与庞大的军费开支比较时,这些数字是很小的,它也许表明,原子武器的研究并不像它的一些最坚定的倡导者所希望的那样受到强有力的推动。虽然不能肯定地说,但是很可能,一些美国科学家以及陆军和海军并不具有紧迫感,而紧迫感则缠绕着他们在美国大学的欧洲同行。在此期间的一般气氛可能有助于解释相当缺少关心的事实:在征服波兰之后,公开的战争状态处于最低潮,在许多地区人们都抱有希望,即通过外交策略和劝慰,在美国自身卷入战争行动之前,战争能够早早结束。

虽然顾问委员会继续运作,但是西拉德和萨克斯为它的相对

[①] Compton 在他的著作《原子能的探求》(*Atomic Quest*)的第27~30页讨论了爱因斯坦与萨克斯的会见以及顾问委员会的活动。Compton 的评价可用下面的叙述概括:"任命政府的铀顾问委员会的结果与其说推进了美国铀研究的发展,还不如说是延缓了这一发展。"Vannevar Bush 博士在私人通信中说:"我不会像 Compton 博士走得那么远。在爱因斯坦的信件期间有大量的科学活动,我不认为这封信或顾问委员会以这种或那种方式影响了科学活动。"

缓慢的进展而感到不安。1940年2月,他们决心再次促成爱因斯坦介入。它采取的形式是爱因斯坦1940年3月7日的另一封信。虽然信在名义上是写给萨克斯(他显然帮助起草了这封信)的,但是实际上却打算交给总统:

> 鉴于我们共同关心与国防有关的问题的实验工作的意义,我希望引起你的注意:自去年10月通过你的健全的政府机关所安排的从事这项工作的科学家和政府代表之间的磋商以来,都发生了一些什么进展。
>
> 去年,当我认识到,对国家具有重要意义的结果有可能出自对铀的研究时,我就认为我有责任把这种可能性告知政府。你也许能回想起,在我写给总统的信中,我也提到这样一个事实:德国外交部部长的儿子C. F. 冯·魏茨泽克,正在恺撒-威廉学会之一即化学研究所与研究铀的化学家小组合作。
>
> 自从战争爆发以来,在德国对铀的兴趣急剧增强了。我现在已经获悉,在那里研究是在极其秘密的情况下进行的,它已扩展到恺撒-威廉学会的另一个研究所即物理研究所。物理研究所已被政府和在C. F. 冯·魏茨泽克领导下的一个物理学家小组接管,他目前正和化学研究所合作研究铀。前任所长告假被送到远处,显然是由于战争时期。
>
> 如果你认为把这一信息转达给总统是可取的话,那么就请你自己考虑直率地这样做。倘若你沿着这个方向正在采取任何行动,你可以让我们了解一下吗?
>
> 西拉德博士给我看了他正在寄给《物理评论》的手稿,他

第 9 章　原子时代的开始(1939～1940)

在其中详细地描述了在铀中产生链式反应的方法。除非加以制止,否则这些论文将会发表;问题出现了:是否应该做一些工作不让它们发表。

我和普林斯顿大学的维格纳教授依据能够得到的信息讨论了局势。西拉德教授将向你提供一个备忘录,向你通报自去年10月以来所做出的进步,从而你将能够在适当的环境下采取你想采取的行动。你将看到,他所追求的路线与 M. 约里奥在法国所追求的路线不同,而且显然更有前途,关于他们的工作,你可以在那些论文的报道中看出。

对西拉德发现打算发表的查询,显然是出于重要的策略上的理由而做出的。在较早的阶段,西拉德和其他杰出的原子科学家提出,要做出集体努力,以制止可能包含重要科学信息的论文进一步发表。他们争取到尼耳斯·玻尔的合作。他们的建议是一个有些棘手的事情:扣发科学研究的结果与西拉德和他的许多同事长期捍卫的原则发生冲突。而且,他们知道,有创造力的科学家往往仅有一条方法能够保护他的科学发现的优先权,这就是迅速发表他的成果,正像哈恩、斯特拉斯曼、迈特纳和弗里施最近才做过的那样。不管怎样,鉴于现存的国际局势和美国事实上公然对盟国事业的支持,国家研究委员会的支持者要求劝阻发表"在军事利益的一切领域中"的重要科学资料。在西欧,玻尔赞成这项提议,英国科学家也是如此;法国科学家比较犹豫。无论如何,最终逐渐形成了自愿审查的中央组织系统。

1940年3月15日,萨克斯使总统注意到爱因斯坦的第二封信。总统在1940年4月5日提议召开铀顾问委员会扩大会议,会议大概包括爱因斯坦和爱因斯坦可能提出的其他人。委员会主席布里格斯邀请爱因斯坦参加这样一个会议。由于爱因斯坦不能接受邀请,他在1940年4月25日写了下述信件给布里格斯:

> 感谢你最近关于罗斯福总统任命的特别顾问委员会会议的来信。
>
> 很抱歉,由于我不能参加这个会议,我与维格纳博士和萨克斯博士特别讨论了费米博士和西拉德博士的工作所引出的问题。这项工作以及相关的工作要在一定的条件下,才能够以比迄今较大的速度并在较大的规模上进行,我对创造这样的条件的才智和紧迫性深信不疑。我对萨克斯博士提出的建议很感兴趣:特别顾问委员会应该提出一份个人名单,它作为理事会起非营利组织的作用,该组织由于得到政府委员会的认可,它应该保证从政府,或私人,或二者获取必要的资金,以进行这项工作。我以为,这样一个组织也许提供了一个机构,它能够给费米博士和西拉德博士以及合作者以必不可少的用武之地。大规模的实验准备和有关实际应用的各种可能性的探测,是一个相当复杂的任务,因此我认为,给予这样的架构和必要的资金,比起通过大学实验室和政府部门的松散合作,能够大大加速工作的进程。

就能够证实的而论,爱因斯坦既与在原子弹方案之先的工作没有进一步的联系,又与方案本身没有进一步的联系。顾问委员

第9章 原子时代的开始(1939～1940) 439

会本身也没有延续更长一些时间。1940年6月,当罗斯福创建了国防研究委员会,它预定发展成为与美国军事准备有关的十分重要的组织时,他要求顾问委员会重新组织,仍由布里格斯博士任主席职务,把它作为新近创建的国防研究委员会的小组委员会。总统特别指定新委员会负责原子核问题的研究。新委员会的委员卡尔·T.康普顿(Karl T. Compton)评论道:"这意味着按照布里格斯博士的委员会的建议观察和行动。"

从历史的眼界来看好像是,利用爱因斯坦独一无二的权威,尝试得到政府对于原子能研究的直接参与和财政援助,这个决定很可能起了关键性的作用,因为爱因斯坦的介入成功地引起罗斯福总统的注意。总统组织铀顾问委员会,是爱因斯坦介入的直接结果,该委员会是一个播种机,从中发展出庞大的原子能研究计划。没有爱因斯坦的介入,类似的发展是否会在大约同一时期发生,原子弹是否还会在生产它的时间前后,即在战争结束之前生产出来,这肯定都是疑问。虽然一些科学家,例如阿瑟·H.康普顿教授和国防研究委员会主席万尼瓦尔·布什(Vannevar Bush)博士似乎倾向于做肯定的回答,但是在这样的问题上无非是猜测。在许多方面,导致在1945年生产原子弹的事件不同于其他历史上的决定性的发展。虽然这些发展本质上会最终在任何事件中发生,但是每一个别事件的特殊特征和时间选择无疑受到特定个人的独特行动的影响甚至是决定性的影响,正如在原子弹的案例中那样,或者甚至要受到无法解释的偶然事变的影响甚至是决定性影响。我们将永远无法以任何程度的确定性知道,假如西拉德在1939年7月不访问爱因斯坦,或者,假如爱因斯坦反过来不愿意直接借助他的权威支持向美国总统请求——这一请求部分地建立在科学假定和推测的基础上,那么会发生什么情况呢?

即使在国防研究委员会创立之后,在政府参与原子核研究达到原来的倡导者所希望的程度之前,还花费了比较长的时间。实际上,直到1941年12月6日珍珠港事件前夜,政府才决定给以巨大支持。一年后,即1942年12月2日,才在芝加哥完成了第一个自续链式反应。最后,该计划逐渐发展成陆军工兵的"曼哈顿管区"[①]。在莱斯利·R.格罗夫斯(Leslie R. Groves)将军的指挥下,它发展成历史上巨大的科学事业和工业企业之一,并最终生产出世界上第一颗原子弹。原子弹的第一次决定性的、成功的试验于1945年7月16日在新墨西哥州的沙漠阿拉莫戈多(Alamogordo)进行。大约三周后,即1945年8月6日和9日,原子弹被投到日本的城市广岛和长崎。

没有证据表明,爱因斯坦以任何方式与原子弹的实际发展有联系;也没有证据表明,他对处于进展中的工作和涉及的科学研究消息灵通;任何一个与原子武器计划有关的人,包括爱因斯坦的科学家朋友,都在实验方面严格保密的限制下工作和生活,这种保密限制使得该计划的任何消息根本不可能传到爱因斯坦那里。虽然在1943年他成为海军标准局的咨询顾问,但是所有能够得到的证据指出,他的服务无论如何与制造原子弹无关。爱因斯坦的家人回忆说,海军军官和隶属于海军的科学家不时在他的普林斯顿住

---

① "曼哈顿管区"(Manhattan District)是第二次世界大战中美国原子弹研究总部,"曼哈顿计划"(Manhattan Project)是当时的美国原子弹研究计划。——译者

第9章 原子时代的开始(1939～1940)

所出现,与他密谈好几个小时。但是,交往本身并没有保持在秘密状态中;事实上,宣传材料的照片拍摄了爱因斯坦和海军职员。在爱因斯坦成为海军咨询顾问后不久,美国科学研究和发展局局长万尼瓦尔·布什请求爱因斯坦也做他的机构的咨询顾问,但是爱因斯坦谢绝了邀请[①]。

直到第一颗原子弹投到日本,关于原子弹及其成功完成的工作是高度绝密的。不过,似乎有可能,由于爱因斯坦参与了这项计划的最早阶段,他也许设想,在他提出的方向正在紧张地进行工作。在1944年后期,部分地受到科学家老朋友的激励,他在致另一位科学家的信中建议,要安排与美国和包括苏联在内的盟国的最卓越科学家的协商会;在这些协商会上做出尝试,利用科学家的集体影响给他们各自的政府施加压力,使之赞同建立国际警察和超国家政府的观点。这种激进的思想正如爱因斯坦本人所认为的,不过是在德国和平主义出现之前他的国际主义抱负的重申而已。虽然爱因斯坦在他的信中评论说,他担忧未来的战争可能是"比现在的战争要丧失更多生命的真正破坏性的战争",但是没有迹象表明,他是否被原子能对人类影响的特别预感袭击过,或者他的担心是否出自对破坏工具生产中不可避免的、永不停止的技术改善的一般理解。爱因斯坦没有追求他的计划;爱因斯坦曾与之

[①] 关于他邀请爱因斯坦做科学研究和发展局的咨询顾问,布什博士说:"我在爱因斯坦一些朋友的催促下采取了这一步骤。我记不起他是否接受了。我不知道他与海军的任何关系,他在信中或用其他方式没有向我提起这件事。我知道,他没有在科学研究和发展局活动。"关于爱因斯坦与海军交往的事实,是由爱因斯坦的秘书 Helene Dukas 小姐提供的。

通信的、了解在其他地方正在做类似性质的工作的那位科学家,劝诫他不要这样干。

当原子弹生产逐渐接近完成时,实际参与原子能计划的科学家开始深刻地意识到,它有可能被用于致命的目的,同时也具有有利于人类未来的应用。早在 1944 年 7 月,被从丹麦偷渡出境、正在美国秘密工作的尼耳斯·玻尔就起草了一份战后原子能控制的备忘录,他与罗斯福总统下月讨论它[①]。玻尔确信,应该把原子武器的存在通报给苏联领导人。在这样做时,尽管战争还在进行中,但战后合作计划可能在比较现实的水平上形成。在 1945 年 3 月 24 日致罗斯福总统的第二份备忘录中,玻尔建议,应该利用各国科学家之间现有的交流渠道,尝试最终解决使人为难的新问题——这种处理好像与爱因斯坦仅仅在几个月前考虑的处理办法十分类似。大约在玻尔为罗斯福准备他的最初备忘录时,几个官方委员会之一已经安排研究原子能领域中的一些问题,这些问题在战后年代是国家和世界预料要面对的问题。早在 1944 年 11 月 18 日,就提交了第一个这样的报告,即贾弗里斯报告(Jeffries Report),这是一个"具有巨大历史重要性的文件"[②]。

[①] Niels Bohr 1950 年 6 月 9 日在《致联合国的公开信》中发表了他的 1944 年 7 月 3 日备忘录的一部分,由哥本哈根 J. H. Schultz Forlag 出版。这篇文献也包括他按照同样的一般主题写给罗斯福总统的第二份备忘录,时间是 1945 年 3 月 24 日。也可参见 Alice Kimball Smith 的"在使用原子弹决定的背后:芝加哥 1944~1945 年",《原子科学家公报》(Bulletin of the Atomic Scientists),1958 年 10 月,第 292 页。

[②] 关于新的原子时代和科学家中间的有关活动的早期的、相当明智和有先见之明的报告,尤其参见 Alice Kimball Smith 的前引书,第 289~293 页。刻画贾弗里斯报告特征的引文出自 Smith 夫人的文章。

第9章 原子时代的开始(1939～1940)

1945年3月,当时在芝加哥冶金实验室工作的西拉德起草了一个相当有预见性的文件,他在其中预言了原子武器家族的危险,甚至讨论了洲际火箭的作用[①]。他强调指出,原子弹的存在可能会对美国的战后地位产生不利的影响,因为"不再能够指望用枪支和坦克的生产超过其他国家来赢得战争"。西拉德访问了爱因斯坦,除了说他极为关心未来外,没有透露任何事情。他再次谋求爱因斯坦的帮助,以便争取得到罗斯福总统对他自己的任命。1945年3月25日,爱因斯坦把给罗斯福总统的下述介绍信交给西拉德:

> 布商大街112号
> 普林斯顿,新泽西州
> 1945年3月25日

富兰克林·德拉诺·罗斯福阁下
美国总统
白宫
华盛顿,哥伦比亚特区

---

① Szilard备忘录的节录发表在1947年12月《原子科学家公报》上。Fermi夫人前引书的第243页,A. H. Compton前引书的第241页,以及Alice Kimball Smith夫人前引书的第293页也提到了这个备忘录。关于Szilard和其他两位科学家的斯帕坦堡(Spartanburg)访问,请参见James F. Byrnes, *All in One Lifetime*(《终生如一》), New York, Harper&Brothers, 1958, p.284以及Alice Kimball Smith的前引书第296页。Smith夫人是与三位科学家讨论过斯帕坦堡(Spartanburg)会议的历史学家。

阁下：

我给你写信介绍 L. 西拉德博士，他打算向你提交某些须考虑的问题和建议。异常的环境——我将在下面进一步叙述——导致我采取这一行动，尽管事实上我不知道西拉德博士打算向你提交的须考虑的问题和建议的内容。

1939 年夏天，西拉德博士在我面前提出他关于铀对国防的潜在重要性的观点。他为其中所包含的潜在的可能性极度不安，并渴望尽早把它们告知美国政府。西拉德博士是铀中子放射的发现者之一，所有现在有关铀的工作都是以这些发现为基础的。他向我描述了他设计和构想的专门系统，该系统使得有可能在不远的将来在未分离的铀矿中产生链式反应。从他的科学工作和人品两方面而言，我了解他已经二十多年，我深信他的判断，正是在他的判断以及我自己判断的基础上，我才冒昧地就这个问题与你接洽。你通过任命以布里格斯博士任主席的委员会，对我 1939 年 8 月 2 日的信做了回应，从而开始了政府在这个领域的活动。

西拉德博士正在保密条件下工作，保密条件不容许他向我告知他的工作信息。不过，我理解，他现在极为关心正在做这项工作的科学家和你的顾问团中那些对制定政策负有责任的成员之间缺乏充分的接触。在这种情况下，我考虑我有责任给西拉德博士写这封介绍信，并且我想表示我的希望，希望你将能够亲自关注他对情况做出陈述。

你的最诚实的
A. 爱因斯坦

第9章 原子时代的开始(1939~1940)

罗斯福总统逝世后,这封信在他的办公室发现,它被交给杜鲁门(Truman)总统。杜鲁门把它托付给詹姆斯·F.贝尔纳斯(James F. Byrnes),贝尔纳斯被任命为国务卿,但此刻他还是没有正式政府职位的平民。大约六周后,在1945年5月28日,当时欧战已经结束,西拉德在另外两个科学家的陪同下,最后在南卡罗来纳州的斯帕坦堡(Spartanburg, South Carolina)贝尔纳斯的家里拜访了他。贝尔纳斯报道说,西拉德抱怨原子科学家和政府的政策制定者之间的接触不充分。按照贝尔纳斯本人的叙述,西拉德的建议给他留下了"不快的印象"。但是,另一方面,一位特别认真负责的历史学家后来讨论了与三位有关的科学家的斯帕坦堡会见,他得出结论说:"贝尔纳斯决不会给科学家留下他领会了原子能的意义的印象。"[①]科学家把会谈的大部分花在谈论原子能对于军事力量的潜在使用,贝尔纳斯对此则一无所知。贝尔纳斯既没有找到时间讨论西拉德的备忘录,也没有讨论西拉德的观点:要最大限度地为和平利益尽力,通过不用原子弹对付日本而废止原子武器家族。贝尔纳斯向科学家通知了即将召开的临时委员会会

[①] 有关决定使用原子弹的背景最综合、最细致的叙述在前面提到的文章中由 Alice Kimball Smith 夫人给出,关于 Byrnes 先生对原子能缺乏理解的引文即取自这篇文章。Smith 夫人能够利用各个委员会放置在芝加哥大学图书馆的档案,而且她能够会见大多数参加过有关讨论和活动的人。Stimson、A. H. Compton 和 Fermi 夫人的书同样涉及这个问题。也可参见 Henri L. Stimson 的"使用原子弹的决定",《哈珀杂志》(*Harper's Magazine*),1947年2月;James F. Byrnes 的《老实说》(*Speaking Frankly*),纽约 Harper & Brothers 1947年版;《哈里·S. 杜鲁门回忆录》(*Memoiris by Harry S. Truman*),第一卷,Garden City:Doubleday and Company 1955年版;Louis Morton 的"使用原子弹的决定",《外交》(*Foreign Affairs*),1957年1月;以及 Byrnes 的《终生如一》。

议,临时委员会是由杜鲁门任命的,为的是在使用新的原子武器问题上向他提出建议[①]。

临时委员会在1945年5月31日开会,它的组成人员是:陆军部长亨利·L.史汀生(Henri L. Stimson);纽约人寿保险公司总裁乔治·L.哈里森(George L. Harrison);作为杜鲁门总统私人代表的詹姆斯·F.贝尔纳斯;海军副部长巴德;助理国务卿克莱顿(Clayton);万尼瓦尔·布什;麻省理工学院院长卡尔·T.康普顿,他和科学研究和发展局意见相同;以及哈佛大学校长、国家研究理事会主席科南特(Conant)。作为主席行使职权的陆军部长史汀生回忆说,他和陆军总参谋长乔治·C.马歇尔(George C. Marshall)将军两人表达了这样的观点:原子能必须借助于人对全世界的新关系来考虑,而不仅仅用军事武器术语来考虑。虽然这一有分量的思想被提出来作为考虑原子弹的指导思想,但是临时委员会却在1945年6月1日全体一致建议,不预先警告而且尽可能早地用原子弹对付日本。把原子弹用"在被最易于损坏的建筑物环绕的或毗邻这些建筑物的军事设施或军工厂上"。由于作为临时委员会委员的贝尔纳斯参与了这个全体一致同意的建议,因此西拉德和他的两个科学家同事在几天前对贝尔纳斯的访问,似乎对贝尔纳斯关于原子弹的决定没有什么影响。

[①] 关于临时委员会的工作和评议,请参见前面注释中的出版物,尤其是科学小组委员会的成员 Arthur Holly Compton 的《原子能的探求》和 Alice Kimball Smith 的前引书。临时委员会全体一致通过的建议没有完全坚持,由于在做出建议后四周,一个委员——海军副部长 Ralph Bard 向国务卿 Stimson 报告说,他对建议的第三点,即在不预先警告的情况下使用原子弹持有异议;他极力主张给日本人两三天的警告时间。

第9章 原子时代的开始(1939~1940)

临时委员会在它的工作中受到科学小组委员会的援助,后者由四位第一流的核物理学家组成:阿瑟·H.康普顿、恩里科·费米、恩斯特·O.劳伦斯(Ernest O. Lawrence)和J.罗伯特·奥本海默(J. Robert Oppenheimer)。在他们向临时委员会的正式报告中,这些科学家说,他们认为"选择直接军事利用是不可接受的"。不过在同一时期,其他参与几个有组织的努力的原子科学家保证,原子弹不会投到人口聚集区,至少不会不考虑预先警告。西拉德是一位最坚定地反对在任何情况下使用原子弹的人,他参与了几个这样的艰难尝试。他和以物理学教授詹姆斯·弗兰克(James Franck)为首的其他六位芝加哥科学家签署了一份提交陆军部长史汀生的备忘录,倡导新武器的第一次示威行动要在联合国所有成员国代表在场的情况下,"以沙漠或某个荒岛"为舞台演示,除非首先给日本下放弃或撤出某些地区的最后通牒,否则不要使用原子弹。作为七位芝加哥科学家——三位物理学家、三位化学家和一位生物学家——备忘录的弗兰克报告[①]已经开始为人所知,它就未来的核武装力量家族做了有预见性的评论:如果不达成充分的国际一致,那么"不迟于在核武器存在的第一次演示之后的早晨,核武装力量将会真的降临"。该报告表示反对在军事上对日本使用原子弹,这种反对意见是基于下述信念:这样的先例"对于

[①] 所谓的Franck报告,是由芝加哥的"社会和政治关系委员会"起草的,它发表在1946年5月1日《原子科学家公报》上。Alice Kimball Smith夫人鉴别出,签名者除了Franck和Szilard外,还有Donald Hughes、Joyce Steams、Eugene Rabinowitch、Glenn Seaborg和J. J. Nickson。

建立原子能的国际控制会造成几乎难以逾越的障碍"。报告强调,对人类种族的保护必然来自世界的政治组织。弗兰克也要求注意科学家中间的"难以忍受的"冲突,这些科学家了解献身于未来的和平计划的努力,同时又要发誓保守原子武器进展的秘密,而且他们"在内心深处明白,所有这些计划都已不中用了,因为未来的战争是截然不同的,它的局面比目前正在进行的战争要凶险一千倍"。

然而,原子科学家在所采取的行动路线并不一致。1945年2月,在阿瑟·H.康普顿指导下,在芝加哥大学冶金实验室的科学家中间进行投票表决[①]。在被探询的150位科学家当中,15%的人完全赞成在军事上不受限制使用原子弹;46%的人赞成有限地使用原子弹(这意味着,在充分使用原子武器前,事先再次给日本一个投降机会,然后才进行军事示威);而26%的人要求在军事上使用原子弹之前,在美国进行试验性演示;只有13%的科学家提出避免无论什么样的军事使用。不过,必须指出,这四个询问,尤其是关于"有限的使用"的第二个询问,其措施是模糊的,对第二个询问坚定投票赞成的46%的参加者的真实态度必定是不确定的。

西拉德坚定地相信,应该全力以赴在最高层次上陈述,在人道主义的和道德的基础上反对军事上使用原子弹的立场,他征得了

---

① 这次投票表决是 A. H. Compton 请求 Farrington Daniels 于 1945 年 7 月 12 日在芝加哥经办的,它在 1948 年 2 月的《原子科学家公报》中有所描述,Alice Kimball Smith 夫人的前引书第 303 页也做了描绘。

第9章 原子时代的开始(1939～1940)

六十多人的签名,在关键时刻直接向杜鲁门总统请愿①。请愿书中所用的语言表达了这样的思想:反对在没有适当的警告和没有给日本以适当投降的机会的情况下,对日本使用原子武器。A. H. 康普顿报道说,西拉德的原稿要求在道德考虑的基础上彻底拒绝使用原子弹,它后来被重新措辞。之所以采取比较和解的立场,是为了在科学家中间得到更大程度的支持。西拉德的请愿书以及其他科学家在这关键性的几个星期里准备签名的反请愿书证明,科学共同体内观点相当驳杂,而且无疑反映了在知道"秘密"的比较少的人中间巨大的感情激变。康普顿1945年7月17日把西拉德的请愿书转交给华盛顿,是日正是第一颗原子弹成功地在阿拉莫戈多爆炸后的那一天。到此时,杜鲁门总统及其顾问已经出发前往德国参加盟国波茨坦和平会议;不知道芝加哥科学家中间投票表决结果的莱奥·西拉德的关键时候的请愿书以及其他几个请愿书,在杜鲁门总统最后做出向日本投原子弹的决定之前实际上是否到达他的手里。

没有证据表明,在对日本使用原子弹之前,爱因斯坦完全了解科学家关于使用原子弹的感情和活动。可是,考虑到其后的叙述,他大力支持詹姆斯·弗兰克教授和芝加哥的科学家,则是毋庸置

---

① Szilard 的请愿书从来也没有全文发表。在正文中就 Szilard 的这一关键时刻的行动所做的讨论,是以 Compton 的《原子能的探求》第241～242页和 Alice Kimball Smith 的前引书第303页及第307页为基础的。也可参见 Leo Szilard 的"原子弹人物史",《芝加哥大学圆桌会议》(University of Chicago Round Table)第601号(1949年9月25日)。关于科学家中间的反请愿和其他活动,也请参见 Compton 和 Smith 的出版物。

疑的①。当广岛的消息传到爱因斯坦那里时,他悲哀地说:"哎呀!"当他致罗斯福总统的信逐渐为人所知时,他明确表示——正如他在后来的许多场合所做的那样——只是德国可能制造原子弹的巨大威胁促使他要求罗斯福总统注意这件事。

在他一生剩下的十年间,差不多直到他 1955 年 4 月 13 日突然意外患病,在他的科学工作之外,没有一个问题比努力保护人类免受原子战争的毁灭更能强烈地吸引他的兴趣和积极参与了。

---

① 关于爱因斯坦反对使用原子弹,请参见小 Virgil S. Hinshaw 在 SCHILPP 第 656 页。Hinshaw 在 1949 年 5 月与爱因斯坦交谈过,他做了如下报道:"爱因斯坦断然驳斥对日本使用原子弹的言论。"

第10章　第二次世界大战
（1939～1945）

当第二次世界大战爆发时，爱因斯坦刚刚度过了他的六十岁生日。他的处境完全不同于第一次世界大战爆发时的处境。他在政治舞台的影响在介入的年代变得十分引人注目。1914年，他在一个政治声明上签字相对说来是无足轻重的，而现在他的签名却博得广泛的、往往是国际性的注意。他继续在看来好像是重要的或决定性的问题上自由地表达自己的意见，虽然他的公开声明在战争年代比以往不怎么频繁，显然是表达他的政治观点和社会观点的机会比较少。即使1933年以来严重的战争威胁使他离开强硬的和平主义者的行列，但是他对于废除战争的深挚信念并没有改变。他希望，战争的结束能给人类提供另一次通过建立国际组织保证持久和平的机会，这一点在他1941年12月寄给苏联大使的短笺中是很明显的。

在1939年11月10日致新泽西州教育联合会大西洋城大会的祝词中，他评论了他的教育哲学，他把"生活的学校"和正规的学校教育相对照[①]：

[①]　新泽西州教育联合会大西洋城大会科学教师小组会议的祝词节录，取自档案中的一篇译文。德文原件没有找到。

……生活的学校是无计划的和混乱的,而教育系统则是按照确定的大纲运作的。……这能够解释……为什么教育是如此重要的政治工具:总是存在着它可以变成被竞争的政治集团作为利用对象的危险。而在学校,可能教给学生不详的偏见,他也许在后来的年代发现很难使自己摆脱这种偏见。国家对教育可以这样加以控制,从而使它的公民保持思想上的奴性。……

爱因斯坦接着着手概述教育系统的四项主要任务:在特定的道德价值和社会价值基础上的品格教育,学生智力才能和身体才能二者的发展,一般知识的教学,专门技能的培养。他强调指出,仅仅获取事实是不够的。

……要出产真正有教养的人,即对自己的同胞永远保持社会责任感的人,需要做更多的事情。……[品格训练]仅仅通过教给学生像"你要像爱你自己那样爱你的邻人"之类的虔诚程式是完成不了的。关于被说成是表现得完美无缺的所谓典型人物的故事是没有价值的。……

一般而言,健全的社会态度不是通过教导,而是通过经验获得的。集体精神只有加以实践,它才能够被意识到。学生的兴趣不应该通过仅仅鼓励自我崇拜的竞争来激励,而应该通过唤起对创造性工作的愉快感来激励。只有用这种方式,同学们才能学会相互采取友好的、建设性的关系。

学校能够为捍卫民主精神做些什么呢?学校应该宣传特

定的政治学说吗？我认为学校不应当这样做。如果学校能够教给年青人掌握批判的精神和社会取向的态度，那么他们就会做所必须做的一切事情。届时学生将会逐渐用生活在健全民主社会的公民必须首先具备的那些品质装备起来。……

1940年春，给伯兰特·罗素在纽约市立学院提供教学职位一事，成为引人注目的争论话题。爱因斯坦属于为罗素辩护的许多著名人士之列。在1940年3月19日给市立学院哲学名誉教授莫里斯·拉斐尔·科恩（Morris Raphael Cohen）的通信中，爱因斯坦说[①]：

> 具有伟大精神力量的人物总是要受到平庸之辈的粗暴反对。平庸的人无法理解决不盲目屈从于习俗偏见，反而宁可勇敢而直率地表达他的观点的人物。

1940年4月9日，纳粹德国的侵略横越欧洲，入侵更远的丹麦和挪威。一个月后，荷兰、比利时和卢森堡遭到进攻和占领。在此时，爱因斯坦准备了下述声明[②]：

> 没有什么事情比目睹暴力征服珍贵的人的价值更让人痛心了。这是我们时代令人发指的不幸，它甚至比个人受难更

---

① 爱因斯坦就 Russell 实例所做的评论取自1940年3月19日《纽约时报》。
② 关于入侵荷兰的声明写成的时刻没有确定下来。这篇译文是从德文手稿翻译的。

令人痛苦。荷兰的艺术成就和智力成就丰富了整个人类,它为正义而斗争对全人类的精神自由和政治自由做出了贡献。在荷兰,如此特别努力造就人文环境的东西,是宽容、理解、幽默和真诚合作的完美融合。

在世界上,文化的力量和创造性的力量为什么如此完全不能够防止这些暴力进攻呢?答案在于,集体安全的原则还没有凌驾于陈旧的传统之上;一旦生物体衰败了,胚芽就会由于病害而找到一个可以逐渐生长的开端。让我们期望,有一天当所有这一切无意义的烦恼都变成往事时,更加理解的一代人将会崛起——这一代人将能够在公正的基础上实现安全。

美国科学工作者联合会公布了它对战争的立场,这种立场在某些圈子内被说成是孤立主义的和中立主义的。1940年5月22日,包括爱因斯坦在内的普林斯顿十七位学者向罗斯福总统拍发了下述电文[①]:

在下面签名的住在普林斯顿的科学家表示,他们坚决同意美国科学工作者联合会准备的请愿书。我们相信,美国的利益以及各地文明的利益由于极权主义的侵略而处于迫在眉睫的危险之中,最有效的国家防卫在于援助那些现在正在反对这种侵略的力量。

---

① 十七位普林斯顿教授会成员的电文取自1940年5月23日《纽约时报》。

第 10 章 第二次世界大战(1939～1945)

1940年6月22日,从新泽西州特伦顿(Trenton)联邦法官的办公室,爱因斯坦在接受美国公民资格的申请审查之后不久,参加了美国移民和归化署主办的广播节目。该广播节目是名为"我是美国人"系列节目的一部分,在这个节目中访问著名的移民。这里是爱因斯坦评论的节录[①]:

……我必须告诉你们,我不认为唯有言语才能解决人类目前的问题。炸弹的爆炸淹没了人的呐喊。在和平时期,我对有头脑人之间的思想交流怀有极大的信心。但是在今天,由于暴力支配着千百万人的生活,我担心诉诸人的理智很快就会变得实际上毫无意义。……

在体谅人的不足时,我感到,在美国,个人及其创造力的发展是可能的。在我看来,这是生命中最有价值的财富。在一些国家,人既没有政治权利,也没有智力发展的机会。但是对于大多数美国人来说,这样的状况是难以忍受的。在这个国家,自从绝对忠顺必然要蒙受羞辱以来,已经有几代人了。在这里,人的尊严已经发展到这样一种地步:人们会发现,在个人只不过是国家的奴隶,他在他的政府里既没有声音,也对他自己的生活方式没有任何支配的制度下,生活是几乎无法忍受的。……

自从我到这里以来,我从我看到的美国人的情况推测,他

[①] "我是美国人"广播节目是在全国广播公司广播网播出的,在该节目中爱因斯坦的对话人是美国劳工部第二副部长 Marshall Dimock。底稿是下面的残缺不全的德文手稿,它被修改过。

们或者由于气质，或者由于传统，而不适宜于生活在极权主义制度下。我相信，他们之中的许多人会觉得生命不值得生活在这样的环境下。因此，对他们来说，更为重要的是看到，这些自由被保存、被维护。……

科学朝着帮助人们摆脱繁重劳动的负担，已经走了漫长的路，但是科学本身并不是解放者。它是创造手段，而不是创造目的。它适合于人利用这些手段达到合理的目的。当人进行战争和征服时，科学的工具变得像小孩手中的剃刀一样危险。我们不必指责人，因为他的发明创造能力和对自然力的坚韧不拔的征服正在被用于错误的、破坏的目的。确切地说，我应该记住，人类的发展完全依人的道德发展而定。……

任何一个试图作用于历史进程的人，都必须有才能对人和他们的活动施加直接的影响。……知识分子往往缺乏给他们的听众留下深刻印象的才能。在卓越的美国政治家当中，伍德罗·威尔逊也许提供了知识分子最明显的例子。可是，甚至威尔逊也没有掌握处理人际关系的艺术。乍看起来，他的最伟大的贡献即国际联盟似乎失败了。尽管事实上国联被他的同代人弄得残缺不全，尽管他自己的国家反对国联，但是我依然毫不怀疑，威尔逊的工作有一天将以更有效的形式出现。只有在那时，这位伟大革新者的才干才能得到充分的承认。……

我深信，国际政治组织不仅是可能的，而且也是绝对必要的。否则，我们行星上的生活就变得难以忍受。国际联盟之所以失败，是因为它的成员国不愿意交出它们的任何一部分主权,是因为国联本身没有任何执行能力。同样,世界国家(world-state)若不控制它的成员国的所有资源,也就无法保证和平。

极端的国家主义是这样一种精神状态:它对总是必须准备战争的国家走火入魔,从而人为地被诱入歧途。假如消除了战争的危险,那么国家主义也会立刻销声匿迹。而且,我不接受这样一种论点:原料不均衡的地理分布必然导致战争。只要一个国家得到它需要用于自己工业发展的其他地区的资源,它就能够充分地发展它的经济。这一点已为像瑞士、芬兰、丹麦和挪威这样的国家的经济所清楚地证明,这些国家在战前都处于欧洲最繁荣的国家之列。……因此,国际组织的最重要的功能之一是保证原料无阻碍的销售。

关于创建国际组织的可能性,我远不是乐观的。我只是打算提出可以使人的生存不致完全变得难以忍受的某些可能性。至于国际组织的形成,人们大概普遍同意,我们现在比我们十年前似乎更加远离了这个目标。十年前,民主制度显示了共同一致和准备牺牲,如果它们现在面对严重的突发事件表现出这种精神的话,我们就不会遭受这样的挫折。无论如何,团结一致、深谋远虑和乐于牺牲,是**面临**突发事件发生的最有效的办法。……

我认为,美国将证明,民主制度不仅仅是以健全的宪法为基础的政府形式,而且在事实上也是与伟大的传统——道德力量的传统——联系在一起的生活方式。人种的命运今天比以往任何时候都更多地取决于人的道德力量。

1940年6月21日,即他在为"我是美国人"广播节目发表评论之前那天,他给西海岸的一位亲密朋友寄了短笺,这个短笺比正式广播节目更为简明地表达了他在那个时期的深切忧虑[①]:

> 自从我们最后一次相见以来,我们目睹了比许多同时代人经历过的更为骇人听闻的事件。任何一个严肃的人,对未来都能够有深刻的意识。使我感到惊奇的是,天空、树林和飞鸟每天依旧是它们曾经的那个样子。

1940年8月10日大战开始后,关于世界政治组织的值得注意的信件交流与哈罗德·C. 尤里(Harold C. Urey)教授的下述通信有关[②],尤里当时在哥伦比亚大学,他在六十岁之前因发现重氢而荣获诺贝尔奖:

> 在轴心国和大不列颠之间,似乎在一点上是一致的,这就是,对于欧洲和世界的小国而言,一般说来不可能依然是完全独立的,不可能维持它们自己的关税壁垒、它们自己的通讯和运输手段。希特勒认为目前欧洲的巴尔干化是不会发生的局面,我以为他在这一点上是完全正确的。他提出,通过征服欧洲,也许是通过征服整个世界,此外还通过建立一个由他和他

[①] 住在西海岸的朋友是 Gabriel Swgall,他是加利福尼亚州洛杉矶的医生,爱因斯坦1931年1月会见过他。它们不久就成了朋友。

[②] Urey教授的信是经过他的特允重新发表的。爱因斯坦给 Urey 的信依据德文手稿做了修正。

第10章 第二次世界大战(1939～1945)

的支持者组成的主人(Herrenvolk)即繁荣的德国,以及主要由包括我们自己在内的世界其余地区组成的奴隶集团,来解决问题。我们正在加速武装起来,为的是防止我们自己坠入这个奴隶集团。

枪杆子不能保护我们免受思想的侵袭。民主国家正在苦斗,力图维持现状以免它们陷入绝境。它们没有它们为之奋斗的起推动作用的中心思想。它们遭到一个集团的反对,这个集团具有在他们看来好像是伟大而光荣的思想——政府中的新思想即极权主义——个人为国家而牺牲。虽然我们也许无法理解它,但是轴心国的人却在很大程度上正在为他们以为是伟大的思想而牺牲、而丧命。在我看来,似乎只要这种状况持续下去,它们将不可避免地赢得胜利,即使不是用军事方式,而是就他们的思想而论。

为了与这种事态做斗争,我们必须用一个确定的思想,用若有必要我们将为之牺牲和献身的思想抵制它。

[美国新闻记者和作家]克拉伦斯·斯特赖特(Clarence Streit)提出世界民主国家的联盟,他的论据主要建立在我们自己联邦制的巨大成功和这种制度像在加拿大、瑞士和澳大利亚那样运用的基础上,这种联盟是在民主的基础上为保护比较密切的联合利益而组织的,由于交通和通讯的显著进展使它变成必不可少的了。许多人都对这一设想感兴趣,认为它是十分重要的进步。正是某种东西——范围超越了目前的战争的某种东西——使我们能够就支持大不列颠的胜利将做什么形成一种思想,倘若可以获得胜利的话。……

我正在写这封信,尤其是为了求助你赞成世界民主国家联盟,并且写一个能够用于宣传目的声明,如果斯特赖特认为应该这样做的话。他请求我写信给在美国的诺贝尔奖获得者提出这件事,我正在这样做。我十分希望,你将在这个来自思想立场的重要运动中与我们站在一起并帮助我们——我相信,这种立场正像我们能够在身体方面给予国防的任何帮助一样重要。

我会十分高兴地了解你在这个问题上的决定。……

1940年8月16日,爱因斯坦从纽约州萨拉纳克湖的圆丘树林(Knollwood, Saranac Lake)复信说:

自从最近的战争以来,对每一个明智的人来说,为安全利益建立所有国家的有效政治组织的必要性应该变得很清楚了。很明显,现在一段时间,传统的中立概念在目前的条件下相当于一种国家自杀。对于用司法权力和军事力量配备起来的超国家权力的需要在今天比二十年前更为紧迫。

问题是:我们知识分子能够对实现这个极其重要的目标做什么贡献呢?我们完全了解政治决策更为经常的是情绪冲动的结果,而不是理性思考的结果。在最近的一战之后,我还是相信,仅仅规劝和说理的效力就能够在形成公众对和平的情感方面施加显著的影响。我现在不再相信这一点了。似乎更可能,我们之中的一些人通过我们享有的权威也许能对人们的思维施加某种影响,因为人们对我们是盲目信任的。然而，对因其智力成就而卓越出众的人物的盲目信任大大地削弱了，其原因在于，近年来蛮横而残忍的暴力和压迫已经成功地达到在历史上难得比照的程度。因此，如果集体声明要对一般公众产生任何影响的话，那么它就不应当仅仅由小的知识分子集团，例如诺贝尔奖获得者来发布。另一方面，在就我们时代关键性的政治争端表达一个简明立场的声明上，较大的人群与知识分子权威将不可能达成一致意见。

举一个例子吧。依我之见，事实是，美国对目前战争，尤其是对英国的态度，就像几年前英国对欧洲民主国家的态度——不是无条件的团结一致，而是半心半意和不充分的估量——一样是不幸的。你相信美国知识分子领袖会永远公开地赞成一项明显与普通美国人的情感对立的政策吗？我深信他们不会这样做。确切地讲，正如他们在过去所做的那样，虽然文化和正义的堡垒一个接一个地正在被摧毁，他们的选择依然是消极的——也就是说，在轮到他们自己被摧毁之前，他们依旧是消极的。知识分子与大多数人相比，甚至更多地是懦夫。当号召为危险的信念而斗争时，他们总是非常令人失望。

关于行动的可能性，你是否真的比我更为乐观，我对这一点会十分感兴趣。我们之间的差别可能是，我在生活中比你遭受到更多的挫折。

1940年10月2日，即爱因斯坦成为美国公民之后的那天，尤里再次写信：

我对你最近的来信很感兴趣,我之所以没有及时回信,是因为我想看看我能够从其他人那里收到对于民主国家现今的联盟思想有什么样的反应。我应该说,这封信的结果与你表达的观点完全一致。我也相信,不可能劝说知识分子参加任何这类有争议的问题,除非完全可以肯定,该国大多数人也都赞成这个观点。我相信,他们的确没有勇气在这类事情上站稳脚跟。他们对政治事务不感兴趣,他们认为政治事务与他们的科学工作比较起来是不重要的。我以为,他们担心他们的科学同行将因对这样的事情热衷而批评他们,而他们在这方面却不愿受到批评。

我认为,局势是十分令人沮丧的。谁将思考这些事情呢?谁将力图在这类问题上领先呢?我们在美国正在重复我们在希特勒夺权时在德国所犯的一切错误。事实上,我们恰恰已经重犯民主国家在整个危机时期所犯的错误。直到对整个文明的威胁来到他们的大门口之前,没有一个人能够把这种威胁告诉其他任何人。在我看来,这似乎是一个"自然规律"。我感到遗憾的是,情况就是这样,显然只能是这样。

祝贺你成为美国公民!

爱因斯坦在 1941 年 4 月 3 日为举行的美国团结公共理事会的宴会写了如下的祝词[①]:

---

① 美国团结公共理事会的祝词的英译版本来自爱因斯坦的档案,依据德文手稿对它做了校订。

当人们受到共同目的的激发时,他们不需要有共同的习惯或文化传统,以便作为一个共同体有效地行动。美国的历史对这种说法的可靠性提供了最全面的说明。

可是,即使在美国,人们也不能说,这个真理已经得到普遍的承认。国家和种族的偏见妨害许多人在一起为共同的任务而工作。这些偏见之所以继续存在,部分地因为我们任凭它们支配我们的行为,即使我们十分谨慎地不去公开谈论它们。但是,害怕白天光亮的事情常常能够通过把它们暴露在光天化日之下而得到有效的克服,并使之变得无害。恰恰是在这个领域,美国团结公共理事会的工作是如此成功。因此,每一个在内心深处真正关心这个国家的人,都应该支持理事会的努力。

即使在和平时期,理事会反对根深蒂固的偏见的斗争也是必不可少的。但是现在,在国防局势错综复杂的这个时期,它的重要性大大增加了。来自国外的威胁以及内部敌人的颠覆活动,造成了足以构成实际危险的严重政治紧张形势。警惕和远见对于保障防卫工作是迫切需要的,而盲目怀疑则能够造成巨大的损害。人的政治可靠性既不取决于他出生在大洋的这一边,也不取决于他的祖先住在哪里。许多流亡者尤其是美国事业的能干的战士。一旦考验并证实他是可以信赖的,就应该欢迎每一个人的贡献。

在每一部分居民中,可望找到负责任的人,通过他们的私人关系,他们能够得到关于个人的可靠信息。这个方法是建立在个人信任的基础上,它是唯一的能够发动所有称职的人为这个国家服务的方法。

有组织地排除整个居民群体，不仅削弱了有效行动的可能性，而且也造成了苦难。让我们希望，通过有效的组织和信息传播，公共理事会可以成功地为正义事业服务，并且在来自国外的严重危险的时候，成功地增强国家的行动能力。

爱因斯坦继续收到和平主义者的来信，这些来信非难他抛弃和平主义事业。另一方面，在大战爆发后不久，他收到一些士兵责怪他墨守和平主义立场的来信。他在1933年对这些信件做了答复，而没有附加什么解释。他的通信者往往是谦逊的、孤独的人，正在与巨大的个人问题和政治问题做斗争。他的答复是不变的，他的信件的口气和内容是认真思考的、和蔼的，并明确表示想要活到人们对他寄托明显信赖的一天。有一封这样的信，它来自密苏里大学的一位学生，在1941年夏天到达住在圆丘树林的爱因斯坦手中。这位学生说明，他由于拒绝扛枪打仗而正在面对监禁。可是，由于他"从来也不笃信传统的形式"，他的良心不会容许他取得真心实意拒服兵役的资格。"请给我写信，让我知道我在世界上有一个朋友！"爱因斯坦在1941年7月14日复信说：

我对军国主义和战争的痛恨像你一样强烈。直到大约1933年，我拥护因良心而拒服兵役。但是，由于法西斯主义的崛起，我认识到，除了冒容许整个世界落入人类最可怕的敌人手中的危险，人们不应该坚持这样的观点。有组织的力量只能用有组织的力量来对抗。我对此同样感到惋惜，没有其他道路可走。

假如美国所有的青年人都具有你的信念,并且像你打算的那样去行动,那么这个国家就无法防御进攻,就容易沦为奴隶状态。这就是为什么今天每一个正直的男人和女人都必须为反对法西斯暴政而斗争,都必须暂时牺牲一定程度的个人自由。

有两种和平主义:健全的和平主义与不健全的和平主义。健全的和平主义通过建立在有影响的机构基础上的世界秩序来防止战争,而不是通过对国际问题的纯粹消极的态度来防止战争。不健全的、不负责任的和平主义,在很大程度上给法国的失败以及英国今天所处的困难局面帮了忙。我敦促你履行你应分担的义务,免得这个国家犯同样的错误!

这并不意味着,战斗的和平主义在今天不像以前那样重要。重要的是,要使人们意识到,和平只能在世界组织的基础上才能够维护,人们自己国家的特殊利益必须服从这个世界组织。目标必然是:以牺牲求安全。如果美国在最近的战争之后采取伍德罗·威尔逊——他为这个目标进行了如此有力的斗争——的政策,我们今天就不会面临这样可怕的问题。我们必须从过去的错误吸取教训!

五个月后,即1941年12月7日的珍珠港日,爱因斯坦口授了"给德国的电文",通过电话传给白宫的一位新闻记者[①]:

---

① 把珍珠港日电文交给那位白宫新闻记者的身份没有确定。爱因斯坦的秘书 Helene Dukas 小姐回忆说,它是用德文广播的,她通过电话用德语读它。这篇译文依据的是德文手稿。

这次战争是坚持奴役和压迫原则的人和相信个人和国家二者自决权利的人之间的斗争。人必须问自己：我只不过是国家的工具吗？或者，国家仅仅是维持法律和人与人之间秩序的机构吗？经过最终分析，我认为答案是，政治机构的唯一正当目的是保证个人及其能力不受阻碍地发展。

这就是为什么我认为我自己是一个美国人而特别幸运的原因。美国今天是一切正直的人的希望，这些人尊重他们的同胞的权利，相信自由和正义原则。

爱因斯坦从未止息的希望是，想形成一个真正有效的保证和平的国际组织，下述事实最充分地显示出他的这一希望：在美国参战之后仅三天，即1941年12月10日，他写了一个短笺给苏联驻美国大使马克西姆·利特维诺夫（Maxim Litvinov），他在信中表示相信，苏联的合作对于任何建立国际和平组织的努力都是必不可少的。他写给在华盛顿的利特维诺夫的信如下：

我希望你原谅我与你接洽提一个简短的建议，这个建议是在最近这几天剧烈的震撼下做出的。

鉴于俄国今天决定性的重要地位，你难道没有看到，罗斯福正竭力试图影响美国加入重新组织的、能够用强有力的保证装备起来的国际联盟吗？的确，这可以巩固苏联的国内政策，同时有助于与芬兰和解。鉴于这个国家的人民刚刚经历了冲击，我相信此时此刻是最有利于这样的行动的。

不需要说，这个短笺不要求答复。

第 10 章　第二次世界大战(1939～1945)

利特维诺夫在 1941 年 12 月 18 日答复了爱因斯坦的短笺①：

> 我感谢你的来信。我保证,在事件发生之后,在任何国家都不会重新萌发孤立主义。
> 当讨论战后的问题时,我肯定将考虑你的建议。

1941 年 12 月 29 日,爱因斯坦在出席普林斯顿美国物理学会会议的时候,接受了短暂的访问。他说,他相信民主国家会打赢战争,但是这无疑要付出代价,并需要巨大的牺牲。

在美国参加战争之后,爱因斯坦在公开声明中做了某些克制,声明显然时常给他带来挫折。1942 年 9 月 25 日,他在一封致他的和平主义老朋友奥托·莱曼-鲁斯比尔特的信中说：

> ……我在这里生活在高度隔绝的状态中,继续忙于我的工作。虽然一般说来我往往按照正确的行动路线办事,但是我完全缺乏令人心悦诚服的演说能力和有效影响他人的能力。

桥梁专家伊利·卡伯特森(Ely Culbertson)是世界政府支持者的先驱。1942 年 7 月,他把他仔细拟定的世界联邦计划寄给爱因斯坦,请爱因斯坦给以"有价值的批评和建议"。爱因斯坦在 1942 年 8 月 8 日再次从纽约州萨拉纳克湖的圆丘树林复信说：

---

① Litvinov 给爱因斯坦的答复经苏联驻华盛顿大使的特许重新发表。

我认为你的计划在大多数方面都是合理的和可行的,尤其是你关于组织世界联邦的建议。不过,我不相信你关于战后十年对德国和日本的处理是切实可行的。

如果这些国家把从它们自己的人民中征召来的武装由它们自由支配,如果它们控制它们自己的工业生产能力,那么它们无疑会找到机会偷偷地准备新的战争,正如它们在最近的战争之后成功地做过的那样。在这个国家没有几个人能够清楚地理解,在德国和日本,某些把它们自己等同于国家的阶级的军事心理多么根深蒂固。当你读了随信所附的著名德国历史学家弗里德里希·威廉·弗尔斯特(Friedrich Wilhelm Förster)——他以异乎寻常的精力和勇气反对他的国家的统治阶级的罪恶政策——的文章时,你就能体会到我的意思了。

美国经济学家索尔斯坦·维布伦(Thorstein Veblen)也显示了对统治阶级的这些特征的出色而详尽的分析。在我看来,他不仅在美国,而且在整个世界也是一位最引人注目的政治作家。尤其是在维布伦的书《和平的本性》(*The Nature of Peace*)(1917 年)与《德国和经济革命》(*Germany and Economic Revolution*)(我不敢肯定书名,但你能够很容易核对这一点)中,你将找到这种分析。这位伟大人物在他自己的国家里却没有得到充分的了解,这似乎是一大憾事。

一年半之后,即 1944 年 2 月,卡伯特森给爱因斯坦寄了一本他的新书《全面和平》(*Total Peace*)。他补充说,他发现爱因斯坦的批评是最有价值的。他觉得,在过渡时期,他恰当地解决了德国

第10章 第二次世界大战(1939~1945)

的永久裁军问题(参见《全面和平》第288~289页),而且他表示希望,他会继续从爱因斯坦的建议和批评中受益[1]。

犹太人支援俄国战争救济公会于1942年10月25日为爱因斯坦举行褒奖宴会。他由于健康不适而无法出席,他从普林斯顿用电话发表了讲演[2]:

> 我认为这是一个具有最大意义的场合。作为人类进步的朋友,作为美国人,以及作为犹太人——这一点并非最不重要,我们最强烈关心的,是竭尽全力支持俄国人民争取自由的斗争。
>
> 让我们一开始就弄清楚。多年来,关于俄国人民及其政府的努力和成就,我们的报刊都在哄骗我们。但是在今天,每一个人都知道,俄国以像我们自己国家一样的热情推动了并且继续推动着科学的进展。而且,她的战争行动已经明确地显示她在所有工业和技术领域里的巨大成就。从发育不全的早期阶段起步,她的发展速度在过去二十五年间已经是异乎寻常的,确实是史无前例。但是,仅仅提及那些主要由于组织的改善而取得的成就,也许是很不公正的。我们必须特别强调这样的事实:俄国政府比任何其他大国更加真诚、更加明确地为促进国际安全而尽力。直到大战爆发前不久,实际上直

---

[1] Culbertson给爱因斯坦的信的节录,是经过Culbertson遗产指定遗嘱执行人Bruce E. Culbertson和Albert H. Morebead的特许重新发表的。

[2] 爱因斯坦给犹太人支援俄国战争救济公会的讲演的节录,来自1942年10月26日《纽约时报》。这里给出的译文依据爱因斯坦档案中的德文原件做了修正。

到在捷克斯洛伐克出卖的日子里，其他大国粗暴地把她从欧洲事务中排除出去的时候，她的对外政策都是始终如一地指向这个目标的。因此，她被迫同德国签订不幸的条约；因为到那时，德国武力转而进攻东方的企图已昭然若揭。俄国不像西方列强，她支持西班牙合法政府，为捷克斯洛伐克提供援助，并且从未犯过增强德国和日本冒险者的罪过。简而言之，不能谴责俄国在外交政策方面不忠诚。因而，在设计有效的超国家安全规划时，期待她有力的、真诚的合作似乎是合情合理的，当然这要以她在其他大国中遇到同样程度的认真态度和善良意愿为条件。

现在评论一下俄国的国内事务。不可否认，在政治领域存在着严厉的强制政策。这可能部分地由于必须粉碎先前的统治阶级的权势，使国家免受外国的侵略，把政治上无经验的、文化上落后的、深深扎根于他们过去传统中的人民改造成为生产劳动而充分组织起来的民族。我不敢马马虎虎地在这些困难的问题上下判断；但是，在俄国人民团结一致反抗外来强大敌人的斗争中，在每一个个无限牺牲和模范克己的行为中，我看到他们保卫自己赢得的成果的坚强意志和普遍愿望的证据。我们也应该记住，为个人取得经济保障，为公共利益利用国家的生产力，都必然地需要个人自由蒙受某些牺牲，而自由除非伴有一定程度的经济保障，否则就不可能有多大意义。

接着，让我们考虑一下俄国在扶植她的人民的智力生活方面的惊人成功。高质量的书大量发行，人们如饥似渴地阅读和学习;而这一切却发生在直到二十五年前文化教育还仅限于极少数特权者的国家里。这样的革命性的变化简直是难以想象的。

最后,让我提一下对我们犹太人特别重要的事实。在俄国,一切民族和文化群体的平等不仅仅是名义上的,而实际上已付诸实践。"平等的目标,平等的权利,以及平等的社会义务"不只是空洞的口号,而是在日常生活中实现了的实际。

关于俄国今天的样子就讲这么多。现在,让我们考虑一下她目前对美国和各西方强国的意义。假定她几乎像整个欧洲大陆一样屈服于德国蛮子,这对英国和美国的局势会产生什么样的影响呢?我确信,根本不需要想象就可以体会到,我们将会处于十分糟糕的境地。事实上,我认为,要是没有俄国,德国警犬也许已经到达它们的门口了,或者会很快到达它们的门口。

因此,用我们能够采取的无论什么办法,最大限度地利用我们的人力物力资源援助俄国,只不过是自卫本能的命令。而且,完全撇开这个利己的利益不谈,我们和我们的子孙应该对俄国人民经受的巨大损失和痛苦感恩戴德。如果我们希望保持我们作为人的自尊,那么我们必须在我们一生中的每时每刻都意识到他们的伟大牺牲。

让我们相应地行动起来!

出自1943年的唯一值得注意的文献再次涉及苏联。爱因斯坦

给欢迎苏联犹太人代表团访问美国的群众集会发去这一祝词①:

> ……在这些严重的时刻,德国人屠杀了我们这么多的人民,此时保持和爱护犹太人民的团结一致具有特殊的意义。这样的团结也将有益于加深俄国和美国人民之间的合作和相互理解。不仅这次战争的胜利结局,而且为反对暴力侵略行为——例如我们这一代人就遭受到德国两次暴力侵略——的重演而建立一切国家的有效安全,都取决于这样的合作和理解。
>
> 祝愿你们的代表团从美国人民那里得到宽厚的反应,这是值得我们两国人民共同具有的道德理想,同时也表达了我们对俄国人在反对永远威胁人类的最卑鄙罪犯的斗争中所取得的英雄成就的感激之情。

伦敦《新闻编年史》(News Chronicle)祝贺爱因斯坦六十五岁生日,并请求他给英国人民写段祝词,爱因斯坦在1944年3月13日通过海底电缆给该刊发了电报②:

> 我极为钦佩英国人民在他们处于危险时刻的坚强意志,我十分确信战争的胜利结局。无论如何,我以希望和忧虑参半的心情等待着战后时期。尽管德国的冒险目前被制止了,

---

① 给苏联犹太人代表团的祝词依据爱因斯坦档案中的译文稍加修正。
② 伦敦《新闻编年史》发出的电报依据爱因斯坦档案的译文稍做修正。

但是如果妒忌和倾轧在战后削弱了同盟国的话,那么德国的冒险难道不可能再一意孤行吗?这次战争的巨大损失的冲击,将有助于我们避免重蹈我们从1918年到1939年所遭受到的失策和不幸的经历吗?的确,光有希望是不够的;我们必须抱着这个始终如一的目标,下定决心去行动。

1944年5月末,爱因斯坦发布了一个声明,该声明是向全国科学、专门职业、技艺和白领组织理事会在纽约组织的全国战时协商会议发表演说时讲的①。该理事会在哈佛大学柯特利·F.马瑟(Kirtley F. Mather)教授领导下,是作为大约75个团体的协调机构而行动的。

> 我认为,脑力劳动者为他们自己建立一个组织,以便保护他们自己的经济利益,保证在一般的政治领域获得某种程度的影响,这样做是重要的,的确也是迫切需要的。
>
> 就保护经济利益而言,工人阶级可以给我们做榜样。工人在保护他们的社会经济地位方面,至少在某种程度上取得成功。我们能够向他们学习组织问题如何得以解决。我们也能够从他们了解到,对一个有组织的团体的最严重的威胁是削弱其力量的内部倾轧和分裂,这是我们必须尽力避免的。一旦出现分裂,各个团体开始相互争斗,其结果统一行动就变

---

① 给全国战时协商会议(1944年6月2日至3日)的祝词的节录是在1944年5月29日的《纽约时报》发现的。这里给出的译文是以发表在会议录和重印在OOMLY第179页的原文的修正版的形式出现的。在那本选集中,它的写作时间误为1945年。

得更加困难了。

我们也能够从工人的经验得知,如果我们只局限于为直接的经济目的而斗争,排除政治目标和政治工作,那么我们的利益将无法得到充分保护。在这方面,即使这个国家的工人也只是刚刚开始变得活跃起来。日益增加的生产集中趋势使得下述状况成为不可避免的:经济斗争和政治斗争将愈益密切地交织在一起,而政治因素将获得更加重大的意义。在此期间脑力劳动者由于缺乏组织,与任何其他职业群体的成员相比,他们依然较少得到免遭专制和剥削势力侵害的保护。

脑力劳动者不仅应该为他们自己的利益,而且也应该为作为一个整体的社会利益团结起来。知识分子中间缺乏组织,这部分地说明一个事实:这个群体所具有的才智和经验一般说来很少用于政治目的。确切地讲,在过去几乎毫无例外地左右政治决策的,都是政治野心及经济利益的欲望,而不是专业知识和建立在客观思考基础上的判断。

因此,能通过宣传和教育影响舆论的脑力劳动者组织,对于整个社会可能具有最大的意义。例如,这样一个组织的固有任务应该是保卫学术自由,没有学术自由,民主社会的健康发展是不可能的。

在现时,脑力劳动者组织的一项特别重要的任务应该是,为建立一个超国家的政治力量而斗争,以保护各国免遭可能的新的侵略战争。不管怎样,我认为,为国际政府实际草拟一个专门的计划,并不是我们最紧迫的工作。如果大多数人下定决心建立一个保证国际安全的组织,那么关于这样一个组

第 10 章　第二次世界大战(1939～1945)

织的恰当的技术性规定的决断不应该成为困难的事。大多数人缺少的是建立在明晰思考基础上的信念:这样一个组织提供永久避免像我们现在目睹的那种灾难的唯一手段。因此,依我之见,脑力劳动者组织在这个历史性时刻所能完成的最重要的工作也许是,传播有关这个问题的信息。只有精力充沛地追求这些目的,像在这里概述的那样的组织才能够获得内在的力量并影响舆论。

到 1944 年 6 月,罗马已经落入同盟国手里。在 1944 年 6 月 7 日,爱因斯坦写信给意大利哲学家和政治家本尼德托·克罗齐(Benedetto Croce)①,克罗齐当时在一个短暂时期在政治上已崭露头角:

我从一位有幸能够拜访你的美国陆军士兵那里获悉,他毅然决定不把我托他传送的信交给你。想到你目前必定为无比重要的问题而操心,我就感到欣慰。我确信,你满怀希望,希望你的美丽的祖国不久将从国内外万恶的压迫者的统治下

---

① 爱因斯坦请的送信人是在意大利的美国武装部队中的一位熟人,这位送信人显然建议把爱因斯坦给 Croce 的原信(信的副本没有找到)保存在他自己手里。该信在意大利以小册子的形式发表(*Lettera a B. Croce e Rispostadel Crose*《克罗齐通信集》,Laterza,Bari,1944)。Croce 的复信在这里重新发表经过他女儿 Alida Croce 的允许,复信是由 Frances Frenaye 特意为本书翻译的,衷心感谢他的好意。爱因斯坦和 Croce 为之撰稿的、Croce 提到的那本书是《自由,它的意义》(*Freedom, Its meaning*),由 Ruth Nacda Anshen 编辑(Hacourt,Brace and Co.,New York,1940)。爱因斯坦为该书撰写的文章在 OOMLY 第 12 页重新发表。

解放出来。在这个普遍混乱的时期,我真诚地希望,你可以满意地发现有可能为你的祖国效劳,因为你是举国一致信任的少数几个无党派人士之一。如果这一点能够变为可能,如果我们敬爱的柏拉图能够目睹你这样做,他确实会感到高兴;在他去世以来已经逝去的好多世纪,像柏拉图所希望的那样,由开明的哲学家来治理国家,这种情况还很少出现过。在所有这些岁月里,毋庸置疑的是,与其说他真正满意地注意到,还不如说比较自豪地注意到,他关于政治制度循环重现的预言一再被证明是正确的。

虽然理性和哲学在最近的将来似乎十分不可能变成人们的向导,但它们一如既往依然将是出类拔萃的少数人的安身立命之所。这些少数人组成唯一真正的贤人政治(aristocracy),它既不压迫人,也不引起人的妒忌;事实上,除了实际上属于贤人政治的那些人之外,一般人甚至无法辨认这种贤人政治。在其他集团中,活着的人和逝去的人之间的联系都没有如此的生命力。[而在贤人政治中,]今天活着的人对于过去那些世纪的同胞感到像朋友一样亲热,这些同胞的事业永远不会失去它们的魅力、它们的现实意义以及它们的个人仁慈的品质。最后,任何真正属于这种贤人政治的个人可以被其他人消灭,但是他们永远不能侮辱他!

克罗齐在1944年7月28日从索伦托(Sorrento)复信说:

你的来信深深地打动了我,因为我清晰地回忆起我们

1931年在柏林进行的长谈,当时我们两人同样地关心那时威胁欧洲自由的危险。我已有另外的机会认清了我们的感情和理想是类似的;那是由于纳粹向自由发起猛烈的攻击,你被迫从你的出生地亡命出走之后。我们碰巧合著一本论自由的文集,该文集四年前已在纽约出版。

你谈到柏拉图的两个理论。其一是建立在理性基础上并由哲学家来统治的理想国,这种理想国不仅没有被采纳过,而且实际上受到现代哲学思想的排斥。另一个理论并不只是柏拉图独有的,是关于历史通过它必然地运动的形式的循环,这个理论已被人类永恒进步和提高的互补理论以下述方式保留和说明。使人中意的是,你们的歌德把这种方式描述为"螺旋运动"。我们对理性、生命和实在的信念的基础正在于此。

就哲学而论,除非它不仅意识到它的功能,而且也意识到这种功能的限度,否则它就不配叫作哲学。因为它对人类进步的主要贡献是清晰的思维和真理的光辉。哲学是一种心理过程,它开辟了通往实际道德行动的道路。虽然它可以激发这样的行动,但是它没有声称代替这样的行动。在行动领域,我们谦卑的哲学家应该仿效我们古代的祖先苏格拉底(Socrates)和诗人但丁(Dante),苏格拉底作为一名装甲士兵[重装甲步兵团的战士]在波蒂泽阿(Potidea)战斗过,但丁在卡姆帕尔迪诺(Campaldino)战斗过。但是,由于我们大家不能够总是活跃到这种程度,我们至少必须参加比较复杂、比较困难的日常斗争,这种斗争在政治活动场所进行着。正如你这样宏伟地描述的,我时常与在我们之前活着的、留下他们有哲理的和有诗意的思想财富的人交往。沉浸在他们的追求精神焕然一新的著作中,对我来说在某种程度上是一种宗教仪式。但是,我必须不沉湎在这种洁身清心的洗礼中,我必须从中走出来,面对卑下的、往往是不愉快的任务,这些任务在我周围的世界上等待着人们去完成。

因此,我今天参加我的祖国的政治斗争,正与我的理想和信念是一致的。我当然希望,我有比较充足的力量应付这些危机,可是事实上,我把我以显著的努力能够得到的东西都给了大家。我感谢你良好的祝愿,你把这一祝愿如此慷慨地传递给意大利。意大利的不幸经历,追溯到第一次世界大战后它和其他国家一起遭受到的崩溃。在这种条件下,蛮不讲理的、暴虐的人在全世界认可的情况下攫取政权,并迫使意大利彻底纳入外国的路线,这条路线与意大利的整个历史是格格不入的。自从罗马帝国倒台以来,意大利还没有皈依征服世界的疯狂概念。千百年来,它实施自由或寻求自由,自由是它的国家统一的根本原则。国家主义和法西斯主义是来自外国的思想,这些思想是蛮不讲理的、暴虐的人唯一能够用来为他们的罪行辩护的思想。事实上,甚至古罗马帝国也不具有这种疯狂性。古罗马帝国为它自己规定的任务是,追求古希腊人开创的事业,通过把法律准则给予野蛮人而创建欧洲,这些野蛮人直到那时为止不知道法律,或者至多只知道一点粗俗的法律。

战争就是战争。它不服从原则,而是服从它自己,它甚至利用最堂皇的意识形态作为推进它的目的的工具。每一个学历史的学生都知道这一点,每一个有理智的人都能理解它。一旦战争结束,争取文明和自由的国内斗争将会在每一个国家内部展开,而不管它是胜利者还是战败者。它们都同样地因参与战争而遭受苦难,它们现在同样地远离自由;由此之故,前面的斗争将是困难的和危险的。由于战争就其真正的本性而言是指向和平的获得,因此让我们希望和祈祷,今天的政治家可以立即着手筹划以防止使持久和平变得不可能、损害自由事业和为新冲突铺平道路的事态发展。战争不能通过使用武力来防止,要防止战争,就需要人的精神与和平、和谐以及人的劳动的尊严协调一致。正如一位意大利老哲学家所认为的:"舌头有能力制止刀剑。"

我不希望使你对国际政治舞台,尤其是意大利政治舞台,具有与我一致的观察和判断。相反地,我应该乞求你的宽恕,因为我利用你的宽厚的、热诚的言词就你在信中提出的主要问题陈述了我自己的思想。Naturam expelles furca, tamen usque recurret,或者意译一下就是:你可以把天理扔出门外,但是她将通过窗口返回。在这种情况下,我求助于哲学家所拥有的不可救药的方法:它总是引起分歧,但却创立了理论。

1944年6月19日,爱因斯坦针对在《自由世界》(Free World)杂志发表的科学和世界合作论丛提出的五个问题做了答复[①]:

[①] 爱因斯坦的答复是依据爱因斯坦档案中的德文原稿翻译的,是经《世界事件杂志》(World Events Magazine)公司允许重新发表的。

问：科学的进展已经使人们不可能返回到孤立主义的旧世界，返回到隔绝的世界。在努力达到世界合作的过程中，科学家能够发挥他们的影响的最好途径或主要途径是什么？

答：依我之见，科学家通过公开支持建立一个用常设工作人员和常备武装力量配备起来的国际权力机构，能够为达到国际安全做出最好的贡献。当人们认识到，没有强大的外部压力，没有一个大国似乎打算在对外事务中放弃它的任何一部分主权时，由一大批杰出的知识分子发表这种性质的集体宣言，就变得更加必要了。

问：在某些地区，似乎有一种看法，即坚持认为真正的或"纯粹的"科学家不应该关心政治问题。你愿意对这种观点加以评论吗？

答：我认为，每一个公民都有责任尽其所能地表明他的政治观点。如果有才智、有能力的公民忽视这种责任，那么健康的民主政治就不可能成功。

问：物理学和数学的进步与社会的进步之间如果有任何关系的话，你看是什么关系？

答：对社会而言，物理学和数学在两个截然不同的方面是重要的。第一，它们有助于刺激技术发展。第二，像所有高尚的文化成就一样，它们作为一种有效的武器，可以防止人们屈从于消沉乏味的物欲主义，这种物欲主义反过来能够导致毫无节制的利己主义的统治。

问：要消除纳粹思想灌输的后果，把德国人民引向民主政治的道路，应该采取什么教育措施？

答:消灭德国人,或者使他们继续受压,两者之中任一个都是可能的;在可预见的将来,要教育他们按照民主政治的路线思考和行动,则是不可能的。

主要是为了支持罗斯福总统在1944年秋重新当选,在美国雕塑家乔·戴维森(Jo Davidson)的领导下,组织了一个艺术、科学和职业自由公民委员会。爱因斯坦以如下声明赞成该组织:

要成为富有成效的、具有政治意图的知识分子的联合体,就必须系统形成一个有关它的目的的明确而坚定的纲领。依我之见,今天最重要的两个目标是:

1. 保证和平。为此目的,军事力量的国际化是必不可少的。除非人们普遍认识到,对安全问题的任何不怎么彻底的处理只能够提供暂时的解决,否则就不可能通过舆论产生有效的压力来争取这个目标。有影响的知识分子都充分了解文明的危险内在于最近的军事发明,他们的国际联合体将能够对负责任的政治领袖施加直接的影响。

2. 在我看来,知识分子联合体的第二个重要目标也许是,保护个人和社会抵御金融资本势不可挡的权势。为了有助于得到这样的保护,这样一个联合体应该在这个问题上试图影响立法,并启发舆论。

独立的、有影响的知识分子的相对小的委员会应该讨论这些问题以及相关问题,直到在联合体采取的基本纲领上达到一致。

爱因斯坦也交给戴维森的委员会一个声明,以便用于1944年的总统竞选运动:

> 只有极少数个人在战前时期认清了美国面对的危险,并按照他的信念全力以赴地去行动,罗斯福就是其中之一。他进而帮助在同盟国之间造成了一种信任感。我深信,罗斯福的经验以及他普遍享有的信任,如果被用来制定和平条约和促进世界的重建,这不仅对于美国,而且对于国际事态发展的整个进程,都具有重大的意义。因此,为确保他再次当选,应该做可能做的一切,这就是我的信念。

1944年10月9日,在新泽西州特伦顿支持罗斯福独立同盟的群众集会上,公布了爱因斯坦拥护罗斯福总统第四届任期的一个较长的声明[①]:

> 即将到来的总统选举,包含美国人民永远必须做出的最为决定命运的一个决断。他们的决断将决定,美国为了它将被第二次毁坏的安全是否要做出沉重的牺牲,我们的儿童是否将免除现在的年青一代不得不遭受的严厉折磨。
>
> 接着的几年,必须用来实现和平、保证安全和防止未来的

---

① 特伦顿群众集会的声明发表在1944年10月10日《纽约时报》。这个声明以及Davidson的委员会的两个声明在这里均译自手抄本。

任何侵略企图。我相信,罗斯福、丘吉尔和斯大林(Stalin)在努力创造保障各国安全的法律保证和相互信任的机构方面,都是真心诚意的。事实已经证明,这些人具有使这一任务达到有利结局所需要的意志、力量和沉着镇定。而且,他们在各国之间创造了一种信任的气氛,没有这样一种气氛,和平工作是不会成功的。我们不必造成一种会结束这三个人所开创的相互信任时代的局面,从而危及他们努力的成功业绩。

我们之中的年长者自始至终地生活在决定命运的日子里,当时威尔逊争取国际安全的努力失败了,因为他的同胞在达到最终目的之前抛弃了他。我们必须竭尽全力防止另一次这样的失败;我们必须这样做,这不仅是为了我们自己的利益和我们子孙的利益,而且也是为了如此深重地蒙受德国和日本侵略的所有人的利益。

这就是为什么我们应该尽一切努力,利用我们的全部影响,以确保罗斯福被大多数人重新选举的原因。

1944年秋,在敦巴顿橡树园会议(the Dumbarton Oaks Conference)①上起草了联合国宪章。若干局外个人和团体毅然把会议的工作告知公众,并使他们领悟。其中之一是与旧的国际联盟联合会有联系的研究和平组织委员会,邀请爱因斯坦作为争取

---

① 敦巴顿橡树园是美国华盛顿郊区一个闻名遐迩的旅游景点。1944年为制定联合宪章,群贤齐集于此,讨论宪章草案。——译者

接受敦巴顿橡树园建议的民间运动的发起人之一[①]。爱因斯坦在 1945 年 1 月 31 日复信说：

> 我将乐于成为你打算组织的运动的发起委员会的委员。我深信，使美国人民意识到这项规划的重大意义是极其重要的。大国之间的相互信任和有组织的合作是防止未来战争的唯一道路。如果我们在这个目标上失败，各国之间互不信任，那么增加武装力量将是不可避免的，甚至先发制人的战争完全可能在今后几十年内发生。
>
> 这个国家的每一个人逐渐清楚地认识到，没有有效的国际安全体制，美国这个幅员辽阔、人口较少的国家将日益受到侵略武器急剧技术发展的威胁，这一点似乎也是重要的。

当德国的失败已成定局时，爱因斯坦在 1945 年 3 月 9 日的一封短笺中向西海岸的那位朋友发表评论，他向他表白了在战争早期岁月里的见解和忧虑[②]：

> ……就这样，我们毕竟活到亲眼看见可怕的罪恶在那里被粉碎了。也许从长远看，那一切可恶的事件将导致某种好

---

① 为发起接受关于联合国宪章的敦巴顿橡树园建议，William Allen Nielson 签署了邀请爱因斯坦当发起委员会委员的邀请信，他是研究和平组织委员会执行委员会的主席。

② 西海岸那位朋友的信是再次写给洛杉矶医生 Gabriel Segall 博士的，爱因斯坦以前曾给他写过信。

第 10 章 第二次世界大战(1939～1945)

结果:把可鄙的希特勒的雕像放在未来的世界政府大厦的门厅里,这也许不完全是不合逻辑的,因为他大大有助于使许多人深信超国家组织的必要性,这倒是具有讽刺意味的。

1945 年 4 月 12 日,富兰克林·D.罗斯福逝世。纽约的德语出版物《建设》(*Aufbau*)在 1945 年 4 月 27 日刊登了爱因斯坦为纽约的纪念会议准备的献词[①]:

> ……这样一个人并不是常常出现的:这位真心实意的人也具有政治天才和政治决断的品质,没有这种品质,任何一个人也不能对历史进程产生决定性的、持续的影响。罗斯福总统早就预料到后来的事件是不可避免的,并且看到美国能够有效地抵御德国侵略造成的严重威胁。在政治上行得通的范围内,他成功地为经济重建和对社会地位低下的群众给予较大的经济保障而工作。他不顾沉重的负担坚持推行他的主张,他的幽默感使他依然是真正自由的和超然的,经常面临最危急的决策的个人,只有极少几个人才能够做到这一点。在决心达到他的目标方面,他是绝对始终如一的。与此同时,在排除任何一个有先见之明的政治家都将经历的许多障碍方面,他是极其灵活的,尤其是在一个具有民主体制的国家里;因为在这样一个国家,即使具有最高官职的人的权力也总是

---

① 爱因斯坦关于罗斯福逝世的声明经《建设》允许重新发表。它原来用德文发表在 MW 第 254 页。

有限的。

不论这个人何时可能离开我们,我们都会感到我们蒙受无法弥补的损失。他没有活到借助他的独特才能完成找到解决国际安全问题的任务,这确实是悲剧性的。……一切具有善良意愿的人将会感到,由于罗斯福的逝世,他们失去了一位亲爱的老朋友。但愿他对人们的心灵和精神具有持续的影响。

第11章 原子武器的威胁（1945）

　　1945年5月,由于德国军事失败,纳粹对世界的威胁终结了;1945年8月,原子弹在广岛上空爆炸,这一切在爱因斯坦的公共生活中开启了新的时期。在和平主义活动中,爱因斯坦不再有希特勒上台时强加在他身上的任何约束理由了;为大规模破坏而成功使用原子能,突然把一个问题呈现在世人面前:它的丰富的和可怕的含义,促使爱因斯坦战后在为防止人类免受灾难和毁灭的斗争中承担最活跃的角色。

　　在第二次世界大战之后的最初岁月,爱因斯坦的公共活动的强烈程度,只能与他在1933年之前的年代对和平主义运动和反战事业的真诚献身相对照。事实上,在1945年后销毁原子武器的斗争中,在倡导世界政府中,爱因斯坦都在他以前从未接受的程度上同意承担领导职务和责任。他之所以如此做,是因为他确信原子武器给人类带来的巨大威胁,而且毋庸置疑,也是因为他意识到在最终生产原子弹的启动工作中他所起的作用。

　　尽管官方的史密斯报告（Smyth Report）（《为军事目的的原子能》(*Atomic Energy for Military Purposes*)[①]）披露爱因斯坦在

[①] 参见第9章注1。

1939年8月给罗斯福总统的创造历史的信件,从而把他推到舞台的聚光灯下,但是他的日常生活依然如故。除了暑假,他很少离开普林斯顿;他的行走通常限于在两个书房之间散步:一个在默瑟大街(Mercer Street)他的简朴无华的住房,另一个在高级研究所——甚至在他于1945年4月15日正式退休后,他每天照旧去那里逗留。来访者和互通信件的稳定潮流从来也没有平息。他帮助保卫作为犹太人家园的巴勒斯坦的兴趣还像以往那样强烈;无论何时他感到犹太复国主义事业可能有用时,他便给予它以支持,特别在以色列国实际建立之前的那些岁月里就是如此。他也积极投身于关注犹太人在美国创办的一所大学,这所大学后来成为布兰代斯大学(Brandeis University)。只是在他关于新建制的学术组织的打算遭遇强烈反对,以及他和他在该规划中的合伙人变成政治中伤的鹄的时,他才从这些努力中抽身;这种中伤是反动迫害巨浪的最早征兆之一,而这种迫害在冷战时期遍及美国各个角落,爱因斯坦在反对这种迫害中,作为一位为人的自由和体面而奋斗的伟大而坚定的斗士崭露头角。

爱因斯坦总是腾出时间用于这些事业以及其他许多事业;而且,他的来访者没有一个人在任何时候感到,他未慷慨地给予提出和讨论来访者的观点和设想的机会。不过,在其整个过程中,爱因斯坦永不停息地追求他的科学工作,科学工作此时像往常一样是他的兴趣的首要要求,在白天醒着的时候自始至终占据他的思维。这些年代是特别紧张的科学努力的年代,众所周知,这些努力在

第11章 原子武器的威胁(1945)

1949年导致他发表了他最后尝试系统阐述的统一场论。①

原子弹在日本上空致命性爆炸后不久,爱因斯坦为防止人类免遭原子武器大屠杀的活跃兴趣变得显而易见。在广岛和长崎投下原子弹后大约一个月,美国合众国际社的记者在"他的深隐在四季常青树林中的小屋"采访了爱因斯坦。

> 依我之见[他于1945年9月14日在萨拉纳克湖(Salanac Lake)的这次会见中说],对文明和人种的唯一拯救在于创建一个世界政府,将国家安全置于法律之上。只要主权国家继续单独拥有军队和军事秘密,那么新的世界大战将是不可避免的。②

那个月初,当时芝加哥大学校长罗伯特·M.哈钦斯(Robert M. Hutchins)邀请爱因斯坦出席物理学家和社会科学家、政府官员和其他公民参加的会议,以讨论由原子弹的存在引起的问题。③哈钦斯引用了史密斯报告的结束语,大意是:"不存在技术问题;它们是政治问题和社会问题,对它们的回答会影响全人类数代人的命运。……在像我们的国家一样的自由国家,这样的问题应该由人民辩论,决定必须由人民通过他们的代表做出。"爱因斯坦在

---

① Albert Einstein, *The Meaning of Relativity*, Third Edition, Princeton, 1950. (也可参见爱因斯坦准备好的第5版,该版本在他逝世后的1956年出版。)
② 萨拉纳克湖会见在1945年9月15日《纽约时报》披露。
③ Hutchins博士的邀请信的签署日期是1945年9月5日。随后组织起来的小组变成通向著名的世界宪章委员会。

1945年9月10日答复时,使用了几天后在萨拉纳克湖会见中使用的诸多相同的话语:

> 我感谢你,感谢你的好意邀请,感谢史密斯教授关于原子弹的十分有趣的报告。我深为抱歉,由于健康不佳,因为工作繁忙,我不能参加大会。
> 在我看来,整个问题是纯粹的政治问题。只要国家要求不受限制的主权,我们无疑将被迫面对用威力更加巨大、技术更加先进的武器进行更大规模的战争。知识分子的最重要的任务是,把这一点向一般公众讲清楚,并且再三强调需要建立一个完善组织的世界政府。他们必须倡导各国废除军备和废止军事秘密。

在临近战争结束时,匈牙利血统的经济学家和作家埃默里·里夫斯(Emery Reves)出版了一本简明的、遐迩闻名的书《和平剖析》(*Anatomy of Peace*)。① 1945年9月,他告知爱因斯坦,在田纳西州(Tennessee)橡树岭(Oas Ridge)原子能设施的科学家群体发表声明:建议委派世界安全理事会做世界核大国的唯一监护人,所有国家一致赞成由那个代理对科学的、技术的、工业的和军事的机构进行彻底检查,并向它直接而即刻报告一切科学进展和技术进展。按照里夫斯的观点,②这些建议表明科学家

---

① Emery Reves, *Anatomy of Peace*, Harper & Brothers, New York, 1945。
② 来自 Emery Reves 给爱因斯坦的信件的摘录经 Reves 先生的特许复制。

第 11 章 原子武器的威胁(1945)

……不思考政治问题,仍然完全信守陈旧样式的国际主义,从而相信单一民族独立的主权国家的联盟能够维护它的成员国之间的和平。……如果单一民族独立国家能够做它们应当做的事情,……那么就不可能在任何地方存在使用原子弹的丝毫危险。

很不幸,主权强国之间的和平只是黄粱美梦而已。……可以以数学那样的确定性讲,如果把原子能的控制不得不转交给联合国安理会,那么毫无节制地使用原子武器毁灭一切的世界大战将是不可避免的。……

存在防止原子战争的唯一途径,那就是防止战争。……分析历史上的一切战争,……我认为,有可能确定在发生战争的人类社会中的一个唯一的条件。这就是主权强国的非整体的共存。……和平乃是法(law)。交战的主权社会单位之间的和平……只有通过把这些冲突的单位整合成更高级的主权国家,……通过创建一个与个体公民具有直接关系的世界政府才能够达到。

借助像旧金山组织这样的联盟……维持和平的尝试……只不过是明日黄花,注定要遭到失败。只有唯一一个办法且只有这个办法,才能保证美国免遭原子弹的攻击。今天使纽约州和加利福尼亚州(原子弹的非生产者)免遭田纳西州和新墨西哥州(原子弹生产者)毁灭,其方法是相同的。

今日,没有一个人群像核物理学家一样,能够对公众施加这样的影响。他们做出政治建议的责任是极其巨大的。……他们应该总是把汉密尔顿(Hamilton)在《联邦党人》(*The*

Frederalist)表达的论点铭记在心:"寻求在若干处于相同邻接境地的、独立的、无关联的主权国家之间的和谐的延续,也许是漠视人类事务的一贯进程,违抗世代积累起来的经验。"……

因为爱因斯坦错误地设想洛斯阿拉莫斯(Los Alamos)的 J. 罗伯特·奥本海默是橡树岭声明的签名者之一,因此他在 1945 年 9 月 29 日敦促里夫斯给奥本海默写信,并附有他自己的一封信。爱因斯坦本人的信件清楚地带有里夫斯思维的痕迹,而里夫斯思维则与爱因斯坦多年持有的观念心心相印:

> 埃默里·里夫斯先生给我寄来你和你的同事就公众和政府的启蒙发表的声明副本,我认识他好多年了,并和他经常讨论紧迫的政治问题。尽管我因声明的直言不讳的语言和真诚而十分高兴,与此同时,我对我认为不恰当的那些政治建议却有点迷惑不解。
>
> 各国政府为达到它们认为是国际安全的事情而做出的可怜尝试,对世界目前的政治结构没有一丝一毫的影响,又没有认清国际冲突的真实原因是对抗的主权国家的存在。无论政府还是人民,都没有从过去的经验学到任何东西,似乎无能力或不愿意彻底思考这个问题。今日世界现存的局势,迫使各个国家出于对它们自己安全的恐惧,而干不可避免发生战争的蠢事。
>
> 由于当前高度的工业化和经济相互依赖,在没有真正的

第11章　原子武器的威胁(1945)

超国家组织管理国际关系的情况下我们能够达到和平,完全是不可思议的。若要避免战争,除了这样的总括解决办法,任何其他办法在我看来只不过是幻想。

几周前,埃默里·里夫斯出版了名为《和平剖析》的小册子,以我之见,这本书像以往任何人所写的书一样,明晰而中肯地说明了该问题。我获悉,几个在公共生活中起积极作用的人正在采取步骤,让这本书在美国家喻户晓。我催促你和你的同事读读这本书,讨论一下它的结论。虽然它是在原子弹爆炸之前撰写的,但是它可以直接应用于这种新武器造成的问题。我将乐意寄给你若干副本以供分发,或者,如果你把你的同事的地址寄给我,我将把副本直接邮给你和他们。我深信,假若起草声明的那些人事先了解书中描述的事实和讨论的话,那么你和你的同事发表的声明的政治部分恐怕会有不同的阐述。

我希望你原谅我以此打扰你,但是问题是生死攸关的,你的责任是举足轻重的。

这封信反映了爱因斯坦当时对原子弹和世界政府问题的关注。正如已经提到的,在里夫斯和爱因斯坦信件中涉及的声明是由田纳西州橡树岭的原子科学家群体发表的,而奥本海默博士本人在新墨西哥州洛斯阿拉莫斯。奥本海默博士无论如何与声明的准备无关,事先也不知道它。

爱因斯坦本人联合其他十九位杰出人士,其中包括最高法院法官欧文·J. 罗伯茨(Owen J. Roberts)和托马斯·曼,在1945

年10月10日致信《纽约时报》编者,以类似的方式发布了另一个声明:①

第一颗原子弹摧毁的不仅仅是广岛这个城市。它也把我们继承下来的陈旧观念炸得粉碎。

在历史上首次试验自然力前几天,在华盛顿正式签署了旧金山宪章。在二十六年后,国际联盟之梦被参议院接受了。

联合国宪章将持续多久?幸运的话,持续一代人?一个世纪?没有一个人不希望至少能交好运——为宪章,为他本人,为他的工作和他的子孙后代。但是,靠好运足以拥有和平吗?如果世界人民想要和平,那么从我们自己开始,靠法律的和平才是人民能够拥有的东西。现在是赢得它的时候了。

每一个人都了解,宪章仅仅是开端。它未保证和平。敦巴顿橡树园和旧金山满怀希望和热情洋溢的言辞造成一个十分真实的危险:千百万美国人将会放松警惕,并且相信通过批准一纸宪章,就能够建立一个防止另一次战争的机构。

我们认为,我们的责任是告诫美国人民,情况并非如此。宪章是悲剧性的幻想,除非我们采取为编织和平所必需的进一步的步骤。杜鲁门总统从旧金山来到东部,在堪萨斯城

---

① 在《纽约时报》的那封信的另外的签名者是 J. W. Fulbright, Claude Pepper, Elbert D. Thomas, Henry St. George Tucker 主教, Edward A. Conway, S. J. 教士大人, Louis Finkelstein, Mortimer J. Adler, Charles G. Bolte, 小 Gardner Cowles, Dorothy Canfield Fisher, Albert D. Lasker, Cord Meyer, Christopher Morley, Carl Van Doren, Mark Van Doren, Walter F. Wanger, Robert J. Watt。

第11章 原子武器的威胁(1945) 495

(kansas City)说:"在世界共和国中各个国家很容易和睦相处,恰如在美国共和国中你们很容易融洽相处一样。现在,当堪萨斯州和科罗拉多州(Colorado)为利用阿肯色河(Arkansas River)河水发生争执时,他们并不出动每个州的国民警卫队,为此而发动战争。他们在美国最高法院起诉,并遵守裁决。在这个世界没有任何理由,使得我们不能在国际上这样做。"

这些话语是历史性的话语,指出我们通向远远超越旧金山宪章的、未来的道路。

数千年来,人们认识到,无论在哪里有依靠法律的政府,哪里才会有和平;哪里没有法律和政府,人们之间的冲突就是无可置疑的。旧金山宪章通过维持竞争的单一民族独立国家的绝对主权,从而妨碍在世界关系中创建最高法律,它类似于十三个原初的美利坚合众国的联邦宪法(the Articles of Confederation)。我们知道,这个联邦没有起什么作用。在人类历史上不断尝试的联盟体制,没有一个能够防止它的成员之间的冲突。倘若我们希望防止原子战争,我们就必须以世界联邦宪法即起作用的世界范围的法律秩序为目的。

在我们的历史上这一忧心忡忡的时刻,碰巧出版了一本非常重要的小书,它清楚而简洁地表达了,我们这么多的人正在思考什么。这本书是埃默里·里夫斯的《和平剖析》。我敦促美国的男人和女人读读这本书,思考一下它的结论,与邻人和朋友私下和公开讨论它。放在几周前看秩序观念似乎是重要的,而在将来也许是可以达到的。在原子战争的新现实面前,它们具有刻不容缓的必要性,除非文明注定自取灭亡。

在富兰克林·罗斯福生前未能发表的最后讲演中,他写下成为他的政治遗言的话语:"我们面对的突出事实是,如果文明要幸存下去,那么我们就必须培育关于人的关系的科学——在同一世界上各种类型的人们和平地在一起生活和在一起工作的能力。"我们认识到,而且是在付出可怕的代价认识到,在一起生活和工作只能用一种办法做到,即在法律的指导下才能做到。在今日之世界,没有比这更正确、更简单的观念。除非这个观念流行起来,除非通过共同的斗争我们拥有新的思维方式的能力,否则人类必然灭亡。

1945年10月21日,在印有麻省理工学院辐射实验室抬头的信笺,物理学家丹尼尔·Q.波辛(Daniel Q. Posin)博士写信给爱因斯坦,信的内容如下:[①]

在这些骚动的和空前紧张的日子,坎布里奇的科学家以及遍及世界的科学家紧迫地需要帮助。目前的原子能状况使我们大家如此充满极度悲痛的是这样一个残酷的讽刺:科学智力的最伟大和最喜悦的凯旋也许带来沮丧和死亡,而不是带来精神振奋和大胆创新的生活。你的原理 $E=mc^2$ 最终被完全确认,本应标志一个光明时代的伊始;但是,我们却处于

---

① Posin 博士给爱因斯坦的信的摘录是经 Posin 博士的特许重印的。爱因斯坦的复信是据手稿翻译的。

第11章 原子武器的威胁(1945)

烦恼不安的境地,在前头似乎看到的是黑黢黢的漫漫长夜。……

洛斯阿拉莫斯的科学家就他们的一些想法正式发出声音,橡树岭的科学家也表达了他们的意见——这没有受到约束;得克萨斯(Texas)的一位物理学家恳求科学家也要成为有意识的公民;要求自由和达成国际协议的请求来自芝加哥——在那里[塞缪尔·金·]艾利森(Samuel King Allison)表明,他一生不能秘密地从事他的工作;在这里,在麻省理工学院,[诺伯特·]维纳(Norbert Wiener)呆若木鸡——像做了一个乱七八糟噩梦的人一样,他想知道我们必须做什么,并在科学会议上抗议"长崎大屠杀",这场大屠杀使一些人预料其他大屠杀变得更容易;在这里,在辐射实验室,年轻科学家聚会抗议[美国政府为控制原子能的]梅-约翰逊议案(May-Johnson bill),并系统提出明确需要超国家控制原子弹和原子能的声明。……

但是,这些声音由于是各自零星发出的,还不足以形成强大的声势。……

因此,我们提议发起大批科学家参加的全国会议,以便在具体阐明我们的态度和决心时彼此形成合力,并相互援助。因而,我要说,我们需要你在这里针对原子时代的社会含义讲演。我们本能地感到,由于你在这里,我们觉得受到鼓舞,能够更好地把握我们的未来;我们几乎感到,帮助我们并最终帮助世界是你的责任,这不仅因为你的声音同时是谦恭的和有力的,而且也因为你自己的工作质能原理把我们导向这条具有两个转弯的道路,我们期待你帮助我们大家沿着正确的路线行进。……

随这封信所附的是全国科学家大会的纲要,大会预定在1946年1月10日至12日举行,除爱因斯坦外,预计许多著名科学家参加。由于大会实际上一直没有召开,爱因斯坦显然未邮寄他为这个场合起草的信件:

不幸的是,我不能出席你们的大会。健康不佳迫使我只能把自己的活动限制在家里进行。

我真诚地感到快意,绝大多数科学家充分意识到他们作为学者和世界公民的责任;他们并没有沦为四处蔓延的歇斯底里的牺牲品,这种歇斯底里威胁我们的未来和我们子孙的未来。

我们不应容许对科学工作的发表和传播施加任何限制;这样做对于社会的智力发展总是极其有害的。当美国应当在建立国际安全中承担领导职责时,军国主义和帝国主义毒害的威胁却导致这个国家的政治态度发生令人不快的变化,认清这一点的确使人毛骨悚然。

谁是被用来作为这一切花招的靶子的潜在敌人呢?谁在美国人民中间制造这样的恐惧,以致竟然强使他们接受永久的军事奴役呢?答案是,它就是同一个俄国,可是俄国迄今为止却是寻求国际安全的领导者,是国际联盟最忠实的支持者。

我们看到在这里起作用的,不是美国人民思想感情的表达;确切地讲,它反映强有力的少数派的意志,少数派利用它的经济强权控制政治生活机关。这一小撮人确实不害怕俄国的实际军事行动。宁可说,他们害怕强大的俄国的道义影响,这种影响能够以间接的方式逐渐损害和危及他们的社会地位。

如果政府万一追求这种致命的路线,那么我们科学家必须拒绝服从它的邪恶要求,即使这些要求以法律机制做靠山。存在一种不成文法,即我们自己良心的法律,它比在华盛顿可能制定的任何法案更加有约束力。当然,我们甚至还有最后的武器——不合作和罢工。

我们有正当理由谴责德国知识分子,因为他们无条件地听任卑鄙政府的控制。因犯罪惩处他们是正确的,即使他们声称,他们正如他们所做的那样是迫于法律而行动,才犯下罪行的。我们满怀希望,我们自己的知识分子注定会避免类似的不道德行为;他们迄今采取的态度证明这样的希望是有理由的。

爱因斯坦在他给波辛的信件中添加了下述附笔:"此信不应秘密处理。我乐于坚持我的信念。"战争结束了,爱因斯坦显然准备像过去那样,一点不受约束地借用他的权威,以支持与他的心意一拍即合的事业。然而,这并不意味着他不分青红皂白地这样做。当美国争取西班牙自由委员会——一个倡议美国与佛朗哥(Franco)把持的西班牙断绝外交关系和商务关系的组织——建议爱因斯坦,它打算以他的名义邮寄基金募捐呼吁信时,爱因斯坦不许他答应这样做。在他的1945年10月6日的即刻复信中,他说:

>……我未感到有正当的理由使我自己成为西班牙事业的公共代言人,尽管我深信,正义在忠于共和政府并反对佛朗哥叛乱的西班牙人一边,法西斯西班牙的残存严重危害国际安全。我并不拥有关于相关事实的任何第一手信息,特别是没有关于在新闻发布中提及的、你们建议应该附加到基金募捐信中的那些事实的任何第一手信息。因此,为你们的呼吁利用我的名字的声望和宣传价值,也许是不诚实的,事实上也是不明智的。假若我在这样的条件下竟然容许我的名字被利用,那么我就会很快失去许多人对我的信任,使我无法对我感到有正当理由发表见解的事业施加某种有效的影响。

尽管爱因斯坦已经断然拒绝,但是该委员会还是在它的呼吁基金募捐的信上利用爱因斯坦的名字作为签名。这些信件之一到达密西西比州(Mississippi)众议员约翰·兰金(John Rankin)的手里,他是以其种族主义观点闻名的、极端保守的政客。1945年10月25日,兰金面对众议院的全体议员,刻毒地攻击爱因斯坦:[1]

>……这个外国出生的煽动者为了推进共产主义在全世界传播,不惜使我们陷入另一场欧洲战争。……美国人民早就该认清爱因斯坦了。依我之见,他正在违反法律,应该

---

[1] U. S. Congress, *Congressional Record*, Vol. 91, Part 8, 79th Congress, 1st Session, p. 10049.

第11章 原子武器的威胁(1945) 501

对他提起公诉。这里有一个利用邮件筹款,鼓动我们与西班牙断绝关系的人,正如我所说的,这样做可能意味着另一场战争。……我呼吁司法部不许爱因斯坦这个人乱说乱动。……

爱因斯坦对这一攻击不屑一顾。

1945年10月,来自明尼苏达州(Minnesoda)的美国参议员约瑟夫·H.鲍尔(Joseph H. Ball)向参议院提交了一项议案,该议案预定达到对悬而未决的梅-约翰逊议案(陆军部起草的原子能控制议案)表达异议的目标。在1945年11月5日公布的声明中,鲍尔说:

> 我赞成大多数科学家就梅-约翰逊议案所表达的观点:按照实际情况而言,它不仅是不民主的,由于它造成在完全保密的情况下可能起的庞大垄断作用;而且,它也是不切实际的,因为它的严厉保密和控制的要求会延缓而不是加速基础研究以及原子能和平应用的研究。
>
> 本议案[参议院鲍尔的议案]是关于基础应用和工业应用的自由研究的尝试,……只是在原子能的纯粹军事应用方面,才出于安全需要而保守秘密。我认为,对美国来说,唯一健全的解决办法在于遵循这些路线。……

1945年11月17日,参议员鲍尔给爱因斯坦寄了一份他的议

案的副本,他在所附的短笺中说:①

但愿我能够感谢你对议案的评论;如果你认为它是理由健全的回答,也许你会乐于助一臂之力,写信给你的一些科学家同事,并让他们把他们的观点写信告知以康涅狄格州(Connecticut)的参议员布里恩·麦克马洪(Brien McMahon)为首的参议院原子能专门委员会。

爱因斯坦在1945年11月22日复信参议员鲍尔:

我极为钦佩你11月9日在辛辛那提(Cincinnati)外交政策学会的演讲和对国际安全形势详尽无遗的分析。我赞同你讲的每一个观点。[鲍尔倡议沿着世界政府的路线强化联合国组织。]

不过,就所提出的原子能开发和控制议案而言,我不完全与你一致。诚然,在你的议案中所做的提议,比梅-约翰逊议案更为可取。但是,在我看来情况似乎是,倘若你的议案能够变成法律,那么在庞大的军事强国之间创造必要的信任气氛,以便在国际问题上可以就这一最紧迫的难题的解决达成一致,也许变得更加困难了。

你将认为,推迟原子能问题法律解决的讨论,直到做出全

---

① 前参议员 Ball 给爱因斯坦的信的摘录经他的特许重印。May-Johnson 议案想要把原子能掌握在军方控制之下。由于自发组织的原子科学家的努力,尤其导致了 Leo Szilard 作证的追加公开听证会,从而挫败了它的通过。

第11章 原子武器的威胁(1945)

力尝试,在三个大国之间就原子能问题、更一般地就需要在军事问题上对国家主权强加限制为止,是可能的吗? 在我看来事态似乎是,只有当国际形势充分清楚明了时,在这个十分重要的问题上适当的立法才能达到。正如你在你的辛辛那提讲演中如此令人信服地证明的那样,在军备竞赛和保障所有国家安全的世界政府之间不可能存在妥协的余地。

鲍尔及时写了感谢信,他在信中指出,虽然麦克马洪委员会[美国参议院原子能专门委员会]很可能动作缓慢,但是美国政府正在敦促它迅速行动。该委员会可能接纳了把立法限定在一两年内完成的建议。他在结尾写道:"我肯定与你一致,美国与它现在看来正在做的相比,应该在国际谅解的方向上做出更加强有力的努力。"

美国广播公司雷蒙德·格拉姆·斯温(Raymond Gram Swing)因为在战时每日晚间广播,成为美国最知名的新闻评论员之一。是年早些时候,即1945年8月27日,爱因斯坦自发地致函斯温:

你竭尽全力,有条理地告知公众需要有效的世界政府,对此我表达我的深挚感激之情。

你非常正确地指出,美国军队占领太平洋诸岛是在错误方向上迈出的一步,是阻碍未来达到国际安全的任何尝试的一步。

但是,这一切中最危险的是军事保密政策,以及维持能够在国家规模上生产新秘密武器的庞大机构。你也表达了这一点,而且十分令人信服地表达了。你依然是对今日的紧要问题具有洞察力的,对公众的思想和感情施加巨大影响的少数几个独立不羁的人士之一。使我惊讶不已的是,面对我们遭遇的巨大危险和我们政府的致命错误,你的广播对民意并没有产生较大的影响。

我真心诚意地希望,凭借你的勇气和真诚,你也许能够影响事件的进程。

虽然爱因斯坦的信写有"不要求回信"的附言,但是斯温还是在 1945 年 8 月 30 日复信说:[①]

我对你的来信和赞扬万分感激,我愿意说这是我需要的,因为在我看来,大多数世人一如既往地过活,仿佛什么事情也没有发生一样。

我可以提个请求吗? 当你返回普林斯顿时,你愿意让我在某个星期六前往拜访你,就原子能的含义谈论吗?

爱因斯坦实际上在普林斯顿接见了斯温;其结果,在《大西洋月刊》(Atlantic Monthly)1945 年 11 月号发表文章"要原子战争还是要和平",这正是阿尔伯特·爱因斯坦向雷蒙德·斯温的讲述。[②]

[①] Swing 的信经他的特许重印。
[②] 爱因斯坦的文章被稍微修改过;Swing 先生没有参与修改。

第11章 原子武器的威胁(1945)

原子能的释放并没有造成新的问题。它仅仅使解决一个现存的问题的必要性变得更加紧迫。人们能够说，它只是在量上而不是在质上影响我们。只要存在具有巨大权力的主权国家，战争就是不可避免的。这并不意味人们能够知道战争何时将会来临，而仅仅意味战争确实将会来临。甚至在造出原子弹之前，这也是毋庸置疑的。所改变的只是战争的破坏性。

我不相信应该把原子弹的秘密交给联合国组织。我不相信应该把它交给苏联。这两条路线无论哪一个都类似于这样一个拥有资本的人：他希望另一个人与他合伙办企业，一开始就把他的一半钱款给予那个人。那个人可能选择开办与之竞争的企业，而当时需要的则是他的合作。应该把原子弹的秘密交托给世界政府，而美国应该立即宣布它乐意这样做。这样的世界政府应该由美国、苏联和英国建立，只有这三个大国拥有庞大的军事力量。它们三个大国应该把它们所有的军事资源交托给这个世界政府。只存在三个拥有强大军事力量的国家，这一事实能够使建立世界政府变得更容易，而不是变得更艰难。

由于美国和英国拥有原子弹的秘密而苏联没有，因此它们应该要求苏联为提议的世界政府进行准备，并提交宪章的初稿。这也许有助于消除俄国人的不信任，他们之所以觉得不信任，是因为他们了解，正在保守原子弹的秘密，主要是为了防止他们得到它。显然，初稿不会是最终的定稿，但是应该使俄国人感到，世界政府将保证他们的安全。

如果这个宪章必须由一个美国人、一个英国人和一个俄国人协商,那无疑是明智的。当然,他们总是需要顾问,但是这些顾问应该仅仅在询问时才提供服务。我相信,在准备所有大国都接受的切实可行的宪章时,三个人能够成功。要是六七个人或更多的人尝试这样做,他们恐怕会失败。在三个大国起草宪章并采纳它之后,应该邀请较小的国家参加世界政府。它们也应当具有不参加的自由;尽管它们能够感到在世界政府之外是全然无危险的,但是我确信,它们最终将希望参加。自然,应该给它们权利,提出修改三大国起草的宪章的建议。但是,不管较小的国家是否决定参加,三大国都应该向前行进,组织世界政府。

这样的世界政府应该拥有对一切军事事务的裁判权,而且它需要拥有另一种唯一的权力。这就是有权干预这样的国家:少数人正在压迫大多数人,因而造成导致战争的那种不稳定状况。例如,像今天在阿根廷和西班牙存在的状况就应当得到处理。在这里,必须终结不干涉概念,因为在某些情况下,放弃不干涉是维护和平的本分。

世界政府的建立不应该拖延到类似的自由状况在三大国的每一个都存在的时候。虽然确实是,在苏联少数人统治着,但是我不相信,那个国家的内部状况构成对世界和平的威胁。人们必须牢记,俄国人民并没有长期的政治教育传统;改善俄国状况的变化,不得不靠少数人实行,其理由在于,不存在这样做的大多数人。假如我生为俄国人,我相信我能够使自己适应这种情况。

第11章 原子武器的威胁(1945)

在建立对军事事务具有权力垄断的世界政府时,也许没有必要改变三个大国的内部结构。对于起草宪章的三个人来说,不管他们的国家的不同结构,是能够想出合作的办法的。

难道我不担心世界政府的专制暴政吗?我当然担心。但是,我更担心再来另一次战争。在某种程度上,任何政府肯定都是祸害。但是,相对于更大的战争祸害,世界政府还是可取的,尤其是从战争加剧破坏性的处境来看是如此。如果这样的世界政府不是通过国家之间达成协议的过程建立起来的,我相信它无论如何还是可以实现的,而是以更危险的方式实现;因为一次战争或多次战争只能导致一个超级大国,它用它的压倒一切的军事霸权地位统治世界其余地区。

现在,我们拥有原子能的秘密,我们必须不要失去它;如果我们把它交给联合国组织或苏联,那么我们不用说是做冒险的事情。但是,我们必须尽早澄清,我们不是为了维持我们的强权,而是希望通过世界政府确立和平,才保守原子弹秘密,我们将竭尽全力使这个世界政府出现。

我意识到,有些人赞成把建立世界政府作为终极目的,但是却偏向逐渐趋近它。在希望最终到达终极目标的过程中,采取每次迈出一小步的麻烦在于,虽然正在迈出这样的步子,但是我们继续保有原子弹,便无法使没有原子弹的人信服我们的终极意图。这自然会造成担忧和猜疑,其结果,对抗的国家之间的关系恶化到危险的程度。这就是为什么倡导每次迈出一步的人可能认为他们正在接近世界和平,但是他们实际上正在通过他们缓慢的步调为战争的可能性尽力。在这条道路上,我们没有浪费的时间了。如果要防止战争,那么必须迅速行进。

进而,我们也不可能十分长久地持有原子弹的秘密。我了解,有人极力主张,其他国家没有足够的钱财消耗在原子弹的发展上,因此我们可以长期确保秘密。不过,用其花钱的数量衡量事物,是在美国常见的错误。其他国家只要拥有原材料和人力,而且希望将其应用于原子能的发展工作,它们便能够这样做。人和物资以及使用它们的决定,而不是金钱,才是所需要的一切。

我不认为我自己是原子能释放之父。在其中,我起的作用是非常间接的。事实上,我未曾预见它会在我的有生之年被释放出来。我仅仅相信,它在理论上是可能的。通过链式反应的发现,它才变成实际的,这不是某种我能够预言的事情。它是哈恩在柏林发现的,他本人起初还误解了他发现的东西。正是莉泽·迈特纳提供了正确的解释,她从德国出逃,把信息交给尼耳斯·玻尔之手。[①]

依我之见,原子科学的伟大时代不能通过以组织大公司方式组织科学而确保。人们能够组织已经做出的发现的应用,但是人们不能组织发现本身。只有自由的个人才能做出发现。不管怎样,能够存在这样一类组织,可以确保科学家在其中的自由和合适的工作条件。例如,在美国的大学,总是减

---

① 在《大西洋月刊》的文章中,爱因斯坦在次要之点有错误。Lise Meitner 没有"从德国出逃,把[原子裂变]信息交给 Niels Bohr 之手",她当时在瑞典(参见 p.288)。

轻科学教授的一些教学,从而他们有更多的时间从事研究。你能够设想做出查尔斯·达尔文(Charles Darwin)那样发现的科学组织吗?

我不相信美国庞大的私人公司是适合时代需要的。假如有一个来访者从另一个行星来到这个国家,他发现在这个国家容许私人公司行使如此大的权力,却没有承担相称的责任,难道他不觉得奇怪吗?我说这句话,是为了强调我的信念,即美国政府必须保留对原子能的控制,这并不是因为社会主义必然是值得向往的,而是因为原子能是由政府发展起来的;把人民的这份财产转交给任何个人或个人集团,当然是不可思议的。至于社会主义,除非它的国际性达到产生控制一切军事力量的世界政府的程度,否则它甚至可能比资本主义更容易导致战争,因为它体现出非常大的权力集中。

至于何时可以把原子能应用于和平的、建设性的目的,要给出任何估计还是不可能的。我们现在知道的一切,是如何利用相当大数量的铀。少量的利用,比如说,足以开动汽车或飞机,迄今还不可能,人们无法预言何时将会实现它。毫无疑问,将来能够达到它,但是无人能够说什么时候达到。也无人预言什么时候能够使用比铀更常见的材料供应原子能。据推测,这样的材料可能在大原子量的较重元素之中,由于它们较小的稳定性也许是相对稀有的。于是,虽然原子能的释放能够是,而且无疑将是人类的一大恩惠,但是这不可能在一段时间来到。

我本人没有所需要的说明才能,能够使大多数人相信人类现在面临的问题的紧迫性。因此,我乐于推荐某个具有这种说明才能的人——埃默里·里夫斯,他的书《和平剖析》在论及战争的主题和对世界政府的需要时,是明智的、清晰的、简洁的和动力学的(dynamic)——倘若我可以使用这个荒诞不经的术语的话。

鉴于在最近的将来我无法预见将证明原子能是一种恩惠,在目前我不得不说,它是一种威胁。也许,幸运的是,情况竟然是这样。这种情况可以恫吓人类把秩序带入它的国际事务,没有恐惧的压力,这一切无疑是不会发生的。

爱因斯坦这篇关于原子弹的首次公开声明受到广泛的注意,并在若干出版物中重印,其中包括1945年10月27日《纽约时报》。几天后,在1945年11月1日,《纽约时报》发表了一封来自爱因斯坦的信,对《纽约时报》在重新发表《大西洋月刊》的文章时删除他提及《和平剖析》一事,他在信中表示遗憾:

……引起美国人民对这本书的注意,是我写那篇文章的主要理由之一。建立一个紧迫需要的世界范围的组织以防止原子战争,其中包含的广泛而复杂的问题在一篇短文中无法充分地说明。我担忧,在没有进一步说明的情况下,我的声明的一些内容可能引起惊讶和误解。因此,我认为,召唤公众注意这本书,是符合公众利益的。依我之见,它呈现出对和平问题的最明晰、最完备的分析,有助于为我的文章提供论据。

第 11 章 原子武器的威胁(1945)

《大西洋月刊》的编者请求 1943 年 9 月之前担任国务卿的萨姆纳·韦尔斯(Sumner Welles)评论爱因斯坦的文章。韦尔斯尖锐的异议发表在 1946 年 1 月号,标题是"原子弹和世界政府"。他争辩说,苏联永远不会接受爱因斯坦设想的那类世界政府,因为这总是包藏苏维埃制度的完全毁灭。进而,韦尔斯质疑爱因斯坦下述建议的不协调之处:授权提议的世界政府干涉少数人压迫多数人的国家,而他显然又接受在俄国少数人的统治。韦尔斯本人大力支持通过新成立的联合国,为建立世界联邦制政府的最终目标而工作,尽管这可能需要相当长的时间。

不管怎样,爱因斯坦起草了答复,它从未公开发表。在这里是首次发表它:①

> 这个论题的重要性迫使我回答萨姆纳·韦尔斯最近的评论,即便是简短的回答。仅仅取决于人的决定的可能发生的事件,永远不应当预先给它们贴上"不可能的"标签。在人类类活动的范围,一切都取决于人的信念的力量。这些信念必须基于对起主导作用的客观条件的清晰理解,而客观条件则受到武器出乎预料迅急的和根本的技术发展。
>
> 的确,没有一个人能够怀疑,大国之间的战争会导致世界的大部分人口、城市和工业资源的毁灭。富有思想的人不能不确信,没有想象得到的理由能够为如此巨大的牺牲做辩护。
>
> 因此,我乐意提出下述问题:建议那些大国在它们之间做

---

① 爱因斯坦给 Welles 的复信据手稿翻译。

出决定,未来的冲突必须用法规手段,而不是用大量的人的生命的无谓牺牲去解决,这难道果真是不可原谅的天真的标志吗?这样一个坚定的决定一旦做出,就没有什么事情将是"不可能的"。第二个决定必定接踵而至,这就是弄清楚,单独一个国家不能使用它自己独立的军事资源,以便把它的意志强加于其他国家。

"老于世故"的人也许会有理由批评:我们借助微小的、耐心的步骤,正在朝着相同的目标而工作;从人类心理学的观点看,这是唯一可行的方法。但是,我这个所谓的"空想家"认为,这种态度是致命的幻想。不存在保证和平的**渐进的**道路。只要国家没有真正的安全免遭侵略,它们将不可避免地继续准备战争。而且,正如历史无可辩驳地证明的,准备战争总是导致实际的战争。当北美殖民地联合起来在华盛顿创建中央政府时,它不是通过缓慢的过程,而是通过果断的和创造性的行动出现的。

只有这样的果断的和创造性的行动,才能够提供目前濒临毁灭的局势——世界各国发现它们自己都处在这一局势之中——的可能解决办法。如果我们不采取这样的行动,流血冲突必定发展到将引起无法想象的毁灭,并最终导致一个大国压迫所有国家。

1945年11月底,橡树岭的四位科学家写信给爱因斯坦,信中提前提出萨姆纳·韦尔斯后来发表的一些论点。在他们之间举行了几次会议,讨论原子能和和平问题。他们原则上共同具有爱因

第11章 原子武器的威胁(1945)

斯坦在《大西洋月刊》的文章中提出的观点,但是他们感到,在某些国家之间存在的深邃的经济和社会鸿沟妨碍有效的世界政府及早形成。在过渡期间,难道不应该利用联合国吗?爱因斯坦在1945年12月3日答复说:①

> 至于在目前的经济、政治和心理叶境下建立世界政府的可能性,本质的要点是,为了防止另一场迫在眉睫的战争,各个国家在一开始必须把它们的主权放弃到什么程度。我不相信,必要的放弃程度能够像你们设想的那么大。对于成员国来说,无须立即使它们自己的关税和移民立法隶属于世界政府的管理机构。事实上,我相信,世界政府的唯一职能应该是拥有军事力量的垄断,这能够明确,没有一个国家永远能够按照它自己的倾向在它的国界使用军队和军事资源;这可以通过官员和人员彻底的国际轮换得以适当保证。
>
> 应该建立常设世界法庭,以遏制世界政府执行部门逾越它的授权,在起初应该把授权限制在成员国范围内预防战争和挑动战争的事态发展。无论何时各个国家觉得犯有侵犯它们的非法行为罪,它们应该有权向这个法庭上诉。法庭的裁决应当基于精心制定的、所有成员国正式批准的宪章,在宪章中以尽可能精确的语言撰写世界政府执行部门的权力和责任。

---

① 四位科学家是小 John L. Balderston, Jr., Dieter M. Gruen, W. J. McLean 和 David B. Wehmeyer,爱因斯坦对他们的答复按照德文原始文本做了修订。

在开始,必须保证每一个国家发展它选择的经济、政治和文化建制的自由,除非出现像阿根廷和纳粹德国那样,构成对其他国家潜在威胁的发展势态。也应该容许每一个国家维持它的关税和移民立法。(我可以附带说,虽然我个人并不认为这样的不加限制的自由是值得拥有的,但是我相信,在不消减各个国家"自由"的情况下,原本的目标即获得军事安全的目标是能够达到的。)

我几乎不相信,像眼下这样组成的联合国能够用来作为实现世界政府的有效机制。我们最直接的关注应该是,设法在主要军事大国之间达成有利于世界政府建立的一致意见。其余的也许只不过是程序问题而已。

1945年12月10日,爱因斯坦在纽约向诺贝尔周年纪念宴会做讲演。① 它以"战争是赢得了,却没有和平"的标题变得很有名。

物理学家发现,他们自己的处境与阿尔弗雷德·诺贝尔的处境毫无二致。阿尔弗雷德·诺贝尔发明了比当时已知的炸药威力还要强大的炸药——极其有效的破坏手段。为了对这一"成就"赎罪,也为了解除他的良心痛苦,他设立了他的促进和平奖。今天,参与生产这种所有时代最可怕武器的物理学家,不说是犯罪,也被类似的责任感折磨。作为科学家,我

---

① 爱因斯坦的诺贝尔周年纪念演讲发表在1945年12月11日《纽约时报》,以及OOMLY第200页和IAO第115页。它是由爱因斯坦的朋友、历史学家Erich Kahler准备的,爱因斯坦告诉他,自己想说些什么话。这里呈现的版本对原文做了校订。

第11章 原子武器的威胁(1945)

们必须永远不停止告诫这些武器造成的危险；我们不敢松懈我们的努力——使世界人民特别是他们的政府意识到这一无法形容的危险，除非他们改变他们的彼此相处的态度，并认清他们在塑造一个安全的未来中的责任，否则他们肯定激起危险。为了防止人类的敌人首先得到它，我们帮助创造了这种新武器；考虑到纳粹的心态，这会导致不计其数的破坏以及世界人民的奴役。这种武器被交付到美国和英国的手中，它们扮演全人类的受托人与和平和自由的斗士的角色；然而，我们迄今没有和平的保障，也没有大西洋宪章允诺的任何自由。战争是赢得了，却没有和平。在战争中联合起来的大国，却在和平协议上四分五裂。允诺世界人民摆脱恐惧；但是，事实是，自战争结束以来，国家之间的恐惧却与日俱增。允诺世界摆脱贫困；但是，世界大片地方却面临饥饿，而其余地区的人民却生活富足。允诺给世界的国家以自由和正义；但是，即使现在，我们却正在目睹"解放"的军队向要求政治独立和社会平等的人开枪、用武装力量支持那些他们认为最适合代表他们自己既得利益的个人和政党的恶劣景象。尽管领土争端和强权政治这些作为国家政策的目的可能已经过时，但是它们依旧凌驾于人的福利和正义这些基本需求之上。……

对我们的战后世界前景的预测并非光明。我们物理学家不是政治家，干预政治事务从来也不是我们的希望。然而，我们碰巧了解政治家所不了解的几件事情，我们感到我们有责任把它们讲出来，提醒那些处在应负责任职位的人：逃避现实，满不在乎，不可能是心安理得的办法；没有留下时间做微不足道的交易和拖延。世界形势要求我们大胆行动,彻底改变我们的进路和我们的政治概念。但愿推动阿尔弗雷德·诺贝尔的精神,即在人与人之间的信赖和信任、宽宏大量和四海之内皆兄弟的精神,赢得其决策塑造我们命运的那些人的心智。否则,我们的文明注定灭亡。

在此时前后,若干知识分子,包括爱因斯坦和其他杰出的科学家在内,正在致力于一项雄心勃勃的规划,它的目的是把原子弹的丰富含义告知美国公众。该规划采取低廉的平装本书籍的形式,书名是《同一个世界抑或一无所有》(One World or None)。[①] 在1945年2月,当该书出版已经处于最后阶段时,又决定要求俄国科学家撰稿。爱因斯坦于是起草了下述电文:

莫斯科的科学院院长:

在这个国家参与研制原子弹的物理学家意识到他们的重大责任,并认清这种毁灭性武器的固有危险。他们以个人和

---

① 《同一个世界拟或一无所有》由 Dexter Masters 和 Katharine Way 编辑,Niels Bohr 撰写前言,Arthur H. Compton 撰写引言,纽约 the McGraw-Mill Book Co. 于1946年出版。除爱因斯坦外,撰稿人还有 Philip Morrison、Harlow Shapley、Eugene P. Wigner、Gale Young、J. Robert Oppenheimer、General H. H. Arnold、Louis N. Ridenour、Edward U. Condon、Frederick Seitz、Hans Bethe、Irving Langmuir、Harold Urey、Leo Szilard、Walter Lippmann 以及美国科学家联合会。在这里呈现的爱因斯坦的文章遵照德文手稿做了修正。在这里保留的几个段落是经爱因斯坦的认可由 Dexter Masters 增补的。爱因斯坦给苏联科学院拍发的海底电缆电报的草稿译自手稿。实际发出的版本可能包含另外几个著名科学家的签名。Masters 先生在重构这个完整的事件中给予大力协助。

第11章 原子武器的威胁(1945)

集体的名义,强烈表达这样的信念:只有在国际合作的基础上,才能够达到预防原子武器的危险。按照我们的见解,世界范围的军备竞赛不仅通过军事保密的要求窒息科学的进步,而且有助于加剧战争恐怖;这种竞赛只有借助超国家的军事权力代替传统的军事组织才会消除,而这个权力拥有对一切进攻性武装的唯一控制,它就是为了国际安全而建立的那类世界政府。

为了让公众获悉如此根本的政治转变的紧迫必然性,这些科学家打算出版一本书,该书将可靠而直率地传达关于原子弹的技术事实以及它的实际含义。这本书的最后一章将至少以纲要的形式指出保证和平的政治道路和手段。

我们完全谙熟,在最近的世纪,关于创建国际争取和平机构最有力的倡议起源于俄国。仅仅出于这个理由,我们就应该热切渴望,在本书的内容中,有若干俄国科学家向我们寄来他们的观点的陈述。(一般说来,几百个单词将足以描绘局势的特征并指明我们应该追求的政策。)

如果你能够帮助我们赞许地考虑这个请求,并使我们的俄国同行对该规划感兴趣的话,我们将不胜感激。我们深信,这样的通力合作将有助于伟大而紧迫的事业。

显而易见,这个电文经多人之手修改,其中包括科学评论员、该书两个编者之一德克斯特·马斯特斯(Dexter Masters)。这篇电文实际上在1945年12月18日发出,上面有爱因斯坦的签名,全文如下:

在这个国家从事原子弹工作的那些人对于这种武器相关的巨大危险深感忧虑。在这里主要由来自原子弹计划的科学家撰写的、必定要出版的一本书中,现在正在总结原子弹发展的一些基本事实及其对于人类幸存的实际含义。该书也将表示我们的看法:原子弹的威胁只有借助国际范围的合作,通过协商一致或强大得足以处理像世界问题这样的问题的组织,才能够消除。我们感到,没有来自我们的一些俄国同行——例如卡皮查(Kapitza)、约飞(Joffe)、库尔斯沙托夫(Kurschatov)、朗道(Landau)或者你也许愿意指定的其他人——的陈述,该书将是不完美的。为了厘清和提供原子弹引起的问题的解决办法,我们力劝你拍发篇幅为几百个单词的陈述的电报,由新泽西州普林斯顿阿尔伯特·爱因斯坦转交。

几周后,在没有受到回复(尽管谋取了外交帮助和报刊帮助)时,马斯特斯在1946年1月22日以他自己的名字发了第二封海底电缆电报,在电文中逐章概述了这本书,并列举了所有撰稿人。电文内容如下:

莫斯科的科学院:爱因斯坦教授告知,他迄今没有收到对12月18日电文的答复,该电文力劝苏联科学家为在这里正要出版的关于原子弹的书撰写陈述。……它还来得及把苏联的陈述包括在内;由于该书基本准备就绪,以致我们能够给你们提供关于它的比较丰富的信息。这本正在出版的书,以不

第11章 原子武器的威胁(1945)

容置疑的权威性,尽力把原子弹的基本事实和它提出的控制问题汇集在一本书中。出版该书的主意源于参与原子弹计划的科学家,他们强烈地感到,如果为了有助于防止军备竞赛不得不谋求支持的话,那么就必须使公众清楚地和广泛地理解这些事实和问题。撰写者和各章如下排列。阿瑟·康普顿撰写介绍该书的序言。玻尔撰写前言,告诉原子弹对社会的可能影响,并敦促在世界级别的合作中解决问题。沙普利(Shapley)和维格纳撰写关于核裂变基础物理学的章节,以洗练的语言告诉发生什么事情,以及原子弹计划在这里是如何达到它的结果的。杨(Young)对原子能的威力进行现实的分析。奥本海默就原子弹本身以及什么使它成为它现在所是的新奇的、截然不同的武器做文章。赖德诺尔(Ridenour)和康登(Condon)告知,为什么不存在已知的防御原子弹的手段。赛茨(Seitz)、贝特(Bethe)和兰米尔讨论该议题的知识的广泛传播,告诉为什么不存在真正的秘密,指出其他国家也拥有大脑和能力生产原子弹,只有共同的管理和合作的进路才有可能停止原子军备竞赛。H. H. 阿尔诺德(H. H. Arnold)讲述作为原子弹运载工具的火箭和飞机的发展,并以将军和公民的双重身份,敦促采取一切步骤祛除确实正在破坏人类生存的战争。莫里森(Morrison)就广岛的后果给出明晰的报告,并审查相同的原子弹在纽约上空爆炸,会发生什么情况。尤里评论前面各章,而且强调,除非世界各国组织起来控制原子弹和其他大规模杀伤性武器,否则人类将面对它在历史上面对的最危险的局势。西拉德考察依靠国际机构相互检查的程序的可行性,他还得出结论说,这样做即便不是永久的解决办法,也能够充分起作用。李普曼(Lippmann)讨论,莫斯科协定和联合国机制是在正确方向上迈出的重要步伐。爱因斯坦写道,检查、技术信息的交换和其他这样的措施在目前的危急时刻是有用的,现在也必须准备采取更长远的措施,这依赖于最终设想的超国家机构的军事力量。该书以美国原子科学家联合会的请求结束,请求公众使他们自己继续了解原子弹事实和问题的现实,对旨在保证控制原子弹的世界合作的提议施加他们的压力。该书的收入归属原子科学家联合会。第一次印刷10万册,预计总销量达50万册。所有撰稿人都希望,苏联科学家将就他们想要专注的论题的任何方面的观点撰写陈述。作为编者,我乐于保证,无论提交什么文章,将不加删改,一律照登;我们将乐意向任何可能被选派到这里的人出示全部手稿。我们正在力争该书不迟于月底付印,因此若尽早知道我们是否可以期待苏联的稿件,我们将非常感谢。如果我们在1月31日前能够收到肯定的答复,我们将把付印时间推迟到2月10日,以便收录你们的来稿。

[爱因斯坦1946年1月24日写信给马斯特斯]在我看来好像是,你给在莫斯科的科学院发出详尽的电报,这样做非常好。除了有利于本书外,电报也提供非正式地测试苏联政府的心理态度和反应的有效手段。……

实际上,在第二封电报发出前,答复已经迅速从莫斯科发送给

第11章 原子武器的威胁(1945)

爱因斯坦(显然在1946年1月15日):

> 对于在你们的电报中表达的希望,即建立国际合作以解决为人类的福利利用原子能的问题,苏维埃社会主义共和国联盟的物理学家和其他科学家表示热烈的祝贺。苏联的科学总是为把科学成就仅仅用于人类文化的发展而斗争,必然称许科学家在这个方向迈出的每一步。苏联科学家对他们被邀请参加关于原子弹的书的讨论表达谢忱之意,因为技术方面的困难,对于为出版物提出的事实,他们不可能享用表达他们的具体见解的机会,为此我们深感遗憾。正如你们所告知的,鉴于只可能在纽约看到手稿,因为在美国现时没有通晓这个专门的争议问题的苏联科学家,所以在纽约很难浏览全书,况且该书的目的又是如此重要、如此责任重大,必然低估不得。
>
> 苏联科学院院长、院士瓦维洛夫(Vavilov)。

1946年1月30日,俄国人发出另一封电报:

> 苏维埃社会主义共和国联盟科学院1月15日给你们发送电报,显然你们没有收到。我们只是在今天才收到你们关于原子弹的书的详细信息的电报。苏联科学家,特别是那些在物理学领域从事研究的科学家,表达他们的深挚感情:必须把核能用于人类的福利,而不是用于原子弹。我们深感遗憾的是,为你们主编的书发送稿件,现在为时已经太晚,我们希望它大功告成。我们确信,所有真正的科学家的共同努力,将

会使科学的成就奉献于人类的幸福。

苏联科学院院长谢尔盖·瓦维洛夫（Serghei Vavilov）

当《同一个世界拟或一无所有》出版时，其中没有提及与苏联科学院互发电报。爱因斯坦自己的文稿的标题是"走出困境之道"（*The Way Out*）：

> 原子弹的研制给全世界每一个城市居民的生命带来突然毁灭的持续威胁。没有一个人能够否认，如果人想要对他选择的名称智人（Homo sapiens）甚至提出部分的要求，那么就必须终止这种局势。但是，迄今为止还没有取得一致的是：要达到安全，就不得不牺牲哪些传统的社会建制和政治建制。
>
> 在第一次世界大战后，在国际冲突的解决办法方面，我们被迫面对矛盾的局面。为了在国际法的基础上和平解决这样的冲突，建立了国际法院。此外，国际联盟提供了某种世界议会，即借助国际协商保卫和平的政治工具；结为联盟的国家事实上宣布，战争是解决国际冲突的罪恶方法。
>
> 这样一来，在世界便造成一种安全幻觉，必定导致心酸的失望的幻觉。这是因为，除非最高法院拥有强大的力量执行它的裁决，否则它是毫无意义的，这对于世界议会而言也同样是正确的。如果那种安全不是基于实质性的东西，而是基于言词和文件，那么一个国家在拥有足够的军事力量和经济力量时，能够很容易地诉诸武力，随意破坏超国家安全的整个结构。对于保卫和平的任务来说，仅有道德权威将证明是无法

第11章 原子武器的威胁(1945)

胜任的。

现在,联合国的有效性正在经受考验。它最终可能作为"无幻觉的安全"机构出现,我们如此强烈地需要的正是这样的机构。但是,到现在,它只不过具有道德权威而已,正如我已经说过的,这是不充分的。

由于某些其他因素,目前的形势甚至更加不稳定,在这里仅仅提及其中的两个因素。第一,虽然各个国家正式地谴责战争,但是只要它们不得不认为战争是可能的,它们就得被迫以这样的方式训练和教导它们的公民,尤其是年青一代,以便万一爆发战争,可以很容易地把这些人转变为能够胜任的士兵。为了达到这个目的,不仅迫使各国提升军事气氛和强化军事训练,而且反复灌输爱国主义精神和民族虚荣心——这将保证在爆发战争时全体人民已做好心理准备。这样的反复灌输,必然会抵消建立具有道德权威的超国家组织的任何努力。

加剧战争威胁的第二个因素是技术的发展。现代武器,特别是原子弹,把相当有利的条件给予侵略国家,这一事实甚至完全可能导致,意识到他们的责任的政治家承担先发制人战争的风险。

鉴于我们面临这种形势,我深信只有**一条**走出困境之道。

必须建立各种机制,它们将保证,可以在法律的基础上和在国际司法的管辖下,解决在各个国家之间可能引起的争端。超国家组织必须使任何国家不可能凭借能够使用唯有那个国家控制的军事力量进行战争。

只有当这两个条件充分满足时，我们才能做出某种保证，保证人类逃脱在某一天正在碎裂为原子，并被一扫而光的命运。

考虑到盛行的政治心态，希望在接着几年内实现这样伟大的变革，也许是虚幻的，乃至是荒谬的。然而，我们不能希望，以缓慢的、渐进的发展能够完成那些变革；没有超国家的军事安全，朝向战争推进的力量便是不可阻挡的。甚至比人的权力欲更危险的，也许是他对突然进攻的恐惧，除非我们向我们自己提出公开而果断地摒弃国家军事力量、接受超国家权力的任务。

全面考虑这样的任务困难重重，我只对一件事情毫无疑问：世界人民一旦认识到，面对目前的进退两难的困境，不存在其他的或比较简单的、可供选择的方案，那么它们就会解决问题。

现在，我觉得有义务就可以导致安全问题解决的各个步骤说一说。

1. 最主要的军事大国相互检查用来生产进攻性武器的方法和设备，在一起交换相关的技术发现和科学发现，这至少会暂时中和负重大责任的军事和政治人物的恐惧和不信任。这样的相互检查进而还能够提供一段喘息时间，我们可以在这段时间准备更根本的解决办法。但是，要充分认清，即使应该迈出的这最初一步，它无非是导向使一切军事力量去国家化的第一步。

对于为后继的解决办法铺平道路而言，虽然这第一步是

第11章 原子武器的威胁(1945)

必不可少的,但是重要的是要认识到,仅仅迈出这一步,还是不充分的;例如,它没有排除军备竞赛的可能性,也没有排除暗中备战的诱惑。

2. 以稳定增长的程度促进各个国家的军事、科学和技术人员的交流,能够推进去国家化。这样的交流应该按照精心制订的计划进行,其目的是把国家的军队有条不紊地转变为超国家的军事力量。虽然国家军队似乎是能够预期国家主义感情削弱的最后场所,但是甚至在国家军队的序列内部,也应该做出尝试与国家主义斗争,与此同时征募和训练超国家军队。进而,人员交流能够减少突然袭击的危险,而且有助于为军事资源的国际化提供心理根据。在此期间,几个最强大的军事大国可以为国际安全组织和仲裁法庭起草宪章。这个宪章应该勾勒两个机构的法律基础,规定它们对于各个成员国的仲裁、权力和限制;宪章也可以为建立和维持这些机构确定选举方法。只有在所有这些要点上达成一致,才能够存在防止全球战争的安全。

3. 鉴于这些机构正在发挥作用,国家军队的残余或者能够被遣散,或者能够使其处于超国家权力的最高指挥之下。

4. 伴随所设想的大国合作,应该做出努力,尽可能在完全自愿的基础上,把所有国家补充到超国家组织之中。

这个概要可能造成一种印象,也许委派给大国的支配作用过大了。不过,我力图以这样的方式提出问题:它的合情合理的尽早解决,不可能遭遇比在该问题中固有的任何困难还要大的困难。毋庸置疑,在大国之间达成初步的一致,比在所有国家之间即大国和小国二者之间达成初步的一致,要更容易一些;为达到甚至最基本的结果,代表所有国家的实体也许是一个无望的笨拙工具。这项任务要求所有国家具备最大的智慧和宽容。这些品质只能出自对局势的严重必然性具有敏锐的意识。

爱因斯坦的案卷包含大量的文件,这些文件表明,他谨慎小心地审查寄给他的许多通信和要他去做的许多请求。经常有人声称,他在把他的支持给予关于各种政治和公共事件的声明和呼吁时不够慎重,他永不停止或者很少停止他的合作。但是,这并不是真实的。爱因斯坦支持他觉得值得支持的事业,从来也没有在仔细研究向他介绍的信息情况下,或者从来也没有在与寻求他的帮助的人——这个人代表他公开宣布他的关注的许多议题和人物之一——详尽讨论的情况下给予支持。尽管他始终如一地、极其紧张地全神贯注于他的繁重的科学问题和其他工作,但是他常常耗费许多时间讨论提交给他的政治问题或社会问题,以便决定他自己的立场,确定表达他的兴趣或支持的最有效的方式。取自爱因斯坦1945年案卷的下述文献,提供了他否定许多请求的几个例子,显示他在每一个例子中都仔细指出他的否定决定的理由。

1945年4月,在普林斯顿为组织"人民联盟"而形成一个群体,该联盟试图绕过现存政府的权力,想要"动员人民争取和平与自由"。在1945年4月3日的一封信中,他把他不参加该群体的决定告知发起人之一;虽然在过去他相当自由地把他的支持给予有价值的事业,但是这个规划似乎构想得太粗糙了。尽管他承认现存政府的体制的性质令人遗憾,然而他不相信有可能不理睬这些体制。

几周后,在纽约的全国美苏友好联合会恳请爱因斯坦,请他签署一封发给旧金山会议美国代表团的电文,这次会议正在争辩导致联合国建立的最后步骤。在提出的电文中,谴责美国代表团正在接受给予阿根廷席位的倡议,而阿根廷却是"一个在战时给法西斯政权提供如此之大帮助的国家";电文还敦促美国代表团支持波兰临时政府谋求席位。爱因斯坦在 1945 年 5 月 3 日答复说,他不能在现在起草的电文上签字。如果电文仅仅包含反对阿根廷加入,那么他会毫不犹豫地签署它。但是,由于他没有充分了解"关于波兰的目前困难背后的真实状况",因此要他担负代表美国行动的责任,他无法确切说明他应该如何行动才对。

同年 10 月,纽约艺术、科学和专门职业独立公民委员会推出一个声明,攻击纯粹的美国机构进一步研究原子能;该委员会说,这一研究是杜鲁门总统在一项声明中建议的,而按照委员会的看法,科学探究的发展的唯一监护人是联合国组织。在 1945 年 10 月 11 日,爱因斯坦拒绝在这个声明签名。尽管他"真诚赞同"委员会的立场,但是他认为,它的"原子弹的唯一安全贮藏处是安理会"的建议完全是误入歧途。按照他的观点,安理会只不过是隐藏主权国家无约束的敌对的烟幕而已。

有一个问题是爱因斯坦全神贯注的——特别是在 1933 年之后,在战争结束后即刻变成至关重要的国际争论的问题,它就是德国问题。爱因斯坦甚至片刻不能忘记德国人无法形容的罪行;恢复德国的作恶能力是他的挥之不去的思考。他以透彻的理解力观察德国的军事复兴；直到他的生命的最后一刻，他继续表达无条件反对同盟国资助德国重新武装，他始终认为这是对世界和平的可怕威胁。

1945年9月，一封来自加利福尼亚的信件抵达他的手中，写信者把美国历史初期健康的理想主义与自内战前后以来被看作是美国社会的粗俗工业物质主义加以对照。使他感到惊奇的是，爱因斯坦竟然置身于与原子弹试验有关的罗斯福总统一伙人之中；按照写信人的观点，原子弹不仅对准日本和德国的侵略，而且"事实上也同样是反对美国人的阴谋"。在1945年9月8日的长信中，爱因斯坦以提出下述问题答复他的完全不相识的通信者：① 由于据了解，德国人渴望从事原子弹生产，我们难道要等待他们完成这项工作，直到我们都变成他们都牺牲品吗？他补充说，他不相信，在类似的情况下，德国科学家会像他们的许多美国对手如此去做：在原子弹成功后，为了世界的和平和安全，向总统请愿公开关于原子能发展的秘密。爱因斯坦继续说，确实，正如他的通信者强调的，在德国人的古典时期，在普鲁士强权和精神逐渐损害了德国人民的建制和精神之前，他们具有伟大的心智和伟大的人物。但是，事实依然是，当代德国人在心理上与古典时期的德国人毫无共同之处；德国人压制了可能是正确的理论，对千百万非德国人的有计划的杀害有理由证明，他们力图统治欧洲乃至全世界。

英国争取德国民主理事会请求爱因斯坦发贺电，迎接即将举行的"在德国新的成长中的民主运动"会议，爱因斯坦在1945年

---

① 通信人的名字是旧金山的 Millicent Bingham 夫人。

第11章 原子武器的威胁(1945)

10月1日写道：

> 你们来信的内容，使我想起与德国有关的、最近过去的战争之后协约国所犯的所有可悲错误。在那时，一切所谓的德国自由主义者与各种各样的政府合作，试图秘密地重新武装德国，从而为她进行复仇战争做好准备。如果具有你们和你们朋友的态度的人民愿意重走他们的道路，那么同样的喜剧将会重演。可行的唯一政策是也许是，把德国的经济能力削弱到这样的程度，以至于她丧失成功地玩弄国际阴谋的任何可能和希望。如果把鲁尔(Ruhr)地区留给德国，那么讲英语的世界的可怕牺牲将会付诸东流。

在战争行动结束数月后，一位老朋友、积极参加科学家对使用原子弹提出告诫的物理学家之一詹姆斯·弗兰克(参见 p.306)把一份呼吁的草稿介绍给爱因斯坦，他和其他德国流亡者计划发表它。虽然否认呼吁的目的是建议给德国以"软和平"，但是却把注意力吸引到指控同盟国当时在德国实行的政策的灾难性后果；并表示担心，"美国舆论的冷漠……将容许在欧洲中心创造一个在精神和物质上都退化的国家，这样的国家会危害世界的和平重建。"爱因斯坦在1945年12月6日回复说：

> 我肯定不会赞成同盟国眼下在德国正在做的每一件事情。但是，我坚信，在多年内防止德国工业活力的恢复是绝对必需的。摧毁德国目前的生产能力是不够的；必须使德国人

今后不能享有对原材料资源的独占权,这种独占权使他们在19世纪变得如此危险。

这就是我为什么坚决反对犹太人居住区的居民重新唤醒那种宽厚感情的任何尝试,这种感情纵容德国在没有任何干涉的情况下准备在世界其余地区发动侵略战争——在纳粹上台之前很长时间情况就是这样。……我不赞成复仇,但是确切地讲,我支持抵制德国恢复侵略的最为安全的政策。……如果你们的呼吁传播开来,我将不得不做我能够反对它的无论什么事情。

詹姆斯·弗兰克再次写信,请求爱因斯坦改变他的意见。爱因斯坦没有顺从,在1945年12月30日寄出最后的答复:

我至今记忆犹新,在第一次世界大战后,德国人在舞台上痛哭流涕的表演伎俩,现在也就不会被它的重演愚弄了。德国人按照深思熟虑的计划屠杀了几百万平民。假如他们把你杀害了,几滴鳄鱼的眼泪无疑也会流出来的。在他们中间少数正派的人改变不了整体的形象。从所收到的来自那里的几封信,以及从一些可靠人士提供的信息,我估计德国人并未感到一点儿内疚或懊悔。……亲爱的弗兰克,不要使你自己陷入这个肮脏的泥坑!他们将首先滥用你的善意,然后他们将讥笑你是一个笨蛋。但是,如果我无法说服你克制,那么对我而言,我肯定不会掺和到这一事件中。只要出现机会,我就会公开反对这个呼吁。

第11章 原子武器的威胁(1945)

另一位物理学家阿诺尔德·索末菲(Arnold Sommerfeld)教授也是爱因斯坦的老朋友,他试图恢复爱因斯坦在德国的学术地位。在慕尼黑大学任教授的索末菲力图为邀请爱因斯坦重返巴伐利亚科学院铺设道路——爱因斯坦1933年由此辞职。现在,巴伐利亚科学院愿意从它的档案撤销它那年写给爱因斯坦的、建议他辞职的信。难道爱因斯坦不会和解吗?"尽管世界还是脱节的,但是我们应该为它返回有序尽一份力。"爱因斯坦在1946年12月14日复信:

> ……德国人屠杀了我的犹太人兄弟;我将不会与他们有任何进一步的关系,甚至与相对无害的科学院也是如此。对于迄今只要有可能就依然毫不动摇地反对纳粹主义的少数人,我的感觉是不同的。我幸运地获悉,你处在他们中间。……

爱因斯坦不以任何方式与德国人发生任何联系的坚定而一贯的决定,在1946年12月20日致奥地利维也纳和平科学委员会的一封信中显露出来。他通知他们,他不接受他们的邀请作为委员会的名誉主席服务,尽管他确信,该委员会在奥地利恢复健康的政治态度中正在发挥重要作用。他解释说,他的决定是由下述事实促使的:他出于原则性的理由拒绝了在一个德国和平协会担任类似职务的邀请。他写道:"由于德国人在整个欧洲屠杀了我的犹太人兄弟,甚至没有做出丝毫尝试,以便无论在道德上还是在物质上恢复少数幸存者的权利,因此我感到完全不可能参加任何类型的德国组织。"

第12章　战斗精神
（1946）

正如《图示观察》(Survey Graphic)杂志在一本专题论丛称呼的，1946年是"原子时代元年"。在1946年1月号发表的专题论丛中，包含爱因斯坦的这篇稿件：

> 现代战争的武器已经发展到如此地步，以致在另一次世界大战中，胜利者遭受的损失不见得比被征服者遭受的损失小多少。只要存在主权国家，每一个国家都拥有它自己独立的武装，那么实际上根本不可能防止战争。我坚信，世界上大多数人喜欢生活在和平和安全的环境下，而不是偏爱他们的特定国家追求不受限制的国家主权的政策。人类对和平的需要只有通过创建世界政府才能实现。

1946年2月，爱因斯坦回复美国陆军的一位通信者，此人是持有委任状的现役军官；在这封非常长的信中，他概述了他对于战争原因的想法：

> ……我不相信，许多战争是由于人们感到他们自己的国家或他们自己的阶级受到不公正的对待引起的。事实上，我

第12章 战斗精神(1946)

一点也不怀疑,战争的原因深深地嵌入人的本性之中。人们能够毫不夸张地说,战争在原始人的生活中是一种正常活动。……在为战争辩护时使用的托词,只不过是有助于煽动那些并不十分好战的人的战斗意志罢了。

战争倾向是人的本性的一部分,正像河水不时溃堤泛滥是河水的本性一样;而且,正如需要人为的办法避免河水溃堤泛滥那样,人们也必须采取人为的措施避免战争。建立在超国家法律基础上的超国家军事力量是防止战争行动的唯一手段。这绝不像敏感的人认为什么是"公正"那样总是相同的。我相信,从其在漫长时期已经发达的传统的观点看,只有当一条法律基于受影响的人认为是可以接受的原则之上的时候,人们才会服从它。例如,我们今天觉得奴隶制是极其不公正的,而在古希腊大多数高尚的人物却认为奴隶制是公正的。我相信,每一个时代的人必定尽力完成**他们**认为是公正的事情。……

我确信,防止战争的政策是迫切需要的,不能等待我们确定了是否容许一劳永逸地解决"公正"问题之时,才去考虑防止战争的政策。

《瞥视》(*Look*)杂志的编者请求爱因斯坦,针对他们在1946年3月5日出版的连环画"你的最后机遇"加以评论。连环画的文章陈说,美国人民只有三条可供选择的道路:世界被征服、试图自卫或努力终结战争。杂志表明它自己偏爱第三条道路。1946年2

月23日,爱因斯坦写道:①

> 你们关于原子弹的文章以激动人心的、无所畏惧的和令人振奋的方式描述了我们时代的严重问题,当我阅读它时,我的确感到欣喜。由于因公开加拿大间谍事件[苏联大使馆的一名职员伊戈尔·戈乌津科(Igor Gouzenko)从苏联外交部门叛逃,牵连到若干主管谍报活动的人]造成的氛围,致使关于原子战争的任何合理性的行动都变得更加困难,因此在我看来,这篇文章显得尤为重要。必须竭尽全力,防止国会通过可能倾向于削弱科学研究和出版自由、加深军事大国之间相互猜疑以及推动军备竞赛的议案。

1946年3月15日,有人请求爱因斯坦在"向世界人民呼吁"上签名,该呼吁在佛罗里达州(Florida)冬季公园罗林斯学院(Rollins Collige)举行的关于世界政府的会议上被正式一致通过。呼吁的文本是用电报传送给他的,②他毫不犹豫或刻不容缓地同意签名。虽然爱因斯坦本人没有帮助起草呼吁,但是因为它提供了他在那时以及一生其余时期持有的观点的特别明晰的表达,所以把它刊登在这里。呼吁还阐明,在敌对行动结束后,如何及早和以什么样的精确性提出在原子时代迈向和平的步骤。最后,它也许有助于说明在爱因斯坦一生的最后岁月折磨他的悲观主义心

---

① 爱因斯坦给《瞥视》的信于1946年4月16日发表在那家杂志,承蒙该杂志的慨允在这里重印,稍有修改。

② 来自罗林斯学院的电报是由会议主管George C. Holdt签署的。

境;尽管许多著名人物通过国际法在世界和平事业中奉献出远见卓识和耿耿忠心,但是他终于相信,在战后整整十年,即便做出了有意义的进步,这样的进步也不足挂齿。这篇呼吁由罗林斯学院会议发行,在美国和国外分发了大约5万份,其内容如下:

1. 原子弹与科学和技术在现代战争中的其他应用,已使战争变得如此具有破坏性,以致必须防止另一次大战爆发。

2. 任何国家或国家小集团都无法把原子能的秘密保守超过几年;也不可能有合适的军事防御能力,以抵御能够使被攻击的国家和人民处于瘫痪的突然袭击。

3. 只要任何国家拥有自行决定战争与和平问题的主权,就不可能存在能够维护和平的绝对保证。

4. 如果国民生活在战争的持久威胁中,那么每一个主权国家将不可避免地变得越来越极权主义,从而剥夺它的公民愈来愈多的人身自由。

5. 今天,没有一个单一民族的独立国家能够希望足够[和]绝对强大,足以保护它的公民免于战争。在一代人的时间,美国已经两次参加到人民希望避免的战争之中。

6. 和平不仅仅是没有战争,而且是公正、法律、秩序的存在——一句话,政府的存在。

7. 只有在下述条件下才能够创建世界和平:国际法要普遍和强大到足以在国家之间建立公正和防止武装冲突。

8. 人民能够保障其幸存和维护其自由的唯一途径是,与其他的人民创建世界政府,即立宪联邦政府,把基于法律和公正维护世界普遍和平的必要权力授予它。

像现在这样组成的联合国是主权国家的联邦。就这一点而论，它不是世界政府，因此无法根据法律防止国家之间的武装冲突，不能确立公正和安全。不管怎样，它是迄今人类迈向世界和平的最大一步。由于宪章规定可以修正，应该尽一切力量把联合国改造为世界政府。

我知道，这样的目标不能一蹴而就。困难[在于]在国家之间的文化、政府和建制的每一差异内部建立协助。

但是，必须动身出发。现在就必须出发。必须用手头的工具创造一个开端。最初，必须把目标对准消除萦绕心头的恐惧和猜疑，而原子武器和类似破坏性武器则以这种恐惧和猜疑折磨人类。美国有机会和责任带头提出那个目标必要的、建设性的措施。正是出于心中的这些考虑，我们和盘托出下述建议：

我们提议，按照宪章109条款规定，我们要求联合国大会起草修正案，该修正案应该完成下面的目标：

1. 把联合国从主权国家的联邦改造为从世界人民手中取得它的特殊权力的政府。

2. 把联合国大会重组为在平等的基础上代表各成员国公民的世界政府的立法部门。

3. 除了其现有权力，联合国大会将有权。

甲. 制定禁止或用别的途径控制大规模破坏性武器的法律，为此目的就必须管理原子能的使用。

第12章 战斗精神(1946)

乙．制定检查实施前述权力所必要的或合适的法律。

丙．针对前述权力颁布的法律，提供合适的民事法令和刑事法令。

丁．装备和维持法律强制执行所必需的警察部队。

4．创设独立的仲裁法庭，该法庭具有在联合国大会颁布的法律之下引起的，或者卷入关于联合国宪章解释问题的案例和争论的裁判权。

5．谋划人权法案，以保护个人不受联合国大会颁布的法律侵犯。

6．把安理会重组为拥有下述权力的世界政府的执行部门：

甲．掌管和确保法律的强制执行；以及

乙．在联合国大会的指导下履行它的宪章确定的现有职能。

7．没有授予联合国大会的权力留给各成员国。

我们相信，这些要求是创建能够在原子时代防止另一次战争浩劫的世界政府必不可少的最低要求。目前的联合国宪章并不满足这些要求。

代表世界人民的世界政府的建立，必须伴随教育群众和在他们之间自由交流知识的广泛计划。唯有世界政府，即使是在这里倡导的有限条款的世界政府，才能带来和平；也唯有在和平环境下，世界人民才能成熟得担当全面的责任，他们凭借这种责任才能认识到他们作为自由人的命运。

伊利·卡伯特森(参见 pp.321,322)在 1946 年 4 月 26 日写信给爱因斯坦。[①] 虽然他确认处于国际法之下的世界和平的"共同目标",但是他就罗林斯学院会议发布的呼吁的一些细节争论,该呼吁带有爱因斯坦的签名:

……你们计划的第一点,即把联合国大会改造为受欢迎的国际立法机关,今日在政治上肯定是不可接受的。也没有必要建立一个真实的联邦机构。联邦机构的实质不是人民的议会,而是能够在特别授予的权力范围内行动的、具有强制执行它的裁决的手段的、独立的中央权威。

这样的最低目标能够通过制定正好两个国际法达到:国家和它的公民不可以准备侵略战争,国家和它的公民不可能进行侵略战争。必须把这些法律收编在宪章中;必须具有诠释它们的法庭。而且,最重要的是,这两个法律**现在**就能够制定,因为它们并不需要建立世界范围的民主或确立对国家主权的严厉限制。

卡伯特森还把他的新书《我们必须与苏联打仗吗?》(*Must We Fight Russia?*)寄给爱因斯坦,并请求评论。爱因斯坦于 1946 年 5 月 2 日复信说:

[①] 出自 Culbertson 的信件的摘录是经 Culbertson 遗产执行人 Bruce E. Culbertson 和 Albert H. Morehead 的特许重印的。爱因斯坦的复信稍有修正。

第 12 章 战斗精神(1946) 539

我完全认可在你的杰作《我们必须与苏联打仗吗？》中的建议以及在你的 4 月 26 日来信中的陈述。然而，首要的问题是：为了导致停止在美苏之间已经大规模开始的军备竞赛，美国人民和美国政府能够做些什么？依我之见，美国应该向俄国指明，她愿意终止军备竞赛，愿意服从相互的武器控制，以及愿意在争执事件中遵守按照彼此商定的法则创建的世界权威的裁定。使美国确信采取这样的计划是明智的，必然需要舆论的强大压力。

其间，在迪安·艾奇逊(Dean Acheson)[后来在杜鲁门总统第二届政府任国务卿]领导下，以戴维·利连索尔(David Lilienthal)[后来是原子能委员会第一任主席]为首的专家小组做顾问的委员会，在 1946 年 3 月 28 日完成一份报告，报告概述了美国的原子能政策。随后，这些提议变成美国提交给联合国的所谓"巴鲁克计划"(Baruch Plan)的基础。这个计划提出对原子能和原子武器实行超国家控制和检查，但是最终遭到苏联的否决。利连索尔-艾奇逊提议虽然受到广泛支持，但是在联合国内外却成为激烈争辩的主题。发表在 1946 年 4 月 6 日《国民》(The Nation)杂志的一篇抨击文章获得爱因斯坦有限制的赞同。在所署日期为 4 月 9 日、发表在 1946 年 5 月 11 日《国民》的一封信中，爱因斯坦称该文是"有正当理由的和有建设性的"，不过他补充说：[①]

[①] 爱因斯坦评论的《国民》的文章是 I. F. Stone 撰写的，标题是"原子能的空头支票"。

一方面,不得不高度赞赏,行政当局的当权者,甚至来自军方的当权者,都公开承认,安全只能在世界政府的基础上达到。另一方面,在过渡时期提出的措施,似乎并不适合于把我们引向更加接近世界政府的目标、使其他国家相信我们的外交政策的忠诚意旨的任务。

1946年5月,爱因斯坦迈出重要一步:他同意担任新近成立的原子科学家应急委员会的主席。

正如前面指出的,从事原子弹计划的一些科学家为原子武器造成的对人类的威胁而深感烦恼。他们意识到美国承担的责任,因为她决定把原子弹投到日本城市。在所有主要的原子能设施,都涌现出讨论小组;尽管在见解上有显著差异,但是许多人都赞同,应该竭尽全力保证,人种的幸存永远不受原子武器威胁。

1945年秋,原子科学家在挫败梅-约翰逊议案中起了重要作用(参见 p.345),该议案打算把原子能约束在军方控制之下。科学家日益感到,在今后的斗争中,需要明达的舆论帮助。一般公众似乎是模糊不清的和忧心忡忡的。原子能问题太新、太大了,它的含义太可怕了,以致大多数人几乎无法全面鉴别。关于该主题的许多书籍和文章以及许多讲演和声明,并未充分地向人们提供建设性的信息和意见。

1946年1月,关注这个问题的形形色色的科学家群体合并成美国科学家联合会;联合会的报道活动主要通过始于1945年联合国旧金山会议的一个组织发布。它现在被称作全国原子能报道委员会,代表大约60个国民组织、劳工组织、宗教组织、专门职业组

第 12 章 战斗精神（1946） 541

织和教育组织。委员会的工作受到几个因素的限制，诸如资金缺乏之类的因素。进而，科学家并非总是能够抽出必要的时间，以准备这类能够满足公众对信息日益增加的需要的文章，而对于非职业的宣传员来说，这个任务实在太艰巨了。

正是针对这种背景和这种需要，才构想出原子科学家应急委员会，主要作为筹集资金和制定政策的机构。① 人们希望，它的全部由具有巨大声望的卓越科学家组成的受托人董事会，能够博得普遍的尊敬和广泛的财政支持。作为最终组成的董事会，除爱因斯坦之外还有受托人哈罗德·C. 尤里（作为副主席）、菲利普·M. 莫尔斯(Philip M. Morse)、莱纳斯·波林(Linus Pauling)、莱奥·西拉德和维克多·F. 魏斯科普夫。委员会的第一个行动是发送由爱因斯坦签署的、向几百个著名的美国人呼吁募捐的电文。这篇电文在 1946 年 5 月 23 日至 24 日完成：

---

① 当用文献证明爱因斯坦在原子科学家应急委员会中所起的作用时，下述人士提供了许多帮助：纽约的 Harold L. Oram，他管理资金筹集活动；加州理工学院的 Harrison Brown 教授，他在后来的阶段担任它的重要执行干事；芝加哥《原子科学家公报》的全体员工，特别是它的编者 Eugene Rabinawitch 博士；以及芝加哥大学图书馆专门收藏品主任 Robert Rosenthal，这里存放着委员会的文件。除了 Oram 和 Brown 先生以及在这里和其后各章提及的其他人士外，下述人士为委员会工作而值得表彰：助理秘书和司库 Lily Payson；Oram 先生的雇员 Eileen Fry，他是普林斯顿办事处的执行秘书，他在 1948 年过早死亡是对该群体的严重打击；最初的执行主管和司库 Joseph Halle Schaffner；以及 Ernest Everet Minett，他在芝加哥担任类似的职务。原子科学家应急委员会的历史留待撰写。有两篇文章描写了美国科学家联合会的背景：John A. Simpson, "The Scientists as Public Educators", *Bulletin of the Atomic Scientists*, September 1947; "The Federation of American Scientists", *Bulletin of the Atomic Scientists*, January 1948。应急委员会的最早受托人包括 Robert F. Bacher，他后来因为受命到美国原子能委员会任职而离开。

我们的世界面临危机,迄今那些拥有做出善恶重大决定的权力的人还没有察觉到这种危机。原子释放的能量改变了除我们的思维模式之外的每一事物,从而我们向前所未有的灾难漂移。在使原子造福人类而不是毁灭人类这一生死攸关的斗争中,我们这些释放出这种巨大能量的科学家负有不可推卸的责任。

[汉斯·A.]贝蒂、[爱德华·U.]康登、[莱奥·]西拉德、[哈罗德·C.]尤里和美国科学家联合会同我一起发出这个呼吁,恳求你们支持我们的努力,以便使美国人认识到,人类的命运正在此时此刻被决定。

我们需要20万美元,以便立即发起全国范围的运动,为的是告知美国人民,人类要幸存下去并走向更高的水准,新的思维方式是须臾不可或缺的。

仅仅是在对我们面临的巨大危机长期思考后,才向你们发出这个呼吁。我迫切请求,你们把支票直接寄给我——新泽西州,普林斯顿,原子科学家应急委员会主席爱因斯坦。作为我们科学家并非茕茕孑立的标志,在这个决定命运的时刻,我需要你们的帮助。

该呼吁在报刊广泛转载。1946年6月4日,爱因斯坦稍加修改把它录入新闻短片:

……为了使公众可以了解某些科学事实以及它们的社会含义,计划推出一个有效的教育节目。它将通过全国原子能报

第12章 战斗精神(1946)

道委员会传播给美国人民。……在这个决定命运的时刻,我请求公众支持,以便有可能使原子科学家履行他们的社会责任。

在接着的几个月和随后数年,应急委员会还发出了若干类似的呼吁。虽然它们通常不是由爱因斯坦本人起草的,但是他积极参加了委员会的工作和审议。他频繁地——有时是每天——与执行秘书商谈;他参加很多的委托人会议,其中一些会议在他的家里召开,他在委员会的政策制定中发挥了重要作用。为了从爱因斯坦的意见中得益,为了便利与他合作,该组织在普林斯顿设立了办事处;后来,办事处也在纽约和芝加哥开设。委员会不仅向在华盛顿的全国原子能报道委员会提供了大量的财政支持,而且也向其他两个组织提供了实质性的财政支持,它们是在橡树岭原子科学家组成的群体原子能教育科学家协会和担负《原子科学家公报》责任的芝加哥原子科学家群体。(原本是油印月刊的通报发展为重要性日益增长的杂志。)从此时起,在爱因斯坦的非科学活动中,原子科学家应急委员会的需要和活动具有优先地位。

1946年5月28日,哥伦比亚广播网开办原子能专题广播。被称为"重要抉择时刻的行动"广播从华盛顿的国会图书馆柯立芝(Coolidge)会堂发射。在许多显要参与者中,有约瑟夫·E. 戴维斯(Joseph E. Davies)、温德尔·L. 威尔基(Wendell L. Willkie)夫人、威廉·O. 道格拉斯(William O. Douglas)、卢瑟·H. 埃文斯(Luther H. Evans)、亨利·A. 华莱士(Henry A. Wallace)、阿奇博尔德·麦克利什(Archibald MacLeish)、哈罗德·C. 尤里、哈罗德·L. 伊克斯(Harold L. Ickes)和哈罗德·E. 史塔生(Harold E.

Stassen)。下面的对话是这个广播的一部分：①

新闻评论员罗伯特·特劳特（Robert Trout）：有许多人，……他们希望并祈祷能够防止战争，……但是对避免战争的机遇却是悲观的。他们说，战争恰恰是"人的本性"；尽管人类在一百万年可能有机会改变某些旧的思维习惯，但是在紧接着的五年肯定没有改变它们的可能性。对于"你无法改变人的本性"的论点，阿尔伯特·爱因斯坦博士，你有什么看法？

爱因斯坦（来自普林斯顿的讲话）：当你说"人的本性"时，你意味着什么？

特劳特（来自华盛顿的讲话）：呃，我猜想是走向战争的憎恨、恐惧和偏见。

爱因斯坦：既然是那样，我想说，恰恰是因为我们在一百万年无法改变人的本性，我们就必须做我们不得不十分迅速去做的事情，以防止原子战争的骇人听闻的破坏。……这种造成战争的"人的本性"像一条河流。在地质学时间内，不可能改变河流的本性。但是，当河流不断地溢出它的堤岸，摧毁我们的生命和家园时，难道我们要坐以待毙，只是说："这太糟糕了。我们无法改变河流。我们对此无能为力"？

特劳特：不，爱因斯坦博士。我们同心协力，修筑堤坝，使河水受到控制。

---

①　爱因斯坦对"重要抉择时刻的行动"广播的评论，经哥伦比亚广播网公司慨允据广播稿重印。

第12章 战斗精神(1946)

爱因斯坦：确实如此。可是，我们用什么修筑堤坝呢？

特劳特：我设想，我们用理性，用我们的思考能力。

爱因斯坦：那是正确的。这种思考能力也是人的本性的一部分。它是智力，智力是从经验学习、提前计划的能力。它包括为长远利益放弃眼前的、暂时的利益的能力。人的本性的这个部分认识到，人的安全和幸福依赖于良好运转的社会；良好运转的社会依赖于有法和守法；而人为了和平必须服从这些法律。正是这种理性官能，是人在艺术、科学、农业、工业和政体方面的一切进步的缘由。

特劳特：爱因斯坦博士，你相信，这种好思考的人能够为我们解决我们的重大问题吗？

爱因斯坦：我相信，除此之外别无他法。正如我们运用我们的理性修筑控制河流的堤坝一样，我们现在必须修筑某些建制，以便遏制鼓动人民和他们的统治者的恐惧、猜疑和贪婪。正如史塔生先生和道格拉斯先生描述的，这样的建制必须建立在法律和公正的基础上。它们必须拥有对原子弹和其他武器控制的权力，它们必须拥有强制执行这种权力的强大力量。是的，做到这一点是困难的；但是，我们务必记住，人的本性的动物部分是我们的敌人，思考部分是我们的朋友。我们确实不必等待一百万年运用我们的理性能力。这不依赖于时间。我们在我们生命的每一天都在运用它。我们现在能够而且必须运用它，否则人类社会将沉没到永无尽头的、新的和可怖的黑暗时代。

在哈佛大学诗歌艺术教授阿奇博尔德·麦克利什的激励下,爱因斯坦独自在广播中进一步说:

> 正如在纯粹科学领域我们变革我们的思维以包容更新颖和更有用的概念一样,我们现在在政治和法律领域也必须如此变革我们的思维。我们再也没有犯错误的时间了。

翌日,1946年5月29日,爱因斯坦向芝加哥学生争取联邦世界政府的集会发表无线电广播讲演:[①]

> 对于我与芝加哥大学三个学生的谈话,我留下深刻的印象。它使我认识到,在这个国家的年青一代中间,的确存在责任感和工作的主动性。这些学生充分了解,在接下来的几年,将决定他们一代人的命运。而且,他们决意对事件的进程施加他们能够施加的那么多的影响。
>
> 形势究竟是怎样的呢?技术和军事武器的发展导致的结果,相当于我们的行星缩小了。国家之间的经济交往,使得世界上的国家比以往任何时候都更加相互依赖。现在,现成可使用的进攻性武器在地球上没有留下一个安全地方,可以免遭突然的总毁灭。我们幸存的唯一希望在于,创建一个能够借助司法裁决解决国家之间冲突的世界政府。这样的决定,

---

[①] 爱因斯坦向芝加哥学生集会发表的无线电广播讲演的英文文本在OOMLY第138页面世,标题是"走向世界政府"。(也可参见1946年5月30日的《纽约时报》。)这里给出的版本来自手稿,有所修改。

第12章 战斗精神(1946)

必须基于所有政府赞同的、措辞精确的宪章。只有世界政府拥有由它支配的进攻性武装。任何个人或任何国家,除非他们同意一切军事力量集中在超国家权力的手中,除非他们声明抛弃武力是反对其他国家而保护他们的利益的手段,否则不能认为他们是和平主义者。

在第二次世界大战结束的头一年,政治的发展显然没有使我们更加接近达到这些目标。目前的联合国宪章既没有提供为实现真正的国际安全必需的法律建制,也没有提供军事力量。它也没有考虑在今日世界实际的权力平衡。今天,真正的权力集中在少数几个国家手中。可以毫不夸张地说,决定性问题的解决唯一取决于美国和俄国之间达成高瞻远瞩的协议。如果产生了这样的协议,单凭这两个大国就能够说服其他国家,在获得普遍军事安全的程度上放弃它们的主权。

许多人说,在目前的情况下,在美苏之间达成根本的协议是不可能的。要是战后美国在这个方向做过真正严肃的努力,那么这样的断言也许是有正当理由的。在我看来,情况似乎是,美国恰恰做出相反的事情:它不顾俄国的抗议,准许法西斯主义的阿根廷进入联合国,这是不明智的。进而,在没有看得见的军事威胁的时候,没有必要继续生产越来越多的原子弹,每年在军备上花费两百亿美元。否决把的里雅斯特(Trieste)归属前同盟国南斯拉夫也毫无意义,南斯拉夫实际需要这个港口,该港口事实上对前敌国意大利倒没有什么经济重要性。进一步列举所有的细节,以指明联合国为减轻俄国的不信任毫无作为,是没有什么意义的。事实上,我们做了许多助长这种不信任的事情,最近几十年的事件使这种不信任变得太容易理解了。

持久的和平不可能通过各国继续相互威胁出现,而只有通过创造彼此信任的真诚努力才会实现。人们能够设想,为人类在这个行星上带来得体条件的欲望以及对无法形容的毁灭的恐惧,会使那些处于负责任职位的人变得更明智、更冷静些。但是,我的朋友,你们不能等待这种状况发生。你们必须尝试激励更年青的一代坚持富有远见的和平政策。如果你们这样做了,你们不仅将达到对你们自己的有效保护;你们还将在比你们以前的任何一代人更大的程度上,值得你们的国家和子孙后代的感激。

除了对芝加哥学生集会的这次广播,爱因斯坦还接受了西北大学哲学教授保罗·阿瑟·希尔普(Paul Arther Schilpp)和全国学生联邦主义者组织的一位学生干事的访谈:①

问(希尔普教授):爱因斯坦教授,确切地讲,世界政府和联合国组织之间的真正差异是什么?……

答:所谓世界政府,我理解是这样一种建制:它的决定和法则对各个成员国具有约束力。……在其目前的形式中,联合国并不拥有世界政府的权力,因为它的决定和判决对各个

---

① 在无线电访谈中的学生领导人是全国学生联邦主义者组织秘书兼司库 Foster Parmelee。

第12章 战斗精神(1946)

成员国没有约束的权力。

问(学生领导人):……我的同学和我十分乐于了解,为了达到像美国在160年前原初的十三个州达成的联邦,你认为我们这些未来的世界领导者能够做些什么呢?

答:首先,年青一代必须确定,为了终止各国或国家集团之间的军事威胁,必须满足什么最低条件。下一个任务是,把这一认识传播到全国。第三个任务应该需要一种有组织的活动,这种活动能够以反映人民在和平问题上的意志的方式,影响国会议员和各个州议会的议员。

问(希尔普教授):你相信世界政府能够克服相互的妒忌和敌意吗?

答:不,当然不相信。但是,世界政府能够防止自然的激情反应,不至于导致国家之间的暴力行为。

问(学生领导人):世界上任何其他工业国家具有生产原子武器的自然资源和科学能力吗?

答:毋庸置疑,其他国家拥有足够的资源和能力,从而相互之间构成永无止境的和无法忍受的威胁。

问(希尔普教授):爱因斯坦教授,对于原子弹给人类未来造成的威胁,你了解得比任何一个在世的人都要多;从最后这个回答来看,我理解你的意思是,你认为,在尽可能早的时刻使真正的世界政府的建立得以实现,具有无法回避的必然性。

答:关于它的绝对必然性,不再会有任何怀疑的余地。为此,在国际事务中所做的一切,必须从它推进还是阻碍世界政府的建立的视角看是否应该去做。

在这次广播的那天,即 1946 年 5 月 29 日,爱因斯坦也向苏联发了一封信,由代表犹太人俄国救援董事会访问那个国家的代表团转交:

> 我愉快地利用这个机会,向我的在苏联的犹太人兄弟以及全体俄国人民致以最热烈的问候。你们以巨大的牺牲成功地排除了由最凶恶的敌人威胁人类的危险。
>
> 但愿你们在致力于创建牢固的世界秩序中同样获得成功,在这样的秩序下,基于所有国家批准和支持的建制和法律原则,才能通过和平的手段解决冲突。

新一代退伍军人的年青发言人科德·迈耶(Cord Meyer)给爱因斯坦寄了一篇手稿,该手稿缜密地、有力地批评了利连索尔-艾奇逊提议,确定在 1946 年 7 月《大西洋月刊》发表。他请求爱因斯坦准许他引用爱因斯坦寄给《国民》的一封信,爱因斯坦很快同意了。爱因斯坦在所署日期为 1946 年 6 月 5 日的信中进而写道:[①]

> 我完全赞成你在你的文章中表达的论点和结论。没有世界政府就不会有安全,没有安全就不会有防备原子弹这个异

---

① Cord Meyer 关于利连索尔-艾奇逊提议的文章,发表在 1946 年 7 月《大西洋月刊》,标题是"机会是什么?",它是(与 David Lilienthal 和 Henry DeWolf Smyth)三方专题讨论会"停止原子武器军备竞赛"的一部分。Meyer 从爱因斯坦给《国民》的信中只引用了最后的句子。爱因斯坦给 Meyer 的信重印在 1946 年 9 月《大西洋月刊》。翌年,爱因斯坦为 Meyer 的书《和平还是无政府状态》(*Peace or Anarchy*)写了短序。

第12章 战斗精神(1946)

常问题的有效解决。

利连索尔提议是令人满意的,因为它正式承认,除非通过国际组织,不可能以任何方式把世人从原子能的危险中解救出来。如果五人直截了当地阐明,维持国家在军事问题上的主权是与防备原子武器侵略的政策不相容的,那也许会更好一些。

必须认识到,建立世界政府与防止原子战争的危险一样,其过渡时期具有相同的困难。因此,我认为,应该召集最富有思想的人,就世界政府计划的过渡时期系统提出建议。

在巴黎报纸《法兰西晚报》(France-Soir)1946年6月22日刊登的一篇访问记中,[①]物理学家安德烈·拉巴尔特(André Labarthe)引用爱因斯坦的如下说法:能够早两年制成原子弹,从而保护人类免受许多苦难。据说爱因斯坦讲过:"在原子科学发展的伊始,今日夸夸其谈和盛气凌人的职业军人显露出起阻碍研究的怀疑主义。进而,小题大做的保密制度的应用,各种各样的科学群体和研究小组的过度排他的门户之见,对新科学发现一无所知的协调官员的行为,构成延迟的重大原因。"爱因斯坦强调任何未来战争的必然可怖的特征和对国际合作的需要,他担心围绕原子弹的保密制度已经正在危及这种合作。这样的保密完全可以增加苏联对国际协议不偏不倚特征的不信任。在讨论德国问题时,爱因斯坦告诫,不要重犯协约国在第一次世界大战后所犯的错误。他认为相

---

① 出自Labarthe访问记的摘录是经《法兰西晚报》的慨允重印的。

信德国可能"宣讲福音"是幼稚的,并支持法国的建议:把德国的工业地区在政治上与该国的其余地方分开。

在与迈克尔·阿姆林(Michael Amrine)的会见中,爱因斯坦比较详尽地陈述了他的观点,访问记发表在1946年6月23日《纽约时报》的星期专刊。① 标题为"真正的问题在人心之中"的文章,被原子科学家应急委员会在它的资金募集中广泛使用。所引用的爱因斯坦的文章如下:

> 许多人询问我最近的一句话:"如果人类要幸存下去并走向更高的水准,新的思维方式是须臾不可或缺的。"
>
> 在进化过程中常常是这样:物种为了幸存,就必须适应新的环境。今日,正如我们知道的,原子弹已经深刻地改变了世界的性质,人类发现它自己处在它必须使它的思维适应的新思想倾向之中。
>
> 根据这种新认识,世界权力和最终的世界国家并非仅仅在兄弟情谊的名义上是**值得拥有的**;它们对于幸存也是**必需的**。在以前的时代,一个国家的生活和文化在某种程度上可以通过在国家竞争中增强军备来保卫。在今天,我们必须放弃竞争,保证合作。在我们考虑所有国际事务时,这必然是一

---

① 爱因斯坦与 Michael Amrine 的会谈在这里经《纽约时报》的慨允重印,它曾经由原子科学家应急委员会以小册子的形式散发,书名是《只有那时我们才能找到勇气》(*Only Then Shall We Find Courage*)(与 Christian Gauss 发表在《美国学者》的文章"爱因斯坦是正确的吗?"一起散发)。在谈话的正文中,稍微做了文体上的改动。德文版发表在1946年9月20日和27日《建设》。

第 12 章 战斗精神(1946)

个中心事实;否则,我们肯定面临祸患。过去的思维和方法,并没有成功地防止世界大战。未来的思维必须防止战争。

现代战争、原子弹和其他发现,向我们呈现出大变革的环境。以前,一个国家在另一个国家作战不派军队跨越边境,永远是不可能的。现在,由于火箭和原子弹,在地球表面的人口中心,没有一个能够保证免遭一次毁灭性的突然袭击。

美国在军事力量上暂时占优势,但是可以肯定,我们没有最终的秘密。自然告诉一群人的东西,她迟早会告知任何其他对探询问题感兴趣和有足够耐力的群体。但是,我们的暂时的优势给这个国家以巨大的责任,即在人类克服危机的努力中承担领导责任。

作为善于创造发明的人民,美国人发觉很难相信不存在可预见的防御原子弹的办法。但是,这是一个基本的事实。科学家甚至不了解任何行动路线——它可以给我们一些恰当防御的希望。重视军事的人墨守陈旧的思维方法,有一个军事部门正在勘察进入地下的可能性,以便在发生战事时,把工厂迁至像马莫斯山洞(Mammoth Cave)这样的地方。其他人则声言,把我们的人口疏散到"线性的"或"带状的"城市。

在考虑战争的这些新样态时,有理性的人都拒绝期待我们的文化会试图在带状城市或在地下坟墓中幸存的未来。像在沿着沿海地区保持十万人用雷达扫描天空进行警戒这样的建议中,也不存在二者的任何保障。雷达无法防御 V-2;即使在多年研究之后能够开发出"防御武器",要使防御武器完美无缺,也不是人力所能及的。假如一枚带有原子弹弹头的火箭击中明尼阿波利斯（Minneapolis），那么这个城市看起来就会和长崎几乎一模一样。来复枪杀人，但是原子弹杀死城市。坦克是枪弹的防御物，但是在科学上不存在能够毁灭文明的防御物。

我们的防御手段不在军备，也不在科学，亦不在进入地下。我们的防御手段在于法律和秩序。

因此，每一个国家的外交政策必须在每一点上通过下述这一个考虑来判断：它是把我们导向法律和秩序的世界，还是使我们倒退到无政府状态和死亡？我不相信，我们能够既准备战争，同时又筹备世界共同体。当人类把能够自杀的武器掌握在它的手中时，我认为，把更大的威力赋予枪炮，无疑是增加祸患的可能性。

请记住，我们的主要考虑是如何避免这种祸患，让我们从美国开始，简要地考虑一下在今日世界的国际关系。美国使用一举杀害成千上万人的最高超的武器，终结了使用空前骇人听闻的武器屠杀妇女和儿童的德国发动的战争。

现在，在其他国家，许多人以极大的疑心打量美国，这不仅因为原子弹，而且因为他们担心她会变成帝国主义者。我自己有时也没有完全摆脱这样的担心。虽然其他国家可能不担心美国，倘若它们了解我们，正如我们作为诚实的和清醒的邻人彼此了解一样，但是它们也知道，甚至清醒的国家也能够因胜利变得酩酊大醉。假如德国在1870年没有赢得胜利，那么可以防止人类的多少悲剧啊！

我们依然正在制造原子弹，而原子弹则制造憎恨和猜疑。

我们正在保守秘密,而保守秘密滋生不信任。我不是说,我们现在应该转而放松原子弹的秘密;但是,我们正在热烈地寻求将不需要原子弹或保密的、科学和人都是自由的世界吗?

只要我们不信任俄国的保密,她也不信任我们的保密,那么我们不久将注定一起走向灭亡。

利连索尔-艾奇逊提案基本原则在科学上是健全的,在技术上是巧妙的,但是正如巴鲁克先生明智地言说的,它不是物理学问题,而是伦理学问题。在那里,对条文和程序强调得太多了。使钚失却自然属性比改变人的自然属性邪恶心灵要容易一些。

在我们达到某种更美好的事物的斗争中,联合国是我们不得不用来工作的唯一工具。但是,在俄国是正确的一些场合,我们却利用联合国和它的程序以多数票压倒俄国。不,我不认为,任何国家有可能一贯正确或一直错误。在一切谈判中,无论是关于西班牙、阿根廷、巴勒斯坦、食品还是原子能的谈判,只要我们坚持武力威胁,那么在一个变化了的世界上,我们纯粹是墨守陈旧的方法。

没有一个人否认,联合国组织有时也给出重大的证据,证明它的确不负众望。但是,给予我们解决科学和战争造成的问题的时间并不是很多的。在政治领域的强大力量正在迅猛地奔向危机。我们回眸战争结束的情况——好像有十年之久!许多领导人清楚地表达了需要世界权力和最终的世界政府,但是为达此目的的实际计划和行动却令人震惊地缓慢。……身居政府要职的人提出防御措施或备战措施,这些措施不仅使我们被迫生活在恐惧笼罩的氛围中,而且要耗费不计其数的美元,甚至在战争爆发之前就会摧毁自由的美国生活方式。……

在袭击广岛之前,一些最主要的物理学家敦促陆军部,不要使用原子弹对付毫无保护的妇女和儿童。没有原子弹也能够打赢战争。这个决定是在考虑未来可能会丧失美国人的生命的情况下做出的;但是,我们现在不得不考虑,在未来的原子弹轰炸中,可能失去**千百万人的生命**。美国人的决定完全可能是一个致命的错误,因为人们习惯于认为,一次使用的武器能够再次使用。

假如容许其他国家在新墨西哥州洛斯阿拉莫斯目睹爆炸试验,那么原子弹也许可以作为新观念的教材起作用。这可能是一个激动人心的和令人鼓舞的时刻,是使结束战争、建立世界秩序的提议变成熟的时刻。由于这种武器太可怕,以致不敢使用而放弃它,这会在谈判中发挥举足轻重的作用,并会使其他国家确信,我们在为善良的和和平的目的发展这些新近释放的能量中寻求它们合作的态度是真诚的。

陈旧的思维类型以"现实主义"的名义,提出上千条意见反对这样的直率态度。但是,这样的思维忘记了**心理的现实**。所有人都害怕战争。一切人都希望从这种新能量获益。在人们真正需要的现实与人们面临危险的现实之间,时过境迁的议定书和军事防御的"现实"算得了什么呢?

在战争期间,许多人丧失独立思考的习惯,因为许多人只是告诉他们做什么他们就做什么。今天,缺乏这样的独立思

第12章 战斗精神(1946)

考也许是一个严重的错误,由于面对他所面临的危险,有许多事情一般人都能够去做。

美国曾经就轴心国的威胁进行过异乎寻常的争论。今天,我们再次需要了解和交流大规模链式反应。应该根据基本事实讨论当前的提议。应该在每一个报纸、学校、教会、城镇会议、私人谈话和邻居之间讨论它们。阅读有关原子弹的内容促进心智的理解,但是人与人之间的交谈能够促进心灵的情感。

甚至科学家也不完全理解原子能,因为每一个人的知识都是不完备的。看见原子弹的人永远是极少数。但是,所有人只要告诉他们少许事实,他们都能理解,原子弹和战争的危险是十分真实的事实,并不是某种远在天边的东西。它们与文明世界中的每一个人直接相关。我们不能指望将军、参议员和外交官花费数代人的时间缓慢而费力地解决。也许在五年内,当一些国家拥有原子弹时,要避免祸患恐怕为时已晚。

在寻求解决办法时,我们忘记信念、善良意志和真诚的现实,而过分相信条文、条约和技巧。我们必须开始通过联合国原子能委员会制定具有约束力的协议。但是,美国的决定不是在联合国的桌子上做出的。我们在纽约、巴黎和莫斯科的代表最终取决于在乡村广场做出的决定。我们必须把原子能的事实传播到乡村广场。美国人的声音必须源自那里。

由于相信这是真实的,物理学家敦促我们形成总部设在新泽西州普林斯顿的原子科学家应急委员会,以便有可能使在这些问题上的全国大规模的教育运动开展起来。当保证谈判代表获知公众理解我们的两难处境在那里时,那么世界安全详细计划的制订将会变得容易一些。于是,我们美国人的提议将不仅仅是机械细节的公文或一个政府向另一个政府的单调而枯燥的陈述,它们将体现来自一个由人组成的国家向人类发出的信息。

科学产生这一危险,但是真正的问题在于人的心智和心灵。我们不会用机械装置改变他人的心灵;相反地,我们必须改变**我们自己的**心灵,勇敢地站出来讲话。在建立起防止可能的滥用的保障后,我们必须慷慨地把我们拥有的自然力知识给予世界其余的人。我们不仅必须是心甘情愿地,而且必须是热切地渴望服从世界安全所必需的具有约束力的权力。我们必须认识到,我们不能同时既打算战争又打算和平。

在我们的心灵明净和心智明晰之时——只有在此时,我们才发现有勇气克服萦绕在世人心头的恐惧。

一位波兰新闻记者[①]询问爱因斯坦——爱因斯坦重申了他关于超国家组织的必要性和削减国家主权的观点,他是否相信有可能重新教育德国国民重视民主的价值。爱因斯坦在1946年7月23日答复,在人类社会中最难改变的事情是人的观念和价值。"这就是为什么我相信,在可预见的将来,通过教育将无法改变德国人的侵略心态。只有切实可行的措施,即让德国不可能发动新的侵略战争的措施,才能提供任何有效防御的希望。"

---

① 这位波兰的新闻记者是 Michael Hofman。

第12章 战斗精神(1946)

住在瑞士的画家阿尔伯特·默克林(Albert Merckling)是爱因斯坦的老通信者,他把他的呼吁地球上的和平的小册子《给杜鲁门、斯大林、艾德礼和贝文的公开信》(*Open Letter to Truman, Stalin, Atlee and Bevin*)寄给爱因斯坦。爱因斯坦在1946年8月25日复信如下:

> 谢谢你寄来你的小册子,我完全赞同它。人类事务,特别是具有重大意义的人类事务,常常与赋予五官的正常人可能预料的如此大相径庭地发展,这的确是令人奇怪的事情。我以为,这能够用下述事实说明:可能开启领导地位之门的品质,也正是把生活变成人间地狱的品质。

美国商务部长和前副总统亨利·A. 华莱士发声,公开反对杜鲁门政府的外交政策。1946年9月18日,爱因斯坦写信给华莱士:

> 对于你写给总统的信件,我无法抑制地向你表达我的高度的和绝对的赞赏。你显示出对实际状况和心理状况的深刻鉴别和对美国现在外交政策的致命后果的真正理解。你勇敢地介入,值得对我们政府的目前立场表示严重关切的我们所有人感谢。

1946年10月7日,在华莱士从杜鲁门总统的内阁辞职后,他

复信说:[1]

> 你的9月18日的来信是我收到的最宝贵的信件之一,我将把它珍藏起来。你在这个世界上释放的可靠力量,比任何其他个人都要多。正是现在,我们有责任保证,使这些力量转向善的渠道而不是恶的渠道。

在各种各样的场合,爱因斯坦总是公开同情黑人争取权利的斗争。在《庆典》(*Pageant*)杂志1946年1月号发表的一篇抨击种族歧视的文章中,[2]他呼吁人们鼓起勇气,用言论和行动树立人的高尚品质的榜样;他还断定,对于主持正义、本意善良的人来说,没有什么东西比认识到他竭尽全力服务于有益的事业获得更大的满足了。1946年5月,他接受了宾夕法尼亚州黑人学校林肯大学的名誉学位。1946年9月22日,林肯第一个解放黑奴公告发布八十四周年,美国结束私刑运动发起了一场战役,派遣代表团觐见杜鲁门总统。在支持这些努力时,爱因斯坦写了一封信,请代表团呈交总统:

> 请容许我全心全意支持这个代表团的目标,因为我深信,压倒多数的美国人民正在要求,要保证每一个公民不受暴力行为的侵犯。确保这样的不受侵犯,是我们一代人最紧迫的

---

[1] 华莱士给爱因斯坦的复信经他的特许重印。
[2] 爱因斯坦1946年1月在《庆典》发表的论黑人问题的文章在OOMLY第132页重印。关于他在林肯大学的讲演,请参见1946年5月4日的《纽约时报》。

任务之一。在为这样的正义事业效力的过程中,无论何时具有坚定的意志,总是存在克服法律障碍的途径。

1946年秋,费城科学家协会为使公众了解关于原子能的事实,在费城安排了一次群众大会。该协会是美国科学家联合会的一个分会,它与费城教会公会议和犹太人牧师联合会合作筹备会议。爱因斯坦不能莅会,他发出如下电文,其所署日期为1946年10月30日:[①]

> 我深挚地感谢你们,我们的费城同行科学家和宗教团体,你们团结起来,努力公开强调,原子弹和其他新近发展的大规模杀伤性武器对世界安全和人类命运可能具有的后果。在这个重要的时机,我应该非常高兴地参加你们的会议,然而遗憾的是,我将不可能去费城。不过,使我感到安慰的是,我得知参加你们会议的人都是献身于我们共同任务的、有才干的人。
>
> 像我们这样的民主政体必须对舆论负责,而只有充分地向人民告知内情,舆论才能够是理智的和有力的。目前局势本质上如何?直到现在,国家之间的争端是通过军事力量,即是通过战争或战争威胁二者之一解决的。这在道德上是错误的,并且总是错误的。正确或错误的问题从来也不能用武力

---

① 在这里重印的发给费城大会的电文在文体上略有修改,它出自爱因斯坦档案的译文。

裁决；这样的方法既非公正，亦非可行。现在，由于军事技术的新进展，武力的使用甚至在物质和道德两方面都更加具有灾难性。新的战争也许意味着，在卷入战争的所有国家的大部分人口都会灭亡。这就是为什么我们必须建立国际组织，以保障安全和借助和平手段解决国家之间的争端。为达此目的，我们必须准备放弃我们的部分国家主权，把它转交给世界机构。如果我们想当然地认为，我们的目标能够借助任何其他途径达到，那么我们必然是在欺骗我们自己。

在我们看来，重要的是认识到，在这个不安全的世界上，美国享有的大国地位很可能在其他国家中间引起恐惧。因此，我们有责任和义务用言行使世界其余的国家确信，我们对和平的需要是真诚的，我们并不是利用我们目前的力量企图获得通常不可能授予我们的特许权。因为这样从其他国家得到的准许，只能种下未来冲突的种子。……我们应该认识到，那些国家比我们惧怕它们更有理由惧怕我们。……

1946年8月2日，原子能应急委员会正式并入新泽西州。爱因斯坦是创办人之一。新泽西州颁发的证书列举了这个非营利社团的意图：

1. 推进利用原子能造福人类。
2. 把关于原子能的知识和信息传播到美国社会和人民，促进普遍理解它对美国社会和人民的后果，以便知情的公民为其自身和人类的最大利益可以理智地决定和形成自己的

第12章 战斗精神(1946)

行动。

3. 募集……对于完成前述意图也许是必要的或可取的资助和捐赠款。……

应急委员会的章程也申明:"它的大部分活动将不是进行宣传或通过别的途径试图影响立法。"

现在,委员会显著地扩大了它的工作,发动了比它在是年初更加雄心勃勃的运动。1946年10月底,这场运动肇始于以爱因斯坦致一个经过选择的知名人士群体的信:

> 为了帮助我们的人民理解在这个世界由于原子能释放生的革命性变化,今年春天我首次发出呼吁。现在,我们需要加强我们的群体,以便完成摆在前面的更为巨大的任务。一位朋友推荐你,请你作为与美国科学家分担这种巨大的新力量强加在我们生活上的责任感和紧迫感的一员。我希望,在运用人的能力理解和解决——趁为时未晚——我们时代的中心问题这一努力中,你能够成为我们中的一份子。
>
> 在11月15日、16日和17日,我在普林斯顿召开原子科学家应急委员会以及与这一努力相关的遍及全国的科学家群体代表的全体会议。这次会议的头两天,科学家将就我们提交给美国公众的争取生存的教育规划和实施它的责任分配达成最后的一致。我们没有忘记,我们面对一项庞大的教育规划,这个规划必须在数月完成,而不是在通常允许上学过程的数年或数十年完成。我们获悉,我们原先列入计划的20万美

元已不足以支撑这项任务。我们正要着手扩大的运动将需要花费 100 万美元。

11 月 27 日星期天,我将邀请来自全国各地公民代表的小组与我和我的同事聚会。我希望你作为我的贵宾,与我们一起出席一点钟在普林斯顿高级研究所餐厅的午餐会。在我们的午餐会上,芝加哥大学的哈罗德·C.尤里博士将向我们的来宾介绍这个委员会的纲领,在你们面前提出财政需要,请求你们的支持。在午餐会后,来宾和科学家之间将有机会进行充分的、坦率的讨论。在午后晚一些时候,高级研究所所长弗兰克·艾德洛特(Frank Aydelotte)博士和研究所的成员将作为东道主举行茶话会。

我诚挚地希望,你将与我们一起参加午餐会和随后的讨论,然后你将高兴地返回你的社区,在我们的争取公众支持和理解的运动中发挥知情人的领导才能。我将邀请全国各地的朋友出席这次会议,我充分地意识到,许多人将会克服个人巨大的不便欣然前往。不管怎样,我毫不犹豫地号召你,请分担时代和事件施加在一切有思想的男人和女人身上的牺牲。我们文明的命运危如累卵。在这生死存亡之秋,让我们下定决心,在维护人类好多代人通过诸多世纪建立的文明和把它传承给我们后代的这一斗争中,绝不听任在我们能够做的事情上无所作为。

显然,会议实际上仅限于 1946 年 11 月 17 日这一天。在无线

电转播的午餐会上,爱因斯坦说:①

> ……我们的努力源于对物理学家因研制原子弹而招致的严重责任的认识。你们大家都知道,这种可怕的破坏性武器的发展之所以变成不可避免的,是因为当时存在的危险局势。当科学和工程成功时,这一威胁消除了;但与此同时,成功本身又造成了新的威胁局势,自那时以来,这种局势使我们大家感到极度痛苦。
>
> 这种局势的新因素源自下述事实:国家的武装力量已不足以胜任抵御侵略。虽然利用武装力量威胁其他国家还是可能的,但是它们不再能够向我们提供有效的防御。只有当目前国家间的无政府状态让位于防止军事进攻的可靠的超国家保证时,这样的防御才能够得以确保。
>
> 达到这一点是身负重任的政治家的任务;不仅在美国,而且在每一个地方,我们一代人和后代人的命运均以这项任务的解决为转移。进而,为达到这个目标,脑力工作者的小群体能够做些什么事情呢?我不相信,下述说法是夸夸其谈:我们已经以某种成功开始推动唯一有指望的进程。脑力工作者不能希望通过直接介入政治斗争取得成功;但是,他们能够设法使公众可以广泛得到关于局势和成功行动可能性的简明信息。通过开启民智,他们能够防止有才干的政治家在他们的

---

① 爱因斯坦在原子科学家普林斯顿会议上的讲话,是通过美国广播公司的通讯设备广播的。他的评论经该公司慨允重印,这里的译文是由德文手稿翻译的。

工作中受到普遍偏见和反动观点的阻碍。正是在支持这样的公众启蒙的运动中,形成了原子科学家应急委员会。

与会者踊跃参加会议;报纸刊登了六十多位来宾的名单,他们中的一些人来自遥远的得克萨斯州、亚利桑那州(Arizona)和加利福尼亚州。八个董事除莱纳斯·波林之外的七个人都在场。七个董事在午后的专题讨论会就"科学家在原子时代的社会任务"发言。其他发言人是利连索尔-艾奇逊委员会的切斯特·I.巴纳德(Chester I. Barnard),《新共和国》(*The New Republic*)的出版者和委员会秘书迈克尔·斯特雷特(Michael Straight),小说家约翰·赫西(John Hersey),哥伦比亚大学教授塞利格·赫克特(Selig Hecht)和康乃尔大学教授菲利普·莫里森(Philip Morrison)。爱因斯坦做了下述即席评论:①

> 我必须说一说。我不得不反驳我的朋友[哈罗德·C.]尤里的陈述,他说我们有充足的时间完成我们的任务;相反地,我觉得,我们的时间严格地受到限制。我相信,这不仅因为我们目前的局势在政治事务中是绝无仅有的和史无前例

---

① 爱因斯坦在专题讨论会的即席评论出自私人印刷的打字本,该打字本标有"机密"字样,版权页有爱因斯坦的名字。爱因斯坦用英语发表这些评论,他这样做是罕见的。它们由印刷的打字本编辑而成。在提交给调解联谊会 A. J. Muste 的会议报道中,提议委员会把停止原子弹制造列入它的纲领的、来自洛杉矶的 Helen Beardsley,引用了爱因斯坦在接着的讨论中的下述发言:"赢得和平是一个心理问题。但是,你招致两难处境。你既想要赢得和平,你又想要准备战争。你不能顾全这两件事情。你不能同时争取和平和准备战争。这在心理上是不可能的。"

第12章 战斗精神(1946)

的,而且也由于下述理由:

首先,如果我们必须具有避免原子弹和其他人造武器的安全,那么我们就不得不寻找一条防止战争的道路。除非我们能够做到这一点,否则你能够确信,不管各国可能做出任何承诺,万一发生战争,它们将会使用由它们支配的每一种破坏手段。进而,只要战争依然是可能的,一切国家的政府将会继续武装自己。这种军事准备政策使消除战争成为不可能的。

我相信,这是我们面临的至关重要的问题。我们的首要任务应该是,尽力把我们的下述信念传达给其他人:我们必须不惜一切代价消除战争,其他一切考虑必然具有次要的重要性。

例如,我在报纸上看到,在联合国,就的里雅斯特(Trieste)自己的警察还是其他某一国家的军队应该控制这个城市,争执得不可开交。好了,抽象地讲,这样的争论肯定是正当的,但是与我们面临的大规模的破坏问题相比,它就变得滑稽可笑了。……

在公众方面,要是没有强有力地意识到,我们面对的紧急局势不可能存在折中解决办法,那么我们确定无疑地会滑向灾难性的结局;因为当人民痴迷于战争和备战时,他们既不愿意也不可能构想和平的选择方案。这就是为了使人民了解这种局势的基本事实,我们已经没有多少时间的原因。

这就是我不得不说的一切。

在会议结束时,爱因斯坦和他的董事同伴把他们的观点总结为下面的陈述：

> 这些事实是所有科学家都接受的：
>
> 1. 现在，能够廉价地、大量地制造原子弹。它们将变得更有破坏性。
>
> 2. 对原子弹不存在军事防御手段，也不必指望有任何防御手段。
>
> 3. 其他国家能够独自发现我们的秘密制造方法。
>
> 4. 防御原子弹的准备是毫无用处的，若尝试去做，势必毁坏我们社会秩序的结构。
>
> 5. 如果战争爆发，那么将使用原子弹，它们确实会毁灭我们的文明。
>
> 6. 除了超国家控制原子能并最终消除战争，不存在这个问题的其他解决办法。
>
> 委员会的纲领就是要看到，这些真理变得众所周知。这一关于原子能的国家政策的民主决定，最终必须依靠公民的理解。

普林斯顿会议在美国全国都被作为新闻题材。大多数报纸的评论是赞同的，或者至少是真实的。可是，在随后数月，原子科学家应急委员会却招致出自若干来源的批评。史密森学会年迈的查尔斯·格里利·阿博特（Charles Greeley Abbot）博士在1947年5月写信给爱因斯坦，他感到世界政府观念正好是"异想天开的"，并认为委员会的活动"危害这个国家"。他宁可信赖西奥多·罗斯福

(Theodore Roosevelt)的名言:"轻轻行走,大棒在手。"①另一位通信者引用了朋友的话,这个朋友建议把委员会的呼吁移交联邦调查局。不过,公然反对的表达只是少数。委员会继续募集大量资金,以资助会议、专题讨论会、出版物和类似的活动。

1946年12月4日,爱因斯坦把下述信件寄给缅因州波特兰(Portland, Maine)的国会议员罗伯特·黑尔(Robert Hale),它被用于12月11日在波特兰举行的世界政府会议:②

在国际问题的现状中,最有希望的方面是,人民为达到建立在超国家基础上的安全表明了清楚无误的意志。在马萨诸塞州(Massachusette)的民意测验[在这次公民复决中多数投票支持世界政府]再一次最令人佩服地证明了这一事实。除了这种意志外,如果存在对局势和现存机会的明晰估价的话,那么将会确保达到我们的目标。因此,现在在缅因州正在进行的规划的意义是:通过群众大会,借助对局势的清晰理解,加强争取和平的情感。

让我们公开承认,所有这些活动都是由于自战争结束以来对形势发展普遍不满促使的。每一个人今天都明白,现代进攻性武器的巨大影响,使基于国家武装的陈旧安全体制变

---

① Abbot博士对爱因斯坦的反对出自芝加哥大学图书馆原子科学家应急委员会的档案。

② 爱因斯坦给波特兰会议的信件译自德文手稿。在爱因斯坦档案的另一个英译文与爱因斯坦的几个声明一起在1948年6月《扶轮国际》(Rotarian)重印。(译者:扶轮国际是工商等从业人员的国际联合会、全球性的慈善团体,1905年成立于芝加哥,旨在全球范围内推销经营管理理念,并进行一些人道主义援助项目。)

得过时了；由于技术的发展，任何主张可以对人和关键设施的大规模毁灭提供有效的防御，变得荒谬绝伦了。每一个人也都了解，除非终结目前的国际无政府状态，否则世界末日将会势不可当地逼近。最后，每一个人都懂得，我们的唯一解救之道在于在解决争端中完全放弃暴力，在于创建超国家组织。这样一个组织能够运用法律手段保证所有国家的共同利益，能够提供防止进攻的安全。

如果你愿意的话，请想象一下，作为就人类幸存问题非正式磋商的结果，美国、俄国和英国负有责任的领导人得出结论：只有在超国家的基础上，也就是说，只有通过交出国家军事力量，通过停止备战，才能够使这个问题得以解决；他们终于认清，在目前的环境下，真正的国家之间的安全是至高无上的，必要的超国家机构的建立基本上是必须由持客观立场的专家解决的技术问题；因此，他们相互许诺，竭尽全力使他们各自国家的立法机关确信，为了全体的利益，需要这样行动。于是，他们成功地建立了联合国，其权力和权威能够保证成员国的安全，而又受到一定的限制，不至于威胁成员国的国内发展。

联合国立法大会由按照区域原则选举的代表组成；从而，各个区域可以根据它们的实际重要性的比例选举代表。选出的代表不可能与在僵化命令指引下被迫运作的政府代表团一样；确切地讲，他们是自由人，能够按照他们的信念以无记名方式投票。这样的大会应该具有主动地行动的权力。进而，我可以设想，没有国家会感到要求否决权是必要的。这样的

第12章 战斗精神(1946)

要求也许是荒谬的;屈从它便会破坏建制。

迄今,人们对达到这样的大胆的决定缺乏必要的信念;因此,战争依然是可能的,它的幽灵不可避免地决定我们的许多行为。怀疑和仇恨恣意滋长。美国已经走到这样的地步,她觉得不得不在海岛修筑工事,生产更多的原子弹,阻止科学自由交流;军方要求刺激研究的巨额预算,并把它引向特殊的渠道;正在向青年灌输国家主义精神。这一切都是为有一天战争幽灵可能复活做准备。不幸的是,正是这些政策,实际上是幽灵出现的最有效的途径。

在每一个地方,发展都采取这样的路线。但是,我们的责任特别重大,因为环境一时把美国置于如此强大的地位,以致我们对当前决策的影响具有非常重大的意义。面对这样沉甸甸的责任,滥用一个人的权力的诱惑是相当大的,潜在地也是十分危险的。

我们不能同时防止战争和准备战争。与需要准备战争相比,真正的防止战争要求更强的信念、更多的勇气和更大的决心。我们都必须尽我们的一份力量,这样我们才可能担当得起和平的重任。

1946年12月10日,爱因斯坦给诺贝尔基金会纪念卡尔·冯·奥西茨基宴会寄发这篇贺信:[①]

[①] 爱因斯坦关于Ossietzky的陈述译自德文手稿。另一个译文发表在OOMLY第241页。

只有那些在紧随第一次世界大战之后的岁月生活在德国的人,才能够理解像奥西茨基这样不得不抗争的人,其斗争是多么艰苦。奥西茨基知道,战败并没有更改他的同胞的暴力和战争传统。他了解,要向他的同胞宣讲明智和正义,是多么困难重重、多么吃力不讨好、多么险象环生,因为他们由于失败的严酷经验和长期战争引起的道德沦丧的影响而怨恨丛生。鉴于他们的盲目性,他们对他报以仇恨、迫害,促使他慢慢毁灭;他们要是相信他并按照他的精神行动,也许意味着他们自己的拯救和整个世界的拯救,而他们还是那样做了。

诺贝尔基金会把它的高度荣誉赠予这位谦恭的殉道者,它决定继续纪念他、纪念他的工作,这是它的不朽的荣光。对于今天的人类来说,他的工作依然更加有意义,因为他与之斗争的致命妄想并没有被最近战争的后果消除。拒绝接受用武力作为解决人类问题的办法,是他的时代的任务,同样也是今日的任务。

一位法国新闻记者①向爱因斯坦提交了一系列问题,爱因斯坦在1946年2月20日写信回答:

依我之见,准许军方采取任何控制科学工作和科学出版物的措施,总是毫无道理的、后患无穷的。在法西斯时代之前,任何政府都不会容忍这类干预;在任何国家,对文化价值

---

① 法国新闻记者是 Karl Marx 的曾孙 Robert Jean Longuet。

第 12 章 战斗精神(1946) 573

的普遍尊重能够杜绝这样的可能性。

我深信,仅靠检查政策无法保障和平。只要把国家安全建立在国家军事力量的基础上,那么军备竞赛就是不可避免的,没有一个政府会忠于只承担军备**限制**的承诺。

只有把军事力量转交给超国家机构,而这个机构从它代表各个成员国的事实取得它的道义的和法律的权力和权威,才能保障和平。和平不能通过渐进的发展达到;和平需要决定性的、根本性的一步。……

1946 年初,为改善 2500 名因良心拒服兵役者的生活条件发起了一场运动,他们依旧被强迫征召待在平民公共服务营中,1946 年 7 月 8 日《华盛顿邮报》(*Washington Post*)把他们的生活环境描绘为"类似奴隶的苦役"。在加利福尼亚州,若干因良心拒服兵役者举行罢工。在回答联邦教养院一位因良心拒服兵役者①时,爱因斯坦在 1946 年 12 月 20 日的一封信中表示,"希望公正对待那些坚持他们信念的勇敢的人"。他也宣布他愿意在请求总统赦免因良心拒服兵役者的任何请愿书上签名,但是他不觉得他应该给总统寄私人信件,"因为每一个人都必须把他的政治活动保持在合理的限度之内"。

---

① 因良心拒服兵役者是 Igal Roodenko,他当时在明尼苏达州桑斯通(Sandstone)联邦教养院。

第 13 章　对超国家组织的需要（1947）

埃莉诺·罗斯福（Eleanor Roosevelt）和新闻记者兼作家埃德加·安塞尔·莫勒邀请爱因斯坦与他们一起出席 1947 年 1 月 17 日的午餐会，在午餐会打算讨论德国问题。爱因斯坦谢绝了邀请，但是在 1 月 9 日发出这一电文：①

……实际上，类似于第一次世界大战后出现的进展的危险是十分巨大的。德国人的侵略心态是根深蒂固的；在这种心态背后的武力衰落至多只是暂时的。问题必定是，使德国在经济上自立，同时防止她获得庞大的政治权力。

如果不加外部控制，再次容许德国人拥有和利用他们的原材料资源，那么就无法做到这一点。而这样的控制取决于美国和俄国之间真诚的合作。

在第一次世界大战后，法英的对立抵消了凡尔赛和约的条文；其结果，德国人发现，在战争期间是中立国和协约国无法干预的国家，有可能获得对事业的控制。现在，这种危险甚至更大了。……我确信，撇开克服弥漫于国际范围的对立和

---

① 爱因斯坦对 Roosevelt 夫人邀请的答复稍微做了修改。

第13章 对超国家组织的需要(1947)

猜疑的尝试,就不能处理德国问题。

在对原子能的军事应用担心的科学家中间,有哈佛大学的数学家、**控制论**(cybernetics)一词的发明者诺伯特·维纳教授。[401] 1947年1月初,维纳退出由哈佛大学和美国海军主办的大规模计算机问题的专题讨论会。维纳说:在当时盛行的由军方资助的体制下,科学发现通过移交给陆军和海军,正在脱离科学家的控制,而进入"那些他最不放心利用它们的人的手中"。他害怕,他的工作完全可以用于大规模屠杀的计划。海外通讯社就维纳陈述的主题把若干问题寄给爱因斯坦。爱因斯坦在1947年1月20日回答说:[①]

> 我极为赞赏和认可维纳教授的看法;我相信,本国所有杰出科学家方面的类似看法,能够对解决紧迫的国际安全问题做出巨大的贡献。
>
> 问:没有整个世界科学家的合作,维纳教授采取的步骤必然是无效果的。比如,为了防止大规模屠杀的可能性,我们在历史上首次面临科学家罢工的可能性。你赞成这样的罢工吗?看来不可能,所有科学家会参加这样的行动。因此,他们必定分裂为政治派别。民主国际的科学家不是很可能比极权主义国家的科学家更愿意参加这样的运动吗?如果这样的运动在民主政体呈现显著的力量,而在极权主义国家没有支持

---

① 关于Wiener教授的态度问题是海外通讯社总经理Jacob Landan提出的。爱因斯坦的答复在这里由德文手稿翻译,经Landan先生的遗嘱执行人的慨允重印。

或极少支持,科学研究不会遭殃吗?这样的发展不会给极权主义国家带来十分重大的利益吗?

答:对于真正的科学家而言,也就是说,对于从事基础研究的所有人而言,在军事事务中的不合作应该是基本的道德原则。确实,对于非民主国家的科学家来说,采取这样的态度更加困难;但是,眼下事实是,非民主国家比民主国家对健康的国际发展较少构成威胁,因为享有经济和军事优势的民主国家使学者屈从于军事动员。

问:在纽伦堡审判中确立了一个原则,即一个军官、一个士兵、一个盖世太保分子等等,即使只是服从他的长官,无论如何也要为他的行为负个人责任;尽管这个原则颇能为维纳教授采取的立场辩护,但是问题依然呈现出来:一个国家的科学家是否应该认为采用这样的态度是自由的。这难道不可能意味着,经过最终分析,与其说一个国家被选出的代表,毋宁说科学家,决定一个国家的国防和战争潜力的性质吗?

答:对国家法律的服从必须不是盲目的。在冲突的事件中,良心的道德律优先于人对国家的义务和责任。

问:鉴于从来也没有一个发明不能被用于建设性的用途和破坏性的用途,一切科学努力终究不会受到影响吗?

答:科学进步源于人对知识的探求,罕见源于他对实际目标的追求。如果科学被用来服务于实际目的,它将会停滞不前。

问:当实验室和其他研究设施不是科学家的私人财产,他们有权采取这样的态度吗?借助在大多数情况下由公共资金

第13章 对超国家组织的需要(1947)

维持的大学、研究所和实验室,他们的工作才有可能进行。

答:社会应该十分渴望通过物质帮助促进科学研究;但是,社会不应该干涉研究本身,因为这样的干涉只能对科学工作产生不利的后果。

问:各国为了保护它们的防卫准备,它们通过使隐瞒科学信息成为犯罪行为的新法律,这难道没有必要吗?我预料,一些科学家宁可面对监禁也不泄露他们的知识;很清楚,没有一个人能够迫使人透露锁在他的心智中的东西。

答:在基础科学领域,任何约定保守秘密的法律不仅会对科学造成极大的损害,而且也会伤害这样一个国家的发展,因为这个国家的立法阻碍它的科学家做出真正富有成效的工作。这样的国家实际上总是蓄意破坏人类的智力发展。

当杜鲁门总统提名戴维·利连索尔为新创立的美国原子能委员会的首脑时,提名在参议院遭到激烈的反对。爱因斯坦在一篇电文中支持利连索尔,该电文1947年2月21日在纽约广播电台广播:①

> 你们大家都知道,自从战争结束以来,美国的政策在全世界造成了焦虑和怀疑。在不预先发出足够警告的情况下毁灭日本的大城市,不停止生产原子弹,在比基尼岛进行核试验,

---

① 爱因斯坦关于 Lilienthal 提名的评论在这里依据德文手稿做了修改,在WMCA广播电台广播,并经过它的特许重印。也可参见1947年2月22日《纽约时报》。

尽管不存在任何外部威胁却为军事目的花费数十亿、成百亿美元，试图使科学军事化，这一切阻碍了各国之间相互信任的发展，而相互信任对于建立牢固的和平则是不可或缺的。

毋庸置疑，提名利戴维·利连索尔到原子能委员会任职，有助于缓和风行的紧张局势。他的工作和他的人格引起全世界的信任。在我看来情况似乎是，当前阻止他的提名批准的阴谋已经造成相当大的危害。为保证利连索尔的提名批准，强大的舆论压力是必不可少的，否则严重的国际影响将不可避免。

在此危急关头，每一个人必须认识到，为了有助于获得基于相互信任的真正的和平，他自己的命运、他的子孙的命运都依赖于每一个个人不屈不挠的努力。

在这一时期，原子科学家应急委员会募集资金和教育活动正在精力充沛地进行，受到新闻界相当大的注意。下面的信是所寄出的有爱因斯坦签名的请求信件中有代表性的一封：

通过原子能的释放，我们这一代人已经把自从史前人发现火以来最为革命性的力量带给世界。宇宙中的这个基本能量无法适应狭隘的国家主义的过时概念。比如，没有秘密可言，没有防御可保；除非唤醒世界人民的理解和坚持，否则没有控制原子能的可能性。

我们科学家认清我们不可逃避的责任，即让我们的同胞了解原子能及其社会应用的简单事实。我们的唯一安全和唯一希望在这里：我们相信，知情的公民将会为生而不是为死而行动。

为了这项伟大的教育任务，我们需要100万美元。受到人通过运用理性有能力支配他的命运的信仰支撑，我们发誓尽我们的一切力量和知识从事这项工作。我毫不犹豫地请求你给予帮助。……

《新闻周刊》(Newsweek)在其1947年3月号，用几乎三页刊登"爱因斯坦：开创这一切的人"以及原子科学家应急委员会的工作。[①]

假如我知道德国不会成功地发展原子弹［他引用爱因斯坦这样的说法］，我不会为原子弹做一点事情的。［他承认，没有他的介入，也能够或迟或早释放原子能，但是］如果突然事件不是如此迅速地发生，那么我们的状况也许要好得多。

重要的是，要启发舆论了解原子弹的真实状况。只有通过国际范围的行动，将使战争和备战变得不必要甚至不可能，才能把我们从原子弹的后果中拯救出来。

如果我们［科学家］能够使公众认清这些事实及其含义，那么我们就可以做我们能够做的一切事情。我们的委员会正在尝试提供影响公众所需要的资金。……倘若我们能够让美国公众和欧洲国家比较有影响的知识分子注意这些事实，那

---

① 出自《新闻周刊》的摘录经那家杂志的特许重印。这个报道的单行本由原子科学家应急委员会发行。

么将会产生某种效果。每一个人都不得不认真对待世人的意见。经验表明,俄国人对此也很敏感。……

原子弹的秘密之于美国,相当于1939年前马其诺防线之于法国。它给予我们以虚构的安全;而且,它的巨大危险正在这个方面。

1947年3月12日,《世界联邦主义新闻》(World Federalist News)设宴给爱因斯坦授奖,爱因斯坦准备了这封信件:①

众所周知,引导不同组织之间的合作是多么困难,即使当它们公开地服务于相同的目的之时。因此,最使人放心的是,就"严格限制的世界政府"的方案而言,已经达到这样的合作。[这涉及早先在北卡罗来纳州阿什维尔(Ashevill, North Carolina)采取的行动,当时几个世界政府群体联合起来形成世界联邦主义者联盟,爱因斯坦是顾问委员会委员。]使人快意的还有,你们对那些献身于我们时代最重要的目标而赢得我们感激的人,表达了公开的认可。那些尽力教导公众和冷静考察实现国际安全可能性的人,做出了其他重要贡献。

消除有害的感情用事,是在国际关系中取得成功的重要前提,与在人类活动的其他领域相比更是如此。与苏维埃俄国达成协议,尤其取决于对身负责任的苏联当权者必定与之

---

① 爱因斯坦给《世界联邦主义新闻》宴会的信件在这里根据德文手稿做了修改,经已停刊的《世界联邦主义新闻》看管人 Stewart M. Ogilvy 的特许重印。

第13章 对超国家组织的需要(1947)

抗争的困难和限制因素具有充分的鉴别。如果我们不理解这一点,那么我们也许轻易断定,在全球基础上的安全问题将不会及时得以解决。许多为争取和平工作而真诚奉献的人,在日常政治生活遭受小挫折时,也私下吐露他们的沮丧和绝望。

对于这样的挫折表露,我知道只有一种回答:没有选择的余地。如果我们希望躲避灾难的威胁——这正是我们大家想要做的,那么我们就必须消除恐惧和怀疑,并且设法使国际安全目标优先于其他一切考虑。一旦我们接受这一构想,此时政治问题就变为纯粹的技术问题。人们将不再致力于无休止的争论,而把他们的精力指向具体问题,这些问题能够通过一切有利害关系的人的实际合作得到解决。……我们面临的困难与其说是物质上的,还不如说是心理上的。我希望,你们将成功地克服传统的国家偏见,你们还有时间将这样做。

1946年10月,法国代表团向联合国提交了一项计划:在联合国赞助下建立国际研究实验室。为此,秘书长在联合国各个机构以及其他国际组织和有名望的科学家中间进行广泛的调查。在1947年3月26日,征求爱因斯坦的观点。爱因斯坦说:国际科学研究的观念尽管在原则上是有趣的,但是必须极其仔细和谨慎地考虑:

科学史表明,伟大的科学发现并不是通过组织和计划达到的;新观念源于某个个人的心智。因此,学者个人从事他的工作的自由,是科学进步的首要前提。除了在某些精心选择的领域,诸如天文学、气象学、地球物理学和植物地理学,组织对于科学工作而言只不过是拙劣的工具。因此，人们应该极其谨慎地规划国际科学组织，特别是因为这类建制可能被置于仅仅一两个人的观点的影响之下。也许，没有什么需要比在真正国际的和公正无私的资助下创建一个庞大的社会学研究中心更紧迫、更必要了。在这样的中心，应该研究在各国之间建立更充分的理解的途径和手段。应该逐步形成可能有助于破除国家主义咒语的方法，用这种方法讲授历史，便不会在学生的心智中造成沉迷于过去，而以往情况如此经常是这样的。全面改善世界人民之间的关系，应该是这样一个研究机构的目的。这种性质的研究应该只争朝夕地去追求，因为首先应该探究有利于真正的国际合作的条件。没有这样的国际合作，科学和技术的进步对人类而言就没有什么意义。

显然是在 1947 年 5 月，举行了一个身份不明的群体的会议，爱因斯坦为此写了这封信：[1]

> 对于有机会向致力于国际法事业的人士的聚会发出祝贺，我感到十分高兴。
>
> 我相信，日益增长的朝向超国家政府的建立的运动，构成人类最深切的希望。我确信，只有当人们像你们现在正在相会那样处处相会在一起，也就是说，当人们发誓忠于共同的法

---

[1] 爱因斯坦给身份不明的会议的信出自英文手稿，手稿带有爱因斯坦笔迹的校改。它是由 Harold Oram 先生提供的，他确定它的时间是 1947 年 5 月 12 日。据称，这个会议是由原子科学家应急委员会组织的律师界人士的聚会。

第13章 对超国家组织的需要(1947)

律时,人类才能够战胜它的绝望。……我全心全意地相信,目前世界的主权国家的体制只能导致野蛮、战争和非人道,唯有国际法能够保证向文明的、和平的人类迈进。

作为一位德国公民,我目睹了极端的国家主义如何能够像瘟疫一样传播,以致把不幸带给千百万人。现在,作为一位美国公民,我向美国各州和人民的自由联合表示祝福的同时,我必须坦率而谦卑地补充说,在这个国家我也辨认出国家主义瘟疫的迹象。我在美国拥有民主的自信,使我不得不发出这一真诚的告诫。

毫无疑问,无论是通过强制,还是通过和平协商,国际法必须立即出台。不存在其他有效的防御,能够对抗现代的大规模破坏方法。如果人们误用或滥用科学和工程为自私自利的情欲服务,那么就会毁灭我们的文明。单一民族的独立国家不再能够充分地保护它的公民,增加一个国家的军事力量不再能够保证它的安全。

目前混乱的国际局势使人类生活在突然毁灭的持续威胁之下,这种局势导致危险的原子武器竞赛。原子科学家应急委员会意识到它的重大责任:劝告这个国家和其他每一个国家的公民,国家不再能够借助军事实力和技术优势考虑问题了。一群人发现的东西,另一群聪颖地和坚忍地追求知识的人也会找到它。不存在科学秘密。单靠纯粹的国家之力,无论哪一群人也无法有效地抵御侵略。

原子能的释放造就了一个新的世界,在这个世界,包括旧外交规范和均势政治在内的旧思维方式,已经彻底变得无意义了。在原子时代，人类必须放弃战争。危若累卵的问题是，人类是生存还是死亡。

能够给世界带来安全的唯一军事力量，是基于国际法的超国家的警察部队。为此目的，我们必须殚精竭虑。

美国纪念品营造商联合会请求爱因斯坦，为在美国各地正在创作的战争纪念品题词。1947年5月底，爱因斯坦撰写了这个显然从未使用的文本：

> 我们遭受了苦难和死亡，你们才可能是自由的，具有公正的和平才可能获胜。但愿你们活着的人，永远不要忘记我们的牺牲施加在你们身上的责任。

1947年6月18至22日，在威斯康星州（Wisconsin）的日内瓦湖（Lake Geneva）举行了一次会议，应芝加哥原子科学家的邀请，美国科学家联合会、橡树岭原子能教育科学家协会、北加利福尼亚科学家协会及其分支组织的成员与会。显而易见，在原子科学家应急委员会内部，已经在基本政策上发生了分歧。1947年6月4日，爱因斯坦就会议可能讨论的问题，寄给哈罗德·C.尤里教授一份备忘录。在给尤里的附有备忘录的短笺中，爱因斯坦说：[①]

[①] 爱因斯坦就日内瓦湖会议给 Urey 备忘录译自德文手稿。在他的附带的短笺中，爱因斯坦写道："我正在把我的德文文本寄给你，Szilard 或其他某个人可以为你翻译它。"

第13章 对超国家组织的需要(1947)

鉴于我们面临的问题,我匆忙写下在我看来似乎是基本的东西。我正在把它寄给你,尽管我强烈地感到,没有人把我们的状况和我们同行的意见和意图充分告知我。因此,我担心,这份备忘录可能没有什么用处,事实上可能被认为是微不足道的和显而易见的。于是,如果你在日内瓦湖会议不用它,那么我肯定能够理解。

备忘录如下:

假定在值得向往的反对战争赢得安全的政策方面存在一致,以及这个群体在是它的普遍活动范围的事务上存在一致,在我看来,原子科学家[原子科学家应急委员会]继续作为一个独立的实体发挥作用,也是可能的和可取的。应你的请求,我正在拟定几点个人评论,希望它们可以促进讨论。

(一)国际局势方面

1. 为保证安全,处理原子能的措施是不充分的。只有当主权国家之间的战争变得不可能时,才能达到安全。

2. 只有当废除各个国家手中的军事力量,并被超国家组织("超国家政府")的军事垄断取代时,才能防止战争。

3. 超国家组织的成员国必须没有否决超国家政府在安全利益方面采取的措施和决策的否决权。

4. 超国家政府必须取决于**全体人民**的代表,而不是取决于成员国政府的代表;换言之,代表必须能够按照他们自己的信念行动和投票,除非在那些例子中他们的委托人特别指示他们。

我确信,要使成员国之间的战争变得不可能并使备战成为多余的,这四个条件的实现是必要的和充分的。

在达到安全的更显著的利害关系方面,问题依然是,所有国家是否会愿意接受对它们的行动自由的广泛限制。由于最近事态的发展,许多人倾向于对这个问题做出否定的回答。依我之见,我们没有一个人能够在此时以任何肯定性回答它。不管怎样,我相信,只要存在**一切**国家结合为超国家政府的可能性,我们就应当为这个目标而工作,同时不牺牲任何必不可少的措施,以保护成员国免遭侵略。

倘若最近的将来事态发展表明,某些国家不愿意遵从国际安全的最低要求,那么此时将出现一个问题:形成不包括所有国家的世界政府是否可取。我以为,对这个问题的回答必然是否定的,除非相对于不是超国家组织的一份子的国家,隶属该组织的国家享有决定性的经济和军事优势。

(二)我们的群体[原子科学家应急委员会]的活动

按照我的见解,在过去,我们是成功的,因为我们能够告知和影响一群人,这些人尽管为数不多,但是这些人形成在华盛顿的政府的一部分,或者在议会选举期间在当地颇有影响。这是像我们这样的小委员会能够恰当地进行的那类活动。我不认为,我们应该随意改变我们的政策和尝试以影响公众,除非在报刊发表正式声明,要是这些声明不管在什么时候似乎

第13章 对超国家组织的需要(1947)

是必要的或可取的话。……如果我们在这些受限制的领域活动,那么我们既不需要增加大量的资金,也不需要扩大我们的组织。……

日内瓦湖会议就科学家的责任、控制原子能建立国际机构的可取之处、国际合作的综合性计划的需要,正式通过了一项声明。原子科学家应急委员会赞同和宣传了这一声明。与赞同同时,应急委员会在1947年6月29日接着发布了它自己的声明:

> 自从本委员会建立并发表我们的第一个呼吁——呼吁理性面对原子弹向文明呈现的势不可当的威胁——以来,已经过去一年了。在这一年内,我们关于控制原子能的国际协议的希望完全落空。如果要想及时达到任何建设性的解决办法,那么美国人民理解这一失败就是迫切必要的。
>
> 善于思考和通晓情势的人,还能够期望富有成效的协议出自在联合国原子能委员会现在继续进行的讨论吗?美国关于原子能超国家控制的议案公平吗?俄国人在讨论一开始就完全撇开任何协议,他们因之必须受到谴责吗?
>
> 这些问题的重要性程度不一,但是必要而紧迫的问题,即其答案具有历史必然性的紧要问题是:"为了在最近的将来废止原子战争的威胁并最终废除战争本身的可能性,我们怎样能够达到意见一致?"如果我们找不到这个问题的答案,那么对任何其他问题的答案便离题万里。
>
> 所有迹象表明,我们无法迎接这一挑战。全世界人民比

以往任何时候都想要和平,可是各国却疯狂地备战。在物质和心理两个方面,备战昼夜兼程。在短短几年前,人们还公开赞扬"同一个世界",取而代之的是,现在我们甚至步入现存国家的分崩离析。全世界人民寄予厚望的联合国被授予不充分的权力,在遇到头等大事时,便绕过这个国际仲裁法庭。军国主义在整个世界横行无阻。在全部历史上,在任何"和平"时期,从来也没有这么多的人武装起来。甚至在具有伟大的反对军国主义传统的英国和美国,自由思想人士在考虑局势危急时,也转向"现实主义"的解决办法。使德国人和日本人的国家死亡的普鲁士疾病,正在开始感染胜利者。

过去一年发生的事件,明确显示出我们在1946年11月17日发表的六点声明的悲剧性的相关性。

在一个分裂的世界上,一旦两个国家集团积存了大量的原子弹,那么维护和平将不再可能了。于是,为保护我们的文明,我们又少了一年保证切实可行的解决办法的时间。

在联合国原子能委员会,长达一年的讨论为什么没有取得成功?这是因为偶然的和暂时的因素——像这样的因素借助诸如任命新的人员继续进行讨论的简单措施就能够加以纠正——造成的吗?答案是否定的。大国的代表尽管力图维护和平,但是他们履行他们的传统责任,即把他们自己的国家置于最有利的地位,以便赢得下一次战争。沿着这条路线前进是无用的;人们不能既准备战争,又期待和平。

这并不是说,战争是不可避免的。而是说,无论如何,以现在的方式讨论不可能使战争的可能性减少,而且事实上,这

第13章 对超国家组织的需要(1947)

些讨论基于预期战争的前提。在这个关键性的时刻,必须要做的事情是,确定是否依然存在更为可能达到和平解决的可供选择的进路。

我们认为,不存在这样的可供选择的进路。我们相信,原子能问题不再能够作为孤立的争议处理。一年前,我们曾经希望达到超国家控制原子能的模式,这种模式能够被应用于国际关系的其他领域,从而完成一个稳定的国际社会的创建。由于我们进入分裂为两个军事阵营的世界,今天抱这种希望也许是辜负我们的责任了。

我们认为,必须解决超国家控制原子能这个首要问题,而且只能在普遍一致的协议的语境下解决,这个协议在合情合理的程度上保证所有国家的安全,并提供各国之间深远的经济和文化合作。如果各国人民毫无例外地仅仅关注他们自己国家的安全和福利,那么这样的解决办法是不可能的。

因为美国在当今世界的重要性,迫切需要美国人民积极参与,从而达到这样一个国际解决办法。必须使美国准备在相当大的规模上调动她的庞大资源,以帮助世界人民提高他们的经济生活水平。为了达到这个伟大的目的,可以期待全体人民相互做出对等的牺牲。只有这类大胆的措施,才能够创造一种气氛,以致有可能建设性地讨论为维护和平所必要的对国家主权的限制。

但是,美国人民应该了解,为了完成这些伟大的目标,不存在一帆风顺的路线;归根结底,创建具有胜任维护和平责任的权力的超国家政府是必要的。

这是现实的吗？没有什么事情是不可实现的。科学和技术的发展已经确定,世界人民不再能够生活在对抗的、把战争作为最后仲裁人的国家主权之下。人们必须理解,时代需要认清较高的、"没有谁是一座孤岛"①的现实主义,我们的命运与遍及世界的我们的同胞的命运休戚相关。即使付出巨大的物质牺牲,我们也必须设法和平地生活在一起,否则我们的社会只有死路一条。随着我们趋近午夜前的最后时刻,挑战显然横在我们面前。我们将做出什么反应呢？

在普林斯顿的记者招待会上,介绍了爱因斯坦和除莱纳斯·波林之外的应急委员会的理事,日内瓦湖会议和应急委员会的声

---

① "没有谁是一座孤岛"(No Man Is An Island)是英国玄学派诗人约翰·多恩(John Donne,1572~1631)《丧钟为谁敲响》中的诗句。全诗如下(李醒民翻译):
没有谁是一座孤岛,
自身即是全体。
每个人都是陆地的片屑,
构成海洋的分子。

若有泥土被海水冲蚀,
欧洲便会缩小,
犹如岬角消失,
恰似你的密友或你自己的庄园,
被洪水吞噬。

任何人的死亡都是对我的减损,
因为我包含在人类本体。
因而从不派人探悉,
丧钟为谁敲响？
——它正是为你嘘唏！——译者

明在招待会上予以公开。[①] 记者强烈要求科学家表明,俄国多久能够成功地生产原子弹,何时爆发原子战争。许多报纸报道,尤里教授估计,俄国人生产原子弹可能需要八年到十年时间。尤里的陈述成为报纸头版新闻,并常常把它归之于爱因斯坦本人。

新闻界对两个声明的反应总的来说是尊重的。不过,也有一些重要的例外。1947年7月1日《纽约先驱论坛报》(*New York Herald Tribune*)刊载了一篇社评"不着边际的科学家",它在该文指控委员会"危险的误解"和"对联合国的极度轻蔑。……由于扯掉它的基本原则,考虑到他们取而代之提出的无非是冗长的、空洞的字眼[超国家政府],而无实质性的内容,他们确实没有做出什么贡献"。

这激起爱因斯坦和当时的委员会代理执行主管菲利普·M. 莫尔斯迅即给《纽约先驱论坛报》发送下述信件:

> 你们7月1日的社评"不着边际的科学家"务必回答,由于它没有恰当地表述原子科学家应急委员会在我们最近的声明中表达的立场。你们说我们"对联合国表达极度轻蔑";……这不是对我们的话语的正确解释。我们陈述:"联合国被授予不充分的权力,……在遇到头等大事时,便绕过这个国际仲裁法庭。"众所周知,特吕格韦·赖伊(Trygve Lie)先生[当时的联合国秘书长]赞同这一点。我们陈述:"在联合国原子

[①] 记者招待会发布应急委员会声明时附带宣布,选举 Harrison Brown 和 Frederick Seitz 为委员会理事。

能委员会,长达一年的讨论没有取得成功。"人人都同意,这是事实。……

尽管《纽约先驱论坛报》在它原来新闻报道中没有转载委员会的声明,但是它最终与爱因斯坦和莫尔斯签署的信件一起发表了该声明,还加了一个结论性的编者按,编者在按语中重申他们先前的立场。

两周后,即1947年7月15日,爱因斯坦和原子科学家联合会管理委员会在一份声明中一起敦促继续信任联合国。① 时节正好是在阿拉莫戈多原子弹爆炸试验两周年:

> 两年前,第一颗原子弹在新墨西哥州的沙漠爆炸。在这两年间,代表美国大多数原子科学家的原子科学家联合会坚持不懈地申明这样一个论点:或者必定存在同一个世界,或者必定世界毁灭。为此目的,我们致力于建立原子能和所有大规模破坏性武器的超国家控制。
>
> 虽然我们从一开始就知道,这项任务是困难的,但是迄今为止缺少进步还是使人沮丧。事实上,一些人已承认失败,竟然提议放弃联合国谈判。另一方面,我们在原子弹爆炸二周年确认我们的信念:导致联合国建立的共同利益比以往任何时候都更加引人注目。

---

① 爱因斯坦与美国科学家联合会的联合声明发表在1947年9月《原子科学家公报》。也可参见1947年7月6日和1947年7月20日的《纽约时报》。

第13章 对超国家组织的需要(1947)

在过去两年,我们汲取了许多宝贵的教训。我们现在明白,原子能问题不能撇开其他争议加以解决。同时我们坚持,在使世界不会遭到原子弹危害之前,无法保证人类的安全。有必要充分采纳联合国及其机构提供机会的有利因素,寻求通向同一个世界的每一条道路。

在下面的1947年7月17日的无线电广播的文字记录"即刻需要国际法"中,采访者的评论(而不是爱因斯坦的评论)有所节略:①

雷蒙德·斯温:上周,由两党成员组成的小组在国会众议院提出决议案,要求总统采取主动,把联合国强化为一个能够制定、诠释和强制执行国际法的组织。同时,在参议院,由两党成员造成的小组也提出决议案,要求总统采取同一主动,提议修改联合国的结构,把它强化为一个防止战争和维护和平的工具。……今晚,我们有幸聆听一个人关于这个激动人心的主题的见解,他就该主题所讲的可信度是无人匹敌的。我们此刻正坐在他在普林斯顿的书房里,介绍阿尔伯特·爱因斯坦博士是我的荣幸!

爱因斯坦:由两党成员组成的小组向国会提交的决议案,将在国际政治中标志一个转折点,倘若它们获得各个阶层的美国人民的有力支持的话。

---

① 无线电广播"即刻需要国际法"是通过美国广播公司的设备播出的,重印得到它的特许。

这些决议案建立在认清某些事实的基础上,这些事实尽管在今天广为人知,但是却经常被政治激情弄得模糊不清。

对于现代的大规模破坏方法,没有有效的防御手段。因此,仅仅通过增加其军事力量,任何国家不再能够充分地保护它的公民。只要当前混乱的国际状况四处蔓延,我们大家将继续生活在突然毁灭的持续威胁之下。这是不能忍受的事态;不久,必须通过野蛮的武力的方式,或者通过和平的协议——这必然意指世界政府——达到目的。

使用野蛮的武力总是导致无法想象的破坏和苦难。使人类免除这样的浩劫,是目前的决议案的主要意图。决议案旨在根本性地改变联合国宪章,以便最终把联合国转变为世界政府。只有这样的基于法律并赋予强制执行法律的足够军事力量的**超国家**组织而不是**国家间**组织,才能够保证世界各国的安全。

在客观地考虑局势时,任何人都能够看到,在决议案中提议的方法是可能拯救我们的唯一方法。当然,决议案的反对者会向我们吐露:你们的行进路线也许在理论上是正确的,但是实际上证明它是完全行不通的。关于控制原子能,甚至就对被破坏的国家的经济援助而言,俄国人不是阻挡我们有组织的国际合作的尝试吗?他们不是固执地坚持他们的否决权,使安全问题本身无法解决吗?

的的确确,而且日益变得更加明显的是,在俄国人所有的决策上,目前支配他们的是对一切涉外事务的担心和怀疑,尽管在张伯伦的慕尼黑条约之前,他们比任何其他大国更热诚

第13章 对超国家组织的需要(1947)

地为国际安全体系而工作。这种态度不难说明。

苏联与外部世界打交道的经历,确实从来也不是不尽如人意的。我们必须记住,西方在[俄国]内战期间对反苏维埃将军的支持,对苏联长期的政治和经济的联合抵制,外国报刊对苏维埃俄国持续不断的宣传战。后来,俄国人加入国联,但是他们当时目睹了法西斯侵略如何在满洲、在西班牙、在阿比西尼亚、在奥地利被认可和被宽恕,如何与侵略者达成协议。最后,他们发现,在希特勒统治集团的初始时期,他们本身被排除在最关键的欧洲协约之外,因此说起来,也可以理解他们改变他们的态度。

这样一来,我们不得不认真对付下述事实:俄国逐渐变得患上了恐外症;她被孤立主义的乌托邦迷住心窍。我们可以为这种事态感到遗憾,但是我们必须理解它的理由,以便以不会加重弊病的方式行动。一件事情是肯定的,威胁和恐吓绝不是驱散怀疑并把一个不情愿的伙伴带回国家间共同体的有指望的方法。

美国能够做什么呢?从[在国会]对眼下的决议案的有力支持,我们能够期望什么好处呢?我们能够向世界表明,我们的关注不是国家权力的增加,而是所有国家的安全,这一显示不像其他显示,它能够改善国际气氛。我们将鼓励竭尽全力,力求超国家地解决安全问题。我们将修复最近单边行动对联合国造成的损害。

在将来,联合国立法大会必须由不向国家的政府负责,而仅仅向选举他们的人民负责的男人和女人组成。联合国在国际安全事务上的决定必须约束国家的政府,而没有限制性的否决可能。如果达到现在的决议案的这些目的,那么就可以为世界政府奠定基础,而成员国的一切武装力量能够而且应该服从世界政府。

对于还没有考虑它们本身适得其所加入新组织的国家施加任何种类的压力,也许是不恰当的和不明智的。但是,不应该容许它们的不参加推迟超国家政府的形成。也不应该通过在成员国的义务方面让步,换得它们同意加入。

尤其是,让我们永远不要忘记,在人类事务中,一切真正的和持久的力量最终建立在信任和同意的基础上。

斯温:……现在,让我另外介绍一个人,世界联邦主义者联盟主席科德·迈耶先生,他想要询问爱因斯坦先生一些问题。……

迈耶:爱因斯坦先生,有一个问题,我乐于请教你。许多人一致认为,人类最终将达到某一形式的世界政府,但是却往往嘲笑,在当代以和平同意方式能够实现它是毫无希望的乌托邦。你认为这一观点怎么样?

爱因斯坦:肯定地,能够防止国家间战争的世界政府的建立,将需要国家主义态度和偏见的深刻变革。以传统的思维方式进行这样的矫正通常发生得很缓慢,需要漫长的岁月。但是,而今原子武器和其他彻底毁灭手段的存在没有给我们留下选择的余地,除非立即完成在其他时期可能需要花费数世纪才能完成的矫正。只要各国寻求以军备竞赛保护自己,它们各自获取安全的尝试将仅仅有助于滋长它们的相互

第13章 对超国家组织的需要(1947)

猜疑。

恐惧的政府为战争所做的准备,将会很快使战争成为不可避免的。正是在几年内,当敌对的国家集团拥有原子武器时,恐惧将摧毁最后的和平希望。一个具有足够权力保证安全的世界政府,并不是遥远未来的模糊不清的理想。它是即时的必需,倘若我们的文明要持续下去的话。它就是我们自己和我们珍视的一切幸存的前提条件。

斯温:我也乐于向爱因斯坦博士请教一个问题,这个问题人们多次向我提出。你相信苏联因它的本性和结构而犯帝国主义扩张形式的错误,从而不可能使俄国参与建立世界政府吗?

爱因斯坦:我认为,人们必须在不存在世界政府的世界和存在它的世界——如果世界政府形成的话——之间做出区分。在争夺权力成为主旋律、没有世界政府的世界上,大国扩张的趋势几乎是不可避免的。因为具有强大对手的大国必然寻求增强它的安全,在安全利益上采取扩张政策。这样的政策实际上相当于帝国主义的本质。

另一方面,如果存在世界联邦和不再基于国家实力的安全,那么任何一个国家的安全都不再构成其他国家的不安全。于是,就能够改变对立的世界的基础。在世界联邦,还会存在对立,恰如在美国西部和南部之间、劳资之间存在对立一样。但是,在世界联邦,法律代替武力,对立能够通过法律渠道表达。联邦的各国组成部分不会相互发动战争。

我相信,对安全的需要是俄国政治思维的主要动机。我相信,它比任何为扩张而扩张的动机要强烈得多。如果邀请俄国人进入他们的安全是人人关注的世界,那么也许他们不加入才是傻瓜呢。

斯温:要是我们不邀请他们加入这样的世界,你不会把我们称作傻瓜吗?

爱因斯坦:肯定会的。我们从来还没有敢于向俄国人提出一套法律体系,使他们在法律面前平等,而不是争夺最高权力的对手。我补充一句,他们也从未邀请我们组成这样一个世界。

但是,美国不应等待邀请。它是西方文明的继承人,而这种文明长期以来专注于政府管理的艺术和科学。如果美国不采取主动,那么没有一个国家将采取主动。

在为1947年8月3日《华盛顿邮报》撰写的特稿"原子能补遗"中,爱因斯坦回答了这四个问题:[①]

问:我们的科学研究特别是原子能研究的大部分,依靠政府的财政支持,从而服从政府的引导。这种状况下,你看到任何危险吗?

答:促进科学研究,无疑是为了作为一个整体的共同体的利益。因此,在今日的环境下,政府通过财政支持帮助研究是必要的和受欢迎的。不过,为了这种财政支持可以有效地推进研究,

---

① 爱因斯坦对《华盛顿邮报》的回答出自略做修改的德文原稿,经该报纸的特许重印。

必须把这些资金的分配交托给这样的人：他们通过他们的工作证明，他们对这个困难任务具有必要的理解和兴趣；政治影响不应该左右有能力负责任的人的选择。只有为科学研究而科学研究，而不考虑它的实际应用，科学研究才能繁荣兴旺。

问：常常有人做出断言，重建战前的"自由的科学共同体"的失败严重影响美国的科学研究，你同意这些断言吗？一个更极端的断言是，以国家安全可能导致的局势，实际上由于把有害的影响甚至施加在原子武器的研究上而威胁国家安全，你赞同这一极端断言吗？

答：科学发现的自由发表对于成功的研究而言是绝对的先决条件。不公平的隐瞒是有害的，不仅有害于纯粹科学，而且也有害于那些基于科学进步的技术应用。长远地看，这样的隐瞒甚至对军事利益更为有害而不是更为有利。进而，任何种类的统制将会酿成驱除最健全的科学心智。

问：1947年6月29日，原子科学家应急委员会发表声明，你是委员会的主席。这个声明是否意味着，你觉得为之努力的唯一目标是世界政府，在联合国目前就原子能和其他意图进行的谈判必然是徒劳的和无益的吗？

答：原子科学家应急委员会坚信，只有在超国家的基础上，才能达到军事安全。它也确信，通过控制特殊的武器（例如原子弹），无法充分地保障国际安全。只要一个国家感到不得不为未来可能的战争做准备，它就不会真诚地放弃任何有效的军事武器。这是原子科学家应急委员会为什么深信，和平和安全问题只容许一揽子解决办法（世界政府）的理由。

问:美国的官方政策好像是尽一切努力通过谈判达成一项原子能控制的国际协议,但是在等待这样的协议之际,却继续制造如此之多的、在必要时可用于原子弹的裂变材料。你相信这一政策本来就不协调吗?按照你们的声明,任何原子战争都能够毁灭文明,其中包括我们自己,你觉得我们继续制造原子弹材料是必要的或可取的吗?

答:在目前的情况下,生产原子弹是否是无可非议的,这个问题是不容易回答的。无论如何,美国以下述方式行动是绝对需要的:要使它在超国家基础上解决安全问题的决心变得毫无疑义地明了。不幸的是,直到现在情况并非如此。

一个重要的新和平运动在英国兴起,它被称为争取世界政府运动;它拥有它的杰出的倡导者工党下议院议员亨利·C.厄斯本(Henry C. Usborne)。[①] 它公开宣布的意图是,创建一个新的能

---

① 关于世界人民大会运动的信息,要致谢 Henry C. Usborne、Stringfellow Barr,特别是小 Harris Wofford,Wofford 先生的迄今尚未出版的书《冷战的漫长历险:争取建立世界政府的故事》(*A Cold War Odyssey: Story of the Foundation for World Government*)不仅为本章,而且也为下一章提供了许多有用的背景信息。Wofford 先生允许利用他的手稿。"世界人民大会"这个名称主要在美国使用;在英国,它通常是"世界人民立宪会议"。在英国的"争取世界政府运动"实际上是由"英国下议院委员会"发起的,该委员会共计多达 200 名下议院议员。爱因斯坦签名的呼吁书出自广泛散发的小册子《争取世界政府运动:计划纲要》(*Crusade for World Government; Plan in Outline*)。与爱因斯坦一起签名的是 Gerhard Domagk, Robrt Hutchins, Kerstin Hesselgren, John Steinbeck, Beveridge 勋爵, Hu Shih(胡适), Yehudi Menuhin, Jacques Maritain, John Boyd Orr 爵士, Thomas Mann, Sarvapalli Radhakrishnan 和 Roberto Rosselini。在巴黎的全世界争取世界联邦政府运动由十六个国家的大约三十五个组织组成。爱因斯坦写给蒙特勒(Montreux)会议的信件译自德文手稿。

够代替联合国的世界组织。这必须在1950年秋的世界人民大会完成。在1950年夏天,必须通过在全世界进行的直接选举,在每一百万人中选出一个参加会议的代表。到1951年必须写出宪章,当世界的半数国家或代表世界一半人口的国家正式批准时,即开始生效。这个新组织将拥有:被用来作为世界警察的武装力量的垄断权,在能够进行大规模毁灭的原子能发展和其他科学发现中包含的过程的垄断权,一个粮农委员会,一个创建共同的世界货币和从事大规模经济计划的世界银行。当然,这一切都将意味着正式批准的国家交出主权。

英国下议院80多位议员支持该运动,许多其他知名的英国人也这样做。实际上,他们之中的若干人应允当选为世界人民大会的代表。1947年8月17日至24日,全世界争取世界联邦政府运动在瑞士的蒙特勒(Montreux)召开国际会议。由于爱因斯坦不能出席蒙特勒会议,他寄发了所署日期为1947年7月31日的下述信件:

> 蒙特勒会议将证明具有伟大的意义,倘若它唤起对紧迫的国际问题注意的话。很抱歉,我因健康缘故无法参加。摆在会议面前最重要的任务是,就规划的世界政府的宪章以及它的建制和职能达成清晰的和具体的决定。与地方性群体能够做的相比,会议的超国家特征很可能将会使它的提议给各个政府和国家留下更为深刻的印象。祝愿会议成功地表明,在对抗的必然性的压力下,能够消除国家观点之间的差异。
>
> 进而祝愿你们在大国集团之间建立真正的合作,这种合

作能够容许创建有效的组织。这样一个新实体可以为许多散布在全世界的超国家安全的追随者显现重大而持久的影响。如果能够达到这一点，那么对限制国家主权的阻碍将不像现在看起来那样显得难以克服了。

蒙特勒会议认可在1950年举行世界人民立宪会议的计划以及拟议的宪章。爱因斯坦与其他十二人签署了如下呼吁：

> 我们，相信世界正处在濒临通过战争自我毁灭的危险之中的下述签名者，希望尽可能郑重地向你们介绍在1950年举行世界人民立宪会议的提议。
>
> 面对现在处于人们手中的毁灭工具，政治、种族和教义的一切差别都离题万里。除非借助和平手段建立能够强制执行国际法的世界政府，否则人种本身将不复存在。只有以这种方式才能防止战争，才能使我们大家渴望人类得到的和平和富裕成为可能的。
>
> 选择确实是：要同一个世界，还是要世界毁灭。

在1947年夏天，厄斯本访问美国，受到全国追随者的热烈欢迎。已经做出计划，把世界人民大会运动扩展到美国，原子科学家应急委员会为支付厄斯本旅行的费用做出贡献。1947年9月28日，厄斯本在普林斯顿访问了爱因斯坦。

在《美国学者》(*The American Scholar*)1947年春季号，伊利诺伊(Illinois)大学研究生院院长路易斯·N.赖德诺尔(Louis N.

第13章 对超国家组织的需要(1947)

Ridenour)发表了一篇文章,标题为"军方支持美国科学是一种危险吗?"在整体上,赖德诺尔出于若干理由对危险持怀疑态度。他觉得,军事服务留心对基础研究的需要,许多基础研究现在要求大量资源,而只有政府才能够提供这样的资源。在全面战争的时代,人的一切有组织的活动都与战争相关,因此问题是战争的道德本身,而不是对特殊武器开发的关注。此外,赖德诺尔指出,在大多数领域,保密不再是必要的,科学家并没有在强迫之下接受政府支持。

该杂志1947年夏季号刊登了对赖德诺尔文章有利的和不利的反应,其中包括奥尔德斯·赫胥黎(Aldous Huxley)、万尼瓦尔·布什和诺伯特·维纳的撰稿。爱因斯坦撰写了一篇文章,标题为"军事心态":[1]

> 在我们的状况中决定性的因素是,所讨论的问题不能作为一个孤立的争议处理。一开始,人们可能主张,今天学术和研究机构必须愈来愈多地受到政府资金的支持,由于出于各种理由,私人财力不足以支撑这项任务;但是,这是否意味着,容许军方为了研究分发从纳税人那里筹集的资金是合理的呢?确实,明智的人将对这个问题做出否定的回答。很清楚,最有利地分配这些资金的困难任务应该交到这些人的手中,他们的训练有素和经验证明这一设想:他们对科学和学问比

---

[1] Ridenour 的文章和关于它的专题论述在1947年8月的《原子科学家公报》中重印。爱因斯坦的答复也发表在 OOMLY 第212页和 IAO 第132页。这里给出的版本依据德文手稿做了全面修改。

较熟悉。

如果明白事理的人依然坚持,通过军事机关分配大部分研究可使用的资金,那么这样的态度的理由必须在下述事实寻找:文化价值变得服从总括的政治考虑。因此,我们必须把我们的注意力对准这种基本的政治态度以及它的起源和含义。于是,我们终于认识到,所讨论的问题只是许多问题之一,只有在更广阔的参考框架内观察,才能充分地理解和恰当地判断它。

我们提及的态度,在美国还是有点新颖的。它是在两次世界大战的影响下产生的,当时一切资源都集中于军事目的,从而促进了占支配地位的军事心态,而突然的胜利又进一步增强了这种心态。处在这种心态背后的基本事实是,"赤裸裸的强权"——伯特兰·罗素如此贴切地创造的词语——比任何其他因素在国际关系中开始起更大的作用。被俾斯麦的成功特别腐蚀的德国人的心态,经历了类似的变化;事实上,在不到一百年的时间,它导致他们灰飞烟灭。

我必须坦言,自从战争行动结束以来,美国的外交政策往往使我情不自禁地想起恺撒·威廉二世统治下的德国外交政策。我知道,其他人也独立地认清这一痛苦的类比。

看重物质因素,诸如原子弹、战略基地、各式各样的武器、原材料资源等等,正是军事心态的特征;与此同时,把人本身、它的思想和志向看作是非常次要的。在其理论进路方面,军事心态有些类似于马克思主义。在二者之中,都把人贬低为仅仅是"生产能力"或"人力"。在这类思维的影响下,正常地

第13章 对超国家组织的需要(1947)

决定人的志向的目标消失得无影无踪。为了补苴罅漏,军事心态把拥有"赤裸裸的强权"作为目标本身。这的确是能够使人沦为牺牲者的最稀奇古怪的妄想。

今天,军事心态的存在比以往任何时候都更加危险;因为侵略国家可以得到的武器变得比防御武器更有威力。这个事实将不可避免地产生那种导致预防性战争的思维。由于这些发展引起的普遍的不安全,法律规定的公民权利正在为所谓的国家利益的托词而牺牲。形形色色的政治迫害和政府干预,例如对教学、研究和出版的官方控制,看来是不可避免的,因而碰不到那种有助于保护全体人民的公众抵制。一切传统的价值正在改变,任何不能明确服务于军国主义乌托邦目标的东西都被视为低劣的。

我看不到回避目前困境的出路,除非采取一个旨在超国家的基础上达到安全的、高瞻远瞩的、老老实实的和勇气十足的政策。让我们希望,当这个国家还有机会充当领导的时候,将会找到足够的具有这种品质的人在这个方向上指引它的进程。如果找到他们,像所讨论的问题将不复存在。

大概是在萨科(Sacco)和万泽蒂(Vanzetti)处死刑(1927年8月22日)二十周年纪念之际,爱因斯坦发表了一个显然刊载在《世界舞台》的声明,当时它作为具有相同名字杂志的后继杂志在东柏

林出版,在1933年前由卡尔·冯·奥西茨基编辑:①

> 为了使悲剧性的萨科和万泽蒂案例的记忆在人们的心智中保持鲜活,人们不应该无所作为、一事无成。该案例有助于提醒我们,甚至最完美计划的民主建制也不比人更健全,须知民主建制只是人的工具。除非确定人民本身是正义的决定性因素,除非他们实践兄弟般的情谊,尊重真理并且具有抵制盲目偏见和政治激情的勇气,否则真正的正义便无法存在。
>
> 虽然在萨科-万泽蒂案例中,正义并没有获胜,但是当时对正义的信念比在今天要强烈得多。人的良心因太多的恐怖而变得愚钝。这就是为什么维护人的尊严的斗争变得更加急迫的原因。一切为了更加美好的世界努力奋斗的人,都必须使在萨科和万泽蒂死亡中体现的象征意义保持鲜活。

1947年8月,原子科学家应急委员会呼吁为它的工作捐款,耄耋之年的哲学家和教育家约翰·杜威也在收到呼吁书的人士之列。杜威给爱因斯坦和委员会的委员写信:②

> 很遗憾,我不能捐款。如果在你们的呼吁书中附上所有公

---

① 关于Sacco和Vanzetti的声明译自德文手稿,它显然是应田纳西州纳什维尔(Nashville)的律师Fuke Farmer的请求而写的。在《世界舞台》发表是根据与von Schoenaich将军的通信(参见p.468)推断出来的。

② John Dewey的信件承蒙Harold Oram先生的好意得到,并经过John Dewey夫人的特许重印。

第13章 对超国家组织的需要(1947)

开声明和就敦促撤销否决权的确定运动下达给你们讲演团队的指示,那么我能够并愿意捐款的。我不至于幼稚到猜想苏联会留意那个呼吁。但是,至少可以有理由希望,不至于因为捐款人拖欠本来允诺的捐款而无法筹集款项,从而白辛苦一场。

爱因斯坦在1947年9月复信:

我热情地感谢你就这个委员会的工作给我写信的好意。我完全赞成你的建议:我们的声明和发言人应该强调撤销否决权的实际必要性。

在10月份举行的下次理事会会议面前,我将和盘托出你的建议,并希望他们将会赞同。

杜威在1947年9月7日回信:

衷心感谢你对我的建议的友好回应。我为你的赞同感到愉悦,我深挚地珍视你的善意的话语。

对于你正在做的工作,致以热情的敬意和感谢。

菲律宾驻联合国使团大使卡洛斯·P. 罗慕洛(Carlos P. Romulo),向爱因斯坦寄发了他于1947年9月18日在联合国大会发言的副本,他在发言中敦促修改在安理会的否决权以及严格监督联合国大会的决议。10月16日,爱因斯坦感谢罗慕洛寄来的发言:

我仔细研究了发言,并与之毫无分歧的一致。我也十分欣赏,你去年在联合国就联合国大会更好地代表人民所做的发言。情况似乎是,使团的明智并非总是与它们代表的国家的潜在影响成比例。

1947年6月5日,在哈佛大学的一次讲演中,国务卿乔治·C.马歇尔提出所谓的外援"马歇尔计划"。是年较晚的时候,前国防部长亨利·L.史汀生请求爱因斯坦参加支持马歇尔计划的委员会。爱因斯坦在1947年11月4日复信:[①]

正如你可以想象的,鉴于欧洲的严重局势,我毫无保留地赞同支持欧洲。不过,我感到,像目前制订马歇尔计划的样子,我不能拥护它。我相信,这样的国际行动应该在联合国框架内进行。由于在联合国内外都把马歇尔计划看作是反对俄国集团的政治阴谋,从而有助于恶化现存的政治紧张关系,如此做就显得特别必要了。

同一时期的另一封信也表明,爱因斯坦尽管对在苏联发生的许多事情持批评态度,但是他不愿意容许利用他的名义从事任何反对苏联的活动,因为这种活动可能进一步加剧现有的对国际和平的威胁。在1947年夏天,新闻记者兼作家路易斯·费希尔

[①] 爱因斯坦给史汀生的复信实际上寄给Robert P. Patterson,他继任Stimson当国防部长。

第13章 对超国家组织的需要(1947)

(Louis Fischer)请求爱因斯坦为他即将出版的论述甘地和斯大林的书发表公开的推荐。爱因斯坦在1947年7月寄给费希尔的信中予以谢绝：

> 我兴味盎然地阅读了你的大作，并感到甘地和斯大林的对照给人以相当深刻的印象。类似地，我确信，你对斯大林和俄国当前政治制度的批评在很大程度上证明是有道理的，正如你建议西方国家应该变得更加具有自我批评精神是有道理的一样。
>
> 另一方面，我倾向于相信，你的批评没有认清，由于内部和外部的理由，在俄国的局势比在印度的条件艰难得多；不应忘记，印度面对的是一个相对按规则行事的对手。我也感到，你的书是以必然加剧反对苏联的病态恐惧和憎恶的方式撰写的；这种病态恐惧和憎恶无论如何是对世界和平的威胁。对你的书不加鉴别的读者肯定坚信，必须通过外部力量镇压俄国。我有把握，这并不是你自信的东西；要紧的不仅仅是一个陈述是否真实，而且也在于在什么时间使一个陈述公开。这就是我为什么不能承担责任，公开推荐你的在其他方面有价值的书的原因。

1947年11月11日，在纽约为联合国安理会和联合国大会成员举办的宴会上，外国记者协会因爱因斯坦与原子科学家应急委员会相关的工作为他颁奖。应急委员会的一个受托同事索芬·R. 霍格内斯(Thorfin R. Hogness)从芝加哥赶来，代表爱因斯坦领奖。沃伦·奥斯汀(Warren Austin)参议员、哈特利·肖克罗斯(Hartley Shawcross)爵士和安德雷·维申斯基(Andrei Vishinsky)先后发言,爱因斯坦从普林斯顿发表了如下广播演讲:[①]

你们为我在一项伟大事业中的谦恭努力授奖于我,我表示衷心的感谢。如果我的满足在某种程度上被弱化的话,那是由于意识到,在我们这个最终变得把面临共同命运的共同体紧密结合在一起的世界上,局势是严峻而危急的。我们大家都了解这一点;可是,在我们之中没有几个人相应地付诸行动。大多数人失去勇气,只是像往常一样继续过日子;不管吓破胆还是漠不关心,他们被动地观看正在国际舞台上演的、供所有人观看的、令人不快的悲喜剧:在明亮灯光的照射下,演员们表演他们的指定角色。这就是正在决定各国——其中包括我国——生死的舞台。

如果威胁我们每一个人的危险不是由人造成的,那也许就是另一回事了,可是人却制造了原子弹和其他大规模破坏性武器。例如,如果世人受瘟疫威胁,那恐怕就得另当别论。在这样的事件中,认真的专家会齐心协力,制定明智的计划与流行病做斗争。一旦他们一致赞同合适的

[①] 爱因斯坦对外国记者协会的演讲发表在1947年12月《原子科学家公报》,也出现在OOMLY第204页。现在的译文除了最后一段在这里由作为新闻报道散发的讲演文本复制外,其余则是由德文手稿翻译的。也可参见1947年11月12日的《纽约时报》。

第13章 对超国家组织的需要(1947)

处理方法,他们便会把他们的计划交给各国政府。几乎不可能预料各国政府提出任何反对意见,也许能够一致赞同所采取的专门措施。肯定永远不会发生这样的情况:它们试图吝惜它们自己的特定国家,而听任其他国家的人民纷纷倒毙。

我们自己的状况不是与瘟疫的威胁相似吗?但是,被激情蒙住双眼的人好像不能辨认局势的真实特征。普遍的恐惧和焦虑继续滋生怨恨,并引起怨恨行为和侵略行动。人们变得习惯于战争准备,这一事实如此腐蚀他们的心态,以致客观而人道的思维实际上变得不可能了;这样的思维甚至被视为可疑的,或者会被作为不爱国的加以压制。

毫无疑问,在对立的阵营,也有足够多的具有健全判断和正义感的人,只要给予机会,他们便会渴望并能够帮助制定解决我们真实困难的办法。但是,他们发现很难致力于这样的努力,因为他们受到阻挡,无法与我们会见做非正式的讨论。当然,我提及的是那些习惯于客观地处理问题、从而不受极端国家主义和其他激情的支配人。我认为,在两个阵营中,具有相同想法的个人被迫孤立起来,乃是找到解决国际安全紧要问题的可接受办法的主要障碍之一。

只要把两个阵营之间的接触限于官方谈判,我就看不见在裁军问题上达到理智一致的指望。个人声望和国家威信的考虑,向人民大众夸夸其谈的讲演不可避免的诱惑,使真正的进步变得几乎不可能了。单是由于这些理由,一方提出的建议即使不是完全不可接受的,也被立即认为是可疑的;而且,所有官方谈判的背后，总是存在赤裸裸的强权威胁，虽然这种强权经过精心伪装。

只有具有非正式特定的在先讨论之后，对立的各方逐渐深信有可能达成相互满意的解决办法，官方的探讨和处理才会成功。

我们科学家相信，我们和我们的同胞在接着的几年内做什么或不做什么，将决定我们文明的命运。因此，我们认为，我们的任务是持之以恒地传播真理，使人民意识到什么危如累卵，不为绥靖政策卖命，而为人民之间和各国之间的理解和最终一致尽心竭力。

我乐于相信，在本国工作的外国记者在把奖赏授予一位科学家时，是受到类似于我刚才表达的那些考虑的影响。我希望，他们可以帮助公众普遍接受上述观点。

在战后的严酷岁月，虽然爱因斯坦频频强调，科学家应该做出贡献，然而他拒绝科学家的责任不同于任何其他人的责任的意见。如果科学家因为他的研究导致像原子弹这样的危险发现，要为政治事件或社会事件背负较大程度的责任的话，那么牛顿也要因为他系统阐明了万有引力定律"负责"，语文学家由于推进语言的发展而为希特勒的讲演"负责"。肯定地，担心科学发现被用于破坏性意图，无论如何不应该导致科学家戒绝研究。

1947年，针对第一次世界大战停战纪念日（11月11日）安排

第13章 对超国家组织的需要(1947)

的在克利夫兰(Cleveland)学生集会,爱因斯坦录制了这一电文:[①]

你们正准备为世界政府的事业从事生气勃勃的公开活动,我为此十分感谢你们。迄今为止,这个问题的生死攸关的意义并未被本国的选民充分认清,虽然已经做出相当大的进步。

我们为什么需要世界政府?如果大家必须避免无法形容的灾难,我们在最近的将来为什么需要它?答案是:因为技术发展造成了一种局面,使得在这个行星上没有一个角落安全得免遭突然毁灭,我们必须果断地立即成功终结目前的国际无政府状态。现代技术有利于发动侵略的国家,使得任何基于国家战备的防卫均告无效。因此,在所有国际谈判中,都显示出日益增加的神经质状态。

不管怎样,认清危险并不必然意味着将采取恰当的行动改善局面。相反地,恐惧可能发展,而恐惧能够导致敌对行为。

人们可能询问:我们能够简单地把安全问题的紧急解决留在我们政府手中吗?不,我们不能。只有当民主政府了解它具有广大民众的无条件支持时,它才能做出重要的

[①] 爱因斯坦给克利夫兰集会的电文译自德文原稿,对爱因斯坦使用的译文做了相当大的修改。也可参见1947年11月11日《克利夫兰新闻》(Cleveland News)。参加集会的学生来自西部保留地大学(Western Reserve University)、凯斯工学院(Case Institute of Technology)、芬恩学院(Fenn College)、约翰·卡罗尔大学(John Caroll University)和克利夫兰艺术专科学校(Cleveland School of Art)。

和决定命运的决策。没有开明的民众的强大支持,便不可能完成创建基于法律的超国家权力和权威的伟大而艰巨的任务。

我确信,这样的潜在地强有力的意志存在于全世界人民之中。为了这一意志在各国的政治生活中变得富有成效,它必须通过合适的组织表达出来。这是摆在你们和我们大家面前的重要而紧迫的任务。

我们也应该明白一个事实:我们自己国家的公民负有特别重大的责任。如此碰巧的是,这个国家相对于其他国家而言,享有暂时的技术和军事优势。这就是创建一个有效的超国家组织的动议必须在这个国家发起的原因。我们不得不采取的动议必须具有这样的性质:其他国家将最终确信,我们的努力的特点是,我们关注我们希望建立的较大世界共同体的福祉。我们必须谨慎地避免别人怀疑,我们打算追求建立在狭隘的国家利己基础上的政治性政策。因为人类事务的进步除非基于信任和合作,否则永远不会长久。

如果你们的努力浸透这种精神,那么这些努力便不可能不成功。

当爱因斯坦向在纽约的外国记者协会讲演中提到需要"非正式的讨论和交流"时,它也许正在思考国际科学家大会的计划,该计划由莱奥·西拉德建议,接着原子科学家应急委员会予以考虑。哈里森·布朗(Harrison Brown)教授是应急委员会的理事兼执行

第13章 对超国家组织的需要(1947) 615

副主席,他以下面的陈述描绘了这个方案:①

> ……在1947年秋末,原子科学家应急委员会启动了这一计划。其希望是,召开一次"东西方"科学家大会,讨论原子能控制问题。这次大会完全超越政府,我们试图召开大会的决定,盖由在联合国内关于原子能谈判的崩溃激起的。预备信件寄给法国、英国和美国的科学家,这些信件遇到相当热情的回应。在此基础上,请求我与俄国科学家接触。我们判决,除非容许苏联科学家参加,否则召开这样的会议有什么用呢?我们决定在牙买加岛举行会议,其理由是:签证问题能够掌握在英国人手中,美国参加者不需要护照。爱因斯坦完全赞同这一计划,并同意亲自前往牙买加出席大会,倘若他能够有把握得到船票的话。
>
> 我写信给国务卿马歇尔,把该计划告知他。他没有回复。我通过与莱奥·西拉德打过交道的、在联合国的波兰专员,与在纽约的苏联使团总部的葛罗米柯(Gromyko)先生接触。葛罗米柯先生似乎完全接纳了这个主意,并向苏联转达请求。两周后,葛罗米柯先生请我去见他;在出名的律师福勒·汉密尔顿(Fowker Hamilton)先生的陪同下,我应约前往。葛罗米柯先生以辞藻华丽的话语告诉我,他与苏联科学家联系了,"他们不希望参加"。鉴于遭到拒绝,我们取消了召开大会的

---

① Harrison Brown 关于拟议的牙买加(Jamaica)大会的叙述出自一封私人通信,该信经过他的特许在这里重印。大约在相同的时间,有关解决东西方冲突的另一个处理办法,请参见1947年12月《原子科学家公报》中 Leo Szilard 的"致斯大林的信"。

计划。

爱因斯坦在《大西洋月刊》发表了他的文章"要原子战争还是要和平"(参见 p.347)两年后,他在同一杂志就相同的主题发表了第二篇文章。雷蒙德·斯温再次是讲解者;文章发表在该杂志1947年11月号:[1]

自从第一颗原子弹成功之后,为使世界更安全地避免战争威胁,可以说一事无成,但是在增加战争的破坏性方面,却所做甚多。我无法从第一手知识讲述原子弹的发展,由于我没有在这个领域工作;不过,做这件事情的人说得够多了,指出威力更大的原子弹已经制造出来了。肯定地,人们能够想象,有可能建造尺寸更大的、在比迄今为止造成更大范围破坏的原子弹。也有可能广泛地使用放射性气体,这种气体能够散布到广大区域,在不毁坏建筑物的情况下对生命造成严重的伤亡。

在推测现代的战争技术时,人们甚至必须考虑除原子弹之外的其他可能性。不管怎样,我怀疑,是否有比原子战还危险的战争,例如细菌战。我也不觉得人们需要考虑这种危险:可以把链式反应引发得足够大,足以毁灭这个行星的一部分甚或全部。我拒绝考虑这一可能性,这是因为,如果这样的链

---

[1] 爱因斯坦在《大西洋月刊》的第二篇文章在 OOMLY 第 190 页和 IAO 第 123 页重印。德文版本发表在 1947 年 12 月 12 日的《建设》。爱因斯坦的文章被稍微改动,Swing 先生没有参与修改。

第13章 对超国家组织的需要(1947)

式反应能够通过人为的原子爆炸产生,那么它也许已经从不断到达地球表面的宇宙射线的行为中出现了。

但是,不必设想地球可能像新星一样因星体爆炸而毁灭,就可以充分理解原子战争日益增加的危险,并认清另一场战争若不能防止,很可能造成大规模的破坏,这种破坏是史无前例的,甚至现在实际上是无法想象的,现存的文明没有多少能够从中幸存下来。

在原子时代的头两年,能够认出另一种现象。虽然公众对原子战争的恐怖性质有所警觉,但是他们为此并没有做什么事情,而且从他们的意识中消除了现存的危险。很可能,人们觉得,这种危险无法防止,或者对它已经采取一切可能的预防手段,最好是把它忘得一干二净。……我应该插一句,这个国家实际上没有采取这样的预防手段,也许是一件好事;如此做能够使原子战争变得更加可能,因为这会使世界其余的人深信,把我们遗弃给原子战争了,我们正在为此做准备。另一方面,对于防止战争,却一事无成;而大做特做的,则是使原子战争变得比在1945年已经发生的更为恐怖;因此,忘记现存的危险,那是不可原谅的。

让我重复一下,自从原子弹制成以来,对于防止战争,却一事无成。尽管美国向联合国提交了原子能超国家控制的议案,但是这个国家只是提供了附带条件的建议,苏联注定不接受附带这些条款的建议。这使得有可能把失败归咎于俄国人。

但是,在责备俄国人时,美国人不应该忘记一个事实:他们自己并没有声明在达到超国家控制之前放弃使用原子弹作为战争武器;而且,如果没有达到超国家控制,那么他们将继续拒绝声明放弃它。这样一来,他们就助长了其他国家的恐惧,这些国家相信,只要其他国家拒绝接受美国的超国家控制条款,他们美国人将认为原子弹是他们军火库合法的一部分。

有人也许确信,美国人不会决定发动侵略战争或预防性战争,因此可能认为,公开声明他们将不再首先使用原子弹是画蛇添足。但是,这个国家受到严肃的敦促,敦促它声明放弃使用原子弹,也就是宣布这样做不合法,但是它却拒绝如此做,除非接受美国的超国家控制条款。

我相信,这样的政策是一个错误。我了解,不声明放弃使用原子弹,可能有某些军事上的好处,这也许是从中感到,美国拥有原子弹可以遏制另外的国家发动战争,因为在开战时美国能够使用原子弹。但是,收之桑榆,失之东隅。因为追求这样的政策,就超国家控制原子能达成一致的可能性便变得微乎其微了。只要美国拥有独一无二的原子弹使用权,这也许不是军事上的不利条件;但是,当另外的国家能够制造大量的原子弹时,美国由于缺乏国际协议就要经受巨大的损失,因为它拥有集中的工业和高度发达的都市生活而易受攻击。

在拒绝宣布原子弹为非法而同时有拥有原子弹的垄断权,这个国家在另一方面却遭受损失;这证明它没有返回到战争的伦理标准,这个标准在最近一次战争之前就被正式承认了。不应忘记,原子弹是在这个国家作为一种预防措施生产的,以阻止德国人万一在战争结束时可能发现它时而使用它。

第13章 对超国家组织的需要(1947)

轰炸非军事中心的政策是由德国人启动的,并被日本人采纳。同盟国以更大的威力做出类似的反应,因为在这样做时在道德上原来是有理由的。但是现在,在没有任何挑衅的情况下,在没有正当理由需要把它用于报复或反击的情况下,美国拒绝宣布原子弹为非法(除了在受到原子弹攻击的案例中用来反击),是正在把拥有原子弹变成它的政治资本。这就不是无可非议的了。

我没有说美国不应该制造和存储原子弹,因为我相信它必须这样做;它拥有原子弹本身,必然能够阻止其他国家发动原子弹攻击。但是,制止原子弹攻击应该是存储原子弹的唯一目的。同样地,我认为,只要联合国拥有武装力量和它自己的武器,它就应该拥有原子弹。但是,它拥有原子弹的唯一目的,也是为了阻止侵略者或防止难以管束的国家发动原子弹进攻。联合国不应该比美国或任何其他国家更多地主动使用原子弹。保持原子弹的存储,而又不允诺从来不首先使用它,是利用原子弹的占有达到政治上的目的。有可能,美国希望,这种态度将会吓唬苏联接受原子能的超国家控制。但是,制造这样的恐吓只会加剧现存的对抗,增加战争的危险。我具有这样的见解:美国的政策把达到原子能的超国家控制的真正长处置之脑后。

我们已经从战争中挣脱出来,我们在战争期间不得不接受敌人卑劣低下的伦理标准。但是现在,我们却感觉不到从敌人的标准中解放出来,感觉不到自由地恢复人的生命的神圣和非战斗人员的安全,实际上我们正在使敌人的低标准成为我们自己的标准。于是,我们正在另一次战争的方向上进发,而战争的伦理标准将因我们自己的行为而降低。

现状也许是,公众并没有充分意识到,在未来的任何战争中,原子弹将被大量地使用。只要提及在最近的战争结束之前三颗原子弹爆炸带来的浩劫,就可以估量原子弹造成的危险了。公众也可能没有弄清,对于在战争中遭受的损害而言,原子弹已经成为能够用于进攻的最经济的破坏形式。如果爆发另一次战争,原子弹将是数量充足的和相对廉价的。除非在美国政治和军事领导人中间以及公众自身一方,不使用原子弹的决定强烈得在今天能够引起注意,否则原子战争将不可避免。除非美国人终于认清,他们并非因为拥有原子弹而更加强大,相反地,由于他们易受原子弹进攻的弱点而变得更加脆弱,否则他们在成功湖[联合国总部的暂居地]或在他们与俄国的关系上,很可能不会以促进理解的精神指导他们的政策。

但是,我并不意味着提出,美国没有宣布使用原子弹为非法——除非为了反击的目的,是与苏联在原子能控制上达成协议的唯一障碍。因为俄国人已经清楚地表明,他们将竭尽全力阻止超国家政府成立。他们不仅在原子能领域拒绝超国家政府,而且在原则上就断然拒绝它。于是,任何可能造成加入有限的世界政府的提议,他们都事先将其一脚踢开。

葛罗米柯先生说得好,美国关于原子武器建议的实质是这样一个概念:国家主权与原子时代不相容。他宣称,苏联不能接受这一观点。他给出的理由是模糊不清的,因为它们很

第13章 对超国家组织的需要(1947)

明显是托词。但是,实际情况似乎是:苏联领导人相信,在超国家体制的语境下,它们不能维护苏联国家的社会结构;而苏联政府注定是要坚守它目前的社会结构的。

关于在超国家体制的框架内坚守目前的社会结构的困难,俄国人可能是部分正确的,尽管他们迟早可以了解,这样一个体制比依然留在法律支配的世界之外合宜得多。但是在当今,他们似乎仅仅受到他们的恐惧心理的驱使;而人们必须承认,美国不仅在原子能,而且在许多其他方面,大大助长了这些恐惧心理。的确,这个国家指导它的对苏政策的,仿佛是确信,恐惧是一切外交工具中最强大的工具。

无论如何,俄国人力图阻止超国家安全体系的形成,这个事实并不是世界其余国家不应该力求创建该体系的理由。上面已经指出,俄国人以强大的和巧妙的方式阻挡他们不希望看到的事情发生;但是,事情一旦发生,他们能够是灵活的,并使他们自己适应它的。因此,美国和其他大国也许最好不要造成这样一种局面,能够容许俄国人否决任何创建超国家安全的尝试。于是,他们能够怀着希望继续行进:一旦他们看到不能阻挡这样的体制,他们便可能加入它。

迄今为止,美国没有显示出它对苏联安全的关注。美国只关心它自己的安全,这是在主权国家之间为权力而斗争的特征。但是,人们无法预先知道,如果美国人民强使他们的领导人在国际关系中寻求一种法制政策以代替目前的无政府政策,那么对俄国的恐惧的影响会怎么样。在法制世界,俄国的安全等同于我们自己的安全;而且,美国人民全心全意地支持这一概念——在民主政体下应该是某种可能的事情,就可能在俄国的思维中产生一种奇迹般的变化。

现在,俄国人没有理由相信,美国人民实际上不支持备战政策,而他们则把这个政策视为蓄意恫吓的政策。如果俄国人逐渐变得确信,美国人一方热情地向往以一种能够坚守的方式维护和平,即借助超国家的法制维护和平,那么这无疑会有助于改正俄国人的算计:对俄国安全的威胁是由美国的准备和意图引起的。直到美国向苏联提出一个为被唤醒的美国公众支持的、真正的和令人信服的要约,才会使人们有资格期望俄国尚可接受的回应。

可能,俄国人的第一次反应也许是拒绝法制世界。但是,随着时间的推移,如果对俄国人来说情况变得很清楚,这样的世界在没有他们参与的情况下正在形成,而且他们自己的安全由于变成新组织的一部分能够得到加强,那么他们的观念必然会发生改变。

我赞同邀请俄国人参加有权提供安全的世界政府;若他们不愿意参加,我赞同着手确立不包括他们的超国家安全。让我立即供认,我认为这样的路线是危险的。不管怎样,如果采纳这一路线,那么就必须以这样的方式行事,以便彻底讲清楚,新体制并不是反对俄国的联盟。由于它的组成的性质,它必定是一个将大大减少战争机会的组织。它将比任何一个国家在其影响方面更为多样,因此几乎不大可能诉诸侵略战争或预防性战争。类似地,它将比任何一个国家庞大,从而比较强大。它将在地理上更为辽阔,因而要用军事手段击败它也

第13章　对超国家组织的需要(1947)

比较困难。它将奉献于超国家安全,因此将坚决反对国家至上的概念,这个概念在挑起战争时是如此强烈的因素。

如果超国家体制在没有俄国参加的情况下建立起来,那么它服务于和平将取决于它发挥作用的技艺和诚意。在任何时候都要显示出使俄国变成该体制一部分的愿望,并且应当始终强调这一点。必须让俄国以及组成这个组织的国家明白,当一个国家决定不参加它时,它不会招致惩罚。如果俄国一开始没有参加,那么必须向她保证,倘若她决定参加时,肯定会受到欢迎。创建这个组织的人必须懂得,他们在建立它时是以获得俄国参加为最终目标的。

这些观察必然是抽象的;也不容易勾勒一个局部性的世界政府必须寻求引导俄国参加的特殊政策。但是,两个要求对她参加来说是明显的:新组织必须毫无军事秘密;在起草、讨论和采纳它的宪章时,在确定它的政策时,俄国必须有观察员出席它的每一次会议的自由。这能够摧毁制造了如此之多的令世人猜疑的秘密的大工厂。

有军事头脑的人,可能因为创建一个不保守任何军事秘密的体制的建议而受到震撼。他接受的教育使他相信,重要的情报若不保密,也许能够使有战争思想的国家试图征服全球。(就所谓原子弹的"秘密"而言,我设想,俄国在短时间内通过她自己的努力将能够生产这样的原子弹。)我承认,不保守军事秘密,具有某种风险。但是,足够数目的国家把它们的资源集中在一起使用,它们便能够面对这样的风险,因为它们的安全将会得到大大增强。其结果,由于杜绝了恐惧、猜疑和不信任，便能够以更大的信心做这件事情。在基于无限制的各个国家主权的世界上日益增加的战争威胁，将会被对超国家组织创造的和平的不断增加的信任取代。或迟或早，这种发展可以令人信服地向俄国人民证明，他们的领导人会在他们对待西方的态度方面成熟起来。

以我之见，超国家安全体系的成员资格并非建立在任何任意的民主标准的基础上。无论如何，一个要求是必要的：超国家组织——代表大会和理事会——的代表必须在每一个成员国由人民自己通过无记名投票选举。因此，选出的代表将代表人民，而不再代表各自的政府，这会提升该组织爱好和平的性质。

我认为，要求满足其他民主准则是不妥当的。民主建制和标准是历史发展的产物，在享有这样的建制的国家，往往在一定的程度上不懂得这一点。按照任意的标准决策，只能加剧在西方和苏联现存制度之间的意识形态分歧。

但是，现在把世界推向战争方向的，并不是意识形态的差异。实际上，假如所有西方国家不得不采纳社会主义，与此同时维护他们的国家主权，那么十分可能，东西方之间的争夺权势的冲突还会继续存在。在我看来，目前在经济制度上表露出来的激情是非常不合理的。美国的经济生活应当像它现在那样由相对很少的个人控制，还是这些个人应该服从国家的支配，这个问题可能是重要的，但是它并没有重要得足以证明这个争端激起的激情是有道理的。

我乐于看到，所有集中起来形成超国家安全体系的国家

第13章 对超国家组织的需要(1947)

联合它们的军事部队,为它们自己仅仅保留当地的警察部队。接着,我乐于看见,这些军事部队混合起来并分布到各个国家,就像以早先的奥匈帝国的军团那样的方式编制和使用。那时,受到称赏的是,来自一个地区的官兵可以更好地为帝国的意图效力,因为他们没有专门驻扎在他们自己的省份——这样做容易受地方的和种族的偏见的影响。

我乐于获悉,超国家体制的权力限于安全领域,尽管我无法确定这是否可能。先前的经验表明,附带创建某种经济事务上的权力是可取的,因为在现代条件下,经济发展能够引起突发事变,这在资本主义国家可能导致暴力冲突。为了在谋求和平中保持连续性,我乐于得知,把联合国发展为超国家体制。

我完全认识到,无论有无俄国参加,在建立世界政府的过程中都包含巨大的困难。我充分意识到包含的风险。由于我不相信,一个国家一旦参加了超国家组织,应该准许它退出,那么造成风险之一也许是可能爆发内战。不过,我也相信,世界政府是不可避免的;依然存留的问题是:以什么代价建立世界政府?我相信,即使发生另一次世界大战,它也会来临;然而,如果它能够在这样的战争之后来临,那么它可能是由胜利者依靠它的军事力量,从而依赖人类的持久军事化建立起来的世界政府。

但是,我还相信,世界政府能够通过协商和说服的力量产生,从而只以较低的代价产生。不过,仅仅诉诸理性,还不具有充分建立世界政府的力量。东方共产主义的力量的一个源泉是,它在某种程度上具有宗教的特征,而且它激起类似于宗教感情的激情。除非"基于法制的和平"运动聚集宗教运动的力量和热忱,否则它几乎无法期望成功。那些对人类道德教育负有责任的人面临重大的职责,具有挑战的机会。我认为,原子科学家已经确信,他们仅仅借助逻辑无法唤醒美国人民认清原子时代的真相。必须添加深挚的感情的力量,这种力量是宗教的组成部分。必须期望,不仅教会,而且学校、学院和最主要的舆论机构,将在这方面履行它们的独特责任。

一个月前,在1947年10月号《联合国世界》(United Nations World)杂志,爱因斯坦在"致联合国大会的公开信"中,在许多地方涉及同样的范围:①

我们被囚禁在这样的境地:每一个国家的每一个公民、他的孩子和他的日常工作,都受到可怖的不安全威胁,这种不安全今天在我们的世界盛行。技术发展的进步并没有增进人类的安稳和幸福。由于我们解决国际组织问题的无能,它实际上助长了威胁和平、甚至威胁人类生存的危险。

在第二届联合国大会相遇的五十五个政府的代表,无疑将会意识到这样一个事实:自从战胜轴心国以来的最近两年,无论在防止战争,还是在诸如原子能控制和被战争破坏地区

---

① 爱因斯坦的"致联合国大会的公开信"经 H. G. Jocobsohn 的特许重印,他是《世界大事》(World Events)杂志董事会的主席,该杂志接管了《联合国世界》。它也出现在 OOMLY 第156页。也可参见1947年9月23日《纽约时报》。

第13章 对超国家组织的需要(1947)

重建的经济运作的特殊领域,都没有做出明显的进步。

不能责怪联合国造成这些失败。没有一个国际组织能够比依据宪章给予它的权力更强大,或者能够比它的成员国想要它成为的样子更强大。事实上,联合国是一个极其重要和极其有用的建制,**倘若**全世界的人民和政府认识到,它只不过是向最终目标过渡的体制,该目标是建立一个为维护和平而被授予充分立法权和执行权的超国家权力。目前的绝境在于这个事实:不存在充分的、可靠的超国家权力。因而,所有政府负责任的领导人,都被迫按照最后发生战争的假定行动。受那种假定促动的每一个步骤都助长普遍的恐惧和不信任,并加速最后的浩劫降临。不过,国家的军备不管多么强大,对任何一个国家来说,它们都不能创造军事安全,它们也无法保证和平的维护。

在修改传统的国家主权概念之前,在原子能的国际控制方面,或者在普遍裁军方面,从来也无法达到完全的一致。这是因为,只要认为原子能和军备还是国家安全的生死攸关的部分,就没有一个国家愿意给予国际条约以比口惠更多的东西。安全是不可分割的。只有当法律和强制执行的必要保证处处得到,以致军事安全不再是任何单个国家的问题时,才能够达到安全。一方面准备战争,另一方面准备建立一个基于法律和秩序的世界社会,在二者之间不存在可能的妥协。

每一个公民必须下定决心。如果他接受战争这个前提,那么他必须顺从在像奥地利和朝鲜这样的战略地区驻扎军队,把军队派遣到希腊和保加利亚去,用无论什么手段积累铀的储备,在全世界进行军事训练,逐步限制公民自由。尤其是,他必须忍受军事保密的后果,这是我们时代最糟糕的祸患之一,是文化提高的最大障碍之一。

反之,如果每一个公民认识到,在这个原子时代,安全与和平的唯一保证是超国家政府的不断发展,那么他将会不遗余力地加强联合国。在我看来似乎是,世界上每一个有理性的和负责任的公民必定知道,他的选择在哪里。

可是,整个世界发现,它本身处在恶性循环之中,因为联合国在这一点似乎不能下定决心。东方和西方集团的每一个试图疯狂地加强它们各自的实力地位。全世界进行军事训练,俄国在东欧驻军,美国控制太平洋岛屿,甚至荷兰、英国和法国强化殖民政策,保守原子能秘密和军事秘密,这一切都是为争夺实力地位而使用的陈旧而熟悉的圈套的组成部分。

对联合国来说,通过大胆的决策加强它的道义权威的时间来到了。首先,必须增加联合国大会的权力,从而使安理会以及联合国的其他实体服从它。只要在联合国大会和安理会之间存在权力冲突,那么整个建制的效率将必然地依旧受到损害。

其次,应该对联合国代表产生的方法进行相当多的修改。目前由政府任命的选定方法,并没有给被委任者留下任何真正的自由。而且,由政府选定,无法使世界人民感到是公平的和按比例代表的。如果代表直接由人民选举,联合国的道义权威会显著提升。要是他们对选民负责,那么他们将会有更多的自由遵循他们的良心。这样一来,我们能够希望多一些政治家，少一些外交家。

在整个危机的过渡时期，联合国大会应该一直开会。由于持续不断地工作，大会能够完成两项主要任务：其一是，它能够启动超国家秩序的确立；其二是，它能够在和平受到威胁的那些危险领域（例如目前在希腊国境存在的）采取迅速而有效的步骤。

鉴于这些崇高的任务，联合国大会不应该把它的权力委托给安理会，尤其是当安理会因否决权规定的缺点而瘫痪的时候。作为勇敢而果断地采取主动的唯一实体，联合国必须以最大的速度行动起来，以便通过为真正的世界政府奠定基础，为国际安全创造必要的条件。

当然，将有反对意见。但是，这绝不是肯定，如果针对真正安全提供一个公正的要约，那么苏联——她常常被作为世界政府观念的主要对手——会坚持它的反对意见。即使设想俄国现在反对世界政府的观念，一旦她最终确信，世界政府无论如何正在发展中，她的整个态度可以改变。那时，她可能只坚持在法律面前平等的必要保证，以便避免发觉她自己像在目前的安理会那样常年处于少数派。

不过，我们必须假定，尽管竭尽全力，俄国及其盟国还可能发觉，他们留在这样的世界政府外边是可取的。在那种情况下——只是在以最大的诚意为获取俄国及其盟国的合作而做出一切努力之后，其他国家应该单独行动起来。最重要的是，这个不完整的世界政府是强大的，至少包含世界三分之二主要的工业和经济区域。这样的力量本身便有可能，使不完整的世界政府能够放弃军事保密和其他一切出于不安全的习惯做法。

这样的不完整的世界政府从一开始就应该澄清,它的大门依然是向任何非成员国——特别是俄国——敞开的,以便它们在完全平等的基础上参加。依我之见,不完整的世界政府应该接受来自非成员国的观察员出席它的一切会议和正式的制宪大会。

为了达到最后的目的——这是同一个世界而不是两个敌对的世界,这样的不完整的世界政府从来也不要作为联盟反对世界上的其余国家。走向世界政府的唯一真正步骤是世界政府本身。

在世界政府内,各个组成部分之间的意识形态分歧并不具有严重的后果。我确信,美国和苏联之间目前的困难原本就不是由于意识形态的差异。当然,这些意识形态差异是已经严重的紧张关系的助长因素。但是,我深信,即使美国和俄国都是资本主义国家,或者都是共产主义国家,或者都是君主制国家,因为它们的竞争、利害冲突和嫉妒此类事务,也可能导致紧张局势,就像今天在两个国家之间存在紧张局势一样。

现在,联合国和最终的世界政府必须仅仅为一个目标服务,即保障全人类的安全、安宁和幸福。

部分地出于对爱因斯坦致联合国的公开信的答复,在莫斯科出版的英语《新时代》(*New Times*)在它的 1947 年 11 月 26 日的期号刊登了一封公开信"爱因斯坦先生的错误看法",在信上签名的有卓越的物理学家和化学家以及苏联科学院院士谢尔盖·瓦维洛夫、A. N. 弗鲁姆金(A. N. Frumkin)、A. F. 约飞(A. F. Joffe)和 A. N. 谢苗诺夫(A. N. Semyonov):①

> 驰名的物理学家阿尔伯特·爱因斯坦不仅仅因为他的科学发现闻名于世;近些年,他非常关注社会问题和政治问题。他在无线电台讲演,为报刊撰写文章。他与若干公共组织保持联系。他大声疾呼,抗议纳粹蛮子。他是持久和平的倡导者,声言反对新战争的威胁,反对军国主义者把美国科学完全置于他们控制之下的野心。
>
> 对于鼓舞这位科学家的这些活动的人道主义精神,苏联科学家和苏联人民普遍表示赞赏,尽管他的立场并非总是像可以期望的那样连贯和清晰。不过,在爱因斯坦最近的一些言论中,在我们看来,有些方面不仅是错误的,而且对爱因斯坦热情拥护的和平事业也确实是有害的。
>
> 我们觉得,我们有责任注意这一点,以便厘清这样一个重要问题:究竟如何为和平而工作。正是从这个观点出发,必须考察爱因斯坦博士近来倡议的"世界政府"观念。
>
> 在这个观念支持者的成分混杂的合伙人中,除了利用它掩护无限制扩张的彻头彻尾的帝国主义分子以外,还有相当数目的资本主义国家的知识分子,他们被这个观念的貌似有

444

---

① 爱因斯坦和苏联科学家之间的信件交换也发表在 OOMLY 第161页和 IAO 第134页。爱因斯坦的复信据德文原稿做了修改。

理迷惑,他们不了解它的实际含义。这些和平主义者和具有自由思想的个人相信,"世界政府"是治愈世界罪恶的万应灵药,是持久和平的护卫者。

"世界政府"的倡议者广泛使用似乎是激进的论据:在原子时代,国家主权是过去的遗物,正如比利时代表司帕克(Spaak)在联合国大会所说:它是"过时的"观念,甚至是"反动的"观念。也许很难相信,有比这离真理更远的主张了。

首先,"世界政府"和"超国家"观念绝不是原子时代的产物。它们比原子时代更古老。例如,在形成国际联盟时,就争论过它们。

进而,这些观念在现时代从来也不是进步的观念。它们是下述事实的反映:统治主要工业国家的资本主义垄断发觉,它们自己的国界太窄小了。它们需要世界范围的市场,世界范围的原材料资源和世界范围的资本投资地区。由于它们在政治事务和行政事务上的统治地位,大国的垄断利益使它们在争夺势力范围的斗争中,在经济上和政治上制服其他国家的勾当中,能够利用政府机器,以便在那些国家像在它们自己的国家一样扮演主子的角色。

从我们自己国家过去的经验,我们十分清楚地了解这一切。在沙皇政府统治下,俄国由于她奴颜婢膝地顺从资本利益的反动政体,由于她的廉价的劳动力和庞大的自然资源,她成为外国资本家的一块垂涎欲滴的肥肉。法国、英国、比利时和德国的商行像贪婪的猛禽一样靠我们的国家自肥,赚取在它们自己的国家无法想象的利润。它们用勒索性的贷款把沙

第13章 对超国家组织的需要(1947)

皇俄国拴在西方资本主义的锁链上。借助从外国银行得到的资金支持,沙皇政府残忍地镇压革命运动,阻碍俄国科学和文化的发展,唆使对犹太人集体杀戮。

伟大的十月社会主义革命,打碎了在政治和经济上依赖的锁链,这些锁链使我国束缚于世界资本主义垄断。苏联政府使我国首次成为真正自由和独立的国家,以迄今为止在历史上从未目睹的速度推动了我们的社会主义经济、技术、科学和文化的进步,把我们转变为国际和平和安全的可靠堡垒。在国内战争中,在反对帝国主义国家集团干涉的斗争中,在反对纳粹侵略者的伟大战斗中,我们的人民都维护了他们国家的独立。

而现在,"世界超国家"的提议者正在要求我们为了"世界政府"的缘故而放弃这种独立,这无非是为争夺资本主义垄断的世界霸权地位而打出的艳丽招牌而已。

向我们提出任何像那样的要求,显然是荒谬的。而且,它不仅仅对苏联来说是荒唐可笑的。在第二次世界大战后,许多国家成功地摆脱了帝国主义的压迫和奴役体制。这些国家的人民正在为巩固他们的经济和政治独立而工作,排除外国对它们的国内事务的干涉。进而,在殖民地和附属国,为争取民族独立的运动迅速展开,唤醒了亿万人民的民族意识,他们不再希望依然处于奴役的地位。

帝国主义国家的垄断者由于已经失去许多有利可图的地盘,而且还要冒丧失更多东西的风险,因此它们正在竭尽全力剥夺那些摆脱了它们控制而取得民族独立——它们这些垄断者觉得这种独立真的令其厌烦——的国家,并阻止殖民地获得真正的解放。帝国主义分子带着这种意图,正在玩弄军事、政治、经济和意识形态战争的形形色色伎俩。

正是按照这一社会命令,帝国主义的意识形态专家正在极力使国家主权观念信誉扫地。他们玩弄的伎俩之一是鼓吹自命不凡的"世界国家"计划,据称这一计划将消除帝国主义、战争和民族仇恨,保证普适法律的凯旋,如此等等。

于是,正在争夺世界霸权的帝国主义势力的掠夺成性的欲望,便在一个虚伪的观念的外衣下伪装起来,这一观念对资本主义国家的某些知识分子——科学家、作家以及其他人——有吸引力。

在爱因斯坦博士在最近的9月份致联合国代表团的公开信中,他建议限制国家主权的新方案。他推荐,重构联合国大会,使它转变为永久起作用的、赋予比安理会更大权力的世界议会;爱因斯坦宣称(重复美国外交帮凶夜以继日断定的话语),安理会被否决权搞瘫痪了。按照爱因斯坦博士的计划重构的安理会,必须拥有最后的决定权,大国一致的原则不得不被抛弃。

爱因斯坦提议,联合国的代表应该由普选选出,不应该像现在那样由他们的政府任命。乍看起来,这个提议似乎是进步的,甚至是激进的。实际上,它绝不会改善现状。

让我们设想一下,就这样的"世界议会"而言,选举实际上能够意味什么。

人类的大部分还生活在殖民地和附属国,这些国家受几

第13章　对超国家组织的需要(1947)

个帝国主义强国的总督、军队以及金融和工业垄断者统治。在这样的国家中,"普选"实际上意味着由殖民政府或军事当局任命代表。人们不必到远处寻找例子；人们只需要回想一下在希腊公民复决投票的拙劣模仿就可以了,这次公民复决投票是由保皇党人-法西斯分子在英国刺刀的保护下实施的。

不过,在形式上存在普选权的地方,事情也不可能变得好一些。在资产阶级民主国家,在那里资产阶级统治着,它千方百计地玩弄各种把戏和诡计,把普选权和投票自由变成一出闹剧。爱因斯坦的确知道,在美国最近过去的国会选举中,只有39%的选民前往投票；他确实了解,在南部各州的千百万黑人事实上被剥夺了选举权,或者频频在私刑威胁下被迫投票给他们最仇恨的敌人,例如最近首要的反动分子和憎恶黑人的参议员比尔博(Bilbo)就是这样当选的。

人头税、特殊测试和其他算计,被用来非法剥夺千百万外来移民、流动工人和贫苦农民的选举权。我们不想提及广泛流行的收买选票的惯例、反动报刊的作用等等,这些报刊作为影响群众的强有力工具被百万富翁报业业主控制了。

这一切表明,像爱因斯坦建议的世界议会的普选,在资本主义世界现存的条件下会等于什么。它的构成不可能比联合国大会目前的构成更好。它只能是对群众的真实思想情感,对他们的持久和平的要求和希望的歪曲反映。

正如我们获悉的,在联合国大会和各委员会中,美国代表团拥有供它随意摆布的正式表决机器,这是由于联合国压倒多数的成员国依赖美国,它们被迫采纳华盛顿需要的对外政策。例如，许多拉丁美洲国家都是单一作物的农业国家，它们的手脚受到美国垄断者的束缚，这些垄断者决定它们产品的价格。情况既然如此，那么毫不奇怪，在美国代表团的压力下，机械的多数在联合国大会出现了，这是顺从它的实际主子投票的。

在有些情况中，美国外交发现，不通过国务院，而在联合国的旗号下，实现某些策略更为可取。请目睹一下臭名昭著的巴尔干委员会或被指派观察在朝鲜选举的委员会吧。它怀有把联合国变成美国国务院的一个部门的鹄的，于是美国代表团正在强使通过实际上代替安理会的"小型联合国大会"的方案，因为安理会具有大国一致的原则，而该原则证明是妨碍帝国主义阴谋实现的障碍。

爱因斯坦的建议能够导致同一结果，从而远离促进持久和平和国际合作，只会有助于作为侵略其他国家的掩护，须知这些国家已经建立起防止外国资本侵吞其惯常利润的体制。他的建议能够推进美帝国主义放纵的扩张，并使那些坚持维护它们独立的国家在思想上解除武装。

由于命运的嘲弄，爱因斯坦实际上已经变成和平和国际合作的最凶恶敌人的阴谋和野心的支持者。他在这个方向走得如此之远，以致在他的公开信中预先宣称，如果苏联拒绝参加他的新奇组织，那么其他国家完全有权在没有它的情况下前行，同时为苏联作为成员或作为"观察员"最终参加参加该组织敞开大门。

这个提议与美帝国主义的公开鼓吹者的建议本质上没有

第13章 对超国家组织的需要(1947)

一点差别,尽管爱因斯坦博士实际上可能与他们相当疏远。这些建议的要点和实质是:如果不能把联合国转变为美国政策的武器、帝国主义阴谋和诡计的掩护,那么就应该瓦解该组织,并取而代之建立一个不包括苏联和新民主主义国家在内的、新的"国际"组织。

爱因斯坦难道认识不到,这样的计划对国际安全和国际合作能够是多么致命吗?

我们相信,爱因斯坦博士步入一条错误的和危险的道路;在存在不同的社会、政治和经济制度的世界上,他正在追逐"世界国家"的幻景。当然,没有理由说,具有不同社会和经济结构的国家不应该在经济上和政治上合作,倘若冷静地面对这些差别的话。但是,爱因斯坦正在支持一种政治怪念头,它正中真诚国际合作和持久和平的不共戴天仇敌的下怀。它正在诱使联合国成员国采取的路线,不可能导致更牢固的国际安全,而只会导致新的国际复杂局面。它只能有利于资本主义垄断者,因为对他们来说,新的国际复杂局面维持允诺更多的军火合同和更多的利润。

正因为我们如此高度敬重作为著名的科学家和作为正在不遗余力地推进和平事业、热心公益事业的人,我们觉得我们有责任绝对坦率地讲话,丝毫用不着以外交辞令加以修饰。

爱因斯坦1947年12月准备的复信发表在1948年2月号《原

子科学家公报》，①并由原子科学家应急委员会广泛散发：

> 我的四位俄国同行在《新时代》刊登了一封公开信，对我进行了善意的抨击。我赞赏他们做出的努力，我甚至更为赞赏如此直言不讳、如此和盘托出他们的观点。在人类事务中理智地行动，只有这样做才有可能：充分地了解对方的思想、动机和忧虑，使人们能够通过对方的眼睛看世界。一切本意良好的人，都应该尽可能多地贡献力量，以增进相互理解。正是本着这种精神，我应该乐于请求我的俄国同行和其他任何读者，接受对他们的信件的下述回答。做答复的人，是真诚地力求寻找可行的解决办法，而不是幻想他自己知道"真理"，或者知道遵循的"正确道路"。在下面，如果我表达我的观点有些固执己见的话，那么我这样做只是为了明晰和简单。
>
> 虽然你们的信件主要构成对非社会主义外国的抨击，特别是对美国的抨击，但是我相信，在这种攻击的前沿背后，却隐蔽着一种防御性的心态，它构成几乎无限制的孤立主义。这种遁入孤立主义的愿望是不难理解的，只要了解俄国最近三十年在外国手上遭受了什么损害便可想而知：德国入侵对平民有计划的集体屠杀，国内战争期间外国的干涉，西方报刊进行的系统诽谤运动，西方把希特勒作为对抗俄国的所谓工具给予支持。但是，无论这种要求鼓励的愿望多么可以理解，

---

① 爱因斯坦和苏联科学家之间的信件交换也发表在 OOMLY 第 161 页和 IAO 第 134 页。爱因斯坦的复信据德文原稿做了修改。

它构成的政策将证明对俄国造成的灾难并不比对其他一切国家小;关于这一点,我以后还要讲得更多。

你们对我抨击的主要目标,涉及我支持"世界政府"。我愿在讨论这个重要问题之前,先就社会主义和资本主义之间的对立讲几句话;因为你们关于这种对立的意义的态度,似乎完全支配你们关于国际问题的观点。客观地考虑,社会经济问题看来好像如下:技术的发展导致经济机制日益集中。这种发展也是下述事实的缘由:在一切广泛工业化的国家,经济权力变得集中在相对少数的人的手里。在资本主义国家,这些人不需要向作为一个整体的公众说明他们的行为;但是,在社会主义国家,他们必须这样做,在那里他们严格地像行使政治权力的人一样,作为人民的公仆行使职责。

我分享你们的观点:无论何时社会主义行政部门至少维持不彻底的适当标准,社会主义经济具有的优点肯定抵消它的缺点。毫无疑问,这一天将会到来,那时所有国家(就这样的国家本身还存在而言)都会感激俄国,因为它是不顾极其艰巨的困难,证明社会主义计划经济具有可行性的第一个国家。我也相信,资本主义,或者我们也许应该说私人企业制度,没有能力制止失业,而由于技术进步,失业将变得日益严重;它也没有能力在生产和人们的购买力之间维持健康的平衡。

另一方面,我们不应该犯错误,把一切现存的社会和政治罪恶归咎于资本主义;也不应该犯错误,设想只要建立起社会主义就能够彻底治愈人类的一切社会和政治痼疾。在这样的信仰中固有的危险,首先是鼓励"忠实信徒"表现出来的狂热的不宽容,从而把一种可行的社会组织形式变成类似教会的东西,此类东西把不属于它的人诬蔑为叛徒或为非作歹的恶人。一旦达到这一地步,谅解"非忠实信徒"的能力便消失得无影无踪。我确信,你们从历史了解,那些坚持这样的僵化信仰的人,给人类施加了多少不必要的痛苦呀。

任何政府只要在其内部退化为暴政,它本身就是罪恶。不过,除了极少数的无政府主义者,使我们每一个人确信的是,没有政府,文明的社会形式便无法存在。在一个健康的社会,在人民的意志和政府之间存在类似动态平衡的东西,这种平衡防止政府向暴政退化。显而易见,在一个国家,政府不仅拥有掌控武装力量的权力,而且拥有教育和信息的每一个渠道以及每一个体公民的经济生活的掌控权力,这样的退化的危险就更加严重。我这样说只是表明,不能认为社会主义本身是一切社会问题的解决办法,而只不过是在其中这样的解决办法是可能的框架。

正如在你们的信件中表达的,在你们的一般态度中最使我惊异的是,你们这样激烈地反对经济领域的无政府状态,却以同等的激情倡导国际政治领域的无政府状态即无限制的主权。在你们看来,削减各个国家主权的提议本身就应该受到谴责,是对天赋权利的一种违背。此外,你们力求证明,消减主权观念的背后,美国正在隐藏它的企图:在没有必要发动战争的情况下,在经济上控制和剥削世界其余的国家。你们用你们的样式分析这个政府自最近的战争结束以来的某些行动,试图为这一控告辩护。你们试图表明,联合国大会只不过是美国操纵的、从而是美国资本家操纵的木偶戏。

这样的论据给我的印象好像类似于神话,它们是不能令人信服的。无论如何,它们清楚地表明,我们两国知识分子之间的隔阂很深,这种隔阂是不幸的、人为的相互隔绝的结果。如果鼓励个人观点的自由交流,并使之成为可能,那么知识分子也许比任何其他人更多地能够帮助在两国之间创造相互理解的气氛。这样的气氛是政治合作富有成果发展的先决条件。不管怎样,既然目前我们似乎依赖"公开信"这种麻烦的方法,那么我想简要地指出我对你们的论据的反应。

无论谁也不会否认,经济寡头对公共生活部门的影响是十分强有力的。不过,不应该高估这种影响。富兰克林·德拉诺·罗斯福(Franklin Delano Roosevelt)不顾这些十分强有力的集团的拼死反对,他三次重新当选总统;而这是在不得不做出具有重大后果的决定时发生的。

关于美国政府在战争结束以来的政策,我既不愿意也无资格为它们辩护或说明它们。但是,不能否认,美国政府关于原子武器的提议,至少代表了创建超国家安全组织的尝试。如果它们是不可接受的,那么它们至少能够作为真正解决国际安全问题的讨论的基础起作用。实际上,正是苏联政府的半否定半拖延的态度,使得美国这个国家本意良好的人民像他们所希望的那样运用他们的政治影响、反对"战争贩子"变得如此困难。关于美国对联合国大会的影响,我希望说的是,依我之见,它不仅仅源于美国的经济和军事实力,而且也源于美国和联合国更加接近安全问题的真正解决的努力。

至于有争议的否决权,我相信,取消它或者使它不起作用的尝试很少是由美国的特殊行动引起的,而是由苏联使用否决权的特权引起的。

让我们现在涉及你们的意见:美国政策的目的在于获得对其他国家的经济统治和剥削。由于就目的和意图说出任何可靠的东西是一件靠不住的许诺,倒不如让我们审查所包含的客观因素。美国很幸运,能够以充分的数量在本国生产一切重要的工业产品和食粮,而且拥有几乎一切重要的原材料资源。但是,因为她对"自由企业"的固执信念,美国无法成功地保持人民的购买力与国家生产能力处于平衡状态。出于这些相同的理由,存在失业可能达到构成威胁程度的危险。

因为这些情况,美国被迫重视她的出口贸易。没有这种贸易,她就不能维持她的生产机器充分利用。如果出口以大致相同价值的进口平衡,那么这种状况不可能是有害的。那时,对外国的剥削也许在于下述事实:进口的劳动价值能够显著超过出口的劳动价值。可是,美国正在尽一切努力避免这样的进口发展,由于几乎每一类进口都倾向于使美国生产机器的某一部分闲置起来。

这就是外国无法支付美国出口的原因;因为归根结底,这样的支付只有借助商品或服务进口到美国才是可能的。这个办法失灵,外国就必须出口黄金来支付它们的进口,这说明为什么世界所有黄金的大部分进入美国。总的来说,除了购买外国商品外,无法使用黄金,出于已经陈述的理由,购买外国商品是不切实际的。这批黄金放在那里,要谨慎防止偷窃,它

第13章 对超国家组织的需要(1947)

是政府明智和经济科学的纪念碑! 我刚刚指出的理由,使我难以十分认真地看待所谓美国剥削世界的说法。

然而,刚才描述的状况还是具有严重政治后果的一面。由于已经指出的理由,美国被迫把它的部分产品运输到国外。这些出口通过美国给予外国贷款赊销。确实难以想象,究竟如何能够支付这些贷款。因此,就所有的实际效用而言,不必把它们视为贷款,而必须视为在强权政治的角斗场上可以用来作为工具的馈赠。鉴于现在的状况,我坦率地承认,这表现出真正的危险。不管怎样,我们已经跌入这样的国际事务状态:人的心智的每一个发明和每一种物质利益,都倾向于转变为一种武器,从而对人类构成危险——这难道不是真的吗?

这个问题把我们带到最重要的事情上来,除此之外,其他一切实际上显得好像无足轻重。我们大家都知道,强权政治迟早将导致战争,而战争在目前的情况下总是意味着在更大的规模上人类的消灭和物质财产的破坏,其规模远远超过历史上任何时候发生的任何消灭和破坏。

难道我们的激情和我们的因袭的习惯必定实际地和不可避免地迫使我们如此彻底地相互毁灭,以致不可能剩下任何值得保留的东西吗? 与我们大家面对的危险比较,在我们奇怪的信件交换中触及的一切观点争论和分歧,都是微不足道的和毫无意义的,这难道不是正确的吗? 难道我们不应该竭尽全力消除这种同样威胁所有国家的危险吗?

如果我们执意坚守无限制的国家主权的概念,那么这只能意味着,每个国家都保留通过使用武力追求它的目标的权力。在这样的情况下,每个国家必然觉得它必须为可能发生的战争做准备,这意味着每个国家必须全力以赴地取得对其他每个国家的军事优势。这个目标最终将会愈来愈多地支配我们的整个公共生活,并在战争灾难到来之前很长时间将会毒害我们青年人的心智。只要我们保持一丝一毫冷静的理性和人道,我们必须不容忍它。

唯有这些考虑导致我倡导"世界政府"观念,而与其他人在为相同的目标工作时思索什么毫不相关。我之所以倡导世界政府,因为我确信,没有其他可能的办法消除永远威胁人们的最可怕的危险。避免全面毁灭的目标,必须优先于任何其他鹄的。

我敢肯定你们确信,这封信是听从我的指令以最严肃、最真诚的态度写成的;我信赖你们将以相同的精神接受它。

1947年12月初,两位社会主义者——一位物理化学家和一位化学工程师——给爱因斯坦写了一封困扰的信。二位在普林斯顿积极参加了最近的科学家会议(原子科学家应急委员会显然也参加了这次会议)。他们觉得,在会议期间把太多的时间浪费在关于以前多次论争的陈述的无用论证上。他们认为,与会者都是些吓破了胆而又充满犯罪感的人,不愿面对科学家的道德责任和政治责任。他们采取的立场是,虽然科学家不能为由他们的发现造成的邪恶应用承担责任,但是他们必须拒绝包括任何核能研究在内的某些发展方面的工作。为此目的,他们召唤爱因斯坦领导和

第13章 对超国家组织的需要(1947)

参与这一公开的运动。爱因斯坦在1947年12月15日复信:[1]

> 不用说,我完全赞同你们的基本进路。唯一的问题是,我们是否能够希望,你们提出的路线将有助于防止预示的灾难的危险。
>
> 物理学家在普林斯顿会议进行的讨论,并未显示像它们乍看起来的那么混乱不堪和令人扫兴。当时,见解的主要差异围绕实际上难以回答的一个问题:如果我们现在在没有苏联合作的情况下力争建立不完整的世界政府,那么现存的紧张局势不会变得进一步恶化吗?不过,几经踌躇之后,我赞同即使没有苏联参加的世界政府。我相信,当俄国人认识到,他们的反对——附带说一下,这是完全可以理解的——将无法阻止事件的进程时,他们将很可能加入。也许,对完全被孤立的恐惧可能改变他们的态度。然而,我必须承认,一个缜密思考的和真诚的人,完全可以拥有与我本人见解不同的见解。
>
> 你们提出的科学家不参加核研究的建议包含弱点,其弱点类似于在自愿裁军提议中找到的弱点。除非所有国家诚心诚意地参与裁军,否则裁军不可能是行之有效的。即使一个国家公开地或秘密地继续武装起来,其他国家的裁军将会陷入灾难性的后果。从1925年到1935年,英国、法国和美国为了或多或少地继续非武装,不得不付出高昂的代价;光是这个

---

[1] 这两位科学家是纽约市的 Arthur M. Squires 和 Cuthbert Daniel。

事实就有助于怂恿德国的傲慢。类似地,你们的建议若生效,那么确实能够导致严重削弱"民主国家"的力量。为此,我们必须认识到,对于我们的俄国同行的态度,我们可能无法施加任何重大的影响。虽然人们可以借助某种辩护说,现在西方大国具有军事优势,因而可能更富有侵略性,但是人们不能不考虑这样的**可能性**:西方物理学家和工程师一方的革命性步骤——例如你们所推荐的——可能具有把俄国人推入更具有侵略性行动的结果。

撇开这一点不谈,我们首先必须询问我们自己:像最近在普林斯顿集会群体这样小的一个群体的任何行动,能够产生任何决定性的影响吗?物理学家和工程师必然会遵循我们的行动路线吗?设想他们想要遵循,他们能够**自由地**这样做吗?对于这些问题,我的回答是"否",其理由如下:

1. 几乎所有科学家在经济上完全不独立。

2. 具有社会责任感的科学家的数目太少了,他们的"不参与"实际上对军备生产没有什么影响。

由于这些理由,我不相信你们的提议在任何意义上是切实可行的;实际上,颇为可疑的是,强迫采纳它是否能够达到任何有价值的东西。

下面的幽默片断显然是爱因斯坦在这个时间前后草拟的,可能针对的背景是与俄国人交换公开信,另一方面是普林斯顿的科学家会议:

第 13 章　对超国家组织的需要(1947)　　　　　647

决　议

我们美国科学家经过三天仔细考虑后,最终达到下述结论:

我们不知道

（甲）相信什么;

（乙）希望什么;

（丙）说什么;

（丁）做什么。

附　录

在俄国科学家签署的公开信的基础上,我们可以为他们构思对等的决议:

在仔细考虑后,在与我们的政府进行应有的协商后,我们知道

（甲）不相信什么;

（乙）不希望什么;

（丙）不说什么;

（丁）不做什么。

1947 年 12 月 29 日,爱因斯坦写信给德国和平运动的领导人之一奥托·莱曼-鲁斯比尔特(他是第一次世界大战后德国人权联盟的秘书长),他的七十五岁生日恰恰在元旦:①

---

①　Lehmann-Russbüldt 先生提供了爱因斯坦手写给他的信的副本。

对于你的七十五岁生日,致以我的最热烈的良好祝愿!我们与众神的共同之处在于,都在与愚蠢做无效的斗争。我们比众神精明的地方在于,能够有一天让我们从战场光荣地撤退——而这种"撤退"恰恰是自然发生的。

事态在许多方面沿着与1918年以后相同的方向而行,所不同的只是舞台上的演员。他们拙劣的表演与那时的表演毫无二致,但是可能来临的彻底失败将是无比的糟糕。失去自由意志的幻想,人们甚至不能愤怒地做出反应。

当你和我抵达天国之时,我们将在堂吉诃德经常出没的地方相遇。其间,祝你好运!

第 14 章　为人类继续生存而斗争 (1948)

在 1948 年,爱因斯坦为消除战争积极行动的不屈不挠的努力达到某一顶点。这是美国垄断拥有原子武器的最后一年。正是是年,关于打一场预防性战争的谣言四起,这使爱因斯坦深感烦恼,并激励他在国内外反战斗争中担负新的责任。也正是是年,他觉得不得不承认,反战运动迅速达到积极的成果是渺茫的;的确,在国际关系中日益增长的冷战气氛与国内和平力量之间的不团结,使反战行动更不可能变得协调一致和卓有成效。恰好在这一年年底之前,爱因斯坦作为热心的主席为之服务的原子科学家应急委员会停止了它的工作,实际上是自身从反对原子战争灾难的斗士的稀疏行列撤走了,这是一个象征性的事件。从现在起,爱因斯坦对有组织的活动更加远离;他似乎比以前更加是一个离群索居、巍然屹立的人物,虽然他对和平事业的关注一如既往,照样愿意为和平事业贡献他的巨大影响力。

事实上,爱因斯坦在他的声明中变得更为清楚有力,他的立场变得更为简明,并具体化在他认为是必不可少和必然发生的事情上。他比以往任何时候都更多地拒绝妥协,坚持认为和平问题的唯一解决办法是建立真正的世界政府。爱因斯坦在 1948 年期间的三篇陈述,也许最能概括爱因斯坦在那些日子的信念和情感的特征了:一是他就世界政府为学院辩论者手册撰稿;二是给一位波兰科学家的信,拒绝支持科学家国际合作的请求;三是给反战者同盟的信,重申他自1933年以来在个人拒服兵役问题上坚持的观点。

爱因斯坦给学院辩论者手册的稿件完成于1948年,标题是"命运攸关的决定"。全文如下:①

> 此刻正是号召男人和女人思考在现代文明史上可能发生最大灾难的时候。
>
> 在我们周围各个地方,我们看见,人类为确立和平怀有的巨大希望一度破灭。善意的人们努力弥合的东方和西方之间的鸿沟日渐扩大。一些人发出声音,他们相信和解是不可能的,只有另一次世界大战才能够解决目前的冲突。我们科学家对此的回答是,用战争裁决任何争端不再可能了,由于原子战争除了给双方能够造成空前的死亡和破坏以外,无法实现争端的解决。
>
> 像我们这样的时代,总是滋生失败主义和绝望情绪。但是,无论如何,我们之中的少数人依然相信,人在其自身有能力对付和克服他的时代的最大挑战。如果我们想要避免失败,那么我们必须希望了解真相,并鼓足勇气行动起来。倘若我们获悉真相并具有勇气,那么我们就无须绝望。
>
> 我们科学家有大量的证据表明,决定的时刻已经到来;在

---

① 在这里经过修改的"命运攸关的决定",选自国立大学函授联合会于1948年出版的《世界政府:第二十二年度辩论手册》(*World Government: The Twenty-Second Annual Debate Handbook*),并经丛书编者、密苏里大学教授 Bower Aly 的特许重印。

接着的几年,我们做什么或不做什么,将决定我们的文明的命运。人必须最终认清,他的命运是与他的全世界同胞的命运联系在一起的。伟大的观念常常用非常简单的词语来表达。在原子弹的阴影中,情况甚至变得更为明显:人人实际上皆兄弟。如果我们认清这个简单的真理并按照它行动,那么人类就可以行进到人类发展的更高水准。但是,倘若国家主义的芸芸众生的愤怒激情将更进一步吞没我们,那么我们注定灭亡。

我们认为,科学家的重要任务是,坚持不懈地向美国人民说明这些真理,从而使他们理解危如累卵的是什么。用真实的理解武装起来,美国人民将会拒绝战争,将会需要寻求和平的解决办法;他们最后将会认识到,在世界上,只有通过创建超国家的实体,即创建具有足以维护和平的权力的世界政府,真正的安全才能来到。

我们每一个人,不论是有助于使原子能释放成为可能的科学家,还是首次把这种知识用于战争意图的国家公民,都对在将来这种庞大的新力量的无论什么使用负有责任:在人类有记载的历史上,我们这一代人将不得不做出最为命运攸关的决定。我们的集体决定能够保证,人的智力的这一惊人成就将不被用来消灭人类,而被用来为未来各代人谋福利。我相信,人类能够具有理性和勇气,并将选择和平的道路。

伊格纳策·兹洛托夫斯基(Ignace Zlotowski)教授是波兰原子物理学家,当时是联合国波兰代表团的成员,他交给爱因斯坦一篇文章的手稿；他在文章中强调，需要科学家之间的密切国际合作，需要在科学问题上信息自由的国际交流。虽然爱因斯坦在他的整个一生支持在任何领域最密切的国际合作和在科学中不受限制的信息交流，但是他却拒绝为这篇文章撰写导言，因为他感到，它仅仅击中了疾病的症状，而没有击中疾病本身。只要未消除战争本身，爱因斯坦不想支持使他确信是行不通的建议。在所署日期为1948年3月31日的给伊格纳策·兹洛托夫斯基的信中，他清楚地表明了他的立场：

> 在仔细考虑后，我觉得不能撰写支持你的文章的导言，尽管我完全同意你的许多观念。这是我采取我的态度的理由：我分享你关于在任何研究领域限制信息自由交流是一种巨大罪过的观点。这样的限制危及纯粹科学和应用科学的发展以及国家之间的关系。而且，这种限制对较小国家的智力和经济发展特别有害。
>
> 另一方面，我确信，对自由的信息交流的限制只是折磨这个世界的疾病的一个症状，但是这个症状不能作为孤立的现象医治。只要各国感到不得不备战，基于其上的科学知识和工业能力就形成军事准备的一部分，这种关系在过去并不像在今天那样以相同的程度存在。因此，只有消除了战争机制和各国之间的军备竞赛，才能够达到在纯粹科学和应用科学领域坚持如此需要的自由合作和自由发表。
>
> 依我之见，这只有通过超国家组织、通过世界政府才能达到。我确信，不存在其他根本的解决办法。但是，在你的文章

中甚至没有提及这个关键问题,因此它看来好像仅仅击中了战争的症状,而没有给出治疗疾病的任何希望。

我自信你知道,对于坚持和鼓励一切国家的科学家和知识分子之间个人的思想自由交流,我多么深挚地关心它。不管怎样,在目前的局势下,我觉得,所有这样的交流的主要意图应该是,通过平心静气地讨论一个现实的解决战争问题的方案,为国际政治问题的解决做出贡献。

1948年春,纽约反战者同盟副秘书罗伊·C.开普勒(Roy C. Kepler)先生提醒爱因斯坦,他在纳粹时期之前曾经积极参加反战者的运动。他引用了爱因斯坦在那些岁月为热情支持运动的有组织活动撰写的一些陈述,并请求爱因斯坦参与到"宣告反战、非暴力和世界兄弟一家的事业"之中。爱因斯坦1948年8月8日的复信提供了他的基本立场的一个相当简明的陈述:①

> 我无法再次肯定,你在你的信中引用的陈述是我为特殊场合以那种形式准备的,还仅仅是在不同时间所提出的各种见解的编录。无论如何,它非常准确地表达了我从1918年到1930年代初这一时期在反战方面持有的观点。但是,我现在感到,我当时就拒绝个人参与备战和军事活动所建议的政策太原始了。我的理由如下:

---

① 爱因斯坦给在纽约的反战者同盟的信由他的档案的普通手写稿翻译,实际寄发的英译文是原稿的压缩版本。

（1）只要国际无政府状态存在，只要某些国家运用强有力的手段阻止它们的公民从事任何种类的反军国主义活动，反战运动实际上有助于削弱具有比较自由类型的政府的国家，而间接地支持现存的专制政府的政策。这在希特勒和墨索里尼时期尤其真实；通过削弱民主国家的防卫潜力而帮助增强他们二人的力量，是更加不理智的，因为希特勒不仅打算奴役世界其余地方，而且甚至打算灭绝所有国家。

通过拒绝军事服务的反军国主义活动，只有这些活动在世界各地畅行无阻时才是明智的；在两次大战之间的时期，在希特勒上台之前，情况或多或少就是如此。就这个问题而言，今天局势截然不同了，因为一方面在俄国个人反军国主义是不可能的，另一方面民主国家变得更具有侵略性。

（2）我最终确信，任何号召个人抵制他们在其中谋生的国家的政策，这种做法必定证明是徒劳无效的，除非在历史上某些时期大众处在强大的宗教催眠状态的影响下；只有在那时，许多人才准备成为殉教者。

（3）由于刚才提及的理由，我现在相信，反战政策未提供反对战争的有效武器，通过建立世界政府指向消除国际无政府状态的政策，才能呈现较大的成功希望。我坚信，一切有责任感的人，都应当集中他们的力量为这个目标而奋斗。

1947年12月20日，十一位英国知名人士在英国公布的一份

第 14 章 为人类继续生存而斗争(1948)

文件中宣告,控制原子能的一切尝试由于苏联的不让步而遭到挫败。[①] 他们感到,如果美国和英国人民不得不在共产主义和战争之间做出抉择,那么他们将会选择战争。他们敦促美国和英国在尽可能高的级别上做出一个最后的尝试,以保证苏联参加控制原子能的方案。若呼吁失败,"与英国和美国密切联合的热爱自由的各强国应该一致行动。他们应该一起发展这样的包括原子武力在内的防御武力优势,以致没有一个强国胆敢挑战它们。"在签名者中,有伯特兰·罗素、T. S. 艾略特(T. S. Eliot)、维奥莉特·博纳姆·卡特(Violet Bonham Carter)夫人、范西塔特勋爵(Lord Vansittart)和教士大人、下议院工党议员戈登·兰(Gordon Lang),兰曾经是世界政府运动主席(参见 p.420),爱因斯坦对世界政府深感兴趣。

通过海底电缆电报,爱因斯坦通知兰,他不同意声明,在世界政府运动背后主要的驱动力量亨利·C. 厄斯本也对声明不满。厄斯本给爱因斯坦写了一封长信,对声明、特别对兰显然在没有与他的同行协商的情况下签署声明表明表示失望。厄斯本和该运动的其他成员认为,世界联邦是人类面临危险的唯一解决办法,与此同时戈登·兰和他的一些朋友却已经开始同情欧洲联盟的观念。爱因斯坦显然觉得,应该引起原子科学家应急委员会对这场争论

[①] 十一位英国人士的文件发表在 1947 年 12 月 22 日(伦敦的)《泰晤士报》。在美国报刊也报道了它;例如,参见 1947 年 12 月 21 日的《纽约先驱论坛报》。爱因斯坦给 Usborne 的信由手写德文手稿稍做修改而成。爱因斯坦说罗素的签名未经他本人授权,这种说法没有确定,但是从本书 p.497 提及的罗素的信来看,似乎罗素在此时赞同向苏联显示武力。在 1948 年 2 月 16 日由许多人传递阅读后签名的给爱因斯坦的信中,Usborne 提到,Lang 未出席他没有再次提名作为世界政府运动主席的那次会议,而且后来他宣布他不会接受它。

的关注,正如前面指出的,委员会曾经表达了它对厄斯本计划感兴趣。不过,由于没有在几周内安排委员理事召开会议的日程,因此爱因斯坦强调,他1948年1月9日在给厄斯本的信中表达的观点仅仅代表他个人的看法。这封信是重要的文献,因为它提供了爱因斯坦立场的特别清楚的陈述:

1. 我相信,戈登·兰、范西塔特勋爵等人发表的声明实际上是有害的,再发表一个反对它的声明是必要的。(似乎伯特兰·罗素的签名未经他授权。)

2. 我同意科德·迈耶(在1947年10月《大西洋月刊》的一篇文章"和平还是可能的")就巴鲁克提议所说的话。只要没有消除战争本身,消除单一一种武器是行不通的。只有建立有效的世界政府,才能够做到这一点。

3. 如果俄国人说明了他们是经过真正的考虑拒绝巴鲁克提议,并伴随提出他们自己的建设性的和合理性的提议,那么就可以为他们的拒绝辩护。对于他们提出在没有超国家控制的情况下的普遍裁军的实际的反提议,人们无法严肃地看待它;他们必须了解这一点。

4. 在我看来,情况变得很清楚,苏联人将断然拒绝任何超国家机构,因为它要把外国检查他们的国家包括在内,并且要把相当的限制强加于他们的主权。只要他们有任何希望使这一政策成功地阻止有效的超国家组织的建立,他们将会固守这一立场。例如,这一点在四位俄国科学家致我的、最近发表在《新时代》杂志的公开信中显示出来(参见 p.443)。必须把这封公开信视为半官方的声明。

5. 下面的困难问题依然存在:人们如何能够为世界政府精力充沛地工作,而又不造成结果将是指向反对苏维埃俄国的联盟的风险? 恰恰是这个问题,使得美国的原子科学家在特定的和直接的政策上难以达成一致。

6. 不管怎样,我本人相信,我们应该采取支持世界政府的强有力立场,即使冒暂时把苏维埃俄国驱赶到它自愿承担孤立的风险;而且,很自然,应该沿着这条道路做一切事情,以便使俄国人改变他们的孤立主义态度变得容易和有吸引力。我相信,如果明智地(而不是用笨拙的杜鲁门习性!)做到这一点,那么一旦俄国认识到它无论如何不能阻止世界政府,它便会予以合作。

7. 在支持安全问题的超国家解决方面,如果美国不得不采取毫不含糊的和决不动摇的立场,那么事态便会大大简化。我相信,在这一点,来自大西洋彼岸的、特别是来自英国的某种批评,也许证明是有用的。

倘若清楚说明我仅仅代表个人讲话,你可以引用我在这封信中所说的一切。

作为兰签署的声明引起争论的一个结果,他没有重新当选世界政府运动主席。爱因斯坦能够说服原子科学家应急委员会继续支持世界人民大会运动,这一点稍后将在下一章表明。

到此时,全民军训在美国成为一个重大的政治争端。爱因斯坦是全国反对强制征兵委员会的支持者,他和其他二十位美国知

名人士签署了下述声明"军国主义和文明",该声明用做该委员会在1948年1月出版的小册子"美国的军国主义化"的引言:①

阿诺德·J.汤因比(Arnold J. Toynbee)在他的纪念碑式的《历史研究》(Study of History)中指出,军国主义"是文明崩溃的最常见的原因"。因此,目前对美国生活和建制的军事控制的趋势,应该引起美国爱国者最深挚的关注。我们设想,我们能够采取腐坏和消灭其他文明,而我们自己却能幸免于相同命运,这个路线恐怕是愚昧无知的和自取灭亡的。

军国主义导致战争,也导致自由的丧失。对于使它的国民活动屈从军事控制的国家来说,存在隐蔽的危险和明显的危险。即使在一些严格兵营式管制的外表还没有显露出来的地方,也可能使首创精神和探索精神大伤元气。例如,因为军人日益增加的威望,如果与军人意见不同的权利未被强有力地行使,那么权利的理论存在或形式存在将不会有益于我们的自由社会或保护我们的自由社会。

因为我们深信,如果目前对我们建制的军事控制的趋势继续下去,那么美国无法依旧是民主的,所以我们加入到发行这个报告、并把它推荐给我们的同胞公民做最严肃研究的行

---

① 据全国反对强制征兵委员会报道,爱因斯坦的同道支持者是 Could Beech、Anton J. Carlson、Donald J. Cowling、Henry Hitt Crane、Edwin T. Dahlberg、Geoge C. Danfield、Kermit Eby、Dolrothy Canfield Fisher、Reuben Gustavson、J. Thomas Heistand、W. H. Jernagin、Julius Mark、Cord Meyer, Jr.、William J. Miller、Arthur Morgon、Chat Paterson、James G. Patton、Paul E. Scherer、Ray Lyman Wilbur 和 Robert Wilson。

第14章 为人类继续生存而斗争(1948)

列之中。在列举军事扩张影响的这些众多例证时,我们并不必然意味着,我们每一个人总是反对在这里描述的每一个活动;但是,作为一种孤立的活动可以被认可或忽略东西,当它作为首要危险格局的一部分时,就不能置之不理了。

一位退休到加利福尼亚州大农场的、富有旅行经验的陆军军官和美国全国退伍军人协会官员对爱因斯坦反对强制征兵发起挑战,并以完美的德文要求爱因斯坦详尽阐述他的观点。爱因斯坦在1948年1月28日复信:[①]

你的优美的德文激励了我,使我用我感到真正运用自如的唯一语言答复你。

当美国发现她自己被迫介入最近两次大战时,她没有充分武装起来,这一说法固然是正确的;而且,我的见解并不是说,美国在目前境况下应该全面裁军。事实上,这根本不可能发生。我宁可相信,现在危险在于这样的可能性:美国完全可能屈从于那种在半个世纪前席卷德国的、可怕的军国主义化。甚至当前,存在政治权力和影响人民心智的权力日益增加地进入军人手中的真正危险,须知这些权力被用来处理从有利于军事的观点看待的一切政治问题。由于美国目前至高无上的霸权地位,便把军事观点强加于世界其余地方。我们永远

[①] 陆军军官和美国全国退伍军人协会官员是加利福尼亚州英皮里尔(Imperial)的 F. F. Fletcher。

不应该忘记,在最近的未来,任何国家完全不可能进攻美国,遭到破坏的、穷困潦倒的和政治孤立的俄国最不可能进攻美国了。

就强制征兵而论,在我看来,它在此时是毫无道理的,即使从军事的观点看也是如此。技术发展达到这样的程度,以致在将来,与物力和机械比较,纯粹的人力将起愈来愈小的作用。这样的状况不需要常规部队,而需要主要由技术人员组成的专业部队。与在德国的事件中保持接触的任何人都熟悉,军训多么深广地腐蚀了人民健全的政治本能。再也没有比这更有效的消灭民主心态的方式了。

在结束时我必须指出,争取一个像样的未来的唯一希望,在于安全问题的超国家解决。具有原子弹和细菌武器的战争,意味着全球的毁灭。由于军国主义化造成针对可能的战争背景决定一切问题并相应地给人民灌输的倾向,因而它引起唯一可能的解决办法是不可能的心态。

来自南达科他州的参议员和参议院军事委员会主席钱·格尼(Chan Gurney)就全民军训征集一些人的观点,爱因斯坦在被征集者之列。爱因斯坦的正式声明的签署日期是 1948 年 3 月 18 日,它在 1948 年 3 月 24 日《国会议事录》(*Congressional Record*)的记载如下:①

---

① 爱因斯坦反对全民军训的声明发表在美国国会参议院军事委员会关于全民军训的听证会上,华盛顿特区,政府印刷事务所,1948 年,第 267 页。

第14章 为人类继续生存而斗争(1948)

我应该认为,只有存在敌人在最近的将来入侵美国领土的威胁时,采用强制军训才是必要的和有道理的。使我确信不疑的是,并不存在这样的威胁。

我进而确信,对于我们自己国家以及世界其他国家的福利和安全而言,全民军训总是有害的;其理由如下:

(甲)它只会倾向于加速军备竞赛,增大美国和苏联之间的紧张关系,进一步加剧战争的危险。

(乙)它会倾向于破坏这个国家的民主精神,加强和巩固军人的影响,而这种影响已经强大到危险的程度。

(丙)它会通过把我们的大部分生产能力和人力转移到非生产渠道,从而把沉重的和不必要的经济负担强加于国家。

(丁)它会不可避免地在人民中间产生军国主义精神,这种精神在过去已使许多国家变得如此致命的不幸。

在共产主义于匈牙利开始掌权之后八个月,匈牙利无线电广播电台的评论员在准备一个他称之为"人与人之间的**和睦友好**"的谈话节目时,提出了一系列问题,爱因斯坦在1948年2月4日对此做了回答。[①] 爱因斯坦除了重申他对世界政府必要性的信念外还说,只要没有采取防止战争的适当措施,人的本性就其之所是,总是可能倾向于战争。他说,只有当人民处处决心采取必要的步骤,这样的预防才是可能的。通过相互之间的密切合作,较小的国家也能够对安全问题的解决做出贡献,由于它们的政府不像大国

---

① 这位记者是匈牙利官方无线电广播电台(*Magyar Rádió*)的 Török Sàndor。

那么多地处于帝国主义强权政治的影响之下。爱因斯坦进而说,真正的和平不能靠武装力量强制实现;这是暴政,而不是和平。毋庸置疑,文明不可能在经历新的世界大战之后继续存在;即使为这样的战争做准备,也会毁灭文明。

1948年1月30日,爱因斯坦长期深爱的、印度伟大的领导人甘地遭到暗杀。2月11日,爱因斯坦为在华盛顿举行的宗教纪念仪式发布了下述声明:①

> 每一个关注人类更好未来的人,都必定为甘地的悲剧性死亡而打动。他是为他自己的原则——非暴力原则——而牺牲的。他的惨死,是因为在他的国家无序和动乱的时期,他拒绝对个人的任何武装保护:努力追求正义的人们避免武力,正是他的毫不动摇的信念,他相信武力的使用本身就是罪恶。
>
> 他把他的整个一生献给这个信仰,他以他心中的这个信仰领导一个伟大国家走向自由。他证明,人对国家的效忠不仅仅能够通过政治欺骗和诡计的狡猾花招赢得,而且能够通过道德高尚的生活方式的活生生的榜样赢得。
>
> 甘地在整个世界享有的尊敬基于大部分人没有意识到的认识:在这个道德衰败的时代,他是代表在政治领域人际关系更高构想的唯一政治家,我们必须以我们的全部力量追求这一构想。我们必须汲取艰难的教训:在世界事务中像在其他一切事情上一样,只有当我们的事业建立在正义和法律的基

---

① 爱因斯坦关于甘地暗杀的声明据德文文本修改过。

础上,而不是建立在迄今实际所做的赤裸裸的武力威胁的基础上之时,人类的未来才可能是说得过去的。

德国前将军、希特勒之前的德国和平运动老战士、在德国战败后担任复活的德国和平协会主席的保罗·弗赖赫尔·冯·舍奈希(Paul Freiherr von Schoenaich)写信给爱因斯坦,说他看到爱因斯坦给莱曼-鲁斯比尔特的信(参见 p.457)以及就萨科-万泽蒂事件发表的声明(参见 p.424)。舍奈希自豪地回忆起与爱因斯坦并肩战斗的岁月,请求爱因斯坦针对东西方冲突问题给予指导。爱因斯坦在1948年2月18日给他写信:

> 实际上,和平和安全问题远比社会主义和资本主义之间的冲突重要。人首先必须保证他的幸存;只有此时,他才能够询问他自己,他宁可选择什么生活类型。我完全与你一致的是,没有一个真诚的个人能够无条件地认可西方或东方两个阵营中的哪一个。无论在这里还是在那里,像用传统的政治手腕进行欺诈的权力斗争同样是令人厌恶的。

一个通讯记者尖锐地批评爱因斯坦对苏联科学家的答复,指责他毫无批判地接受了自由主义观点,且不理解资本主义和社会主义之间的冲突和对抗。爱因斯坦在1948年3月8日写信说:[1]

---

[1] 批评爱因斯坦的通讯记者是纽约市的 John Dudzik。

事实上，关于自罗斯福逝世以来美国的外交政策，我与你的批判性的评论完全一致。不过，你对自由主义观点的批评却不怎么令人信服。**自由主义**一词的意义变得如此冲淡，以致覆盖形形色色的观点和态度。例如，你的批评不应该对准无疑是自由主义者的亨利·华莱士。另一方面，你谈到社会主义，可是在我看来，情况实际上好像是，像我所理解的社会主义今天在任何地方都不存在。

你说，社会主义就其真正的本性而言拒绝把战争作为解决争端的良方。我不信这一点。我能够容易地想象，两个社会主义国家相互之间也可能发生战争。

我心里十分清楚，世界政府具有好坏两种品质。然而，它是能够防止战争的唯一令人信服的机制。我不相信，世界政府在它的一切决定上都是公正的；但是，由于技术发展到目前的水准，即使一个蹩脚的世界政府也比没有世界政府可取，由于我们的首要目标是避免因战争而遭到全面毁灭。

我绝没有因我们时代的不公正和野蛮行径谴责苏联。但是，我确信一件事情：如果你像了解美国一样地了解苏联，那么你对那里状况的判断与你现在对在这个国家状况的判断一样充满苦味。你没有吃过的东西，你是辨不出苦味的。

亨利·华莱士是一本书《走向世界和平》(*Toward World Peace*)的作者，该书计划在 1948 年 4 月 15 日出版。在华莱士竞选总统全国委员会公开的一份声明中，爱因斯坦就该书说了这样

一段话:①

> 这本书像他的作者一样是明朗的、真诚的和谦逊的。如果你公正超然地和毫无偏见地仔细阅读它,那么你将不得不赞同它的根本前提——至少这是我能够看待它的唯一方式。只有超越当今气量狭小的争吵和超越自私自利的人,才能把我们从危如累卵的国内和国际局势中拯救出来:罗斯福和威尔基(Willkie)是这样的人,亨利·华莱士也是这样的人。

纽约一个通讯记者计划成立一个成员广泛的反抗战争歇斯底里的组织,他以此与爱因斯坦(和若干其他知名人士)接触。爱因斯坦在1948年3月29日复信:

> 你的尝试切合实际需要,倘若你能够在它背后集合足够具有真正善良意志和充分影响的人,那么我全心全意地支持它。也许重要的是,要动员没有像我那样经常表达在这个问题上的立场的人。承蒙你的善意允诺,我将把它通知原子科学家应急委员会;若你愿意告知我,你的值得称赞的尝试是否正在取得进展,我将无任何感激。为卓有成效起见,你对公众的呼吁必须就此刻重要的争论问题采取无所畏惧的立场:全民军训,征兵,对原子能民用控制的保留,以及清楚说明并非只有俄国对不稳定的和危险的国际政治局势负责。

---

① Wallace的书由纽约Reynal & Co.出版。

1948年4月11日,原子科学家应急委员会发布第三篇重大政策声明,它在声明中支持世界政府的构想。这篇声明体现了各种歧异观点的妥协,有理由相信,爱因斯坦可能想要它具有更深远的影响。但是,他还是像他的十一位同伴理事在它上面签了名:[①]

(一)

两年前这个月,联合国原子能委员会处在组建的过程中。今天,关于原子能国际控制的讨论正准备无限期地休会,也许永远再也不能复会了。在历史上最为命运攸关的事件,几乎悄无声息地过去了。必须认识它的重要性,必须使它对人类的教训变得大白于天下。

为了厘清这些讨论彻底失败的意义,我们在这里重申最初在1946年11月17日发表的六点声明:

1. 现在能够廉价而大量地制造原子弹,它们将会变得更加具有破坏性。

2. 没有防御原子弹的军事手段,在可以预见的将来也不可能有这样的手段。

3. 其他国家依靠它们自身也能够重新发现我们的秘密流程。

[①] 应急委员会声明的副本在纽约的 Harold Oram 手头;为明晰起见,稍微做了编辑处理。在伴随声明向记者发布的新闻稿中,给出三个新理事的名字:内布拉斯加(Nebraska)大学校长 Reuben G. Guatavson、芝加哥大学的 Joseph E. Mayer 和印第安那(Indiana)大学的 Hermann J. Muller。没有再列举 Bethe 的名字。

4. 为应付原子战争做准备是无用的,若试图这样做,将会毁坏我们的社会秩序的结构。

5. 如果战争爆发,那么将会使用原子弹,肯定将会摧毁我们的文明。

6. 除非对原子能实行国际控制,并最终消除战争,否则没有办法解决这个问题。

在这十七个月期间的每一项科学发展都支持这一声明的正确性。但是,必须借以完成原子能国际控制的谈判,却彻底失败了。

(二)

现在,是估量现实和勇敢地接受事实的时候了。我们的文明面临的最突出的事实是,同一个世界的希望受挫:今天两个敌对世界完全处在争夺之中,以苏联为首的东方集团与西方民主国家对峙。

三种可能的政策路线正在西方露头:

1. 第一种政策是预防性战争的政策。它要求在美国依然保持原子弹垄断的同时,在我们自己选择的时间和地点对潜在对敌人发起进攻。让我们不要自己欺骗自己,在这样的战争中取胜可能是廉价的和容易的。一开始,俄国人能够占领整个欧洲,推进到大西洋的海岸线,只有通过对城市和通讯中心进行大规模的轰炸,才能把他们从这里驱逐出去。没有一个军事领导人表明,没有代价高昂的地面部队入侵欧洲和亚洲,我们能够迫使俄国人投降。即使在遭受巨大的生命和财产损失后最终取得胜利,我们会发现西欧的崩溃状况比今日在德国现有的状况还要糟糕得多,它的人口锐减,疾病蔓延。在几代人的时间,我们负有重建西欧和管理苏联的任务。这些任务也许是我们能够取得最低廉的胜利的结果。没有几个负责任人还会相信如此廉价的胜利。

2. 第二种可能的政策是在两个集团的世界维持武装的和平,在历史上这种和平总是导致战争。这一路线将导致在经济和军事上重建西欧的力量,与美国处处结盟,它能够以压倒优势的力量与苏联集团对峙。这总是无限期地需要庞大的和持续增加的军费,迫使人民过较低水准的生活。这可能背叛我们的道德立场,因为要抗衡苏联,我们得支持反民主的体制。但是,这种政策除了在战争开始时就不比预防性战争有利,从而更加不利地结束外,是不会有尽头的。

3. 第三种政策是对世界政府的驱动,世界政府在各国政府中间几乎没有得到支持,但是在西方人民中间却赢得日益增长的强有力的支持。除去它的朋友的热情和它的敌人的误解,世界政府期待创建一个拥有足以在各国之间维护法律的权力的超国家权威。在开始和在每一个步骤中,大门都愿意向一切与超国家权威结盟的和服从它的有限裁决权的国家敞开。

这是毫无希望的前景吗?我们认为不是。美国关于国际控制原子能的提议基本上被苏联集团之外的国家接受。由于所计划的废除在原子能领域的否决权,该提议可以具有把这个领域的主权转移到国际权威的效果。在本质上,这能够视为在有限范围内的世界政府。

头两种所提出的政策不可避免地能够导致战争,这只能以我们传统文明的全面崩溃而终结。第三种指出的政策可能引起苏联集团接受联邦的提议。即使它们不接受,我们现在也没有失去过去没有失去的东西。如果世界具有武装的和平时期——这似乎是可能的,那么随着时间和事件的推移,可能引起苏联政策的改变。

此时,我们具有这样的选择:在头两种情况下接受战争的不可避免性,在后一种情况下接受和平的可能性。面对这样的二者择一,我们相信,我们的一切建设性的行动路线必须与建立联邦的世界政府保持一致。

(三)

世界政府能够达到,但它不能在一夜间达到。在其间,政治家必须面对今天的问题并尝试解决它们,以免留下一个没有文明的世界去管理。事件的进程表明,对国家防御的意图而言,在军备不再可能是合适的时候,却日益增长地依赖军备;而且,事件的进程还表明,日益减少使用谈判和调解的程序。

在美国和苏联两个大国之间,在世界任何地方现在都没有举行认真的谈判。几乎在每一个地方,模式都是相同的——关于最重要的问题的讨论,诸如在联合国原子能委员会、在柏林、在朝鲜问题上的讨论,都以彻底失败而告终。

我们希望举行最高政府级别的讨论和谈判——如果需要的话在起始阶段秘密进行,并在任何时候都把通过世界政府达到和平的最终目标牢记于心。我们理解并分享民主国家人民对秘密谈判的厌恶之情。但是,在目前条件下,我们看不到由公开谈判达成任何协议的希望,因为在公开谈判中,每一个政治家都是他的国家声望的俘虏。

这种对谈判的要求并不意味着姑息。本委员会的每一个委员都曾经反对慕尼黑时期的慕尼黑协定,我们今天同样承担在全世界维护思想自由和人身自由的边界的义务。这就是我们对捷克斯洛伐克沦为警察国家深感烦恼的原因。[共产党在1948年2月25日接管了对捷克政府的完全控制。]

(四)

我们公开我们的立场,是因为我们相信,在民主政体下,致力于澄清我们大家面临的重大问题的争端和解决办法,是每一个公民的责任。在人类今日存在的悲剧性状况中,科学家具有特殊的处境。正是由于科学共同体的工作,巨大的威胁才向人类袭来,并造成毁灭我们文明的危险。

我们都是分担共同危害的世界共同体的公民。因为我们的激情和我们遗传下来的习惯,我们可能被迫毁灭我们自己,难道这是不可避免的吗?在文明面临它的最后的考验时,没有一个人有权利袖手旁观。正是本着这种精神,我们召唤所有人,为达成将带来和平的协议而工作,而牺牲。

这篇声明发布后的那天,即1948年4月12日,原子科学家应急委员会为表达对美国标准局局长爱德华·U.康登(Edward

第14章 为人类继续生存而斗争(1948)

U. Condon)博士的敬意而举行宴会,以此"作为他的科学同行充分相信他对美国建制的绝对正直和忠诚,作为抗议国会非美活动委员会对他的忠诚的莫须有攻击的证明"。这一大事由全美各地最著名的126位科学家发起,他们之中的一半以上是美国科学院院士,他们之中有九人是诺贝尔奖得主,包括爱因斯坦在内。宴会的收入用来资助《原子科学家公报》。爱因斯坦由于不能出席,向宴会发出电文,他在电文中说:[①]

除了把所有学者联合起来的天然休戚相关外,这次聚会是我们不愿意接受下述政策的表达:基于含糊的猜疑,公开地使公众嘲笑通过真诚而无私的工作对公共利益做出巨大贡献的人。信任和忠诚对一个健康的社会是必不可少的基础,只有普遍地实行它们,它们才能繁荣兴旺。

得克萨斯一位通讯记者引起爱因斯坦注意奥尔德斯·赫胥黎的著作《科学、自由与和平》(*Science, Liberty and Peace*),[②]并建议爱因斯坦在公开发表言论时宣布:"一切有良心的和负责任的科学家,都应该拒绝把它们的科学技艺听任任何这样的政府支配,这些政府可能主要利用它开发更加致命、更为恐怖的大规模屠杀工具。"

爱因斯坦在1948年4月15日复信:

[①] 爱因斯坦针对Condon宴会的声明的译文据德文原件稍做修改。
[②] Huxley的书由牛津大学出版社于1947年出版。爱因斯坦的通信者是得克萨斯州法尔(Pharr)的Armin F. Doneis。

虽然你的信念与我本人的信念非常接近，但是我感到，你的提议毫无成功的指望。大多数科学家，尤其是年青一代科学家，由于经济方面的缘由，从根本上讲是不独立的。就他们中的大多数人而言，反对政府会导致全面的经济崩溃；因此，在敦促这些人做出自我牺牲时，你不能期望获得成功。在这样的境况下，诸如赫胥黎博士建议的科学家的职业誓言，只不过是空洞的套话而已。进而，比如说，若三分之一甚或少于三分之一的称职科学家不参加，一些人的牺牲恐怕是毫无用处的。

赫胥黎的要旨是理论上的无政府主义的一种类型。我们不能忽视技术的持续进展。正如他正确指出的，技术进展导致政治和经济权力的集中，而这种集中确实倾向于危及个人的政治独立。但是，在这样的最困难的条件下，我们争取自由的斗争必须继续进行下去。我们必须认识到，我们既无法改变人，也不能改变技术进步。

世界政府没有抵御暴政；它防御毁灭的威胁；毕竟，生存必须拥有优先权。

1948年4月27日，在纽约卡内基会堂（Carnegie Hall）的一个仪式上，一个奉献于使去世不久的温德尔·威尔基的观念永久长存的群体即同一个世界奖委员会，把它的同一个世界奖授予爱因斯坦，并把他描述为"把他的整个一生献身于世界统一和持久和平的目标的、世界最伟大的科学家"。爱因斯坦接受该奖的答词由

统一世界联邦主席小科德·迈耶代替他宣读:①

你们选择授奖给我,我因这一非凡的荣光深受感动。在我的漫长生涯的历程中,我从我的同胞那里获得的承认远远超过我应该得到的;我坦白,在给予我承认时,某种羞耻感总是压倒我的愉悦。但是,在这个场合,前所未有的痛苦如此大大地超过欢乐。因为关注和平与理性和正义胜利的我们中的所有人,都深刻地意识到,理性和真诚的善意今天对政治领域的事件的影响是何其之小。不管情况可能怎样,不管我们可能遇到什么命运,无论如何可以肯定,没有关注作为一个整体的人类的福利的那些人的不倦努力,人类的遭际实际上比现在的遭际还要糟糕得多。

在这个命运攸关的决定性时刻,我们尤其必须向我们的公民同胞强调这个事实:无论何时物质力量无所不能的信念支配一个国家的政治生活,这种力量就呈现属于它自己的生命,甚至变得比把它作为工具使用的人更加强大。所计划的国家军事化不仅直接以战争威胁我们,而且也会缓慢地但却确定地削弱我们国土上的民主精神和个人尊严。国外事件迫使我们武装起来的断言是不正确的;我们必须用我们的全部力量与这种虚伪的假定斗争。实际上,正是由于我们自己重新武装对其他国家的影响,才引起战备鼓吹者力图把他们的

---

① 爱因斯坦关于同一个世界奖的讲话发表在 OOMLY 第 146 页和 IAO 第 146 页。也可参见 1948 年 4 月 28 日的《纽约时报》。在这里做了几处文体上的改动。

计划基于其上的事态。

通向和平和安全只有**一条**道路：超国家组织的道路。各个国家武装起来，仅仅有助于普遍的不确定和混乱，而无法提供任何有效的防御。

这篇答词，可能还有原子科学家应急委员会的某些声明，促使《华盛顿明星报》(*Washington Star*)在1948年4月29日发表社论"只是一种梦想"，社论赞扬爱因斯坦对世界统一和持久和平做出真诚的奉献。不过，社论却坚持认为，"他让我们采取的路线忽视我们的所有经验教训。在第一次世界大战后，美国曾经抛弃了它的武装。……而在如此做时，我们险些在第二次世界大战败北。我们不能再这样做了。……爱因斯坦博士梦中的世界政府，将不得不等待人类为它做好准备的那一天。"

几天后，即1948年5月3日，伊利·卡伯特森(pp.321,373)寄给爱因斯坦一封致《华盛顿明星报》编辑的有说服力的信件的副本。该信说："我恭敬地赞同爱因斯坦博士关于建构世界政府的某些构想。"但是，"如果我不得不在爱因斯坦的世界政府之'梦'和你们的'现实主义的'、现在正在美国和俄国继续的原子能竞赛之间选择的话，那么我肯定会选择阿尔伯特·爱因斯坦的世界政府。"卡伯特森提出他自己的"争取世界和平初步计划"，随后在1948年6月号《读者文摘》(*The Reader's Digest*)把它发表了，并被收录在国会三十位议员倡议的国会共同决议案中。在给爱因斯坦的信

中,卡伯特森把他的关于修改联合国宪章的提议概括如下:①

修正案 A 确立两条国际法:任何国家(或它的公民)不可以准备侵略战争或进行侵略战争。在这两个事务方面,它把主权授予修正的安理会。

修正案 B 规定,在世界级别对原子武器的威胁实行全面控制,在重要武器领域实施所规划的裁军。

修正案 C 建立如此计划的联邦武装力量,使得它不仅是有效的,而且在政治上也是可以接受的。

我十分乐意与你进一步探讨这个问题,非常高兴在你方便之时前往普林斯顿拜访你。你的成就和才智令我如此深感钦佩,而这样的人却没有几个。

爱因斯坦在1948年5月6日复信:

十分感谢你的善意的来信,十分感谢你豪侠地捍卫我的关于世界政府的观点。我以前就了解你的计划,现在我仔细阅读你对它的阐明。在一个着眼点,我与你完全一致:我们关于什么构成切实可行的进路的观点的差异并不是最为重要的,不应该强调它。本质的东西是,我们彼此确信,通过建立超国家军事力量的超国家措施,而且这样的力量能够使侵略

---

① Ely Culbertson 的信的摘录经他的遗嘱执行人 Bruce E. Culbertson 和 Albert H. Morehead 的慨允重印。爱因斯坦的复信稍做修改。

行为变得毫无用处,必须找到一条终止在美国和苏联之间现在滑向战争的途径。

你表示确信,你的计划不仅提供充分的安全,而且也享有出于心理学的理由可能比较容易接受的优点。对于这两点,我颇为怀疑。我进而相信,正如你建议的,对数量上受限制的各国军备进行监督,这本身即可造成大国之间冲突的危险源泉,即使在先已经就军备的规模达成一致。

我向来不赞成,在本质上正在力争相同目标的群体之间,因意见分歧而发生任何公开的争吵。相反地,我们应该竭尽全力把我们的努力拧成一股劲。

但是,我不相信,我们之间的会面会卓有成效,由于我对这些群体的直接影响非常小;而且,我在军事问题上当然不是专家。

不过,在我看来似乎清楚的是,现在美国正在采取的实际步骤比苏联已经采取的实际步骤对和平构成更大的威胁。我相信,我们大家都会十分谨慎,不为今日美国人为制造的歇斯底里卖力。

1948年4月,爱因斯坦回答了法国杂志《义勇军》(*Franc-Tireur*)就战争危险和东西方关系主题提交的一系列问题:①

---

① 爱因斯坦对《义勇军》提交的问题的答复发表在该杂志的1948年4月6日刊号,在这里经《义勇军》的继承者《巴黎岁月》(*Paris-Jour*)的慨允重印。

第 14 章　为人类继续生存而斗争(1948)

客观地审视,没有理由认为另一次战争是不可避免的。无论美国还是苏联,都在寻求世界统治权,它们之间也不存在任何与生死存亡的利益有关的真正严重的冲突。真实的危险在于这个事实:这两个大国无论哪一个也没有显示出在超国家的基础上解决安全问题的诚意。鉴于双方努力在**万一爆发战争时**使它们各自的军事准备工作尽可能处于有利地位,它们事实上正在以骇人听闻的速度加剧危机。

其他国家,尤其是在欧洲的国家,能够做许多改善局势的事情。这能够通过对两个主要的敌手坚决而有理的批评来实现,而不是通过单方面加入一方完成。这些像它们现在所是那样枯竭和穷困的国家,往往会低估它们潜在的道义影响力。责任主要落在知识分子和报刊身上。舆论由于它对即将发生的危险的感觉而被弄得稀里糊涂,比通常更容易受到影响,不论是好的影响还是坏的影响。

恐惧、憎恨,尤其是个人的怯懦,对于理智地解决我们的问题,处处是最大的障碍。

现代文化作者刘易斯·芒福德(Lewis Mumford)写了一篇文章"原子弹:'奇迹'还是灾难",它刊登在 1948 年 7 月号《空军事务》(*Air Affairs*)上。他提出,世界休战一年;召开国际科学家大会,美国在会上最大限度地披露她的原子弹武库,从而容许大会准确推断任何未来冲突的范围;美国和苏联联合倡议,把联合国变成世界政府;一旦苏联宣布它自己赞成世界政府,便销毁原子武器储备和生物武器;停止原子能的任何进一步的生产,直到世界权威能够接收它,这个权威也能够控制其他能源;最后,由联合国控制所有的国际海峡和水路。按照芒福德的观点,美国和苏联犯下愚蠢的错误，误解了它们的国家利益。它们必须造成一个"开放的世界"，或者在封闭的世界里灭亡。"渐进主义"概念是谬见，外交政策变成"不可能的艺术"。芒福德不情愿地承认，他的提议实行的机会是百分之一，但是奇迹是灾难的唯一替代者。

爱因斯坦显然预先看到这篇文章的副本，因为他在1948年5月3日写信给芒福德：

> 我希望表明，我与你对于和平问题的总的态度完全一致。关于你的提议，我只有两点评论：
>
> 1. 在当前的环境下，除非在不担任公职、因而能够摆脱官方羁绊、消息灵通的俄国人和美国人之间仔细准备预备的非官方讨论，否则我不相信任何官方的步骤能够克服苏联政府对我们的担心和不信任。
>
> 2. 在我看来，情况似乎很清楚，克里姆林宫的人刻板地认为，必须以一切手段防止建立真正的世界政府的任何尝试。我坚信，只有使俄国人确信，倘若他们坚持对参加世界安全组织持否定态度，那么即使他们不参加也可以创建这个组织，此时才能改变这种态度。问题在于，在不产生真正的目标是对准俄国的军事同盟的印象的情况下，如何能够做到这一点。

芒福德复信所署日期是1948年5月9日：[①]

[①] Mumford 给爱因斯坦的复信经 Mumford 的概允重印。

我感谢你3日的来信。我同意,与苏联人的非官方接近是极其重要的,在这个方向上,我们越采取主动越好。至于在没有苏联参加的情况下启动有效的世界政府,在我看来似乎是第二个必要的步骤,倘若第一个步骤——使苏联人确信没有可供选择的余地——失败的话。但是,我不愿意看见第二个步骤处于第一个步骤的位置,因为事实是,我们迄今寻求共同基础的尝试建立在巩固现状的基础上;我们没有以面向未来的建议与俄国人打交道,而这样做总是要求在我们自己以及俄国人的政治和经济意图方面进行变革。没有这样的建议,我怀疑,克里姆林宫在不首先追求军事优势的情况下就会接受世界政府。问题在于,迄今美国官方的态度像苏联的官方态度一样是消极的和专断的:在我们制订马歇尔计划之前,真相肯定是这样。因此,我们必须采取实际步骤证明,世界政府不是美国统治的假面具。不过,不用说,你自己也看到这种危险。

1948年5月5日,在波士顿的基督教循道公会大会上,纽约的教士拉尔夫·W.索克曼(Ralph W. Sockman)宣读了爱因斯坦的下述电文:[1]

在这个时刻,一项特别沉重的责任压在教士的身上;另一

---

[1] 爱因斯坦给基督教循道公会大会的电文刊登在《天国使者》(*Zion's Herald*)第126卷第43页和基督教循道公会大会1948年的议事录,1948年5月5日(第八天),第306页。它经基督教循道公会公共关系和循道信息委员会执行主任Ralph Stoody的慨允重印。

方面，你们被赋予一个独特的机会，通过向广大阶层的人民提供信息和启蒙，把无比宝贵的服务给予共同体。在这方面，你们比报刊和无线电台更自由，它们的喉舌不幸地正在易于受到政治权力和既得利益的影响。

在当前，在世界政治方面，美国是一个最大的决定性因素。在政治上、军事上和经济上，她的态度和决策主要决定各国的命运。任何未来的战争都意味着文明人类的终结。在目前的条件下，真正的和持续的和平不再基于国家军备，而是唯一地基于能够在国际安全事务上做出决定性的裁决，并以充分的手段装备起来足以强制执行这些裁决的超国家组织。没有这样的世界政府，有害的军备竞赛，最终战争本身，都是不可避免的。为了不使我们这一代在应对当代最重大的问题中遭到失败，请提供你们的援助。

针对1948年5月14日《纽约邮报》的多萝茜·诺曼（Dorothy Norman）的专栏"生活在其中的世界"，爱因斯坦回答了若干问题：①

问：按照原子科学家应急委员会最近发表的声明，大意是说，它期待建立超国家权威——具有充分的权力维持国家之间的法律，我感到疑惑的是，你觉得怎样才能实施这个

---

① 爱因斯坦的回答于1948年5月21日和24日刊登在Dorothy Norman的专栏，并经她的慨允和《纽约邮报》的慨允重印。回答据德文原件稍做修改。

第14章 为人类继续生存而斗争(1948)

提议？你也许有什么建议,能够加速委员会倡导的"最高的政府级别的讨论和谈判"？由美国承担领导吗？或者还有另外的办法？

答：如果美国政府能够采取主动的步骤,在最高的政府级别开始与俄国讨论和谈判——这是原子科学家应急委员会推荐的,那么一切善意的人将会欢迎它。"领导"只能是各国之间真诚和成功的合作的结果；人们不能"夺取"领导。

问：委员会的声明提到这样一个事实：美国关于"通过废除在原子能领域的否决权"原子能国际控制的提议,能够构成"在有限领域内的世界政府"。在废除否决权和建立世界政府方面,你认为各国应该走得多么远？关于诸如公民权、迁移权、关税同盟、货币、财政、权利宣言、国际法、宣战权或你可能希望评论的任何其他权力,你想说都要放弃主权吗？

答："原子能国际控制"是有效的世界政府责无旁贷的职能之一。但是,对某一类型的武器的控制并不与世界政府同义。只有当赋予世界政府保护各个单一民族的独立国家免遭侵略的权力和责任时,我们才能够谈论这样的建制。在军事安全领域,它必须拥有凌驾于各国之上的至高无上的主权,没有阻碍它的否决权。它不需要拥有与安全问题没有直接关联的责任或特权。如果它能够证明扩大它的活动范围是可取的,那么也没有什么东西能够防止这样的发展。一开始要求超过必要的最低程度限制国家主权,这只能使紧迫的安全问题的解决变得更加困难。

问：正如我了解的,你可能是赞成邀请俄国加入联邦的。

你会赞成邀请所有国家加入吗？基于地区原则？还是以另外的方式？若俄国不愿意加入联邦，你会勇往直前创建一个没有她的世界政府吗？

答：不消说，要是果真可能，**正是从一开始**，就应该把俄国包括在世界政府之内。如果这证明是不可能的，那么无论如何应该做出努力，把其他国家组织到世纪联邦，倘若如此行事，让俄国在任何时候可以自由加入，同时具有其他国家的一切基本权利和责任。

问：你愿意在联合国之内组建世界政府吗？还是愿意在联合国之外组建？

答：把联合国转变为世界政府是可能的，依我之见，而且是最自然的追寻路线。但是，这相当于彻底的转变，也许与创建全新的组织几乎毫无差别。

问：你说，你愿意公开原子能的信息。关于所有的科学发现和所有的军备问题，你会这样做吗？不管俄国可能赞成做什么，你还会这样做吗？

答：任何世界政府，即使它起初不包括俄国，依我之见，都应该消除科学秘密和军事秘密。

问：你愿意取缔军备或裁军吗？如果不，你喜欢看到针对不同的国家确定限额，还是喜欢看到联邦体制掌管军队呢？

答：军事权力应该完全地和唯一地处于世界联邦的手中。

问：在邀请参加联邦的诸如民主国家、君主制国家和独裁国家之间，你愿意区别对待吗？你愿意欢迎德国、日本、意大利、西班牙参加吗？

第14章 为人类继续生存而斗争(1948)

答:联邦一旦建立,任何满足成员国条件的国家都可以自由参加。

问:在联邦内部,你愿意"取缔"君主制或独裁吗?

答:联邦不应该干涉成员国政府的形式。

问:你认为在什么时刻向"准备侵略"或"侵略"行为开战可以得到辩护?

答:必须借助检查,若有必要借助干涉,以防止联邦成员国实行国家武装。

《扶轮国际》(*The Rotarian*)1948年6月号以"展望未来"为题,刊登了若干爱因斯坦最近的公开声明以及对下述问题专门准备的回答:①

问:你赞成世界政府吗?你认为它为什么是必要的?你认为它现在切实可行的原因是什么?

答:不受限制的国家主权意味着,每一个国家必须为可能爆发的战争做准备。在目前的技术状况下,这意味着为利用每一种可能的手段相互彻底摧毁对方做准备。这样的准备本身不仅易于导致战争,而且易于导致普遍的毁灭。这是致命的恶性循环,我们由于漫不经意和鼠目寸光,已经滑入这种循环。

---

① 爱因斯坦对《扶轮国际》提出的问题的回答在这里译自德文文本。它经编者 Karl K. Krueger 的慨允重印。《扶轮国际》发表的文选也包括给波特兰(Portland)会议的电文(p.395)、给外国记者协会的信(p.426)和致苏联科学家的复信(p.449)。

除非我们设法打破这种恶性循环，否则我们全体都得灭亡。我们再继续在这条灾难性的路线上行进，要改变它就变得越困难。

在国际关系方面确立法律和秩序，是唯一的解决办法。询问这是否可行，或者是否适合我们的胃口，是毫无意义的。提出我们是否应该等待一会儿再建立世界政府，其间继续沿着同一老路行进的问题，实在是愚蠢至极。实际上，情况与施行紧急外科手术几乎一模一样。每一天的拖延都会减少病人幸存的概率。

对于日益加剧的冷战，特别是对于当时议论纷纷的预防性战争的可能性，爱因斯坦越来越感到不安。他认为某种抵制是必要的。在初步讨论后，他于1948年4月1日致信哈佛学院天文台哈洛·沙普利（Harlow Shapley）教授。那时，沙普利是爱因斯坦支持的一个组织即全国技艺、科学和专门职业理事会的主席。爱因斯坦写道：

……我相信，在采取无可挽回的步骤之前，在不再能够逆转事件的进程之前，向美国公众发出强有力的呼吁，以动员他们大力反对事态向预防性战争的方向发展，正是这个国家的知名知识分子的责任。依我之见，只要采取强力反击的举动，这样的呼吁能够是有效的。对此，你的见解如何？

第 14 章 为人类继续生存而斗争（1948）

沙普利迅即回信。在所署日期为 1948 年 4 月 7 日的长信中,[①]他拟定了若干建议：

> 我与你完全一致。危机存在着，急需行动起来。我继续希望，对最近将来的局势进行冷静的理性研究和阐明，也许与热情呼吁美国人民制止危险的倾向一样有效。就我而论，最好是在纽约市召集两三天会议，在开会时受尊敬的专家（也许在圆桌会议上或通过讨论预先准备好的论文）可以分析下述争端：诸如当前危机的根源，流行的国内和国际政策的可能后果，对保障安全和幸存来说是必要的变革。两天的严肃会议应该"不做记录"，不让新闻记者参加。但是，在第二天晚上，我们可以，而且也许应该在麦迪逊广场花园举行有无线电联播的集会，在集会时我们至少能够向美国人民戏剧性地陈述我们会议的一些初步结论。作为这个系统准备的会议和公开集会的替代方案，我们可以计划由挑选出来的美国知识分子领袖人物的群体发表预先深思熟虑的声明。事实上，我们可以做两件事情。

沙普利把这个规划称为"和平建构"和"幸存计划"。他的信还提及一个事实：正在努力切断全国理事会与美国进步公民组织

[①] Shapley 教授的信的摘录经他的慨允重印。在列举卷入无效努力的许多个人和群体的名单中，他们对有用的意图没有什么促进。爱因斯坦给大会的电文和他致卡内基会堂聚会的答词据德文文本翻译。关于卡内基会堂聚会的信息出自 1948 年 6 月 18 日《纽约时报》的报道。

的联系,后者当时正处在与由前副总统亨利·华莱士为首的第三党派运动合并的过程中。他感到,在目前的非常时刻,华莱士的总统候选人资格"只是间接有用,所提议的强力反击必须尽可能是超党派的和客观的"。1948年4月9日,爱因斯坦再次写信给沙普利:

> 我完全同意你讲过的和建议的一切。新的独立的全国技艺、科学和专门职业理事会应该是召集你提议的会议的合适组织。如果在我们朝向主要目标"反对美国军国主义化行动"努力中,我们必须把一切有益于这些努力的人集合起来,那么避免与政治党派的任何联系,肯定是十分必要的。进而,难道不应该把与军备竞赛相对的和平和安全的超国家组织的观念甚至置于这些努力的中心吗?
>
> 至于会议程序,我完全同意你建议的大多数要点。不过,我担心的是,关于目前危机原因的讨论可能浪费时间和造成不和。如果自由地讨论这个问题,那么便不可能意见一致。也许最好让一个见多识广和充分客观的人与会,陈述他自己关于这个争端的观点,而不进行任何进一步的讨论。
>
> 你的排除新闻记者参加会议和仅仅公开会议结果的建议,我也完全同意。
>
> 依我之见,最微妙的问题是这样一个问题——假定它变成必不可少的问题:人们是否应该极力追求没有苏联参加的不完整的世界组织。只要我们能够提供具体的替代方案,我们就能够采取有效的立场反对本国的军国主义化。或者,仅仅阐明目前的形势似乎无法证明美国军备的任何**增加**是正当

的论点,这看来是充分的吗?

5月初,沙普利向爱因斯坦报告,一个小小的程序委员会正在帮助他制订所提议的会议的精密计划。沙普利请求爱因斯坦参与他和托马斯·曼分发会议聘请的工作,以及为当时在纽约卡内基会堂计划的公开聚会准备电文。爱因斯坦同意了。会议于1948年6月5日和接着的几天在纽约举行,几十个人与会。爱因斯坦准备了下述在会议上宣读的电文:

> 由于我不能亲自参加你们的重要讨论,我乐于用一个简短的声明提出我的观点。
>
> 你们济济一堂,是因为我们大家对目前事态的发展深感不安。当把我们的国家引领到与苏联发生也许是不必要的和灾难性的冲突时,我们不能依然无所作为。
>
> 并没有如此致命的问题,令美国和苏联之间的冲突不可避免。即使因为地震或自然界某一类似的意外事件把两个国家彼此完全隔开,它们二者也能够继续完好存在。这就是通过谈判寻找临时解决办法应该是可能的原因。只要设法做到这一点,就不再会阻塞安全与和平问题永久解决的道路。
>
> 直到不久前我还设想,苏联对外交干涉的疑惧构成了现存国际紧张局势的主要根源。不过,这种看法似乎不再站得住脚了,由于我们的政府在最近几周两次粗暴地拒绝了苏联希望达成两国之间的谅解而参加直接谈判的建议。
>
> 我们的政府的这种态度似乎清楚地表明,我们目前的政

策可能导致与苏联关系破裂,可能导致预防性战争,尽管没有公开承认这一点。打败纳粹德国和日本的军事胜利给予我们的政治生活以过分的军事影响,并加剧了威胁我们国家民主建制和世界和平的军事态度。由于我们确信我们享有暂时的军事优势,这种危险进一步增加了。

但是,美国人们的民主传统依然是有活力的,这一点是他们争取和平解决国际问题的普遍需要。在时间来得及时,我们有责任使我们人民的意志是有影响的和有效果的。我希望,你们的聚会将有助于找到一条有效的道路,以动员舆论关注和平这个十分重要的政治问题。

在纽约卡内基会堂的公开集会于1948年6月17日举行,大约两千人参加大会,哈洛·沙普利担任大会主席。经济学家雷蒙德·J.沃尔什(Raymond J. Walsh)、剧作家莉莲·赫尔曼(Lillian Hellman)和物理学家菲利普·莫里森讲了话。爱因斯坦从他在普林斯顿的家中用电话向大会致辞:

我们今夜在这里集会,是因为我们严重关切未来。它不是该词日常意义上的政治集会,尽管它专门关注政治议题。

我们把我们的政府粗暴地拒不同意俄国提出直接谈判的方针,看作是我们的集会的直接起因。这个事件是美苏关系已经达到危险之点的严重征兆。

世界人民渴望和平。上次战争可怕的创伤尚未愈合。在任何地方,甚至在极权主义统治下的国家,政府也不能完全不

第14章 为人类继续生存而斗争(1948)

受人民意志的约束。每一个人都知道,在目前的技术状况下,战争总是意味着,人们和他们的劳动成果在前所未有的程度上遭到大规模的毁灭。于是,怎么还可能让我们再次面临战争的危险呢? 在这个国家,虽然在其他方面正常的人民必定了解,这样的战争能够使他们自己的国家冒着遭到灾殃的危险,但是他们甚至不为预防性战争的概念战栗,这怎么可能呢? 当日益增长的战争危险使企业精神一蹶不振,从而使对西欧的经济援助变成一枕黄粱时,我们为什么要做出巨大的牺牲给予这样的经济援助呢?

答案是简单的。在没有超国家组织使战争变得不可能,或者至少实际上使侵略者觉得毫无希望的情况下,各国政府必然力图使它们的军事在发生战争中尽可能处于有利地位。但是,这样的准备造成如此之多的紧张和猜疑,以致人人恐惧的战争实际上或迟或早会爆发。

局势是这样的:美国以及苏联急切地控制尽可能多的国家和军事基地,以便在发生战争时,每个国家将拥有可靠的同盟国和设防区。因此,一个国家的行动将总是意味着威胁另一个国家,并将几乎自动地导致抵抗。每一方都怀疑另一方试图统治世界。因而,没有能够使国家备战变得不仅不必要,而且不可能的超国家解决办法,便不能保证和平。

美国作为最强大的军事和经济大国是从战争中浮现出来的,暂时是唯一拥有强有力的原子弹的国家。这样的大国负有沉重的责任和义务。在很大程度上,美国应为战争结束以来发生的不祥军备竞赛负责,这种竞赛实际上使战后安全问题有效的超国家解决指望化为泡影。国家军备的每一个添加的措施都把我们导向进一步远离可靠和平的目标。每一个这样的措施都是钉在民主自由棺材上的一枚钉子。

在我们能够行动起来解决重大的和平问题之前,我们必须尝试恢复在过去悲惨的三年失去的相互信任。只有耐心的和谅解的谈判,才有助于这一解决;我们必须不追求软弱无力的和毫无道理的退让政策,而必须追求公正和理解其他国家的需要和传统的政策。

民主国家的政策取决于每一个体公民的理智和品质。我们必须全力以赴,以保证我们国家今天享有的巨大影响将有助于所有其他国家;唯此才可能为我们自己赢得安全,才可能保护我们的政治遗产。

除了6月5日的会议,还在6月30日举行了主要由各个组织的代表参加的第二次会议。翌日,沙普利以相当满意的口吻写信给爱因斯坦,随信附有给美国总统和国务卿请愿书的草稿,沙普利附带说,请愿书几乎一致同意。虽然请愿书重复了爱因斯坦的一些思想,但是它没有达到爱因斯坦心目中原本建议采取行动的主要意图。在第一次会议期间已经很清楚,大多数与会者赞成相对狭隘的声明,不想倡导特定的、大胆的行动反对战争本身。沙普利附寄的请愿书如下:

今年,我们的政府两次拒绝苏联参加旨在达到两国之间谅解的直接谈判。我们政府一方的这种态度危险重重;它可

第14章 为人类继续生存而斗争(1948)

能导致与苏联的关系破裂;它可能导致所谓的预防性战争,而预防性战争总是自杀性战争。由于受到相信暂时处于军事优势的鼓动,我们的军事人员的影响威胁世界和平。冷战以及伴随它的军国主义纲领和对我们对公民自由的侵蚀,不仅增加真实战争的威胁,而且威胁我们国家的民主建制。

但是,遍及这个国家民主传统活力十足,对和平解决国际问题的需要处处正在高涨。

为时未晚,由于认识到美国人民必须带头发出它们的声音,我们这些签名者

1. 倡议美国和苏联之间立即举行谈判,就它们的基本分歧达成一致;我们也倡议恢复美国和苏联科学和文化组织之间的会议。

2. 坚持认为资本主义和共产主义能够而且必须和平共处。美苏合作赢得了最近的战争,放弃合作把我们引向当前的危机。

在即将到来的大选中,重要的是,美国人民根据候选人促进美苏会议的承诺,促进为与苏联的临时解决办法奠定基础并最终为建立持久和平奠定基础的承诺,正确地判断候选人。

沙普利指出,实现所计划的群众活动,需要充足的资金。他询问,爱因斯坦是否愿意邀请一群可能的捐款人到他在普林斯顿的家。爱因斯坦经过与他的朋友奥托·内森——内森参加了在纽约的各项活动,并陆续告诉他最初的会议令人扫兴的特征和随后与

该群体和个别成员的讨论情况——协商,在1948年6月6日如下答复沙普利:

我认为,精神饱满地追求我们行动的本来目标是极其重要的,对此我肯定你不可能有任何疑虑;这些目标是:(1)为反对美国日益增长的军国主义化而奋斗;(2)力求使尽可能多的人民确信,在外交事务中,要用更加建设性的和安抚性的态度代替与杜鲁门政府的军事纲领密切相关的顽固外交政策。你无疑记得,最初我们的意图是,联合大多数卓越的知识分子做精心准备的讲演,并靠这些知识分子的名声把广大公众的注意力引向我们的行动。自从我首次给你写信以来,我一致渴望并乐意参加这样的活动,倘若它是经过仔细的和刻意的准备的话。

像现在在你的来信中附寄的两点誓约期待的规划,把自身限于——没有公认的理由——建议与苏联谈判。我发现,不可能设想,真正有效的行动能够建立在这样狭隘的纲领的基础上,更不必提及几个另外的组织已经开始类似的行动这一事实了。我完全能够想象,全国技艺、科学和专门职业理事会的干事有他们自己的理由认为,对纲领的这样的限制是适当的。但是,我不能赞同这一行动路线,不想把我的签名添加在两点简短誓约的末尾,我也不希望为所期待的有限行动打算募集资金而在我家接待可能的捐献者群体。

我十分遗憾,我原来的目标没有更加接近于完成,我觉得

第14章 为人类继续生存而斗争(1948) 693

不得不对全国理事会最近的提议采取否定态度。我乐于再次强调,要是在与我们最初意图一致的路线上的任何行动中全心全意地合作,我会感到实在是太幸运了。

沙普利以相当长的篇幅回复。他指出,妥协是必要的,打算把简短的声明仅仅作为第一步,比较充实的纲领会采取仔细的阐述,活跃的活动在总统竞选期间展示,"那时政策制定者的耳朵对人民的声音是最敏感的"。他请求爱因斯坦重新考虑一下。虽然爱因斯坦同意签署声明,但是他显然没有改变他的基本立场,这一点从他在1948年7月中旬给沙普利的最后的短笺中来看是很清楚的:

> 多谢你最近的来信。我现在更充分地了解,你打算把那个规划推进到什么阶段。如果"两项"声明应该像你在信中说明的那样分发,我将高兴地把我的名字签在它的末尾。另一方面,我不认为有充分的理由为这次活动募集资金而接待预期的捐款人。我觉得,应该为更有意义的规划保留在财源上重要的人物。

尽管为安排财源忙碌了一阵子,尽管继续操纵或引导委员会,但是从这一努力似乎最终没有产生什么结果。显而易见,它被淹没在翌年3月在纽约沃尔多夫-阿斯托里亚(Waldorf-Astoria)饭店举行的科学文化界争取世界和平大会的准备工作中了。

在1948年8月7日《星期六文学评论》(*The Saturday*

Review of Literature),它的编者诺曼·卡曾斯(Norman Cousins)发表了万众瞩目的社论"不要放弃人类"。[①] 卡曾斯在模拟法庭审判的基础上确立他的论据,而这一审判要求判决,人种是否能够为它幸存的权利辩护。在虚拟原告的冗长而博学的辩论之后——在辩论期间原告还涉及世界政府概念,卡曾斯回击挑战:

> 人为了他的幸存必须付出的唯一代价是决心。只要他下定决心使用这样的连他自己都几乎不敢想象的勇气和理智资源,他就可以自由地使用它们。一旦辨认并了解这一危机,没有人能够预言危机在他身上造成什么样的巨大变化。

卡曾斯得出结论:"我们无异于失去我们的青春。"他的寓意更像有意地感染爱因斯坦,因为他用十分类似于爱因斯坦自战争结束以来如此经常使用的那些词语提出世界政府问题。1948年8月4日,爱因斯坦写信给卡曾斯,建议广泛散发社论翻印件:

> 你的文章"不要放弃人类"确实漂亮,给人印象深刻。你能够以新颖的和具有挑战性的形式表述当代最重要的问题,而又不引起读者的反感;由于政治缘由,你的大多数读者不能对国际局势做出客观的估价。我为在我们中间还有像你本人这样的人而感到深受鼓舞。

[①] Norman Cousins文章的摘录经他的慨允重印。对于与这个时期相关的其他事情,他给予了非常大的帮助。

第14章　为人类继续生存而斗争(1948)

哈洛·沙普利在1948年6月1日给爱因斯坦的信中提到,他收到参加世界知识分子大会的邀请,大会8月底在弗罗茨瓦夫(Wroclaw)(布雷斯劳(Breslau))举行,这个城市是波兰的一部分,在1939年前属于德意志-普鲁士的西里西亚(Silesia)省。爱因斯坦在大约同时收到类似的信,他在1948年6月6日复信给法国-波兰组织委员会:

> 我高度欣赏你们的善意,把我的注意力吸引到在波兰于最近将来的某个时候召集国际学者大会的方案。我以极大的兴趣注意到,大会要讨论促进真实的和真正的和平。
>
> 在政治过度紧张的这些日子里,特别重要的是,用历史和哲学的透视思考和评价我们的问题。我们必须具有讨论尖锐的和适时的问题的勇气,而不要迷失在日常生活的琐细政治争论中。历史教导我们,野蛮的武力从来也没有导致解决真正的世界问题的稳定条件和满意基础。这在今天特别正确,因为我们自己时代的战争,总是意味着在前所未知的规模上无法想象的破坏。
>
> 为了逃脱这种恐怖的危险,我们必须克服不受约束的国家利己主义,停止凭借野蛮的武力思考问题。我真心诚意地希望,你们将在你们重要的聚会中成功地集合具有开放精神和真正勇气的人。我也希望,世界各地的掌权人士将支持你们的努力,因为只有当人们在一起力求客观地理解和评价他们周围事态的发展时,他们相互之间才能获得信任。

来自西方民主国家参加世界知识分子大会的较小的代表群体，包括爱因斯坦的朋友奥托·内森。爱因斯坦把一份专门准备的在大会前投递的文告交给内森——事实上他们二人极为仔细地致力于这个工作。内森为爱因斯坦提交这份文告做出许多努力。但是，由于在大会针对美国做了许多过激的评论，大会主管者要求修改或统统删除文告的某些段落，特别是敦促建立超国家组织的那些段落。内森拒绝做任何修改，坚持严格按照爱因斯坦准备的那样把文告提交大会；因为表明不可能这样做，所以根本没有宣读文告。相反地，在爱因斯坦和内森二人事先都不知道的情况下，却向大会正式宣读了爱因斯坦6月6日致法国-波兰组织委员会的信，并虚伪地宣布这是爱因斯坦"给大会的文告"。当美国报纸引起爱因斯坦注意到在弗罗茨瓦夫宣读的"文告"时，他认清它与他撰写的声明毫无相似之处，他的文告被信件取代了。他宣布"这样的做法不能有助于创造相互信赖的气氛"，并通过《纽约时报》发表了内森未能交付的真实文告：[①]

> 今天，我们作为具有诸多国籍的知识分子和学者，肩负着深重的和历史的责任在这里开会。我们有充分的理由感谢我们的法国和波兰同行，他们的倡议把我们集合到这里，为了一

[①] 爱因斯坦给弗罗茨瓦夫大会的文告刊载在1948年8月29日《纽约时报》。是日《纽约时报》还刊登了爱因斯坦给组织委员会的信，是向大会宣读的英译本。与爱因斯坦原来的英译信相比，这个重译的英译本显然翻译得蹩脚。真实的文告在1948年9月号《原子科学家公报》，OOMLY第152页和IOA第147页重印。在这里，信件和文告二者依据德文原件稍做修改。

第14章　为人类继续生存而斗争(1948)

个重大的目标:利用明智人士的影响促进全世界的和平和安全。这是一个古老的问题,柏拉图作为第一批明智人士之一曾经为此艰苦奋斗:运用理性和深谋远虑解决人类的问题,而不放纵返祖现象的本能和激情。

我们根据痛苦的经验获悉,合理性的思考并不足以解决我们的社会生活问题。对人类来说,透彻的研究和敏锐的科学工作往往具有悲剧性的含义。一方面,它们产生发明,把人从精疲力竭的体力劳动中解放出来,使他的生活变得更加舒适、更加富裕;但是,另一方面,它们给他的生活带来异乎寻常的不安定,使他成为技术环境的奴隶,而这一切中最具灾难性的是,创造了大规模毁灭他自己的工具。这的确是令人心碎的悲剧!

无论悲剧多么辛酸,也许更具悲剧性的是,虽然人类在科学和技术领域产生了如此极其成功的学者,但是在发现困扰我们的许多政治冲突和经济紧张关系的恰当解决办法方面,却是如此无能为力。毋庸置疑,在国内和国家之间的经济对抗,要为今日世界的危险和威胁性的局势负主要责任。人还没有成功地发展保证世界各国和平共处的政治和经济组织形式。他没有成功地建立一种体制,能够消除战争的可能性并永远清除大规模破坏性的杀人工具。

我们科学家,他们的悲剧性的命运是,使毁灭方法变得更加可怕、更加有效,他们必须把全力以赴防止这些武器用于残忍意图视为他们的庄严的和崇高的责任,而这些武器正是为了残忍意图而发明出来的。对我们来说,还有什么任务可能更重要呢？还有什么社会目的能够更接近我们内心的要点呢？这就是这次大会具有极其重要使命的原因。我们集合到这里相互协商。我们必须建设把世界各国联系起来的精神桥梁和科学桥梁。我们必须克服国境造成的讨厌障碍。

在较小的社会单位中，人在缩小具有反社会含义的统治权方向做出了某种进步。例如，这对城市中的生活而言是真实的，在某种程度上甚至对个别国家来说也是真实的。在这样的共同体，传统和教育具有适度的影响，使得生活在那些边界之内的人民之间产生宽容的关系。但是，在国家之间的关系方面，还盛行完全的无政府状态。我不相信，在过去几千年间，我们在这个领域做出了任何真正的进步。国家之间所有过分频繁的冲突，还是通过诉诸野蛮的武力、通过战争解决。无论何时何地物质条件具备，永远拥有更大权力的欲望都要寻找侵略的出路。

遍及各个时代，这种在国际事务中的无政府状态给人类施加了无法形容的苦难和破坏；它再三阻碍人的进步，阻碍他们的心灵和他们的福利的进步。在特定的时候，它几乎毁灭整个地区。

国家不断备战的要求，还对人们的生活具有其他影响。在最近几百年，每一个国家对它的公民的控制权力稳步增加——在明智地施行国家权力的国家，并不亚于为野蛮专制运用国家权力的国家。主要因为现代工业的集中和中央集权制，国家在维持它的公民之间和平的和有序的关系的职能变得日益复杂和广泛。为了防止它的公民免遭侵略，一个现代

第14章 为人类继续生存而斗争(1948)

国家需要攻无不克的、不断扩张的军事体制。此外,国家还认为对它的公民进行可能爆发战争的教育是必要的,这种"教育"不仅腐蚀青年人的心灵和精神,而且也对成年人的心态产生有害的影响。没有一个国家完全避免这种腐蚀。它甚至弥漫于并不怀有直言侵略倾向的国家的公民中间。这样一来,国家变成现代的偶像,没有人能够逃脱它的暗示性力量。

但是,战争教育只是妄想。最近几年的技术发展产生了全新的军事局势。可怖的武器已经发明出来,能够在几秒钟内摧毁大量人的生命和广大地区。由于科学还没有找到防御这些武器的手段,现代国家便不再能够为它的公民的安全做出适当的准备。

那么,如何拯救我们呢?

唯有超国家组织单独拥有生产或掌握这些武器的权力,人类才能够获得保护免遭无法想象的破坏和蛮横的毁灭的危险的能力。不过,在现有的条件下,各国会把这样的权力交给超国家组织是不可思议的,除非该组织具有解决过去导致战争的那种冲突的法律权利和责任。在这样的体制下,各个国家的职能会或多或少地集中在内部事务上;而且,在它们的相互关系方面,它们只可以处理绝不是助长威胁国际安全的争端和问题。

不幸的是,还没有迹象表明,各国政府认识到,人类发现自己所处的局势迫使其不得不采取革命性的措施。我们的局势无法与在过去的任何事情比较。因此,不可能应用先前时代可能是充分的方法和措施。我们必须革新我们的思维,使我们的行动革命化,必须具有变革世界各国之间关系的勇气。昨天的陈词滥调,今天将不再适用,明天无疑将绝望地过时了。使全世界所有人深切地感到这一点,是知识分子永远必须肩负的压倒一切的和命中注定的社会任务。他们具有足够的勇气克服他们自己国家的束缚,在必要的范围内引导世界人民以最彻底的方式变革他们根深蒂固的国家传统吗?

惊人的努力是必不可少的。如果现在失败了,那么超国家组织以后将会建立起来,不过那时它将不得不建立在世界大部分沦为废墟之上。让我们希望,现存的国际无政府状态的消除将不需要由一次自作自受的世界灾难实现,这种灾难的规模是我们之中无人能够想象的。时间刻不容缓。既然我们不得不行动,那么现在就必须行动。

当爱因斯坦给组织委员会的信被虚伪地用来作为他的文告时,当时联合国教科文组织总干事朱利安·赫胥黎(Julian Huxley)主持会议。内森事前把关于爱因斯坦文告的争执告诉他。赫胥黎后来在信中向爱因斯坦陈述,"误解无论如何"不是"他的错误"。在1948年9月18日致赫胥黎的信中,爱因斯坦说:

……在目前盛行的条件下,东方和西方知识分子不可能合作争取和平和思想自由。我确信,围栏另一边的同行完全无法表达他们的真实主张。

在考虑解决世界问题的计划时,爱因斯坦并未把自己局限于组织化的努力和会议中。是年较早的时候,旧金山一位德国血统的精神分析学家交给爱因斯坦一份十三页的手稿,题目是"强制实现世界和平的方法"。他的计划本质上如下:如果苏联拒绝加入为控制原子能而组建的无否决权的、权力有限的世界政府,那么这样的世界政府的成员在发出应有的通告后,对苏联实行强制的空中检查。爱因斯坦在1948年4月8日复信:①

> 首先,简要地做一点引导性的评论。你本能地从下述前提出发:美国追求超国家组织(世界政府),而具有侵略倾向的苏联反对这个想法。我不相信,这样的描述是对心理情境的公正评判。
>
> 至于你的提议,我们二人都赞同,唯有世界政府能够创造安全。你做出下述假定:如果我们通过建立世界政府寻求解决办法,而苏联力求避免这样的解决办法,那么如此创建的世界政府暂时会依然是不完备的。由于这个不完整的世界政府不包括苏联,它不久便被迫武装到苏联不可能有机会在军事上战胜世界政府的程度。
>
> 迄今,我们的意见一致的。但是,你的提议与我本人的提议的不同之处在于你的这一见解:在苏联变得强大到足以进攻我们其余的人之前,我们应当强迫苏联参加。这样的步骤的可取之处似乎是有争议的。我怀疑它是采取恰当的路线。

---

① 爱因斯坦给旧金山心理分析学家 Walter W. Marseille 博士的两封信译自德文,信件原来是用德文写的。

如果我们创造条件,使俄国人看来侵略毫无希望,而作为世界政府的成员似乎是有利的,那么苏联的态度很可能改变,她可能在无胁迫的情况下选择加入。若如你建议的强迫依附,其价值似乎是相当令人生疑的。

不管怎样,只要依然无法肯定美国实际上是否追求建成真正的世界政府,我们的见解差异就是学术上的。只有当不完整的世界政府以强有力的超国家组织形式变成现实时,才会出现等待进一步发展更合宜、还是迫使俄国进入世界政府更可取的问题。在不完整的世界政府实际建立之前,甚至不应该提出胁迫加入的问题,由于它只能对心理情境产生有害的效果。

那项计划的作者在数页复信中辩解,其中附有伯特兰·罗素称许的信件,显然此时罗素赞成预防性战争,除非苏联同意对原子武器进行国际核查。爱因斯坦在1948年5月28日回复:

你的来信在逻辑上是充分的。但是,我不能接受你的观点,更不用说接受伯特兰·罗素的观点了。就你似乎过分简化对于备战的心理反应,尤其是关于俄国人的心理反应而言,你的进路类似于职业军人或工程师的进路。俄国人的行为清楚地表明,他们为战争的技术进步深感忧虑,并可能同意实质性的让步,倘若我们一方较大的灵活性使他们比较容易做到这一点的话。我确信,罗斯福若在世是能够与俄国达成满意的妥协的,眼下政府若具有乐于这样做的诚意,也能够做相同的事情。

西海岸的心理分析学家再次复归论证，但是并未使爱因斯坦信服，爱因斯坦在1948年9月29日复信：

> 你新近的来信使我极感兴趣。我与你完全一致的是，通过国际手段解决安全问题不能坐等。面对俄国公开的否定态度，可以说，除了创建没有俄国和俄国集团的国家参加的组织——残缺不全的世界政府——之外，似乎别无可供选择的办法。我知道，在这一点，我们也是一致的。
>
> 此时问题出现了：这样的残缺不全的世界政府是否应该尝试强迫俄国加入。这可能意味着战争——"预防性战争"。在这里，我与你不一致。你用下述论据为你确认的立场辩护：俄国的相对力量会与日俱增，于是使世界其他国家处于不利地位。虽然我承认这个理由是正确的，但是我依旧无条件地反对胁迫政策。这使我想起，一个人因为如此害怕死亡，以致干出自杀的蠢事。出于道义的以及实际的理由，我更喜欢这一政策：它能够力图创造条件，俄国人在这样的条件下会认为，放弃他们的孤立主义态度是符合他们自己的私利的。我觉得，就我们一方来说，我们要是寻求合适的政策，这就会变成可能的。我不能证明它。我只能说，我的本能迫使我偏爱这样的行动路线。

前面提到，爱因斯坦对亨利·厄斯本的世界人民大会计划感兴趣(参见 p.420 及以下诸页)。1948 年 3 月 5 日,在写给爱因斯坦和其他杰出的国际主义者传阅签名的信件中,厄斯本说:①

> 现在,正是我们收到美国世界政府运动更为确定、更加鼓舞人心的消息的重大时刻。我知道,这项艰难的工作正在进行,但是重要的是,现在应该让世界其余的人了解它。请火速行动起来。是你们表明你们的真实目的并确切地告诉世人,你们如何计划在 1950 年进行无记名投票,以便派遣你们的代表去日内瓦的时候了。

事实上到此时,在美国推动这样的运动的努力正在进行中。4月,在芝加哥的联邦主义者群体谋取了自由主义教育家和历史学家斯特林费洛·巴尔(Stringfellow Barr)教授的支持。巴尔成功

---

① 厄斯本的传阅签名信件的摘录经他的慨允重印。Henry C. Usborne 先生、Stringfellow Barr 先生和小 Harris Wofford 先生(他是世界政府基金会资历较浅的理事,他最初向 Blaine 夫人建议设立基金会的主意)都慷慨地提供了这些事件的叙述基于的信息。波科诺(Pocono)大会的邀请信和原子科学家应急委员会的决议案取自 Stringfellow Barr 私人印刷的《波科诺大会最终报告》(*Finai Report on the Pocono Conference*)。描述 Brown 报告的引文(p.500)经 Wofford 先生慨允取自他的未出版的著作《冷战的漫长历险:世界政府基金会的故事》,该著作也是相关事情(Garry Davis、Sarrazac-Soulage、Leo Szilard)的重要资料来源。在参加波科诺大会的其他人中,有 Mortimer Adler、G. A. Borgese、Richard Bolling、Scott Buchanan、J. L. Blair Buck 夫人、Clifford Dancer、Alan Cranston、James Martin、Robert Redfield 和 James P. Warburg。在说服 Blaine 夫人为基金会捐款时起作用的人,除了 Wofford、Barr 和 Usborne 外,还有下述人士:Steven Benedict, Leo Szilard, Harold Urey 和 William Byron。除了爱因斯坦,下列人士在应急委员会的决议案签名(p.500):Urey, Brown, Morse, Seitz, Hogness 和 Mayer。Brown 在波科诺常设委员会解散之前,接替 Barr 继任它的主席。

第 14 章　为人类继续生存而斗争(1948)

地说服芝加哥安妮塔·麦考密克·布莱恩(Anita McCormick Blaine)夫人资助能够透彻探讨世界政府主题的大会,而这位女士则是一位富有的、具有伟大心灵的、八十高龄的女士,她坚持先进的政治理念,为厄斯本计划提供过款项。接着,巴尔向有关人士发出如下邀请:

> 我代表我本人和格伦维尔·克拉克(Grenville Clark)先生[一位退休的公司律师,长期信守世界政府运动]、阿尔伯特·爱因斯坦博士、休伯特·汉弗莱(Hubert Humphrey)市长[明尼阿波利斯(Minneaplis)市市长]、莱奥·西拉德博士和卡尔·范多伦(Carl Van Doren)先生,正在给你们写信。
>
> 在我们看来,在附寄的备忘录中勾勒的计划似乎是值得执行的,倘若我们能够制定如此做的合适办法的话。困难好像是不可逾越的。不过,由于我们国家面临严重的危险,由于这个计划针对危险的本性和避免它必需的困难步骤提供了教育我们的人民的办法,我们确定开会并探讨各种可能性。
>
> 我们把大会地点选择在宾夕法尼亚州(Pannsyvania)波科诺松树林的波科诺峰。我们打算在 6 月 25 日星期五上午 8 时开会,直到 6 月 27 日星期日下午都是我们讨论的时间。
>
> 在英国发起这项计划的工党议员亨利·厄斯本先生作为来宾,将前来与我们一起在波科诺松树林开会。
>
> 我们希望,在仔细考虑备忘录后,你们会与我们一致同意,在美国应该举行这类无记名投票,以便派遣能干的代表前往日内瓦,倘若能够制定达到这个目的的好办法的话。

又及：委员会提议，这次大会不接受宣传。

大约四十五人（包括原子科学家应急委员会的科德·迈耶、诺曼·卡曾斯和哈里森·布朗）出席了波科诺大会，巴尔教授担任会议主席。除三人外，大家都投票支持厄斯本计划；设立以巴尔为首的常设委员会起草长远的运动规划。不过，在其间，布莱恩夫人的兴趣已经转移到不同的路线。在1948年7月初，曾经说服她捐资一百万美元，设立以斯特林费洛·巴尔为首的世界政府基金会。虽然对世界人民大会运动的支持没有写入信托协议，但是这是新基金会的主要关注之一；1948年7月10日，应哈里森·布朗请求，巴尔在原子科学家应急委员会面前提交了规划，爱因斯坦大概也在场。委员会随后通过了下述决议：

鉴于原子科学家应急委员会针对原子能控制的尽责问题，在两年期间探讨了除世界政府外的所有办法，它最终确信，与世界政府相比，不能期望证明其他一切方法是有效的；因而，达到世界政府，是现在摆在人类面前的紧迫问题。
因此，委员会**做出决议**：
1. 衷心支持现在正在做出的努力，以保证美国参加所谓的厄斯本委员会在英国倡议的世界人民大会运动，因为这是现在为促进世界政府而提出的最有指望的方法；
2. 今天，划拨总计一千美元转交拟议的世界政府基金会，作为对其关注的象征；
3. 任命由它的成员即阿尔伯特·爱因斯坦博士、哈罗德·

第14章 为人类继续生存而斗争(1948)

C.尤里博士、菲利普·M.莫尔斯博士和哈里森·布朗博士组成的分委员会,与所说的基金会的理事一起密切工作,探讨从财政上并尽委员会的一切能力帮助理事开展工作的方法。

准备让原子科学家委员会正好走多么远,可以从哈里森·布朗给波科诺常设委员会会议的报告判断:"如果成功地建立起基金会,原子科学家应急委员会愿意废止它作为独立的筹集资金组织而存在,把它的完备的和充分检验的筹集资金机制转交基金会。"

但是,政治性的事件随后发生。布莱恩夫人是亨利·华莱士的进步党总统候选人的热情支持者(基金会的另一理事斯科特·布坎南(Scott Buchanan)也是进步党的杰出党员);她表达了华莱士最终能够与她的基金会联合起来的希望。但是,布莱恩夫人并未在这件事情上挑起争端,大家一致认为,考虑这样的步骤为时尚早。当时,人们广泛地怀疑华莱士运动处于共产主义的影响之下。这在世界政府的圈子内造成痛苦的进退两难困境。世界政府基金会拥有大量曾经募集到的资金,超过供给这项事业所用的资金——可以保证主要收益由这些资金提供。可是,许多联邦主义者相信,华莱士的"污点"对于运动可能是极其有害的。特别是,波科诺常设委员会的一些委员变得忐忑不安。当1948年9月14日《纽约世界电讯》和其他的斯克里普斯-霍华德(Scripps-Howard)报系在大字标题"天使的百万美金保证华莱士大选后假公济私的勾当"下,以耸人听闻的方式披露了所谓真相,局势达到紧急关头。布莱恩夫人在芝加哥发表了某些模棱两可的声明,似乎为传言提供支持，其他报纸也重复这一传言。

在狂怒中从国外返回的巴尔本人虽然不是华莱士的人手，但是他却拒绝发表声明。他从波科诺委员会辞职，委员会随后解散了。布莱恩夫人试图厘清她的立场。世界联邦主义者联盟迅速使自己与世界政府基金会脱离关系。原子科学家应急委员会采取了类似的行动。它要求基金会从委员会给予场地的办公室搬走，撤回提供的支持。几乎不能设想，这些行动中的任何一个会使爱因斯坦高兴。

结果弄清楚，华莱士与世界政府基金会从来也没有任何联系，即使 1948 年 11 月他在选举失败后也是如此。随着时间的推移，基金会和各种世界政府群体最终恢复了友好关系；尽管基金会继续支持（即使有时犹豫不决），但是世界人民大会运动在美国几乎灭绝了。这不可能使某些联邦主义者感到不快，因为他们觉得厄斯本计划太强硬，不合他们的口味。不过，对于把这个运动看作在争取超国家组织斗争中一个受欢迎的参加对象的爱因斯坦来说，事件的转折必定意味着大失所望。

针对宾夕法尼亚州切尼（Cheyney）一所黑人学校切尼州立师范学院的学生报纸《切尼纪事》（*Cheyney Record*），爱因斯坦在 1948 年 10 月回答了这些问题：[①]

问：你觉得把原子弹给予我们的科学家应该在道义上为

[①] 足以使人感到奇怪的是，爱因斯坦的回答只有三个发表在 1949 年 2 月号《切尼纪事》。

第14章 为人类继续生存而斗争(1948)

原子弹造成的任何破坏负责吗?

答:否。确实,物理学的进展使科学发现用于技术和军事的目的成为可能,这产生巨大的危险。不过,责任在于使用这些新发现的人,而不在于为科学进步做出贡献的人——责任在政治家,而不在科学家!

问:你觉得在美国种族偏见只不过是世界性冲突的一种症状吗?

答:种族偏见不幸地变成美国的传统,这种传统不加批判地从一代传给下一代。唯一的治疗方法是启蒙和教育。这是一切正确思维的人都应该参与的缓慢而精心的过程。

问:数学能够像科学思考那样充分地作为解决社会问题的工具吗?

答:数学是社会科学的有用工具。不过,在社会问题的实际解决中,目的和意图是占优势的因素。

问:你觉得民主总是能够解决社会的问题吗?

答:民主就其狭义即纯粹政治的意义而言,由于下述事实而遭受损害:那些掌握经济和政治权力的人占有塑造舆论的手段,从而为他们自己的阶级利益服务。民主的政府形式本身不会自动地解决问题;但是,它为解决问题提供有用的框架。一切事情最终取决于公民的政治素质和道德品质。

问:你觉得欧洲合众国将会解决战争问题吗?

答:欧洲合众国的创立在政治上和经济上是必要的。它是否能够有助于世界和平的稳定,那就难以预料了。我相信,能够总比不能要好一些。

在1948年11月25日写给他的老朋友莫里斯·索洛文一封信中,爱因斯坦满意地注意到这样一个事实:在法国抵制美国扶植德国纳粹重新掌权,以便用来对抗"不听话的"俄国人的政策。他补充说,几乎难以置信的是,甚至从最惨痛的经验中汲取教训的人竟然如此之少。大约在同一时间,爱因斯坦向巴黎的数学家雅克·阿达玛拍发了下述海底电缆电报,显然是答复阿达玛的请求——请求爱因斯坦支持组织法国知识分子反对同盟国亲德国政策的尝试:

> 我热情地希望你的倡议成功。在这种状况下,捍卫法国的国家利益有助于所有人和一切国家的利益。
>
> 似乎特别重要的是,尾随这一可怕的战争,我们不要重复上次战争后所犯的错误,当时协约国之间的不团结为准备第二次世界大战铺平了道路。我们必须不要忘记,假如我们听从克列孟梭预言性的告诫,那么也许能够避免这场灾难。

大约在同一期间,另一事业也把巴黎置于中心,这项事业引起爱因斯坦的兴趣。1948年6月,美国青年加里·戴维斯(Garry Davis)在巴黎逗留时,发誓自愿放弃他的美国公民权,以此作为抗议美国滑向战争的姿态。9月,在法国拒绝延长他的居留许可后,他在沙约宫(Palais de Chaillot)地面支起帐篷当作生活住所,以此吸引了国际注意力；要知道，因为联合国大会正在沙约宫召开，所以宣布那里是国际领地。戴维斯受到法国地下组织前上校罗贝尔·萨拉扎克-苏拉热（Robert Sarrazac-Soulage）庇护，后者在法国的活动类似于亨利·厄斯本在英国的活动。作为"小人物"反抗国际政治不结果实的仪式的典型，戴维斯在千百万人心目中成为争取世界和平的斗争的象征。11月，在联合国大会长廊，他和萨拉扎克-苏拉热发出支持世界人民大会的声音造成了政治性事件。在"加里·戴维斯团结一致联合会"的赞助下，随后在巴黎举行群众集会，爱因斯坦向集会拍发了这份所署日期为1948年11月28日的电文：

我觉得非向这位年青的老战士戴维斯先生表达我的敬意不可，因为他为了人类的普遍幸福而做出牺牲。为了为那些对当代的道德沦丧视而不见、听而不闻的人的自然权力而斗争，他通过声明放弃他的公民权，使他自己成为一个"被迫流落异国的人"。

今天，压在人类身上的最糟糕的苦役是世界人民的军国主义化。这种军国主义化源于对另一次世界大战的恐惧和它所冒的大规模毁灭的危险。不幸的是，通过建立联合国控制这种局势的本意良好的尝试证明是完全不适的。如果超国家组织不得不解决国际安全问题，那么它必须既是强大的，又是独立的。建立这样的组织，不必依赖各国政府的主动性。唯有世界人民的不屈不挠的意志，才能推动所需要的力量，与陈旧的和过时的政治传统彻底决裂。

你们的集会是促进我们一代人的最重要任务的最真诚努力,我向它致敬。

到1948年末,原子科学家应急委员会不再是一个充分起作用的组织,它实际上变得不活跃了。尽管哈里森·布朗把应急委员会的整个机制转交世界政府基金会的提议无疑是真诚的,但是它可能至少部分地是由在某一段时间折磨委员会的内部困难促动的。

把会议的理事召集在一起往往很困难,在政策上达到充分一致甚至更加困难。正如爱因斯坦向委员会主任兼司库约瑟夫·H.沙夫纳(Joseph H. Schaffner)悲哀地说起的:"如果我们在我们自己之间都不能取得一致,那么我们怎么能够设想把美国人民从捉摸不定中营救出来呢?"

困难蔓延到许多领域。委员会的委员在他们对联合国的态度上有差异,在他们对世界政府的立场上有分歧——如果在最近的将来无法达到完整的世界政府,那么不完整的世界政府是否比没有世界政府要好一些。还有另一个问题也造成困难和见解的不同:委员会按照其真正的本性迫使它自身关注本质上属于政治的问题,尽管从它的章程来看它不应该这样做,因为章程规定:"它的活动的实质性部分将不是由从事宣传和以另外的方式试图影响立法而构成。"进而,存在诸多抱怨:行政开支过高,用于教育活动的资金份额太少。到1948年初,虽然爱因斯坦能够宣布,保证总共达到将近四十万美元的捐款,而最终合计捐款比这要多得多,但是

第 14 章 为人类继续生存而斗争(1948)

要满足现时的财政投入还不时经历严重的困难。①

这一时期的委员会执行副主席哈里森·布朗如下描述委员会内部的状况：

> 在这个群体对公众思想没有产生长远影响的意义上，它未达到它的目的，至少在我看来是这样。造成这种状况的原因之一是，理事会的各个成员的一般看法大异其趣，在我们的日子临近结束时，至于如何迈出下一步，我们实际上在我们自己之间无法达成一致。在澄清我们的某些目标方面，爱因斯坦起了极其重要的作用。他时时尝试协调冲突的观点，但是很不成功。爱因斯坦本人也不能使他自己与委员会某些委员的观点一致。

迟至 1948 年 9 月 17 日，还正在邮寄上面有爱因斯坦签名的如下募捐信：

> 今天，每一个公民都生活在绝望的危险之中。受到威胁

---

① 应急委员会募集几乎 40 万美元的说法，出自 1948 年 1 月号《原子科学家公报》中爱因斯坦签署的请求捐款书。委员会的困难细节详尽无遗地记录在它的档案中，档案存放在芝加哥大学图书馆。委员会必须避免关注任何政治问题，是因为这一事实：准予向委员会捐款的捐款者免税的前提是，免税意味着不从事政治宣传或不尝试影响立法。Harrison Brown 和 Eugene Rabinawitch 关于应急委员会的评论分别来自 1957 年 4 月 25 日和 1957 年 8 月 19 日的私人通信，并经他们的慨允重印。1948 年 9 月 7 日的募捐信(p.505)出自纽约公共图书馆的档案。终止委员会活动的建议是 Brown 在 1948 年 11 月 15 日写给各位理事的信中提出的。

的,不仅是他自己的生命,而且还有他所热爱的人的生命。笼罩在我们伟大文明之上的暮色正在加深。我们如此严重关切的,正是文明本身的命运,须知文明这座创造性思维和英勇劳作的大厦,是无数代人通过诸多世纪建立起来的。

过去两年,我们科学家致力于告知我们的公民同胞,旧秩序已经终结——原子能在世界舞台的出现使改组世界建制成为必要的,为的是这些建制能够完成消除战争的任务。作为第一步,我们寻求公众支持原子能国际控制的协议。但是,因为竞争的国家主义的冲突,这样的协议破产了。国家在熟悉的航程上漂流,纵观历史,它的唯一结局只是战争灾难。

文明面临的挑战,即我们面临的挑战,是有效地废除战争。因为所附的诺曼·卡曾斯的文章["不要放弃人类",参见p.491]对情况是清楚而雄辩的,所以我把它寄给你们。我希望,每一个每个公民都能够有机会阅读和了解这几页具有鼓舞人心的思想和积极的结论的文字。

它对人类的启示是:"我们不需要失败。正在加深的暮色不需要终结于黑暗和灾难——它能够为人类带来愿望的满足和更加伟大的未来。我们每一个人都为决策承担他的一份责任,而做决策是我们时代担当的历史角色。我们必须战胜挑战——只要我们仅仅利用潜藏在每一个人身上的理智和勇气的庞大储备,我们便不会失败。"

为了在面对这一挑战时尽我们的本分,我的同行和我请求你们进一步给予帮助。今天,我们请求你们继续支持我们的教育运动。请帮助我们确保这一历史性的科学成就——原

第 14 章 为人类继续生存而斗争(1948)

子能的发现和发展——将被用来造福人类,而不是用来毁灭人类。

但是,在 1948 年 11 月 10 日,尤里、布朗、霍格内斯、西拉德和迈耶(Mayer)在芝加哥聚会,决定建议原子科学家应急委员会到 1949 年 1 月 1 日终止活动,尽管它在名义上依然存在。显然,该建议被爱因斯坦和其他理事接受了。作为这些进展的结果,《原子科学家公报》1948 年 12 月号刊登了来自爱因斯坦的一封信,他在信中做了下述评论:

> 正是从一开始,原子科学家应急委员会重要活动之一是《原子科学家公报》,这是由芝加哥的原子科学家三年前这个月创办的杂志,它致力于关于原子能问题和相关领域的公众教育。
>
> 过去两年的发展清楚地表明,教育人类清晰了解原子能的含义、充分鉴别新发现固有的危险和希望,是一项长远的任务,不能基于突发事件解决。
>
> 《原子科学家公报》编辑部和原子科学家应急委员会一致认为,为《公报》提供更广阔和更持久的基础以延续和扩大它的活动的最佳路径,是通过组织一个代表美国科学共同体的永久主办委员会。
>
> 应急委员会希望《公报》在它的重大工作中继续成功,恳请过去捐款给应急委员会支持《公报》的所有人,通过向《公报》捐赠,延续并加强这一支持。

《原子科学家公报》编辑、委员会的密切观察者尤金·拉比诺维奇(Eugene Rabinowitch)博士,以这些话语总结了他对委员会的重要性的印象:

>应急委员会是否失败,取决于人们期望它的东西。一些科学家希望,以我们自己的政府为开端,在所有政府思维方面立即达到革命性的变化;应急委员会肯定未能做到这一点。另一些科学家一开始就看到,这样的突然变化只不过是侥幸而已,他们设想长期的教育(部分靠事实,部分靠科学家坚持反复阐述他们的观点)最终能够引起世界政治关系与原子能释放产生的科学革命和谐一致。从这种观点(我分享它)来看,应急委员会**不是**失败,而是对这种教育的第一步做出了有意义的贡献。依我之见,**所谓**失败,是大多数科学家对缺乏立竿见影的结果和他们不愿参加长期费力的工作的失望,而这种工作还是需要的,而且在未来数年将是需要的。我认为,**不应该解散应急委员会**,而应该把它本身转化为更加持久的科学家运动的"总参谋部"。

如果原子科学家应急委员会没有完成爱因斯坦和其他人在它开始时预想的一些高尚的目标,那么这一失败确实不是不光荣的失败;委员会在它存在的活跃岁月对舆论产生了重大影响,即使不是决定性的影响。毋庸置疑,爱因斯坦慷慨地并以深厚的责任感为委员会的工作做出了贡献。

第14章 为人类继续生存而斗争(1948)

1948年11月4日,爱因斯坦起草了下述圣诞节文告:①

圣诞节是和平的节日。它每年在它自己的美好时刻到来。但是,在我们之内和我们之间的和平只能通过不断的努力达到。这个节日作为一位提醒者效力:所有人都思慕和平。它每年都告诫我们,警惕蛰伏在我们大家内部的和平的敌人,以免他们不仅在圣诞节节期②,而且在全年的每时每刻酿成悲剧。

---

① 撰写圣诞节文告的意图不得而知。
② 圣诞节节期(Christmastide)为12月24日至元旦或1月6日。——译者

第15章 全面裁军抑或一无所有
（1949～1950）

1949年3月14日，爱因斯坦年已古稀。美好的祝愿从世界各地倾泻而来。借此机会，科学共同体向科学家爱因斯坦敬献了特殊的礼物。在普林斯顿大学和普林斯顿高级研究所的赞助下，举行了关于爱因斯坦对当代物理学贡献的专题讨论会。与会者之一、诺贝尔物理学奖获得者、哥伦比亚大学教授伊西多·I. 拉比(Isidor I. Rabi)评论道："爱因斯坦七十岁生日这个意义深长的庆祝活动在科学史上是无与伦比的，因为什么时候有另一个人的贡献如此之大呢？……在爱因斯坦之前，或者自爱因斯坦以来，没有另外的人如此深入地钻研我们最本能的时间、空间和因果性概念，没有一个人如此之多地提出新知识和新理解。……"也是在爱因斯坦七十岁生日的场合，在世哲学家文库出版了《阿尔伯特·爱因斯坦：哲学家-科学家》(*Albert Einstein：Philosopher-Scientist*)，它汇集了关于他的工作的二十五篇论文。文集中最富有意义的稿件是爱因斯坦本人撰写的。在他的"自述"中，他概述了他的科学工作的发展，对他的青少年时代做出了几处极其有趣的评论。

在这些公开的证据中，几乎没有谈到爱因斯坦在科学领域之外对世界的贡献；在巨著的二十五篇论文中，只有一篇尝试论述"爱因斯坦的社会哲学"。在他的整个一生中，爱因斯坦是一位为

第15章 全面裁军抑或一无所有(1949～1950)

更美好和更健康的世界、为没有战争和给每一个人带来更崇高的尊严的世界热情奋斗的人,对于这一事实人们很少称赞。当《纽约时报》在1949年3月14日一篇富有同情心的别样社论中说,"在爱因斯坦解决几十年折磨世界的政治问题时,他并非总是幸运的"时候,它道出了许多人的看法,而这些人并不充分了解爱因斯坦关于重组人的政治建制、经济建制和社会建制的基本观念。

在他的生命的最后这一时期,虽然爱因斯坦就当代的发展不太频繁地公开表达他的思想了,但是已有的表达依旧具有与在他的早年激励他的同一理想主义特征。若有任何不同,就是爱因斯坦日益变得更加坦率直言,在最富有建设性的意义上讲,日益变得无法容忍他认为对反战斗争而言是肤浅的、不现实的甚或有害的态度。

1949年2月18日,爱因斯坦写信给澳大利亚的一位病理学家,他请求爱因斯坦"就领导和希望说几句话":①

> 似乎毫无疑问,在所有国家,权力都掌握在渴望权力的人手中;当权力开始使他们的野心实现时,他们行事便肆无忌惮。不论政治机制的形式是什么,不论是独裁机制还是民主机制,情况都是如此。权力不仅依仗强制,而且依仗通过教育系统和通过一切公共信息媒介伴随的微妙说服和欺骗。

---

① 这位病理学家是澳大利亚霍恩斯比(Hornsby) Horbsby & District 医院的 Alton R. F. Chapple。爱因斯坦的第一封信稍做修改。

你询问，富有创造力的思想家和科学家在研究中自我约束，是否可以防止大规模破坏的技术手段的进一步发展。我相信，即使科学家能够采取这样的政策，也不能期望人们得救；其理由如下：

1. 人已经拥有众所周知的和足以导致他完全毁灭的技术手段。

2. 真正致力于物理世界的知识进步的人，比如法拉第或卢瑟福这样的人，从来不是为实际目标而工作，更不用说为军事目标而工作了。没有一个人能够预言从这些发现涌现的应用。

3. 具有技术技能的人数量如此之多，在经济上如此不独立，以致不能期望个人拒绝政府或私人工业为他提供的雇用，即使他知道他的工作可能导致规模达到世界范围的灾难。

人们只能够希望，世界存在足够多的、具有健全理智和道义的人，足以抵制施加在他们身上的恶毒影响。虽然把这些人组织起来可能是有用的，但是却易于高估这样的组织的有用性。重要的是，个人在每一个场合都要具有坚持他们信念的真诚和勇气。

五年后，作为贵格会教徒的同一通信者再次写信给爱因斯坦，询问他是否对公谊会的目的感到同情，并指出在他看来爱因斯坦信件的第三点和最后一句话之间似乎不一致。这位病理学家和他的朋友觉得，即使冒贫穷和监禁的风险，也应该拒绝雇用于其目的

第15章 全面裁军抑或一无所有(1949～1950)

是破坏性的一切职业。爱因斯坦在1954年2月23日复信：

> 我感到，公谊会是具有最高道德标准的宗教共同体。就我所知，他们从来不向恶行妥协，总是受他们的良心指导。尤其是，在国际生活中，他们的影响十分有益和有效。
>
> 在我前次给你的信中所做的评论，我没有看到有什么矛盾之处。我不能期望，一般人必定会赶上适用于先驱的道德精英的准则。

反战者国际的H.朗哈姆·布朗(H. Runham Brown)——爱因斯坦在1933年之前与他密切合作过——请求爱因斯坦表达对下述建议的支持：在以色列的兵役法中插入因良心拒服兵役的权利。爱因斯坦在1949年2月22日复信：

> 如果以色列国家必须为保护因良心拒服兵役者确立法律基础，我应该感到高兴。这样的做法似乎与犹太人最好的道德传统和谐一致。你可以以你认为有利的方式随意使用这一陈述，尽管我强烈地相信，我没有权利、也不会如此放肆，试图劝告平安地引导我们的小国通过似乎难以克服的困难的人民。

1949年3月，科学文化界争取世界和平大会在纽约市召开，大会在某种程度上是爱因斯坦和哈洛·沙普利在1948年春组织

"争取幸存的模式"会议所做努力的姗姗来迟的结果。[①] 爱因斯坦的名字包括在 500 多位发起者的名单之列,大会据说受到共产主义者的赞助,从而遭到反共产主义者猛烈攻击,但是许多发起者对此并不知道或不关心。

1949 年 4 月 7 日,爱因斯坦的朋友、法国数学家和和平主义者雅克·阿达玛从巴黎拍发海底电缆电报,询问爱因斯坦是否愿意为世界和平大会寄发一份文告,在他看来,爱因斯坦是科学家渴望和追求和平的象征。这个大会是 1948 年 8 月在波兰弗罗茨瓦夫发起的一系列这样的会议的第一个,预定在 4 月 22 日举行。爱因斯坦在同一天回复:[②]

> 我为你在我七十岁生日之时,在无线电广播发表的演说深受感动。
>
> 在答复你的电报时,我必须坦率地承认,按照我对去年 8 月在弗罗茨瓦夫举行这类会议的第一次大会(p.491)的经验,以及依据我对最近在纽约举的大会观察所得,我强烈地感到,这类传统做法实际上无助于国际理解的事业。理由很简单:它或多或少是苏联包办的事情,相应地一切都受到控制。如果俄国人和来自附属于俄国的国家的人确实能够自由地表达他们个人的看法,而不是表达目前俄国官方的观点,那么这

[①] 科学文化界争取世界和平大会于 1949 年 3 月 25 日至 27 日在纽约 Waldorf-Astoria 饭店举行,由全国技艺、科学和专门职业理事会主办。

[②] 爱因斯坦给 Hadamard 的信稍有修改。

种大会本身也许不是如此糟糕。大多数人怀有这样的印象：这些聚会构成"苏联的宣传运动"，特别是由于来自西方国家的发言者是经过精心挑选的，他们不会干扰大会的总格局。于是，这些会议的结果是，易于加剧无聊的争吵和攻击——这是今日国际局势的特点。

你可以肯定，对于导致真诚地讨论达到理解和国际安全的可能性的任何努力，我都乐意以我的名义予以支持。

爱因斯坦没有改变他对形形色色的世界和平大会的观点。18个月后，当他的法国同行弗雷德里克·约里奥-居里教授邀请他出席在英国设菲尔德（Sheffield）举行的大会聚会时，爱因斯坦在1950年11月3日答复：

……我承认，在目前的世界局势下，我不相信这样的大会将有助于和平事业。依我之见，达到和平的唯一途径是力争创建世界政府。

与托马斯·曼、国际妇女争取和平与自由同盟的埃米莉·G. 鲍尔奇（Emily G. Balch）教授、埃德温·达尔伯格（Edwin Dahlberg）教士大人和 W. J. 沃尔斯（W. J. Walls）主教一起，爱因斯坦是北大西洋公约和平抉择大会的最初发起者之一，这次大会于1949年5月20日在华盛顿举行。他没有参加大会。当大会把三项正式通过的决议寄给他，请求他担任常设委员会的五个荣誉

主席之一时,他在 1949 年 5 月 27 日做出答复:①

> 我仔细研究了大会正式通过的三项决议。就对美国目前外交政策的批评而言,特别是关于北大西洋公约来说,我完全赞同。
>
> 不管怎样,我不能在决议签字。依我之见,所提出的建议并非深远,不足以解决国际安全问题。只有通过创建具有在法律基础上调停冲突的权力、并具有充分的力量强制执行它的决定的世界政府,才能够达到这个目标。不怎么彻底的措施不会叫停军备竞赛和预防战争。实际上,我相信,这样的不彻底的折中措施只是有助于转移公众对真正问题的注意力。
>
> 因此,我觉得不能担任大会设立的常设委员会的荣誉主席或作为它的委员服务。

作家和诗人克里斯托弗·拉法奇(Christopher La Farge)是被邀请参加华盛顿大会的那些人之一。他向爱因斯坦表达了他的担心:除非大会坚定不移地讨论世界政府问题,否则这一十分重要的事业可能由于可用精力的分散而受到削弱。爱因斯坦在 1949 年 5 月 13 日复信:

> 你说世界政府实际上是我们必须全力以赴的重要目标,

---

① 爱因斯坦给和平抉择委员会的信稍有修改。尽管做出相当大的努力,还是无法确定关于大会和它的决议的进一步的细节。

第15章 全面裁军抑或一无所有(1949～1950)

你是正确的。我支持华盛顿大会,因为我认为,反对目前美国全面军国主义化和与俄国的公开冲突的几乎歇斯底里的趋向,是最为重要的。假如北大西洋公约是在联合国的框架内组织起来的,那么我不会反对它。

大约在这个时候,爱因斯坦把赫伯特·耶勒(Herbert Jehle)教授写的一篇文章推荐给《原子科学家公报》发表,它的标题是"为了普遍的道德"。耶勒教授是德国出生的物理学家和和平主义者,他回忆起对那些以他们的邪恶活动帮助纳粹分子的人的批评,他在文章中断言,在任何情况下,参与备战都是向人的良心发起挑战。因此,他敦促科学家拒绝参加在任何政府控制下的战争工作,不管是民主政府还是专制政府。《公报》编辑尤金·拉比诺维奇博士虽然说过,他会欢迎在他的杂志讨论耶勒的观点,但是由于他感到耶勒没有恰当地介绍争端,所以决定不发表这篇特别的文章。他如此告知爱因斯坦;爱因斯坦对拉比诺维奇的决定未持异议,但是他在1949年8月18日给拉比诺维奇的信中做了一些有趣的评论:

> 在某种意义上,与就这个主题发表的任何其他东西相比,耶勒先生的立场更加与我的志趣相投。我确信,伦理判断不能基于科学演绎得出。关于把牺牲者绞死还是在断头台上处死,讨论得太多了,尽管我深信,根本不应该处决他。只要压倒一切的考虑仅仅关心,为了在战争事件中保证最有利的战略地位必须做什么,那么国际关系将永远不会改善。如果一个人认识到备战的含义,他在目前的环境下实际上会被迫成

为反叛者。最终,这样一个人不再可能感到,他与他在事实上和法律上依赖的这个社会休戚相关。这就是在耶勒稿件背后隐含的看法,由于这一点不能以如此多的坦率话语说出来,关于这些问题的任何声明将必然在逻辑上变得有缺陷!毕竟,比较坦率的讲话只能激起因循守旧的从众人群的愤怒。[①]

在收到拉比诺维奇关于不刊登耶勒文章的信之前,爱因斯坦在寄给耶勒教授的信中说:

> 我把你的文章读了好几遍,感觉它与我自己的思维方式完全和谐一致。
>
> 我希望《公报》将发表你的文章,但是怀疑它的效果能与它的善良意愿相称。对于疯子来说,真理看来是荒谬的。他猜疑那边别有用心,并对下述想法感到愤慨:一个"外国人"竟能够对美国人应该做什么做出更好的判断。毕竟,仅有几个人以超国家的词语思考。大多数人满足于随大流。
>
> 在这个国家,真正伟大的科学家大多数并没有参与军事工作;与在德国曾经出现的情况相比,这在更大的程度上是真实的。另一方面,还没有获得名声的大多数青年科学家,屈服

[①] Rabinowitch 博士在 1957 年 8 月 19 日写信给本书编者:"……我问爱因斯坦,他本人是否愿意考虑为《公报》写一篇真正强烈地声明支持因良心拒服兵役观点的文章。……爱因斯坦回答说,他不乐意写这样的文章。在否认自己是不抵抗主义者时,他说在适当的条件下,他会赞成用武力制止侵略。但是,他看到,战争的危险在于美国军国主义的滋长,而不在于苏联的侵略意图。"

第15章 全面裁军抑或一无所有(1949～1950)

于几乎无法抵制的政治压力和社会压力。人们不能期望他们卓尔不群,因为没有几个人愿意成为殉道者,除非他们在那个方向上受到群众运动的推动。因此,你的进路是有理由的,由于它可能有助于产生这样的群众运动。

在某种意义上,我们遭受的苦难是无始无终的。公共建制必然在相当低的道德水准起作用,处在这些建制背后的人们也是这样活动。个人完全受这些建制的摆布;如果他是有良心的而又不缺乏想象力,那么他必定辨认出这是低下的。因而,他被迫接受某种妥协,特别是由于他认识到,这些必然不完美的建制是不能撇开的。

如果辨认出所有这些境况的那些人不是为一个更美好的世界真诚而勇敢地工作,那么形势将会继续恶化。

纽约一所工程和技艺学院库珀大学生俱乐部(Cooper Union)学术年鉴的一位编者向爱因斯坦提出几个问题,其中一个如下所述:难道科学必然不会是人类最终毁灭的根源吗?爱因斯坦在1949年12月末答复:

在我看来,让科学为最近几十年可悲的政治事件负责,似乎是不合道理的。如果毁灭降临,那也不是由于科学,而是由于道德堕落和缺乏世界范围的政治组织。

法国数学家雅克·阿达玛再次致信爱因斯坦,请求爱因斯坦支持(并通过他可能得到其他人的支持)由所谓的"争取和平和自由战士"的法国运动发起的呼吁。呼吁要求,法国议会宣布原子弹不合法,联合国命令销毁原子弹。无论谁用原子战争威胁世界,都被视为战争罪犯。必须通过所有选举出来的与会者,寻求法律和理性的凯旋。爱因斯坦所署日期为1949年12月29日的信是用法文写成的,他在他的通信中从来没有使用这种别样的语言:

> 我几乎不需要向你保证,不管用不用原子弹,防止战争的问题都是我最为关注的。实际上,它是一切国际目标中最重要的。无论如何,我必须告诉你,我不相信,争取和平和自由战士提出的进路会有任何成功的机会。
>
> 只要安全是通过国家军备来寻求,没有一个国家可能放弃在战争事件中似乎指望它取胜的任何武器。依我之见,唯有通过放弃国家军事防卫,才能得到安全。
>
> 很不幸,由于美国和苏联双方彼此都坚持它们顽固不化的态度,我们不能期望,它们二者中的任何一个将会做出任何建设性的和平举动。只有那些军事弱小的国家一方的集体努力,才有一点成功的机会。我将乐于在这个方向利用我的微薄的精力,我将在我的有限的可能性容许我去行动的范围内力图征募同盟者。
>
> 如果军事弱小的国家同心协力,它们便能够对两个主要的竞争者施加压力,通过接受联合国的调解,并通过保证毫无保留地服从联合国的决议,和平地调停它们的分歧。
>
> 在访问美国期间,帕迪特·尼赫鲁(Pandit Nehru)是足够勇敢的和果断的,他公开宣布,印度在任何情况下都不加入

双方中的任何一方。与欧洲国家的经济状况相比,印度的经济状况一样不稳定。它们肯定能够像印度一样承担相同的风险。

1949年9月23日,哈里·S.杜鲁门(Harry S. Truman)总统宣告,美国的原子弹垄断已被打破,苏联引爆了原子弹,这是爱因斯坦和许多科学家早就预料到的。一个月后,和平主义者和解联谊会的秘书A.J.马斯特(A.J. Muste)提醒爱因斯坦注意一篇文章"俄国的原子弹",该文是英国原子科学家协会的凯瑟琳·朗斯代尔(Kathleen Lonsdale)博士撰写的。马斯特吁请科学家采取"富有想象力的、创造性的和大胆的建议",以阻止日益增长的原子战争的危险。爱因斯坦在1949年10月31日复信:

> 对于安全问题,没有**纯粹机械**的解决办法。安全也不能通过军备达到,而只能在平等交换关系的基础上获得,这种关系能够创造和维护双方称心如意的和平合作的政策。一旦采纳这条路线,它总是意味着相互信任发展的开始,唯有这种信任能够使裁军成为可能。
>
> 我们应该竭尽全力使我们的公民同胞确信,要苏联接受巴鲁克计划尤其是不可能的。在你的信中,令人信服地阐述了一些理由。
>
> 依我之见,暂时中止原子弹生产无济于事。一方面,在国外没有人实际上相信它;另一方面,只要军备竞赛继续,这样的单一措施恐怕毫无意义。在我看来,特别糟糕的政策是对

东欧的联合经济抵制。给你举一个例子：美国政府阻止把装载的货物（机械）运往捷克斯洛伐克，而这些货物是这个国家在美国购买的并付清款项。人们能够很容易想象，这样的政策在一个弱小的、穷困潦倒的和遭到战争蹂躏的国家必定产生什么痛苦。美国公众几乎从来没有听到这样的事件。

连接链条是这样的：无裁军则无和平，无信任则无裁军，无相互的和有效的经济关系则无信任。我不能不感到，由于罗斯福总统逝世，我们的外交政策在错误的方向上继续行进，而且似乎此刻没有向比较合理性的政策转变的前景。

只有在真正和平的氛围中，研究和出版的自由、公民自由的维护才能够得以保证。否则，这些自由将会缓慢地但却无可挽回地失去。我不指望从科学家一方的一致努力中得到更多的成果，因为我们面对的是政治和经济问题，而不是技术问题。美国物理学家不论个人还是集体，都一而再地表达了他们的信念，即不可能通过军备获取安全；很不幸，他们并没有成功地使其他人确信这一点。

看起来，朗斯代尔博士的文章是出类拔萃的和值得称赞的。它的广泛传播总是非常令人向往的。

在那些日子，爱因斯坦不错过任何机会，强调世界政府是世界和平的唯一解决办法，并支持那些在为这个目标而斗争的过程中被征募的人。1950年初，在英国发起世界人民大会运动的创始人亨利·厄斯本再一次成为英国下议院的候选人。在回答从英国数学家兰斯洛特·霍格本（Lancelot Hogben）那里收到的信时，爱因

第 15 章 全面裁军抑或一无所有(1949~1950)

斯坦在 1950 年 1 月 19 日说：

> 从你处我十分愉快地获悉，我们彼此的朋友亨利·厄斯本在即将到来的竞选战役期间将向英国公众介绍世界政府的情况。在灾祸突然降临之前，留给我们喘息的时间间隔可以证明是太短暂了；这就是为什么此刻应该把为普遍法律而斗争放在一切国内问题之上，因为只有这样的法律才有可能把我们从普遍毁灭中拯救出来。如果你的公民同胞能够不理党派联系，而把坚定忠于世界联邦政府的全世界运动的人派遣到新的议会，以此应对原子时代的挑战，那么这在美国将会鼓舞那些优先考虑和平而不是优先考虑党派政策的人。

早在 1946 年，爱因斯坦的朋友、奥地利物理学家汉斯·蒂林发表了关于一种原子弹的细节，这种原子弹截然不同于摧毁广岛和长崎的那类原子弹。① 新原子弹不是利用重元素**裂变**的能量，而是依赖某些轻原子**聚变**释放的能量，值得注意的是氢的同位素。在 1949 年后期，当科学发展增大了按照这个原理产生实际上无限爆炸威力的炸弹的可能性时，关于生产所谓的氢弹的研究是否应该开始，在美国发生了异乎寻常的幕后争论。消息泄露出去：美国政府正在认真考虑全力以赴生产氢弹。像许多其他人一样，多年是美国首要的和平主义者之一的 A.J. 马斯特深切关注这一发展。

---

① Thirring 关于氢弹的阐明发表在《原子弹史》(*Die Geschichte der Atombombe*)，Neue Oesterreichische，Vienna，1946。介绍该书的一篇文章发表在 1950 年 3 月号《原子科学家公报》。

马斯特写信给爱因斯坦,充满激情地请求他充分利用他的影响的分量反对这个将要来临的决定,此时他触及爱因斯坦对其必定变得日益敏感的主题。在1950年1月19日,爱因斯坦说:[①]

> 我感到你的意图的真诚和认真,我充分理解,你按照你自己关于原子武器发展的观点和目前的世界局势,正在给我拟定某些建议。不过,你是从虚假的假定出发的。
>
> 我从未参与军事技术性质的工作,从未做过任何与生产原子弹有关的研究。我在这个领域的唯一贡献是,在1905年我确立了质量和能量之间的关系,这是物理世界具有非常普遍性质的真理,它与军事潜力的可能关联是我完全没有想到的。关于原子弹,我的唯一贡献是,在1939年我签署了致罗斯福总统的信件,我在信中提醒注意生产这样的炸弹的现有可能性和德国人也许利用这种可能性的危险。我认为这是我的责任,因为存在德国人正在按照这样的规划而工作的确定迹象。
>
> 因此,如果我不得不发表声明,宣布我拒绝参加军备工作,那也许是非常可笑的。由于军方权威人士清楚地意识到我的立场,因而对他们来说,邀请我参加这样的工作是从来也不会发生的。
>
> 涉及政治形势,我不相信,你关于美国克制试验制造氢

---

① 爱因斯坦给Muste的信据德文原件稍有修改。Muste先生帮助澄清了他与爱因斯坦的交流。

第 15 章 全面裁军抑或一无所有(1949～1950)

弹的建议触及问题的核心。真相在于,在这个国家,拥有实权的人并不打算结束冷战。这个国家的统治集团几乎没有设法避免与苏联冲突,正像俄国的统治集团几乎没有尝试防止与美国发生这样的冲突一样。这两个集团正在利用这种冲突为它们自己的国内政治意图服务,完全不顾及可能的后果。

这一发展直接肇始于罗斯福逝世以后。执掌权力的人成功地欺骗、恫吓公众,使他们变狂热。我怎么没有看见,理解这一切情况的极少数人群能够停止事件的灾难性进程,原来尤其是因为这样一个事实:甚至所谓的"中立"国家也没有在超国家的基础上为维护和平而团结合作。

自由地表达我的见解,我本人向来是毫不犹豫的;我认为,这样做是我的责任。但是,面对众人的叫喊声,个人的声音是软弱无力的——情况总是如此。

几天后,即 1950 年 1 月 30 日,马斯特发给爱因斯坦一封电报,他在电报中提到若干著名的宗教领袖和其他人,[1]他们联合他一起向爱因斯坦呼吁,"利用[他的]巨大影响,在等待公众透彻讨论之际,保证延迟氢弹的决策。如果美国必须继续是一个民主国家,那么人民必须有机会思索和讨论这个生死攸关的问题"。

同一天,爱因斯坦复信回答:

---

[1] 在 Muste 电报中提到的名字是 Clarence Pickett, Paul Scherer, Charles Iglehart, Douglas Steere, Phillips Elliot 和 John Haynes Holmes。

在我看来，你的新建议完全不切实际。只要竞争性的军备盛行，在一个国家将不可能停止这个过程。唯一可能的解决办法也许是，真诚地尝试与俄国达成合理性的协议，并超出这一点，达成在超国家的基础上实现安全的合理性的协议。

第二天，即 1950 年 1 月 31 日，杜鲁门总统宣布，美国将竭尽全力发展氢弹。两周后，即 1950 年 2 月 13 日，爱因斯坦（在屏幕上）出现在一个讨论氢弹含义的电视节目中。埃莉诺·罗斯福（Eleanor Loosevolt）夫人安排的这个节目也包括戴维·利连索尔和 J. 罗伯特·奥本海默，后者对氢弹应急方案的反对四年后在免除他的华盛顿政府顾问中起了重要作用。这些话语是爱因斯坦的评论：①

罗斯福夫人，我感谢你提供机会，让我在这个最重要的政治问题上表达我的信念。

在目前的军事技术状态下，相信通过一个国家规模的军备达到安全，是灾难性的幻想。在美国，因为这个国家首先成功地生产出原子弹，这一事实增强了这个幻想。这就是为什么人民易于相信，这个国家也许能够达到持久性的和决定性的优势，希望这种优势能够威慑任何潜在的敌人，从而带来我

---

① 爱因斯坦在 Loosevolt 夫人电视节目上的评论，经节目制片人 Eleanor Loosevolt 的慨允重印。它们也发表在 IAO 第 159 页和 1950 年 3 月号《原子科学家公报》。1950 年 2 月 13 日的《纽约邮报》利用它的整个头版刊登这个通栏大字标题"爱因斯坦警告世界：要么取缔氢弹，要么毁灭"。也可参见同一天《纽约时报》。爱因斯坦的德文文本发表在 MW 第 97 页，在修改眼下的版本时利用了它。

们以及世界其余国家如此强烈追求的安全。简而言之，最近这五年我们遵循的基本原则是，不惜一切代价，通过优势武力获得安全。

这种在军事政策方面的技术取向和心理取向，具有不可避免的后果。与外交政策有关的每一个行动，都受到单一考虑的支配：为了在战争事件中达到对敌人的最大优势，我们应该如何行动？答案是：在美国外部，我们必须在全球的一切可能的战略要地建立军事基地，同时武装我们的潜在盟国，并在经济上强化它们。在美国内部，庞大的财政权力正在集中于军方手里；青年人正在军国主义化；公民的忠诚，尤其是公务员的忠诚，受到日益强化的警察部门的严密监视。具有独立政治思想的人士受到骚扰。公众受到无线电广播、报刊、学校不知不觉的灌输。在军事秘密的压力之下，公开信息的范围越来越受到限制。

美国和苏联之间的军备竞赛本来是作为预防性措施开始的，现在却呈现出歇斯底里的成分。在双方，大规模的破坏手段正在以急如星火的狂热、在保密之墙的背后完善起来。而现在，公众被告知，氢弹的生产是将来可能完成的新目标。总统严肃地宣布向这个目标加速发展。如果这些努力能够证明是成功的，那么大气的放射性毒化，从而地球所有生命的毁灭，都将在技术上是可能的范围之内发生。这一发展的离奇方面在于，它具有明显不可阻挡的特征。每一步看来都好像是先前迈出一步的不可避免的结果。而在终点，赫然耸峙的普遍毁灭后果历历在目。

有什么道路走出人类自己造成的这种死胡同吗？我们大家，特别是美国和苏联对决策负有责任的人物，都必须认识到，虽然我们战胜了外部的敌人，但是我们证明还未能使我们自己摆脱战争心态。只要迈出的每一步着眼于未来可能的冲突，我们就永远无法达到真正的和平，特别是由于情况已经变得很清楚，这样的战争会招致普遍的毁灭。因此，一切政治行为的指导思想应该是：在目前盛行的情境下，为了导致所有国家之间的和平共处，我们能够做什么事情呢？第一个目标必须是消除相互的担心和不信任。郑重放弃暴力政策无疑是必要的，这不仅仅是就大规模破坏性武器而言。不过，只有同时建立起超国家的判决和执行机构，使它有权解决直接关注的国家安全问题，这样的放弃才是有效的。即使若干国家宣布，它们愿意在实现这样的"受限定的世界政府"方面精诚合作，也会在相当大的程度上减轻迫近的战争危险。

归根结底，人民的和平共处，主要靠相互信赖，其次才靠像法院和警察这样的建制。这一点对于国家以及对于个人都是真实的。而信赖的基础是诚心诚意的互让关系。

国际管制怎么样？固然，作为一种治安措施，它可能是有用的，但是不能把它视为首要的因素。无论如何，不高估它的重要性，也许是明智的。想起美国1920年至1933年禁酒时期的例子，不免使人踌躇起来。

在巴黎，不代表任何政治派别或组织的两个加拿大人帕特里夏·普兰特（Patricia Plante）和艾伯特·A.谢伊（Albert A.

Shea)、一个匈牙利人帕乌尔·埃什瓦伊(Paul Esway)受到爱因斯坦关于氢弹的电视声明的鼓舞,他们立即准备了一份支持请愿书,上面有代表47个国籍的500多人签字。爱因斯坦在1950年3月7日写信给谢伊:

> 收到你和你的朋友的信,它作为由如此之多不同国籍的人表现出来的认可的标志,使我顿生快意,备受鼓励。我确信,如果多数人的意见和志向能够有效地和公开地得以表达,那么就能够迫使掌握决策大权的人改变他们的不幸态度。

523

1950年2月1日,爱因斯坦联合托马斯·曼以及其他十四位人士抗议针对几个律师采取的惩罚性的行为,他们在首次著名的史密斯法案审判中作为被告的辩护人服务,而被告被指控密谋用武力和暴力推翻政府。[①] 联合声明宣布,如果不受挑战的话,那么这样的司法指责、强制判处监禁、威胁把在政治上和种族上的少数派和劳工组织的合法辩护人驱逐出律师界的行为,可能"破坏宪法保证的公正审判和充分的合法辩护的权利"。

在同一月,全国反对征兵理事会出版了另一个研究成果《教育中的军国主义》(*Militarism in Education*),它采用爱因斯坦和其

---

① 除了爱因斯坦和 Mann,在抗议信上的签名人士是 Cameron Chesterfield Alleyn、Earl B. Dickerson、Olin Downes、Thomas Emerson、N. K. Harris、John A. Kingsbury、Robert S. Lynd、Carey McWilliams、Kirtley Mather、Philip Morrison、Linus Pauling、Walter Rautenstrauch、I. F. Stone 和 Colston E. Warne。

他二十五位人士签署的下述声明作为引言。①

在最近几个月,美国报刊报道了军事活动的加强和对我们美国教育制度的影响。以对科学部门的军事拨款、扩大的军训单位、增加利用大中学校作为征募新兵的基地、针对学生和教员的军事宣传为代表的这类活动,对我们国家的未来和对世界和平两方面都具有重要的意义。

在一些大学,军方的拨款已经导致政府对直接有关的学生和教员进行调查;这使一些学校的存在日益依赖于军方的资金。在其他一些学校,军训和大量的军事教官易于把西点军校或安纳波利斯(Annapolis)海军学院的纪律和态度带入非军事院校通常是自由的学术氛围。

世界对和平的极度需要,要求与这一需要相称的领导人员。这样的领导人员更可能来自那些在他们受教育的经历中,他们的取向和训练处于世人皆兄弟的精神和不受军事考虑牵制的自由探索的精神之中的人。

有一天,当我们在这里被告知,撇开废除战争,撇开各国

---

① 小册子《教育中的军国主义》的研究和准备,归功于全国反对征兵理事会主任小 John M. Swomley。爱因斯坦的合伙签名者是 A. C. Baugher, A. D. Beittel, Harold A. Bosley, Louis Bromfield, Pearl S. Buck, J. R. Cunningham, Harold D. Fasnacht, John E. Flynn, George Willard Frasier, Laurence M. Gould, Samuel J. Harrison, Robert J. Havighurst, Nelson P. Horn, Gerald Kennedy, William J. MIllor, Joy Elmer Morgan, Alonzo F. Myers, Morgan S. Odell, Max C. Otto, James G. Patton, Pitirim A. Sorokin, Harold Taylor, William P. Tolley, Charles J. Turck 和 Roscoe L. West。

第15章　全面裁军抑或一无所有(1949～1950)

结成的世界社会,便没有真正的安全时,教育必须指出道路。正如联合国教科文组织指出的,由于战争起始于人的头脑,因此保卫和平必须在人的头脑里建构。

因此,重要的是,对于军事课程影响我们的教育体制,我们的公民同胞应该具有权威的信息。在出示军事在教育中正在扩大的影响的报告时,我们并非必然意味着,我们每一个人都要反对在这里描述的每一项活动或措施。危险的是基本的模式。正是这种趋势,是错误的,必须使之反转过来。

因此,我们联合发表这个报告,并把它推荐给我们的公民同胞、他们的公务员和在各州及国家立法机构的代表认真研究。

来自蒙大拿州(Mondana)的美国参议员詹姆斯·E.默里(James E. Murray)寄给爱因斯坦两篇文章的文本"德国制造"和"通向和平之路",它们最初发表在《防止第三次世界大战》(*Prevent World War Ⅲ*)杂志,这是防止第三次世界大战协会的出版物。这位参议员刊登在《国会议事录》的两篇文章严厉反对德国重新军国主义化,同时指出德国在历史上和现在继续玩弄东方反对西方的伎俩。爱因斯坦在1950年3月7日写信给该参议员:[①]

你所说的是无遮蔽的真相。我充分了解德国,我知道你在每一点是多么正确。我只是不能理解,西方各大国不管它

---

① 爱因斯坦给参议员 Murray 的信稍有修改。

们的惨痛经验教训，却能够重复相同的错误，犯它们在第一次世界大战后所犯的愚蠢错误。肩负重任的西方领导人再一次瞎了眼睛，它们过高估计俄国的危险，而过低估计德国的危险。在这个重要问题上，像我自己这样的人不能做公开的陈述，因为我们的观点被认为是有偏见的。为此理由，我十分感激你对有关争端的透彻分析。

如果做出认真的尝试，那么我看没有理由认为，与苏维埃俄国达成协议总是是不可能的；苏联从武装冲突中什么也得不到，无疑想维护和平。但是，具有顽固不化心态的德国人只知道一味地浑水摸鱼，它们在美国和苏维埃俄国之间加剧不和，手腕娴熟地从中捞取好处。

一位印度通讯记者敦促爱因斯坦效仿甘地，实践不伤生（ahimsa）原则——开始绝食斗争，直到停止氢弹生产为止。爱因斯坦在1950年3月24日答复：

我完全能够正确评价，你在最近的来信中推荐的行动路线在你看来是非常自然的，因为你正生活在具有印度心态的人民中间。但是，出于对美国人民心态的了解，我相当确信，你推荐的行动不可能具有所想望的效果。相反地，它会被视为不可原谅的傲慢的一种表达方式。

这并不意味着，我对甘地，一般地对印度传统，并不具有最大的钦佩。我感到，印度在国际事务中的影响日益增强，并将证明是有益的。我以真正的赞美学习甘地和尼赫鲁的著作。印度对于美国和俄国冲突保持有力的中立政策,完全能够导致中立国家一方联合尝试,找到和平问题的超国家解决办法。

1950年3月4日,爱因斯坦把下面的信件连同会员会费的支票,寄给新近成立的科学的社会责任学会:①

> 我确信,你们的科学的社会责任学会,是科学工作者在这个时代能够从事的最重要的事业之一。这样一个学会将会扩展他们的责任感,支撑他们的勇气,以抵制与大规模破坏相关联的工作的阴险引诱。人们需要认清,个人良心在法律条文和意旨之上。这在纽伦堡审判中是隐含地承认的。

由于爱因斯坦认为这一陈述太简单而不允许发表它,后来A. J. 马斯特恳请他代表学会发表一份公开声明。1950年7月19日,公布了爱因斯坦给科学的社会责任学会的下述信件:

> 亲爱科学家同仁:
> 对一个人来说,如果政府命令他采取某种行为,或者社会期望他持有某种态度,而他的良心认为这是错误的,那么他应该如何行动的问题的确是一个古老的问题。很容易说,在不

---

① 爱因斯坦给科学的社会责任学会的信据德文原件稍做修改。公开信发表在1950年12月22日《科学》,并经《科学》编辑 Graham DuShane 慨允重印。它在 IAO 第26页重印。德文文本发表在 MW 第15页。

可抗拒的强制的情况下，个人不能为实施的行为负责，他完全依赖于他生活在其中的社会，因此必须接受它的管辖。但是，正是这类推理的表述阐明了，这样的概念与我们的正义感矛盾到什么程度。

虽然在一定的程度上，外部强制能够影响个人的责任感，但是从来也不能全部摧毁它。在纽伦堡审判中，这一立场实际上被作为不证自明的立场接受了。在我们的建制中现存的道德，一般而言我们的法律和习俗，都是不计其数的个人为表达他们认为是正义的东西长年累月积累的努力的结果。在道义的意义上，建制除非从个人的责任感得到支持，否则是无能为力的。这就是为什么唤起和增强这种责任感的任何努力，都成为对人类的重要贡献。

在当代，科学家和工程师担负着特别沉重的道义责任的重担，因为大规模破坏的军事手段的发展取决于他们的工作和活动。因此，我感到，科学的社会责任学会的成立是真正需要的。通过它对科学家面临的客观问题的讨论，它将会比较容易使个人厘清他自己的思想，并就他自己的行动得出结论。而且，对于那些无论何时按照他们的良心行动，其境况将变得困难的人来说，相互帮助是不可或缺的。

联合国秘书长特吕格韦·赖伊收到爱因斯坦所署日期为1950年4月18日的来信，这封信是因赖伊建议举行最高级别的安理会特别会议而写的，这个提议导致赖伊几周后访问莫斯科。爱因斯坦写道：

第 15 章　全面裁军抑或一无所有(1949～1950)

我觉得,我必须希望你交上好运,希望你的伟大首创精神获得成功。处在当代的困惑不解和一团乱麻之中,仅有极少数人成功地保持他的明锐的眼光,他的必定是建设性帮助的推动力依然未被重重障碍和狭隘的效忠国家阻吓,你就是极少数人之一。但愿你的具体倡议成功地向我们展示摆脱目前紧张关系的道路——这种紧张关系更多的是由于激情因素引起的、而不是由于物质原因造成的,并对所涉及的一切成功地提供解决办法。即使在经济合作方向取得相对小的成功,也能够立刻改善和稳定政治形势和激情情境。

许多人满怀感激和希望之情打算陪伴你,我是其中之一。

在 1950 年 6 月,全国反对征兵理事会又发表一篇研究报告《美国、俄国和原子弹》(*American, Russia and the Bomb*),提供充分的理由恳请全面裁军。爱因斯坦联合其他十五位人士支持该出版物,并签署了这个引导性的声明:①

大规模破坏性武器的发展连同美国和俄国致力的军备竞赛,引起关于裁军和废除战争的可能性的讨论。一位首要的美国参议员[米拉德·泰丁斯(Milard Tydings)]提议全世界

---

① 《美国、俄国和原子弹》的研究和准备再次归功于全国反对征兵理事会主任小 John M. Swomley。爱因斯坦的合伙签名者是 Harold A. Bodley, Charles F. Boss, Jr., Louis Bromfield, Charles S. Johnson, William Appleton Laurence, Benjamin E. Mays, William J. MIllor, Joy Elmer Morgan, Alonzo F. Myers, Glenn Randall Phillips, William T. Scott, Pitirim A. Sorokin, Charles J. Turck, James G. Vail 和 Robert Wilson。

全面裁军,直至步枪。在报刊上并正式通过联合国也提出了许多其他建议。

世界人民渴望解决战争问题的某种办法。他们的志向在大西洋宪章的声明中得以表达:"世界一切国家,出于现实的理由以及精神的理由,都必须开始放弃使用武力。"

可是,在今天,两个首要的大国美国和俄国关于原子能控制和裁军存在这样的分歧,只有深知内情的舆论和人民一方对和平的真实意志,才能够劝服它们化解僵局。

因此,重要的是,对于美国和俄国在过去和现在就裁军的建议和态度,我们的公民同胞应该具有权威的信息。我们认识到,在一个错综复杂的世界上,所有国家必须分担世界问题的责任。不论俄国还是美国,都不能逃避这个责任。因此,任何处理裁军困境的尝试都必须超出党派偏见和国家主义。不管怎样,因为我们是美国人,因为美国还可能为世界裁军提供领导能力,所以我们联合支持这个报告。这并不必然意指,我们每一个人会对在报告中为化解困境而提交的所有建议给予充分的和最终的支持;但是,我们相信,它们将对这个问题非常需要的公开讨论做出贡献。

因此,我们参加公布这个报告,并推荐它供我们的公民同胞和他们的能够正式负责的公务员和代表认真学习和研究。

1950年6月18日,正好在朝鲜战争开始爆发前一周,爱因斯

坦参与了[①]一个纪实的广播节目"决定性的年份",这是联合国支持的以"追求和平"为题的系列节目的一部分:

> 问:世界的命运处在危急状态中的说法是夸大其词吗?
>
> 答:不夸张。人类的命运总是安危未决,现在比在任何已知的时候的确更为如此。
>
> 问:我们能够如何唤醒全体人民意识到此刻的严重性?
>
> 答:我相信**能够**回答这个问题。治疗的方法不在于为未来战争的可能性自我准备。我们必须从下述信念出发:唯有通过耐心的谈判,我们才能避免军事祸患实现安全。我们必须创建解决国际问题的法律基础,简言之某种类型的世界政府,它受到充分强大的执行机构的支持。
>
> 问:当前的原子能军备竞赛正在导致另一次世界大战,或者正如一些人坚持认为的,它是防止战争的办法?
>
> 答:军备竞赛不是防止战争的办法。在这个方向每迈出一步,都带领我们离灾难更进一步。军备竞赛可能是防止公开冲突的**最糟糕的**方法。相反地,没有超国家规模的系统裁军,真正的和平是无法达到的。我重申,军备不仅不能制止战争,而且不可避免地导致战争。
>
> 问:准备战争和准备世界共同体同时是可能的吗?
>
> 答:力求和平和准备战争彼此是不相容的,在我们的时代

---

① 爱因斯坦在广播节目"决定性的年份"的评论稍做修改,并经交互广播系统有限责任公司节目制作人 Brad Simpson 的慨允重印。它们发表在 IAO 第 161 页。也可参见 1950 年 6 月 19 日的《纽约时报》。

比以往更加如此。

问：我们能防止战争吗？

答：答案十分简单。如果我们自己拥有决定维护和平的勇气，那么我们将**拥有**和平。

问：怎么拥有？

答：下定决心，达成协议。这是公理。这不是做游戏。我们处在对我们的幸存具有最大威胁的绝境。除非我们决意用和平的方式坚定地解决问题，否则我们将永远达不到和平解决。

问：一些科学家预言，我们的生活将发生深刻的变化，例如有可能我们每天只需要工作两小时，对此你有什么看法？

答：我们总是相同的人。不会有真正深刻的变化。我们工作五小时还是两小时，这并不那么重要。我们的问题是社会和经济问题，必须在国际层次上处理。

问：对于处理已经储备的原子弹库存，你会有什么建议？

答：把它们交到超国家组织的手中。在达到牢固的和平之前的间隙，我们必须拥有某种防御力量；单方面的裁军是不可能的。这毋庸置疑。必须把武器委托给国际权威。除了在超国家政府的监督下系统裁军，此外别无选择。我们必须不要从过分的技术观点考虑问题。和平**意志**和准备接受达到这个目标所需要的每一措施的意愿，才是最重要的因素。

问：就战争与和平问题而言，个人能够**做**什么呢？

答：他能够坚持，任何一个竞选公职（例如国会议员）的人都要给出明确的承诺，为国际安全而工作，欲达此目的为限制

第15章 全面裁军抑或一无所有(1949～1950)

国家主权而工作。对形成舆论有影响的每一个人必须真正理解所需要的东西,必须有勇气直言不讳。

问:联合国无线电广播用二十七种语言向地球各个角落播音。值此严重危险的时刻,你会让我们对世界人民广播些什么话语?

答:总的来说,我相信,在我们的时代,在所有政治人物中,甘地持有最富有启发性的观点。我们应该力图按照这种精神行事:在为我们的事业而斗争中不使用暴力,制止参与我们认为是邪恶的任何事情。

1950年6月,世界政府基金会主席斯特林费洛·巴尔提醒爱因斯坦注意几个月前他收到的电报请求,请求他支持1950年6月24日至25日在法国卡奥尔(Cahors)举行的世界政府大游行。这一事件是由罗贝尔·萨拉扎克-苏拉热及其世界主义研究和表达中心的工作发展起来的。① 尾随加里·戴维斯1949年的法国南部旅行,法国特鲁亚(Trouillas)公社宣布它本身是"世界领土"。据报道,洛特(Lot)省比较大的城镇卡奥尔和菲热克(Figeac)通过压倒性的直接投票起而仿效;后来,该省的多数城镇也都这样做;在一年内,"世界领土"构成一个延伸到西班牙边境北部约一百英里的地带,从大西洋直到地中海,包括约300万人口。最终,据说这一运动影响了约500个公社,包含德国的柯尼希斯温特

---

① 关于世界主义的评论基于 Harris Wofford 的手稿《冷战的漫长历险:世界政府基金会的故事》。

(Königswinter)城镇在内。

1950年6月20日,爱因斯坦复信巴尔:[①]

我确实收到那封海底电缆电报,但是我当时对此什么也没有做,只是因为我不知道做什么;今天,我的感觉是一样的。虽然人们的印象是,发电报的人对他们的建议相当真挚,但是我却不能不感到它是一个"肥皂泡"。当一个人倡导这样浪漫的事业,不久人们便不再认真看待他,从而失去他可能已经获得的无论什么威信。

我仔细阅读了你们的报告。如果不是出于世界局势对和平构成这样直接危险的事实,我也许会赞同你们。我相信,即使在最低纲领的基础上实现世界政府,它的职能和责任用不了多久就会加以扩大。可是,我认为,重新集中世界各地相关群体支持最低纲领,也许比支持包括人权、饥饿消除、生育控制等等更为广泛的纲领要容易得多。我希望,一切明白事理的人将支持最低纲领,防止分散我们的潜在力量,由于战争造成的普遍毁灭同样威胁强国和弱国;事实上,它对比较强大的国家的威胁可能更为直接。

不应该把这些评论看作是反对你们旨在教育和启蒙的努力。

在广岛和长崎原子弹爆炸五周年之际,诺曼·卡曾斯在1950

[①] 爱因斯坦给 Barr 的信稍做修改。

年8月5日《星期六文学评论》(*The Saturday Review of Literature*)撰写文章,用两种编写方式生动地描绘了1960年的历史学家可能如何评价现今。文章的标题是"1960年这样看我们",它采取分开叙述的形式。在第一个叙述"抛弃人类"中,原子战争毁坏了世界,文明被摧毁了,人的本性改变了。人不再相信进步,没有重建或创造的意志。卡曾斯选择注定沉没的船只的形象,船头裂开一个缺口,船上的乘客各自固守三个客舱,念念不忘他们的隔间,而不能齐心协力只做能够挽救他们的工作。他们一手依附失事船只的部件,一手乱抓,相互争斗直至船只沉没。本可以防止灾难的美国,却没有履行她的历史使命。

文章的第二部分题为"勇猛的时代",在这一部分美国总统依据朝鲜战争审视美国的外交政策,把给美国的联合国代表的新指令提交国会和美国人民,指令要求把联合国转化为世界政府。这虽然没有带来太平盛世,但是却迎来和平时代。

1950年8月2日,爱因斯坦写信给卡曾斯:[①]

> 拜读了大作,我认为它能够对和平产生良好的影响。第一部分能够有助于抑制对目前战争危险冒险的浪漫态度,危船的类比非常精彩。
>
> 在你的文章的第二部分,你使用了在心理学上是最有效的方法。你没有只批评美国的外交政策,而是证明我们政府极端保守的进路如何处处反倒使苏联获益,特别是就亚洲而

[①] 爱因斯坦给Cousins的信据德文原件稍做修改。

言。我也为你的技艺娴熟的方式留下深刻印象,你以这种方式借不幸的总统之口说出你自己的建议,我完全赞同这些建议。它以同时不触犯人的和有效的样式,与我们政府的实际态度形成鲜明对照。你的隐含的批评达到了某种建设性的和必要的效果。

在你的文章中,我不赞成的是,你不仅不反对在我们国家四处蔓延的对俄国侵略的歇斯底里恐惧,而且实际上鼓励它。我们大家应该扪心自问,客观地讲,这两个国家中哪一个证明更有理由害怕另一个的侵略意图。那些没有借助世界地图透彻思考这个问题的人,必然会缺乏对理智的政治态度的发展来说必不可少的客观性。

随着冷战紧张程度的加剧,美国对苏联的敌视变得更加厉害、更加流行。仅有极少数美国人能够不受正在加剧的歇斯底里的影响。由于爱因斯坦向来镇静自如,对苏联发展的客观分析从未动摇,并且一向坚信世界和平取决于与苏联的友好关系,因此他常常遭到政治攻击和含沙射影的批评。

在这些问题上的频繁的通信者是纽约大学的悉尼·胡克(Sidney Hook)教授。爱因斯坦总是及时而耐心地回复。胡克在1950年5月写信时,提到爱因斯坦在1934年和1947年分别发表的两篇文章,它们刚刚在爱因斯坦的著作选中重印。胡克宣称,这两篇文章的某些段落"在表面上不抵牾,但是它们的精神实质明显自相矛盾"。爱因斯坦在1950年3月6收到胡克的信,他也是在那天回信的。他否认胡克引用的段落自相矛盾,接着写道:

第15章 全面裁军抑或一无所有(1949～1950)

我曾经竭力了解,俄国革命为什么变成必要的。在那时俄国的一般境况下,只有果敢的少数派才能成功地进行革命。在当时存在的条件下,一个深切关心人民福利的俄国人,都会自然地与这个少数派合作,并服从它,因为不这样便不能达到革命的直接目标。对于独立的个人而言,这确实必然需要暂时地、痛苦地放弃他的个人自由。但是,我相信,我自己会认为它是我的责任,会把它看作是害处较少,从而做出暂时的牺牲。不过,不应该把这视为意味着,我认可苏联政府直接和间接干预智力和艺术事务的政策。依我之见,这样的干预是要不得的、有害的,甚至是荒唐可笑的。我也相信,政治权力的集中和个人自由的限制不应该超过一定的限度,这些限度是由诸如外部安全、国内稳定和计划经济的需要这样的考虑决定的。一个局外人几乎不可能恰当地评价另一个国家现状和需要。无论如何,苏维埃政治制度在教育、公共卫生、社会福利和经济领域的成就无疑是显著的,而全体人民也从这些成就中获益良多。

马萨诸塞州一位自认"没有受过教育的"体力劳动者的通信者,批评爱因斯坦所谓关于有可能建立世界政府的乐观主义。按照他的看法,只有当把世界政府形式的信息充分告知广大民众时,世界政府才能出现。他觉得,唯有在社会主义这个前提下,这样的态度才能实现;因此,只要在美国盛行的政治和经济制度依然不变,那么世界政府的一切尝试都会失败。爱因斯坦在他的1950年6月12日的复信中说,他对他的通信者针对他的某些陈述的评论

和批评很感兴趣,这些陈述是他在以前十多年就民众的智力和性格而讲的。爱因斯坦称批评"被证明很有理由",并接着说:

> 关于世界政府的建立,很不幸,我们没有时间等待了。除非我们在最近的将来能够消除对军事侵略的相互恐惧,否则我们必然失败。进而,无论我们多么相信社会主义的必要性,它也不能解决国际安全问题。相反地,在一个民主政体,社会主义必然引起政治权力的高度集中;与私人经济权力的代表者相比,社会主义的官僚主义像它现在存在的那样,不见得较少倾向于侵略行为。关于和平和社会主义问题,在社会主义的圈子内,我碰到大量的、我认为是无根据的乐观主义的东西。

加利福尼亚大学教员因拒绝在新的效忠誓约上签字而被解雇,该校学术自由委员会请求爱因斯坦予以声援,爱因斯坦在1950年8月3日写道:[①]

> 我对你们的努力深表同情;与此同时,我们无论如何必须面对这样一个事实:这种努力仅仅意味着治标不治本,而**疾病**本身依然是问题的病根。
>
> 疾病源于下述事实:人们力图把国家安全建立在国家武装的基础上,而不是建立在国际组织的基础上。结果是日益

---

① 爱因斯坦给学术自由委员会的信据德文原件稍做修改。

第15章 全面裁军抑或一无所有(1949~1950)

增长的国家军国主义化,这不可避免地导致警察国家的形成,事实上在很大程度上已经这样做了。除非我们集中力量为根本的事业而斗争,否则我们将永远不会成功。不断加剧的军事对立必然导致日益增长的谍报活动,这转而引起破坏个人自由和权利的反制措施。归根结底,如果把学术自由与许多个人被宣判有罪、迫使他们牺牲生命的军事奴役相比,学术自由的破坏就显得不足挂齿了!

1950年10月,意大利科学促进协会在意大利卢卡(Lucca)举行第四十三届会议。爱因斯坦寄发了"科学家的道义责任"的文告:[1]

> 让我首先对你们邀请我参加你们学会会议的善意,向你们表示最诚挚的感谢。要是我的健康允许我接受你们的邀请,我会高兴地这样做。情况既然如此,我能够做的一切就是,从我的家里越过大洋向你们简要地讲话。在这样做时,我不幻想,我有什么实际上能够扩大你们的视野或你们的理解的话要说。但是,我们正生活在这样一个巨大的内外不安全的时期,它是以缺乏清楚的目标为标志的,因此仅仅表白一下我们的信念也可能是有用的,即便这些信念像一切价值判断

---

[1] 爱因斯坦给意大利协会的英译文发表在联合国教科文组织的出版物《科学和技术的影响》(*Impact of Science and Technology*),Vol. I (1950),No. 3~4 以及1951年12月科学的社会责任学会的时事通信和1952年2月《原子科学家公报》。这个译文是修正的译文,它是依据发表在 1952 年 5 月号《物理学刊物》(*Physikalische Blätter*)的德文原件修订的。

一样不能通过逻辑演绎去证明。

问题立即出现了：追求真理——或者比较谦逊地表达，我们通过构造性的逻辑思维理解未知宇宙的努力——应该是我们工作的独立目标吗？或者，追求真理应该从属于其他目标，例如"实际的"考虑吗？这样的问题不能基于逻辑决定。无论如何，不管我们的决定如何达到，它都会对我们的思维和道义判断具有相当大的影响，倘若它源于深谋远虑的和不可摇撼的信念的话。于是，让我做一表白：我相信，为达到更深广的洞察和理解而斗争，是诸多独立目标之一，没有这些目标，一个有思想的人对生活就不会具有自觉的和积极的态度。

我们为了更深广的理解而努力的本质正是在于，一方面人试图囊括形形色色大量的和复杂的人类经验，而另一方面他寻求基本假定中的简单和经济。鉴于我们的科学知识的原始状态，这两个目标能够并列存在的信念是信仰的问题。但是，没有这样的信仰，我对知识的独立价值就不会具有如此强烈的和坚定的信念。

从事科学工作的人的这种态度把某种影响施加于他的人格，它在某种意义上是宗教的态度。这是因为，撇开科学人(man of science)从积累的经验和逻辑的法则获取的知识，在理论上不存在他的决定和陈述能够自称是"真理"的权威。这导致个人的一种悖论状况：他竭尽全力专注客观事物，但是从社会观点看，他由此发展成一个极端的个人主义者；至少在原则上，这种个人主义者除了相信他自己的判断之外，什么也不相信。因而，完全可能断言，理智的个人主义和对科学知识的渴望在历史上同时出现,并且依旧不可分离。

可能有人认为,在这些句子里勾勒的科学人只不过是一种抽象,实际上在这个世界并不存在,就像古典经济学的经济人一样。但是,在我看来似乎是,假如科学人在许多世纪实际上并不存在,那么像我们今天所知的科学就既不能出现,也不能依然生机盎然。

当然,依我之见,并非每一个学会使用直接地或间接地看来好像是"科学的"工具和方法的人就是科学人。当我谈论科学家时,我仅仅意指那些在其身上科学心态真正是生气勃勃的个人。

于是,今天的科学人对于眼下的社会的态度是怎样的呢?显而易见,他感到相当自豪的事实是,科学家的工作由于实际上消除体力劳动,有助于彻底改变人的经济生活。另一方面,科学家认识到,由于他的工作落在行使政治权力的那些人的手里,他的科学劳动成果对人类生存构成威胁,这使他们深感苦恼。他意识到这样的事实:他的工作使之成为可能的技术方法必然导致经济权力、进而导致政治权力集中在少数人手里,而这些人成功地完全统治着显得越来越难以名状的群众的生活。事实上,甚至更严重的是,经济和政治权力集中在愈来愈少的人手里,不仅使科学人在经济上依赖他人,而且也从内心威胁他的独立性;施加在科学家身上的理智影响和心理影响的狡诈伎俩,将会阻碍真正的独立人格的发展。

于是,正如我们能够耳闻目睹的,科学人遭受真正悲剧性的命运。在他真诚地达到明晰性和内在的独立性时,通过他的纯粹超人的努力,他成功地制作不仅奴役他,而且也从内心消灭他的工具。行使政治权力的人使他不得不噤若寒蝉。当他是一名士兵时,他必须牺牲他自己的生命,消灭其他人的生命,即使他确信这样的牺牲是荒谬绝伦的。他充分意识到这样的事实:普遍毁灭是不可避免的,因为历史的发展导致一切经济的、政治的和军事的权力集中在单一民族的独立国家的手里。他也认识到,只有创建基于法律的超国家体制,从而消除残忍的暴力手段,人类才能得救。然而,科学人已经退化到这样的程度,以致他把单一民族的独立国家施加在他身上的奴役作为不可避免的事情接受下来。他甚至自甘堕落到这样的地步,乃至驯服地把他的才干贡献出来,帮助完善造成人类普遍毁灭的工具。

科学人真的无法逃脱这种命运吗?他真的必须容忍和遭受这一切侮辱言行吗?科学家通过他的内心自由与他的思维和他的工作的独立性唤醒的那个时代,科学家有机会启发和丰富他的人类同胞的那个时代,难道永远一去不复返了吗?在把他的工作放在一个太理智的基础上时,他没有忘记他作为一个科学家的责任和尊严吗?我的回答是:虽然一个天生自由的和凭良心办事的人确实可以被消灭,但是这样的人从来不能被奴役,或者不能把他作为盲目的工具随意使唤。

如果今天的科学人能够找到时间和勇气诚实地和批判地反思他自己和他面前的任务,如果他接着能够相应地行动起来,那么解决目前危险国际局势的稳健而满意的办法的可能性就会显著增加。

第15章 全面裁军抑或一无所有(1949～1950)

1950年8月,哥伦比亚大学的诗人和英国文学教授马克·范多伦(Mark Van Doren)寄给爱因斯坦一份反对重新武装德国的声明。他表达了许多知名人士能够在上面签名的希望。爱因斯坦在1950年8月8日回复:

> 虽然我完全赞同你的声明的内容,但是我没有在它上面签名。理由很简单,我希望避免造成仅仅不同意武装德国的任何印象。实际上,这样的重新武装只不过是自罗斯福逝世以来我们的政府追求的一系列措施的一个环节;依我之见,这样的措施在将来可能导致灾难性的后果。

9月,和解联谊会的A.J.马斯特交给爱因斯坦一份关于重新武装日本的、在某种程度上类似的声明。1950年10月11日,爱因斯坦写信:[1]

> 不用说,我完全赞同你的立场。但是,在我看来,你的尝试似乎毫无希望,我无法说服我自己参与它。对我来说,它好像是给慢性酒精中毒病人灌一杯糖水,期冀治愈他一样。

巴拉圭(Paraguay)历史、政治和社会科学院执行秘书恳请爱因斯坦答复一个问题:在世界范围如此不确定的时期,拉丁美洲青

---

[1] 爱因斯坦给Muste的信稍做修改。

年应该持什么态度。爱因斯坦在1950年10月16日回答:①

> 我认为,你的问题能够毫不含糊地予以回答,倘若我恰当地理解了它的话。由于你用西班牙文给我写信,因此可以容许我用德文回答。我自信,你将会找到某人为你翻译我的信件。
>
> 人们普遍赞同,安全问题只能在超国家基础上解决。尽管联合国在目前是稳定局势的相当软弱的因素,但是就能够承担有限世界政府职能的机构而言,它无论如何提供进化的开端。
>
> 在促进这样的发展的过程中,一项重大的任务落在较小国家的肩上。它们应该携起手来,成为独立的中间因素,断然反对把联合国沦为国家权力斗争的纯粹工具的任何图谋,而不应该继续扮演现存大国美国和苏联的卫星国的角色。毋庸置疑,按照这样的考虑,便能够说明印度目前的态度。如果印度的态度及时得到较小国家的支持,那么此后几年便可能终结危险的局势,因为对立大国之间冲突加剧,世界发现它自己今天正处在这样的危险局势之中。
>
> 一旦达到这一点,下一步的任务便能够有希望接近成功:做出尝试,使赴联合国的代表变得独立于他们各自的政府,他们只为选举他们的选民负责,只为他们自己的良心负责。只

---

① 爱因斯坦给巴拉圭历史、政治和社会科学院的陈述经它的执行秘书 Benigno Riguelme Carcia 的慨允重印。在1956年12月,Riguelme 先生告知,该陈述发表在《国家文化评论》(*Revista Nacional de Cultura*)第一期。在这里它译自德文。

第15章 全面裁军抑或一无所有(1949~1950)

有此时,他们才能够代表大家的超国家利益行动。

要是较小的国家在统一行动的政策下联合起来,我相信它们将能够巩固超国家关系。

在那个时期,爱因斯坦的心情可用他寄给印第安纳州(Indiana)的一位未知医生的信作为例证。这位医生抱怨,他的儿子正要被征召入伍,尽管他作为父亲早就认为,他自己在第二次世界大战的五年服役应该保证他儿子的和平生活。他敦促爱因斯坦为和平加倍努力,爱因斯坦在1950年11月5日回信:

你十分正确地设想,我非常需要鼓励。确实,我的印象是,我们的国家走火入魔,不再接受合理化建议了。它的整个发展使我想起自威廉二世皇帝以来在德国发生的一系列事件:由多次胜利走向最后的彻底失败。

尽管这一切令人沮丧,但是我允诺你,我将利用可能给我提供的任何机会,试图推进人们对目前局势的了解。

前面提到,尽管亨利·厄斯本拟在美国召开世界人民大会的计划得到爱因斯坦和其他许多人士的支持,但还是失败了。不管怎样,整个计划在某些地方还是引起一些值得注意的努力。在北达科他州(North Dakota),物理学家丹尼尔·Q.波辛和自由主义的律师哈罗德·本格特(Harold Bangert)到该州做了一次戏剧性的旅行,前者倡导在1945年末召开全国科学家大会没有成功。他的活动把他在北达科他州立大学陷入困境,该大学是他曾经在那里执教的大学。① 更直接成功的是另一个自由主义者、律师法伊克·法默(Fyke Farmer)在田纳西州进行的运动,他是在1947年把厄斯本带到美国的重要因素。作为法默努力的结果,在1949年4月7日,田纳西州立法机构通过一项法律,授权选举三个代表参加世界人民大会。这样的选举实际上在1950年8月举行,法默是取得成功的候选人之一。(这项法规后来被撤销。)

亨利·厄斯本最终于1950年12月31日在日内瓦召集了世界人民大会,博伊德·奥尔(Boyd Orr)任名誉主席,大会尽管做出勇敢的姿态,但是它仅仅是庞大方案的影子,而在1947年和1948年却抱有很高的期望对该方案下赌注。虽然与会者有大约500名"观察员",可是正式选出的代表只有三人:两人来自田纳西州,一人来自尼日利亚。法伊克·法默宣读了爱因斯坦的这个文告:②

---

① Posin 把他的经历记录在一本书《我来到乡村》(*I Have Been to the Villages*),他自己显然于1948年在北达科他州法戈(Fargo)出版了这本书。关于 Posin 和 Farmer 的努力的这一叙述基于 Harris Wofford 的手稿《冷战的漫长历险:世界政府基金会的故事》。与 Farmer 一起选为田纳西州的代表的是 J. B. Every 和 W. A. Harwell。(参见 1950年12月27日的《纽约时报》)田纳西州的法规为代表提供补偿,倘若其他十五州也采取类似法规的话。按照英国世界政府运动的观点,美国二十二个州采纳了赞成世界政府的决议,但是田纳西州的代表必须支付它们自己的份内费用,只有参议员 Harwell 和 Farmer 在日内瓦。尼日利亚的代表是 Iyo Ita 教授。

② 爱因斯坦的声明据德文文本有所修改,该声明显然有若干其他签名者,包括 Usborne 在内。接着1950年12月31日的象征性的大会无限期休会,在与会者中间发生分歧,Usborne 和跟随他的英国议员宣布退出。Famer 和他的小组显然组成了一个后继委员会,世界人民大会世界理事会(参见 p.605)与在巴黎的总部在 Usborne 的允准下建立了。这些小组无论哪一个都没有重新获得曾经集结起来的力量,但是拥有160名成员的英国议员争取世界政府小组继续活动,以 Usborne 为名誉干事。Usborne 先生在澄清这些背景时提供了诸多帮助。

第15章 全面裁军抑或一无所有(1949～1950)

能够造成全面毁灭的冲突的日益增长的危险,促使整个世界确信创建世界政府的必要性。因此,现在缺少的是一个永久的和有效的实体:它在组成方面是真正国际的,在它的思维方面是超国家的,它享有全世界志趣相投的人的信任,并有权代表他们追求这个伟大的目标。产生这样一个有代表性的实体,就是日内瓦大会的主要目标。

大会必须决定这样一个问题:联合国是否可以并在多大程度上可以作为我们努力的基础。我们确信,只有当联合国大会不再由政府指派的代表组成,取而代之由人民直接选出的代表组成,联合国才能发展为世界政府。唯有以这种方式行事,代表们才能按照他们自己的最佳判断,为超国家秩序的利益和安全服务。

第16章 为思想自由而战
（1951～1952）

像爱因斯坦这样一个独立不羁的、同时如他所做的那样明确认清他依赖于人的共同体的人，不能不利用在他的一生的多种场合，反思个人在社会中的位置和责任。现存许多陈述，表明爱因斯坦深切关注这个困难的问题；他常常沉思个人对他自己的责任与他对他所属的群体和作为一个整体的人类的责任之间可能引起的冲突。热情捍卫个人思想自由和精神自由的爱因斯坦，以同样的信念频频强调，真正自由的个人对他是其中一个组成部分的共同体必须承担什么义务。他从来没有忘记，现代社会中的个人在试图遵从他的良心命令、另一方面遵从社会对他的公正要求时，不得不做的这些困难的抉择。爱因斯坦本人在这些问题上的态度通过他的全部公共生活显示出来——从他在1914年签署"告欧洲人书"，到他在第一次世界大战后的十年积极参加反战运动，再到纳粹攫取权力不久他挑战德国科学院，直到他在第二次世界大战爆发之前支持对抗纳粹侵略的军事准备。但是，没有任何时候比在他的一生的最后十年，他更强有力地坚持对个人自由和社会责任之间错综复杂关系的关注了。

爱因斯坦有关个人责任和社会责任之间冲突的信念，特别是关于科学家在武器生产方面责任的信念的种种表现，在前面多页

第 16 章 为思想自由而战(1951～1952)

已经引证了。此外,有必要提及其他一些表态,他在其中讨论了他认为反战斗争强加在所有人身上的义务。爱因斯坦清楚地意识到自由这个概念的复杂性;他知道在任何社会,完全不受约束的"自由"是不可能的,保护人的生活和满足人的经济需要必然包含对人的自由的限制。爱因斯坦首要关心的是人的思想自由以及对某些道义和伦理标准的无条件遵守。

在 1951 年某个时候,爱因斯坦起草了下述讽刺短文,它明显涉及纽伦堡战争罪行审判,并且可能针对一个因良心拒服兵役者:

> 在一个政府,存在稀奇古怪的不一致:它在特定的冲突中惩罚**不遵**从他们的良心的外国人,而在同一类冲突中它宣布处罚**遵**从他自己的良心的本国公民。显而易见,这样的政府不怎么尊重它自己的公民的良心,而倒是更尊重外国人的良心。

他在另一个场合表达得更为明晰。一个年青的德国流亡者、老兵和和平主义者提醒爱因斯坦注意堪萨斯一个因良心拒服兵役者的案例,此人因拒绝服兵役被判处十年监禁。爱因斯坦的复信所署日期是 1951 年 3 月 20 日:①

---

① 这位因良心拒服兵役者是公谊会教徒 Robert Michener,爱因斯坦的通信者是马萨诸塞州坎布里奇的 Gerhard Nellhaus。该案例在 1951 年 3 月号《天主教工作者》(*Catholic Worker*)中有所报道。

我们在这里经历的事情是良心和法律之间古老的冲突。在纽伦堡审判期间，各国政府采取如下立场：不道德的行为不能借口是按照政府指令所犯下的而受到宽恕。什么构成不道德行为，只能用人们自己的判断和良心来决定。道德律优先于世俗法律的态度，十分符合人们普遍的是非感。

无论何时一个人因为他的道德信念不服从法律，政府都认为他是违反法律的反叛者，必须予以惩罚。因此，在这样的案例中，为所述的个人恰好向义不容辞实施现存法律的官员上诉，就变得毫无意义了。

这位因良心拒服兵役者是一个革命者。在决定不服从法律时，他为了社会改善而工作的这一最重要事业，牺牲他的个人利益。在具有决定性意义的事务上，这往往是导致社会进步的唯一途径；当盛行的权力平衡妨碍正常的法律和政治建制成功实现时，这尤其是正确的。正是在这种意义上，美国宪法之父尤其认可人民的革命权利。

不使用暴力的革命是甘地借以完成印度解放的方法。在超国家的基础上把和平带给世界的问题，只有通过大规模应用甘地方法才会得以解决，这正是我的信念。

当这个国家法律迫使个人做他出于健全的良心不能做的事情时，他拥有不服从这些法律的权利，爱因斯坦的这一观点在与吉恩·夏普(Gene Sharp)的一封感人的通信中显露出来；夏普是俄亥

第 16 章 为思想自由而战(1951～1952)

俄州立大学的学生,时年二十五岁。[①] 夏普因蔑视征兵法和拒绝体检报告及征召而被控告;他被判处两年监禁。在审判前不久,夏普写信给爱因斯坦告知他的案情,并询问爱因斯坦是否愿意为他刚刚杀青的、论述甘地的书撰写引言。爱因斯坦在 1953 年 4 月 2 日复信:

> 我因你的道义力量真诚钦佩你;虽然我确实不知道我是否能够碰到相同的处境,但是我只能希望,如果我自己碰到了,我会像你那样去行动。你的手稿今天已到。我将仔细阅读它,要是我充分同意它的内容,那么我准备写一些介绍性的评论。
>
> 在一些国家的成文法与不成文法之间存在扞格不入的领域,这种存在在我们称之为我们的良心中变得很明显。在冲突的事件中,国家坚持成文法;仅仅极为勉强地考虑良心的不成文法。但是,甚至国家也承认,当基于国家法律的命令与它的良心法发生显著冲突时,个人有责任和义务按照不成文法行动。这个原则在纽伦堡审判中一清二楚地确立起来。在反对发生公民的责任和义务遭到扼杀的奴役制度的斗争中,这样的判例是珍贵的工具。

[①] 1953 年 4 月 2 日、10 日和 16 日以及 6 月 7 日给 Gene Sharp 的信稍做修改。Sharp 的母亲 P. W. Sharp 夫人的信所署日期是 1953 年 4 月 28 日,从俄亥俄州代顿(Dayton)她的家里发出。Sharp 给爱因斯坦的最后一封书信所署日期是 1953 年 11 月 6 日,寄自康涅狄格州的丹伯里(Danbury)联邦监狱。Sharp 在服刑九个半月后被假释出狱。他承担了和平组织的工作,从事非暴力问题的研究。在美国,他无法寻求出版商出版爱因斯坦为其撰写引言的那本书。1959 年秋天,Sharp 说该书不得不在印度出版,并允许复制他的信件的摘录。爱因斯坦与之讨论 Gene Sharp 的手稿的朋友是纽约市兰登书屋有限公司(Random House, Inc.)的主编 Saxe Commins。

544　吉恩·夏普因"你在你的信中所写的话语"感谢爱因斯坦:"它对我来说意味深长。在某种程度上,对于在俄亥俄州的双亲,它也可能使事情变得更加易于理解,我的父母觉得难以理解我的立场。"

几天后,即1953年4月10日,爱因斯坦再次写信给夏普,告知他"以真诚钦佩"的心情读完他的手稿。他附寄了引言,这个引言是夏普在手稿出版时必然要使用的:

> 这本书报道事实,并且只是事实——这些事实以前都发表过。可是,它是一本真正有意义的著作,注定具有重大的教育作用。它是印度人民在甘地领导下为争取解放而和平斗争的历史。所发生的每一件事情都出现在我们一代人眼前。由于对在这里收集的事实进行了剪裁和组织,使本书成为给人以极其深刻印象的艺术品。它是一个天生的历史学家的艺术,在他的手下,单独的片断变成一幅宏大的图画。
>
> 一个年青人能够创造出这样一部成熟的作品,这怎么可能呢?作者的序言告诉我们,它如何是可能的。他感到有深切的责任和义务,以全部精力和无条件的牺牲准备,传达在甘地这个独一无二的范例中清楚体现的意图——通过唤醒道义的力量,消除作为爆炸性技术发展后果使人类面临的自我毁灭的危险。在本书中,用**祛人性化、实行兵营式管制、全面战争**这些字眼刻画威胁人类的崩溃的特征,而用**个人责任连同甘地意义上的非暴力和为人类服务**这些字眼描绘人类的解救。
>
> 我相信,作者十分正确地断言,对于不存在中间立场这个重要的问题,每一个人都不得不做出明确的决定。

第16章 为思想自由而战(1951~1952)

在纽伦堡审判中,规定了下述原则:不能因为国家的法律而放弃个人的道义责任。让我们期望,我们不久可能达到这一点:将不仅仅把纽伦堡原则强加在被战胜的国家的公民身上! 非常可能,吉恩·夏普正是由于他自己在这些问题上经历了内心斗争,才获得完成这本著作的动力。任何人只要细心阅读它,便不可能回避这本书的价值。

夏普在收到爱因斯坦的引言时写道:"我有时常常会感到,仅仅'感谢'似乎是不够的。"一周后,即1953年4月16日,爱因斯坦又写了一封信。由于它知道夏普还没有找到出版商,因此他与一位出版社的主编朋友谈过,这位朋友很高兴尽可能予以帮助。他接着继续说:

对于你给征兵部门的信,以及对于该部门相对满意的表现,我印象殊深。我确信,如果这些信件以恰当的方式使用,那么它们都是真正有意义的文献,能够服务于理性事业。

在课刑后,夏普被遣送到康涅狄格州丹伯里联邦监狱,他在大约六个星期后从那里写信给爱因斯坦。他就监狱和监禁生活表达了他的值得称赞的看法。他说:"我不懊悔,我觉得,我内心的自由来自于了解我的所作所为是正确的。人的终极的自由在于他自身。如果他拒绝放弃自身自由,那么就没有人能够从他那里夺走它。"

爱因斯坦在1953年6月17日立即复信如下:

收到你的来信，我很高兴。无论在哪里，都有人民尊敬遵从他们的良心行事的人。你正在享用你的奇异的处境，正在十分安详地对待它，为此我感到欣喜。

我的朋友没有成功地说服他的同事承担出版你的书的经济风险，对此你不应沮丧。一年前，对于另一本书，也发生同样的情况，该书比你的书包含更大的经济风险。但是，我的朋友做出巨大的努力，能够找到另一个出版商。在你的事情上，他会更顽强地尽力，你可以放心。

夏普的母亲给爱因斯坦写了一封动人的信，她在信中谈到她儿子异乎寻常的人品和她的其他孩子，爱因斯坦也立即复信给她。爱因斯坦对她说，她的儿子"在高尚的真诚方面是不可抗拒的"。

爱因斯坦关于思想自由和人的责任的最引人注目、最富有成效的表达，也就是甚至冒着极大的个人牺牲风险也要捍卫他的自由讲话和独立思考的自由，与美国国会相关委员会调查许多政治异端分子有关。自1947年以来，随着冷战的日益加剧，众议院非美活动委员会以及司法部委员会国内安全分会和参议院政府工作委员会调查分会的活动获得动力。成百上千的美国人，主要是许多领域的专业人员、艺术家和知识分子被传讯到委员会，审问他们的政治信念以及他们的私人交往和政治联系。那些对具有这些特征的问题拒绝回答的人，因为他们认为这些问题是对美国宪法第一修正条款保护的自由的侵犯，他们根据权利要求受这个修正条款担保的保护，结果因蔑视国会面临监禁判决；或者，如果他们在宪法第五修正条款——按照该条款，若证人的证据可能倾向于显

第16章 为思想自由而战(1951～1952)

示他有罪,则不能强迫证人作证——下根据权利要求保护,那么他们面临某种经济破产。多年来,在自由派人士中,就这些立场中的哪一个构成证人采纳的最有利态度,进行了诸多讨论。布鲁克林(Blooklyn)的一位教师、卷入这些调查的许多个人之一的威廉·弗劳恩格拉斯(William Frauenglass),在他的案件中与爱因斯坦打过交道。他受到爱因斯坦最近一个声明的鼓舞而与爱因斯坦交往,爱因斯坦在声明中称他自己是"根深蒂固的异端分子,他在一个偏僻的努力领域中的异端行为,迄今参议院委员会没有感到非着手调查不可"。弗劳恩格拉斯建议爱因斯坦发表一篇陈述,它"在这个关口可能最有助于重新集合教育者和公众,共同应对新蒙昧主义的进攻"。1953年5月16日,爱因斯坦在一封信中做出答复,《纽约时报》在1953年6月12日发表了信件。[①] 此信轰动一时。爱因斯坦在战后时期采取的行动,没有其他行动把如此之多

[①]《纽约时报》发表的Frauenglass的信件的版本删节了该信涉及的第五段开头的第五修正条款。1953年6月12日《纽约时报》刊登了Frauenglass的陈述,大意是说,通过删除第五修正条款对信件的修改是按照他的请求进行的。虽然可能在没有想到更改的版本会公开发表的情况下,爱因斯坦也许同意Frauenglass请求的修改,但是他在原信中陈述的立场从未改变。在后来所有的英文和德文出版物中,使用了信件全文;参见IAO第33页和MW第26页。爱因斯坦十分熟悉在英国和美国第五修正条款的起源和历史。他完全意识到它的重要性。他认清它是自我保护的手段,但是他并不觉得,在盛行的政治气候中,它是与国会各个调查委员会斗争和捍卫思想自由的合适武器。给Seelig的信译自MW第234页。1953年12月,在参议院政府工作委员会的麦卡锡(McCarthy)常设调查分会面前,科学家和证人Albert Shadowitz基于第一修正条款拒绝作证。它反复陈说,他是在与爱因斯坦私下磋商,在信中得到爱因斯坦的充分赞同和支持后才这样做的。1954年4月,布法罗(Buffalo)的一个劳工领袖Emanuel J. Fried拒绝在众议院非美活动委员会面前作证,并写信给爱因斯坦陈述他的理由。爱因斯坦给他写信:"我确信,你做了正确的事情,履行了公民的责任。"

的注意力聚焦在自由和思想自由问题上,他认为这个问题对人类社会来说非常根本。这篇被多次引用的陈述如下:

> 感谢你的来信。所谓"偏僻领域",我意指物理学的理论基础。
>
> 这个国家的知识分子面临的问题是十分严重的。反动的政客通过在公众眼前虚晃外来的危险,设法向公众逐渐灌输对一切理智努力的怀疑。迄今,在成功之时,他们现在正在进行压制教学自由,剥夺一切未证明归顺的人的职位,也就是以饥饿等手段迫使他们就范。
>
> 针对这种罪恶,人数居少数的知识分子应该怎么办呢?坦率地讲,我只能看到甘地意义上的不合作的革命性道路。每一个被传唤到这些委员会之一跟前的知识分子,都应该拒绝作证,即是说他必须准备坐牢和经济破产,简言之他必须为了他的国家的文化福利而牺牲个人幸福。
>
> 无论如何,这种拒绝作证,必须不是基于众所周知的、行使针对可能自证其罪的第五修正条款的遁词,而是基于这样的断定:对于无辜的公民而言,屈从这样的审讯是可耻的,而且这类审讯是违犯宪法精神的。
>
> 如果有足够多的人准备好采取这一严肃的步骤,那么他们将会成功。话说回来,若不如此,这个国家的知识分子应该得到的,不会比为他们准备的奴隶身份好多少。
>
> 又及:不需要把这封信看作是"机密的"。

第16章 为思想自由而战(1951～1952)

虽然爱因斯坦知道,他给弗劳恩格拉斯的信能够在整个世界的舆论激起轩然大波,但是他还是附加了又及:不需要把这封信看作是机密的;换句话说,他想要使他关于这个重要问题的观点变得广为人知,并进行讨论。他充分预料到相当多的不赞成反应,以致他半认真半开玩笑地询问一位朋友,他自己是否会因煽动公民不服从国家法律而不得不进监狱。由于此处不是以任何篇幅叙述对爱因斯坦信件赞成和反对的反响的地方,因此在这里可以引用一下他本人描述公众对那封给弗劳恩格拉斯信的反应的评论。在1953年6月30日给他的瑞士传记作者卡尔·西利格(Carl Seelig)的通信中,他说:

> 所有重要的报纸都以或多或少有礼貌的否定口吻加以评论。这是可以预料到的,由于它们全都严重地依赖大肆宣扬吸引眼球。我收到潮水般的邮件,其中大多数热情赞成,其中少数严厉批评。只有极少几封信尝试谨慎掂量论据的分量。总的来说,我的印象是,我的信在某种程度上有助于厘清政治气氛,我希望它可以继续如此起作用。

其口吻比"有礼貌的否定"更差一些的一家报纸是《纽约时报》。在1953年6月13日的一篇社评中,它责备爱因斯坦怂恿知识分子拒绝在国会调查委员会面前作证。《时报》说,这也许是"最不明智的……。像爱因斯坦教授所出的主意,使用公民不服从这种反常的和非法的力量,在这种情况下是以一种邪恶攻击另一种邪恶"。从未曾料到的方面收到对《时报》社评的反应。在《时报》

548

Ich danke Ihnen für Ihre Aufklärungen. Nicht dem gemeint findet? meinte ich als theoretischen Grundlagen der Physik. —

Das Problem, um welches sich die Intelligenz dieses Landes geteilt nicht, ist nur sehr ernst. Es ist, daß der reaktionären Politikern Leicht gelungen ist, den Verpflichtung einer inneren Gefahr des Volkes gegen alle intellektuelle Bemühungen, misstrauisch zu machen, ohne jene Lehre des Erfolges ohne die Basis dieser Lehre zu unterstützen und die nicht Ungehörsamer und ehren Stellungen zu verwirken, d.h. bei entgegen zu nehmen.

Was wird dies Wünschenswert über Intellektuellen Staaten gegen das Übel? Ich sehe nicht offene Wiederstand und die ausschließlich Weg, der Nur – cooperation der Staaten selbst u. jeder Intellektuelle, der vor Anstand der comm. Gebieten wird, müsste jede Anzeige verweigern, d.h. ausführen.

第16章 为思想自由而战(1951～1952) 773

爱因斯坦1953年5月16日给弗劳恩格拉斯的信的原稿(参见pp.546~547)

1953年6月26日的版面上,它刊登了伯特兰·罗素的下述来信:①

> 在你们的6月13日的版面上,你们发表了一篇不同意爱因斯坦下述观点的重要文章:受到参议院麦卡锡的间谍讯问的教师应该拒绝作证。你们似乎坚持,不管法律多么坏,人们总是应该服从法律。我不能认为,你们认识到这一立场的含义。你们谴责拒绝为皇帝献身的基督徒殉难者吗?你们谴责约翰·布朗(John Brown)②吗?决不,而且我不得不设想,你们谴责乔治·华盛顿(George Washington),并认为你们的国家应当复归效忠仁慈的伊丽莎白二世(Elizabeth Ⅱ)女王陛下。作为一个忠诚的英国人,我不用说为这种观点喝彩;但是,我恐怕在你们的国家不可能赢得许多支持。

罗素在给爱因斯坦的短笺中提出,爱因斯坦可以其乐意的任何方式使用他给《时报》的信。爱因斯坦在1953年6月28日答复罗素:

> 你给《纽约时报》的信写得好极了,它是对美好事业的巨大贡献。这个国家的所有知识分子,直至青年学生,全都受到恫吓。事实上,除你本人外,几乎没有一个"著名"人士挑战这

---

① Bertrand Russell给《纽约时报》的信经该报的慨允重印。
② 约翰·布朗(1800~1859)是美国废奴主义领袖。他出生于康涅狄格州一个白人农民家庭。1859年领导起义,试图用武装斗争消灭黑人奴隶制。起义最后被镇压,他被逮捕和杀害。——译者

第 16 章 为思想自由而战(1951～1952)

些使政客忙得不可开交的荒唐行为。因为他们成功地使群众确信,俄国人和美国共产党威胁这个国家的安全,所以这些政客认为他们自己是如此强有力。他们传播的谎言越粗陋,他们觉得越有保证捞到被误导的大众的选票。这也说明,艾森豪威尔(Eisenhower)为什么对卢森堡(Rosenberg)夫妇的死刑判决不敢减刑的原因,尽管他完全知道,他们执行判决会对美国在国外的声誉造成多么大的损害。

后来在 1954 年和 1955 年,爱因斯坦有几次时机表达他自己对于个人在现代社会中的作用的观点。其中特别有趣的是他对公民自由应急委员会的陈述,他在这一陈述中发展了构成他给弗劳恩格拉斯的信的基础的基本思想。在爱因斯坦七十五岁生日的仪式上,该委员会举行了关于"学术自由的意义"的会议。① 在他的生日前一天即 1954 年 3 月 13 日,会议在普林斯顿召开。爱因斯坦没有出席,并谢绝接受献花,还说了这些话语:"在最近的政治迫害被制止之日,你们可以携带鲜花进我的家门,但是不是在此之前。"应急委员会向爱因斯坦提交了几个问题,他给会议寄送了这些广泛引用的回答:

> 问:学术自由的基本性质是什么,它对于追求真理为什么是必要的?

---

① 关于公民自由应急委员会的会议,参见 1954 年 3 月 12 日和 14 日的《纽约时报》。

答：所谓学术自由，我理解是探究真理以及发表和讲授一个人认为是正确的东西的权利。这种权利也隐含一种责任和权利；一个人不应该隐瞒他认为是正确的东西的任何部分。很显然，对学术自由的任何限制都会遏制知识的传播，从而阻碍合理性的判断和行动。

问：你看现在什么威胁学术自由？

答：在当代，对学术自由的威胁必定可以在下述事实看到：由于声称我们国家有外来危险，教学和观点相互交流的自由，出版和其他通讯传媒的自由，都受到侵犯或阻塞。通过创造使人认为威胁他们的经济安全的环境，实现了这一点。其结果，越来越多多人避免自由地表达他们的观点，甚至在他们的私人的社交生活中也是如此。这就是威胁民主政府存在的现状。

问：在此刻捍卫作为在我们的人权法案中表达的传统自由方面，公民的特殊责任是什么？

答：宪法的力量全在于每一个公民捍卫它的决心。只有每一个单个公民认清在这一捍卫中分担的责任和义务，宪法的权利才能得到保障。于是，一种义务强加在每一个人身上，没有一个人能够逃避这种义务，不管他自己和他的家庭可能遭遇什么风险和危险。

问：按照你的观点，在民主社会，知识分子的特殊义务是什么？

答：原则上，每一个公民应该为他的国家的宪法自由同样负责。然而，在"知识分子"一词的最广泛的意义上，他具

第16章 为思想自由而战(1951～1952)

有更大的责任,由于他的特殊训练,他能够对舆论的形成发挥特别强大的影响。这可以说明,那些极力把我们引向独裁主义政体的人,为什么特别急切地恫吓知识分子,并使他噤若寒蝉。因此,在目前的环境下,知识分子认清他对社会的特殊义务和责任,更加显得重要了。这应该包括拒绝与可能侵犯宪法赋予的个人权利的任何手段合作。这特别要提及对公民的私人生活和政治联系的一切调查。无论谁在这样的侦讯中合作,他就变成违犯宪法或使宪法无效的罪行的帮凶。

问:依你之见,帮助政治审讯受害者的最佳办法是什么?

答:为了捍卫公民权利,重要的是,对拒绝作证的所有那些审讯的受害者,以及所有因为这些审讯而遭到经济破产或损失的人,都要给予帮助。特别是,将有必要为他们提供法律顾问或辩护人,并寻找工作。

1954年夏天,俄亥俄州立大学的戴维·斯皮茨(David Spitz)教授发表了一篇论述公民不服从法律的论文。[①] 文章捍卫公民的下述权利:即使面对要求他另外行动的现有国家法律,如果他按照他的深思熟虑的判断,预料不服从比遵守法律能够达到更大的益处,他也要忠于他的良心。爱因斯坦在1954年10月2日写信给斯皮茨教授:

---

① Spitz教授文章的标题是"民主和公民不服从问题",它发表在《美国政治科学评论》(*The American Political Science Review*)1954年6月号。

> 谢谢你把你的透辟的文章寄给我,我完全赞同它的结论。国家可能被迫惩罚公民的不服从;但是,若发生冲突,个人无论如何应该遵循他的良心。如果个体公民另外行动,那么不仅国家将蜕化变质,而且国家拥有的法律也会失去生命力。

若干科学家,包括爱因斯坦在内,开始怀疑继续出版《原子科学家公报》是否可取。而且,爱因斯坦显然对专论民防问题的一期《公报》不满;他似乎觉得,由于这一期的出版,科学家放弃了反战原则本身,竟然优先考虑如何更好地备战。1950年末,《公报》编辑尤金·拉比诺维茨博士在给爱因斯坦的信中讨论了这些问题,他回想起赫伯特·耶勒的在两年前被拒绝的文章(参见 p.514),再次建议爱因斯坦本人准备一个和平主义观点的介绍文字,以供《公报》发表。爱因斯坦在1951年1月5日回复:

> 我不是你愿意称呼的宗教式的和平主义者。此外,我认为,人们奋起战斗而不是不尽举手之劳听任他们自己被宰割,是更为可取的。在希特勒德国的实例中,人们恰好就是这样选择的。我倡导的是在超国家控制下武装的和平。
> 但是,我要说,依我之见,与俄国相比,美国现在的政策对世界和平构成更为重大的障碍。目前的战场是在朝鲜,而不是在阿拉斯加(Alaska)。众所周知,俄国比美国面临更加严重的威胁。我发觉难以理解的是,这里的人民为什么接受这样的无稽之谈,以为我们处于危险之中。我只能设想,那是因为他们缺乏政治经验。政府的政策显然是指向预防性战争,

第16章 为思想自由而战(1951~1952)

同时存在与其配套的图谋,力图使之看来仿佛苏联是侵略者。

我不打算撰写你建议的文章;我相信,在目前被污染的气氛中,对理性的呼吁完全无济于事。最终,人们将得到他们值得得到的东西。

翌日即1951年1月6日,爱因斯坦写信给他的老朋友、比利时太后:

亲爱的太后:

你的热情的问候使我无限快乐,重新唤醒幸福的记忆。自那时以来,充满辛酸失望的十八年严酷岁月逝去了。多数的安慰和振奋是从几个依然保持勇气和正直的人那里得到的。正是由于这几个人,一个人在这个地球上才不感到自己完全形单影只。你就是他们中的一员。

虽然事实证明,以极其沉重的代价战胜德国是可能的,但是可爱的美国人却强劲地取而代之。谁能够使他们恢复理性呢?数年前德国的祸患正在重演:人民毫不抵制地默许,并与邪恶势力结盟。一个人显得无能为力,只好袖手旁观。

虽然我很乐意再次游览布鲁塞尔,但是这恐怕无法赐予我了。因为我已经获得的特有声望,我做的任何事情都可能发展为一出滑稽喜剧。这意味着,我不得不待在家里,罕见离开普林斯顿。

我不再拉小提琴了。随着岁月的流逝,我越来越难以忍受聆听我自己的演奏。我希望,你不要遭受类似的命运。依然留下的是,坚持不懈地致力于困难的科学问题。这一工作的销魂夺魄的魅力将持续到我的最后一息。

致以最良好的祝愿!

A. 爱因斯坦

1951年初,《新共和国》(New Republic)发表了一篇文章,讨论其发现被用于破坏意图的当代科学家的两难困境。1951年1月31日,爱因斯坦写信给那家杂志的编辑:①

> 分界线不在科学家与非科学家之间,而在负责的、真诚的人与其他人之间。科学家保持缄默,是因为他们熟悉,真诚的人构成毫无希望的少数。留给他们的唯一选择,是在不合作和奴役之间选择。

慕尼黑的一位通讯记者向爱因斯坦提交了另一份和平计划,他打算借助爱因斯坦的帮助征集签名。爱因斯坦在1951年3月30日给他写信:

> 你的评论显示出真诚和善意;但是,设想足够数目有影响的人将赞同一份**详尽的**政治纲领,则是没有希望的,即使能够排除虚荣心和权力欲。

---

① 这篇文章是 A. G. Mezerik 的"科学家和大争论",它发表在1951年2月5日的《新共和国》。爱因斯坦的信是写给 Michael Straight 的。

第16章 为思想自由而战(1951～1952)

在我看来,似乎最可能实现的目标是,在超国家的基础上废除战争。诚然,就正义和理性而言,世界政府原来也许不比现有的政府更好;但是,废除战争在今日是任何其他卓有成效的改革的先决条件。暴政和战争威胁是密不可分的,特别是在当今世界。

和平的主要障碍是,证明在军事领域最成功的两个国家俄国和美国,每一方都对权力具有越来越大的欲望。海涅(Heine)曾经说过,丑女已成功赢得贞节美名之半。类似地,在政治领域,军事上的软弱无力是达到得体政策的成功之半。假如有一个新的甘地,在世界范围的基础上使用不合作的武器,那么所有实力弱小的国家团结一起,就能够成为世界的决定性的因素。由于这样的政策**一度**证明是成功的,它为什么不能在更大的范围成功呢?

1951年3月底,加利福尼亚州的一位通信者寄给爱因斯坦一份长篇阐述,他在其中力图把相对论概念应用于哲学。他觉得,能够把那个概念组织成"周期表"一类的东西,并断言对立面是潜在地同一的,从而导出一个测量群体之间的张力的公式。在撰写时,他的出发点是《原子科学家公报》中的一篇文章,他提出这篇文章对社会组织采取了一种不合理的悲观主义观点。爱因斯坦回答:[①]

[①] 加利福尼亚州的通信者是圣迭戈(San Diego)的 Merlin M. Paine,加利福尼亚州的律师是圣迭戈的 John M. Cranston,爱因斯坦给他们的信稍做修改。

你指责拉比诺维茨博士[《公报》编辑]，因为他认出并坦白我们大家的无能为力。你相信，通过哲学概念的应用，你能够接近解决我们的问题。

不过，你似乎忘记了，真正可靠的科学在社会领域并不存在，从而关于社会的概念和相互关系也没有一致的看法。即使有可靠的社会科学，因为健全的和仁慈的推理对人的行为的影响受到限制，它也不会有多大帮助。理性地行动的人寥寥无几，他们对条件可能改善的影响微乎其微。

这一回答引起加利福尼亚州一个律师事务所的一位成员的注意，他有礼貌地责怪爱因斯坦贬低理念的力量，从而招致无望的冷漠。他感到，这样的态度对人类是危害。爱因斯坦在1951年5月16日回复：

我能够理解，你对我做出的某些陈述感到不快。但是，我从未断定，人类不可救药。改善全世界的条件本质上不取决于科学知识，而取决于人类的传统和理想的实现。因此，我相信，就伦理行为的发展而言，像孔子（Confucius）、佛陀（Buddha）、耶稣和甘地这样的人物对人类的贡献，比科学一向能够完成的要多。你可能相信，吸烟对你的健康有害，但是你依旧是个瘾君子。而且，这对于所有毒害生命的邪恶冲动来说也适用。我不需要强调，我尊重和赏识追求真理和知识的每一可能的努力。但是，我不相信，道德和审美价值的缺乏能够用纯粹智力的努力平衡。我有把握，你将会欣赏这个观点。

第16章 为思想自由而战(1951~1952)

在这个时期,虽然爱因斯坦频繁地表达了他对世界政治家、对知识分子方面缺失领导和勇气的沮丧,不过他完全认识到,把责备一股脑集中在各国政治领导人身上,而不顾他们在其中行使职责的氛围,也许是错误的。1951年6月25日,他写信给著名的物理学家埃尔温·薛定谔教授,薛定谔在1933年后离开纳粹德国,当时住在爱尔兰的都柏林(Dublin)。爱因斯坦在给薛定谔的短笺中说,以前在"那个大舞台"演出的演员,从来没有像现在这么拙劣;即使他们声嘶力竭地叫喊,可是最大的傻瓜也能认出,这种表演一无是处。不过,在另一方面,他在1951年6月8日给布鲁克林的一位通信者的长信中说:

> 非常明显,对于人民实际上如何活动,你一无所知。他们总是受激情支配,而在激情中憎恨和鼠目寸光的自私自利占有优势。你设想,唯有少数政治领导人为我们面临的一切艰难困苦负责,而群众仅仅对美好的和合理的东西感兴趣。虽然因为人民的天生的心理结构,他们作为一个整体确实不喜欢战争,但是能够很容易使他们转向任何冒险。我的同事在一个时期力图通过教育上的努力,防止可能来临的灾难。而尝试并未成功。那些宣传反对所谓的外来敌人的人,却赢得群众的支持。政治上的愚蠢变得四处蔓延,甚至有理性的人民也可能难以发现他们返回到比较稳健的对外政策的道路。假如人民真的像你以为的那样,那么他们就会拒绝服兵役。但是,没有一点如此行动的迹象。

1951年4月11日,爱因斯坦写信给和解联谊会的A.J.马斯特:

> 在所有基本之点,我全心全意地赞同在文章"偏执狂竞赛"中表达的见解。① 不过,我希望提及,我不认为,把医学意义上的疾病与自罗斯福逝世后在美国人民中间逐渐灌输的对俄国的憎恨和害怕加以比较是合理的。当然,无可否认,各个国家武装起来只能导致战争和破坏,而不是导致安全。在目前的条件下,拥有最小军备的那些国家是最安全的。美国能够寻求的唯一合理性的政策是无条件地宣布,世界的安全取决于世界政府的建立,而世界政府应该向所有国家敞开大门,应该拥有解决国际冲突的责任和权力,并终结殖民压迫。

到1951年春,情况已经变得很明显,原子科学家应急委员会实际上在过去两年处于无活动状态,它的继续存在也许不再适合有用的意图。理事就解散问题投票,爱因斯坦在1951年6月12日写信给哈里森·布朗:②

> 我同意尽早解散原子科学家应急委员会的提议。
> 至于基金的处置,我全心全意支持西拉德博士的提议,把钱交给美国公谊会教友服务委员会。

---

① Alexander D. Mebane博士的"偏执狂竞赛"发表在季刊《美国透视》(*American Perspective*)1950年夏季号。Muste寄给爱因斯坦该文章的压缩版本,打算发表在他的杂志《联谊会》(*Fellowship*)。

② 关于应急委员会解散的信件出自芝加哥大学图书馆的该委员会的档案。

第16章 为思想自由而战(1951～1952)

在成立我们的委员会时,我们的目的无疑是,利用我们的影响,帮助达到国际领域的持久安全。确实,在一开始,《原子科学家公报》就服务相同的目的,可是今天它变成只不过是中性信息的出版物。其次,有其他组织正在为某种类型的世界政府而工作;在这个国家,世界联邦主义者联盟是最接近我们的志向的群体。但是,我愿意按照西拉德的建议,宁可把钱交给公谊会教友,因为他们用多年坚定不移的努力表明了一种真正的超国家态度,在目前的困难局面出现之前很久,这种态度就显而易见了。

1951年9月8日,在爱因斯坦家中的一次会议上,决定最终解散原子科学家应急委员会,同年11月开始生效。爱因斯坦和西拉德就基金处置而提出的建议没有获胜;委员会的资产转交给《原子科学家公报》。

一位艺术家送给爱因斯坦一本反战画册,爱因斯坦在1951年8月13日给他写信:[①]

在你通过艺术媒介抵制战争冲动的努力中,我发现这是十分实在的功绩。没有什么东西能够比得上真正的艺术的心理效果,不管是事实的描述还是理智的讨论。

常听人说,不应该利用艺术为政治目的或其他实际目的

[①] 这位艺术家是纽约的 Si Lewen。他的书《阅兵》(*The Parade*)由纽约 H. Bittner Co. 于1957年出版。爱因斯坦的信在这里略做修改,经 Lewen 先生的慨允使用。

服务。我从来无法赞成这种观点。的确,如果把某种特殊类型的政治思想或表达强加给艺术家,那是绝对错误的和令人厌恶的。但是,艺术家强烈的感情倾向往往产生真正伟大的艺术品。人们只要思索一下斯威夫特(Swift)的《格列佛游记》(Gulliver's Travels)和杜米埃(Daumier)暴露他所处时代法国政治腐化堕落的不朽绘画,就可想而知了。我们的时代需要你和你的作品。

1951年12月7日,恰恰在珍珠港事件之后十年,在普林斯顿的家中,爱因斯坦就全民军训接受了美国公谊会教友服务委员会埃德温·兰德尔(Edwin Randall)的采访。[①] 采访录音打算在无线电广播电台播出。

问:依你之见,如果美国采取全民军训,那么其他国家——比如说德国、日本、法国、印度——的判断将是什么?

答:如果美国开始军训,那么它将处处增强这样的信念:在将来正像在过去一样,世界问题将靠野蛮的武力裁决,而不是靠超国家组织裁决。

问:关于对接受军训的年青人的教育影响,你有什么判断吗?它会使他们的心智军国主义化吗?

答:全民军训将大大有助于鼓励美国人民的军事心态,将

---

① 关于全民军训的采访根据德文文本略做修改。它以不同的顺序刊登在1951年12月19日《基督教世纪》(Christian Century),关于军训的部分还特别刊登在那期。它在这里重印得到Randall先生和《基督教世纪》的慨允。

第16章　为思想自由而战(1951～1952)

帮助破坏民主精神的基础,正如1870年后德国的情况。

问:你相信全民军训是保证和平的有效手段吗?

答:从长远来看,国家的军队产生不了安全;军队只会增加冲突的危险。全民军训的替代物是世界政府,它可以作为能够用来稳定军事力量的执行机构起作用。

问:大量的人觉得,由于我们的"强硬"政策,我们正在取得进展。他们指出,俄国从伊朗撤退,美国干涉希腊,柏林空中补给线和朝鲜,是美国力量如何成功地抑制扩张主义的例子。我们为什么要放弃这种看来是起作用的体制,而赞成我们看来从未起作用的体制呢?

答:这种"强硬"政策使亚洲联合起来反对西方大功告成,这种政策的继续可能进一步促使人类危险地分裂为两大敌对阵营。暂时的成功不应该使我们看不到这种危险。在我看来,俄国的态度似乎是受防御考虑而不是受侵略考虑促动的。

问:依你之见,借助任何国家集团的压倒性的军事力量获得安全,果真是可能的吗?

答:国际安全只能通过超国家组织保证,而不能通过国家军备或国家结盟保证。从长远来看,持久的军事优势既不值得拥有,也非切实可行。如果我们继续走野蛮武力的道路,那么人口的相对规模最终将证明是决定性的因素。

问:战争是不可避免的吗?

答:除非依靠超国家组织保证和平,否则普遍毁灭的战争是不可避免的。现在,在地球上,美国是在经济上和军事上最强大的国家。因此,主要是美国的外交政策,将决定最近的将来国际发展的路线。在目前的环境下,这个事实把巨大的责任强加在我们身上。每一个人必须非常严肃地扪心自问:我们走在正确的道路上吗?

爱因斯坦为1951年12月号的杂志《联合国教科文组织信使》(Unesco Courier)撰写了一篇文章,标题是"文化必定是世界理解的基础之一":①

> 为了把握世界人权宣言的丰富意义,人们应该充分意识到联合国及其子机构教科文组织诞生的特殊世界局势。在过去半个世纪,战争的频繁和导致的混乱,使每一个人确信这样一个事实:鉴于技术成就的目前水平,国家安全只能基于超国家的措施和建制。人们广泛地承认,只有成立世界联邦,才能有助于避免卷入破坏一切的冲突。
> 作为国际秩序发展中的一个朴实的开端,建立了联合国。事实上,这个建制只不过是来自各国政府的代表的组织,而不是仅仅受其私人信念指导、代表各个国家全体人们的独立个人的组织。而且,联合国决议对任何国家的政府都没有约束力,也不存在实际上能够强使执行这些决议的任何具体手段。
> 事实上,由于否定某些国家的成员国资格,进一步削弱了联合国的效力;排除它们损毁该组织的超国家特征。可是,正

---

① 在《联合国教科文组织信使》的文章重印在 IAO 第163页,这里重新发表经联合国教科文组织的慨允。它根据德文文本略做修改。

第16章 为思想自由而战(1951～1952)

是在光天化日之下讨论国际问题这一事实,才给予和平解决冲突的可能性。仅仅这样的超国家讨论论坛的存在,就有助于使全世界人民习惯这个观念:必须通过谈判而不是通过诉诸野蛮的武力保障国家利益。

我认为,这种心理的和教育的效果是联合国最有价值的特征。世界联邦以新型的人的忠诚为前提,这种忠诚包括不在国境突然终止的责任感。为了真正卓有成效,这样的忠诚必须包含比纯粹政治问题还要多的东西。必须用不同文化群体之间的彼此理解,用相互的文化和经济帮助补充它。

只有这类进路才能重新建立信任感,而这种信任感在战争的心理痕迹中丧失了,接着又被军国主义和强权政治目光短浅的政策取代了。没有成员国的相互理解和信赖,国家集体安全的有效建制是不可能的。

把联合国教科文组织添加到联合国,正是追求这些文化目标。在摆脱强权政治造成的瘫痪的影响方面,它比联合国在更大的程度上取得成功。由于认清健全的国际关系只能从具有健康的眼界和享有独立分量的全体人民得到,联合国精心制定了世界人权宣言,联合国安理会在1948年12月10日正式通过该宣言。这个宣言确立了若干普遍有约束力的条款,它们预定用来保护个人,防止他在经济上受到剥削,保障他的发展,保证他在社会中自由追求他的利益。

受到欢迎的是,这个组织的一个公开宣称的主要目标是,在联合国的所有成员国中间传播这些条款。相应地,联合国教科文组织着手三周年庆祝活动,其目的在于引起对这些抱负的深远而广泛的注意,为恢复世界的政治健康奠定基础。

这个以严格的法律文献形式给出的宣言,必然能够引起几乎无休止的争论。这样的文本不可能考虑到在所有不同国家中生活条件的巨大差异。而且,不可避免的是,文本的个别条款将会容许各种各样的解释。可是,宣言的一般精神是明确无误的,似乎完全适合作为未来决策和行动的普遍接受的基础。

对这样的条款给予形式上的承认是一回事;但是,不管变化多端的环境的不幸事件,而采纳它们作为行动的指导方针则是另一回事——无偏见的观察者特别从宗教建制的历史中便可以注意到这一事实。只有当联合国自身用它的决策和行动证明,它实际上是这个宣言即它自己的宣言的精神的化身时,这个宣言才能施加富有成效的影响。

1952年1月3日,爱因斯坦再次写信给比利时太后:

亲爱的太后:

今天收到你的善意的电报,我既高兴,又窘迫。我因为没有找到回复你最近的热诚信件的词语,而感到羞愧不已。自从我最后一次能够与你交谈和演奏音乐,到现在几乎已经过去了二十年。在其间的岁月,我们度过了多少苦涩的和艰难的时光啊!总的来说,在这一切中最令人不愉快的是,人们对人类的行为感到沮丧。年青人也许不觉得奇怪;不过,既然是那样,他们就从来也不知道平静和理性的时期。在我们看来,事情好像与我们年青时的样子颇为不同。我们曾经相信,先前时代的野蛮永远消除了,已经让位给理性和稳定的时期。的确,在两次世界大战之间的年代,强烈的理想幻灭开始流行,但是对人类的更美好未来和更理性态度的信念仍然比现在更活跃。人们还是倾向于通过把灾难归咎于特定的个人,来说明灾难的原因。

现在,情况变得很清楚,我们的唯一希望在于建立世界政府。这是一个渺茫的希望,因为我们对人性的信念已经严重动摇。有些人把他们的希望放在机器的运转上,由于他们不再相信自由的生命力。让我们希望,子孙后代将对我们最后的希望不仅仅报以怜悯的微笑——倘若还有子孙后代的话。

可是,大自然依然阳光明媚、景色秀丽,人们依旧幸福地过着朝不保夕的日子,忘记了人类的困境。人们觉得降低到头脑简单的动物的水准。我敢于希望你也分享这一感觉吗?音乐还属于不可捉摸的领域吗?我相信如此,只要人们不是职业音乐家。

在新来临的一年致以最热情的美好祝愿。

你的 A. 爱因斯坦

为1952年3月2日至8日的加拿大教育周,爱因斯坦撰写了这个文告:[①]

[①] 关于加拿大教育周的陈述发表在 IAO 第65页,在现在的修改版本中使用的德文文本发表在 MW 第100页。它重印得到加拿大通讯社 Harold Morrison 的慨允。

链式核反应的发现,至多与火柴的发明一样,并非必定导致人类毁灭。但是,我们必须竭尽全力,警惕滥用这样的发现。在目前的技术发展阶段,用适当的执行力量装备的超国家组织,才能为我们提供防护。只有当我们认识到这一事实时,我们才会愿意为保护人类做出必要的牺牲。如果这个目标没有及时达到,我们每一个人都负有责任。巨大的危险是,每一个人都惯于等待别人行动。

凡是好思考的人,必然赞颂20世纪的科学成就——即使漫不经心的观察者,只要看看它们的工业应用,也会同样赞颂。可是,如果记住科学的根本问题,那么对最近的成就便不大可能估计过高。这像乘坐火车一样。只要我们只观看轨道附近的东西,我们似乎正在飞速奔驰。但是,当我们把注意力转向远处的山脉时,景色反而似乎变化得十分缓慢。对科学的重大问题来说,也是这么回事。

依我之见,无论谈论"我们的生活方式",还是谈论俄国人的生活方式,均毫无意义。在两个实例中,我们涉及的都是一批传统和习惯,它们没有形成有机的整体。的确,比较恰当的是提出问题:哪一种建制和传统对人有害,哪一种对他有好处;哪一种使生活更幸福,哪一种给生活添加悲痛。接着,我们应该力求采纳看起来是最好的无论什么东西,而不管它是我们自己完成的,还是在世界某处由他人完成的。

564　　1952年3月21日,爱因斯坦回应一位烦恼的和平主义者,他像其他和平主义者一样,请求厘清在爱因斯坦关于和平主义的各

第16章 为思想自由而战(1951~1952)

个陈述中明显的不一致,并建议爱因斯坦就其实际的和平主义立场发表公开声明。爱因斯坦写道:

> 我的确是一位和平主义者,但不是不惜任何代价的和平主义者。我的观点实际上等同于甘地的观点。但是,我无论个人独自还是与他人一起,总是激烈地反抗屠杀我或我的人民,或者剥夺我或我的人民的疾病生计的任何企图。
>
> 因此,我确信,与希特勒斗争是正义的和必要的。因为他的企图是这样一个消灭人民的极端企图。
>
> 进而,我确信,只有通过超国家组织,才可能实现和平主义的目标。依我之见,无条件地拥护这一事业是真正的和平主义者的标准。

同月,法国和平主义者雅克·阿达玛寄给爱因斯坦一封"公开信"的草稿,此次的主题是细菌战。虽然它没有谴责美国在朝鲜进行细菌战——这一事件当时受到中国政府指控,但是却提到某家报纸的报道,大意是说,华盛顿正在致力于细菌武器的广泛研究,这些武器能够扩大普遍的毁灭。美国人赞成这样的做法吗?面对全世界的关切,美国科学界和医学界采取什么态度?有时,人们必须毫无保留地讲话。爱因斯坦在1952年3月26日复信:

> 我确实是最不愿意为可恶的武器事务辩护的人,不管它们是原子武器还是细菌武器。推测那些公认地和系统地从事这样的可怕事物的人使用它们,我们也不必要大惊小怪。

但是，我们大家如此深重地卷入其中的这种罪恶的过错，并非只是归属于一方。进而，在这些时间，我相信，仅仅发表宣言，根本无济于事。唯一的解决办法，在于旨在安全的、建设性的超国家行动。欧洲人民能够为这个目标做出很大贡献，但是他们没有这样做，因为他们事实上相信，他们需要美国支持，以便继续他们卑鄙的殖民主义政策。必须说，不幸的是，可能除了在印度，任何地方都不存在有影响的舆论，来抵制一切机会主义的妥协。

阿达玛1952年4月写信给爱因斯坦，说他希望公开爱因斯坦的信件。来自亚洲的消息正在深刻地影响欧洲的舆论；没有参与殖民主义的人，坚决要求派遣国际调查委员会当场验明事实。爱因斯坦思考什么，他有任何事情要补充吗？爱因斯坦在1952年4月19日复信：

我很遗憾，但是我不能允许发表我3月26日给你的私人信件。这种实际上不是基于任何确证事实的政治宣传和反宣传只能够导致憎恨和敌意。而且，你必定确切知道，国际红十字会提出的、由中立国红十字组织执行的客观调查，遭到朝鲜的拒绝。我相信，具有超国家思想的知识分子能够有效推动美好事业的唯一道路，是通过支持谈判、和解与安全问题的超国家解决，而不是加入诸如此类的宣传活动之中。我感到，迄今为止，公谊会教徒组织和印度政府最佳地服务于超国家利益。我认为，我们尤其必须遵守古老的

第16章 为思想自由而战(1951～1952)

医学格言:不伤害(Non nocere)。

请求发表反对所谓在朝鲜使用细菌武器的请求不仅来自雅克·阿达玛,而且来自其他完全不同的某一地区的人;它们在大约相同的时间寄达爱因斯坦,而且措辞用语也几乎相同。1952年4月1日,爱因斯坦回复来自柏林苏占区大学数理系学生们的来信;他以某种冷嘲热讽的口吻提到所收到的信件的同时性和类似性,责怪学生显然想当然地认为,他可能认不出所有这些来信出自共同的原型。他评论到,细菌战的断言纯粹基于一些影射,并继续说:

> 我不想发表大意如下的声明:在我看来,那些断言的可靠性无论如何已经得到证明。因此,你们不能期望我抗议某些从来也不可能和十分不可能发生的偶然事件。我甚至正在变得更加怀疑,因为我频繁地收到正在寄给我的基于几乎相同论据的来信。如果你们确实想为人类做点好事,那么我建议你们为安全问题的超国家解决而工作,这种解决办法总是不可避免地包含对国家主权的限制。

1952年初,联合国大会一个处理专门问题的委员会终于决定辩论难以解决的定义侵略的老问题;该委员会决定把这个问题列入下一届联合国大会的议程。爱因斯坦的老同事、奥地利维也纳的汉斯·蒂林就这个争议问题准备了一个颇有见地的备忘录,他在其中分析了在赞同或否定定义侵略的可取性时使用的许多论据,他表示同意这样的定义的支持者。爱因斯坦在1952年4月

12日给他写信：

在我看来似乎是，你的关于定义侵略的详细论文是很有价值的。虽然详尽无遗的定义不是可行的，但是这个事实并非必然妨碍能够用来作为联合国（让我们希望，它不久变为更大范围的组织）未来行动基础的系统表述。不管怎样，这样的定义能够有助于阻拦模糊的、歪曲的概念的使用，而这些概念必然是在为强权政治服务中出现的。

基督教循道宗教会全体会议在旧金山召开，以便考虑主权纪念仪式以及其他事务，爱因斯坦在1952年4月17日给会议寄去这个文告：①

只有世界政府的创立，才能够防止迫在眉睫的人类自我毁灭。无论谁清楚地认识到这一点，而又不相应地为他的政治态度定向，都没有权利认为他自己是宗教人士；在沉思默想时，我们大家都知道倾向于正确的方向，而这样的人的返祖现象的激情比服务于这些努力的愿望显然更加强烈。

1952年5月7日，爱因斯坦写信给他在巴黎的朋友莫里斯·索洛文：②

---

① 给基督教循道宗教徒会议的陈述根据德文文本稍做修改。
② 给Solovine的信是经巴黎出版商Gauthier-Villars的慨允译自《莫里斯·索洛文书信集》(Lettres àMaurice Solovine)。

第16章 为思想自由而战(1951~1952)

在你的来信中,你惩戒我犯了两个罪过。第一个罪过,我对提出的世界政府计划不加批评的态度。确实,你并不认为这些计划**不受欢迎**,而是认为它们在最近的将来不可能实现;你引用健全的理由,说明你为什么相信它们是不可能实现的。你还可以非常容易地引用又一个理由表达担心:世界政府可能演化为某种比我们现在的无政府状态更不宽容的,尤其是更不公正的东西。例如,人们只要考虑一下联合国惠施朝鲜人民就足够了!但是,另一方面,存在人类把自己彻底消灭的危险,我们肯定不应该看轻这一危险。因此,尽管勉强,我们至少应当收回**不受欢迎**一词。

至于**不可能**一词,那是另一回事。只要人们足够热切,就有变为可能的办法,即使出于害怕在其他方面依然处于无法忍受的不安全状态。我们必须运用一切力量,努力实现这一意志。即使达不到目标,这种努力也是有价值的;由于这种努力指向反对愚蠢和国家主义的邪恶,它将确实具有建设性的教育效果。

然而,你强调,首先必须培养青年人以客观的方式看待历史事件;你觉得,唯有此时,人们才能希望在政治领域进步。这类何者是优先考虑的事情,多得像先有鸡还是先有蛋的问题;换句话说,我们发现我们自己处于恶性循环之中。不过,政治结构是鸡,启蒙教育是蛋。但是,尽管我们找不到解开缠绞在一起的线团的散乱头绪,我们也必须继续尝试,不失去我们的热情和勇气。

如果我们的一切努力是徒劳的,如果人们一直坠入自我毁灭,那么整个宇宙也不会流泪。

1952年9月,爱因斯坦写信给意大利的老朋友:①

> 就我而言,我总是倾向于孤独,这是随着年龄增长通常变得更加明显的特性。如此广为人知而又如此孤寂,这是令人奇怪的。事实是,我正在感受的声望逼迫感受者采取防守态度,这种态度把他引向离群索居。
>
> 我们被迫目睹政治大动荡,而且我们还将经受许多政治大动荡,除非我们及时排解。在本质上,事情总是依然相同的。国家继续坠入相同的陷阱,因为返祖现象的内驱力比理性或获得的信念更为强大。

《原子科学家公报》1952年10月号,专门讨论"美国的签证政策和外国科学家"。就外国学者应美国团体之邀在获得允许时正在经历的日益增加的困难,请求若干著名的美国科学家和盘托出他们的观点。爱因斯坦写道:②

> 对于科学的健全发展而言,观念和科学发现的自由的、无拘无束的交流是必要的,它在一切文化生活领域都是必要的。

---

① 在意大利的老朋友是帕维亚(Pavia)的 Signola Ernesta Marangoni。
② 《原子科学家公报》关于签证的专题论丛的文章,在"文化衰落的征兆"的标题下,发表在 IAO 第166页。在现在版本中使用的德文文本发表在 MW 第88页。它在那里被错误地归属于《原子科学家公报》1952年9月号。

第16章 为思想自由而战(1951～1952)

我认为,毋庸置疑,这个国家的政治权威的干涉已经对知识的自由交流造成显著的伤害。直到现在,损害主要影响了科学工作,但是它不久也将在所有工业部门被感觉到。

政治机构对我们国家的科学生活的侵扰特别明显地表现在,不许美国学者去国外,不许外国科学家访问美国。这种在强大国家身上的猥琐行为,只是更根本的病痛的表面征兆。

对科学成果口头和书面交流自由的干涉,受到庞大警察组织支持的广泛的政治不信任,个人为避免能够引起猜疑,从而威胁他们生计的任何事情的忧虑,这一切现象仅仅是征兆,尽管它们有助于暴露疾病的严重特征。

依我之见,这种疾病完完全全源于在两次世界大战期间获得的、逐渐绝对统治我们的一种态度,即相信我们必须在和平时期以这样的方式组织我们的整个生活和工作,以便在万一爆发战争时保证获胜,因为强大的敌人不仅威胁我们的自由,甚至威胁我们的生存。

这种态度有助于说明一切令人不快的事实,我们刚才把这些事实描述为"征兆"。除非得以纠正,否则这种在美国军事预算中得到最突出表现的态度,将必然导致战争和大规模的破坏。

只有在我们克服了备战政策的困扰后,我们才能专心注意我们面临的真实政治问题:力图发现我们怎样才能够为使这个变小的地球上的生活变得更安全、因而变得更宽容做出最满意的贡献。

除非我们能够战胜疾病本身,否则我们将无法使我们自己摆脱疾病的许多征兆。

一位移居澳大利亚的、德国达豪(Dachau)集中营的匈牙利幸存者在提及原子弹时询问,爱因斯坦是否放弃了他原有的高尚的职业传统,是否把他的良心和对人类理想的信念放入冷藏室?爱因斯坦是为人们的福利工作呢,还是密谋反叛他们的活动?爱因斯坦严肃地看待这些影射,并在1952年10月1日回答:[①]

> 你把我视为那类为军事意图滥用科学的科学家的头子,这是错误的。我从来没有在应用科学领域工作过,更不用说为军事意图了。
>
> 我正好和你一样,谴责当代的军事心态。实际上,我在整个一生都是一位和平主义者,把甘地看作是我们时代唯一的真正伟大的政治人物。
>
> 我的名字在两个不同的方面与原子弹联系在一起。几乎五十年前,我发现了质量和能量的等效性,这个关系在导致原子能释放的工作中用来作为指导原理。其次,我签署了致罗斯福总统的一封信,信中强调需要在原子弹领域工作。因为存在纳粹统治集团首先得以拥有原子弹的可怕危险,我觉得这样做是必要的。
>
> 因此,正像你无疑将会认识到的,你的来信是建立在不正

[①] 这个匈牙利流亡者是 A. Steiner,他的信由澳大利亚新南威尔士(New South Wals)寄出。

第16章 为思想自由而战(1951～1952)

确的假定基础上的。

1952年10月9日,爱因斯坦写信给一位英国通信者:①

像你一样,我也是一个孤独的人,年龄比你大很多,但是可能远不如你聪明。我们共同具有东西的是对报纸、无线电等等告知我们的一切事情满怀狐疑,这些媒体在美国比在古老的英国坏得多。

我赞同你的看法:在创建世界政府时可能包含危险。不过,我相信,这些危险没有国际无政府状态的危险显著;事实上,后者包含持久的战争威胁。在我看来,情况似乎是,国际无政府状态是政府能够借以保持使人民处于某种奴役的最有效手段。因此,我坚决赞成世界政府。

不用说,我们收到的关于俄国的报道是片面的,太黑暗了。迄今,似乎可以肯定,尽管她取得了社会成就和经济成就,但是她的政治组织还是比我们的政治组织显著地残忍和野蛮。不过,我很清楚,战后在世界各国之间实力关系的变化,导致西方比共产主义世界更具侵略性。每一个负责任的人,都必须力图促进缓和与比较客观的判断。

爱因斯坦给他多年亲密的科学合作者、波兰物理学家莱奥波

---

① 这位英国的通信者是约克郡(Yorkshire)的布雷德福(Bradford)的 T. E. Naiton,该信略做修改。

尔德·因费尔德(Leopold Infeld)写信,这封信的所署日期为1952年10月28日,他在信中做出下述评论:

> 至于这些和平努力［因费尔德显然请求爱因斯坦支持苏联影响世界和平理事会的某项活动］,我不能参与它们;按照我的观点,它们或多或少是与"冷战"相关的宣传活动。只有通过真正的努力在各个主要国家方面达成协议,而不是通过在大庭广众之下大叫大嚷,才能够有一些希望取得真实的进步;这样的叫嚷只不过是挑衅而已。我常常想起海涅的"争论"一诗,该诗在结束时暗示,拉比和修道士二者都不理睬讨厌的人物。
>
> 我乐意把索要的照片寄给你,由于［在东欧］现在刮风,只希望你在某一天不觉得有必要把它仔细隐藏起来。

1952年11月,美国争取文化自由委员会请求爱因斯坦,就共产主义领袖鲁多尔夫·斯兰斯基(Rudolf Slansky)和其他的共产主义领导人因所谓的叛国罪和阴谋破坏罪在布拉格(Prague)遭到清洗审讯发表声明。(斯兰斯基和另外十人在下个月被绞死。)爱因斯坦给该委员会写信:

> 欧洲花费了诸多世纪,方才几乎完全放弃了把合法的和非法的谋杀作为国内政策的工具。但是,在今日俄国统治的地域内,仍然宣布和遵循下述原则:个人既不能要求权利,也不能要求不受国家侵犯的保护。斯兰斯基审讯再次表明,那

第16章 为思想自由而战(1951～1952)

些国家的掌权者在他们自己领土之外的国家面前,甚至不再伴称他们的行为的合法性。

同月,一项荣誉降临到爱因斯坦身上,这项荣誉截然不同于世界多年来授予他的许多其他荣誉。他的老朋友、以色列国首任总统夏伊姆·魏茨曼(Chaim Weizmann)在1952年11月9日逝世,三十多年前他在魏茨曼的陪同下首次访问美国。在特拉维夫的报纸《晚祷报》(*Maariv*)首先提出建议,邀请爱因斯坦担任新的犹太人国家的第二任总统,官方接着询问,以确定爱因斯坦是否愿意接受这一邀请。1952年11月17日,以色列驻华盛顿大使馆发出下述电报,以此开始正式意见交流:

> 以色列政府要求我探询你对一个极度紧迫、极度重要的问题的反应。如果你能够在明天(星期二)任何时候在普林斯顿接见我的代表戴维·戈伊坦(David Goitein),我将不胜感激。接着,我乐于在第二天私下访问你,以听取你的反应。感谢你的回电。
>
> 致以诚挚的敬意!
>
> 以色列驻华盛顿大使
> 阿巴·埃班(Abba Eban)

那天晚上,爱因斯坦打电报给埃班大使,谢绝了邀请,他先前显然已经获悉这一邀请。不管怎样,在第二天,戈伊坦先生仍然带着下述信件在普林斯顿拜访了爱因斯坦,该信所署日期为1952年

11月17日：

亲爱的爱因斯坦教授：

带这封信的人是耶路撒冷的戴维·戈伊坦先生，他现在作为我们驻华盛顿大使馆的公使服务。他给你带来本-古里安（Ben-Gurion）总理请求我转达你的问题：你是否愿意接受以色列总统，倘若通过国会投票提议它的话。接受便需要移居以色列，并获得它的公民资格。总理向我保证，在这样的环境下，政府和人民将会为追求你的伟大的科学工作提供完全的便利和自由，他们充分意识到你的劳作至高无上的意义。关于总理的问题的含义，戈伊坦先生将能够告知你可能想了解的任何信息。

我理解你今晚向我表达的忧虑和疑虑。另一方面，无论你怎么回答，我渴望你感觉到，总理的问题体现了犹太人民对它的任何一个儿子能够寄托的最深挚的敬意。除了个人尊敬这个要素外，我要补充的是，以色列在它的自然面积上是一个小国，但是它在下述方面能够上升到伟大的水准：它代表了最高尚的精神传统和智力传统，而这些传统是犹太人民通过它的最卓著的心智和心灵在古代和近代建立起来的。正如你知道的，我们的第一任总统教导我们以这些伟大的视角看待我们的命运，正像你经常激励我们去做的那样。

因此，无论你对这个问题的回答是什么，我希望你将宽宏大量地评价那些询问问题的人，并愿意赞扬在我们人民

第16章 为思想自由而战(1951~1952)

的历史的这一庄严时刻促使他们想起你的高尚意图和高贵动机。

致以真诚的敬意!

阿巴·埃班

爱因斯坦的答复已经准备好了,所署日期为1952年11月18日:

> 我因我们以色列国的提议深受感动,并且立刻使我悲哀和惭愧之至,以致我无法接受它。我的整个一生处理客观事物,因此我缺乏恰当处理人事和行使官方职能的天然习性和经验。只是由于这些理由,我可能不适合履行那种高级官职,即使年事已高并没有逐渐损耗我的精力。
>
> 自从我开始充分意识到我们在世界各国中间不确定的处境以来,因为我与犹太人民的关系变成我的最牢固的人际契约,所以我对这些状况更加苦不堪言。
>
> 现在,我们失去了在如此之多的岁月,在极端不利和悲惨的条件下,肩负重担领导我们走向政治独立的人;我全心全意地希望,可以找到一位继任者,他的经验和人格将使他能够接受这个非常艰难的和责任重大的任务。

同一天,爱因斯坦收到来自《晚祷报》主编一封充满激情的长篇电报,呼吁爱因斯坦接受总统任职;他说:"把最高权力交托给思想家这一人类古老的梦想,从来也不曾付诸试验,因为在已知的历

史中,在这里第一次有这样的机会。"爱因斯坦在 1952 年 11 月 21 日回复:①

> 我是简朴的小资产阶级分子,你的长篇海底电缆电报明显地使我极度心神不安;不过,电报是在事后到达的。因为泄密,我被迫仓促宣布我在这个问题上的决定。
>
> 你可以想象,谢绝如此动人的提议,对我来说有多么困难,因为它是来自我自己的人民。我[在我的正式谢绝中]所说的话,准确地反映了我的思想和情感。毋庸置疑,我无法胜任在那里等待我的任务,尽管这个官职主要具有无非是礼仪的特征。仅靠我的名望不能弥补这些短处。
>
> 我也考虑到,一旦政府和议会做出了可能与我的良心产生冲突的决定,能够出现的困难处境;因为一个人实际上没有影响事件进程的事实,并未减轻他的道德责任。我敬重你致力于这项事业的巨大精力,我感谢你在你的行为中表现出来的信任。但是,我确信,假如我响应这个诱人的和光荣的召唤,那么我将会对事业帮倒忙。

---

① 关于以色列邀请爱因斯坦,显然泄露了消息;当《纽约时报》在 1952 年 11 月 16 日就此询问时,他拒绝评论。11 月 18 日早晨,本-古里安的秘书在耶路撒冷还正式否认,总理向爱因斯坦发出官方邀请(这在技术上是真实的)。那天晚些时候,才确认 Eban 的努力没有成功。(参见 1952 年 11 月 19 日的《纽约时报》。)在这里经 Eban 慨允重印的、他的信件的第一段以前显然没有发表,但是其余部分发表在以色列的报刊上。在这里译自德文的爱因斯坦的谢绝信,也发表在 SEELIG 第 233 页。《晚祷报》主编是 Azriel Carlebach。

第16章 为思想自由而战(1951~1952)

1952年11月24日,爱因斯坦写信给一位朋友:①

来自我的以色列兄弟的提议使我深受感动。但是,我确实以真诚的抱歉立即谢绝了。的的确确,许多反叛者最终变成受尊敬的人物,甚至变成所谓的大人物[Bonze]②;但是,我不能让我自己这样做。我们只能一如既往,满足于在家里怒斥同道。

1953年2月11日,爱因斯坦给意大利的一位通信者写信:③

事情完全不像你认为的那样简单。首先,我在实际的政治方面毫无经验。其次,作为总统,我将不得不为其他人的决定承担道德责任,而这些决定却是我本人一点也无法施加影响的。因此,接受官职,非常可能导致失望,而不是导致成就。

确确实实,我们[以色列]的处境再次变得濒临灭亡,而我们又毫无能力制止危险。但是,当我注视俄国和美国时,我不禁感到疑惑,假如我们[以色列]像它们现在一样强大,我们是否会更明智地行动。

---

① 写这封信寄给的朋友是画家 Josef Scharl。
② 这里的原文是 a big shot,其意思是"大人物、大腕、大亨"。德语 Bonze 的意思是"僧、和尚、喇嘛",转意是"利用权势尽量享受的人、脱离人民的高官"。译文中"所谓的"一词为译者增添。——译者
③ 意大利的通信者是波尔萨诺(Bolzano)梅萨诺(Mesano)的 Federico Steinhaus。

1952 年 12 月 27 日,爱因斯坦写信给英国的一位朋友:[①]

像以前一样,我的工作使我保持持续的紧张状态,尽管想象力和耐久力已经变得松弛了。这可以使一个人摆脱他的个人命运以及政治失望。我们快活的美国力图成功地过它自己的漫画式生活。我能够想象,比较有经验的英国对此会说什么。好了,正如一个自作聪明的人曾经说过的:"经验是我们宁可不愿拥有的经历之和。"可是,通过那所学校也是一件好事。

[①] 这位英国朋友是柏林的拉比的遗孀 Gertrud Warschauer。

第17章 生命的黄昏
（1953～1954）

爱因斯坦在度过的最后数年，他的日常活动和习惯毫无任何值得注意的变化。他追求他的科学工作，他对支配宇宙的法则的强烈好奇心丝毫没有衰退；他对公共事务的兴趣依然如此强烈，随时准备应邀支持致力于保护个人免遭不公正的剥削、把人类从战争的灾祸中解救出来的任何努力；对于在为这些意图或相关目的斗争而寻求他的帮助的任何人，他的大门始终是敞开的。可是，暮色开始使他的寿命的光亮变得暗淡下来。1948年圣诞周确诊的、证明在1955年春导致他致命的病痛，频频引起严重的不适；他不时被迫中断他的工作。他的唯一的妹妹在健康恶化几年后撒手人世，她在她的生命的最后十二年一直与他生活在一起；他越是被迫痛苦地认识到，未能给她以实在的帮助，也就把他拉得离她越近。在他的生命黯淡的岁月，甚至在半个世纪作为他的喜悦和满意的持续源泉的科学工作，也给他带来沮丧的时刻。1949年，在统一场论——对他来说，这是他就宇宙的统一理论说明二十五年紧张工作和思考的最后的和最有希望的成果——崭新进路发表后，他从来未停止改进它的努力；为寻求补充研究的新起点和新途径，他从来不缺乏想象力。但是，这一切努力不仅没有渴望证实他的理论，而且他甚至最终设想，在他有生之年，他不可能得到最后的满足。

　　类似的失望影响了他对公共事务的最珍爱的希望和期待。堵塞这个时代危险潮流的许多努力一事无成，他对此深感不安和悲痛。由于他对创建超国家组织必要性具有毫不动摇的信念，因而他哀叹人们缺乏建立世界政府的兴趣，尽管不能说对在这个方向上的一切努力抱有敌意。苏联没有改变它完全反对世界联邦观念的立场，从他在1947年冬与苏联科学家进行的信件交流，从他在1948年8月给弗罗茨瓦夫大会的文告遭到压制，爱因斯坦充分意识到苏联的立场。另一方面，在美国，世界联邦运动失去了许多它在战后早期岁月拥有的不太大的力量；它变成一个弱小的和没有影响力的群体。在美国，这些年份正是对异己分子政治迫害最剧烈的年份，正是对国家的关键性政治问题发表不同意见的自由日益遭到质疑或否定的年份。这些年份也是冷战和东西方之间对抗月复一月、年复一年变得更厉害的年份。自杀性世界冲突的日益增长的危险只能促使爱因斯坦更加确信，无论有什么区别，言论和表达异议的自由、政治上的反对派比以往任何时候都更为重要。事态使人们痛苦地认识到，愈是需要采取更有力的行动反对世界面临的致命威胁，为此目的组织反对派就变得愈发困难。

　　虽然爱因斯坦充分了解，要让任何一个国家为军备竞赛负责是不切实际的，但是他并没有忽视，个别国家或现有的军事集团之一非常频繁的特定行为很可能加剧国际紧张局势，增强世界的军国主义化。在那些年月，与重新武装德国相比，没有其他单一的发展更加使他深感不安，对此他在许多场合公开予以抨击；就在他临终前仅仅几个小时的最后谈话中，他最后一次发出他对重新武装

第17章 生命的黄昏(1953～1954)

德国的深沉忧虑。自从战争结束以来,爱因斯坦始终感到,德国军事中立是东西方之间和平关系的先决条件。这就是为什么他如此始终如一地反对西德军国主义化和她与西方国家的军备合为一体,而不像有时一些人暗示的,是因为他自己对他出生的国家的私人感情。他自己完全远离德国的态度从来没有改变过。战后早期的几个声明已经记录在案(参见 p.365),爱因斯坦在其中表达了他对德国所犯罪行的愤慨之情。在这里,可以添加在随后的年代发表的其他一些声明。

1938年做出原子裂变革命性发现的奥托·哈恩教授在1948年末告知爱因斯坦,恺撒-威廉学会——爱因斯坦在1914年被任命为所长——被改组为马克斯-普朗克学会。哈恩补充说,如果爱因斯坦愿意像其他一些现在住在德国之外的犹太科学家所做的那样,作为"外国科学会员"加入,那么学会理事会和他本人将会感到不胜荣幸和极大满足。爱因斯坦在1949年1月28日复信:

> 使我痛苦的是,我必须对你说"不",在那些罪恶的年代,你是依然刚正不阿和做他们能够做的事情的少数人之一;可是,我还是不能做另外的回答。在所谓的文明国家的历史上,德国人的罪恶确实是任何时候所记载的最可恶的罪恶。德国知识分子作为一个群体来看,他们的行为简直跟暴民一样。而且,即使现在,也没有任何悔恨的迹象,或者也没有任何真实的愿望,来修补大屠杀后留下恢复的无论什么东西。鉴于这些情况,对于参加代表德国公共生活任何方面的任何事情,我都感到无法抑制的厌恶。我觉得可以肯定,你将会正确评价我的立场,并认

识到它与我总是享有的、我们之间的私人关系毫不相干。

出于一些明确陈述的理由,1948年3月8日,他拒绝成为德国世界政府联合会的名誉会员;1949年2月18日,他拒绝成为他出生的城市乌尔姆的荣誉市民;1952年12月18日,他拒绝接受西柏林市的类似荣誉;1950年6月19日,他不许纽约社会研究新学院以他的名义设立奖学金,由于他觉得该机构没有分享他与战后德国的公共事务绝对不合作的立场;最后,1953年2月9日,他拒绝接受反对服兵役者国际组织德国分会的荣誉会员。最富有特点的和最直言不讳的拒绝是寄给当时德意志联邦共和国(西德)总统特奥多尔·霍伊斯(Theodor Heuss)的信件,这位总统在一封长信中告诉爱因斯坦重建古老普鲁士功勋勋章①的和平分会的计划。从纳粹时期之前开始,爱因斯坦是四个健在的成员之一。若能够重建这个功勋勋章,他打算参加吗?爱因斯坦在1951年1月16日的一封简洁的短笺中如下答复:

> 我感谢你1951年1月10日的来信和附寄的材料。因为德国人施加给犹太人民的大屠杀,因而很显然,一个有自尊心的犹太人不可能以任何方式与任何德国官方机构发生联系。因此,恢复我的功勋勋章的成员资格是绝对不可能的。

---

① 在著名地理学家、博物学家、探险家亚历山大·冯·洪堡(Alexander von Humboldt)的推动下,普鲁士国王腓特烈·威廉四世(Frederick William Ⅳ)于1842年提出设立"Pour le Mérite"功勋勋章,以表彰伟大的科学家和艺术家。这是德国表彰艺术和科学成就的最高荣誉。——译者

第17章 生命的黄昏(1953～1954)

在其他场合,爱因斯坦也表露了类似的思想感情;事实上,他从来没有缓和。但是,无论如何,他在他自己对德国人的暴行的私人感情和世界重新接纳德国国家共同体之间,做出清晰的区分。为此理由,他没有批评恢复与德国正常的政治关系和外交关系,也没有反对在重建德国经济方面给予的帮助。但是,自战争结束以来,他一直警告不要复活德国发动战争的能力,并敦促把她的能够用于战争意图的工业资源置于国际控制之下。爱因斯坦担心,德国的军事传统与复仇和重获失去的领土的欲望,能够使重新武装的德国再次构成对欧洲其余国家的威胁。此外,他相信,除非德国依然是非武装的地区,除非美国和苏联联合起来保证和强使她中立,否则这两个大国之间不可能产生谅解。

从一封包含相当不切实际的建议的信中,可以清楚地看出,爱因斯坦认为重新武装德国会造成多么严重的局势;他在1950年12月31日写这封信给一位印度朋友,这个朋友频繁地与他讨论世界事务,享有在印度接近高层政治人物的机会:

> 在我看来非常可能的是,重新武装德国和日本能够激起俄国预防性的侵略行为,这种行为会成为世界大战的开端。当然,华盛顿和成功湖[这个时期联合国总部的所在地]充分了解这一点。除非联合国采取步骤用大西洋公约抵制德国重新武装,否则联合国本身将承担可能爆发世界大战的责任。进而,在这样的环境下,任何保持联合国会员资格的国家也要担负同等的责任。因此,我相信,印度应该要求联合国在具体指定的一段时间内谴责军国主义化计划,并且应该宣告,倘若

她的要求被忽视,她自己将退出联合国。

《瞥视》杂志副社长寄给爱因斯坦一本建议德国重新武装的杂志,[①]爱因斯坦在1952年9月9日写回信说,他对德国的态度并不感到惊奇。他发现奇怪的事情是西方国家的态度:它们不管自身在过去的不幸经历,竟然忙于从事恢复德国势力的危险任务。

通信再次扩展到与纽约大学教授悉尼·胡克的通信。胡克教授写到,"单方面的"和平主义立场是不可接受的,而实际上爱因斯坦从未支持过这种立场。爱因斯坦在1952年11月12日给胡克复信:

> 我分享你的观点:在最近二十年出现的特定条件(这些条件不能单单归咎于俄国),没有一个负责任的政治家在没有过渡期的情况下能够敢于接受甘地的方法。我们对改善局势的唯一希望在于,解决某些现存的国际冲突,缩减竞争性的军备。当然,第一步应该是德国的中立化和非军国主义化。尽管俄国人使用坏方法,我觉得,把他们作为惯犯看待和处理则是完全错误的。

在1954年某个时候,爱因斯坦对新泽西州伊丽莎白(Elizabeth)的一位医生做出类似的评论。这位通信者建议,通常的互不侵犯条约可用下述条款修正:缔约的大国不仅保证在受到攻击的情况

---

① 该期《瞥视》杂志所署日期是1952年9月23日。

第17章 生命的黄昏(1953～1954)

下相互援助,而且在缔约大国之一进行侵略的情况下,它们承担帮助任何非缔约国家的义务。爱因斯坦说,他希望能够在互不侵犯条约中做出所建议的改变;不过,与相关的国家的行为相比,条约的语言并不怎么重要。他接着继续说:

> 在这方面,按照我的观点,重新武装是在错误的方向上迈出的不祥一步。我相信,由詹姆斯·P.沃伯格(James P. Warburg)如此令人信服地提议的、在美国和俄国联合控制下德国的中立化,才是采取的正确政策。但是,不幸的是,这个建议没有受到多少注意。

在逝世前不久,爱因斯坦最后一次写信表达他对德国重新军国主义化的苦恼。犹太人反对德国重新武装行动委员会(Comité Juif d'Action Cotre le Réarmement Allemand)请求爱因斯坦发表一个支持声明,该委员会设在巴黎,爱因斯坦的老朋友、数学家雅克·阿达玛和其他许多杰出的男女人士都是它的成员。爱因斯坦立即在1955年2月8日回信:

> 我发觉确实无法理解的是,尽管西方国家对德国军国主义具有令人毛骨悚然的经历,但是它们却变得忙于重新武装德国。不过,即使大多数犹太人参加,犹太人对这种疯狂行为的反对将证明是毫无成效的。

爱因斯坦对普鲁士和德国军国主义的憎恶深深地贯穿他的一

生；他频频私下和公开地表达这种憎恶。虽然在一个短暂的时期，在第一次世界大战的准革命的后果期间，他对在德国建立和平民主秩序的机遇是相对乐观的，但是不久他变得十分忧虑：德国年长的、邪恶的军事长官能够再次对德国的基本政治决策给予决定性的影响。爱因斯坦向来不怀疑，快速行进的纳粹主义的出现，将会完全任凭德国军国主义畅行无阻，并能够牢固地建立这样一个政府，它的主要目标总是不惜任何代价以高速全力准备战争。爱因斯坦知道，纳粹政府在进行引以为荣的战争时绝不会犹豫不决，它为追求它的侵略政策使用最野蛮的手段和武器时绝不会畏葸不前。由于确信这一点，爱因斯坦感到他不得不改变他对反战运动的立场，支持重新武装非法西斯国家的政策，并在1939年提醒罗斯福总统注意通过原子裂变获取巨大能量的潜在军事含义。

在本书第9章已经描绘了，在促进1945年导致生产原子弹的努力中爱因斯坦所起的作用。当爱因斯坦主动与总统接触变得众所周知时，他战时在核能研究中扮演的角色的夸张报道开始不胫而走；在一些地方，他甚至被称为"原子弹之父"，而和平主义者指责他帮助启动最残忍武器的生产，从而背叛了他整个一生为之服务的事业。对于原子弹出现的"责任"的一切直接询问，他的回答是简短的，但总是毫不含糊其词。仅有一次这样的质询原因，爱因斯坦花时间交换了几封信。质询来自原子弹攻击的第一个也是唯一的受害者日本的一位通信者，毫无疑问，这个事实激起爱因斯坦以比他以往任何时候所写的还要大的篇幅，讨论了自1939年以来他在这一戏剧性的发展中所起的作用。

爱因斯坦自从1922年访问日本以来，一直喜爱日本。他的友

第17章 生命的黄昏(1953~1954)

好的感情在他访问后若干年寄给日本小朋友的一封信中显示出来:[①]

> 日本的学童们,在给你们寄这封问候信时,我可以声称拥有这样做的特殊权利;因为我访问过你们美丽的国土,观看了它的城市和家园、它的群山和森林——这是日本孩子从中汲取对他们的国家热爱的源泉。日本儿童的绘画大书总是放在我的案头。
>
> 当你们收到我的跨越大海的问候信时,请努力理解,我们的时代是在历史上经历世界人民之间友好交往的时代。以前,不同国家的人民生活在相互不了解之中,实际上生活在彼此恐惧和憎恨之中。让我们希望,兄弟情谊的精神可以永远发扬光大! 正是以这种精神,我这个老人寄信问候你们日本的学童,期望你们这一代人以其兄弟情谊的品质能够在某一天使我们这一代人感到羞愧。

爱因斯坦多年与日本自由主义的杂志《改造》(*Kaizo*)保持着友好关系,1934年他写信给该杂志:

> 在没有简短地表达我的欢乐和感激的情况下,我必须不

[①] 在这里,爱因斯坦给日本学童的信译自 MW 第29页的德文文本。另一个译文(在两个稍微不同的版本中)发表在 TWAISI 第22页和 IAO 第17页。他的信的精确日期没有确定,但是它可能在爱因斯坦访问日本后若干年,因为他说他自己是一位"老人"。

让《改造》创刊十五周年纪念寂然而逝,因为在十二年前,我与日本朋友度过了美妙的时光。……

在为日本报纸《朝日新闻》(Asahi)撰写的1948年新年文告中,爱因斯坦阐述了他的众所周知的世界政府的立场,他说起他乐于

> 借此机会对二十五前在日本享有的慷慨款待表达我的谢意。我非常热爱日本人民和这个国家,以致在我不得不离开他们时,我无法抑制我的泪水。

在第二次世界大战后,甚至在给《朝日新闻》写文告之前,爱因斯坦与日本有过几次接触。1947年3月3日,他答应了为两个老相识、福冈县(Fukuoka)九州(Kyushu)外科诊所三宅速(Hayasi Miyake)[①]博士和他的妻子三保(Miho)撰写墓志铭的请求。正是医生三宅博士,在1922年爱因斯坦前往东方旅行的轮船上照料过他(参见 p.55)。这对老年人——他已将近八十岁——在战争结束前不久的一次空袭中丧生。爱因斯坦寄去下述一些话语,它们马上以他的手迹的摹本被镌刻到巨大的花岗石墓碑上:

> 三宅速博士和他的妻子三宅三保安息于此。他们为人类的福利一起劳作,而作为人类的愚蠢之罹难者一起离世。

[①] 三宅速(みやけ・はやり)在本书英文版原文中的拼写为 Hayasi Miyake,此处 Hayasi 显然为 Hayari 之误。——译者

第17章 生命的黄昏(1953～1954)

三个月后,在1947年6月2日,爱因斯坦写信给一位日本老朋友稻垣守克(Morikatsu Inagaki),他在爱因斯坦二十五年前访问日本时是爱因斯坦的译员。在后来的岁月,他有机会与爱因斯坦在日内瓦和普林斯顿会见;爱因斯坦在信中说:

> 收到你的信我非常愉快,尤其使我感到幸运的是,获悉你经过那些可怕的年代幸存下来。
>
> 为切合实际的和平政策而努力显得困难重重,主要是因为人们易于一而再、再而三地重复相同的大错误和愚蠢行为。看来好像是,情况处处总是如此。不管怎样,我们每一个人必须尽力而为。除非在个人方面做出这样的努力,否则事情无疑将会变得更加糟糕。
>
> 人们也许认为,进攻性武器的惊人发展造成的危险,会使身处负领导责任职位的那些人的思想和行为发生根本性的变化。但是,事实证明,这是多么徒劳的希望呀! 在第一次世界大战后几年去世的荷兰物理学家 H. A. 洛伦兹,曾经提出最恰如其分的评论:"我很幸运,我是一个小国的成员,由于它太小了,所以不会铸成大错。"

大约五年后,稻垣请求爱因斯坦为国际人士参加的亚洲世界联邦大会撰写祝词,这次大会定于1952年11月3日至6日在广岛举行。稻垣是大会重要的组织者。爱因斯坦的祝词所署日期为1952年10月16日,它实际上重申了先前关于需要世界政府的声明。

关于爱因斯坦在生产第一颗原子弹中扮演的角色的信件交

换,肇始于所署日期为1952年9月15日《改造》主编的来信。它是一封最有礼貌的信,尽管并非没有一点怨恨的口气。[①]

……最近,也就是战后七年,关于发表原子弹造成破坏的图片的禁令被解除;日本人民第一次与灾难的实际现场面对面,这些现场活生生地展现了原子弹最具破坏性的后果,即使不说是毁灭性的后果。整个日本国再次被迫强烈地回想起它自己罪过的苦果。……可是,我们感到迷惑不解的是,原本服务于人类的福利和幸福的科学,怎么会成为造成这样可怕后果的工具。作为在生产原子弹中起过重要作用的伟大科学家,你显然最有资格减轻日本人民的心理剧痛。因此,我冒昧地询问你下述问题:

1. 你对展现原子弹破坏性后果的照片有什么反应?

2. 你对原子弹作为人类的破坏性的工具有什么想法?

3. 人们共同预言,下一次世界大战将是原子战争。这难道不是意味着人类的毁灭吗?

4. 虽然你充分意识到原子弹的巨大破坏力量,但是你为什么还要配合生产原子弹呢?

我知道,你因你自己的研究是多么忙碌,但是,为了减轻这个唯一暴露在原子弹致命射线辐射的国家的痛苦,你若能够在本月答复,我将感激之至。

---

① 来自《改造》的信由它的主编 Katusu Hara(原胜)签署。该信在这里稍微被缩短了。

第17章 生命的黄昏(1953～1954)

在没有收到你的答复的情况下,我假定你将不反对在我们的杂志按时刊载这个事实。

爱因斯坦立即在1952年9月20日回复,并且具体指明,他只能为他的德文文本承担责任,而不能为《改造》可能准备的任何日译文负责:[①]

> 我参与原子弹的生产,仅由一个行为构成:我签署了给罗斯福总统的信,我在信中强调,有必要进行大规模的关于生产原子弹的可行性的实验。
>
> 我完全意识到,证明成功的实验是威胁人类的可怕危险。可是,我觉得非采取这一步骤不可,因为似乎有可能,德国人正在致力于相同的问题,也许十分有希望取得成功。除了像我所做的那样行动,我看不到有可供选择的办法,**尽管我已经是一位令人信服的和平主义者。**
>
> 我相信,在战争中杀人并不比通常的谋杀要好一些;但是,只要各国缺乏通过共同的行动废除战争的决心,并按照现行的法律借助和平协商,找到解决它们的争端和保障它们的利益的手段,那么它们将会继续认为为战争做准备是必要的。由于它们担心它们可能在普遍的军备竞赛中落后,它们将会感到,甚至不得不努力制造最可怕的武器。这样的进路只能

[①] 给《改造》的信的德文文本发表在 MW 第59页。这里给出的英文文本不同于 IAO 第165页的译文和在爱因斯坦档案中的另一个译文。

导致战争,而今天战争总是意味着人类统统毁灭。

因此,反对制造**特定的**武器,那是毫无意义的;唯一的解决办法是废除战争和战争威胁。这是我们应该奋斗的目标。我们必须下定决心,拒绝一切以任何方式违背这个目标的活动。对于任何一位意识到他依赖于社会的人来说,这是一个严厉的要求;但是,它不是不可能的要求。

甘地这位我们时代最伟大的政治天才,指出了所采取的路线。他给出证据,一旦人发现了正确的路线,他能够做出多大的牺牲。他为印度的解放而做的工作生动地证明了这样一个事实:由不屈不挠的信念支撑的人的意志,比那些似乎不可战胜的物质力量更为强大有力。

显而易见,在日本的一些地区,爱因斯坦给《改造》的信并没有赢得同情的接纳;日本的和平主义者筱原正瑛(Seiei Shinohara)翻译了爱因斯坦给《改造》的陈述,他使他自己成为那些对爱因斯坦的陈述感到不满的人的代言人。[①] 在1953年1月5日用几乎无瑕疵的德文写的信中,筱原询问爱因斯坦,既然他认为他自己是"绝对的"和平主义者,他怎么可能在1939年给罗斯福总统写信呢?筱原描述了他的日本同胞的态度,他们把爱因斯坦表面上不一致的行为不仅归因于他害怕德国人也许能够制造类似的炸弹,而且也归因于他是犹太人这一事实——这意味着他有意或无意地

[①] 来自 Shinohara 先生的信件的摘录经他的慨允重印。非常感谢他在提供这个通信时给予的帮助。

第17章 生命的黄昏(1953～1954)

受到对纳粹进行报复的思想感情的驱使。筱原觉得,如果爱因斯坦想要保持"绝对的和平主义者",那么除了认为他给罗斯福的信是令人遗憾的错误、必须永远不再重复的错误之外,他别无选择。筱原补充说,他常常感到纳闷,假如伟大的甘地处于爱因斯坦的位置,他会怎么做呢;他得出结论:甘地不会像爱因斯坦那样行动。筱原之所以深切关注爱因斯坦在1939年面临的问题,还有其他原因:

> 因为日本的武装力量在美国的压力下得以复活,人们广泛地表达了这样的观点:不可能存在伴随绝对裁军的绝对和平,唯一切实可行的解决办法也许是,以"公正防御"侵略的武装实现相对和平。采纳这种立场的一些人列举你的例子为他们辩护,也就是说,甚至像爱因斯坦这样的被公认是绝对和平主义者的人,也认为在某些情况下间接参与原子弹生产是可以容许的。更有一些驻日本的美国通讯记者走得如此之远,竟然说美国拥有和使用原子弹是与世界和平一致的,因为他们认为,美国是真正的和平主义者,而苏联现在是当年的纳粹。

爱因斯坦在1953年2月22日回信:

> 从绝对的即无条件的和平主义者的观点看,你的责备是完全可以接受的。但是,在我给《改造》杂志的信中,我并没有说我是一个**绝对的**(absolute)和平主义者,更恰当地讲,我始终是一个**令人信服的**(convinced)和平主义者。虽然我是一个

爱因斯坦1952年9月20日给日本《改造》杂志主编的原信的手迹(参见p.584)

第17章 生命的黄昏（1953～1954）

令人信服的和平主义者，但是，在一些情况下，我相信使用武力是适时的，也就是说，在面对无条件地一心消灭我和我的人民的敌人时。在其他一切情况下，我相信，使用武力解决国家之间的冲突是错误的和有害的。

这就是我为什么相信，在纳粹德国的实例中，使用武力是有必要的和有理由的。至于俄国，那完全是另一码事。在目前美国和苏联之间的冲突中，哪一个国家威胁另一个国家的生存，是远远没有弄清楚的，实际上是否存在任何这样的威胁，确实还是值得怀疑的。在这样的局势下，我确信，双方中无论哪一方的侵略态度都是没有道理的，因此其他国家在冲突中都没有权利充当坚决支持者的角色。在我看来，印度的态度似乎是作为范例的态度；我相信，每一个真正的日本和平主义者，都应该试图充分欣赏印度的立场，都应该把它选做日本的榜样。

筱原迅捷回过来抨击。他在1953年6月18日写信，若不是"绝对的"和平主义者，那什么是"令人信服的"和平主义者？毕竟，人们也曾经信服希特勒，他渴望和平。令人遗憾的是，事实上，爱因斯坦用以支持对抗德国的原子弹，却落在广岛和长崎的和平人民的头上，而没有落在德国人的头上。进而，即便不遭遇恐怖的原子弹，日本肯定也会被迫投降。尽管美国否认，但是很清楚，利用日本人作为试验品，这个结论被美国没有为两个原子弹的受害者做任何事情证实了。而现在，看来好像是，美国公民迅速放弃了他们自己珍惜的自由。

第 17 章　生命的黄昏(1953～1954)

筱原的信的结尾宣布,他正在给爱因斯坦寄发一些日本的彩色照片,以回赠爱因斯坦寄给他的亲笔签名的图片。爱因斯坦把页边加有批注的原信返还筱原。针对他赞成使用原子弹对抗德国的指控,他写了"不!"在另一个页边批注中,他提醒注意他仅仅几天前写给威廉·弗劳恩格拉斯的那封信(参见 p.546)。1953 年 6 月 23 日,在返回筱原的原信的一页背面,他写道:

> 我是一个**有奉献精神的**(dedicated)〔entschiedener 坚定的〕和平主义者,而不是**绝对的**和平主义者;这意味着,我反对在任何情况下使用武力,除非面对把追求消灭生命作为**目的本身**的敌人。我始终谴责对日本使用原子弹。然而,我完全无能为力阻止这个重大的决策,对此我无法负责,正像你无法为日本人在朝鲜和中国的行为负责一样。
>
> 我从来没有说过,我赞同对德国使用原子弹。我确实相信,我们必须避免希特勒统治下的德国**唯一**拥有这种武器的可能性。这在当时是真正的危险。
>
> 我不仅反对对俄国的战争,而且反对一切战争——但具有上述保留意见。
>
> 又及:你要形成对其他人及其行为的看法,只有基于充分的信息!

筱原在 1953 年 6 月 30 日复信说,他从来没有要求爱因斯坦为广岛和长崎的悲剧负责的意思。他满意地获悉,美国良心的最伟大的护卫者之一一如既往是警觉的。在广岛和长崎周年纪念之

际,爱因斯坦愿意寄发一篇文告吗？其间,爱因斯坦收到了彩色照片,他在1953年7月18日随他的感谢信寄去下述文告:①

> 借助规则的周期性仪式,把广岛和长崎灾难的记忆保留在具有善良意志的所有人心中,这是有益的。可是,只有当这样的记忆成功地增强这样一个信念,即有必要在世界各国之间的和平协定的基础上建立世界政府时,它才会具有真正的价值。这个信念必须立足于下述认识：在缺乏超国家权力时,战争归根结底是不能避免的,情况将始终迫使争斗的敌对各方使用最有效的战争武器,也就是最有杀伤力的战争武器。
>
> 必须一次又一次地指出,通过军事同盟保卫和平的任何努力,将不可避免地导致战争和普遍毁灭。人类未来的最大危险在于,人们相信以实用政治的名义虚伪提出的不切实际的方法。

两人之间还有进一步的信件往来,筱原再次寄给爱因斯坦一些赠品。在1954年7月7日的最后一封信中,爱因斯坦在感谢他时提出：

> 从原子武器中获得的唯一安慰是,希望**这种**武器可以作为威慑因素起作用,推动建立超国家保障机制的运动。不幸

---

① 正如Shinohara在1953年9月7日告知爱因斯坦的那样,文告于1953年8月6日发表在日本第三大日报《读卖新闻》(*Yomiuri-Shimbun*)上。

第17章 生命的黄昏(1953～1954)

的是,在目前,国家主义的疯狂比以往任何时候都更加严重。今年,我不想给广岛纪念仪式寄发文告了;人人都了解我关于这些问题的思想。

在同一时间前后,爱因斯坦收到另一封来自日本的信件,该信请他放心,尽管他在1939年给罗斯福总统写了信,但是他在日本的声誉并未受到损害。这封信来自他的日本老朋友稻垣守克,他报告说,由美国最近的氢弹试验释放的放射性沉降物在日本引起巨大的不安,从而增强了对美国的仇视。在向爱因斯坦转达参加1954年秋在广岛举行的世界联邦大会的紧急邀请时,他说他表达了许多日本人的祝愿,他们对爱因斯坦的尊敬和同情是"无边无际的"。爱因斯坦在1954年7月15日回信:

> 我收到你们的来信和你们的紧急邀请。由于健康的原因我不再可能进行长途旅行,因此我不能接受你们的诱人邀请,确实非常遗憾。再者,我充分意识到这样一个事实:关于我们努力专注的重要问题,你们都已了解,我不可能谈论任何新东西。
>
> 不过,使人安心的是,日本人发现他们自己处在输掉战争的有利局势之中;成功,特别是在这个领域的成功,是一位不幸的老师。从表面上观察,虽然几乎所有国家的政府行为似乎没有为和平问题的及早理智解决提供真正的希望,但是实际上没有悲观的根据。现在可利用的大规模毁灭人类的方法是如此令人生畏,以致连最无想象力的人也不能不认识到,试

图通过另一次世界大战解决各国之间的冲突是神经错乱。事实上，甚至负有责任的政治领导人，在正式讲话中已经无条件地承认这一点。他们之所以没有从这一认识引出实际的结局，仅仅是由于盲目的国家主义无处不在，使任何朝向理性和计划的努力变得极其困难。促使这种局势转变，是世界联邦主义者的重要任务。完成这样的任务处处困难重重，尤其是在那些对它们的力量和成功感到不可一世的国家。

爱因斯坦在这封信中向稻垣表达的一线希望，在他的生命最后这两年不时地变得引人注目。事实上，看来好像是，爱因斯坦在理智上相信，除非世界政府不久变为现实，否则灾难是不可避免的；同时，在每一个健康人身上存在的生命本能又导致他偶尔希望，现代武器的彻底毁灭性最终可能消除战争本身。1953年1月12日，爱因斯坦再次写信给比利时太后，感谢她习惯性的季节问候：

……随着人逐渐变老，奇怪的事情是，他对此时此地亲密的自居作用(identification)[①]缓慢地消失了；人觉得转换为无限，或多或少有点孤独，不再处于希望和恐惧之中，只是冷眼旁观。

本人逐渐理解，人们彼此使生活变得如此极端困难，并非因为任何特殊的理由，而是因为他们的不可改变的遗传。古

[①] 自居作用又可译为"认同作用"或"表同作用"，是个体无意识地将客体的某些方面或属性同化的心理过程。——译者

第17章 生命的黄昏(1953～1954)

人尤其是古希腊人,清楚地认识到这一点。因此,他们永远不寻求救人的新药物。顺便说说,欧洲人比这里的人更多地保留这一洞察,而美国人不仅认为他们知道应当做什么,而且也感到使之实现是他们的使命。这种天真幻想的状态若不与这样过度的权力联系在一起,本来不可能是十分有害的。

纽约一家大百货商店因赏识爱因斯坦的建设性的标新立异思维,向他提供了一千美元奖金,他在1953年5月4日接受了(他把它捐赠给美国帮助流亡学者委员会)。他的接受答词用磁带录音向一个大型社交午餐会播放:①

> 看到一个不可救药的标新立异者的执拗性格热情地受到喝彩,它确实给我以莫大的愉快。的确,在这里使我关心的是在遥远而偏僻的活动领域[科学]的标新立异;正是在这个领域,参议院委员会还没有感到不得不着手完成一项重要的任务,即与威胁无批判力的和受恐吓的公民的内心安全的危险做斗争。
>
> 至于讲给我的赞美之词,我将谨慎地忍住不对它们提出质疑。这是因为,谁还相信有真正的谦虚这回事呢?我若如此做,就要冒被误认为只不过是老伪君子的风险。你们确实能够理解,我在自身没有发现勇敢面对这一危险的勇气。

---

① 这笔奖金是由 Lord & Taylor 百货商店总经理 Dorothy Shaver 小姐赠送的。爱因斯坦的接受讲演词发表在 IAO 第33页。

1953年6月19日至21日,在芝加哥举行世界联邦主义者联盟第七届年会,爱因斯坦寄发了这封由诺曼·卡曾斯转交的信函:

> 强化联合国需要允许所有国家加入,不论它们的内部组织如何;因为防止战争危险是一切利益中至高无上的和最直接的利益。
>
> 扩大联合国,把所有国家尽可能包括进来,将会为裁军谈判创造更牢固的基础;因此,增加成员国的努力应该先于任何解决裁军问题的尝试。

一位年迈的瑞士女士给爱因斯坦写了一封充满困惑的信,她在信中请求爱因斯坦回答两个问题:近年在全世界显示出来的极端气候条件恶化可以归咎于原子弹爆炸吗?我们这一代人通过他们制造威力尽可能强大的原子弹的尝试,可能破坏现在保护我们的行星的大气层,这样做难道没有危险吗?爱因斯坦在1953年7月4日回答:

> 我有自信,虽然人缺乏理性是一切罪恶的根源,但是它不能为你引证的自然灾害负责。这并不意味着,我希望宽恕原子弹的生产。
>
> 你的第二个问题是比较难以回答的。人有力量或者不久将有力量用放射性如此彻底地毒化大气层,以致陆地上的所有植物和动物都可能死亡。但是,我还是十分乐观地相信,通过建立世界政府,人迟早将会防止这样的毁灭。

第17章 生命的黄昏(1953～1954)

我们时代的特征是,你、我和许多其他人都把这样的灾难视为无法容忍的,主要是因为它们也能够扑灭艺术的纯真声音。看来好像是,人对无止境进步的信念仅仅在五十年前还如此广泛流传,现在却消失得无影无踪。不过,我敢于希望,这一信念总有一天可以再次复活。

直到纳粹1933年在德国攫取权力之前,爱因斯坦曾经如此热情支持的反战者国际在第二次世界大战后重新出现,并再次声称在八十六个国家拥有隶属团体。对于它的美国分会的会议,爱因斯坦撰写了所署日期为1953年8月10日的下述信件:①

> 反战者同盟服务一个主要的目的。在所有国家都有许多具有独立心智的人,对他们说"战争是对人类的犯罪",绝不是一句空话。他们是宁可受到惩罚和被社会流放,也不违背他们的良心去行动的人。
>
> 这样的道德精英的存在,对舆论的任何根本性改变来说是先决条件;在现有的环境下,人类若要幸存的话,这种改变绝对是必不可少的。
>
> 反战者同盟是重要的,因为在它的队伍内,友谊精神有助于调节正在麻痹的孤独感和离群索居感,可是甚至具有勇气和决心的人也可能嘲弄这种感觉。在履行他们知道什么是他

---

① 给反战者同盟的信据德文文本稍做修改。在同盟1953年10月11日的一份传单中,爱因斯坦的信的最后两段被换位了。

们的责任和义务的过程中,孤独感和离群索居感为他们提供道德上的支持。

爱因斯坦给威廉·弗劳恩格拉斯的信唤起对亨利·戴维·索罗(Henry David Thoreau)的著名文章"论公民不服从的责任和义务",据说这篇文章对甘地具有深刻的影响。索罗学会的一名会员询问爱因斯坦对该文的看法,爱因斯坦在1953年8月回答他:[①]

> 我从未阅读索罗的任何东西,也不熟悉他的生平。存在具有独立道德判断的人,尽管还不够多,他们认为抵制邪恶是他们的责任和义务,虽然这种邪恶受到国家法律的认可。
> 完全可能,索罗以某种方式影响了甘地的思想。但是,不应该忘记,甘地的发展起因于非凡的智力和道德力量与政治独创性和独特形势相结合。我认为,即使没有索罗和托尔斯泰,甘地还会是甘地。

美国广播公司驻华盛顿通讯记者马丁·阿格龙斯基(Martin Agronsky),急于拍摄一部就原子弹和世界危机访谈爱因斯坦的影片;在一封长信中,他陈述了有利于这样的影片的论据,主要的论据是他相信,在俄国爆炸氢弹(1953年8月12日)后,现在对理性的另一次坚定呼吁是必不可少的。阿格龙斯基也告诉了一个母

---

① 关于Thoreau的信发表在《索罗学会公报》(*Thoreau Society Bulletin*)1953年秋45期。爱因斯坦的信是写给该学会秘书兼司库Walter Harding教授的。

第17章 生命的黄昏(1953～1954)

亲的故事:自从她的小女儿在学校被预防原子弹训练惊吓以来,她力图使她镇静下来。确实,这位母亲承认,这样的炸弹可以把整个家庭毁掉;但是,"由于我们大家爱得如此深情,假如你、爸爸和我能够一起进入天国,难道你不认为这会是一件好事?"小女儿说:"是的,如果我们大家一起进入天国,那也许是美好的,可是妈妈,我多么想长大呀!"爱因斯坦在1953年9月13日写信给阿格龙斯基:[①]

在这个国家流行的恐惧与傲慢的混合,阻碍形成合情合理的见解。这适用于有影响的人以及一般民众。肆无忌惮的政客只是利用和加剧这种局势而已。

关于原子弹,我并不比大街上的任何有智力的人了解得更多;在这样的事情上,他绝对知道采取合理性的态度。如果他处在正确的心智框架中,那么他能够认识到,安全只能在国际的基础上达到,而不能通过军事力量和军事联盟达到。他不会容忍不仅无法加强,而且彻底削弱联合国的外交政策。

我也无法赞同,公众和国会对危险的严重性一无所知。他们之所以未从这一认识得出必然的结论,是因为他们并不了解,另一方对安全问题和平解决的兴趣绝不亚于我们自己的兴趣。在目前心理状态下,把"另一方"视为某种魔鬼,认为与他达成一致的一切尝试都是毫无希望的乌托邦。

[①] 爱因斯坦给 Martin Agronsky 的信据德文文本稍做修改。Agronsky 先生的信的摘录经他的慨允重印。

出于这些理由,我肯定**不**具有这样的见解:没有世界政府也能够消除战争危险。在没有这样的具体保障措施的情况下,军备竞赛,最终世界战争,都是不可避免的。"取缔"任何东西是毫无价值的。我们从长期的经验——白里安-凯洛格公约,战时保护平民的协议,如此等等——获悉,若没有保障,这样的义务无论多么真诚地计划,万一爆发战争,它们都不会受到尊重。如果"全有或全无"原则永远适用,它在这个案例中也适用。

我希望这些评论将会使你明白,我为什么感到,尽管我具有让你高兴的真诚意愿,但是我不能依从你的访谈请求。

1953年9月21日,在给纽约犹太人和平联谊会的信中,爱因斯坦写道:

> 纯粹赞美和平是容易的,但是毫无成效。所需要的是,积极参加反对战争和导致战争的一切行为的斗争。

1945年10月,在新罕布什尔州(New Hampshire)达布林(Dublin),在最高法院法官欧文·罗伯茨的领导下,杰出的律师、和平主义者格伦维尔·克拉克召开了战后第一次世界政府大会。1948年,他广泛散发了争取与苏联达成协议的计划。1953年,在小册子《一项争取和平的计划》(*A Plan for Peace*)中,克拉克设计了一个通过修改联合国宪章,把联合国转变为世界政府的综合性方案。该计划展望普遍的和全面的裁军,所有国家无权脱离成

第 17 章 生命的黄昏(1953~1954)

员国资格,在配额的基础上建立世界和平部队,废除否决权,按照人口分配在联合国大会的代表——尽管具有上限。爱因斯坦在1953年9月25日写信给克拉克:[①]

> 我阅读了你的建议,你尝试使联合国变成强大的和有效的组织,足以解决和平和安全的国际问题。尤其是,我相信你关于联合国大会代表的选举办法是十分明智的。每一个特定国家的潜在影响能够由它的人口多少决定。同时,通过限定大国代表数目的上限,能够防止它们之间危险的敌对状态的发展。
>
> 我希望,你的工作将会得到它应得的承认和影响。

在十多年前,爱因斯坦曾经给加利福尼亚州的一位通信者写了一封短笺,说明在纳粹攫取权力后他对和平主义运动观点的改变;该通信者询问,在反对战争的斗争中,在不涉及宗教术语的情况下,爱是否能够代替恐惧。爱因斯坦在1953年11月9日回复:[②]

> 我关于使用武力的必要性的评论,是在纳粹威胁统治世界的时刻提出的。我看不到可以为世界其他国家提供另外的选择。但是,在有可能合理性地解决困难的情况下,我赞成真

---

① Grenville Clark 的书《一项争取和平的计划》由纽约 Harper Brothers 出版。在 Clark 的一些工作中,他与哈佛法学院的 Louis B. Sohn 有关联。爱因斯坦的信被修订。

② 在加利福尼亚州的通信者是帕萨迪纳的 John G. Moore。爱因斯坦给他的信稍做修改。他早先的信所署日期是 1942 年 3 月 30 日。

诚的合作；如果在当前的环境下不可能这样做，那么我赞成甘地和平抵制恶行的方法。

我不具有这样的见解：在为更美好的世界奋斗时，人们应该使用上帝概念。在我看来，这似乎与现代有教养的人的诚实是格格不入的。而且，历史表明，每一个党派都相信，或者力图使其他人相信，上帝是站在它的一边的。这甚至使合理性的理解和行为变得更加困难。依我之见，有利于道德和启蒙态度的耐心而真诚的教育工作，是通向幸福生活的唯一道路。

1953年11月初，律师、数学家詹姆斯·R. 纽曼（James R. Newman）写了一封便笺，他在其中表明，关于国际控制原子能的正式新建议已经井然有序，在这方面，核查问题也许显得没有像原先设想的那么难以对付。纽曼还请求爱因斯坦参加拟议的"科学是什么？"专题讨论会。1953年11月5日，爱因斯坦起草了这封给纽曼的复信，可是从未寄出它：①

我怀着强烈的兴趣通读了你的建议。你证明，客观地审视，问题不像一般描述的那样困难。在末尾你强调，主要阻碍是心理的阻碍，在我看来这似乎是完全正确的。由于双方所犯的错误，在过去的六年，这些阻碍令人惊恐地增长着。事情

---

① 爱因斯坦给 James R. Newman 的信稍做修改。《科学是什么？》（*What is Science?*）由纽约 Simon and Schuster 于1955年出版。

第17章 生命的黄昏(1953～1954)

已经达到这样的地步,以致来自一方的建议甚至得不到另一方的客观考虑。

任何行动,如果要有成功的指望,那么必须由那些还被认为是中立的人发起。不过,这样的非技术性的建议应该强调具体的措施,以此打算消除某些国家视其为威胁它们的前提条件;这样的措施可以是德国和俄国的巴尔干卫星国的全面裁军,或者是放弃具有纯粹侵略特征的空军基地。如果这样的措施证明是行不通的,那么我就看不到纯粹军事特征的裁军努力将会成功的指望。

双方应该通过自我克制的实际行动,力图创造彼此具有和平意图的信任气氛。如果它们不愿意这样做,如果每一方的目的仅仅在于获得最大的军事"安全",那么灾难将是不可避免的。与这个事情的重要性相比,我是否应该为你的专题讨论会撰写文章的问题,似乎就显得不十分重要了。我相信,当一个人感到需要发表文章时,客观地讲,这意味着当他有某些有价值的东西要说时,他才应该这样做。我不觉得,我目前的情况是这样。

实际上寄给纽曼的信所署日期是1953年11月16日,全文如下:

对于你的来信,我思考良多。数天前,我甚至写好了回信,但过后又丢弃了。我不知道,你的实质上简化核查机制的论据是否能够使专家信服。而且,我确信,甚至来自一方最好的建议,也会遭到另一方习惯性的拒绝。正如我看到的,只有每一方乐意自愿放弃另一方认为构成直接威胁的某些立场，才能防止我们面临的恐怖危险。进而，达成在双方控制下的缓冲地带的协议将是必要的。

然而，由于无论哪一方看来好像都不准备采取这类步骤，我无法看到解决问题的任何可能性。合理性的建议不可能遇到顺利的接纳。

关于你提出的出书一事，我不能允诺撰写序言，因为我不能预先假定，我总是同意将要准备文章的人的见解。你渴望我的合作，是基于对我的科学信念的重要性的夸大看法，而这些信念在基本的要点上与大多数当代物理学家的信念是针锋相对的。我发现，做一个真诚的人而不充当职业的麻烦制造者的最好办法，就是"沉默"。沿着这条不费力的道路行进，正是我的意向。

纽约罗切斯特大学（the University of Rochester）一名印度学生写信给爱因斯坦，诉说他对在全世界蔓延的恐怖气氛感到绝望。他写道："自从甘地去世以来，我把你视为唯一一个恐惧无法触动的人。"爱因斯坦在1953年12月2日复信:[①]

我的见解与你的完全一致，而且不会表达得比你更好。不过，为了借助健全的论据确立信念，一个人就必须具备对它们敏感并独立于群众意见的素质，这正是我的经验。因此，当

---

① 爱因斯坦给印度学生 Sudhir P. Pandya 先生的信稍做修改。

第17章 生命的黄昏(1953～1954)

你的美国朋友不同意你的观点时,你不必大惊小怪。

对于你的论据,我希望只提供一点评论。你写到,你的美国朋友"也许正确地说",他们担心丢掉他们的武器。当然,情况确实是,他们不能**突然**丢掉他们的武器,毕竟在过去六年采用的是反对俄国的政策。只有通过渐进的过程才能达到目标,这个过程将一点一滴地为那些政策解套,从而创造与相互信赖同类的心智状态。

纽约的反战者同盟因爱因斯坦给威廉·弗劳恩格拉斯的信向爱因斯坦致以敬意,并报告说,大约一百名和平主义者表态遵循他的劝告,倘若他们被传唤到国会委员会的话。该同盟询问,是否可以恳求爱因斯坦——尽管他已半退休——写信给讨论麦卡锡主义的会议,这个会议是由最值得尊敬的宗教和和平组织发起的。爱因斯坦在1954年1月29日复信:①

你们充分了解,我对你们的组织感到多么亲近。我分享你们的信念:一切明确无误地表明无条件反对我们社会中目前的极权主义倾向的有组织的力量,都需要联合行动。作为起始步骤,在采取任何行动之前,应该接触这些组织的领导人。把他们集合在一起,努力寻找是否能够选定一个对于服务于该意图而言是足够清楚和根本的公共平台,应该不是困难的事情。在做好这样的准备后,由他们全体发起的公开会

---

① 爱因斯坦给反战者同盟的信稍做修改。

议也许对在这个重要的问题上形成舆论具有某种影响。

至于我,我觉得最好是坚守我反复表达的信念。我确信,如果我要从事直接的政治活动,比如说在集会上讲话或向集会致信,也许不符合这项事业的利益。要是我这样做,我就会被看作是一个政治党徒,而不仅仅是一个在公共问题上具有社会良心和某些信念的个人。因此,我深信,即便撇开身体上的原因,我不可能接受所有有价值的的邀请或在它们之中做出合理性选择这个事实不谈,我还是不参加会议为好。

1953年11月,爱因斯坦同意接受芝加哥十诫律师协会一笔奖金。该团体写信告知他一个雄心勃勃的计划,它要利用这个适宜的集会,正在筹备一个爱国者午宴。由于他不能亲自参加,他会同意在有声影片上录下他的祝词吗,半个小时足够吗?爱因斯坦在1953年12月6日复信:

你们的来信使我有点害怕,因为在我看来,我的祝词概念与你们的迥然不同,犹如苍蝇和大象之不同。我写下的东西只不过是大约两页篇幅的朴实而简短的受奖词,因为我的头脑不像律师、传教士或政治家的头脑!

我的大儿子十二岁时,有一次我们正在一起散步,他抱怨地向我诉说:"我不知道我是怎么回事。当我们在学校必须写作文时,我的班级一些同学针对题目写出又长又美的故事。可是,我总是一下子就了结了。"看来好像是,我从我的儿子那

第17章 生命的黄昏(1953~1954)

里继承了这种秉性。

1954年2月20日,在十诫协会面前,播放了爱因斯坦论"人权"的祝词,其所署日期为1953年12月5日:[①]

> 今天你们集会,专注于人权问题。你们已经决定,在这个场合授奖给我。当我获悉此事时,毋宁说,我因你们的决定而感到悲哀。一个组织不能产生授予其这样荣誉的、比较合适的候选人,这个组织是多么时运不济呀!
>
> 在长期的生活中,我把我的全部才能奉献给在某种程度上达到对物理实在的结构更深入的洞察。我从来没有做出任何系统的努力,以改善人的命运,与非正义和压迫做斗争,或者改进人际关系的传统形式。我所做的唯一事情是这一点:在漫长的期间,针对在社会中我认为是如此糟糕和如此不幸的前提条件,我公开地表达了这样的见解,以至于对其缄默使我觉得是犯同谋罪。确实,在近年,这样的例子越来越多了;但是,那肯定不是我的过错。
>
> 人权的存在和正当性不是写在星辰上的。在历史的进程中,正是开明人士设想和思考了关于人们彼此相待的行为的观念;他们也发展了最引人入胜的社会结构的概念。这些从历史经验以及对美与和谐的热望中得出的相同观念和信念,

---

① 爱因斯坦致十诫协会的祝辞在IAO第34页重印,在这里经首次发表它的《十诫杂志》(*Decalogue Journal*)的慨允重新发表。现在的版本依据原来的德文文本有所修正。

通常在理论上容易被人们接受,但是在同样的人们的动物本能的压力下,它们总是被这些人践踏。历史充满争取人权的斗争,一种无休止的斗争,在这种斗争中最后的胜利总是躲避我们。可是,厌倦这种斗争,便意味着导致社会破坏。

今天,当我们谈到人权时,我们本质上正在涉及保护个人不受其他个人或政府的任意侵犯;工作的权利和从工作赚取合适报酬的权利,讨论和教学的自由,个人适当参与政府的形成。虽然这些权利现今获得理论上的承认,但是实际上,它们比以往任何时候都遭到十足的滥用。这是通过利用狡诈的合法花招引起的。

不过,有一种人权,尽管不频繁地提到它,但是它却似乎注定会变得非常重要:个人有意避免参与他认为是错误的或有害的行为的权利和义务。这样的不参与最重要的案例是拒绝服兵役。我了解这样的例子:正是出于这个理由,具有非同寻常的道德力量和正直的个人和国家机关发生冲突。对德国战犯的纽伦堡审判默认一个原则,即犯罪行为不能借口它们是按照政府指令所犯下的而受到宽恕;它断定良心代替法律权威。

在我们自己的岁月,斗争主要是推进政治信念和讨论的自由,以及研究和教学的自由。对共产主义的恐惧导致的政策,使我们国家遭到文明人类其余人的嘲笑。对于那些为了获取政治利益而力图制造共产主义恐惧的、渴求权力的政客,我们还能容忍多久呢?今天的人们有时似乎丧失他们的幽默感达到如此程度,以致法国谚语"嘲笑亦可杀人"也随之失

第17章 生命的黄昏(1953~1954)

效了。

在爱因斯坦给十诫协会祝词的最后一段触及的问题,十分频繁地占据他的心思。在他常常极力批评的苏联国内现状与他频频抨击的西方对俄国的态度之间,他总是区分得泾渭分明。在他1954年1月14日给纽约一位素不相识的通信者的复信中,他非常强调这一点;这位通信者给他的信长达十一页,并在信中表明,美国政府"为了保证它的军事优势,必然要求它的公民无异议服从"。爱因斯坦写道:

> 我完全同意你对苏联政治制度的批判性评论。对你关于那里的现状所说的话,能够做非常多的补充,比如看来几乎好像是合法化谋杀的、虚假的政治审讯,对个人和政治少数派的公民权利的完全否认,比在其他国家更为频繁发生的、出于政治意图对真相的蓄意歪曲。
>
> 但是,这一切不能用来为在"与共产主义做斗争"的口号下在我们国家发生的事情辩护。在这里,反动政客正在利用"共产主义威胁",作为掩饰他们侵害公民权利的借口。全体人民确实被错误地引入歧途,知识分子确实受到恫吓,以致不能有效地捍卫宪法赋予他们的权利。而且,这些政客原本受到他们希冀获得的、直接的私人利益的促动;他们往往知道应当做什么,但是他们的行动根本不受这些考虑的影响,或者只在很小的程度上受到影响。在通向法西斯政治体制的道路上,我们已经走得相当远了。非常明显,这里的一般状况与

1932年德国的状况何何其相似乃尔。此外，要是令人担忧的经济萧条实际上发生，那会出现什么情况呀！人们感到惊奇，为什么英国人不害怕他们的共产主义者？

一位新闻记者向爱因斯坦提交了一份长篇备忘录，热情主张行动起来，反对新的世界大战的威胁；他出生在俄国，生活和工作在奥地利，直到半法西斯政权在那里上台，此后作为外国报社驻巴黎的通讯记者。这位记者准备的规划提议建立合作银行组织，它的目的将是向那些最需要努力实现工业化和改善生活条件的国家提供贷款。遍及世界的每一个个人，通过小额储蓄，都能够成为合作银行有投票权的成员；政府不会影响它，这样一个理想主义规划的作者希望，作为改善人的生活条件的结果，能够废除战争。被指定为这位记者规划的中心角色的爱因斯坦仔细研究了备忘录，并在1954年2月28日复信：①

> 你提议的东西是某种在超国家的基础上的第四点计划。② 你似乎假定，这样一个组织的建立将会终结国家对国

---

① 准备在合作基础上的长篇和平计划的巴黎通讯记者是 Georg Maranz。
② 第四点计划(Point Four Program)是美国在战后对不发达地区进行科学技术援助的计划。1949年1月20日，美国总统杜鲁门在就职演说中，提出美国全球战略的四点行动计划，并着重阐述了第四点，即对亚、非、拉美不发达地区实行经济技术援助，以达到在政治上控制这些地区的目的。这就是"第四点计划"，又称"开发落后区域计划"。前三点计划是：支持联合国，战后欧洲经济复兴计划即"马歇尔计划"，援助自由世界抵御侵略。该计划的援助对象是发展中国家，是对当时在西欧实施的"马歇尔计划"的补充。——译者

第 17 章 生命的黄昏(1953～1954)

家的剥削,从而消除战争的危险。

如果人有理由把人类的头衔指派给他自身,那么像你提议的这样一个组织便有可能建立起来。但是,从人类的本性看,这样的计划是行不通的。个人参加所提议的组织,几乎无法从中得到任何利益。在这方面,他与你用来作为类比的合作也许有相当大的差异。进而,这个组织一旦运作成功,它会遭到在一段时间后折磨一切组织的退化事态,由于退化是通过权力和成功产生的。

如果有可能引导世界人民合理性地和按照他们自己的利益行动,那么就解决人类面临的问题而言,也许存在许多可能性。让我引用生育控制的例子:由于在这个案例中个人按照它自己的利益行动,引领生育控制会相对容易一些,从而避免人口过剩的威胁。但是,这是不可能的。从知识分子自身的利益看,甚至引导他们合理性地行动也是很困难的,即使当他们面对巨大的危险之时。

我不相信,任何与人有关的问题能够通过正面攻击解决。只有通过渐进的教育过程和一点一滴的努力,我们才能够希望缓慢地引起人的状况的真正改善。

1954 年 3 月 28 日,在他七十五岁生日之后两周,爱因斯坦写信给比利时太后:

亲爱的太后:

在这个奇妙的时刻,你再次以友好的方式想起我。实际上,除非一个人已经去世,否则他不费吹灰之力便自动地达到七十五岁。但是,在达至这个阶段,他却感到迷惑和尴尬,因为他完全不能证明他自己值得许多喜爱的显示,特别是当他在他自己的一生中变成某种传奇,而这并不是出自他自己的意志之时。形形色色的传说正在与他的人格相关,精心编造故事没完没了。我更加欣赏和尊重确实是真诚的东西。

而此刻,在我的新的祖国,我已经变成某种与流俗格格不入的人,因为我不能保持沉默,不能勉强咽下这里发生的一切事情。此外,我相信,几乎没有任何东西失去的老年人,为了那些年青的、遭受更大制约的人,应当自愿挺身而出讲话。我乐于认为,这可能对他们有所帮助。

奇怪的是,昔日似乎确实无害的科学竟会演变成使每一个人焦虑的梦魇。恐惧是一切决策中最糟糕的决策。没有丝毫铸剑为犁的倾向。不管怎样,欧洲人在被拖入灾难时似乎比较犹豫。让我们希望这种情况依然如此。

而在此时,我想到,人应该警惕堕入老年人的饶舌。致以最热烈的谢意和最美好的祝愿。

你的 A. 爱因斯坦

1954年3月底,调解联谊会的 A.J. 马斯特向爱因斯坦提交了题为"是反思的时候了"的呼吁,打算用它作为向总统请愿的基础。爱因斯坦在1954年4月6日写道:[①]

---

① 爱因斯坦给 Muste 的信稍做修改。

第17章 生命的黄昏(1953~1954)

我充分欣赏你的建议背后的动机。但是,我不能参与这次请愿。对于那些已经拿定主意、为了一切实际目的而缺乏改变他们态度的自由的人来说,这样的几个民间个人小规模的努力对他们的行为将不会产生一丝一毫的影响。只有强有力的政治机构,才能影响事件的进程。我没有发现,仅仅为了满足一个人的强烈欲望而做任何事情是明智的。光靠理性是没有结果的,即使它用天使之音讲得多么令人信服。

一个来自往昔的声音传给爱因斯坦,这是瑞士一个家庭的成员、名叫卡洛·温特勒(Carlo Winteler)的人讲的;爱因斯坦在学生时代在他家生活,他的妹妹玛娅(Maja)后来嫁到这个家庭。像如此之多与爱因斯坦通信的其他人一样,温特勒对世界事件的变化深感灰心丧气;他的信是在美国氢弹试验产生的放射性沉降物在南太平洋伤害了二十三名日本渔民之后写的。爱因斯坦在1954年4月10日写道:

你的下述提议完全正确:这个危险的玩具处在不可靠的人的手里——对这些人来说,每天的政治斗争比人和其他生物的生存更重要。甚至知识分子部分地变得腐化堕落;作为一个群体,他们很可能无力影响事件的进程,目光短浅的人的叫喊淹没了他们可能发出的无论什么声音。

我的一个希望是,不怎么强大的国家可以联合起来,从而用强力推进国际解决;但是,我决不高估这个希望的实现。不幸的是,在这个国家的人民中间,那些高瞻远瞩者被他们所面对的虚假的爱国主义压力唬住,以致他们的有效活动范围大大缩小了。我认识到,这一切没有一个是很有希望的,但是自欺似乎是毫无意义的。

尽管厄斯本最初的计划失败了(参见 p.420),世界人民大会世界理事会在巴黎还很活跃,爱因斯坦是它的发起者。理事会积极筹备在 1955 年召开联合国宪章修改大会。理事会请求爱因斯坦参加在佛罗伦萨(Florence)举行的国际讨论会;会议考虑的是,应该尝试通过联合国改革建立世界政府,还是通过非官方的世界人民大会建立世界政府。[①] 1954 年 4 月 21 日,爱因斯坦告知世界理事会,他不能出席佛罗伦萨会议;不过,他想以书面形式讨论这些问题,他感到在参加讨论会的人中间,就问题取得一致应该是可能的。他后来授权在《世界理事会公报》(*Bulletin of the World Council*)发表下述声明:

> 我认为,最合情合理的办法是,设立一个小群体讨论超国家利益的有效组织如何可能实现的问题。我相信,联合国应该通过插入下述条款得以加强:联合国大会的成员不再对他们的政府负责,而宁可由当地选举他们,他们不作为任何人的代理人。不过,如果安理会总是继续作为政府的代表,那么它的成员不应该再享有否决权。在目前的阶段,进一步讨论值

[①] 来自世界人民大会世界理事会的信是由 Jacques Savary 签署的,他指出,佛罗伦萨会议的组织者之一是 Thomas Mann 的女儿 Elizabeth Borgese Mann 夫人。

第 17 章 生命的黄昏(1953~1954)

得想望的联合国重组的细节,可能为时过早。改革联合国的努力,决不应该由现有的大国集团之一控制。只有这些努力保持中立特征,才易于增强那些对大国的敌对现状采取中立态度的国家的地位。

任何这样的努力应该限于创建和增强超国家权威,应该在整体上对于各国的内部事务是中立的。

简而言之,我们努力的**唯一目标**应该是促进超国家权威的建立。只有以这种方式,我们才能避免分散和耗费精力。

直到生命的最后一息,爱因斯坦不断地回答每一个就重要问题向他探讨的人。下面的信件是写给布鲁克林的一个人,所署日期为1954年4月29日。这个人提交了一个精心制作的和平计划,他的计划实际上是追求美国的特权:

我从头到尾读了你的文件。我觉得,它与所有合理性的和真诚的男人和女人的思维是和谐一致的。它的风格是简单的和明晰的。

不过,问题是:人们如何使疲倦的、受折磨的而又懒散的人民活跃起来?它好像创立一种新的宗教。它几乎从未成功;它**即使**成功,人们也一下子不知道为什么。

正在把我们引向毁灭的人有时发表言论,这些言论非常清楚地展现,他们并不缺乏正确的洞察。可是,经过最终分析,每一个人都按照他的私人境况的压力和他自己的利益行动。

我自己公开表达我思考的东西。但是,我知道,这并不意味着,我能够像甘地能够做的那样掀起一场民众运动。你可以确信,仅仅竭力鼓吹理性,只能一事无成。

607　大约在这个时候,J.罗伯特·奥本海默博士的案例轰动一时。奥本海默是普林斯顿高级研究所所长(爱因斯坦在1933年是该研究所的第一位成员),在战时他是曼哈顿管区计划(该计划生产了第一颗原子弹)的最主要的官员之一;1953年12月,因为据说他是一个"严重的泄密危险人物",被禁止进一步为美国原子能委员会工作。1954年5月号《原子科学家公报》专门用大量篇幅报道了这个案例,包括若干杰出科学家的声明在内。爱因斯坦的撰文仅限于一句话:

> 系统而广泛地试图破坏相互信赖和信任,对社会构成可能发生的最致命的一击。

同一时期,纽约一位通信者曾就奥本海默案例给爱因斯坦写信,爱因斯坦复信给他:

> 最好不要过于激动。一般说来,害怕和愚蠢是大多数人的行为的根源。我们只能继续力求诚实和独立思考。

芝加哥大学生理学教授安东·J.卡尔森(Anton J. Carlson)两次写信给爱因斯坦,建议他就原子弹、氢弹和钴弹的威胁,共同

第17章 生命的黄昏(1953~1954)

发起给艾森豪威尔总统写信。信中提到,柯特利·马瑟、哈洛·沙普利、莱纳斯·波林和迈克尔·海德尔伯格(Michael Heidelberger)教授作为合作写信者。由于爱因斯坦和莱奥·西拉德一起曾经最初推动了导致原子弹的制造,因此现在他们俩若促成消除核战争致命威胁的措施,岂不是挺合适的吗?爱因斯坦在1954年5月3日复信:①

> 对于任何一个正常的人来说,事实使情况变得很清楚,基于原子武器试验的军备竞赛只能导致普遍毁灭。无须特殊的科学洞察力就能领会这一点,因此我看不出有什么理由,我应该帮助把这个真理向总统讲解。
> 这就是我为什么没有回答你的第一封,也是我不愿意参与你的雄心勃勃计划的原因。

1954年6月7日,爱因斯坦寄信给世界联邦主义者年会,他在信中说:

> 最近几年的事件十分清楚地表明,避免普遍灾难的唯一出路是超国家的和平组织的道路。放弃无限制的主权是为人类生存付出的小小代价。我足以乐观地相信,甚至最习惯于墨守成规的心智将理解,通过扩大军备不能支撑防卫,这一天为时不远。

---

① 爱因斯坦给Carlson的信稍做修改。

莱纳斯·波林就取缔战争人人委员会写信给爱因斯坦,并附寄了一本在其中引用爱因斯坦言论的小册子。爱因斯坦在 1954 年 6 月 8 日复信:[①]

> 我确实不需要向你保证,在原则上,我全心全意站在你的一边。然而,我相信,在目前的局势下,纯粹的取缔战争宣言也许是完全不起作用的。即使有可能围绕这个口号掀起一场群众运动,那也很清楚,在没有拥有充分权力和独立性的世界政府的前提下,亦然无法防止军备竞赛和战争危险。因此,我不愿支持你寄给我的声明。而且,我相信,一切努力都应该指向世界政府的伟大目标;世界联邦主义者正在试图这样做,尽管很遗憾,魄力还是不够。

在佛罗里达州杰克逊维尔(Jacksonville)的美国海军航空训练中心指挥官告知爱因斯坦,在"为提高这个中心人员的道德规范"的教学大纲指导下,必须用"合适的杰出人士和著名海战"给建筑物命名。爱因斯坦愿意准许把用做航空电气军士学院行政机关的一幢大楼命名为"爱因斯坦办公大楼"吗?爱因斯坦在 1954 年 7 月 12 日复信:[②]

> 非常感谢你的善意。十分遗憾,出于我的和平主义信念,

[①] 爱因斯坦给 Pauling 的信稍做修改。
[②] 爱因斯坦给这位海军上校的信据德文文本稍做修改。

第17章 生命的黄昏(1953～1954)

我不能同意这件事。必须承认,只要持久和平问题没有在超国家的基础上解决,军事准备将是不可避免的。但是,由于我确信,无论如何必须找到这个问题的解决办法,并且由于我认为,广泛传播这个观点是最重要的,因此我相信,避免可能产生相反心理效果的任何事情是我的责任。

1954年7月23日,爱因斯坦写信给费城一位通信者,他显然是因良心拒服兵役者:①

> ……出于道德原因反对法律使人承受巨大的牺牲;因此,我没有感到有正当理由劝告你。我相信,反战者运动造就了一批精英人物,他们的主要意义是,他们激活和维持人们对战争的非人性的意识。他们敦促,不承认参与有组织谋杀的责任和义务,即使这种责任和义务是政府命令的。在我本人没有机会做出牺牲时,我没有权利要求别人牺牲。

正如爱因斯坦在许多其他例子中所做的,他感到需要让联合国秘书长达格·哈马舍尔德(Dag Hammarskjöld)了解,秘书长发表的一次公开讲演给他留下多么良好的印象。哈马舍尔德讨论了知识的价值。他想知道,害怕知识的那些人是否实际上不害怕变化。哈马舍尔德相信,我们应该具有接受变化的勇气,拥有接受变化的谦卑,不应像我们丢失了对知识价值的信念那

---

① 爱因斯坦给费城通信者 H. Lawrence Ross 先生的信稍做修改。

样去行动。"我们必须以对思想自由、研究自由、言论自由——以对包含在我们启动的变化中的危险的充分知识,而且以对把创造性的方向给予这种变化的责任的充分知识——的永不衰退的信仰而行动。"哈马舍尔德觉得,这些变化之一是日益增长的国家之间的相互依赖关系,这种关系"使我们这个世界在许多方面变成一个世界……"。可是,他继续说,虽然这种相互依赖关系使世界组织变得必不可少,但是各国的分歧还是使世界政府变得不可能。他推荐一条中间道路——能够尊重各国主权,又能够不可避免地发展为世界共同体的世界组织,这个共同体"对我们的文明而言是唯一取代灾难的可供选择的对象"。他表达了他的信念:在国际协议的错综复杂的体系中,在国际法的发展中,达到这样的世界共同体的尝试已经体现出来。

1954年10月2日,爱因斯坦写信给哈马舍尔德,信件如下:①

> 对于你在哥伦比亚大学两百周年校庆上发表的讲演,我无法抑制我的真心赞美。随着如此之多的谎言和虚伪而来的,你的明晰而诚挚的评论是受欢迎的宽慰。我认为,像你自己这样一个人,被委以你现在担任的最重要、最困难的职位,真是幸运之至。

1954年11月9日,哈马舍尔德用漂亮的德文回信:

---

① 与Hammarskjöld的通信是用德文写的。经Hammarskjöld的慨允使用了与他通信的译文。

第17章 生命的黄昏（1953～1954）

对于我在哥伦比亚大学的讲演，我无法想到比你在那个时刻寄给我的信件更加受欢迎的反响了。你是人类的先驱之一，为了建构作为像你一样的人工作的唯一可能的背景和唯一可能的氛围的一些理想和原则，和盘托出有魄力的和不含糊的宣言，正是我的意图。虽然我的职位迫使我以一定程度的谨慎行事，但是它也把无条件支持那些理想的义务和责任强加在我的身上。一方面，为了不辜负这一义务和责任，我希望说和希望做某些事情；另一方面，在不给我被任命服务的组织造成困难的情况下，我能够做某些事情。在二者之间力图保持恰当的平衡并不容易。

我乐于更简洁和更肯定地表达：我非常正确地意识到，当我觉得有义务和责任笼统地表达我的看法时，存在人们将听不清我实际上打算说什么的危险。因此，得知你不仅理解我力求传递给哥伦比亚大学校庆的广大听众的话语，而且你也赞成我说的看法，我确实心满意足。这样的理解尤其是来自你，对我来说，其意义是无法用语言表达的。

我不时扪心自问，思想自由的理想是否强大得足以影响我们时代的整个文明，或者更甚，使文明幸存下去。可是，这样的疑虑不应该使我们推卸继续为这些理想的实现而努力的任务。公职人员有责任以每一种可能的方式全心全意地支持科学界的人士。

我十分希望，有一天可以给予我结识你本人的特权。

反战者联盟询问,它是否可以重印爱因斯坦-弗洛伊德的通信交换《为什么有战争?》爱因斯坦在 1954 年 10 月 13 日表示同意:[①]

> 我高兴地允许你重印我与弗洛伊德的通信,这次通信是 1932 年应国联之邀进行的。自那时以来,在通信中处理的问题的环境经历了相当大的变化。一切负责任的人都同意,和平共处对于人种的幸存是至关重要的,但是迄今没有有责任能力的领导人证明,他自己有足够的勇气按照这一信念行动。通过贮备武器获取安全的妄想,像以往一样流行。因此,极其值得向往的是,要做出每一个尝试,使人们意识到超国家组织对于维护和平的必要性,并在这个方向投入他们的精力。
>
> 在你计划的出版物中,你可以利用上述评论。不过,我不愿意撰写你提议的序言,由于在那本小册子中,我的简短文稿的主要意图是,说服弗洛伊德克服他不愿出现在政治市场的想法。

1954 年末,爱因斯坦写信给美国自由思想者的泰斗约瑟夫·刘易斯(Joseph Lewis):

> 蒙你的好意寄给我你的小册子《一个无神论者的宣言》

[①] 给反战者联盟的信稍做修改。显然,该联盟没有能够利用爱因斯坦的允许重印与 Freud 的通信交流。

第17章 生命的黄昏(1953～1954)

(*A Atheist manifensto*),我对此表示感谢。

在我的青年岁月,我们知识分子都以为,当废除了"因神的恩典"而在位的国王和皇帝时,就能够为人类迎来更幸福的时光。毫无疑问,他们酿成了弥天大罪。好啦,他们**已经**被相当彻底地废除了,但是人类似乎并没有变得更加美好。蛊惑人心的政客和机灵的职业政治家立即开始作为实际的替代者供职。

迷信和神甫统治是深重的罪恶,你正在与它们进行坚决而巧妙的战斗,这是好事。可是,在阅读你小册子时,我却不能不报以苦笑。确实,必须而且应该与这种形式的罪恶做斗争;但是,当胜利在握时——从长远来看肯定如此,比以往更为明显的是,人类苦恼的根源必定可以在它自己固有的遗产中找到。

好啦,我们必须斗争和教育,即使在认为目标不可实现之时;因为要是没有富有远见和相对自由的人们积极反抗,事情还会更糟。

一度担任法国内政部部长和多年作为联合国裁军委员会代表的朱尔·莫克(Jules Moch)在《人的疯狂》(*La Folie des Hommes*)中,讨论了裁军和原子弹毁灭的二者择一,该书英译本在1955年出版,书名是《人的愚蠢:走向裁军抑或走向毁灭?》(*Human Folly:To Disarm or Perish ?*)在1954年末,爱因斯坦为它撰写了引言。他把引言连同1955年1月1日的短笺寄出,他

在短笺中说,他极为欣赏莫克的书:①

> 实际上,有理由推测,这本书的书名使人们不得不开始勉力掌握它的内容。另一方面,关于本书的性质,它可能引起不正确的期望。这本非常需要的书提供了更多的东西,而不仅仅是对过去十年在国际事务中的事件做了批判性的分析。它是这样一个人的著作,这个人以几乎独一无二的样式,用在目前条件下特别难以得到的专门知识,全身心地致力于寻求威胁人类生存的危险局势的解决办法。他报道,他的努力受到法国和英国政府的支持,并在艰苦的谈判后取得部分成功,从而使我们更加接近和平和安全的目标。他给出证据证明,西方和东方在裁军问题上各自的立场起初似乎不协调,但是现在开始变得如此更加接近建立友好关系,以至于真正的协议看来好像是可以达成的。
>
> 该书分为两部分。第一部分对原子弹发展引起的军事技术状况给予客观的描述。这样的客观描述的意义是十分重大的,因为不能否认,目前的危险局势导致对公共信息喉舌(报刊、电台、教育)全面强制的舆论一律(Gleichschaltung),使得普通公民无法恰当地估价美国和苏联这两大主要敌手过去十年的技术状况或政治作用。作者把这两个国家的行为归因于两次世界大战骇人听闻的冲击。如果必须克服目前妨碍合理

---

① Jules Moch 的《人的疯狂》由伦敦 Victor Gollancz 出版。据原始德文草稿修改的爱因斯坦的引言,经出版商的慨允重新发表。

第17章 生命的黄昏(1953～1954)

性态度形成的心理障碍,那么这样的理解便是必不可少的。该书第二部分阐明了裁军问题的复杂性,以及就在裁军问题达成协议的努力中所做的艰难尝试。在这里,作者也是以令人赞叹的客观性撰写,帮助厘清两个敌手采取的立场,并讨论了达到和解的可能性。

要是作者容许我在这里插入我自己的评论,那么它就是:我相信,两次世界大战的心理效应是这样的,即各国态度即使在和平(或部分的和平,正如现状所是的)时期也被一种考虑支配,追求万一爆发战争也要确保本国尽可能处于有利地位的政策。但是,采取这样的态度,不仅使真正的和平变得不可能,而且必然加剧紧张局势,最终导致大灾难。那些不相信有可能达到持久的和可靠的和平的人,或者缺乏勇气为实现和平而参加斗争的人,都正在帮助使世界为毁灭做好准备。

这个时期结束时,爱因斯坦再次发表声明,无保留地涉及在美国的思想自由问题,这是那些岁月常常萦绕在他脑际的问题。这个精练的和率直的声明赢得广大公众的注意,可能达到它预期的目的:唤起舆论并使舆论聚焦于爱因斯坦认为具有决定性意义的问题上。爱因斯坦的声明发表在《记者》(*The Reporter*)杂志1954年11月18日:[①]

你们问我,对于你们的关于美国科学家处境的文章,我有

---

① 爱因斯坦给《记者》的信小有变化,经该杂志慨允重新发表。

什么想法。我不去力图分析这个问题,我愿意用简短的评论表达我的感想:假如我再次是个青年人,并且不得不决定如何谋生,那么我不会试图成为一个科学家或学者或教师。为了在目前的环境下希望找到还可以得到的那一点并不过分的独立性,我宁愿选择做一个管子工或沿街叫卖的小贩。

爱因斯坦虽然了解,任何发出政治异议声音的管子工或小贩都不能保证免遭政治迫害;另一方面,任何顺从盛行的政治哲学的知识分子却不会成为政治迫害的牺牲品。他的意思显然是,管子工和小贩在他们工作时是独立的,而知识分子恰恰是在他们的职业活动范围内,其独立性受到危及,甚至变得岌岌乎殆哉。

爱因斯坦的告诫具有巨大的影响。《记者》杂志说,它感激爱因斯坦产生的震动,由于这种震动是需要的,管子工联合会授予他名誉会员,但是比这更重要的事实是,大部分美国报刊感到不得不讨论思想自由这个根本性问题。爱因斯坦独有的社会地位在于,这个简短而有点轻浮的声明把决定性的社会和政治争端引入公众讨论的中心,要是这个声明出自另外几乎任何一个人,它都可能被置之脑后。

第18章 全球毁灭的威胁（1955）

爱因斯坦在1954年秋患病，数周时间卧床不起。无论何时他感到好转得足以做事时，他都追求他的科学工作，继续专注寄来的信件给他提出的许多要求；但是，有一段相当长的时间，他几乎不能接待来访者。在他的信中，偶尔的谈论表明，他频频经历身体痛苦和剧烈疼痛，但是他的心智依然像以往那样活跃和善于接受新思想。到这年年底，他感到有所好转。在1955年伊始，他能够恢复比较正常的工作，但是他只活了三月有半。

当他在1955年4月18日去世时，在他的病床边的桌子上放着几页写有数学方程式的稿纸。就在几天前疾病突然发作时，他还正在那几页稿纸上做研究。他要求把稿纸给他拿来，但是正像他临终前一夜所说的，每当他力图恢复中断的工作时，剧烈的疼痛又迫使他把稿纸丢在一边。因此，直到生命的最后一刻，他都不遗余力地增进人类的知识，他曾经把知识称为大自然正是由于她的尊严而向人隐藏起来的奥秘。同样直到生命的最后一息，他依旧对他的非科学追求感兴趣。实际上，在他的生命最后几个月发生的偶然事件，向他提供了就各种社会和政治争端再次表达他的观点的机会，他在活着的时候经常极为关注这些争端。

这年年初，即1955年1月2日，他感谢来自比利时太后的新年问候：

亲爱的太后：

你的电报表明被认为是你的职业特点的美德——准时。不仅如此，它是人情温暖的表达，这种温暖在我们的机械化的时代如此严重地被忽略了。每当获悉你的公开活动时，我总是意识到你身上的这种品质。这必定需要巨大的勇气和独立性，尤其是对处在你的地位、对行动自由具有它的特殊限制的人来说，更是需要这样。

当我今天观察人类时，最使我惊讶的是，人们对于政治发作的记忆竟然这么短暂。昨天刚刚纽伦堡审判，今天又竭尽全力重新武装德国。在寻求某种说明时，我不能使我自己摆脱这样的想法：我的最后的祖国为了它自己的利益发明了一种新型的殖民主义，这种殖民主义没有旧欧洲的殖民主义那么显眼。它通过美国资本向海外投资，使其他国家牢牢地依赖美国，从而达到对那些国家的控制。任何人只要反对这一政策或与它相关的一切，他就被作为美国的敌人对待。正是在这种普遍的与境中，我尝试了解欧洲——其中包括英国在内——目前的政策。我倾向于相信，这些政策与其说是所计划的行动路线的结果，毋宁说是客观条件的自然后果。

当人们钻研一下过去的空想家或思想家的著作时，这样的思想很可能会涌上他的心头。我对利希滕贝格特别感兴趣。现在，虽然在我背后流逝了如此之多的岁月，但是这个人始终给我留下深刻的印象。我知道，没有其他任何一个人像

第 18 章　全球毁灭的威胁(1955)

他那样特别机敏。

现在,在今年新年,不再多说了。致以我的最热烈的问候和最深情的祝愿。

你的 A. 爱因斯坦

1955 年 2 月 5 日,爱因斯坦给一位英国朋友写信:[①]

对垂暮之年的人来说,死亡将作为一种解脱届时而至;现在,我非常强烈地感到,我自己已经日薄西山、气息奄奄;而且,我开始认为,死亡就像一笔终需清偿的陈年旧债。尽管如此,人仍然本能地尽可能想方设法,拖延偿还这笔最后的债务。大自然就是这样与我们做游戏。我们尽可一笑置之,任其自然,但是我们无法使我们自己摆脱我们大家都得服从的本能。

来自比利时的一封信,给爱因斯坦提供了重新陈述他的世界政府观点的机会。他利用这个场合再次强调,有必要力图使世界人民确信,尤其是使大国的全体人民确信,只有创建超国家组织,才能保障世界和平。比利时通讯者巴莱-厄拉埃斯(Balle-Helaers)博士是布鲁塞尔的一位医生,告知爱因斯坦能够建立最广泛意义上的知识分子的组织。该组织的意图是,捍卫科学家在他的研究中完全独立和他的工作的结果不受限制传播的权利。显

[①]　这位在英国的朋友再次是柏林的拉比的遗孀 Gertrud Warschauer。

然,这是按照爱因斯坦的朋友、比利时太后的建议,请求爱因斯坦给新形成的比利时委员会邮寄一篇贺信。1955 年 2 月 15 日,他给比利时列日(Liège)的物理学家格邦(Gueben)教授写了下面的回信,格邦似乎是该组织的发起人之一:

> 今天,我收到布鲁塞尔巴莱-厄拉埃斯博士的来信,他告诉我形成比利时委员会的计划,该委员会将传播核物理发展引起的危险和可能结果的可靠信息。要是我没有误解这封信的话,这种信息不仅可以传播给对这个领域感兴趣的专家,而且也可以传播给广大民众;该组织也计划寻求与其他国家类似的组织合作。由于由核武器发展引起的危险,我觉得,这样的组织能够满足把明智的、非政治性的个人的见解公之于众的重大需要。最重要的是,要努力教育广大民众,最近伯特兰·罗素以特有的明晰性表达了这样做的理由。他说,只有通过废除战争本身,才能完全废除对人类构成这样的威胁的原子武器。但是,除非在由所有国家组成的组织的框架内,而这一组织拥有充分的权力做出必要的决定并强制执行之,否则这个目标将不可能完成。
>
> 形成这样一个能够使战争变得实际上不可能的组织,必不可少的条件是,在一切重要的国家存在团结在一起的舆论,这种舆论足够强大,能够迫使所有政府适度放弃他们的主权。

爱因斯坦在距他去世前不到两个月,不得不最后一次表达他对个人权利的信念:即使冒惩罚的风险,个人也要受他的良心指引。费城(宾夕法尼亚州)的一位通信者提出,最高法院法官威廉·O.道格拉斯的陈述与爱因斯坦关于人的良心高于现有法律的原则——纽伦堡审判蕴含的原则——的屡次言论相冲突。这位通信者请求原谅他的询问,他解释他这个"没有接受正规教育的普通公民",没有能力为他自己解答这样的困难问题。爱因斯坦在1955年2月1日复信:

> 在包含基本道德的问题上,"正规教育"没有多大帮助,由于在这个领域,不可能做出能够约束所有公民的根本决定。
>
> 威廉·O.道格拉斯法官是作为法学家做出他的决定的。我设想,他秉持下述立场:国家能够而且必须迫使它的公民(即生活在它的国境内的人民)尊重它的法律,但是国家不能迫使外国公民(即居民)这样做。
>
> 另一方面,我只是作为一个人做出具有这个特点的决定。我认为,个人应该按照他的良心行动,即使这样的行为违反国家法律。我相信,即便他知道他将遭到国家权力的惩罚,他也应当这样做。
>
> 这种态度最符合我自己的道德感。但是,在某种程度上,我的态度能够在客观的基础上得到辩护:盲目服从那些我们认为是不道德的国家法律,只会助长为改善这样的不道德法律的斗争设置障碍。

1955年3月8日,爱因斯坦写信给波士顿大学沃尔特·G.米尔德(Walter G. Muelder)博士,评论米尔德的大学讲演"负责任

的社会的观念",这篇讲演是一位印度朋友寄给他的:①

虽然我对宗教术语相当不熟悉,但是我充分认可你对共同体、国家和个人的一切要求的理解。给我留下特别印象的事实是,你自己并未局限于通常留下太多解释余地的抽象声明。通过使用具体的例子,你精确地澄清了你所要表达的意思。为此,每一个认真关注达到人与人之间更美好、更人道的姿态这一目标的人,都应该感谢你。

我不知道,在你的小书中提及的宗教组织之间团结的程度,或者它们在基本问题上一致的范围;我也不知道,它们是否是充分独立的,能够在它们各自的国家坚持它们共同的观点。不过,我确实相信,在目前的危险局势下,具有真正超国家特征的组织的联合是特别有价值的;通过劝告和批评,它们能够在实际事例中发挥健全的影响,它们的声音将会被一切善意的人怀着信赖和尊敬的心情倾听。

在公共生活中,面对其大多数是鼠目寸光的、事实上是令人不快的强大组织,个人感觉是完全无望的和无助的。此外,预言者在他自己的国家从来不被接受。他被视为异己分子,甚至被视为卖国贼,因此在感情普遍压抑的时代只能被践踏。

---

① 爱因斯坦给 Muelder 博士的信在这里稍做修改,经他的慨允和《波士顿大学研究生杂志》(*Boston University Graduate Journal*)的慨允重印,这家杂志在 1955 年 4 月首次发表这封信。Muelder 博士的讲演是在 1954 年 12 月 9 日宣讲的,以小册子的形式由波士顿大学出版社于 1955 年出版。《波士顿大学研究生杂志》在 1955 年 1 月发表了该讲演的摘要。

第18章 全球毁灭的威胁(1955)

国际团体在某种程度上可以较好地防御这样的攻击。

1955年3月11日,仅仅在他七十六岁生日前几天,在他去世前一个月多一点,爱因斯坦寄出他最后一封给比利时王室朋友的信:

亲爱的王后:

你的信使我感到极其愉快。它表明,我们在基本的政治问题上意见是一致的。虽然每一个人都认识到,考虑到目前的事态,任何严重的军事冲突,甚至为**可能的**军事冲突做准备的行为本身,都将必然导致普遍的毁灭,但是各国政府却不能使它们自己采取善意和谅解的态度,反而继续追求狡诈和相互威胁的政策。

我必须供认,人们在看待我一生从事的工作时,对我言过其实的评价使我感到非常不安。我觉得不得不认为我自己是一个非自愿的骗子。如果有人试图这样做事,那么继续下去只会使事态变得更糟。

我寄给你的一本雷克拉姆(Reklam)[德国一家出版社的名字]的小书,将有助于你熟悉利希滕贝格。他是(18世纪?)[德国]格丁根(Göttingen)的物理学教授,这位异乎寻常的人物具有真正天才的笔触,他在不朽的思想片断中找到了这种笔触的表达。在他的一篇较长的作品中,"地球给月球的信"特别讨人喜欢。有一个像这样的关于月亮的小故事——问:太阳或月亮,哪一个更有用? 答:当然是月亮;它在非常黑暗的时候发光,而太阳无论如何只是在白昼发光。在圣经的创世纪故事中,这种错误也转弯抹角地显示出来。

致以最热烈的祝愿。

你的 A. 爱因斯坦

1955年3月12日,爱因斯坦写信给调解联谊会的 A. J. 马斯特:[①]

我发现你的批判性的文章十分有说服力,特别是对蒂林的提议的批评。另一方面,我认为,你关于立即单方面裁军的建议是不可接受的。安全问题的真正解决,以有关各方之间某种程度的相互信任的存在为先决条件;纯粹程序性的条款并未成为合适的替代品。信任的建立需要与心中目标一致的行动。这样的行动的例子可以是,在与俄国的合作中达到德国的非军国主义化。但是,在德国和东亚二者的案例方面,实际上所做的事情在几乎每一个例子中,都正好与可能创造信任的做法针锋相对。

爱因斯坦就他在1939年启动原子弹研究中所起的作用,对日本出版物和在日本的朋友的断然陈述,并没有变得众所周知。对这个话题的询问接连不断。非常有意思的是,爱因斯坦答复的最后一个关于厘清他给罗斯福总统的信的请求,却来自德国。写信

---

① 给 A. J. Muste 的信据德文原来的草稿稍做修改。

第 18 章 全球毁灭的威胁(1955)

者马克思·冯·劳厄教授是爱因斯坦觉得对他具有真正友谊的少数几个物理学家之一,除了战争年代,爱因斯坦从未与他失去联系。爱因斯坦在 1955 年 3 月 19 日回信:

关于原子弹和罗斯福,我的行动仅仅在于这个事实:鉴于希特勒可能首先拥有原子弹的危险,我签署了由西拉德起草的给总统的信。假如我知道这种担心是没有正当理由的,那么我与西拉德一样,是不会参与打开这个潘多拉盒子的。因为我对政府的不信任并不仅仅限于德国。

不幸的是,我没有分享反对对日本使用原子弹的警告。这一功劳必须归于詹姆斯·弗兰克。要是他们只听他的话多好!

在收到劳厄询问之前不久,关于爱因斯坦在原子弹存在方面的责任,一个更根本的问题出现了。一位年迈的法国历史学家朱尔·伊萨克(Jules Issac)教授寄给爱因斯坦最近发表的文章"原子战争还是共存",并询问爱因斯坦,他在 1905 年首次发表相对论时,是否不可能具有洞察力,来预见他的方程式可能的危险技术后果。伊萨克教授进而提出问题:科学家作为一个群体,是否很早以前不可能找到有效的办法,以防止他们的发现能够导致的灾难性发展。[①] 爱因斯坦在 1955 年 2 月 28 日复信:

---

① Jules Issac 教授的信来自法国的埃克斯昂普罗旺斯(Aix-en-Provence)。他寄给爱因斯坦的副本的文章发表在 1954 年 6 月号《社会主义评论》(*La Revue Socialiste*)。

我以极大的兴趣，阅读了你的富于启发性的小册子以及坦率的来信——这封信与论述我们人民的历史有关联。

人们不能回避这样的感觉：为了防止危险的厄运，人们应当做一些事情。这样的行动对你来说也许比对我而言更有指望，因为我生活在两个主要的政治狂热中心之一。事态已经达到这样的地步，人们能够与其享受平静交谈的人屈指可数。恐惧、憎恨和利害关系支配每一个人的行为，驱策国家和人民——包括科学家在内——走向最后的灾难。人们再也无法查明，谁驱策，谁被驱策。事实上，人人都谙熟，可供选择的道路或者是在超国家的基础上保证和平，或者是普遍的厄运。但是，当给予人们按照这一认识行动的最小机会时，他们还是不去做任何事情；他们正是社会压力本身的牺牲品，而他们自己却助这种压力一臂之力。我设想，情况总是如此，不过在以前，后果从来也不是全球范围的。

现在，你似乎认为，我，这个可怜的家伙，因为发现和发表质能关系，而对我们今天发觉我们自己所处的可悲状况做出了重要贡献。你暗示，我当时在1905年就应该预见原子弹的可能发展。但是，这是完全不可能的，因为"链式反应"的完成依赖于经验资料的存在，而在1905年几乎无法预期这些资料。不过，即使可以得到这样的知识，试图隐瞒从狭义相对论导出的特殊推论，也许是荒唐可笑的。一旦理论存在，推论也就存在，不可能继续隐瞒任何一段时间。至于理论本身，它把它的存在归因于发现"光以太"的性质的努力！从来也没有蛛丝马迹表明任何潜在的技术应用。

第18章 全球毁灭的威胁(1955)

对我而言,就像对伯特兰·罗素来说一样,问题在于,那些享有充分广泛声誉、有勇气和无私的少数学者,现在是否能够做点实际的事情。

一封通信来自加利福尼亚州,它的目的是向爱因斯坦介绍一本书,该书的作者准备把这本书作为"全球普救论哲学"的导言。1955年4月初,被请求评论的爱因斯坦复信:[①]

假如人们能够像你建议的那样行事,那么他们恐怕是极其幸运的。但是,他们不再可能这样做,正像老虎不能变成素食者一样。不管怎样,在每一个清醒的时刻,我们必须力求达到不可能达到的事情。

美国全国退伍军人协会的对美国效忠委员会准备和分发的出版物《第一线》(Firing Line),把整个一期专门针对世界联邦主义者联盟。它列举了世界联邦主义者联盟组织中的许多著名个人,并通过指出他们与某某组织或事业——美国全国退伍军人协会隐含地认为这些组织或事业不爱国——的关系,概括了他们的特征。爱因斯坦也在那些被列举和被概括的人中间。世界联邦主义者联盟写信告诉他,他们对被暗指为颠覆分子的指控愤愤不平,他们决定开始行动以便导致收回这些断言,他们会重视他对所采取的行动的建议。在这封信的背面,爱因斯坦以普通书写起草了复信,在

---

① 加利福尼亚州的通信者是洛杉矶的 M. Matarisvan。

1955 年 4 月 5 日寄出：

> 读了《第一线》的文章，我希望就它做几点评论。我坚定地相信，通过反对被描述为"颠覆分子"而为我们自己辩护，我们便会默认这样的概念的合法性。
>
> 我们应该十分清楚地指出，我们认为，官方和非官方对这个模糊概念的现时使用，是对美国传统的破坏，是与美国传统不相称的。而且，我们应该给予下述论点以有力的支持：只有通过创建超国家组织，才能防止普遍毁灭的危险。任何延迟或阻碍这一如此急迫需要的发展的企图，才是在该词的真正意义上的"颠覆分子"。

这封信是在遭到致命打击前八天邮寄的。如此碰巧的是，在他的专业工作之外，他一生最后两个行动包含他在他成年的大部分岁月最为关心的两个非科学问题：废除战争，在巴勒斯坦(Palestine)为犹太人建立家园——爱因斯坦在任何时候都深深感到忠于他的同胞。

一项反战计划在爱因斯坦生命的最后几周使他全神贯注，他在最后几天在其上签了名；这项计划是由伯特兰·罗素以下述来信发起的，罗素所署日期为 1955 年 2 月 11 日的信件从英国萨里(Surrey)的里士满(Richmond)寄出：[①]

---

① Bertrand Russell 与爱因斯坦的通信经 Russell 勋爵的慨允重印。

第18章 全球毁灭的威胁(1955)

亲爱的爱因斯坦博士:

与每一个有头脑的人相同,我因核武器军备竞赛深感不安。你在各种场合表达了情感和见解,我与之严密一致。我认为,为了使公众和政府认识到可能发生的灾难,卓越的科学人士应当做一些引人注目的事情。比如说,得到以你自己为首的、具有非常高名望的六个人,就避免战争的迫切必要性,准备一份十分庄严的声明,这样做有可能吗?这些人在他们的政治主张方面如此歧异,以致他们全体签署的任何声明能够明显地摆脱亲共产主义或反共产主义的偏见。我收到约里奥-居里的来信,我发现它是鼓舞人心的,由于他是一位共产主义者,而我却不是,而这个事实并没有妨碍在这个问题上意见一致。我在广播电台表达了我自己的看法[1954年12月23日在英国广播公司的演讲"氢弹对人类的严重威胁"],在信中附寄这个抽印本。① 它在这个国家意外地引起赞同的反响,但是在另外的国家还需要其他声音。我个人与任何一个美国原子科学家并不相识,但是我每月兴味盎然地阅读他们的《公报》。我确信,他们之中有许多人渴望找到防止原子能灾难的途径。你知道这些人中有谁找到了保证有效行动的任何途径吗?

在我看来,某些要点似乎是重要的。第一,达成禁止氢弹的协议可能是无用的。在战争爆发后,不会认为这样的协议

---

① Russell在英国广播公司(BBC)的广播稿发表在1954年12月30日的《听众》(The Listener),伦敦公谊会教友委员会以传单的形式重印了它。

是有约束力的,战争爆发的每一方都能够动手制造尽可能多的氢弹。第二,重要的是,不要用和平利用原子能转移目标。当战争终止是可能的时候,和平利用原子能才会变得重要起来,在此之前它们的重要性比较而言可以忽略不计。第三,在避免原子战争的任何尝试中,必须严守中立。必须不存在追求无论哪一方的利益或偏袒无论哪一方的提议。必须从人类的观点,而不是从这个或那个集团的观点,谈论一切事情。为此理由,在其他人中间,如果一些人以共产主义者而闻名,另一些人以反共产主义者而知名,这也许是一件好事。第四,要强调的事情是,战争完全可能意味着这个行星上生命的灭绝。俄国或美国政府却不如是观。不应该原谅它们继续无视这一点。第五,虽然氢弹目前处于关注的中心,但是它并没有穷竭科学的可能破坏性;很可能,细菌战的危险不久会变得同样巨大。这强化一个普遍命题,即战争和科学不再能够共存。

625　　约里奥-居里显然把他的信仰依附于科学人的大型国际会议。我不认为,这是着手处理这个问题的最好办法。这样的会议可能要花费长时间组织。关于签证,也会有困难。在开会时,总是存在辩论和分歧,这会妨碍给公众留下明晰的和深刻的印象。我确信,很少几个非常卓越的人士能够发挥更大的作用,无论如何在第一步应该这样做。

我自己的信念是,应该求助于保持中立的大国。我将乐于看到,一个或多个中立大国任命由它们自己的国民组成的小型委员会,就战争对中立国以及交战国的可能影响起草一

第18章 全球毁灭的威胁(1955)

份报告。我将乐于看到,这样的委员会比如说由六名成员组成:一名核物理学家,一名细菌学家,一名遗传学家,一名空战权威,一名来自在联合国工作的、具有国际关系经验的人士,一名可以不是专家、但却具有广博文化素养的人士作为主席。我希望他们的报告得以发表,呈递给世界各国政府,征求它们就它表达它们的意见。我衷心希望,以这种方式能够开始普遍承认,现代战争是绝对打不得的。如果中立国获悉非中立国大力支持它,那么它们更加乐于认为这样的方案是有希望的。

我非常高兴地想了解,你对这些形形色色问题的看法。

致以最热烈的良好祝愿。

你的真诚的　伯特兰·罗素

爱因斯坦在该周内,在1955年2月16日复信:

亲爱的伯特兰·罗素:

我同意你2月11日来信的每一话语。在这个问题上必须做些事情,它们对公众以及政治领导人将会造成印象。这也许最好通过公开宣言达到,由少数人签署,比如说十二个人,它们的科学成就(在最广泛的意义上科学的)使他们赢得国际的高水准,他们的宣言不因他们的政治从属关系而失去任何有效性。人们甚至可以把像约里奥这样贴有政治标签的人士包括在内,倘若他们受到来自其他阵营人士平衡的话。

中立国应当得到充分体现。例如,把尼耳斯·玻尔包括在内是绝对必不可少的,他确定无疑地能够参加。实际上,他甚至可能愿意事先拜访你,并参与制定所签名的文件的文本。他还可以帮助提供和征集签名。

我希望,你将同意我把你的信寄给在这里的几个美国人,我认为他们可以证明对该规划是有用的。选择是特别困难的。正像你可能了解的,这个国家遭受了政治瘟疫的蹂躏,科学家也未幸免于难。

我建议,供签名的文本至多应该由两三人撰稿,实际上最好由你独自起草,但是以这样的方式预先保证,将至少有几个签名者完全赞同。这会使其他人签名变得比较容易,而不把时间耗费在修改上。当然,我们也应该得到俄国的签名,这不会显得过于困难。在这方面,我的同事华沙大学教授 L. 因费尔德可能愿意帮助。

依我之见,在美国这里,怀特海(Whitehead)和尤里应该在考虑之列。不过,我们应该力求看到,一半签名是中立国的公民,因为这将给"急性子的人"(hotheads, Kriegerischen[①])留下印象,并强调整个规划的中立特征。

致以最热情的问候!

你的 A. 爱因斯坦

1955 年 2 月 25 日,罗素再一次写信给爱因斯坦:

---

① 这里的德语词 Kriegerisch 的意思是"好战的、好斗的"。——译者

第18章 全球毁灭的威胁(1955)

亲爱的爱因斯坦：

感谢你2月16日的来信。发现你和我如此一致，我非常高兴。我认为，你的建议是正确的，即除了你本人和我以外，我们首先应该确定两个签名者，然后把草稿寄给选出的人。我乐于把挑选这样的人留给你，或者留给你和玻尔，因为你们比我更了解科学界。你认为尼耳斯·玻尔准备来看望我，我很感兴趣。我不知道，他眼下在哪里。战前在哥本哈根我与他相识，觉得他是一个十分富有同情心的人。我完全乐意，你可以把我的信向任何一个你认为可能起帮助作用的人看。在你的来信中，你提及怀特海和尤里。我不知道，你指的怀特海是哪个人。在尝试起草呈递给少数卓越科学人的草稿之前，我乐于获悉你对这样一个文件最佳范围的看法。我自己的感觉是，在简要而适度地指出热核战争的普遍自取灭亡的蠢行后，应该继续提出，中立的政府应该与双方打交道，以尝试同时赢得它们一致赞同，战争无助于双方任何一方的目的。我认为，这一点是重要的，不仅因为它可能成功，而且也因为它提供可能的行动路线。我发现，许多人由于无法想出能够去做的某些事情而麻木不仁；我认为，我们不应该满足于指出战争的恐怖，而应该提出防止战争的切实步骤。

我已经与尼赫鲁接触，向他讲述了在附寄的草案中阐明的提议。这个由若干国会议员签署的草案，正要提交给帕迪特(Pandit)夫人。尼赫鲁表示他本人十分赞成这一提议，似乎很可能，他将沿着所建议的路线做些事情。目前，备忘录依然是私下的，不必就印度政府可能做什么说三道四，但是我以为有健全的理由希望,结局也许是能够受到我们欢迎的。

由像你和我考虑的这样的少数卓越人士发表宣言,与印度政府可能采取的任何行动并驾齐驱,可能有助于印度政府精神饱满地行动起来。

我愿意高兴地聆听你对上述观点的看法。

你的忠实的　伯特兰·罗素

伴随这封信的,是罗素在1955年2月15日起草的备忘录,该备忘录是由"世界政府团体"提交给印度高级专员帕迪特夫人的。它切实遵循罗素在1955年2月11日致爱因斯坦的第一封信中勾勒的观念:

如果发生世界大战,肯定将使用核武器。据最低估计,一场使用核武器的大战,意味着骇人听闻的灾难,并且很可能意味着我们行星上一切生命的灭绝。

因此,必须防止世界大战。

在东西方的紧张局势下,无论哪一个集团都不能首先放弃战争,由于这样做会把外交优势交给对立的集团。

只有中立的政府才能够与两个集团打交道,而不会招致绥靖的臭名。

在这样的政府中,考虑到印度众多的人口,以及因为它一方面与中国的友好关系,另一方面与英联邦的友好关系,因而印度占据特殊的地位。

为此理由,印度有机会对人类做出至高无上的贡献,没有

第18章 全球毁灭的威胁(1955)

其他国家同样适合担当此任。

印度能够促使人们认识到,有必要通过下述这样一些措施避免大战:

由政府任命一个六人委员会:1)一名核物理学家,2)一名细菌学家,3)一名遗传学家,4)一名具有空战知识的人士,5)一名具有国际关系经验的人人士,6)一名可以不是专家,但却具有广博文化素养的人士作为主席。

这些人士应该在它们自己的活动范围内收集证据,起草报告,指出大战不仅使交战国,而且也使中立国可能蒙受灾难。

应该发表这个报告,并把它提交给所有大国,征求它们对它的意见。

以这种方式,有可能劝诱两个集团同时放弃作为政策工具的战争。

若达到这一点,进一步的调解要迅速跟进。

1955年3月4日,爱因斯坦再一次写信给罗素,这次是用英语写的:

亲爱的伯特兰·罗素:

我已经给尼耳斯·玻尔写信,并建议他与你取得接触。我希望,他将很快这样做。我没有给任何一个美国同行写信,这是由于意识到,我不十分清楚你打算他们扮演什么角色,还因为这样的步骤在某些方面是不可挽回的。在我看来情况似乎是，为了避免任何混乱，你应该把你自己视为这项规划的主管，并发号施令。要是听到尼耳斯·玻尔如何反应，若是你们在基本点达到一致，我将会非常高兴。

我很遗憾，我不知道你的老朋友怀特海已经过世。你以漂亮的、外交的方式提醒了我。

我认为，阿尔伯特·施魏策尔（Albert Schweitzer）加入我们的群体是极为称心如意的。他的道德影响是巨大的，遍及世界的。你若觉得这是可取的，我将给他写信，只要你向我清楚地描述一下所提出的群体的活动即可。

我以衷心的祝愿和钦佩期望指令。

你的忠实的　阿尔伯特·爱因斯坦

爱因斯坦给哥本哈根理论物理研究所尼耳斯·玻尔的信所署日期为1955年3月2日：

亲爱的尼耳斯·玻尔：

请不要轻易皱眉头！这与我们过去的物理学论战无关，而是涉及我们完全一致的问题。最近，伯特兰·罗素给我写了一封信，我把副本附上。他试图邀集一小群具有国际声望的学者，他们能够共同参与一个给各个国家和政府的声明，告诫原子武器和军备竞赛造成的危险局势。这个宣言符合中立国发起的政治行动。

伯特兰·罗素知道并渴望我给你写信。当然，他充分意识到，因为你的影响、你的经验以及你与杰出人物的私人关

第18章 全球毁灭的威胁(1955)

系,你能够大大有助于这项规划;事实上,他认为,对于这项规划的成功来说,你的意见和积极参与确实是不可或缺的。

这个拟议的学者的行动,并**不**限于中立国的代表,虽然参与者的选择应该清楚地显示没有政治党派的色彩。要是我没有误解罗素意图的话,他实际上追求的是,不仅仅强调世界现存的危险;他提出**要求**:政府公开承认,必须放弃把使用武力作为解决国际争端的手段。

你若是原则上赞成这个计划,请你与伯特兰·罗素通信,并告知他你有意参加,好吗?届时,你们俩能够决定,哪些个人作为参与者是最称心如意的。在这里的那些人中间,我想起尤里、西拉德和詹姆斯·弗兰克,可是也许不应该有太多的物理学家。你们俩认为合适的人选,我都准备给他们写信,但是在获悉你对问题的想法之前,我不愿迈出最初的(和不可挽回的)一步。

在美国,事情比较错综复杂,可能是由于最有名望的科学家占据有影响的官方职位,他们几乎无意于表态冒这样的"风险"。我本人的参与也许在国外会起某种有利的影响,但不是在国内,在这里我被看作是害群之马(而且不仅仅在科学问题上)。

如果你能够与伯特兰·罗素在主要的观点上达成一致,那么将会收获良多。暂时根本不需要给我回信。

致以最热情的问候!

你的 阿尔伯特·爱因斯坦

罗素的最后一封信所署日期为 1955 年 4 月 5 日：

亲爱的爱因斯坦：

我正在仔细考虑并与形形色色的人讨论，在大多数科学人中间使反战想法生效的最佳步骤。我认为，第一步应该是，最卓越的共产主义者和反共产主义者、东方人和西方人就在战争中所预料的灾难发表一个声明。我附寄这样一个声明的草稿，我非常希望你愿意签署它。我也附寄了我请求签名的那些人的名单。[①] 如果得到足够的签名，那么我想下一步应该是，由签名者可以发起国际科学会议，以便按照我附寄的决议草案的路线通过草案。我希望，以这样的方式，能够使政府和舆论二者意识到局势的严重性。

总的来说，我认为，最好此时只与科学人打交道，不与其他领域的人打交道，例如你提到的阿诺德·汤因比。科学家负有社会责任，而且他们也感到负有社会责任，由于他们的工作无心地造成我们目前的危险。此外，扩大这个领域会使绕开政治变得十分困难。

你的忠实的　伯特兰·罗素

[①] 拟议的签名者的名单包括下述人名：Adrian 勋爵，H. J. Bhaba, Niels Bohr, Max Born, Alexander Haddow, Otto Hahn, Leopold Infeld, Frédéric Joliot-Curie, Li Sze-kuang, Wolfgang pauli, C. F. Powell, Karl Manne Siegbahn, Dimitri V. Skobeltzyn, Harold C. Yrey 和 Hideki Yukawa。在名单中没有提到的三位科学家是 Bridgman、Muller 和 Pauling，不过他们签署了声明。

第18章 全球毁灭的威胁(1955)

爱因斯坦立即在1955年4月11日回信：

亲爱的伯特兰·罗素：

感谢你4月5日的来信。我非常乐意签署你的出色的声明。我也同意你对预期的签名者的遴选。

谨致问候！

阿尔伯特·爱因斯坦

在这封信和罗素声明上的签名，是爱因斯坦的最后两次签名。两天后，他遭到疾病致命的侵袭。在本书序言中，罗素告诉他突然获悉爱因斯坦逝世的境况。他正乘飞机从罗马的一个会议赶赴巴黎的另一个会议，当时飞机的领航员宣告了这一噩耗。当他到达巴黎时，他看到爱因斯坦同意签署声明的回信。

罗素在1955年7月9日公开了这个声明。在向报界宣读声明时，他以他自己的下述评论作为开场白：

伴随的声明论述核战争的威胁，它是由世界各地一些最卓越的科学权威签署的。它清楚地表明，在这样的战争中，无论哪一方也毫无希望取胜，却存在放射性烟云的尘埃和雨点使人种灭绝的真正危险。

声明提出，世界上无论公众还是政府，都没有充分意识到这种危险。它指出，一致同意禁止核武器，虽然有助于缓和紧张局势，但是并不能提供解决办法，因为肯定会制造这样的武器，肯定会在大战中使用它们，相反地却把以前的协议抛在脑后。

人类的唯一希望在于避免战争。呼唤一种使这样的避免成为可能的思维方式,正是这个声明的目的。

作为爱因斯坦和我本人合作的第一个行动来到了。爱因斯坦在他生命的最后一周签了名。自从他逝世以来,我与西方和东方双方有能力胜任的科学人都打过交道;虽然政治上的分歧不应该影响科学人评价什么是可能的,但是一些打过交道的人还是没有回复。我正在引起世界一切大国政府注意签名者发出的告诫,热切希望它们可以一致容许它们的公民幸存下去。

宣言本身紧跟在罗素1954年12月23日在英国广播公司的讲演之后,全文如下:①

在人类面临悲剧性的局势下,我们觉得,科学家应该集会,以评估作为大规模毁灭性武器发展结果引起的危险,并以所附草案的精神讨论决议案。

在这个场合,我们不是以这个或那个国家、这个或那个大陆,或者这个或那个信念的一员正在讲话,而是以人类、以拿不准是否能够继续生存的人类种族的一员正在讲话。世界充满冲突;使一切小冲突相形见绌的,是共产主义和反共产主义之间剧烈的冲突。

几乎每一个在政治上有意识的人,都对这些争端中的一

---

① 该宣言与罗素最初的声明一起发表在1955年7月10日的《纽约时报》,当然也发表在全世界许多其他报纸上。在美国,反战者同盟以传单的形式重印了它。

第18章　全球毁灭的威胁(1955)

个或多个具有强烈的感情；但是，若你可能的话，我们需要你把这样的感情搁在一边，而只把你们自己看作是生物物种的成员，这个物种拥有异乎寻常的历史，我们之中没有一个人希望它不复存在。

我们将力求不说一句对一个集团有吸引力而对另一个集团无吸引力的话。大家同样处于危险中；如果理解了这种危险，那么将存在他们可能集体防止危险的希望。

我们必须学会以新的方式思考。我们必须询问我们自己，不是能够采取什么步骤使我们偏爱的无论什么集团获得军事胜利，因为不再存在这样的步骤；我们必须询问我们的问题是：能够采取什么步骤，防止其结局对所有各方必然是灾难的军备竞赛？

一般公众，甚至许多当权者，都没有认识到在使用核弹的战争中包含着什么。一般公众还借助城市毁坏来揣测。据了解，新炸弹比旧炸弹具有更强大的威力，一颗原子弹能够抹去广岛，而一颗氢弹能够抹去诸如伦敦、纽约和莫斯科这样的最大城市。

毋庸置疑，在氢弹战争中，大城市会被抹去。但是，这也许是不得不面对的小灾难之一。假如伦敦、纽约和莫斯科的每一个人被灭绝了，那么在几个世纪的进程中，世界还可能从打击中恢复过来。可是，我们现在知道，特别是从比基尼岛试验以来我们知道，核弹能够逐渐地把破坏扩展到比所设想的面积大得多的面积。

据十分可靠的权威人士陈述，现在能够制造的核弹，比摧毁广岛的原子弹的威力大2500倍。

如果这样的炸弹在接近地面或者水下爆炸,便把放射性粒子散发到上层空气。它们以极其有害的尘埃或雨点的形式逐渐沉降到地球的表面。沾染了日本渔民和他们捕捞的鱼的东西,正是这种尘埃。

没有人知道这样致命的放射性粒子可以扩散得多么远,但是最可靠的权威人士异口同声地说,使用氢弹的战争完全可能迫使人种走向末日。令人担忧的是,如果使用许多氢弹,那么将是普遍的死亡——只有少数人立即死去,而大多数人则遭受疾病和蜕变的慢性折磨。

科学界的卓越人士和军事战略权威发出许多告诫。他们谁也不会说,最糟糕的结果是肯定无疑的。他们说的是,这些结果是可能的,没有一个人能够担保,它们将不会变成现实。迄今,我们还没有发现,专家的观点取决于它们的政治立场或偏见。就我们的研究揭示的来看,它们仅仅取决于特定专家的知识广度。我们发觉,知道最多的人,正是最忧心忡忡的人。

在这里,我接着向你们提出的问题是一个突出的、可怕的和无法回避的问题:我们要迫使人种走向末日,还是要人类放弃战争?人们不愿面对这样的二者择一,因为废除战争是如此困难。

废除战争便要求对国家主权进行令人不快的限制。也许阻碍对局势理解的,比任何其他原因更大的原因在于,**人类**这个词给人的感觉是模糊的和抽象的。人们在想象中几乎没有认识到,危险不仅对准含糊地理解的人类,而且对准他们自己

第18章 全球毁灭的威胁(1955)

和他们的子孙后代。他们简直无法使他们自己把握,他们各自和他们热爱的那些人都处于即将来临的、极端痛苦的危险之中。于是,他们希望,倘若禁止现代武器,也许可以容许战争继续存在。

这一希望是虚幻的。无论在和平时期达到不使用氢弹的什么协议,在战时便不再认为它们有约束力。只要战争爆发,双方都会动手制造氢弹。这是因为,如果一方制造氢弹而另一方不制造,那么制造氢弹的那一方必定会旗开得胜。

虽然作为普遍裁军一部分的放弃核武器协议也许没有提供最终解决办法,但是它对一些重要的意图能够有所帮助。

第一,就其有助于缓和紧张局势而言,西方和东方之间的协议是有益的。第二,废除热核武器,如果每一方相信另一方认真实施它,那么就会减少珍珠港式的突然袭击的恐惧,而这种恐惧目前使双方都保持神经质的疑惧心态。因此,我们应该欢迎这样的协议,尽管这仅仅是第一步。

我们中的大多数在感情上都不是中立的,但是作为人,我们必须记住,对于任何实体而言,无论是共产主义还是反共产主义,无论是亚洲还是欧洲或美洲,无论是白人还是黑人,如果西方和东方之间的争端能够以尽可能令各方满意的无论什么方式解决,那么绝对不要用战争裁决这些争端。我们总是希望,这一点在西方和东方都能得到理解。

如果我们选择,那么摆在我们面前的是幸福、知识和智慧的连续进步。难道因为我们不能忘记我们的争吵,我们反过来就愿意选择死亡吗?作为人,我们向人类呼吁:牢记你们的人性而忘却其余。要是你们能够这样做,那么道路向新乐园敞开;要是你们不这样做,那么摆在你们面前的则是普遍死亡的危险。

决　议

我们发起这次会议[已召开],通过它,请全世界的科学家和一般公众在下述决议签名:

"鉴于在任何未来的世界大战中将肯定使用核武器,而这样的武器威胁人类的继续生存之事实,我们敦促世界各国政府认识并公开承认,世界大战无助于它们图谋的实现,因此我们敦促它们,寻找和平手段解决它们之间的一切争执问题。"

除了罗素和爱因斯坦,八位科学家在宣言公布时在其上签名。他们是美国的珀西·W.布里奇曼(Percy W. Bridgman)和赫尔曼·J.穆勒(Hermann J. Muller),英国的塞西尔·F.鲍威尔(Cecil F. Powell)和约瑟夫·罗特布拉特(Joseph Rotblat),法国的弗雷德里克·约里奥-居里,波兰的莱奥波尔德·因费尔德,日本的汤川秀树(Hideki Yukawa)和德国的马克斯·玻恩,玻恩的名字在公布时因疏忽被遗漏了。此后不久,收到莱纳斯·波林传递同意签名的来信,从而使总数达到十一人;在这些人中,除罗特布拉特和因费尔德外,全都是诺贝尔奖的获得者。

签名者中有两人提出若干保留意见。穆勒要求把"作为普遍裁军一部分的放弃核武器协议",理解为意味着"对所有军备相伴平衡的裁减"。约里奥-居里的保留意见是,"政府应该放弃把使用武力作为解决国家之间分歧的手段"这句话,可以解释为保护国内革命的权利。约里奥-居里特别指出,"对国家主权的限制应该取

第18章 全球毁灭的威胁(1955)

得全体一致同意,并有益于所有人。"①

---

① 在涉及宣言的公布时,《纽约时报》(1955年7月10日)报道,一些打过交道的签名者"不愿意签名,是因为他们担任公职,但却是同情此事。莫斯科的季米特里·V.斯科别尔琴(Dimitri V. Skobeltzyn)教授给出友好的但却不介入的答复。其他人没有回答,包括中国的李四光(Li Sze-kuang)教授在内。"美联社在同一天报道:

> 拒绝签名的……有六位诺贝尔奖获得者,他们是:德国的奥托·哈恩和马克斯·玻恩[这是错误的,正如已经陈述的,由于玻恩的名字因疏忽被遗漏了],丹麦的尼耳斯·玻尔[参见下面],瑞士的沃尔夫冈·泡利(Wolfgang pauli),瑞典的卡尔·曼内·西格班(Karl Manne Siegbahn)和英国的阿德里安勋爵(Lord Adrian)。
> 拒绝签名的其他人是:安排在8月8日至20日在日内瓦召开的联合国原子能会议的主席、印度的霍米·J.布哈巴(Homi J. Bhaba)博士,协助计划会议的季米特里·V.斯科别尔琴,英国的亚历山大·哈多(Alexander Haddow)教授。
> 美国两个诺贝尔奖获得者没有理会呼吁,他们是:在圣路易斯(St. Louis)的华盛顿大学阿瑟·H.康普顿校长和芝加哥大学的哈罗德·C.尤里教授。

1955年3月8日,罗素与玻尔接触。在1955年3月23日的复信中,玻尔对这样的宣言是否能够产生想望的效果表露出怀疑,特别是关于自由获取至关重要的信息的权利——玻尔认为这是必不可少的。他也担心,这个宣言可能妨碍即将到来的联合国会议,但是又说他正在深思提议,并希望他能够达到比较周密的见解。自1955年7月10日,得知了尤里和康普顿的反应(1955年7月11日《纽约时报》)。尤里说,他之所以拒绝签名,是因为他觉得,呼吁是"无效的"、"平淡无奇的",在现在的政府已经做出的事情之外,没有切实可行的办法执行它。康普顿说,他赞成呼吁的总目标,但是在细节上不能支持它。他首次公开暗示,另一个类似的宣言正在制定之中。这第二个声明出自在德国康斯坦茨湖林道(Lindau at Lake Constance)召开的诺贝尔奖获得者会议(这样的会议自1951年以来每年都在这里举行),并在1955年7月5日公开,仅仅在罗素-爱因斯坦宣言之后六天。显然,它是完全独立地构思的。它的全文如下:

> 在这一呼吁签名的我们,是来自许多国家、属于几个种族、具有不同宗教信仰并在政治上毫无关联的科学家。我们的联合是我们大家都荣幸地被授予诺贝尔奖。
> 我们向世界各个角落的所有人呼吁。我们必须认清,我们的命运是共同的;若我们要生活下去,那只能作为兄弟。另外的选择将是死亡。
> 我们自由地把一生奉献给科学事业。我们坚持认为,科学是人类通向更充实的生活的道路。但是,我们惊恐地获悉,科学也为人提供了自我毁灭的工具。
> 在一场全面战争中,能够使地球遭遇如此之多的放射性,以致将摧毁全部国家。中立国的许多男人和女人也会被杀死。
> 若大国交战,难道能够保证将不会发生这样的全面战争吗?

636　罗素把宣言的副本寄给美国总统德怀特·D.艾森豪威尔(Dwight D. Eisenhower)、苏联部长会议主席尼科莱·A.布尔加宁(Nikolai A. Bulganin)、联合王国首相安东尼·艾登(Anthony Eden)、法国总统勒内·科蒂(René Coty)、中华人民共和国主席毛泽东(Mao Tse-tung)和加拿大总理路易斯·S.圣劳伦特(Louis S. St. Laurent)。这些人是国家领导,罗素认为他们与核武器主要相关。

不像四十多年前的尼古拉-爱因斯坦宣言,罗素-爱因斯坦宣言在全世界受到公众广泛的和普遍的注意。在美国、英国、加拿大

于是,在全面战争中交战的国家将招致自取灭亡,而且威胁整个世界。

我们并不否认,由于害怕这些致命的武器,目前的世界和平可以维持下去。但是,我们依然觉得,各国政府认为长时期对这些武器的恐惧将会防止战争爆发实属自欺欺人。确实,恐惧和紧张频频导致战争。同样地,相信小冲突总是能够通过使用常规武器解决,也是自欺欺人。在极度需要时,没有一个参战国将会否定使用科学技术能够提供的任何武器。

独立的国家必须使它们自己下定决心,决心放弃把武力作为最后的政治手段。若它们不准备这样做,它们将不复存在。

在这个声明签字的十八位签名者中间有:也在罗素-爱因斯坦声明签字的玻恩、穆勒和汤川,以及没有在罗素-爱因斯坦声明签字的康普顿和汉恩。其他签名者是:美国的弗里茨·李普曼(Fritz Lippmann)和温德尔·斯坦利(Wendell Stanley),英国的弗雷德里克·索迪(Frederick Soddy),瑞典的汉斯·冯·奥伊勒(Hans von Euler)和格奥尔格·冯·黑费西(Georg von Hevesy),瑞士的保罗·米勒(Paul Mueller)和利奥波德·卢齐卡(Leopold Ruzicka),德国的赫尔曼·施陶丁格(Hermann Staudinger)、库尔特·阿德勒(Kurt Adler)、阿道夫·布特南特(Adolf Butenandt)、格哈德·多马克(Gerhard Domagk)、韦尔纳·海森堡(Werner Heisenberg)和里夏德·库恩(Richard Kuhn)(按照1955年7月16日的《纽约时报》)。爱因斯坦可能了解,这第二个宣言正在一些最终在其上签名的科学家中间讨论;不过,他不知道细节。

第 18 章　全球毁灭的威胁(1955)

和梵蒂冈受到官方关注。① 作为若干类似宣言的第一个,它在冷战特别危险的时期出现了;它的发表恰恰是在法国、英国、苏联和美国最高级会议前一周,也在日内瓦召开的联合国和平利用原子能会议前不到一个月。声明的最终意义必须等待历史的评判。②

爱因斯坦没有活着目睹这些发展。他在 1955 年 4 月 18 日去世,即他在宣言上签名一周之后,也就是在宣言公开前不到三个月。不过,这并不是他在公共事务中的最后行动。他的最后的行动与以色列的未来有关。

这里不是详细讨论爱因斯坦一心一意和无条件地与犹太人民同呼吸共命运的地方。在他四十出头并已经是世界名人时,他就开始确信,犹太人作为一个公认的、独立的文化群体的幸存,取决于他们自己的民族家园的建立;他从未动摇这一信念,也从未动摇

---

① 反映梵蒂冈观点的《罗马观察报》(*L'Osservatore Romano*)在称赞罗素-爱因斯坦宣言是"崇高的呼吁"时,对它比教皇的类似呼吁能够唤起更大的反响表示惊讶,并抱怨它"谈到'生物物种'[人]时,就像动物园园长以相同的口吻说,对他的北极熊来说天气太热了,对他的海豹或外国鸭而言术不够了。"(1955 年 7 月 12 日的《纽约时报》)

② 罗素勋爵的努力导致一系列其他规划的那类科学家会议。第一次小型临时会议 1955 年 8 月 3 日至 5 日在伦敦举行,在联合国和平利用原子能会议前夕。罗素没有参加的第二次会议 1957 年 7 月 6 日至 11 日在新斯科舍(Nova Scotia)的帕格沃希(Pugwash)举行,由加拿大-美国金融家 Cyrus Eaton 做东道主。32 位科学家参加会议,他们来自十个国家,其中包括日本、中国、波兰和苏联。在出席会议的人中,有四位罗素-爱因斯坦宣言的签名者。帕格沃希会议(有两票弃权)发布了一个声明和三份委员会报告,它们后来在苏联科学院主席团的一项决议中受到支持,也受到 196 位苏联科学家的声明的支持。(1957 年 9 月号和 11 月号《原子科学家公报》。关于罗素和他的批评者之一的争论,参见 1958 年 8 月号《原子科学家公报》。)接下来的"帕格沃希"会议在 1958 年和 1959 年举行。

他时时存在的、伸出援助之手的意愿,无论在哪里他觉得这样做可能是有用的。早在以色列取得国家地位并与阿拉伯世界爆发战争之前很久,爱因斯坦像许多其他人一样强调,阿拉伯人和犹太人之间的和平共处,是犹太人家园在巴勒斯坦健康发展的先决条件。在他撰写他一直打算撰写的最后几行文字时,使他全神贯注的,正是这种思想。

爱因斯坦认识到,阿拉伯人-犹太人问题的含义,不仅应该从以色列国的观点看,而且应该在更广泛的背景看。将近1954年底,他与在以色列的犹太人代理处的一位著名成员兹维·卢里(Zvi Lurie)详尽地讨论了这个问题。他强调,被迫遭受如此之多歧视和压迫的犹太人民,应该充分地意识到为在以色列的阿拉伯少数民族实行自由、民主和平等的必要性。在1955年1月4日写给兹维·卢里的一封信中,他概述了他的观点:

> 关于东西方之间的国际对抗,我们[以色列国]必须采取中立政策。通过采取中立立场,我们不仅能够对减少作为一个整体的世界的冲突做出谦恭的贡献,而且能够促进与阿拉伯世界各国政府发展健康的睦邻关系。
>
> 我们的政策的最重要方面,必须始终如一地表明我们的愿望:对于生活在我们中间的阿拉伯公民实行完全的平等,重视他们目前处境的固有困难。如果我们追求这样的政策,那么我们将会赢得忠诚的公民,我们甚至将会缓慢地但却确定

第18章 全球毁灭的威胁(1955)

地改善我们与阿拉伯世界的关系。在这方面,基布兹[①]运动是出色的范例。我们对阿拉伯少数民族的态度,将为我们作为一个民族的道德标准提出真正的考验。

1955年3月8日,爱因斯坦在给他的印度朋友的一封信中,讨论了阿拉伯问题(参见 p.578):

> 当然,我感到遗憾的是,以色列和阿拉伯国家之间的现存的、持续紧张的状态。鉴于双方的民族主义态度,这样的紧张关系几乎不可避免,战争及其影响只是增强了这种紧张。在这一切之中,最糟糕的是美国的新政府[艾森豪威尔的政府]的政策,它由于自己的帝国主义和军国主义利益,力求以牺牲以色列赢得阿拉伯国家的同情。其结果,以色列的生存本身由于她的敌人的大力武装而受到严重威胁。杜勒斯(Dulles)这个人真是一股祸水! 在伪称服务于和平事业时,他事实上威胁每一个人,希望以此达到他的帝国主义目的,而又不卷入一场"大"战。这样的政策不仅在道义上是要不得的,而且归根结底将证明是威胁美国的。认识到这一点的人多么少呀!

---

① 基布兹(希伯来语 קיבוץ、קבוץ,意为"聚集"。英文写法是 Kibbutz,复数 kibbutzim)是以色列的一种集体社区,过去主要从事农业生产,现在也从事工业和高科技产业。基布兹的目标是混合共产主义和犹太复国主义(锡安主义)的思想建立的乌托邦社区,社区里的人没有私有财产,工作没有工资,衣食住行和教育医疗都是免费的。外人可以自愿加入基布兹,里面的成员也可以自愿退出,退出时可领到一笔退出费以回报对社区的贡献。不过近几十年有些社区进行了私有化,生活方式发生了改变。——译者

在出人意料的短时间内，他们竟然开始接受这种鼠目寸光的军国主义观点。

638 以色列驻纽约领事询问爱因斯坦，他是否能够在即将来临的以色列独立周年纪念之际，就以色列的文化和科学成就，特别是关于和平利用原子能，发表一个声明。爱因斯坦在1955年4月4日寄出这一答复：

> 在今天这个充斥困难和危险的条件下，我非常乐意帮助以色列的事业。问题是，如何能够最有效地去做这件事。我相信，仅仅就以色列的文化和科学成就——而原子能和平利用的发展只是其中一个特殊的和比较小的方面——讲演，几乎不会给公众留下什么印象。鉴于以色列-阿拉伯的困境如此深深地牵动公众的心这一事实，我不认为以色列文化和科学发展这个主题此时特别贴切。
>
> 因此，我感到，要对舆论施加任何影响，这样的讲演应该尝试估价政治局势。事实上，我倾向于相信，对西方国家与以色列和阿拉伯民族的有关政策在某种程度上进行批判性的分析，也许是最有效的。我认识到，对我来说，提供这样的评论比某些与犹太人组织有正式联系的人更为从容。
>
> 为了保证这样的讲演将是富有意义的，我希望在与负责的以色列官员的仔细合作过程中准备它。当然，我无法预先知道，这样的合作是否能够在他们和我本人之间产生一致，但是我相信，应该做出尝试，而不应该进一步拖延和浪费宝贵的

第18章 全球毁灭的威胁(1955)

时间。

作为爱因斯坦提议的结果，几天后即4月11日，以色列大使阿巴·埃班和领事鲁文·达夫尼(Reuven Dafni)在普林斯顿拜访他。在他们访问后，爱因斯坦开始起草拟议的讲演，打算在电视和广播网播放它。由于他觉得需要进一步协商，他再次在4月13日会见以色列领事。爱因斯坦在那个场合所做的笔记找不到了。在这次访问后两小时，他遭受到致命的打击。在他的生命余留的四天里，他频频表达他对撰写讲演的关切；虽然他吩咐把笔记放到他的床边，希望继续撰写，但是在他去世时，他只留下一页手稿，结尾是在他被击倒前，他刚刚写下的一个未完成的句子:[①]

> 今天，我对你们讲话，不是以一个美国公民的身份，也不是以一个犹太人的身份，而是以一个以最大的严肃性客观地考察事务的人的身份对你们讲话。我试图完成的仅仅是，以我的绵薄能力，冒着不受人欢迎的风险，服务于真理和正义。

[①] 爱因斯坦在以色列获得国家地位一周年打算发表公开声明一事，在他去世后导致奇怪的谣传和猜测。有人提出，据称爱因斯坦就他与Eban先生和Dafni先生讨论而做笔记的那一页纸在医院被偷走了，尽管经过仔细调查没有确认这一假定。1955年5月1日，《纽约时报》发表了关于爱因斯坦与以色列官员协商的长篇文章，该文基于以色列领事Reuben Dafni先生提供的信息。这篇文章包含的是，据称以色列领事馆在爱因斯坦本人的笔记的基础上，准备对爱因斯坦打算的讲稿加以"重构"。"重构"完全没有得到承担爱因斯坦文字遗产责任的那些人的授权。由于爱因斯坦只留下一页纸夹在文本中，因此它不可能"重构"像他本人可能起草那样的讲稿。重构也许基于Eban先生和Dafni先生与爱因斯坦会见时所做的笔记，以及基于这两位以色列官员向爱因斯坦提出的建议。

处于争论之中的是以色列和埃及之间的冲突。你可能认为这是一个无足轻重的小问题，可能感到存在更严重的、使人烦恼的事情。但是，这是不正确的。在涉及真理和正义的事情上，便无法区分大问题和小问题；因为决定人的行为的普遍原则是不可分割的。无论谁在小事情上对真理不介意，他在重要的事务上也不能受到信任。

这种不可分割性不仅适用于道德问题，而且适用于政治问题；因为若是不从小问题与大问题的相互依赖理解它们，便无法评价小问题。况且，在我们的时代的大问题，是把人类划分为两个敌对的阵营：共产主义世界和所谓的自由世界。在我看来，由于**自由**和**共产主义**二词的意义在这种语境中几乎无法厘清，我宁可说东方和西方之间的强权冲突，尽管**东方**和**西方**二词恰当地意指什么甚至也是不清楚的，须知世界是圆球形的。

从本质上讲，今天存在的冲突无非是旧式的强权冲突，它是以半宗教的外部装饰再次呈现给人类的。差别在于，在这个时代，原子能威力的发展已经使斗争浸透了幽灵似的特征；因为双方都知道并承认，一旦争吵恶化为实际的战争，人类注定毁灭。双方处于应负责任地位的政治家不顾这种知识，继续使用众所周知的手腕，试图通过集结优势军事力量，恫吓和瓦解对方。即使这样的政策需要承担战争和毁灭的风险，但他们还是要这样做。没有一个处于应负责任地位的政治家敢于追求唯一能够提供任何和平指望的路线，即超国家安全的路线，因为对于政治家来说，遵循这样的路线恐怕相当于政治

第 18 章　全球毁灭的威胁(1955)

自杀。政治激情一旦被煽动起来，便强使他们的受害者……

到此，这只改变了世界、可是在如此之多方面无法改变世界的手失去了活力，再也写不下去了。

1955年3月11日，爱因斯坦给比利时太后的信(参见pp.619~620)

爱因斯坦为1955年以色列独立日拟议的讲演的未完成草稿,这是他一生最后的笔迹。(参见pp.640,642)

第18章 全球毁灭的威胁(1955)

索　引

（本索引中的数码为原书页码，本书边码）

Abbot, Charles Greeley 查尔斯·格里利·阿博特　395

Academy of Sciences, USSR 苏联科学院　参见 Union of Soviet Socialist Republics

Academy of the Historical, Political and Social Sciences, Paraguay 巴拉圭历史、政治和社会科学院　537

Acheson, Dean 迪安·艾奇逊　374

Adamson, Keith 基思·亚当森　297

Addams, Jane 简·亚当斯　105, 113, 265, 266

Adler, Cyrus 赛勒斯·阿德勒　223

Adler, Kurt 库尔特·阿德勒　681

Adler, Mortimer J. 莫蒂默·J. 阿德勒　667, 673

Adrian, Edgar Douglas (Lord) 埃德加·道格拉斯·阿德里安（勋爵）　680

Advisory Committee of International Workers 国际脑力劳动者顾问委员会　85, 92

Advisory Committee on Uranium 铀顾问委员会　297 及以下诸页

Agronsky, Martin 马丁·阿格龙斯基　594

Albert (King of Belgium) 阿尔伯特（比利时国王）　227, 228～229, 661～662

Albert Einstein: Philosopher-Scientist《阿尔伯特-爱因斯坦：哲学家-科学家》　509

Alleyn, Cameron Chesterfield 卡姆伦·切斯特菲尔德·阿莱恩　523, 675

Allinson, Brent Dow 布伦特·道·阿林森　254

Allison, Samuel King 塞缪尔·金·艾利森　342

All Quiet of the Weatern Front《西线无战事》　120

America, Russia and the Bomb《美国、俄国和原子弹》　527

American Association of Scientific

Workers 美国科学工作者联合会 311

American Christian Committee for German Refugees 美国基督教帮助德国流亡者委员会 262,662

American Committee for Émigré Scholars 美国帮助流亡学者委员会 591

American Committee for Intellectual Freedom 美国争取思想自由委员会 570

American Committee for Spanish Freedom 美国争取西班牙自由委员会 344

American Friends Service Committee 美国公谊会教友服务委员会 558 也可参见 Quakers

American League Against War and Fascism 美国反对战争和法西斯主义联盟 251,276~277

American Legion 美国全国退伍军人协会 622~623

American Balestine Campaign 美国巴勒斯坦运动 124

American Students Union 美国学生联合会 274

Amrine, Michael 迈克尔·阿姆林 383

Amsterdam Congress 阿姆斯特丹会议 参见 International Congress against Imperialist Wars

Anatomy of Peace《和平剖析》 337

Angell, Norman 诺曼·安吉尔 267

Anglo-American Literary Aid Campaign for Central Europe 英美文人援助中欧运动 39

Antiwar Congress 反战会议 参见 International Congress against Imperialist Wars

Anti-War Council, Netherlands 荷兰反战委员会 10

Arco, Georg 格奥尔格·阿尔科 74

Arnold, H. H. H. H. 阿尔诺德 358,667

Asian Congress for World Federation 亚洲世界联邦大会 583

Association of German Universities 德国大学联合会 83

Association of Philadelphia Scientist 费城科学家协会 390

Association of Scientists for Atomic Education 原子能教育科学家协会 377,408

Atomic Bomb 原子弹 参见 Einstein, role in

atomic bomb Development; 第9章及以下

Atomic Energy Commission 原子能委员会 参见 United Nations, Atomic Energy Commission United States, Atomic Energy

Commission *Atomic Energy for Military Purposes*《用于军事目的的原子能》 335,336,663

Atomic Quest《原子能的探求》 663

The Atomic Scientists of Chicago 芝加哥原子科学家 377,408

Austin,Warren 沃伦·奥斯汀 427

Aydelotte,Frank 弗兰克·艾德洛特 392

Bacher,Robert F. 罗伯特·F.巴彻 668

Baeck,Leo 莱奥·贝克 136~137

Balch,Emily G. 埃米莉·G.鲍尔奇 513

Balderston,John L.,Jr. 小约翰·L.鲍尔德斯顿 353,667

Ball,Joseph H. 约瑟夫·H.鲍尔 345,346

Balle-Helaers 巴莱-厄拉埃斯 617

Bangert,Harold 哈罗德·本格特 539

Barbusse,Henri 亨利·巴比斯 49,83,175 及以下诸页

Bard,Ralph 拉尔夫·巴德 306,665

Barnard,Chester I. 切斯特·I.巴纳德 394

Barr,Stringfellow 斯特林费洛·巴尔 499,500,530,673

Bartlett,Robert Merrill 罗伯特·梅里尔·巴特利特 259

Baruch,Bernard M. 伯纳德·M.巴鲁克 294,385

"Baruch Plan",for control of atomic energy 对原子能控制的巴鲁克计划 374,463,517

Basch,Victor 维克托·巴施 50

Bauer,Ludwig 路德维希·鲍尔 153

Baugher,A. C. A. C.鲍尔 523,675

Baumgartner-Tramer,Franziska 弗兰齐斯卡·鲍姆加特纳-特拉默 9~10,649

Bavarian Academy of Sciences,巴伐利亚科学院 216,367

Beard,Charles A. 查尔斯·A.比尔德 160

Beardsley,Helen 海伦·比尔兹利 669

Becquerel,Henri 亨利·贝克勒尔 287

Beerfelde,Hellmuth von 赫尔穆特·冯·贝费尔德 89

Beittel,A. D. A. D.比特尔 523,675

Beer Hall Putsch 啤酒厅政变 65

Bendix,Viktor 维克多·本迪克斯 128~129

Bercovici,Konrad 孔拉德·贝尔科维奇 171

Bergmann,Peter G. 彼得·G.贝格曼 663

Bergson, Henri 亨利·本格森 58, 67, 68

Berliner, Arnold 阿诺尔德·伯利纳 650

Bernstein, Eduard 爱德华·伯恩斯坦 16

Bernstein, Herman 赫尔曼·伯恩斯坦 652

Bethe, Hans A. 汉斯·A. 贝特 358, 376, 394, 412, 667, 672

Beveridge, William Henry (Lord) 威廉·亨利·贝弗里奇(勋爵) 237, 670

Bhaba, H. J. H. J. 布哈巴 680

Billings, Warren K. 沃伦·K. 比林斯 131

The Biology of War《战争的生物学》 8, 19, 648

Bingham, Millicent 米莉森特·宾厄姆 365, 668

Blaine, Anita McCormick 安妮塔·麦考密克·布莱恩 499, 500,

Boas, Franz 弗朗兹·博厄斯 283

Bohr, Niels 尼耳斯·玻尔 288, 300, 303～304, 350, 358, 626, 627, 629, 663, 664, 680

Bolling, Richard 理查德·博林 673

Bolshevism 布尔什维主义 参见 Einstein, on Union of Soviet Socialist Republics

Bolte, Charles G. 查尔斯·G. 博尔特 667

Boncour, Paul 保罗·邦库尔 657

Bonnet, Henri 亨利·博内 191

Borgese, G. A. G. A. 博格斯 673

Born, Max 马克斯·玻恩 26, 37, 43, 635, 680, 681

Bosley, Harold A. 哈罗德·A. 博斯利 523, 527, 675

Boss, Charles F. 查尔斯·F. 博斯 527, 675

Brailsford, H. Noel H. 诺埃尔·布雷斯福德 103

Brandeis University 布兰代斯大学 336

Brauer, Theodor 特奥多尔·布劳尔 93, 654

Brauns, Heinrich 海因里希·布劳恩斯 92, 654

Bridgman, Percy W. 珀西·W. 布里奇曼 635, 680

Briggs, Lyman J. 莱曼·J. 布里格斯 297, 300

British Council for German Democracy 英国争取德国民主理事会 366

British Parliamentary Group for World Government 英国议员争取世界政府小组 676

Brockway, Fenner A. 芬纳·A. 布罗克韦 12, 139

Broda, Rudolf 鲁道夫·布罗达 653

Bromfield, Louis 路易斯·布罗姆菲尔德 523,527,675

Brown, H. Ruhham H. 朗哈姆·布朗 118,143,162,224,232,511,656,659

Brown, Harrison 哈里森·布朗 430,499,500,504 及以下诸页,557,668,670,673,674

Buchanan, Scott 斯科特·布坎南 501,673

Buck, Mrs. J. L. Blair J. L. 布莱尔·巴克夫人 673

Buck, Pearl S. 珀尔·S. 巴克 523,675

Buek, Otto 奥托·比克 6～7,74

Buell, Raymond Leslie 雷蒙德·莱斯利·比尔 268

Bund der Kriegsdiestgegner 兵役反对者同盟 143,148,657

Bund Neues Vaterland 新祖国同盟 9 及以下诸页,23,37,38,46,47,84

Bundy, McGeorge 麦乔治·邦迪 663

Burlingham, Charles C. 查尔斯·C. 伯林厄姆 278

Bush, Vannevar 万尼瓦尔·布什 302,303,306,422,664

Butenandt, Adolf 阿道夫·布特南特 681

Butler, Nicholas Murray 尼古拉斯·默里·巴特勒 116,249,267

Byrnes, James F. 詹姆斯·F. 贝尔纳斯 305～306,664～665

Byron, William 威廉·拜伦

California Institute of Technology 加州理工学院 114,122,160,207

Canadian Education Week 加拿大教育周 563

Carlebach, Azriel 阿兹里尔·卡莱巴赫 573,678

Carlson, Anton J. 安东·J. 卡尔森 607

Carter, Violet Bonham 维奥莉特·博纳姆·卡特 462

Carvallo, Emmanuel 埃马纽埃尔·卡尔瓦洛 42

Catchpool, Corder 科德·卡奇普尔 172

Cecil, E. A. R. C. (Lord) E. A. R. C. 塞西尔(勋爵) 267

Centre de Recherche et d'Expression Mondialiste 世界主义研究和表达中心 530

Chadwick, James 詹姆斯·查德威克 287

Challaye, Félicien 费利西安·沙拉耶 659

Chamberlain, Austen 奥斯汀·张伯伦爵士 236,267

Chapple, Alton R. F. 阿尔顿·R.

F. 查普尔 510,511,674
Churchill, Winston 温斯顿·丘吉尔 236,332
Clark, Grenville 格伦维尔·克拉克 499,595
Clayton, William L. 威廉·L. 克莱顿 306
Clemenceau, Georges 乔治·克列孟梭 269,503
Cohen, Morris Raphael 莫里斯·拉斐尔·科恩 310
Cold War 冷战 458,483,488 也可参见 Einstein, on preventive war
Colin, Paul 保罗·科兰
Collège de France 法兰西学院 47,50,221
Columbia University 哥伦比亚大学 40
Comert, Pierre 皮埃尔·科尔梅 59,67
Comité Juif d'Action Cotre le Réarmement Allemand 犹太人反对德国重新武装行动委员会 580
Commins, Saxe 萨克斯·康明斯 676
Commission to Study the Organization of Peace 研究和平组织委员会 333
Committee for Academic Freedom 学术自由委员会 533
Committee for the Science of Peace 和平科学委员会 368
Committee on Intellectual Cooperation 知识分子合作委员会 也可参见 League of Nations
Committee on Intellectual Cooperation Committee on Social and Political Implications 社会和政治关系委员会 参见 Franck Report
Committee to Frame World Constitution 起草世界宪章委员会 667
Common Council for American Unity 美国团结公共理事会 317~318
Compton, Arthur Holly 阿瑟·霍利·康普顿 298,302,306 及以下诸页,358,663,664,680,681
Compton, Karl T. 卡尔·T. 康普顿 212,294,301,306
Compulsory military service 强迫服兵役 参见 Conscription
Conant, James B. 詹姆斯·B. 科南特 306
Condon, Edward U. 爱德华·U. 康登 358,376,474,667
Conference on Peaceful Alternatives to the North Atlantic Treaty 北大西洋公约和平抉择大会 513
Conference on the Cause and Cure of War 战争的原因及对策会议 250

Conference on World Government 世界政府会议 370

Congress for United States of Europe 欧洲合众国会议 参见 Pan-European Union

Connecticut State College 康涅狄格州立学院 259

Conscientious objectors 因良心拒服兵役者 106,127,145~146,227,399 也可参见 Einstein, on conscientious objectors

Conscription 强制征兵 113~114,146 也可参见 Einstein, on conscription

Contre la Guerre avec Einstein《反战与爱因斯坦》 648

Conway, Edward A. 爱德华·A. 康韦 667

Coudenhove-Kalergi, R. N. R. N. 库登霍夫-凯勒吉 84,184,203

Cousins, Norman 诺曼·卡曾斯 491,499,531

Cowles, Gardner, Jr. 小加德纳·考尔斯 667

Cranston, Alan 艾伦·克兰斯顿 673

Cranston, John M. 约翰·M. 克兰斯顿 556,667

The Creation of the United States of Europe《创建欧洲合众国》 9

Croce, Benedetto 本尼德托·克罗齐 327,328~330

Crusade for World Government 世界政府运动 420,462 及以下诸页

Culbertson, Ely 伊利·卡伯特森 321,322,373~374

Cunningham, J. R. J. R. 坎宁安 523,675

Curie, Eve 夏娃·居里 70

Curie, Marie 玛丽·居里 58,59,64,67,68,79,86,108,109,215,287

Curie, Pierre 皮埃尔·居里 287

Czechoslovakia 捷克斯洛伐克 473

Dahlberg, Edwin 埃德温·达尔伯格 513

Dancer, Clifford 克利福德·丹瑟 673

The Dangerous Year《危险的岁月》 268

Daniel, Cuthbert 卡思伯特·丹尼尔 455,671

Daniels, Farrington 法林顿·丹尼尔斯 665

Darrow, Clarence 克拉伦斯·达罗 212

Davidson, Jo 乔·戴维森 332

Davies, David (Lord) 戴维·戴维斯（勋爵） 225,226,255,258

Davies, Joseph E. 约瑟夫·E. 戴维斯 377

Davis, Garry 加里·戴维斯 503,673
De Bondt, Jan 让·德邦德 657
Decalogue Society of Lawyers 十诫律师协会 599
Despard, Charlotte 夏洛特·德斯帕德 659
Deutsche Liga für Menschenrechte 德国人权同盟 47,50,63,84,91,92,120,132,133,648
Deutsches Friedenskartell 德国和平联盟 50
Devanny, Jean 琼·德瓦尼 659
Dewey, John 约翰·杜威 133,265,424~425
Dickerson, Earl B. 厄尔·B.迪克森 523,675
Dietrich, John H. 约翰·H.迪特里希 154
Dimock, Marshall 马歇尔·迪莫克 665
Disarmament 裁军 103,105,106,168 也可参见 Einstein, on disarmament
Disarmament Conference 裁军会议 142,146,147,149及以下诸页,158,160,167及以下诸页,173
Dixmude meeting of Belgian veterans,1931 1931年比利时老兵迪克斯穆德集会 144
Domagk, Gerhard 格哈德·多马克 670,681
Doneis, Armin F. 阿明·F.多尼斯 474,672
Dos Passos, John 约翰·多斯·帕苏斯 177
Douglas, William O. 威廉·O.道格拉斯 377,618
Downes, Olin 奥林·唐斯 523,675
Dreiser, Theodore 西奥多·德莱塞 177
Drummond, Eric 埃里克·德拉蒙德爵士 67
Dudzik, John 约翰·达德齐克 468,672
Dufour-feronce, Albert 阿尔伯特·杜福尔-费龙斯 110
Duhamel, Georges 乔治·迪阿梅尔 79
Dumbarton Oaks Conference 敦巴顿橡树园会议 333

Eaton, Cyrus 赛勒斯·伊顿 682
Eban, Abba 阿巴·埃班 571
Ehrenfest, Paul 保罗·埃伦菲斯特 2,12,18,29,36,43,215,219,649,650
Ehrlich, Paul 保罗·埃尔利希 4
Einstein, Albert 阿尔伯特·爱因斯坦 1,9~10,14,15,70,114~115,116,119,124,138,171~172,185,280,282,285,286,

475,509

～在阿尔伯特会堂讲演 237～240,661～662

～和知识分子合作委员会 58及以下诸页,75～76及以下诸页,84及以下诸页,108及以下诸页

～作为一个犹太人 15,22,43,45,68,116,217,258,277及以下诸页,322及以下诸页,335～336,368,511,574,577,636 也可参见 Israel

～的"要原子战争还是要和平" 347～351,431～440

～抨击 36,42～43,54,61,83,156,206～207,209,210,216及以下诸页,235,344,622,651(脚注14)

～论公民权 7,22,39,59,61,155,211,312～314

～的上帝概念 596,651(脚注15)

～与比利时国王阿尔伯特的通信 227～229

～与比利时王后伊丽莎白的通信 245,257,282,285,291,553～554,562,591,603,615,619,661～662

～与弗洛伊德的通信 167,185～202,659

～论"文化必定是世界理解的基础之一" 560～562

～论《欧洲的危险,欧洲的希望》 240～243

～论"命运攸关的决定" 459～460

～论《反战斗争》 212

～论"科学的国际主义" 59～60

～干预在巴勒斯坦的反犹太人骚乱 127

～论"展望未来" 482

～论"军事心态" 422～424

～论侵略 参见 Einstein, on security against aggression

～论应用科学 参见 Einstein, on technology

～论大赦政治犯 74

～论反亲犹太人主义 37,43,53,54,59,263～264

～论细菌战 564～565

～论教士和战争 104,136～137,167,187,251,480,611

～论共产主义 181,241,439 也可参见 Einstein, on Union of Soviet Socialist Republics

～论因良心拒服兵役者 106～107,107,125,127～128,130～131,135,146,152,153,227及以下诸页,319,399,458,461,511,542 也可参见 Einstein, on war resistance

～论强制征兵 117,142,144,152,206,208 也可参见 Conscription, Einstein, on war resistance

~论民主 24 及以下诸页, 209, 284, 312, 314, 429, 438, 502

~论专政 25, 234, 241, 250, 451

~论裁军 88～89, 102 及以下诸页, 121, 123, 140, 141, 145 及以下诸页, 152, 153, 157, 159, 163～164, 168, 170, 184, 205, 212, 226, 250, 252, 463, 465

~论教育 15, 76, 109, 110, 126, 144, 146, 174, 253, 273～274, 284, 309～310, 510

~论从科学会议排除德国人 34, 47, 63～64

~论法西斯主义 83～84, 234, 241 及以下诸页, 252, 257, 273, 276～277, 329

~论法国和法国人 16, 48, 49～50, 179, 236

~论自由 133～134, 154, 208, 211, 237, 238, 240 及以下诸页, 280 及以下诸页, 288 及以下诸页, 312, 326, 460, 461, 475, 496, 517, 534, 541, 552, 558, 569, 600～601, 613, 666

~论出版自由 204～205, 208

~论科学研究自由 283 及以下诸页, 343, 370, 401～402, 419, 460～461, 517, 568

~论甘地 98, 174, 261, 467～468, 525, 529, 543, 544, 569, 584, 594, 606

~论德国重新武装 208, 224, 226, 229 及以下诸页, 240, 260, 365, 503, 524, 537, 578～580

~论德国战争罪行 31 及以下诸页, 97

~论德国和德国人 11, 15 及以下诸页, 20, 22 及以下诸页, 35, 37, 52～53, 74, 83, 133～134, 148, 215 及以下诸页, 260, 263～264, 269 及以下诸页, 313, 316, 321, 331, 343, 365 及以下诸页, 388, 398, 400, 423, 456, 524, 577

~论历史学家 11, 15, 20, 38, 55, 76

~论人性和战争 参见 Einstein, on war

~论不可能防御原子武器 384～385, 393, 395, 396, 415, 466, 467, 470, 480, 495

~论个人和社会 20, 41, 129, 150～151, 154, 274～275, 280, 331, 337, 343, 510～511, 542 及以下诸页, 601, 618

~论国际仲裁法庭 145, 148, 149, 151, 161, 205, 235, 260, 360

~论欧洲的国际组织 5 及以下诸页, 72, 76, 84, 502

~论国际警察部队 参见

Einstein, on world government and international police force
~论知识的国际性 11,12,41,44,46,55,59~60
~论日本和日本人 56,75,174,176及以下诸页,180~181,250,321,581
~论国际联盟（国联） 61及以下诸页,66,71,75,85,88,110,111,151,187,250~251,254,260,262,267~268,281,313,360
~论马歇尔计划 425~426
~论马萨尔伊克 41
~论军国主义 111,173,241,242,464~466,475,486,494,504,534,559
~论拒绝服兵役 参见 Einstein, on Conscientious objectors, Einstein, on war resistance
~论少数派 85,110,158,389~390,637
~论国家主义（民族主义） 5,11及以下诸页,35,38,44,51,71,152,163,241,242,313,406,407,459,567,590
~论需要军事准备反抗纳粹德国 214,215,224,230,231,235,236,246,247,250,462 参见 Einstein, on war resistance
~论尼赫鲁 516,525
~论诺贝尔 247~248

~论诺贝尔和平奖 266
~论北大西洋公约 513,514
~论纽伦堡审判 542及以下诸页,601
~论脑力劳动者组织 325~327
~论和平主义 45,55,98,116及以下诸页,123,125~126,141,235,236,276~277,279,316,319,553,564,569,585,588,596 也可参见 Einstein, on war resistance
~论政治暗杀 53,134
~论经济和政治权力 10,11,15,16,19,20,343,468,510
~论预防性战争 246,471,472,483,486及以下诸页,497
~在普林斯顿 245
~论心理分析学家 185~186,188
~论贵格会教徒（公谊会教徒） 39~40,135,180,511,558
~论革命 143
~论罗斯福 249,331~332,334,469,497
~论萨科和万泽蒂 424
~论科学和战争 94,105~105,312,515,604
~论科学家和社会 218,269~270,283,311,330,343,355~356,428~429,456,473,474~475,493及以下诸页,502,510,514~515,525~526,534

～537,554 也可参见 Einstein, on individual and society

～论免遭侵略的安全 148,150,151,164,205,226,242,252,343,344,418,464,467,468,476 及以下诸页,480,481,487,488,494 及以下诸页,504,513,516 及以下诸页,520,566 也可参见 Einstein, on world government

～论社会主义 26,120,124,145,351,450～451,468,469,533,649

～论主权 159,169,177,205,227,260,313,319,339,337,354,371,382,388,390,406～407,435,437,438,441,454,481 及以下诸页,494,495,566

～论西班牙内战 274,344

～论超国家权力（权威）参见 Einstein,on world government

～论瑞士民兵体制 138～139 也可参见 instein,on conscription

～论技术 5,122,475

～论技术和政治制度 4,42,51,55,146,159

～论技术和战争 146,209,333,361,483,487,495,510

～论杜鲁门 489,498,517,519

～论苏维埃社会主义共和国联盟 75,89,178 及以下诸页,204,234,322～324,343,348,349,357,415～416,418,426,435 及以下诸页,442,450,456,462,463～464,466,469,478,479,485,496 及以下诸页,512,532～533,571,602 也可参见 Einstein, on United States, relation with U.S.S.R.

～论联合国 333,354,361,365,379～380,381,386,396～397,415,416,425,439 及以下诸页,452～453,482,504,516,538,540,560～562,592,603～606

～论美国 44～45,46,115,120 及以下诸页,125,156 及以下诸页,312～314,317～318,418,489,502,513,517,520～521,574,594,601,602,616,626

～论美国的孤立主义 159～160,208,245,249,250 及以下诸页,267～268,272,274,276,277,279,283,326

～论美国与苏维埃俄国的关系 380,385,386,405,426,432,435 及以下诸页,477 及以下诸页,485 及以下诸页,516,517,519,524,531～532,553,555,588,674

～论凡尔赛和约 149～150,159,400

～论战争 45,49,54～55,90,

92,93,112,117,126,140,146,147,157,159,161～162,170,172,187及以下诸页,253～254,260及以下诸页,271,311,353,369,378,385,467,556～557,566,568,591

～论反对(抵制)战争 89及以下诸页,100～101,104,112,116及以下诸页,123,124,128及以下诸页,135及以下诸页,141～143,148,157,169,172及以下诸页,208,213,226及以下诸页,461,609 也可参见 Einstein, on Conscientious objectors

～论西方文化 161,241,280

～论威尔逊 44,248及以下诸页,254,281,323,319,332

～论世界政府 4,14,51～52,55,58,76,173,189,203,214,215,226及以下诸页,239,242,247,255及以下诸页,260,277,336及以下诸页,346及以下诸页,351及以下诸页,356,362,363,369,370,374,375,379,381及以下诸页,386,388,390,396,398,406～407,409,415及以下诸页,429～430,435及以下诸页,440及以下诸页,455,459,461及以下诸页,469,475,479及以下诸页,483,495及以下诸页,504,513,518,522,528及以下诸页,533,539～540,555,557,559,562及以下诸页,589,593,595,606,608,617

～论世界政府和国际警察部队 205,224及以下诸页,235,242,245,247,255,258,272,316,362,407

～的"科学家的道义责任" 534～537

～的"致联合国大会的公开信" 440～443,449～455

苏联科学家对～的"致联合国大会的公开信"的答复 443～449,463～469

～的"重新审查和平主义" 254～257

～在原子弹发展中的作用 103,285及以下诸页,335,350,365,519,569,580～581,584,621,663

～的百分之二讲演 116～119,172,260

～的"战争是赢得了,却没有和平" 355～356

～的"走出困境之道" 360～363

～的"我所看到的世界" 111,279～282

～的《我所看到的世界》 171

Einstein Jubilee Committee 爱因斯坦五十寿辰纪念委员会 95

Einstein War Resisters' International

Fund 爱因斯坦反战者国际基金 130,143

Eliot,T. S. T. S.艾略特 462

Elizabeth (Queen of Belgium)伊丽莎白（比利时王后） 227,245,257,281,285,291,553～554,562,591,603,615,619,661～662

Elliot,Phillips 菲利普斯·埃利奥特 520,674

Ellis,Havelock 哈夫洛克·埃利斯 659

Emergency Civil Liberties Committee 公民自由应急委员会 551

Emergency Committee in Aid of Political Refugees from Nazism 帮助逃离纳粹主义的政治流亡者应急委员会 262,662

Emergency Committee of Atomic Scientists 原子科学家应急委员会 375 及以下诸页,383,387,391 及以下诸页,403,407 及以下诸页,419,421,424,430,455,458,463,464,470～474,480,499 及以下诸页,504 及以下诸页,557～558,668,669,670,672

Emerson,Thomas 托马斯·埃默森 523,675

Erzberger,Matthias 马蒂亚斯·埃茨贝格尔 648

Esway,Paul 帕乌尔·埃什瓦伊 522

Euler,Hans von 汉斯·冯·奥伊勒 681

Europe's Danger—Europe's Hope 《欧洲的危险——欧洲的希望》 240

Evans,Luther H. 卢瑟·H.埃文斯 377

Everling,Otto 奥托·埃弗林 92,654

Explaining the Atom《说明原子》 663

Falconer,Bruce 布鲁斯·福尔克纳 46,651

Falkenhayn,Erich von 埃里希·冯·法尔肯海因 15

Faraday,Michael 迈克尔·法拉第 510

Farmer,Fyke 法伊克·法默 539,671

Fasnacht,Harold D. 哈罗德·D.法斯纳克特 523,675

Ferderation of American Scientists 美国科学家联合会 359,375,376,390,408,413～414,667

Fellowship of Reconciliation 和解联谊会 113,517 也可参见 Muste A. J.

Fermi,Entico 恩里科·费米 287 及以下诸页,293,294,297,300,301,306

Feuchtwanger,Lion 利翁·菲希特

旺格 265

The Fight Against War《反战斗争》 212

Finkelstein, Louis 路易斯·芬克尔斯坦 667

Finley, John H. 约翰·H. 芬利 662

Firing Line《第一线》 622

First World War 第一次世界大战 参见 World War Ⅰ

Fischer, Emil 埃米尔·菲舍尔 11, 59

Fischer, Louis 路易斯·费希尔 426

Fisher, Dorothy Canfield 多萝西·坎菲尔德·费希尔 667, 672

Fletcher, F. F. F. F. 弗莱彻 465, 672

Flexner, Abraham 亚伯拉罕·弗莱克斯纳 221, 660

Flynn, John E. 约翰·E. 弗林 523, 675

Förster, Friedrich Wilhelm 弗里德里希·威廉·弗尔斯特 321, 648, 653

Förster, Wilhelm 威廉·弗尔斯特 6, 648

Foreign Policy Association 外交政策协会 268

Foreign Press Association 外国记者协会 426

Forel, Auguste 奥古斯特·福雷尔 113

Fosdick, Harry Emerson 哈里·埃默森·福斯迪克 279

Foundation for World Government 世界政府基金会 500, 501, 530

Franck, James 詹姆斯·弗兰克 306, 366, 367, 621, 630, 665

Franck Report (on atomic bomb) 弗兰克报告（关于原子弹） 307, 665

Franco, Francisco 弗朗西斯科·佛朗哥 659

Frank, Waldo 沃尔多·弗兰克 653

Frankfurter, Felix 费利克斯·弗兰克福特 277, 278

Franqui Foundation, Brussels 布鲁塞尔弗朗吉基金会 221

Frasier, George Willard 乔治·威拉德·弗雷泽 523, 675

Frauenglass, William 威廉·弗劳恩格拉斯 546 及以下诸页，

Freud, Sigmund 西格蒙德·弗洛伊德 113, 167, 185～186 及以下诸页, 191～202, 653, 659

Freundlich, Ervin F. 埃尔温·F. 弗罗因德利希 2

Fried, Emanuel J. 伊曼纽尔·J. 弗里德 677

Die Friedensbewegung《争取和平的运动》 54, 651

Friends of Europe 欧洲公谊会

240,243,662

Friends of the Soviet Union(Berlin) 苏联公谊会(柏林) 96

Friends Service Council (London) 公谊会教友服务分会(伦敦) 172 也可参见 Quakers

Frisch, Otto R. 奥托·R.弗里施 288,290,300

Frumkin, A. N. A. N. 弗鲁姆金 443

Fry, Eileen 艾琳·弗赖伊 668

Fulbright, J. W. J. W. 富布赖特 667

Gandhi, Mohandas Karamchand 莫罕达斯·卡拉姆昌德·甘地 98,119,174,261,467~468,525, 529,543,544,569,584,585,594, 606,653

Gauss, Christian 克里斯琴·高斯 383

General Conference of the Methodist Church 基督教循道公会大会 480,566

General Theory of Relativity 广义相对论 8,27,29,650

Gerlach, Hellmuth von 赫尔穆特·冯·格拉赫 38

Germain, André 安德烈·热尔曼 265

German Club for the Cultivation of Social and Scientific Relation (New York) 德国培育社会交往和科学交流俱乐部(纽约) 40

German Committee for Intellectual Co-operation 德国知识分子合作委员会 87,107~108

German League for Human Right 德国人权同盟 参见 Deutsche Liga für Menschenrechte

German Peace Congress 德国和平会议 参见 Deutsche Friedenskartell

German Peace Society 德国和平协会 468

Germany 德国 参见 Einstein, on Germany and Germans

Gherea, Dobrogheanu 多布罗格海亚努·盖雷亚 659

Gilbert, Stuart 斯图亚特·吉尔伯特 659

Goitein, David 戴维·戈伊坦 571

Goldschmidt, Alfons 阿尔方斯·戈尔德施密特 132,180

Gorki, Maxim 马克西姆·高尔基 79,177,180,204

Gould, Laurence M. 劳伦斯·M.古尔德 523,675

Gromyko, Andrei 安德烈·A.葛罗米柯 431

Grossmann, Kurt R. 库尔特·R.格罗斯曼 648,653,662

Groves, Leslie R. 莱斯利·R.格罗夫斯 302

Gruen, Dieter M. 迪特尔·M. 格伦 353,667
Gueben 格邦 617
Gumbel, Emil J. 埃米尔·J. 贡贝尔 132 及以下诸页,153
Gunn, Ross 罗斯·冈恩 290
Gurney, Chan 钱·格尼 466
Gustavson, Reuben G. 鲁本·G. 古斯塔夫森 470,672

Hadamard, Jacques S. 雅克·S. 阿达玛 99, 101, 230, 503, 512, 516, 565, 580
Haddow, Alexander 亚历山大·哈多 680
Häckel, Ernst 恩斯特·海克尔 4
Hahn, Otto 奥托·哈恩 287,290, 300,350,576,680,681
Haldane, Richard Burdon (Lord) 理查德·伯登·霍尔丹(勋爵) 54
Hale, Robert 罗伯特·黑尔 396
Hamilton, Fowker 福勒·汉密尔顿 431
Hammarskjöld, Dag 达格·哈马舍尔德 609,610
Hans, Paula 保拉·汉斯 138,675
Hara, Katusu 原胜 583,678
Hardie, F. M. F. M. 哈迪 246
Harding, Walter 沃尔特·哈丁 679
Harris, N. K. N. K. 哈里斯 523,675
Harrison, George L. 乔治·L. 哈里森 306
Harrison, Samuel J. 塞缪尔·J. 哈里森 523,675
d'Hartoy, Maurice 莫里斯·达尔图瓦 652
Hartung, Gustav 古斯塔夫·哈通 662
Havighurst, Robert J. 罗伯特·J. 哈维格斯特 523,675
Hebrew University, Jerusalem 耶路撒冷的希伯来大学 45
Hecht, Selig 塞利格·赫克特 394,663
Hegemann, Werner 沃纳·赫格曼 662
Heidelberger, Michael 迈克尔·海德尔伯格 607
Heisenberg, Werner 韦尔纳·海森堡 681
HelleZeit-Dunkle Zeit, In Memoriam Albert Einstein《光明的时刻,黑暗的时刻:纪念阿尔伯特·爱因斯坦》 663
Hellman, Lillian 莉莲·赫尔曼 486
Heringa, G. C. G. C. 黑林加 235
Herriot, Édouard 爱德华·埃里奥 205
Hersey, John 约翰·赫西 394
Herzog, Wilhelm 威廉·赫尔佐格

222
Hesselgren, Kerstin 克斯廷·赫塞尔格伦 670
Heuss, Theodor 特奥多尔·霍伊斯 577
Hevesy, Georg von 格奥尔格·冯·黑费西 681
Heymann, Lida Gustava 利达·古斯塔瓦·海曼 138,657
Hiller, Kurt 库尔特·希勒 22,143
Hinshaw, Virgil S., Jr. 小弗吉尔·S. 欣肖 665
Hitler, Adolf 阿道夫·希特勒 参见 Einstein, on Germany and the Germans
Hofman, Michael 迈克尔·霍夫曼 388,669
Hogben, Lancelot 兰斯洛特·霍格本 518
Hogness, Thorfin R. 索芬·R. 霍格内斯 376,394,412,427,470,506,673
Holde, D. D. 霍尔德 153
Holdt, George C. 乔治·C. 霍尔特 668
Holmes, John Haynes 约翰·海恩斯·霍姆斯 223,520,653,674
Hook, Sidney 悉尼·胡克 532,579
Hooper, S. C. S. C. 胡珀 289,290
Hoover, Gilbert C. 吉尔伯特·C. 胡佛 297
Hoover, Herbert 赫伯特·胡佛 124,157
Horn, Nelson P. 纳尔逊·P. 霍恩 523,675
Hugenholtz, J. B. T. J. B. T. 许根霍尔茨 167,174 及以下诸页,225
Hughes, Donald 唐纳德·休斯 307,665
Human Folly: To Disarm or Perish? 《人的愚蠢：走向裁军抑或走向毁灭?》 612
Humperdinck, Engelbert 恩格尔贝特·洪佩尔丁克 4
Humphrey, Hubert 休伯特·汉弗莱 499
Hutchins, Robert M. 罗伯特·M. 哈钦斯 336,670
Huxley, Aldous 奥尔德斯·赫胥黎 422,474
Huxley, Julian 朱利安·赫胥黎 496
Hydrogen bomb 氢弹 518 及以下诸页,605,624

Ickes, Harold L. 哈罗德·L. 伊克斯 377
Iglehart, Charles 查尔斯·伊格尔哈特 520,674
Inagaki, Morikatsu 稻垣守克 582,

583,590

Inclan, Valle 瓦列·因克兰 659

Independent Citizens' Committee of the Arts, Sciences and Professions 独立公民技艺、科学和专门职业理事会 331,364~365

Independent League for Roosevel 支持罗斯福独立同盟 332

Infeld, Leopold 莱奥波尔德·因费尔德 570,626,635,661,680

Institute for Advanced Study, Princeton 普林斯顿高级研究所 215,221,244

Institute of Intellectual Co-operation 知识分子合作协会 参见 International Institute of Intellectual Co-operation

Institute of Technology, Zurich 苏黎世理工学院 1

Interim Committee, 1945 (on use of atomic weapons) 1945 年的临时委员会（关于使用原子武器） 306

International Antimilitaristic Bureau 国际反对军国主义办事处 175

International Antimilitaristic Commision 国际反对军国主义委员会 232

International Association of Academies 国际学会联合会 60

International Conference on Modern Methods of Warfare and the Protection of Civil Populations 战争和平民保护现代方法国际会议 93

International Congress Against Imperialist Wars 国际反对帝国主义战争大会 175 及以下诸页，659

International Court Arbitration 国际仲裁法庭 参见 Einstein, on international court arbitration

International Committee on Intellectual Co-operation 国际知识分子合作委员会参见 League of Nations, Committee on Intellectual Co-operation

InternationalInstitute of Bibliography 国际文献学协会 87

International Institute of Intellectual Co-operation 国际知识分子合作协会 69,73,77~78,86,98,107~108,187

International Labor Office 国际劳工署 85

International League Against Anti-Semitism 国际反对反犹太主义同盟 184

InternationalLeague for Academic Freedom 国际争取学术自由联合会 265

International League for Human Rights 国际人权同盟 47,84 也可参见 Deutsche Liga für Menschenrechte

InternationalLeague of Fighters for Peace 国际争取和平战士联盟 233

InternationalPrace House 国际和平大厦 174~175,225

International police force 国际警察部队 参见 Einstein, on world government and international police force

International Trade Union Congress, 1921 1921年国际贸易联合会会议 45

International Union of Antimilitarist Clergymen and Ministers 国际反对军国主义教士和牧师联合会 136,137,167

International Women's Co-operation Guide 国际妇女合作向导 169

Internationalism 国际主义 参见 Einstein, on internationalism of knowledge

Issac,Jules 朱尔·伊萨克 621

Israel, 以色列 335～336,571～574,636～637 也可参见 Einstein,as a Jew

Iverson,Felix 费利克斯·伊韦尔松 127

Jakubowski,Josef 约瑟夫·贾库鲍夫斯基 98

Japan 日本 参见 Einstein, on Japan and Japanese；Manchuria

Jeans,James 詹姆斯·金斯 236

Jeffries Report（on atomic energy）贾弗里斯报告（关于原子弹）304,664

Jehle,Herbert 赫伯特·耶勒 514

Jewish Council for Russian War Relief 犹太人支援俄国战争救济公会 322,382

Jewish Peace Fellowship 犹太人和平联谊会 595

Jewish Peace League 犹太人和平同盟 96

Joffe,A. F. A. F.约飞 443

Johnson, Alvin 阿尔文·约翰逊 265

Johnson,Charles S. 查尔斯 S. 约翰逊 527,675

Joint Peace Coucil 联合和平理事会 113,136,167

Joliot-Curie,Frédéric 弗雷德里克·约里奥-居里 287,288,295,300,512,624 及以下诸页,635,680

Joliot-Curie,lrène 伊蕾娜·约里奥-居里 287

Jung,Carl Gustav 卡尔·古斯塔夫·荣格 185

Kahler,Erich 埃里克·卡勒 667

Kaiser-Wilhelm-Gesellschaftzur

Förderung der Wissenschaften 恺撒-威廉科学促进学会 1,287,289,293,295,577

Kalisch, Arnold 阿尔诺德·卡利施 138,162,203,657

Kapp Putsch 卡普政变 38~39

Karolyi, Michael 迈克尔·考罗伊 659

Katayama, Sen 片山潜 659

Keller, Helen 海伦·凯勒 124

Kellogg, Frank 弗兰克·凯洛格 247

Kellogg-Briand Pact 凯洛格-白里安公约 139,152 及以下诸页

Kennedy, Gerald 杰拉尔德·肯尼迪 523,675

Kepler, Roy C. 罗伊·C. 开普勒 461

Kettner, Frederick 弗雷德里克·凯特纳 660

Kingsbury, John A. 约翰·A. 金斯伯里 523,675

Kollwitz, Käthe 克特·珂勒惠支 212,219

Kraus, Karl 卡尔·克劳斯 659

Krüss, Hugo 胡戈·克吕斯 87~88,107,108

Labarthe, André 安德烈·拉巴尔特 384

LaFarge, Christopher 克里斯托弗·拉法奇 513

Lagerlöf, Selma 泽尔马·拉格尔勒夫 113

LaGuardia, Fiorello H. 菲奥雷洛·H. 拉瓜迪亚 651

Landau, Jacob 雅各布·朗道 401~402,669

Landauer, Walter 沃尔特·兰多尔 259

Lang, Gordon 戈登·兰 462 及以下诸页

Langevin, Paul 保罗·朗之万 93,177,183,184,215,220

Langmuir, Irving 欧文·兰米尔 247,258,667

Lania, Leo 莱奥·拉尼阿 234

Lasker, Albert D. 艾伯特·D. 拉斯克 667

Laue, Max von Laue 马克斯·冯·劳厄 218,620

Laurence, William Appleton 威廉·阿普尔顿·劳伦斯 527,675

Lawrence, Ernest O. 恩斯特·O. 劳伦斯 306

Lawson, Robert W. 罗伯特·W. 劳森 27,29,650

League for Organization of Progress 进步组织联盟 91

League of Conscientious Objectors 因良心拒服兵役者联合会 229~230

League of Nations 国际联盟(国联)

23,58及以下诸页 也可参见 Einstein,on League of Nations

～知识分子合作委员会 58及以下诸页,78～79,82及以下诸页,108及以下诸页 也可参见 Einstein, and Committee on Intellectual Co-operation

～裁军委员会 90,167

Lebach,Margarete 玛格丽特·勒巴赫 210,654,660

Lecat,Maurice 莫里斯·勒卡 684

La Légende des Francs-Tireurs de Louvain《卢万的自由射手的传说》 97

Lehmann-Russbüldt, Otto 奥托·莱曼-鲁斯比尔特 225,321,457,648,651,657

Lewen,Si 西·卢恩 558,677

Lewis, Joseph 约瑟夫·刘易斯 611

Lewis, Sinclair 辛克莱·刘易斯 247

Leyens, Erich 埃里希·莱恩斯 101～102,655

Liber Amicorum (for Romain Roland)《友谊之书》(为罗曼·罗兰) 79,653

Lichtenberg,G. C. G. C. 利希滕贝格 197,616,629

Lie,Trygve 特吕格韦·赖伊 405,412,526

Lief, Alfred 艾尔弗雷德·利夫 212

Lilienthal,David 戴维·利连索尔 374,402～403,520

Lilienthal-Acheson Report on atomic energy 利连索尔-艾奇逊报告（关于原子能） 375,382,385

Lille (France), World War I atrocities 第一次世界大战在里尔（法国）的暴行 参见 Einstein,on German War crimes; World War I

Lincoln's Birthday Committee for Democracy and Intellectual Freedom 争取民主和思想自由林肯诞辰委员会 283

Lindbergh,Charles 查尔斯·林德伯格 294

Lippmann,Fritz 弗里茨·李普曼 681

Lippmann,Walter 沃尔特·李普曼 358,667

Litvinov,Maxim 马克西姆·利特维诺夫 320,321

Lloyd, Lola Maverick 洛拉·马弗里克·劳埃德 122,212,656,660

Lloyd George, David 戴维·劳埃德·乔治 236

Longuet,Robert Jean 罗贝尔·让·隆盖 398,669

Lonsdale,Kathleen 凯瑟琳·朗斯代尔 517

Lorentz, H. A. H. A. 洛伦兹 11, 18, 21, 27, 32 及以下诸页, 38, 43, 63, 64, 68, 72 及以下诸页, 85, 86, 582, 650

Los Angeles University of International Relations 洛杉矶国际关系大学 163

Luchaire, Julien 朱利安·吕谢尔 74, 77, 108, 653

Lurie, Zvi 兹维·卢里 636, 637

Lynd, Robert S. 罗伯特·S. 伦德 523, 675

McLean, W. J. W. J. 麦克莱恩 353, 667

MacLeish, Archibald 阿奇博尔德·麦克利什 377, 379

McWilliams, Carey 凯里·麦克威廉斯 523, 675

Manchuria, Japanese invasion 日本入侵满洲 145, 149, 174, 176, 180

Manifesto to the Civilized World, 1914 1914 年的告文明世界宣言 3~4, 11, 12, 33 及以下诸页, 648

Manifesto to Europeans 告欧洲人书 4~7

Mann, Heinrich 海因里希·曼 98, 132, 177, 212, 219, 222, 265

Mann, Thomas 托马斯·曼 105, 113, 222, 265, 274, 340, 485, 513, 523, 670

Marangoni, Ernesta 埃尔内斯塔·马朗戈尼 567, 678

Maranz, Georg 格奥尔格·马兰茨 602, 679

Margueritte, Victor 维克多·马格丽特 168, 182, 183, 659

Maritain, Jacques 雅克·马里坦 670

Marseille, Walter W. 瓦尔特·W. 马赛 496 及以下诸页, 673

Marshall, George C. 乔治·C. 马歇尔 306, 425, 431

Martin, James 詹姆斯·马丁 673

Masaryk, Thomas Garrigue 托姆斯·加里古埃·马萨尔伊克 41, 130~131, 265 及以下诸页, 653

Masereel, Frantz 弗朗茨·马瑟雷尔 659

Massart, Prof. 马萨尔教授 33

Masters, Dexter 德克斯特·马斯特斯 357, 359, 668

Matarisvan, M. M. 马塔里斯文 622, 680

Mather, Kirtley F. 柯特利·F. 马瑟 325, 523, 607, 675

Max-Planck-Gesellschaft 马克斯-普朗克学会 577

Mayence, Fernand 费尔南·马扬斯 97

Mayer, Joseph E. 约瑟夫·E. 迈耶 470,506,672,673

May-Johnson bill (for control of atomic energy) 梅-约翰逊议案(为控制原子能) 342,345,667

Mays, Benjamin E. 本杰明·E. 梅斯 527,675

Mebane, Alexander D. 亚历山大·D. 梅班 557,677

Meitner, Lise 莉泽·迈特纳 288,290,300,350

Menuhin, Yehudi 耶胡迪·梅纽因 670

Merckling, Albert 阿尔伯特·默克林 388

Merory, Joseph 约瑟夫·梅罗里 213,660

Meyer, Cord Jr. 小科德·迈耶 382,417,463,475,499,668~669,672

Mezerik, A. G. A. G. 梅泽里克 677

Michener, Robert 罗伯特·米切纳 542,676

Military traiing 军事训练(军训) 参见 Conscription

Military system 军事体制 参见 Conscription

Millor, William J. 威廉·J. 米勒 523,527,675

Militarism in Education《教育中的军国主义》 523

Millikan, Robert A. 罗伯特·A. 密立根 68

Minett, Ernest Everet 欧内斯特·埃弗里特·米内特 668

Miyake, Hayasi and Miho 三宅速和三宅三保 55,582

Moch, Jules 朱尔·莫克 612

Möllendorff, Wichard von 维夏德·冯·默伦多夫 92

Montreux Conference 蒙特勒会议 参见 World Movement for World Federal Government

Mooney, Thomas J. 托马斯·J. 穆尼 131

Moore, John G. 约翰·G. 穆尔 596,679

Morley, Christopher 克里斯托弗·莫利 667

Morgan, Joy Elmer 乔伊·埃尔默·摩根 523,527,675

Morrison, Philip 菲利普·莫里森 358,394,486,523,667,675

Morse, Philip M. 菲利普·M. 莫尔斯 376,394,412,413,470,500,673

Mottram, Ralph H. 拉尔夫·H. 莫特拉姆 102

Mowrer, Edgar Ansel 埃德加·安塞尔·莫勒 93,400

Mueller, Paul 保罗·米勒 681

Münzenberg, Willi 维利·明岑贝格 180

Muller, Hermann J. 赫尔曼·J. 穆勒 470,635,672,680,681

Mumford, Lewis 刘易斯·芒福德 478~479

Murray, Gilbert 吉尔伯特·默里 58,59,61,65 及以下诸页,69~70,86

Murray, James E. 詹姆斯·E. 默里 524

Must We Fight Russia?《我们必须与俄国打仗吗？》374

Muste, A. J. A. J. 马斯特 517 及以下诸页,525,537,557,604,620

Myers, Alonzo F. 阿朗佐·F. 迈尔斯 523,527,675

Nahon, Alfred 阿尔弗雷德·纳翁 227,229,661

Naiton, T. E. T. E. 奈顿 569,678

Nathan, Otto 奥托·内森 vii~xiv,277,489,492,493,496,662

National Association for the Advancement of Colored People 全国有色人促进协会 158

National Committee on Atomic Information 全国原子能报道委员会 375,377

National Committee(s) on Intellectual Co-operation 国家知识分子合作委员会 72~73,85,110 也可参见 German Committee for Intellectual Co-operation

National Conference of Christians and jews 全国基督徒和犹太人会议 251

National Congress of Scientist 全国科学家大会 342

National Council against Conscription 全国反对强制征兵委员会 464,523,675

National Council of American-Soviet Friendship 全国美苏友好联合会 364

National Council of the Arts, Sciences and Professions 全国技艺、科学和专门职业理事会 483,484,490,674

National Defence Research Committee 301,302 国家国防研究委员会 301,302

National Organization of Student Federalists 全国学生联邦主义者组织 381

National Research Council 国家研究委员会 300

National Student Strike Committee 全国学生罢课委员会 258

National Wallace for President Committee 华莱士竞选总统全国委员会 469

National Wartime Conference 全国战时协商会议 325

Nazism, 纳粹主义 参见 Einstein,

on Germany and Germans
Nehru, Jawaharlal 贾瓦哈尔拉尔·尼赫鲁 516,525,627
Nellhaus, Gerhard 格哈德·内尔豪斯 542,676
New Commonwealth Society 新公民社会 226,258
New Fatherland League 新祖国同盟 参见 Bund Neues Vaterland
New History Society 新历史学会 116
New Jerser Education association 新泽西州教育联合会 309
New Jerser Legislature, resolution welcoming Einstein to Princeton 新泽西州议会欢迎爱因斯坦到普林斯顿的决议 209~210
New York University, Antiwar Committee 纽约大学反战委员会 248~249
Newman, James R. 詹姆斯·R. 纽曼 506
Nexö, Martin Andersen 马丁·安德森·内科 659
Nickson, J. J. J. J. 尼克森 307,665
Nicolai, Georg Friedrich 格奥尔格·弗里德里希·尼古拉 4及以下诸页,19,20,47,648
Nielson, William Allen 威廉·艾伦·尼尔森 667
Nieuland, Dom Norbert 多姆·诺伯特·纽兰 97,654
Nobel, Alfred B. 阿尔弗雷德·B. 诺贝尔 247~248,266,355
Nobel Prize Scientists Declaration, 1955年诺贝尔奖科学家宣言 681
No More War Movement 不再要战争运动 91
Norman, Dolothy 多萝茜·诺曼 480及以下诸页
Northern California Association of Scientists 北加利福尼亚科学家协会 408
Norwegian Student Union 挪威学生联合会 40

Odell, Morgan S. 摩根·S. 奥德尔 523,675
Olden, Rudolf 鲁道夫·奥尔登 204
On Active Service in Peace and War《在战争与和平中的活跃部门》 663
One World Award Committee 同一个世界奖委员会 475
One World or None《同一个世界抑或一无所有》 356~363,667
Onnes, Heike Kamerlingh 黑伊克·卡梅尔林·翁内斯 650
Open Letter to Truman, Stalin, Atlee and Bevin《给杜鲁门、斯大林、艾德礼和贝文的公开信》

388

"Operation Crossroads"(broadcast on atomic energy)"重要抉择时刻的行动"(关于原子能的广播) 377~379

Oppenheimer,J. Robert J. 罗伯特·奥本海默 306,338,358,520,607,667

Oram,Harold L. 哈罗德·L.奥拉姆 668

Orr,John Boyd 约翰·博伊德·奥尔 539,670

Ossietzky,Carl von 卡尔·冯·奥西茨基 264及以下诸页,397~398,424

Otto,Max C. 马克斯·C.奥托 523,675

Oxford Union Society 牛津联盟社团 246

Oxford University 牛津大学 137,162,221

Pacifism 和平主义 参见 Einstein, on pacifism

Page,Kirby 柯尔比·佩奇 136

Paine,Merlin M. 默林·M.佩因 554,677

Painlevé,Paul 保罗·潘勒韦 54,107,109

Pandya,Sudhir P. 苏迪尔·P.潘迪阿 598,679

Pan-European Union 泛欧洲联盟 84,203,204

Parmelee,Foster 福斯特·帕米利 381,668

Patton,James G. 詹姆斯·G.帕顿 523,675

Pauli,Wolfgang 沃尔夫冈·泡利 680

Pauling,Linus 莱纳斯·波林 376,394,412,470,523,607,635,675

Pavlov,Ivan 伊凡·巴甫洛夫 105

Payson,Lily 莉莉·佩森 668

Pegram,George B. 乔治·B.佩格勒姆 289

Pekurinen,Arndt 阿尔恩特·佩库里宁 127

Pendray,G. Edward G.爱德华·彭德雷 284

People's Parliament for Disarmament 争取裁军人民议会 149

Peoples' World Convention 世界人民大会 420~421,464,498及以下诸页,518,539,605,670

Pepper,Claude 克劳德·佩珀 667

Phi Beta Kappa 斐·贝塔·卡帕 282~283

Phillips,Glenn Randall 格伦·兰德尔·菲利普斯 527,675

Physician's Antiwar Committee 医生反战委员会 182

Pickett,Clarence 克拉伦斯·皮克

特 520,674

Pitter, Premysl 普热米斯尔·皮特尔 130

A Plan for Peace《一项争取和平的计划》 595

Planck, Max 马克斯·普朗克 11, 18,24,36,54,65,72,73,155,216~217,219

Plante, Patricia 帕特里夏·普兰特 522

Pocono Conference, 1948 1948年波科诺大会 499~450

Pohl, Robert 罗伯特·波尔 138,657

Poincaré, Raymond 雷蒙·彭加勒 269

Ponsonby, Arthur A. W. H. (Lord) 阿瑟·A. W. H. 庞森比（勋爵） 12,167,170,224,225,230~231

Posin, Daniel Q. 丹尼尔·Q. 波辛 341,539

Powell, Cecil F. 塞西尔·F. 鲍威尔 635,680

Princeton University 普林斯顿大学 46

Progressive Citizens of American 美国进步公民组织 484

Progressive Education Association 进步教育联合会 252

Prussian Academy of Arts 普鲁士艺术院 212,219

Prussian Academy of Sciences 普鲁士科学院 1,18,47,155,211,214及以下诸页,219,260

Pugwash Conference 帕格沃希会议 682

Quakers, 贵格会教徒（公谊会教徒） 39~40,113,135,180,511,558

Quidde, Ludwig 路德维希·奎德 138,657

Rabi, Isidor I. 伊西多·I. 拉比 509

Rabinowitch, Eugene 尤金·拉比诺维奇 307,507,514,553,665,674

Radbruch, Gustav 古斯塔夫·拉德布鲁赫 134,657

Radhakrishnan, Sarvapalli 萨尔瓦帕利·拉达克里希南 670

Randall, Edwin 埃德温·兰德尔 558

Rankin, John 约翰·兰金 344

Rathenau, Walther 瓦尔特·拉特瑙 47,52~53

Rautenstrauch, Walter 瓦特·劳滕斯特劳赫 523,675

Rautzenberg, Carl J. 卡尔·J. 劳特曾伯格 209,660

Redfield, Robert 罗伯特·雷德菲尔德 673

Refugee Assistance Fund 流亡者援助基金 236

Reinhardt, Max 马克斯·赖因哈特 4

Relativity Theory 相对论 参见 General Theory of Relativity; Special Theory of Relativity

Remarque, Erich Maria 埃里希·玛利亚·雷马克 120

République Supranationale 超国家共和国 99

Reuter, Ernst 恩斯特·罗伊特 9

Reves, Emery 埃默里·里夫斯 337~338,339,341,351,352

Ridenour, Louis N. 路易斯·N.赖德诺尔 337~338,339,341, 351,352

Rienzi, Raymond de 雷蒙·德里安齐 651

Roberts, Owen J. 欧文·J.罗伯茨 340,595

Rocco, Alfrendo 阿尔弗雷多·罗科 78~79,86,154

Rockefeller, John D., Jr. 小约翰·D.洛克菲勒 157

Rockefeller Foundation 洛克菲勒基金会 658

Röntgen, Wilhelm 威廉·伦琴 4

Roland-Holst, Henriette 亨里泰·罗兰德-霍尔斯特 659

Rolland, Madelaine 马德莱娜·罗兰 46

Rolland, Romain 罗曼·罗兰 13 及以下诸页,19,21,30,49,79, 112,113,118~119,168,170, 177,180,232~233,261,265, 270,650

Rolland Manifesto 罗兰宣言 132

Rolph, James 詹姆斯·罗尔夫 132

Romulo, Carlos P. 卡洛斯·P.罗慕洛 425

Roodenko, Igal 伊盖尔·鲁登科 399,669

Roosevelt, Eleanor 埃莉诺·罗斯福 400,520

Roosevelt, Franklin Delano 富兰克林·德拉诺·罗斯福 285,292, 293~300,331~332,341,452

Ross, H. Lawrence H.劳伦斯·罗斯 679

Rosselini, Roberto 罗贝尔托·罗塞里尼 670

Rotblat, Joseph 约瑟夫·罗特布拉特 635

Rusch, Frang 弗朗·鲁施 43,650

Russell, Bertrand 伯特兰·罗素 xv~xvi,12,105,113,310,423, 462,463,497,550,617,622,623 ~625,626~627,630~632,659

Russell-Einstein declaration, 1955 1955年罗素-爱因斯坦声明 628 及以下诸页,680 及以下诸页

Russia 俄国 参见 Union of Soviet Socialist Republics

Rutherford, Ernest (Lord) 欧内斯

特·卢瑟福（勋爵） 237,510

Ruzicka,Leopold 利奥波德·卢齐卡 681

Sacco-Vanzetticase 萨科-万泽蒂案例 424

Sachs,Alenxander 亚历山大·萨克斯 292 及以下诸页,663

Sandino,Augusto 奥古斯托·桑地诺 659

Sàndor,Török 托罗克·山多尔 467,672

Sarrazac-Soulagev,Robert 罗贝尔·萨拉扎克-苏拉热 503,530,673

Savary,Jacques 雅克·萨瓦里 679

Schaffner,Joseph Halle 约瑟夫·哈利·沙夫纳 504,668

Scharl, Josef 约瑟夫·沙尔 573,678

Scherer, Paul 保罗·谢勒 520,674

Schilpp,Paul Arther 保罗·阿瑟·希尔普 381

Schoenaich,Paul von 保罗·冯·舍奈希 468

Schrödinger,Erwin 埃尔温·薛定谔 219,556

Schücking,Walther 瓦尔特·许金 9,97

Schurman,Jacob Gould 雅各布·古尔德·舒尔曼 160,164

Schweitzer,Albert 阿尔伯特·施魏策尔 629

Schwimmer,Rosika 罗希考·施维默 106,116,148,155,158,163,212

Science and World Co-operation (symposium) 科学和世界合作（论丛） 330

Science, Liberty and Peace 《科学、自由与和平》 474

Scientific and Cultuarl Congress for World Peace 科学文化界争取世界和平大会 491,511

Scientist and society 科学家和社会 参见 Einstein on science and war; on scientist and society

Scott,William T. 威廉·T. 斯科特 527,675

Scottsboro case 斯科茨博罗案例 132

Seaborg,Glenn 格伦·西博格 307,665

Seeley,Evelyn 伊夫林·西利 211

Seelig, Carl 卡尔·西利格 547,663

Segall,Gabriel 加布里埃尔·西格尔 314,333,666

Seitz,Frederick 弗雷德里克·赛茨 358,667,670,673

Semyonov, A. N. A. N. 谢苗诺夫 443

Shadowitz,Albert 艾伯特·沙多维茨 677

Shall the Nations Disarm?《国家将裁军吗?》 154

Shapley, Harlow 哈洛·沙普利 358,483 及以下诸页,488 及以下诸页,511,607,667

Sharp, Gene 吉恩·夏普 543 及以下诸页

Shaver, Dorothy 多萝茜·谢弗 678

Shaw, George Bernard 乔治·萧伯纳 12,177

Shawcross, Hartley 哈特利·肖克罗斯 427

Shea, Albert A. 艾伯特·A. 谢伊 522

Shih, Hu 胡适 670

Shinohara, Seiei 筱原正瑛 585, 588 及以下诸页

Siegbahn, Karl Manne 卡尔·曼内·西格巴恩 680

Siegmund-Schultze F. F. 西格蒙德-舒尔策 655

Signac, Paul 保罗·西尼亚克 180,659

Simpson, John A. 约翰·A. 辛普森 668

Sinclair, Upton 厄普顿·辛克莱 113,120,177,653

Singer, Kurt 库尔特·辛格 662

Skobeltzyn, Dimitri V. 季米特里·V. 斯科别尔琴 680

Smith, Alfred E. 艾尔弗雷德·E. 史密斯 262

Smith, Alice Kimball 艾丽斯·金布尔·史密斯 664

Smith, Rennie 伦尼·史密斯 243

Smuts, Jan Christian 简·克里斯琴·斯马茨 271

Smyth, Henry DeWolt 亨利·德沃尔夫·史密斯 663

Smyth Report 史密斯报告 参见 *Atomic Energy for Military Purposes*

Social Democratic Part, Germay 德国社会民主党 8,145~146

Società Italian per il Progresso delle Scienze 意大利科学促进协会 534

Society for Social Responsibility in Science 科学的社会责任学会 525,526

Society of Friends 公谊会教友 参见 Quakers

Sockman, Ralph W. 拉尔夫·W. 索克曼 480

Soddy, Frederick 弗雷德里克·索迪 681

Sohn, Louis B. 路易斯·B. 索恩 679

Solovine, Maurice 莫里斯·索洛文 1,48,53,56,72,183,502,566

Solvay, Ernest 埃内斯特·索尔维 63

Solvay Congress of Physicists 索尔

维物理学家会议 63 及以下诸页

Sommerfeld, Arnold 阿诺尔德·索末菲 367~368

Sorokin, Pitirim A. 皮季里姆·A. 索罗金 523,527,675

Soviet Russia, 苏维埃俄国　参见 Union of Soviet Socialist Republics

The Spanish Farm《西班牙农场》 102

Special Theory of Relativity 狭义相对论 622

Spitteler, Karl 卡尔·斯皮特勒 15

Spitz, David 戴维·斯皮茨 552

Squires, Arthur M. 阿瑟·M. 斯夸尔斯 455,671

Stalin, Joseph 约瑟夫·斯大林 332

Stanley, Wendell 温德尔·斯坦利 681

Stassen, Harold E. 哈罗德·E. 史塔生 377

Staudinger, Hermann 赫尔曼·施陶丁格 681

Steams, Joyce 乔伊斯·斯特姆斯 307,665

Steed, Wickham 威克姆·斯蒂德 265

Steere, Douglas 道格拉斯·斯蒂尔 520,674

Steinbeck, John 约翰·斯坦贝克 670

Steiner, A. A. 斯坦纳 569,678

Steinhaus, Federico 费德里科·斯泰因奥斯 574,678

Steinig, Leon 利昂·施泰尼希 191,659

Stimson, Henri L. 亨利·L. 史汀生 306,425,663

Stöcker, Helene 海伦尼·斯特克尔 138,657

Stone, I. F. I. F. 斯通 374,523,668,675

Straight, Michael 迈克尔·斯特雷特 394

Strasmann, Franziskus 弗兰齐斯库斯·施特拉斯曼 138,657

Strassmann, Fritz 弗里茨·施特拉斯曼 287,290,300

Strauss, Richard 理查德·斯特劳斯 653

Streit, Clarence 克拉伦斯·斯特赖特 315

Stresemann, Gustav 古斯塔夫·施特雷泽曼 98

Struck, Hermann 赫尔曼·斯特鲁克 652

Students for Federal World Government　争取联邦世界政府的学生 379

Sudermann, Hermann 赫尔曼·祖德曼 33,648

Sufflay, Milan 米兰·萨福利 132

Sun Yat-sen Mme. 孙逸仙夫人

177

Swedish Committee for People's Parliament for Disarmament 争取裁军人民议会瑞典委员会　149

Swedish Information Burean on Questions of Peace and International Co-operation 就和平与国合作问题写信给瑞典情报局　136

Swing,Raymond Gram 雷蒙德·格拉姆·斯温　346,347,414,417,418,431

Swiss militia system 瑞士民兵体制　138～139

Swomley,John M. Jr. 小约翰·M.斯沃姆利　675

Sze-kuang,Li 李四光　680

Szilard,Leo 莱奥·西拉德　103,289及以下诸页，304及以下诸页，358,376,394,412,413,470,499,506,558,621,630,663及以下诸页,667,671,673

Tagore,Rabindranath 拉宾德拉纳特·泰戈尔　112,113,116,653

Taylor,Harold 哈罗德·泰勒　523,675

Technology 技术　参见 Einstein, on technology

Teller,Edward 爱德华·特勒　289,292,293,297

ter Meulen,Jacob 雅科布·泰尔·默伦　65,654

Thirring,Hans 汉斯·蒂林　219,272,518,566,620

Thomas,Elbert D. 埃尔伯特·D.托马斯　667

Thomas,Norman 诺曼·托马斯　124,662

Thoreau,Henry David 亨利·戴维·索罗　593

Time Capsule（World's Fair,1939）时间密封盒（1939年世界博览会）　284

Tirpitz,Alfred von 阿尔弗雷德·冯·蒂尔皮茨　15

Tobenkin,Elias 伊莱亚斯·托宾金　44,651

Tolley,William P. 威廉·P.托利　523,675

Tolstoi, Lev 列夫·托尔斯泰　261,594

Toward World Peace《走向世界和平》　469

Travaline,Frank M. 弗兰克·M.特拉瓦莱恩　660

Treitschke, Heinrich von 海因里希·冯·特赖奇克　20,38

Trotsky,Leon 列甫·托洛茨基　96

Trout,Robert 罗伯特·特劳特　377及以下诸页

Truman,Harry S. 哈里·S.杜鲁门

305,307,308,340,464,468,498,516,520
Tucker,Henry St. George 亨利·圣乔治·塔克 667
Turck,Charles J. 查尔斯·J. 特克 523,527,675
Twersky,Johanon 约翰农·特韦尔斯基 52,651
Tydings,Milard 米拉德·泰丁斯 527

U. S. S. R. 苏联 参见 Union of Soviet Socialist Republics
UNESCO 联合国教科文组织 参见 United Nations, Educational, Scientific and Cultural Organization
Unified Field Theory 统一场论 95,336,575
Union of Democratic Control 民主管理联合会 10
Union of Soviet Socialist Republics 苏维埃社会主义共和国联盟 462,471 也可参见 Einstein, on Union of Soviet Socialist Republics
~科学院 356,357,359~360
~科学家对爱因斯坦"公开信"的答复 443~446
United Nations 联合国 347,352,353,361,372,386,411,413 及以下诸页,424,425,566 也可参见 Einstein, on United Nations
~原子能委员会 387,410,411,413,470,473
~宪章 333,340~341,379~380,415,476
~和平利用原子能会议 682
~教科文组织 496,523~524,560,561,675
~法国代表团提议的国际研究实验室 405
United States 美国 参见 Einstein, on United States
~原子能委员会 374,402
United States of Europe 欧洲合众国 72,84
United World Federalists 世界联邦主义者联盟 405,417,420,422,433,475,501,558,590 及以下诸页,608,622
Universal military training 全民军事训练(军训)参见 Conscription
University of Berlin 柏林大学 1,17,25~26
University of Leiden 莱顿大学 36,37,650
University of Madrid 马德里大学 221
University of Rostock 罗斯托克大学 37
Urey,Harold C. 哈罗德·C. 尤里 314~315,317,358,376,377,392,394,408,412,413,470,500,506,626,630,667,673,680

Usborne, Henry C. 利·C. 厄斯本 420, 421, 463, 498, 499, 518, 539, 673, 676

Vail, James G. 詹姆斯·G. 韦尔 527, 675
Van Doren, Carl 卡尔·范多伦 499, 667
Van Doren, Mark 马克·范多伦 537, 667
Van Loon, Hendrik Willem 亨德里克·维勒姆·范隆 114
Vansittart, Robert Gilbert (Lord) 罗伯特·吉尔伯特·范西塔特（勋爵） 462, 463
Vavilov, Serghei 谢尔盖·瓦维洛夫 360, 443
Vayo, Julio ölvarez del 胡利奥·阿尔瓦雷斯·德尔·瓦约 8, 648
Veblen, Thorstein 索尔斯坦·维布伦 322
Versailles Treaty 凡尔赛和约 149～150, 159, 400
Viereck, George Sylvester 乔治·西尔维斯特·菲尔埃克 125, 157, 185
Vishinsky, Andrei 安德雷·维申斯基 427

Wallace, Henry A. 亨利·A. 华莱士 377, 389, 469, 484, 501
Wallis, W. J. W. J. 沃尔斯 513
Walsh, Raymond J. 雷蒙德·J. 沃尔什 486
Walter, Hilde 希尔德·沃尔特 662
Wanger, Walter F. 沃尔特·F. 万格 667
War Again Tomorrow《战争在明天再次发生》 153
Warburg, James P. 詹姆斯·P. 沃伯格 580, 673
Warmemorials, inscription proposed by Einstein 爱因斯坦题词的战争纪念品 407～408
Warne, Colston E. 科尔斯顿·E. 沃恩 523, 675
War Resisters' International 反战者国际 91, 118, 127, 130, 135, 137, 139, 141 及以下诸页, 162, 224, 232 也可参见 Bund der Kriegsdiestgegner
War Resisters' League 反战者同盟 123, 461, 593, 610
Warschauer, Gertrud 格特鲁德·瓦尔施豪贝尔 574, 616, 678, 679
Washburne, Carleton 卡尔顿·沃什伯恩 270, 633
Watt, Robert J. 罗伯特·J. 瓦特 667
Wehmeyer, David B. 戴维·B. 韦迈耶 353, 667
Weisskopf, Victor F. 维克多·F. 魏

斯科普夫　289，376，394，412，470

Weizmann, Chaim 夏伊姆·魏茨曼　45，68，183

Weizsäcker, C. F. von C. F. 冯·魏茨泽克　293，295，299

Welles, Sumner 萨姆纳·韦尔斯　352

Wells, H. G. H. G. 韦尔斯　102，113，177，253，653

West, Roscoe L. 罗斯科·L. 韦斯特　523，675

Whitehead, Alfred North 阿尔弗雷德·诺思·怀特海　626，627，629

Whittier College 惠蒂尔学院　158～160

Why War?《为什么有战争？》202，659

Widmann, Berthold 贝特霍尔德·威德曼　97，654

Wiener, Norbert 诺伯特·维纳　342，400～401，422

Wigner, Eugene P. 欧根·P. 维格纳　289，291，293，294，296，297，299，300，358，667

Wilamowitz-Möllendorff, Ulrich von 乌尔里希·冯·维拉莫维茨-默伦霍夫　39，650

Willkie, Wendell L. 温德尔·L. 威尔基　469，475

Willkie, Mrs. Wendell L. 温德尔·L. 威尔基夫人　377

Wilson, Robert 罗伯特·威尔逊　527，675

Wilson, Woodrow 伍德罗·威尔逊　44，248，249，254，313，319，332

Winteler, Carlo 卡洛·温特勒　604

Wise, Stephen S. 斯蒂芬·S. 怀斯　124，223

Wofford, Harris Jr. 小哈里斯·沃福德　673，675，676

Women's International League for Peace and Freedom, 国际妇女争取和平与自由同盟　46，90，93，105，106，113，169，513

World Antiwar Congress 世界反战会议　参见 International Congress against Imperialist Wars

World Conference for International Peace 争取国际和平世界大会　137

World Congress for International Peace through Religion 通过宗教争取国际和平世界大会　104

World Congress of Intellectuals, Wroclaw, 1948 1948 年在弗罗茨瓦夫举行的世界知识分子大会　491 及以下诸页，512

World Council for the Peoples' World Convention 世界人民大会世界理事会　605，676

World Federalists 世界联邦主义者　参见 United World Federalists

World Federation Plan 世界联邦计划 321
World government 世界政府 373, 472~473,476,478,489,491,499 及以下诸页 也可参见 Einstein, on world government
World Government Conference 世界政府大会 595
World Movement for World Federal Government 全世界争取世界联邦政府运动 420~421,670
World Peace Congress 世界和平大会 91
World Peace League 世界和平同盟 91
World Peaceways 世界和平道路 247
World War Ⅰ 第一次世界大战 2 及以下诸页,10 及以下诸页,20 及以下诸页,31 及以下诸页,54,96~97,651,654
World War Ⅱ 309,316,319 及以下诸页,327,335
Wroclaw Congress 弗罗茨瓦夫大会 参见 World Congress of Intellectual

Young,Gale 高尔·杨 358,667
Young Men's Christian Association 青年基督徒联合会 274~275
Youth Peace Federation 青年和平联盟 124
Yukawa,Hideki 汤川秀树 635, 680,681

Zangger,Heinrich 海因里希·灿格 13,19
Zinn,Walter H. 沃尔特·H.津恩 289
Zionism 犹太复国主义 参见 Einstein,as Jew; Israel
Zlotowski,Ignace 伊格纳策·兹洛托夫斯基 460
Zweig,Arnold 阿诺尔德·茨威格 98,265
Zweig,Stefan 斯特凡·茨威格 79,105,113

· 附录·

简论爱因斯坦的社会哲学[①]

李醒民

作为一位卓著的哲人科学家,爱因斯坦具有丰富而新颖的科学思想(统一性,对称性,相对性,几何化;探索性的演绎法,逻辑简单性原则,准美学原则,形象思维)和科学哲学思想(温和经验论,基础约定论,意义整体论,科学理性论,纲领实在论);作为一位伟大的思想家,爱因斯坦还就广泛的社会政治问题和人生问题发表了许多文章,其数量并不少于他的科学论著,从而形成了他的见解独到的社会哲学和人生哲学。爱因斯坦之所以要分出部分宝贵的时间用于科学之外的思考,是因为他深知,科学技术的成就"既不能从本质上多少减轻那些落在人们身上的苦难,也不能使人的行

[①] 该文原载北京:《自然辩证法通讯》,第21卷(1999),第3期,第7~13页。关于爱因斯坦的社会哲学和战斗的和平主义的详尽评论,有兴趣的读者请参阅文献——李醒民:《爱因斯坦》,台北:三民书局东大图书公司,1998年第1版,第二编"爱因斯坦的社会哲学"(第259~450页);李醒民:《爱因斯坦》,北京:商务印书馆,2005年第1版,第225~390页。尤其是在该书的第九章"战斗的和平主义"中,详细地论述了爱因斯坦关于和平主义的思想基础、战争的根源与和平的途径、二战后的新思维。

为高尚起来"。① 其次,热爱人类、珍视生命、尊重文化、崇尚理性、主持公道、维护正义的天性也不时激励他、促使他这样做。最后,在于他的十分强烈的激浊扬清的社会责任感:他希望社会更健全,人类更完美;他觉得对社会上的丑恶现象保持沉默就是"犯同谋罪"②。

爱因斯坦的社会哲学内容极为丰富,极富启发意义。他的开放的世界主义、战斗的和平主义、自由的民主主义、人道的社会主义,以及他的远见卓识的科学观、别具只眼的教育观、独树一帜的宗教观,至今仍焕发着理性的光华和理想的感召力,从而可以成为当今世界谱写和平与发展主旋律的美妙音符。

1. 开放的世界主义

爱因斯坦倡导世界主义和国际主义。他对国际主义的解释是:"国际主义意味着国家之间的合理性的关系,民族之间的健全的联合和理解,在不干涉民族习俗的情况下为相互促进而彼此合作"③。在他看来,源于传统的和惯例的影响的国家特征并不与国际主义矛盾,而国际主义包含着文明人的共同理智因素。④ 他多

---

① 《爱因斯坦文集》第一卷,许良英等编译,北京:商务印书馆.1977年第1版,第432页.
② 《爱因斯坦文集》第三卷,许良英等编译,北京:商务印书馆,1979年第1版,第321页.
③ O.内森、H.诺登编:《巨人箴言录:爱因斯坦论和平》(上册),李醒民译,长沙:湖南出版社,1992年第1版,第72页.
④ Moszkowski, *Einstein, The Searcher, His Work Explained from Dialogues with Einstein*, Methuen & Co. Lit., London, 1921, p.239.

次号召科学家拥护国际主义事业,强调培育年青人的国际主义精神。爱因斯坦所谓的"国际主义"是与下述的"世界主义"相通的。爱因斯坦虽然对"世界主义"一词没有直接下定义,但是他用自己的言行表明,他总是站在全世界和全人类的立场来观察问题和处理问题,处处为人的长远利益、根本福祉和终极价值着想,憧憬建立一个和平、民主、自由、幸福的世界秩序和美好社会。事实上,爱因斯坦从第一次世界大战时起就成为一位名副其实的世界主义者或世界公民,他从来也没有把自己同任何一个特定的国家联系在一起[①]。

爱因斯坦认为,人具有"现在被民族自我中心主义推入幕后的崇高的共同情感,为此人的价值具有独立于政治和国界的有效性"[②]。因此,他吁请人们增强对邻人的理解,公正地处理事务,乐于帮助同胞。关于世界主义与国家的关系,爱因斯坦的观点是"人类的福祉必须高于对自己国家的忠诚——事实上必须高于任何事物和一切事物"。[③] "每一个国家的利益都必须服从更广泛的共同体的利益。"[④]爱因斯坦世界主义的具体体现就是他始终如一倡导建立超国家的维护世界和平的组织——世界政府或世界联邦。当然,他也注意到,世界政府弄不好也会变成暴力统治,为此他提出了诸多预防措施。

---

① H. 杜卡丝、B. 霍夫曼:《爱因斯坦论人生》,高志凯泽,北京:世界知识出版社,1984年第1版,第75页。

② A. Einstein, *The World As I See It*, New York: Philosophical Library, 1949, p. 75.

③ O. 内森、H. 诺登编:《巨人箴言录:爱因斯坦论和平》(上册),第142页。

④ A. Einstein, *The World As I See It*, p. 79.

对于世界主义的对立面民族主义或国家主义（nationalism），爱因斯坦持针锋相对的反对态度。他一针见血地指出，"民族虚荣心和妒忌心是欧洲历史上邪恶的遗传病"[①]，"民族的自负和妄自尊大妨碍了悔罪之心的产生"[②]；"为盲目的仇恨所支持的夸大的民族主义"是"我们时代的致命的疾病"[③]；"民族主义是一种幼稚病，它是人类的麻疹"[④]。爱因斯坦看到民族主义这种痼疾的危害和恶果是相当严重的："思想狭隘的民族主义处处使国际精神处于危险之中。"[⑤]"倘若民族主义的愤怒情绪进一步将我们吞没，我们就注定要灭亡。"[⑥]他进而认为，种族灵魂的这种病症和精神错乱无法用海洋和国界来防止，必须下决心从个人自身克服做起，从而使每一个人摆脱民族利己主义和阶级利己主义。

爱因斯坦在反对狭隘民族主义的同时，也坚决反对民族压迫和种族歧视，同情和支持被压迫的弱小民族争取独立解放和自由平等的正义斗争。他对美国黑人的悲惨状况尤为关注，大力抨击歧视黑人的传统偏见是可悲的和不光彩的。他对备受侵略和苦难的中国人民也怀有兄弟般的情谊，在"九一八"事变和"七君子"事件中都发出了正义的呼声，对在香港和上海亲眼目睹的奴隶般的

[①] O.内森、H.诺登编：《巨人箴言录：爱因斯坦论和平》（上册），第151页。

[②] A. Einstein, *Out of My Later Years*, New York: Philosophical Library, Inc., 1950, p. 266.

[③] 《爱因斯坦文集》第三卷，第152页。

[④] W. Cahn, Einstein, *A Pictorial Biography*, New York: The Citade Press, 1955, p. 104.

[⑤] A. Einstein, *The World As I See It*, p. 93.

[⑥] O.内森、H.诺登编：《巨人箴言录：爱因斯坦论和平》（下册），刘新民译，长沙：湖南出版社，1992年第1版，第142页。

中国劳苦大众深表关注和同情①。

爱因斯坦坚定地反对国家崇拜和极端的国家主义。他反复强调:"没有余地要把国家和阶级奉为神圣,更不要说把个人奉为神圣了"。国家至上的概念正是煽起战争的强烈因索,很少有人能够逃脱这种"新式偶像"的煽动力量;这种煽动导致的领土问题和权力之争,"尽管已是陈腐的东西,但仍然压倒了共同幸福和正义的基本要求"。② 他这样揭穿国家主义的漂亮外衣:"国家主义是对军国主义和侵略的理想主义诠释","却起了一个有感染力的、但却被误用了的名字——爱国主义。在刚刚过去的一个世纪中,这种虚假的偶像产生了不幸的、极其有害的影响。"③在看待国家与个人的关系问题上,充分显露了爱因斯坦的人道情怀。他说:真正可贵的不是政治上的国家,而是有创造性的、有感情的个人,是人格。④ 国家不是目的,国家不仅是而且应该是它的公民手中的工具。⑤

爱因斯坦更是旗帜鲜明地反对国家主义的极端即沙文主义。他一语中的:国家主义和沙文主义是世界上诸多罪恶的渊薮,而沙文主义极易从国家主义的病体中滋生。他谴责德国人用脊髓置换了脑髓,用兽性代替了理性,必须为大屠杀负责并应受到惩罚。作

---

① 《纪念爱因斯坦译文集》,赵中立、许良英编译,上海:上海科学技术出版社,1979年第1版,第211页。
② 《爱因斯坦文集》第三卷,第175、232、261、206页。
③ O.内森、H.诺登编:《巨人箴言录:爱因斯坦论和平》(上册),第414、323、209页。
④ 《爱因斯坦文集》第三卷,第44页。
⑤ H.杜卡丝、B.霍夫曼:《爱因斯坦论人生》,第78～79页。

为一个犹太人,他对犹太性和犹太复国主义的态度,也体现了他的世界主义和反民族主义立场,以及主持正义、株守公道、襟怀坦白的品格。

2. 战斗的和平主义

从1914年签署第一个反战声明,到1955年签署罗素-爱因斯坦废止战争宣言,爱因斯坦为反对战争、争取和平奔走呼号,殚精竭虑,奋斗了整个一生。在他的心目中,"人与人之间的善良意愿和地球上的和平"是"一切事业中,最伟大的事业"[①],保卫和平这一对人类来说生死攸关的事情是一个"伦理公设",是每一个有良心的人都不能逃避的"道德责任"[②]。爱因斯坦不是通过乞求、退缩,幻想强权恩赐和平,而是通过唤醒民众、奋起抗争、全力以赴地争取和平。诚如他本人所说:"我不仅是和平主义者,而且是一个战斗的和平主义者。我愿为和平而斗争。"[③]

爱因斯坦一生的和平活动分为三个时期:一战爆发到纳粹窃权(1914～1933),纳粹窃权到第二次世界大战(1933～1945),二战之后直至他逝世(1945～1955)。在第一个时期,他积极从事公开的和秘密的反战活动,号召拒服兵役,战后为恢复各国人民之间的相互谅解四处奔走,参与国际知识分子合作委员会。在第二个时期,他告别绝对和平主义,呼吁爱好和平的人民提高警惕,防止纳粹的进攻,并挺身而出反对德国军国主义和法西斯主义,反对英国

---

① O.内森、H.诺登编:《巨人箴言录:爱因斯坦论和平》(上册),第176页。
② A. Einstein, *Out of My Later Years*, p.106.
③ O.内森、H.诺登编:《巨人箴言录:爱因斯坦论和平》(下册),第175页。

的绥靖主义和美国的孤立主义。在第三个时期,他为根除战争加紧倡导世界政府的建立,大力反对冷战和核战争威胁,反对美国国内的政治迫害。

爱因斯坦反对战争、渴望和平的思想不是通过复杂的推理过程,而是通过对战争的恐怖、残暴以及它在物质上和精神上引起的毁灭和创伤的深切感受和强烈憎恶而径直地达到的。因此可以说,他的和平主义思想在某种程度上是本能的。不过,在这种憎恶战争本能的背后,也有某种深厚的思想底蕴,而且二者往往是交织在一起的。他多次谴责战争是"可耻和卑劣"的,是"最邪恶的行为",它"严重危害世界文明的真正幸存",是"原始时代的残酷而野蛮的遗风"[①]。

爱因斯坦曾经对汤川秀树说过:"我自己也是东方人。"这也许不仅仅是地理概念上的,恐怕更多的是就思想基础而言的。在爱因斯坦的和平主义思想中,我们不难发现儒家的仁爱平和、佛教的非暴力和四无量心的影子,尤其是犹太教和犹太人传统中的上帝之爱、生命神圣、十诫律法、和平和非暴力等,作为遗传基因已根植在他的心灵深处。

坚持生命神圣和珍爱文化价值,是爱因斯坦反战的两个主要情感源泉和思想基础。此外,对自由的崇尚,对宇宙规律的敬畏,也增强了他反战卫和的责任感和使命感。因为战争危害人的自由,引起道德沦丧,人在战争中的堕落行为亵渎了庄严的宇宙规律,千百万人的任性屠杀与自然进程格格不入。考虑到纳粹德国

---

① A. Einstein, *Out of My Later Years*, p. 254.

咄咄逼人的侵略野心和险恶的国际环境,爱因斯坦具有改变自己主张的道义力量和道德勇气,也具有固守原则的坚定性和变换策略的灵活性。1933年,他放弃了拒服兵役和绝对反战的斗争策略,为此受到一些反战团体和个人的误解乃至攻击。

爱因斯坦深思了战争的经济和政治根源,并从人的本性上进行了探讨。在此基础上,他提出废除战争、走和平之路的构想和行动。这就是,大张旗鼓地反对滋生战争温床、煽动侵略气焰、恶化国际气氛和毒害人们心灵的军国主义、法西斯主义、绥靖主义、孤立主义,大声疾呼地唤起社会的道义力量和人们的常识与良心;用和平主义思想教育青少年和广大民众,在人们心中永远播下和平的种子;采取各种必要的措施和具体的行动,以减少或根除爆发战争的可能性。

二战以后,随着冷战政治格局的出现和核武器这一达摩克利斯之剑的高悬,爱因斯坦从维护和平大局和拯救人类免遭毁灭的目的出发,大力倡导新思维,并将其付诸坚决的、创造性的行动。这些新思维包括:坚决反对重新武装德国;时刻警惕冷战幽灵的存在;要和平,不要原子战争;必须制止美、苏的军备竞赛;和平共处应成为一切政治行动的指导思想;不遗余力地倡导建立世界政府。

3. 自由的民主主义

爱因斯坦是一位身体力行、彻头彻尾的民主主义者。他说:"我的政治理想是民主主义。"[①]"我是一个信念十足的民主主义

---

① 《爱因斯坦文集》第三卷,第43页。

者。"而且,爱因斯坦的民主主义思想之特点是以自由为本位和取向的,因此可称其为自由的民主主义。与此同时,他的民主(主义)不仅仅是理想的和观念的,也是现实的和实践的。因为他深知:"如果没有一批愿意为自己的信念抛头颅洒热血、具有强烈社会意识和正义感的男女勇士,那么人类社会就会陷于停滞,甚至倒退。"[1]

在爱因斯坦看来,民主就是"在法律占优势的面前,存在着公民自由、宽容和全体公民的平等。公民自由意味着用言论和文字表达自己政治信念的自由;宽容意味着尊重他人的信念,而不管这些信念是什么"。他还特别强调,学术自由以及保护少数民族和宗教少数派,构成了民主的基础。使这一真理保持生命力,认清个人权利神圣不可侵犯的重要性,是教育的最重要任务。他也表明,每一个公民都有责任尽其所能地表白他的政治观点。如果有才智、有能力的公民忽视这种责任,那么健康的民主政治就不可能成功。[2] 尤其是,他也认清了民主既不是目的,也不是万能的:"政府的民主形式本身不能自动地解决问题;但它为那些问题的解决提供了有用的框架。一切最后都取决于公民的政治品质和道德品质。"

爱因斯坦在崇尚和争取民主的同时,也无情地抨击和反对专制、极权和暴政。他在1930年说:"在我看来,强迫的专制制度很快就会腐化堕落。因为暴力招引来的总是一些品质低劣的人,而

---

[1] H.杜卡丝、B.霍夫曼:《爱因斯坦论人生》,第71、75页。
[2] O.内森、H.诺登编:《巨人箴言录:爱因斯坦论和平》(上册),第282、374、435页。

且我相信,天才的暴君总是由无赖来继承,这是一条千古不易的规律。"①他进而揭示出:"专制政治的本质不仅在于一个实际上拥有无限权势的人把握权力这个事实,而且在于社会本身变成奴役个人的工具。"②专制政治的独裁者企图把社会的基础放在权威、盲目服从和强迫之上,极力破坏民主传统和人道精神,大肆推行国家主义、不宽容以及对个人实行政治迫害和经济压迫。③ 他也对极权者和权欲熏心者大加抨击:"开启权力之路所需的特质正是那些把生活变成地狱的特质。"④他对"暴力征服珍贵的人的价值"痛心疾首,认为这是"我们时代令人发指的不幸"⑤。但是,他坚信,极权者和独裁者的谎言、暴政和暴力终究是要失败的,有朝一日那些无法形容的滔天罪行都将受到惩罚。但是,所有的那些痛苦,所有的那些绝望,所有的那些毫无道理地戕害的生命——所有这一切都是永远无法弥补的了。⑥ 爱因斯坦爱憎分明的情感以及对人的价值和尊严之珍重,由此可见一斑。

在爱因斯坦的民主思想中,渗透了勇敢的自由精神——他是心灵最自由的人。在他看来,自由是这样一种社会条件:一个人不会因为他发表了关于知识的一般的和特殊的问题的意见和主张而遭受危险或者严重的迫害。这首先必须由法律来保证,但也要有宽容精神。除了这种外在的自由外,还有精神上的内在的自由:在

---

① 《爱因斯坦文集》第三卷,第44页。
② O.内森、H.诺登编:《巨人箴言录:爱因斯坦论和平》(上册),第321页。
③ 《爱因斯坦文集》第三卷,第167、175页。
④ O.内森、H.诺登编:《巨人箴言录:爱因斯坦论和平》(下册),第65页。
⑤ O.内森、H.诺登编:《巨人箴言录:爱因斯坦论和平》(上册),第411页。
⑥ H.杜卡丝、B.霍夫曼:《爱因斯坦论人生》,第71页。

思想上不受权威和社会偏见的束缚,也不受一般违背哲理的常规和习惯的束缚。按照爱因斯坦的一贯看法,"一个天生自由和严谨的人固然可以被消灭,但是这样的人绝不可能被奴役,或者被当作一个盲目的工具听任使唤。"为了求得自由和独立性,他说他宁可作管子工或沿街叫卖的小贩去谋生,也不作什么科学家、学者和教师。他一针见血地揭示出:在任何国家,只要他的公民被迫交出了出版、言论、集会和教学自由这些权利中的任何一个,就不应该把这样的国家视为文明国家,而只不过是一个具有麻痹的臣民的国家。① 爱因斯坦呼吁通过增强个人的道德感和责任感为人类的民主和自由事业做出贡献。

4. 人道的社会主义

爱因斯坦自称、也被学术共同体看作是社会主义者。他在1918年就公开支持德国工人和士兵的11月革命和魏玛共和国的成立,对一年前爆发的俄国十月革命,他也表示同情和理解,对于马克思和列宁也怀有尊敬之情。但是,当他看到魏玛共和国后来没有履行它的伟大承诺时,当他对俄国或苏联国内政治状况显露担忧和不满时,他确实感到十分失望。但是,他对民主和社会主义的信念从未动摇和改变,这种信念在1949年5月发表的"为什么要社会主义?"达到高潮。不过,他肯定觉得苏联的社会主义并不是他心目中的社会主义:"就我实际所理解的社会主义而言,今天

---

① 《爱因斯坦文集》第三卷,第180、292、325、274页。

那儿也不存在社会主义。"①因为爱因斯坦的社会主义是人道的社会主义。

爱因斯坦的人道的社会主义来源于犹太人的传统和犹太复国主义的思想和实践，难怪他说："社会主义的要求多半是由犹太人提出来的，这绝不是偶然的。"②犹太复国主义领导人和理论家大都具有民族主义和社会主义思想，爱因斯坦抵制了民族主义，而接受了社会主义。他去过巴勒斯坦，对具有人道主义和社会主义性质的犹太移民的"基布兹"和"莫夏夫"组织和社区大加称赞，这显然有助于加深他对社会主义的信念。他也受到德国和欧洲的社会主义思潮和社会民主党人的影响，以及马克思等人学说的直接或间接影响。一些有社会主义倾向的思想家的影响也值得引起注意，如波佩尔-林科伊斯、萧伯纳、马赫等。在维也纳学派和爱因斯坦之间，似乎也存在相互影响的问题，尤其是该学派的"左翼"汉恩、纽拉特、弗兰克、卡尔纳普都具有明显的乃至强烈的社会主义倾向。爱因斯坦的人道的社会主义也是他对当时所生活的资本主义世界的弊端（经济的无政府状态、寡头政治、对个人的摧残）和不公正做出的反应，这虽然不能说是有条理的研究的结果，但无论如何是审慎的观察和严肃的思考的结果。

爱因斯坦的社会主义思想是以人道为本的，他念念不忘社会主义应保障制度民主和个人自由。他说："然而应该记住，计划经济还不就是社会主义。计划经济本身还可能伴随对个人的完全奴

---

① O. 内森、H. 诺登编：《巨人箴言录：爱因斯坦论和平》（下册），第 153 页。
② 《爱因斯坦文集》第三卷，第 104 页。

役。社会主义的建成,需要解决这样一些极端困难的社会－政治问题;鉴于政治权力和经济权力的高度集中,怎样才有可能防止行政人员变得权力无限和傲慢自负呢?怎样才能使个人的权利得到保障,同时对于行政权力能够保持一种民主的平衡力量呢?"[①]爱因斯坦在半个世纪之前提出的这些问题并非杞人之忧,而且在此之前他就尖锐批评苏联在上层从利己动机出发、利用肮脏手段进行权力斗争,在下层对个人和言论自由大加压制。

爱因斯坦是伟大的人道主义者,他的人道主义思想是科学人道主义(卡尔纳普意义上的)和伦理人道主义(人们在日常生活中的行为应该建立在逻辑、真理、成熟的伦理意识、同情和普遍性的社会需要的基础上[②])的综合物。如果说爱因斯坦的宇宙宗教感情是探索科学的高尚动机的话,那么科学的和伦理的人道主义则是爱因斯坦处理社会和个人问题的圣洁情怀,是他的社会主义思想的立足之本。如果说科学人道主义更多地来自古希腊精神所导致的创造源泉和爱因斯坦的科学实践的话,那么追根溯源,他的伦理人道主义则来自犹太教《圣经》所规定的人道方面的原则——无此则健康愉快的人类共同体便不能存在。他把人道主义视为欧洲的理想和欧洲精神的本性,并揭示出它所包含的丰富内容和宝贵价值:观点的自由表达,某种程度上的个人的自由意志,不考虑纯粹功利而向客观性的努力,鼓励在心智和情趣领域里的差异[③]。

[①] 《爱因斯坦文集》第三卷,第 273~274 页。

[②] P. A. Bucky, *The Private Albert Einstein*, Kanses City: A Universal Syndicate Company, 1993, p. 81.

[③] A. Einstein, *Out of My Later Years*, p. 181.

与尊重人道原则相伴随,爱因斯坦也十分重视争取和捍卫人权。他所理解的人权实质上指的是:保护个人,反对别人和政府对他的任意侵犯;要求工作并从工作中取得适当报酬的权利;讨论和教学的自由;个人适当参与组织政府的权利。他强调还有一种注定非常重要的、但却不常被提及的人权,那就是个人有权利和义务不参与他认为是错误的和有害的活动。爱因斯坦看到,尽管现今上述内容中的一些在理论上已得到承认,但它们在实际上却受到很大的摧残。他义无反顾地指出:"人权的存在和有效性不是从天上掉下来的。……历史中充满了争取人权的斗争,这是无休止的斗争,它的最后胜利老是在躲开我们。但要厌倦这种斗争,就意味着要引起社会的毁灭。"①

在爱因斯坦的科学观、教育观和宗教观中,也蕴含着社会哲学的思想宝藏。鉴于篇幅关系,此处不拟赘述。对爱因斯坦的生平、科学贡献、科学思想、科学哲学、社会哲学和人生哲学感兴趣的读者,可参阅作者的有关近著。②

爱因斯坦的科学理论是象牙塔内的阳春白雪,但他却走出象牙之塔,积极勇敢地投身到有益的社会政治活动中去。他心里清楚,"在政治这个不毛之地上浪费许多气力原是可悲的"③。他也看透了,"政治如同摆钟,一刻不停地在无政府状态和暴政状态之

---

① 《爱因斯坦文集》第三卷,第 321~322 页。
② 李醒民:《爱因斯坦》,台北:三民书局东大图书公司,1998 年第 1 版,xii+593 页。李醒民:《人类精神的又一峰巅——爱因斯坦思想探微》,沈阳:辽宁大学出版社,1996 年第 1 版。242 页,李醒民:《论狭义相对论的创立》,成都:四川教育出版社,1994 年第 1 版,1997 年第 2 次印刷,iv+253 页。
③ 《爱因斯坦文集》第三卷,第 473 页。

间来回摆动。其原动力是人们长期的、不断重现的幻想。"①他也明白,"有必要从大规模的社会参与中解脱出来",否则"便不能致力于我的平静的科学追求了"。但是,追求真善美的天生本性,嫉恶假恶丑的激情良知,以及"不要统治,但要服务"的道德心和使命感,又促使他用相当多的宝贵时间关注人类事务。他在1933年致劳厄的信中说:"我不同意你的观点:科学家对政治问题,在比较广泛的意义上讲是对人类事务应该保持沉默。德国的状况表明,随便到什么地方,这样的克制将导致把领导权不加抵抗地拱手交给那些愚昧无知的人或不负责任的人,这样的克制难道不是缺乏责任心的表现吗?假定乔尔达诺·布鲁诺、斯宾诺莎、伏尔泰和洪堡这样的人都以如此方式思考和行动,那么我们会是一种什么处境呢?我不会为我说过的每一个词感到后悔,我相信我的行为是有益于人类的。"②

在爱因斯坦看来,缄默就是同情敌人和纵容恶势力,只能使情况变得更糟。科学家有责任以公民身份发挥他的影响,有义务变得在政治上活跃起来,并且要有勇气公开宣布自己的政治观点和主张。如果人们丧失政治洞察力和真正的正义感,那么就不能保障社会的健康发展。爱因斯坦揭示出,科学家对社会问题和政治问题之所以不感兴趣,其原因在于智力工作的不幸专门化,从而造成对政治问题和人的问题的愚昧无知,必须通过耐心的政治启蒙来消除这种不幸。他号召人们像荷兰大科学家洛伦兹那样去思

---

① H.杜卡丝、B.霍夫曼:《爱因斯坦论人生》,第40页。
② O.内森、H.诺登编:《巨人箴言录:爱因斯坦论和平》(上册),第75、292~293页。

想、去认识、去行动,绝不接受致命的妥协。为了保卫公理和人的尊严而不得不战斗的时刻,我们绝不逃避战斗。当然,他也认识到,既要从事呕心沥血的脑力劳动,还要保持做一个完整的人,确实是困难的。但是,他并未像有些知识分子那样躲避政治,或在碰到政治问题时采取阻力最小的政策,他以自己的实际行动表明,他是一个一身正气的完整的人。

译者后记

毫无疑问,爱因斯坦是 20 世纪最伟大的科学家和哲学家或思想家。作为伟大的科学家,他的科学贡献是划时代的,是世纪之交(19 世纪末和 20 世初)物理学革命的主将和旗手。按照现今的评奖标准,他的科学成果起码可以赢得十余次诺贝尔奖,而且每一项的分量比现今的诸多奖项重得多[①]。作为伟大的哲学家或思想家,他的以温和经验论、基础约定论、意义整体论、科学理性论、纲领实在论为基本要素的多元张力论哲学,他的以探索性的演绎法、逻辑简单性原则、准美学原则、形象思维为特色的科学方法,他的知行合一的社会哲学和发人深省的人生哲学,以及他的远见卓识的科学观,别具只眼的教育观,独树一帜的宗教观,都极富启发意义和实践意义,显得洋洋大观、别开生面,不愧是人类文化的瑰宝和人类智慧的结晶。[②] 这一切思想的熠熠闪光和生活的真正珍珠,在本译著《爱因斯坦论和平》中也或多或少有所体现。

---

① 例如光量子理论、光电效应定律、布朗运动理论、狭义相对论、质能关系式、固体比热的量子理论、受激辐射理论、玻色-爱因斯坦统计、广义相对论、引力波、宇宙学、统一场论等。其中前五项成果,均发表于爱因斯坦的"幸运年"——1905 年,当时他年仅 26 岁。

② 李醒民:《爱因斯坦》,台北:三民书局东大图书公司,1998 年第 1 版,xii+593 页;北京:商务印书馆,2005 年第 1 版,ix+498 页。

在 20 世纪 80 年代伊始准备硕士论文①时,由于要厘清世纪之交科学革命的背景和现状,我开始接触和研读爱因斯坦。接着的三十多年,爱因斯坦一直是我持续的或断续的研究课题之一。我的研究以 1988 年出版的专著《爱因斯坦》分为前后两个时期。在前期,我围绕爱因斯坦的生平、思想和人格,发表了约二十篇论文或重要文章②,出版了两本著作《论狭义相对论的创立》③和《人类精神的又一峰巅》④,而《爱因斯坦》则是我的研究的集大成之作。其创新之处在于,在国内外学术界首次把爱因斯坦的科学哲学(第一编)概括为多元张力论,首次全面、系统地论述了爱因斯坦的社会哲学(第二编)和人生哲学(第三编)。此后,我尽管转移到其他研究课题,但是仍然在原有的爱因斯坦研究的基础上,做出了一些新的拓展和开掘,先后发表了爱因斯坦与哲学⑤,爱因斯坦与批判学派⑥,爱因斯坦的当代意义⑦,爱因斯坦的人文的科学主义

---

① 李醒民:彭加勒与物理学危机,杨玉圣主编:《中国人文社会科学博士硕士文库》(哲学卷(中)),杭州:浙江教育出版社,1998 年第 1 版,第 1247~1285 页。

② 关于前期研究的概况,分别在《爱因斯坦》第 iii~v 页(三民版)、第 ii~iv(商务版)有简短介绍。

③ 李醒民:《论狭义相对论的创立》,成都:四川教育出版社,1994 年第 1 版,iv+253 页。该书完稿于 1984 年。由于作者坚持维特根斯坦的出版理念,绝不拿钱买出版权,致使该书的面世延迟了整整十年之久。

④ 李醒民:《人类精神的又一峰巅——爱因斯坦思想探微》,沈阳:辽宁大学出版社,1996 年第 1 版,242 页。

⑤ 李醒民:关于爱因斯坦哲学思想研究概况之管见,北京:《哲学动态》,2005 年第 1 期,第 48~53 页。李醒民:爱因斯坦与哲学,广西宜州:《河池学院学报(哲学社会科学版)》,第 25 卷(2005),第 1 期,第 1~6 页。

⑥ 李醒民:爱因斯坦:批判学派科学哲学思想之集大成者和发扬光大者,北京:《自然辩证法通讯》,第 27 卷(2005),第 1 期,第 9~13 页。

⑦ 李醒民:爱因斯坦的当代意义,北京:《光明日报》,2005 年 3 月 1 日,第 5 版。

和科学的人文主义[1],爱因斯坦的伦理思想和道德实践[2],爱因斯坦与德国的关系和情结[3],爱因斯坦精神[4]以及爱因斯坦的认识论和方法论的特色[5]。在此回顾自己的上述研究成果,我心安理得、心安神泰,没有什么遗憾之处,也算是在雪泥之上偶印鸿爪[6]了吧。

出于对爱因斯坦精湛思想的感佩,对爱因斯坦高洁人格的景仰,我早就想翻译一点爱因斯坦的论著。这个机会终于在1990年降临了,译者荣幸地接受了翻译《爱因斯坦论和平》的任务,中译本由湖南出版社于1992年分上、下两册出版,出版者把书名定为《巨人箴言录:爱因斯坦论和平》。上册由李醒民译,包括编者按语、注释、引言、伯特兰·罗素的序言、第1章至第10章,共440页;下册由刘新民译,包括第11章至第18章,共352页。此次应商务印书馆之约翻译时,出版者建议由我本人独自担责,以使译文更准确、术语更统一、格式更规范、行文更谐和、风格更一致。故此,我对前十章的原有译文做了校订,对后八章遵照原文重新翻译——在遇到难点时,参考了下册以及《爱因斯坦文集》第三卷(许良英等编

---

[1] 李醒民:爱因斯坦:伟大的人文的科学主义者和科学的人文主义者,南京:《江苏社会科学》,2005年第2期,第9~17页。

[2] 李醒民:论爱因斯坦的伦理思想和道德实践,长沙:《伦理学研究》,2005年第5期,第57~62页。

[3] 李醒民:爱因斯坦与德国,合肥:《学术界》,2006年第3期,第220~230页。

[4] 李醒民:论"爱因斯坦精神",北京:《科学文化评论》,第4卷(2007),第6期,第71~79页。

[5] 李醒民:哲人科学家的认识论和方法论的特色——以批判学派和爱因斯坦为例,北京:《自然辩证法通讯》,第36卷(2014),第1期,第13~19页。

[6] 李醒民:《清晨踏雪东小龙山》:"天昏地白空山清,踽踽独行似野僧。孤留足迹只身后,飞鸿印雪尽吾生。"

译)的有关部分。在这里,我愿向原译者顺致衷心的感谢。

思想和道德价值永恒[1],或者说,思想和人格万古不没[2]。在这方面,爱因斯坦不愧为世人之楷模、生死之典范。撇开别的不谈,单就他对人生价值和生命意义的理解,便足以使我们回味良久,感慨万端,尤其是在见钱眼开、纵欲于声色犬马之今日。爱因斯坦认为:"一个人的真正价值首先决定于他在什么程度上和在什么意义上从自我解放出来。""一个人对社会的价值首先取决于他的感情、思想和行动对增进人类利益有多大作用。"[3]在他看来,"个人及其创造力的发展……是生命中最有价值的财富。"对于财富和金钱,他断然表示:"巨大的财富对愉快如意的生活并不是必需的。"[4]"生活必须提供的最好东西是洋溢着幸福的笑脸。"[5]在这里,他的见解和态度与他所看重的哲学家叔本华一拍即合:"金钱,是人类抽象的幸福。所以一心扑在钱眼里的人,不可能会有具体的幸福。"[6]尤其是,爱因斯坦对人生理想和人生追求的箴言至今依然震古烁今、振聋发聩:

---

[1] 李醒民:思想和道德是具有永恒价值的东西,北京:《中华读书报》,1999年3月3日,第15版。

[2] 李醒民:唯有思想和人格是万古不没的——《力学的进化》中译者后记。(待发表)

[3] 《爱因斯坦文集》第三卷,许良英等编译,北京:商务印书馆,1979年第1版,第35、38页。

[4] O. 内森、H. 诺登编:《巨人箴言录:爱因斯坦论和平》(上),李醒民译,长沙:湖南出版社,1992年,第413、14页。

[5] A. Moszkowski, *Einstein: The Searcher, His Work Explained from Diologues with Einstein*, Methuen &. Co. Ltd., London, 1921, p. 239.

[6] 叔本华:《意欲与人生的痛苦》,李小兵译,上海:三联书店上海分店,1988年第1版,第179页。

译者后记

> 每个人都有一定的理想,这种理想决定着他的努力和判断的方向。我从来不把安逸和享乐看作是生活目的本身——这种伦理基础,我叫它猪栏的理想。照亮我的道路,并且不断给我新的勇气去愉快地正视生活的理想,是善、真和美。……人们所努力追求的庸俗目标——财产、虚荣、奢侈的生活——我总觉得是可鄙的。

> 我也相信,简单纯朴的生活,无论在身体上还是在精神上,对每个人都是有益的。①

当今之世,实利主义泛滥,物欲主义猖獗,拜金主义肆虐,大有横扫一切如卷席之势;所谓的成功人士及其坐享其成者以"势位富厚"自鸣得意、挥金如土,芸芸众生则艳羡"位尊而多金",面对权势和金钱,每每做"蛇行匍匐,四拜自跪"②状。在这种与境下,许多人陷入这样的怪圈和陷阱:生活着却体验不到生活的意义,生命着却领悟不到生命的价值。说起来倒也十分简单,一个人把什么作为人生的理想,追求什么样的现世生活,纯粹是人生支点和价值坐标的选择问题。拥有稳固的人生支点和健全的价值坐标,才能"泰山崩于前而色不变,麋鹿兴于左而目不瞬"③,根本无须寄托于虚幻的宗教、缥缈的神仙、僵化的主义、盲目的信

---

① 《爱因斯坦文集》第三卷,许良英等编译,北京:商务印书馆,1979 年第 1 版,第 43、42 页。
② 《战国策·苏秦以连横说秦》。
③ 苏洵:《心术》。

仰、崇拜的偶像、追捧的明星、奢华的物欲、痴迷的作乐,即可淡泊地生活,宁静地做事,诗意地栖居在自己的精神家园,享受和品味只可意会、不可言传的美妙人生。

像爱因斯坦一样,我的人生支点也是真、善、美。它构成一个绝对稳定的、底边略大于腰的等腰三角形:其底边是真,其二腰则为善和美。它是我的安身立命之所。在这个寓所,真居于首位或处于基础。因为行善和爱美,一般不会遇到什么阻碍或反对;但是,求真却往往要遭受种种磨难和损失,乃至要冒风险,甚或是生命的危险。请回忆一下古今中外的刚直之人或狷介之士的处境和命运,就可想而知了。布鲁诺为什么会被烧死?还不是因为他坚持真理,不讲假话!张志新为什么会被割喉?还不是因为她敢于冒天下之大不韪,说了几句大实话!

我的价值坐标是:精神生活远远高于物质生活,后者只要能够维持健康的体魄和旺盛的精力即心满意足矣;在精神生活方面,X坐标是社会正义,Y坐标是人格尊严,Z坐标是文化创新。面对千奇百怪的事变、形形色色的诱惑、各种各样的抉择,只要置于这个坐标系,其价值即可立竿见影、水落石出。因此,决策乃当机立断,承诺则一言九鼎,处事必心如止水,绝不会优柔寡断,绝不会出尔反尔,绝不会心旌摇曳,更不会误入迷途,怎么可能患得患失、惶惑纠结、焦躁熬煎呢?

以上所言,卑之无甚高论,它们只是我的一点生活感悟和生命体验而已。其实,中国古代哲人早就有言在先:"志意修则骄富贵,道义重则轻王公,内省而外物轻矣。传曰:'君子役物,小人役于物。'此之谓矣。"[①]正是在像爱因斯坦这样的西方哲人科学家[②]的熏陶和中国传统文化的哺育下,我在长期的生活实践和生命赓续中,建构了自己的人生支点,设置了自己的价值坐标,从而自心灵深处发出与流俗扞格不入的心声:

> 心为形役人之悲,熙熙攘攘悔难追。
> 君子狷介行我素,形为心役路不归。
> ——《形为心役》(2012-3-8)

> 大哉气象胸中溢,羞与鸡鹜急争米。
> 感愤每操如椽笔,尽扫人间不平事。
> ——《大哉气象》(2016-2-24)

> 浮生在世有尊严,昂然独立稳如山。
> 万事无求坦荡荡,避势远利心自安。
> ——《尊严》(2015-7-22)

去年年底,从电视新闻得知,连罗马教宗在平安夜也呼吁重寻生命的价值,号召过简单、朴素的生活。这不正是爱因斯坦等等哲

[①] 《荀子·修身篇第二》。
[②] 李醒民:论作为科学家的哲学家,长沙:《求索》,1990年第5期,第51~57页。李醒民:哲人科学家问答,上海:《世界科学》,1993年第10期,第42~44页。李醒民:哲人科学家:站在时代哲学思想的峰巅,北京:《自然辩证法通讯》,第21卷(1999),第6期,第2~3页。

人一向坚守的主张吗？我向来认定，不能把生活得搞得太复杂，弄得太奢华。奢华而复杂的物质生活，大大挤压精神生活的时间和空间，使一些有权人和有钱人成为精神上的侏儒、白痴或病夫。而简单、纯朴的生活，才能为精神的自由驰骋留下广阔的余地，为思想和文化的创造留下无垠的空间。清代文学家张潮言之有理："能忙人之所闲者，始能闲人之所忙。"[①]反过来说，能闲人之所忙者，始能忙人之所闲——何尝不是如此呢。这与"鱼与熊掌不可兼得"，"失之东隅、收之桑榆"，是同一个道理。我本人正是按照这样的人生智慧行事的：丢弃的是虚名和实利，收获的则是丰硕的文化果实和精神的无限愉悦。我的一些诗句活现了我的生活形式和生命轨迹，现不妨照录几首如下，作为结语：

漫说七秩已暮迟，我言古稀智若愚。
撰译联袂珠璧合，更奇新诗涌子虚。

——《漫说》(2014-8-19)

向晚幽居伴西山，桑榆暮景倍爱怜。
虽无三径心插柳，却有五丘神逸仙。
积微成著学盈海，染翰操觚情满天。
更喜雨过澄明时，登高望远意拳拳。

——《幽居》(2015-6-18)

---

① 林语堂：《中国人》，郝志东、沈益洪译，上海：学林出版社，1994年第1版，第417页。

人生最贵不摧眉,独来独往是与非。

振衣千仞歌风大,濯足万里咏浪威。

——《不摧眉》(2016-2-22)

李醒民

农历丙申年正月初五(2016-2-12)于北京西山之畔"侵山抱月堂"

图书在版编目(CIP)数据

爱因斯坦论和平/(美)O.内森,(美)H.诺登编;李醒民译.—北京:商务印书馆,2017
ISBN 978-7-100-13261-9

Ⅰ.①爱… Ⅱ.①O…②H…③李… Ⅲ.①爱因斯坦(Einstein,Albert 1879—1955)—和平学—思想评论 Ⅳ.①K837.126.11②D068

中国版本图书馆 CIP 数据核字(2017)第 069684 号

权利保留,侵权必究。

爱因斯坦论和平
〔美〕 O.内森 H.诺登 编
李醒民 译

商 务 印 书 馆 出 版
(北京王府井大街 36 号 邮政编码 100710)
商 务 印 书 馆 发 行
北京通州皇家印刷厂印刷
ISBN 978-7-100-13261-9

| 2017 年 9 月第 1 版 | 开本 850×1168 1/32 |
| 2017 年 9 月北京第 1 次印刷 | 印张 30½ |

定价:92.00 元